NATIONAL GEOGRAPHIC
ART GUIDE

LUXOR

UND DAS TAL DER KÖNIGE

NATIONAL GEOGRAPHIC

Mitarbeiter

TEXT
Kent R. Weeks

REDAKTIONELLE LEITUNG
Laura Accomazzo

GRAFIK-DESIGN
Patrizia Balocco Lovisetti, Paola Piacco

ÜBERSETZUNG
Martina Fischer, Dr. Wolfgang Hensel

PRODUKTION
SAW Communications
Dr. Sabine A. Werner
Redaktionsbüro

Titel der italienischen Originalausgabe:
Le Guide dell'arte – I Tresori di Luxor e della Valle dei Re

Alle Angaben in diesem Buch wurden zum Zeitpunkt der Erarbeitung sorgfältig geprüft. Dennoch können sich Details ändern. Der Verlag kann für solche Änderungen, eventuelle Fehler oder Auslassungen keine Verantwortung oder Haftung übernehmen. Bewertungen geben die Sicht des Autors wieder.

G+J/RBA ist Lizenznehmer der National Geographic Society, einer der größten gemeinnützigen Wissensorganisationen der Welt. Seit ihrer Gründung 1888 hat die Gesellschaft mehr als 7000 Expeditionen und Forschungsprojekte unterstützt und die Erlebnisse, Erfahrungen und Entdeckungen in Text, Bild und Ton dokumentiert.

ISBN 3-937606-10-6

Printed in Italy

1 OSIRIS, DER GOTT DER UNTERWELT, AUF EINEM PFEILER DER GRABKAMMER VON NOFRETIRI.

2–3 KOLOSSALSTATUE VON RAMSES II. AUS DEM ERSTEN HOF DES LUXOR-TEMPELS.

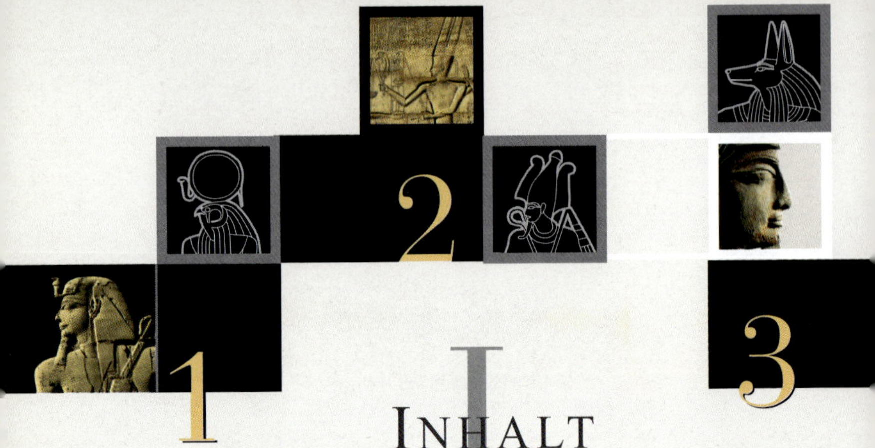

INHALT

VORWORT

Bei der großen Zahl erhältlicher Reiseführer über Ägypten scheint ein weiterer kaum erforderlich zu sein. Dennoch bin ich davon überzeugt, dass der vorliegende Band eine wichtige Lücke schließen wird: Es gibt nämlich keinen Reiseführer, der eine ähnlich ausführliche Information über die Gräber und Tempel von Theben anböte – in Verbindung mit zahlreichen Fotos, Karten und Plänen. Er ist für Reisende gedacht, die sich die Monumente Thebens in aller Ausführlichkeit ansehen möchten, die sich für die Entwicklung des künstlerischen Programms und die Künstler interessieren, die es geschaffen haben, oder die den Zweck der einzelnen Bauwerke kennen lernen möchten. Das Buch kann auch nach einer Reise die Erinnerung an die besuchten Stätten und die herrlichen Malereien auffrischen bzw. zur Vorbereitung einer solchen Reise dienen.

Die Gliederung des Buches folgt den einzelnen Stätten und Bauwerken, die jeweils in gut nachvollziehbaren Spaziergängen vorgestellt werden.

Die Tour folgt einer logischen räumlichen Gliederung, die Bauwerk für Bauwerk erschließt.

Die Monumente am Westufer werden zunächst nach Typus – Tempel, Königsgräber, andere Gräber – und dann innerhalb jeder Kategorie der Chronologie folgend abgehandelt.

Die beschriebenen Bauwerke waren zum Jahresbeginn 2003 für Touristen geöffnet bzw. werden innerhalb der nächsten Jahre zugänglich sein. Von dieser Regel gibt es drei Ausnahmen: das Grab von Sethos I. (KV 17)*, das Grab von Ramses II. (KV 7) und das Grab der Söhne von Ramses II. (KV 5). Obwohl keines dieser Monumente in absehbarer Zeit geöffnet werden wird, haben wir sie wegen ihrer Bedeutung aufgenommen. Die Ägyptische Altertumsverwaltung plant, die Gräber im Tal der Könige jeweils für kurze Zeit zu schließen, um sie vor dem Ansturm der Touristen zu bewahren. Daher kann es durchaus sein, dass eines oder mehrere der hier beschriebenen Gräber während der Zeit Ihres Besuches für eine Dauer von bis zu einem Jahr geschlossen sein werden.

Um lange Wiederholungen zu vermeiden, finden sich im Text Querverweise auf Stellen, an denen bestimmte Details genauer abgehandelt und erklärt werden. Beispielsweise werden die Szenen auf den Wänden des Königsgrabes von Ramses VI. im Tal der Könige (KV 9) ausführlich beschrieben. Finden sich in anderen Gräbern ähnliche Szenen, werden sie nicht erneut beschrieben, sondern es wird auf KV 9 verwiesen.

Das Buch enthält ein Glossar mit ausgewählten Begriffen der Ägyptologie, allerdings nur eine kurze Literaturliste, da das Buch in mehreren Sprachen erscheinen wird. Zudem würde eine umfassende Bibliographie sicher den Rahmen eines Reiseführers sprengen. Interessierte Leser können sich im Internet über weiterführende Literatur informieren; z. B. auf Seiten mit ägyptischen Themen oder den Websites großer Universitätsbibliotheken, etwa www.thebanmappingproject.com, www.leidenuniv.nl/nino/aeb.html. Aus ähnlichen Gründen habe ich auch auf Fußnoten verzichtet (daher möchte ich bereits an dieser Stelle meinem Kollegen Rob Demarée für die bei KV 2 zitierte Übersetzung danken).

Die Wände der Gänge und Kammern in den Gräbern und Tempeln werden mit links, rechts, vorne und hinten bezeichnet. Die „linke Seite"

* Die Abkürzungen folgen den international gebräuchlichen englischen systematischen Bezeichnungen für altägyptische Grabstätten bei Theben: KV = Kings Valley (Tal der Könige), QV = Queens Valley (Tal der Königinnen), TT = Theban Tomb (thebanisches Grab), WV = West Valley (westliches Seitental des KV).

einer Wand ist vom Betrachter aus gesehen, der vor ihr steht. Die Bezeichnungen der Räume in den Königsgräbern richtet sich nach den Vorgaben des *Theban Mapping Project*. In anderen Gräbern und Tempeln folge ich gewöhnlich den Benennungen der *Topographical Bibliography* von B. Porter und R. Moss.

Im Idealfall sollte ein Besucher Thebens genügend Zeit und Ausdauer mitbringen, um alle hier vorgestellten Monumente zu besichtigen. Das dürfte jedoch ziemlich unwahrscheinlich sein – es wird also auf eine gezielte Auswahl ankommen. Besichtigen Sie daher möglichst eines der Adelsgräber aus jeweils einer der fünf hier chronologisch vorgestellten Epochen. Auf diese Weise erhalten Sie einen repräsentativen Eindruck von der privaten Grabkunst des Neuen Reiches. Besichtigen Sie auf jeden Fall die Gräber von Ramose, Rechmire, Roy, Sennedjem und Sennefer sowie die Königsgräber von Thutmosis III., Thutmosis IV. oder Amenophis II., dazu die von Haremhab, Ramses III. und Ramses VI. Neben dem Tempel von Luxor und dem Komplex von Karnak sollten Sie unbedingt die Tempel von Medinet Habu, Merenptah und Deir el-Bahari besichtigen. Auch Deir el-Medina und eine Wanderung über die thebanischen Hügel sind empfehlenswert. Einen ausgiebigen Besuch verlangen das Luxor-Museum und das Freilichtmuseum von Karnak. Selbstverständlich werden Sie auch auf Spaziergängen durch die Dörfer am Westufer und die Einkaufsstraßen von Luxor herrliche Szenen voller Schönheit und Lebensfreude erleben, Sie werden Freundschaften schließen und Eindrücke sammeln, die Sie nie wieder vergessen.

An jedem Dienstagvormittag finden in der Altstadt von Luxor und am Westufer an der Straße zum Tempel von Sethos I. Märkte statt. Beide sind ein wundervolles Erlebnis, selbst wenn Sie weder Töpfe noch einen Esel brauchen.

Ich möchte Laura Accomazzo von WhiteStar, Mark Linz von der American University, John Swanson, Jill Kamil, Nicole Hansen, Francis Dzikowski, Walton Chan, Lamice Gabr, Ahmed Mahmoud von Kairo Press und den Mitarbeitern der Altertumsverwaltung in Luxor und Abbassijah danken. Und natürlich herzlichen Dank an Susan Weeks und die Mitarbeiter von *Kingfisher*.

6 DER GOTT PTAH AUS DEM GRAB VON NOFRETIRI.

7 DIE GÖTTIN HATHOR AUS DEM GRAB VON HAREMHAB.

8 DER ERSTE PYLON DES LUXOR-TEMPELS MIT EINER KOLOSSAL-STATUE VON RAMSES II.

9 OBEN BLICK IN DIE GRAB-KAMMER VON PESCHEDU.

9 UNTEN DER GOTT SCHU AUS DEM GRAB VON CHAEMWESET.

12–13 NOFRETIRI BRINGT OPFER-GABEN DAR; AUS DEM GRAB DER KÖNIGIN.

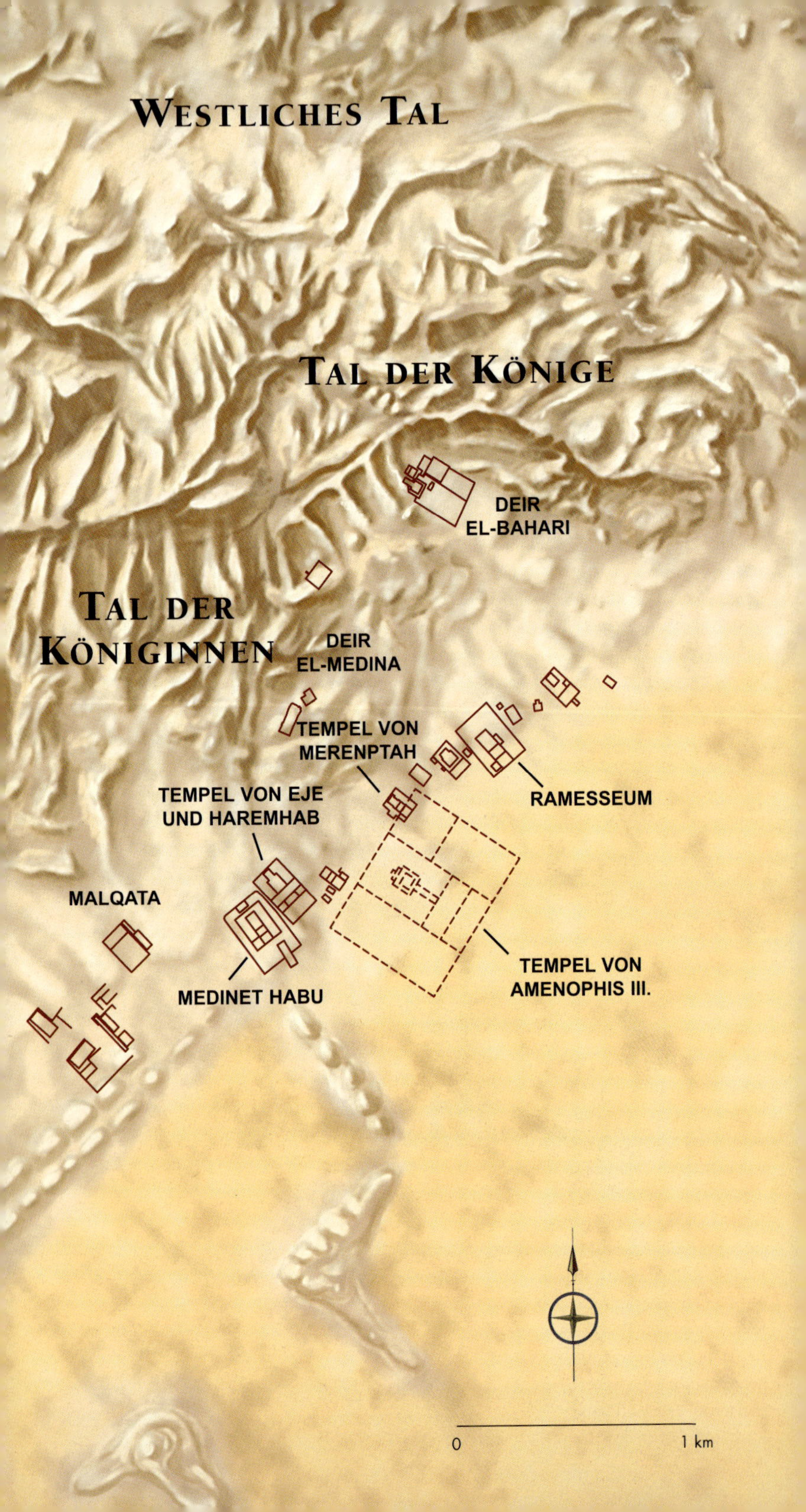

Westliches Tal
Tal der Könige
Deir
el-Bahari
Tal der
Königinnen
Deir
el-Medina
Tempel von
Merenptah
Ramesseum
Tempel von Eje
und Haremhab
Malqata
Medinet Habu
Tempel von
Amenophis III.
0
1 km

TEMPEL VON
SETHOS I.
TEMPEL VON
KARNAK
NIL
TEMPEL
VON MUT
SPHINGEN-ALLEE
LUXOR-
TEMPEL

GEOGRAPHIE UND NATURGESCHICHTE

In dynastischer Zeit war Oberägypten, also das Niltal zwischen Assuan am Ersten Nilkatarakt Richtung Norden bis El-Lisht in der Nähe des Einganges nach Faijum, in 22 Verwaltungsbezirke unterteilt. Die alten Ägypter nannten diese Bezirke *Sepat*, die Griechen *Nomos*. Die Nomen variierten in der Größe beträchtlich, und ihr Wohlstand hing davon ab, wie viel landwirtschaftlich nutzbares Land sie besaßen und welche Naturschätze sich in der Nähe befanden. Der erste Nomos in Assuan war beispielsweise sehr reich an Steinen zum Bau und profitierte von seiner Grenzlage zu den Goldgebieten Nubiens. Der zweite und der dritte Nomos mit den Hauptstädten Edfu und Hierakonpolis verfügten über viel landwirtschaftlich nutzbares Land, besaßen aber darüber hinaus nicht viel. Der vierte Nomos namens *Waset* mit Verwaltungssitz in Theben besaß hervorragendes Ackerland, Gebirge aus feinem Kalkstein und lag in der Nähe von Handelsrouten, die über Oasen in der Westwüste zu Goldminen und Mineralvorkommen in der Ostwüste sowie *Wadis* (Wüstentäler) zum Roten Meer führten. Theben aber war nicht reich an Naturschätzen. Es war die Bevölkerung, die Theben zur ägyptischen Hauptstadt im Neuen Reich machte: unabhängig, geistvoll, militärisch begabt und zunehmend einer lokalen Gottheit namens Amun ergeben, dessen Kult diese Attribute noch förderte. War Theben im Alten Reich noch kaum mehr als ein Dorf aus Schlammziegelhütten gewesen, so war es im Neuen Reich zur reichsten und mächtigsten Stadt der damaligen Welt aufgestiegen und besaß die umfassendsten religiösen Strukturen und die spektakulärsten Gräber und Paläste, die man je errichtet hatte.

Die Ufer des Nils sind in Theben breit und erstrecken sich östlich und westlich des Flusses über mehr als drei Kilometer. Jedes Jahr im Sommer stieg der Fluss an und überflutete die Ufer. In den Monaten August und September stand das Flusstal sechs Wochen lang zwanzig bis dreißig Zentimeter unter Wasser. Dieses Wasser enthielt nährstoffreichen Schwemmsand, der mit dem Rückgang der Überschwemmung zurückblieb und alljährlich einen weiteren Millimeter frisches, reichhaltiges Erdreich zurückließ. Angesammelte Salze nahm das zurückgehende Wasser mit sich fort. War die Überschwemmung vorüber, wurden die frisch bewässerten Äcker bestellt, und drei bis sechs Monate später konnte geerntet werden. So erstaunt es nicht, dass griechische Besucher der Antike ehrfürchtig von diesem Land sprachen und überzeugt waren, die Ägypter seien unter allen Menschen von den Göttern gesegnet. Nirgendwo sonst in der antiken Welt schien Landwirtschaft so einfach zu sein wie in Ägypten – die reiche Nil-Schwemmebene brachte Früchte und Gemüse im Überfluss hervor. Die Produktbreite war jedoch recht begrenzt. Die Hauptgetreidesorten Emmer und Gerste wurden für die Bereitung von Brot und Bier verwendet (aus noch ungeklärten Gründen trat Weizen erst in der griechisch-römischen Zeit in Erscheinung).

Lauch, Zwiebeln und Knoblauch wurden angebaut, ferner Linsen, Kichererbsen, Saubohnen, Lattich und im späten Neuen Reich Oliven. Datteln, Feigen, Sykomorenfeigen, Granatäpfel, verschiedene Melonenarten, Sesam und Öldistel bzw. Saflor (zur Ölgewinnung) sowie eine kleine Anzahl Kräuter- und Gewürzarten wurden angepflanzt. Trauben wurden zu diversen Weinsorten verarbeitet (Rotwein war das bevorzugte Getränk im Alten Reich, Weißwein im Neuen Reich).

Das einzige verfügbare Süßungsmittel war Honig. Rinder hielt man wegen der Milch und des Fleisches, Schafe, Ziegen, Kaninchen und Schweine waren weit verbreitet und als

Geflügel kannte man Enten, Gänse, Tauben und Wachteln, Hühner hingegen nicht. Der Fisch- und Vogelfang als Ergänzung zu den gehaltenen Nutztieren wurde häufig in Grabmalereien aufgegriffen. Man baute Flachs für die Leinenproduktion an, und nahezu alle Schichten der Gesellschaft liebten Blumengärten. Viele für uns selbstverständliche Nahrungsmittel wie Kartoffeln, Tomaten, Mais, Zitrusfrüchte und Zucker waren nicht bekannt und sollten in Ägypten für weitere mehrere tausend Jahre nicht eingeführt werden. Reis und Wasserbüffel waren bis etwa zum 14. Jahrhundert n. Chr. unbekannt.

Die Landwirtschaft kam um 5000 v. Chr. über den alten

15 VOGELFANG IN DEN SÜMPFEN (OBEN) UND EIN ÄGYPTISCHER FISCHER (UNTEN). ZEICHNUNGEN VON IPPOLITO ROSELLINI AUS GRÄBERN IN BENI HASAN.

Orient nach Ägypten. Faijum bildete den Anfang, dann setzte sich die Entwicklung in südlicher Richtung fort und erreichte das Gebiet um Theben ungefähr tausend Jahre später. Über die anschließende Entwicklung dort bis zur Zeit des Neuen Reiches wissen wir wenig. Dann aber versorgte Theben die Nachwelt mit einer wunderschönen Sammlung von Texten und Grabmalereien, die viele Aspekte des landwirtschaftlichen Kreislaufes detailliert erhellt. Es war beispielsweise möglich, Rückschlüsse auf Rohstoffpreise zur Zeit der Ramessiden zu ziehen, Einblicke in Vorgänge um Landpacht und Ernteerträge zu gewinnen, das Verschiffen, Lagern und Verteilen der Nahrungsmittel nachzuvollziehen. Grabmalereien wie die im Grab des Nacht (TT 52) zeigen die Techniken des Pflügens, Säens, Bewässerns, Erntens, Dreschens und Lagerns der Ernten.

War die Nilflut weder zu hoch noch zu niedrig, so konnten üppige, reichliche Ernten heranreifen, häufig mit beträchtlichen Überschüssen. Die regelmäßige und für die dynastische Zeit bezeichnende Wiederkehr der Sommerflut pendelte sich ungefähr 12 000 v. Chr. ein. In den darauf folgenden Jahrtausenden aber setzten „wilde Nilüberschwemmungen" das Tal in manchen Jahren mehrere Meter, in anderen nur knapp einen oder zwei Zentimeter unter Wasser. In der dynastischen Zeit unternahm man ausgeklügelte Untersuchungen zum Erfassen und Prognostizieren der Nilüberschwemmung. Man baute an verschiedenen Stellen am Flusslauf Nilometer, um den Anstieg zu beobachten. Diese Information war von grundlegender Bedeutung: Manches Mal reichten die Überschwemmungen in der dynastischen Epoche nicht für die benötigte Ernte aus, und Hungersnöte waren die Folge. Zu anderen Zeiten richteten sehr hohe Nilstände verheerenden Schaden an, zerstörten Deiche, Kanäle und Ortschaften. In der Regierungszeit Ramses' III. verursachte mehrmaliges Niedrigwasser im Nil beispielsweise über Jahre hinweg soziale und

16 OBEN ZWANGSERNÄHRUNG VON RINDERN; ALLE ZEICHNUNGEN VON IPPOLITO ROSELLINI AUS GRÄBERN IN BENI HASAN.

16 UNTEN ZUR GETREIDEERNTE GEHÖRTEN DAS WORFELN, DAS WIEGEN, DER TRANSPORT UND DIE LAGERUNG IN SILOS.

16–17 PFLUG MIT OCHSENGESPANN; DAHINTER SÄT EIN BAUER AUF DEM GERADE UMGEBROCHENEN LAND.

wirtschaftliche Missstände.
Die alljährliche Ablagerung des Nilschwemmsandes war entlang der Flussufer am stärksten und nahm ab, je weiter sich die Überschwemmung in Richtung der Wüste erstreckte. Das führte dazu, dass das Niltal nach und nach einen konvexen Querschnitt bekam. Am Fluss verlaufende Dämme eigneten sich folgerichtig für Niederlassungen, da das dortige, höher gelegene Land in der Regel überschwemmungssicher und für die landwirtschaftliche Nutzung nicht geeignet war.
Im Laufe der Zeit wurden die Siedlungen jedoch tief unter Schwemmsandschichten begraben, nachdem die dort oder auf kleinen Hügeln in der Schwemmebene errichteten Schlammziegeldörfer verlassen oder von hohen Überschwemmungen zerstört worden waren. Aus diesem Grund wissen Archäologen bis heute relativ wenig über die häusliche Architektur im alten Ägypten, über die Begräbnis- und Kultarchitektur hingegen so viel. Gräber sollten für die Ewigkeit Bestand haben und wurden in die Felsen trockener Wüstenwadis getrieben, die ihr Überdauern gewährleisteten. Tempel, die zwar aus Stein gebaut wurden, aber normal zugänglich zu sein hatten, wurden auf Wüstenland am Rande des urbaren Landes errichtet. In der Regel haben sie ebenfalls überlebt, ihre zahlreichen und normalerweise aus Schlammziegeln errichteten Nebengebäude hingegen nicht.
Große Kalksteinfelsen ragten am Rande der landwirtschaftlich nutzbaren Felder am Westufer in Theben empor, und in diese Felsen grub man sowohl Königsgräber als auch Privatgräber. Für den Tempelbau hingegen wurde kein Kalkstein verwendet, sondern Sandstein, der aus Steinbrüchen wie beispielsweise dem 140 Kilometer südlich gelegenen Gebel el-Silsila herangeschafft werden musste. Auch Granit aus Assuan, Basalt vom Roten Meer und Alabaster aus der Westwüste wurden nach Theben transportiert. Daraus fertigte man Eingänge, Stürze, Obelisken und Statuen. Ferner lieferten die Wüsten Steine für Schmuck und Einlegearbeiten: Türkis, Gold, Jaspis, Bleierz, Malachit, Smaragd, Amethyst, Lapislazuli und andere. Mit scharfem Blick beobachteten die Ägypter die sie umgebende Natur und stellten sie in ihren Grabmalereien dar. Aufgrund der Position im Nordosten Afrikas an der Schnittstelle unterschiedlicher Naturlandschaften war Ägypten stets von vielen Tierarten reich bevölkert. Es ist zum großen Teil den minutiösen Naturgemälden aus thebanischen Privatgräbern zu verdanken, dass man die Naturlandschaft im Theben des Neuen Reiches rekonstruieren kann. Ägyptische Maler arbeiteten vermutlich nach einer Art Vorlagenbuch und verwendeten sehr viel Sorgfalt darauf, Arten und sogar Unterarten von Tieren und Pflanzen eindeutig wiederzugeben. Beispielsweise wird bei Darstellungen des Königsfischers aufmerksam unterschieden zwischen Eisvogel *(Alcedo atthis)* und Graufischer *(Ceryle rudis)*. Die besonderen Merkmale des weißen Pelikans sind anders gemalt als die eines

dalmatinischen Pelikans. Auch Abbildungen von Nil-Fischen, wilden Tieren, Haustieren, Blumen, Gräsern und Bäumen sind stets äußerst akkurat gearbeitet.

Heute ist das Niltal noch immer ein wunderschöner, zauberhafter Ort, und man sollte sich Zeit nehmen und die Vielfalt genießen. Im Sonnenaufgang am westlichen Nilufer zu segeln ist nahezu unvergleichlich. Gerade im Herbst, während der jährlichen Migration nach Süden, kann man dort Dutzende von Vogelarten sehen, Reiher, Pelikane bis hin zu Bienenfressern und Nektarvögeln. Schwärme mit tausend und mehr Vögeln, die an einem Novemberabend auf der Suche nach einem Schlafplatz dicht über die Felder fliegen, sind kein ungewöhnlicher Anblick. Auch ein Ausflug zu Fuß, zu Pferd oder auf einem Kamel oder Esel durch die Felder am Westufer ist ein Erlebnis, besonders an kühlen Winternachmittagen. Heutzutage werden natürlich andere Pflanzen angebaut als früher, heute herrschen Rohrzucker und Weizen vor. Die Erfahrung insgesamt jedoch ist fast gleich. Alles ist still, nur ein Vogel ist zu hören oder ein Eselsschrei aus der Ferne. In der sauberen und frischen Luft liegt ein Hauch von Basilikum, in der Nähe trottet ein einsamer Esel auf dem ihm bekannten Pfad nach Hause, seine Hufe wirbeln kleine Staubwölkchen auf. Palmen und weit entfernte Bergkuppen ragen über den Feldern empor, Rauchfahnen steigen aus den Brotöfen des Dorfes in die Luft. Ein Spaziergang über die Pfade durch die weiten Felder hin zu kleinen Schlammziegeldörfern ist ein Genuss.

Vieles am Westufer hat noch heute etwas Bukolisches, obwohl neue Gebäude aus roten Ziegeln und Beton, Satellitenantennen, Andenkenshops und gepflasterte Straßen am Nil

18 OBEN IN DEN GRÄBERN WURDEN VERSCHIEDENE VOGELARTEN DARGESTELLT.

18–19 DER NIL UND DIE STADT LUXOR; RECHTS UNTEN IST DER TEMPELKOMPLEX ZU SEHEN.

entlang und weiter westlich bis an die Wüste heranreichen. In fünf oder zehn Jahren wird der Charakter des Westufers verschwunden sein, und man muss das touristische Gebiet von Luxor verlassen, um das ländliche Ägypten kennen zu lernen. Das Ostufer hat derartige Veränderungen bereits durchlaufen. Luxor ist heute eine geschäftige, laute Stadt mit vielen Touristenhotels, schrillbunten Basaren und Cafés, aus denen Popmusik auf die überfüllten Straßen dringt. Kinder versuchen laut schreiend, Touristen billigen Schmuck zu verkaufen. Zwei Statistiken erzählen vom Lauf der Zeit: Vor dreißig Jahren hatte Luxor zwei befestigte Straßen, heute sind alle Straßen befestigt. Vor zwanzig Jahren gab es in Luxor nur fünf Taxis, heute sind es hunderte.

Über die Ausbreitung der Nil-Schwemmebene im Theben des Neuen Reiches ist wenig bekannt. Man kann die Grenzen einiger natürlicher Bewässerungsbecken verfolgen, die Lage von Ortschaften, Wegen und Kanälen beruht aber weitgehend auf Vermutungen. Birket Habu ist der südlichste der wenigen bekannten archäologischen Fundorte im urbaren Land. Dieser Hafen wurde während der Regierungszeit von Amenophis III. für die Feier seines ersten und zweiten Sedfestes angelegt. Nördlich davon und ebenfalls im urbaren Land befindet sich der Totentempel des Königs mit den berühmten Memnon-Kolossen auf der Frontseite des Ersten Pylons. Am Nordende der thebanischen Nekropole lag ein alter Ort mit dem Namen Khefet-her-Nebes und direkt angrenzend der Totentempel Sethos' I.

Kanäle wurden in den Feldern angelegt und verbanden kleine Häfen miteinander. Letztere wurden bereits vor der Errichtung der zahlreichen Totentempel gebaut.

20 OBEN IN DEN HÜGELN AM WESTUFER, WO DIE GRÄBER DER ADLIGEN LAGEN, SIND DIE HÄUSER VON QURNA ZU ERKENNEN.

20 UNTEN IN DER ÄGYPTISCHEN KUNST WURDEN IMMER WIEDER HEIMISCHE PFLANZEN UND TIERE DARGESTELLT.

21 BEI SONNENAUFGANG STEIGEN FESSELBALLONE IN DER WÜSTE AM WESTUFER AUF.

Mit der Wüste am Westufer verhält es sich ganz anders. Man hat nicht nur Überreste alter Bauwerke gefunden, sondern auch ein altes Papyrusdokument mit einer Liste der Tempel und Häuser in geographischer Ordnung, die sich am Rande des urbaren Landes befinden. Anhand solcher Daten kann das Westufer in mehrere archäologische Bereiche eingeteilt werden.
Gleich hinter dem urbaren Land erstreckt sich ein schmaler, sandbedeckter Wüstenstreifen vom Nord- zum Südende der Nekropole. Die Breite variiert von wenigen Metern bis zu fast drei Kilometern. Am Nordende befindet sich die Stätte El-Tarif mit mehreren hundert Gräbern aus dem Alten und dem Mittleren Reich. Südlich davon und unmittelbar an das heutige bewohnte und genutzte Gebiet angrenzend befindet sich eine Reihe von Totentempeln, der Tempel des Sethos I. bildet den Anfang. In südlicher Richtung folgen die Tempel von Amenophis I. und Ahmosis-Nofretiri, Hatschepsut, Thutmosis III., Merenptah-Siptah, Amenophis II., Ramses II. (einem Sohn von Thutmosis I.), Thutmosis IV., Merenptah, Ramses IV., Amenophis Sohn des Hapu, Thutmosis II., Eje, Tutanchamun, Haremhab und Ramses III. Der Palast Amenophis' III. aus der 18. Dynastie befindet sich am Südende, und ganz in der Nähe stehen der ptolemäische Tempel von Qasr el-Ajuz und der römische Tempel in Deir el-Shalwit und markieren das Südende der thebanischen Nekropole.
Einige kleine Hügel sind über das tief liegende Wüstengebiet verstreut, und jeder ist mit Eingängen zu den vielen kleinen Gräbern übersät, die im allgemeinen als Gräber der Adligen oder Privatgräber bekannt sind. Einige sind in das Alte und Mittlere Reich zu datieren, die meisten jedoch stammen aus dem Neuen Reich. Es sind Hunderte, freigelegt und der Öffentlichkeit zugänglich gemacht wurden jedoch nur wenige. Die Gräber der am Nordende der Nekropole gelegenen Stätte Dra Abu el-Naga stammen hauptsächlich aus der Zeit der Ramessiden. In der Nähe der Straße nach Deir el-Bahari befinden sich El-Assasif mit rund 40 Gräbern und El-Khokha mit rund 60 Grabstätten. Sheikh Abd el-Qurna ist ein langer, schmaler Berg mit knapp einhundert Gräbern. Die neben der Straße nach Deir el-Medina hinein gelegene Stätte Qurnat Murai birgt 17 Gräber. Hinter diesen kleinen Bergen ragen die steilen Felsen des thebanischen Gebirges auf, zu deren Füßen einige Totentempel

stehen. Am bekanntesten sind drei Tempel in Deir el-Bahari: der Tempel des Mentuhotep I., des Thutmosis III. und der Hatschepsut.
In den eigentlichen thebanischen Bergen wurden kleine Wadis als Grabstätten für königliche Familien im Ägypten der Neuen Zeit sowie für die Arbeiter genutzt, die für Aushub und Dekoration der Gräber zuständig waren. Die Arbeiter lebten in Deir el-Medina und wurden auch dort begraben. Südlich davon liegt das Tal der Königinnen und zwischen diesen beiden Stätten das so genannte Dolmental. Ferner wurden in dieser Gegend mehrere koptische Klöster errichtet. Das Tal der Könige – das eigentlich aus zwei Tälern besteht, einem östlichen und einem westlichen – liegt weiter nordwestlich am Fuße der höchsten Stelle in den thebanischen Bergen, die El-Qurn oder „das Horn“ genannt wird. Auch in vielen anderen Gebieten auf dem Westufer finden sich archäologische Bauwerke, die meisten sind jedoch unerforscht geblieben, nicht veröffentlicht und für Touristen nicht zugänglich.
Am Ostufer des Nils befinden sich die wichtigsten Tempelkomplexe von Karnak und Luxor und die alte Stadt Theben, die heute unter dem modernen Luxor begraben ist. Die meisten Theben-Besucher verbringen je einen Tag am Ost- und am Westufer. Jedoch sind hier so viele und so interessante Stätten zu sehen, dass man, wenn irgend möglich, mehr Zeit für die beiden Seiten des Nils erübrigen sollte. Am Westufer sollte man wenigstens Gräber im Tal der Könige, eine Auswahl der Privatgräber, Deir el-Bahari und Medinet Habu besuchen. Letztlich gibt es so viele Bauwerke in jedem dieser Gebiete, dass die gesamte zur Verfügung stehende Zeit mit Besichtigungen ausgefüllt werden könnte, und zusätzlich kann man noch das Tal der Königinnen, Deir el-Medina, das Ramesseum und den Tempel von Sethos I. in die Liste aufnehmen.
Auf dem Ostufer sollte man allein für Karnak einen ganzen Tag – oder besser zwei Vormittage – einplanen und für den Tempel in Luxor und das Luxor-Museum für antike Kunst ebenfalls einige Stunden. Ein zu Fuß in Feldern und Dörfern am Westufer verbrachter Tag, immer wieder auf einen Tee oder ein Schwätzchen verweilend, oder auch eine Wanderung in den thebanischen Bergen mit ihrer sensationellen Aussicht können wahre Höhepunkte des Aufenthalts sein.

DIE GESCHICHTE DER ÄGYPTOLOGISCHEN FORSCHUNG IN THEBEN

Über 2000 griechische und lateinische Graffiti, die in die Gräber im Tal der Könige eingeritzt wurden, zeugen vom Interesse der antiken Reisenden, die vor zwei Jahrtausenden die Monumente Thebens besuchten. Sogar die Ägypter selbst waren zur Zeit der Dynastien an der Geschichte Thebens interessiert, und mehrere ihrer Könige unternahmen ausgedehnte Forschungen und Ausgrabungen, um die antiken Monumente zu rekonstruieren.

In der klassischen Antike beschrieb Diodorus Siculus Theben als eine großartige Stadt mit „riesigen Gebäuden, prächtigen Tempeln und anderen Schmuckstücken … reicher als die anderen Städte in Ägypten und anderswo“. Damals wurden thebanische Monumente nach Europa verfrachtet, wo man ihre Größe, Schönheit und die geheimnisvollen Hieroglyphen bewunderte.

Überraschenderweise verschwand das Interesse an Theben, sogar das Wissen um seine Lage, für über 1500 Jahre aus dem europäischen Bewusstsein. Vom 4. bis zum 18. Jahrhundert tauchte Theben so gut wie nie in europäischen Texten auf, und es gibt keine Hinweise, dass mehr als eine Hand voll Europäer die Stätten besichtigte. Zum Teil mochte dies allerdings daran liegen, dass Oberägypten aus politischen und praktischen Gründen für Besucher kaum zugänglich war.

Erst 1726 wurde Theben

von dem französischen Jesuiten Claude Sicard wiederentdeckt und korrekt beschrieben. Andere Reisende folgten. Der dänische Ingenieur Frederick Norden fertigte in den 1730er-Jahren Zeichnungen der thebanischen Tempel an. Etwa zur gleichen Zeit zeichnete der Engländer Richard Pococke eine Karte vom Tal der Könige und beschrieb in Kürze 18 Gräber, die er dort besichtigt hatte. Die Berichte dieser frühen Reisenden und die ägyptischen Kunstgegenstände, die sie den europäischen Sammlungen zuführten, regten die Vorstellungskraft der Europäer an. Tourismus, Forschung und die Sammler begannen, wieder Interesse an Ägypten zu zeigen.

James Bruce besuchte und erforschte 1769 das Grab von Ramses III. im Tal der Könige. Nach der Veröffentlichung seiner Ergebnisse (1790) wurde das Grab als Bruce's Tomb bekannt. Bruce besuchte

22 ANSICHT DES TALS DER KÖNIGE VON R. POCOCKE (1738).

22–23 KARTE VON ÄGYPTEN VON DEM FRANZÖSISCHEN JESUITEN CLAUDE SICARD.

23 OBEN DIE MEMNON-KOLOSSE AUF EINEM STICH VON F. NORDEN.

24 DER PTOLEMÄISCHE TEMPEL IN DEIR EL-MEDINA (OBEN) UND EIN DETAIL AUS DEM GRAB VON RAMSES III. (UNTEN) AUS DER „DESCRIPTION DE L'EGYPTE" VON VIVANT DENON.

25 TITELBILD DER ZWEITEN AUFLAGE DER „DESCRIPTION DE L'EGYPTE"; ES ZEIGT DIE BEKANNTESTEN OBJEKTE.

auch Medinet Habu und beschrieb die Techniken, mit denen die antiken Künstler die Wände bemalt hatten.

Die bekannteste der frühen Expeditionen fand im Zusammenhang mit Napoleons ägyptischem Feldzug statt (1799). Er wurde von 130 Wissenschaftlern begleitet, deren Aufgabe es war, eine detaillierte Beschreibung des Landes zu liefern. Der französische Wissenschaftler Vivant Denon beschreibt das Erstaunen, als die Soldaten zum ersten Mal Theben erblickten: „Als wir gegen 9.00 Uhr um die Flanke eines vorspringenden Gebirgszuges bogen, sahen wir plötzlich das antike Theben vor uns liegen; die gefeierte Stadt, deren Ausmaße Homer mit den Worten ‚die Hunderttorige' beschrieb. Diese erhabene Stadt . . . die ganze Armee stand vor ihren verstreuten Ruinen wie ein Mann still und begann vor Begeisterung in die Hände zu klatschen." Die Daten wurden zwischen 1809 und 1828 unter dem Titel *Description de l'Egypte* veröffentlicht. Ein Folio-Band des Riesenwerkes enthielt Stiche der thebanischen Bauwerke und stellte damit die erste genaue Bestandsaufnahme der Stätten Thebens in Europa dar. Auf Hunderten von Tafeln wurden Architektur, Reliefschmuck und Malereien in Gräbern und Tempeln vorgestellt. Die begleitenden Textbände beschrieben die Beobachtungen der Forscher. Selbst heute noch ist die *Description* von großem Nutzen für

26 LINKS PORTRÄT VON RAMSES III. VON E. PRISSE D'AVENNES.

26 RECHTS RAMSES III. OPFERT DEN GÖTTERN, AUS „MONUMENTI DELL'EGITTO E DELLA NUBIA" VON I. ROSELLINI.

27 OBEN ANSICHT VON THEBEN AUS „DENKMÄLER AUS ÄGYPTEN UND ÄTHIOPIEN" VON C.R. LEPSIUS.

27 UNTEN DIE FRANZÖSISCH-TOSKANISCHE EXPEDITION MIT IPPOLITO ROSELLINI (MITTE) UND JEAN-FRANÇOIS CHAMPOLLION (RECHTS, SITZEND).

Wissenschaftler, denn viele der hier gezeigten Monumente sind heute verschwunden; sie wurden Opfer von Verwitterung, Vandalismus und Diebstahl. Als sich europäische Wissenschaftler, Künstler und Sammler zunehmend für das alte Ägypten zu interessieren begannen, erschienen weitere Berichte über die Monumente Thebens. Jean-François Champollion, dem 1822 die Entzifferung der Hieroglyphen gelungen war, kam 1828 in Begleitung seines italienischen Kollegen Ippolito Rosellini nach Theben. Sie erfassten Szenen und Inschriften im Tal der Könige, in Medinet Habu, im Ramesseum und mehreren Adelsgräbern. Emile Prisse d'Avennes veröffentlichte 1847 eine Sammlung von eleganten Aquarellen der Grabbilder. Auch andere Künstler malten in Theben: Lawrence Alma-Tadema (1836–1912), David Wilkie (1785–1841), Edward Lear (1812–1888), John Frederick Lewis (1805–1876) und – besonders einflussreich – David Roberts (1796–1864). Während einige die Monumente Thebens sehr detailgenau festhielten, malten andere fantasievolle Szenen des altägyptischen Lebens in Theben.

Von allen Expeditionen, die Theben untersuchten, war die preußische unter Carl Richard Lepsius die ehrgeizigste und genaueste. Lepsius leitete die epigraphische Expedition 1842–1845. Er verbrachte viel Zeit in Theben, und seine Veröffentlichung *Denkmäler aus Ägypten und Äthiopien* (1849–1859) wurde sofort

zur wichtigsten Quelle für Wissenschaftler. In ihrem Detailreichtum und der bemerkenswerten Genauigkeit ist sie noch immer unverzichtbares Hilfsmittel der Forschung.

Giovanni Belzoni besuchte Theben zwischen 1816 und 1821. Im Laufe seiner Grabungen im Tal der Könige entdeckte er sechs Gräber, darunter die von Mentuherchopshet, Eje, Ramses I. und Sethos I. Außerdem arbeitete er in den Totentempeln von Amenophis III. und Ramses II. (Ramesseum) und ließ zahlreiche Objekte nach England schaffen, darunter auch mehrere riesige Statuen. Belzoni ging äußerst rücksichtslos zu Werke: „Bei jedem Schritt trat ich irgendwo auf eine Mumie", schrieb er. Dennoch war die Londoner Ausstellung seiner Wachsabdrücke vom Grab Sethos' I. äußerst gut besucht und trug wesentlich dazu bei, das antike Ägypten populär zu machen. Ähnlich wirkte auch das enorm erfolgreiche Buch von Amelia Edwards, *A Thousand Miles up the Nile* (1877), ein wundervoll geschriebener persönlicher Bericht über Ägypten und seine vielfältigen Bauwerke.

Der Engländer John Gardner Wilkinson arbeitete 1824 und 1827/28 in Theben und erfasste sehr sorgfältig die Alltagsszenen auf den Wänden der Adelsgräber. In seinem Buch *The*

28 OBEN, 28–29 UND 29 MITTE G.B. BELZONI (RECHTS) LIESS DIESE STATUE AUS DEM RAMESSEUM INS BRITISH MUSEUM (OBEN) TRANSPORTIEREN. AUSSERDEM ENTDECKTE ER DAS GRAB VON SETHOS I. (UNTEN).

29 OBEN BEGRÄBNISBARKEN AUS DEM GRAB VON NEFERHETEP VON JOHN GARDNER WILKINSON.

Manners and Customs of the Ancient Egyptians (1837) beschreibt er anthropologische Details des antiken Lebens, von Verwandtschaft bis zum Kochen, von der Chronologie bis zur Kleidung. Wilkinson führte auch als Erster das Zahlensystem ein, das bis heute verwendet wird, um die Gräber im Tal der Könige zu kennzeichnen. Norman (1875–1941) und Nina de Garis Davies setzten seine Arbeit fort; sie veröffentlichten herrliche Kopien der Malereien in privaten Gräbern. (Die Originale werden heute im Metropolitan Museum of Art in New York gezeigt.) Das Oriental Institute der Universität von Chicago entwickelte eine präzise und sehr detaillierte epigraphische Darstellungsmethode und wandte sie seit 1924 in Theben an, um Inschriften und Szenen in den Tempeln von Medinet Habu, Luxor und anderen thebanischen Bauwerken zu dokumentieren.

Seit Ende des 19. Jahrhunderts setzte man Fotografien ein, um die Kunstwerke Thebens zu erfassen, zunächst von berühmten Fotografen wie Francis Frith und Maxime du Camp, später von den fähigen Fotografen Felix Guillmant und Harry Burton. Der zuletzt Genannte begleitete Howard Carter, als dieser das Grab von Tutanchamun öffnete.

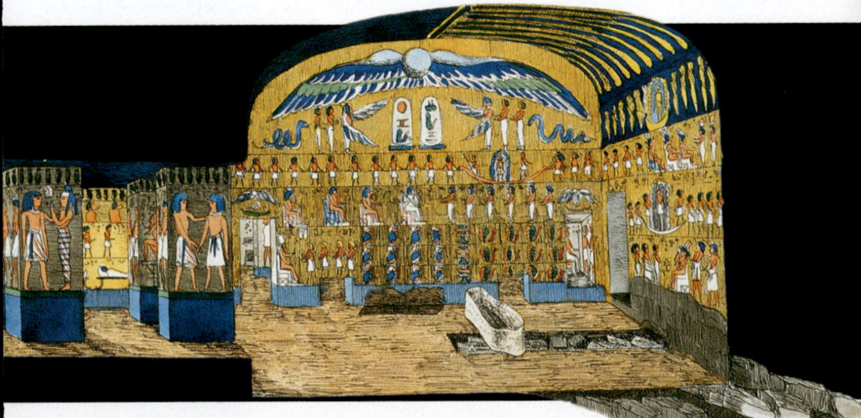

Die ersten Ausgrabungen in Theben wurden meist hastig und rücksichtslos von Dorfbewohnern oder von Europäern durchgeführt, die nach Stücken für ihre neuen Museen suchten. Richard Pococke beklagte den groben Umgang der Anwohner mit den Monumenten: „Jeden Tag zerstören sie die empfindlichen Bruchstücke ägyptischer Altertümer, und ich habe gesehen, wie sie einige der Säulen zu Mühlsteinen zerhackten." Champollion brüstete sich damit, dass der Abtransport von thebanischen Monumenten nach Frankreich ein edler Akt sei: „Eines Tages werden Sie sich einige der wunderbaren Basreliefs aus dem Grab von Osirei (Sethos I.) im Französischen Museum ansehen. Das wird die einzige Möglichkeit sein, sie vor der Zerstörung zu bewahren. Indem ich diese Arbeit leiste, erweise ich mich als wahrer Liebhaber der Antike, denn ich transportiere Kunstwerke nur ab, um sie zu bewahren und nicht zu verkaufen." Andere Sammler, darunter auch Henry Salt (1780–1827), schufen Sammlungen, die zu Kernstücken der wichtigsten Museen Europas wurden; die Stücke von Bernardino Drovetti (1775–1852) sind im Louvre und im Museum von Turin zu sehen.

Diese frühen Sammler gingen in der Regel mit dem Wissen und der Erlaubnis der ägyptischen Regierung vor. Im Jahre 1858 wurde jedoch deutlich, dass die ägyptischen Altertümer stärker geschützt werden mussten – dies war nur durch stärkere Kontrolle der Stätten möglich. Die Regierung gründete auf Anregung des französischen Forschers Auguste Mariette ein Nationalmuseum und kurz darauf die Ägyptische Altertumsver-

waltung. Obwohl die neue Behörde den Export von Antiquitäten nicht untersagte (das geschah erst in den 1960er-Jahren), übte sie stärkere Kontrolle aus und versuchte, die wichtigsten archäologischen Stätten zu schützen.

In den nächsten Jahrzehnten stellte die neue Altertumsverwaltung mehrere engagierte und kundige Mitarbeiter ein. Eugène Lefébure (1838–1908) kam beispielsweise 1881 nach Ägypten; er war vorher Postbeamter in Frankreich. Aus Interesse für die Ägyptologie machte er sich daran, die Inschriften der Gräber im Tal der Könige zu erfassen. Sein zweibändiges Werk *Les Hypogées royaux de Thebes* (1888) war der erste Versuch, die berühmte Stätte systematisch zu dokumentieren. Einige Jahre später verbrachte Victor Loret mehrere Monate damit, die Gräber im Tal der Könige auszugraben (1898–1899). Obwohl seine Grabungstechnik nach modernen Standards eher primitiv war, konnten er und andere eine Reihe weiterer Gräber im Tal der Könige entdecken.

Seit Mitte des 19. Jahrhunderts hatte sich die Qualität der archäologischen Arbeit stetig verbessert. So waren im Tal der Könige unter anderem Edward Ayrton, Arthur Weigall und Howard Carter am Werk. Carter (1874–1939) war

30 OBEN DIE ARCHÄOLOGEN ARTHUR WEIGALL (LINKS) UND EDWARD AYRTON (RECHTS) VOR DEM GRAB VON RAMSES IV. MIT THEODORE DAVIS, DER VIELE EXPEDITIONEN FINANZIERT HAT.

30 UNTEN EIN ARCHÄOLOGE AUS DER VON ERNESTO SCHIAPARELLI GELEITETEN ITALIENISCHEN EXPEDITION VOR DEM GRAB VON NOFRETIRI.

30–31 DER TOTENTEMPEL VON RAMSES III. IN MEDINET HABU; FOTOGRAFIE VON AUGUSTE MARIETTE.

ein autodidaktischer englischer Künstler, der 1892 mit Flinders Petrie nach Ägypten gekommen war. Sieben Jahre darauf wurde er zum Inspektor für Oberägypten der Ägyptischen Altertumsverwaltung ernannt und begann sofort im Tal der Könige mit der Arbeit. Sein künstlerisches Talent und Beharren auf sorgfältiger Aufzeichnung der Ausgrabungen setzten einen hohen Standard. Dies kam ihm nach einer manchmal turbulenten Karriere in der Altertumsverwaltung zugute, als er 1922 den Eingang zum Grab von Tutanchamun entdeckte. Ohne Zweifel handelte es sich dabei um die berühmteste archäologische Entdeckung aller Zeiten – Carter ging mit unglaublicher Geduld vor, um alles freizulegen und zu dokumentieren.

Die Franzosen hatten bis 1899 in Karnak gearbeitet, als ein Teil der großen Säulenhalle wegen der schwachen Fundamente einstürzte. Wir verdanken ihnen Ausgrabungen, Veröffentlichungen, aber auch wichtige technische und Konservierungsprojekte. Auch das Freilichtmuseum in Karnak, in dem zahlreiche bedeutende Bauwerke mit Sorgfalt rekonstruiert wurden, geht auf ihre bewundernswerte Arbeit zurück.

Einige weitere Ausgräber haben unser Wissen um das antike Theben maßgeblich vermehrt. Ernesto Schiaparelli (1856–1928) grub die Handwerkersiedlung bei Deir el-Medina aus und legte Tausende von Ostraka frei, die uns mehr über das alltägliche Leben im antiken Ägypten verraten haben als fast jede andere Quelle. Uvo Hölscher hat in den 1930er-Jahren die Umgebung des Totentempels von Ramses III. in Medinet Habu ausgegraben und damit eine detaillierte Chronologie dieses Standortes aufgezeigt.

Herbert Winlock und seine Kollegen vom Metropolitan Museum of Art in New York legten von 1911 bis 1932 die Anlagen von Deir el-Bahari frei und machten damit eine der wichtigsten Entdeckungen in Theben.

Die heutigen Besucher von Theben-West können noch immer einige Hauptquartiere dieser Expeditionen besichtigen. Howard Carters erstes Haus steht hinter den Büros der Altertumsverwaltung, sein späteres Haus in einem Wäldchen am Nordende der Nekropole. Das Deutsche Haus, das von den Briten zu Beginn des Ersten und nochmals zu Beginn des Zweiten Weltkrieges niedergebrannt worden war, wurde westlich des Ramesseums neu erbaut. Das Chicago-Haus, das ursprüngliche Hauptquartier der Universität von Chicago, ist das heutige Marsam Hotel hinter dem Totentempel von Amenophis III. (das augenblickliche Hauptquartier liegt am Ostufer des Nils in Luxor). Das Metropolitan House, Hauptquartier des Metropolitan Museum of Art und die spätere polnische Mission in Deir el-Bahari, steht vor dem Totentempel in Deir el-Bahari. Das Haus von Norman und Nina de Garis Davies liegt etwa 200 Meter westlich davon. Das Haus des amerikanischen Geschäftsmannes Theodore Davis, der viele Expeditionen des frühen 20. Jahrhunderts finanziell unterstützt hat, wurde am Beginn der Piste ins westliche Tal der Könige erbaut – vor der Vordertür hat man eine sehr unpassende Satellitenschüssel montiert.

Auch heute arbeiten zahlreiche Gruppen in Theben, von denen sich allerdings

nur wenige den Ausgrabungen widmen. Die meisten erfassen, säubern, sichern und konservieren die empfindlichen Reste der Gräber und Tempel. Arbeiten dieser Art sind überfällig, und ihre Notwendigkeit steigt ständig an. Jeden Tag besichtigen über 8000 Touristen das Westufer, und innerhalb des nächsten Jahrzehnts werden es wohl 25 000 pro Tag werden. Wenn das antike Theben überleben soll, brauchen die Stätten geeignete Schutzmaßnahmen und genaue Management-Pläne. Die Ägyptologen wissen um diese ernsten Gefahren, und es ist zu hoffen, dass diese neuen Projekte das antike Theben für die nächsten 5000 Jahre sichern werden.

32 HOWARD CARTER (RECHTS) ÖFFNET DEN VIERTEN VERGOLDETEN SCHREIN IM GRAB VON TUTANCHAMUN.

33 DAS GRAB VON TUTANCHAMUN ZUR ZEIT SEINER ENTDECKUNG. DAS GRAB LIEGT IN DER GRUBE MIT DER GEMAUERTEN WAND (UNTEN RECHTS).

EINE KURZE GESCHICHTE VON THEBEN

Die Region um Theben ist seit mindestens einer halben Million Jahren von Menschen besiedelt. In den 1850er-Jahren wurden die ersten paläolithischen Werkzeuge Afrikas in den Hügeln über dem Tal der Könige entdeckt, und noch heute finden Wanderer steinerne Faustkeile, Schaber und Bohrer offen auf der Erde liegend. Während des Paläolithikums herrschte feuchteres Klima, und in den heute trockenen Tälern wuchsen wilde Gräser, die Kaninchen, Gazellen, Strauße und andere Tiere anlockten – reiche Beute für die Sammler und Jäger, die damals hier lebten. Alle Funde deuten darauf hin, dass zu jener Zeit nur eine sehr kleine und kulturell konservative Gruppe von Menschen in Oberägypten lebte. Selbst nachdem um 5000 v. Chr. der Ackerbau entstand, fuhren die Menschen der oberägyptischen Kultur fort, auf die Jagd zu gehen und Wildpflanzen zu sammeln.

Neolithische (jungsteinzeitliche) Ackerbausiedlungen waren entlang dem Nil verteilt, besonders zwischen Hierakonpolis im Süden und Abydos im Norden. Einige Kilometer flussabwärts von Theben lag beispielsweise die große jungsteinzeitliche Siedlung von Naqada, ein Ort von hoher, präliterarischer Kultur. Beispiele seiner herrlichen Keramik und Steinarbeiten sind im Museum von Luxor zu besichtigen. In Theben selbst sind Hinweise auf neolithische Besiedlung spärlich gesät, vermutlich weil der Nil heute über die ehemaligen Wohnstätten fließt. Ähnlich rar sind Siedlungsfunde aus der Frühdynastischen Zeit (Dynastien 1–2).

Das Alte Reich Ägyptens sah die Entwicklung der Pyramiden von Giseh, die Mastabas (Gräber) in Sakkara, ein zunehmend höher entwickeltes und kodifiziertes Schreibsystem, brillante Kunst und Literatur, stark ausgeprägte religiöse Bräuche und ihre Zeugnisse, die Entwicklung von Wissenschaft, komplexe politische und ökonomische Strukturen und eine anwachsende Bevölkerung. Zusammengenommen machen diese

Faktoren das Alte Reich zu einer der eindrucksvollsten Epochen der menschlichen Geschichte. Allerdings waren diese Fortschritte auf eine kleine geographische Region etwa fünfzig Kilometer südlich des modernen Kairo beschränkt. Weiter im Süden gab es nur wenige Stätten mit eindeutigen Anzeichen einer Zivilisation, wie Elephantine und Abydos – Theben gehörte nicht dazu.

Zu diesem frühen Zeitpunkt bestand der vierte ägyptische Gau (Nomos) – der thebanische Nomos – aus drei größeren Dörfern: Achmin, von den Griechen Hermonthis genannt, lag am Westufer des Nils nahe der Südgrenze des Gaues; bis zur 4. Dynastie diente es als Hauptstadt. Am Ostufer gab es zwei weitere Dörfer von gewisser Bedeutung: Tod im Süden und Medamud im Norden. Dazwischen lag bis ins Mittlere Reich die Stadt Theben, die damals kaum mehr als eine lockere Ansiedlung von Strohhütten war. Allerdings wurde die thebanische Nekropole schon genutzt. Hier ließen sich ab dem Alten Reich die Gaufürsten begraben, vermutlich weil das anstehende Kalkgestein von hoher Qualität und leicht zugänglich war. Bei El-Khokha auf dem Westufer sind fünf Gräber von Gaufürsten bekannt und mehrere andere weiter nördlich in El-Tarif (die aber alle nicht öffentlich zugänglich sind).

Gegen Ende des Alten Reiches begann die starke Zentralmacht der ägyptischen Hauptstadt Memphis zu schwinden, teilweise bedingt durch die Stagnation und Unbeweglichkeit während der 94 Jahre langen Regierungszeit von Pepi II. Mit der abnehmenden Bedeutung des Hofes drängten die lokalen Gaufürsten an die Macht, bis in der 5. Dynastie die zentrale ägyptische Bürokratie durch die lokalen Dynastien ersetzt wurde. Sie kümmerten sich nur wenig um das, was jenseits ihrer Grenzen geschah. Da ihnen eine breitere Machtbasis fehlte und der Nil mehrere Jahre lang katastrophal niedriges Wasser führte, brachen diese lokalen Fürstentümer zusammen, so dass die 7. und die 8. Dynastie kaum mehr waren als eine Folge von kurzfristigen und miteinander konkurrierenden Herrschern. Neben dem königlichen Pyramidenkomplex im Nomos von Memphis wurden keine Gräber von Staatsbeamten mehr eingerichtet. Stattdessen ließen sich die Gaufürsten in ihren Heimatorten beerdigen. Es bildeten sich provinzielle Kunst- und Architekturstile heraus, die

34 LINKS VÖGEL AUS DEM GRAB VON MENENA.

34 RECHTS UND 35 NILGOTT AUS DEM GRAB VON RAMSES III.; AUS „MONUMENTI DELL'EGITTO E DELLA NUBIA" VON IPPOLITO ROSELLINI.

36 LINKS EINE FRAU MIT OPFERGABEN IM GRAB VON MEKETRE; ÄGYPTISCHES MUSEUM IN KAIRO.

36 RECHTS NEBHEPETRA-MENTUHOTEP AUS DEIR EL-BAHARI; ÄGYPTISCHES MUSEUM IN KAIRO.

37 SESOSTRIS I. IM MUSEUM VON LUXOR.

deutlich vom Machtverfall der Zentralregierung zeugen. In der 9. Dynastie erklärten sich die Fürsten von Herakleopolis, ein Gau etwa 200 Kilometer südlich von Memphis, zu Herrschern von ganz Ägypten und übernahmen die Kontrolle über Memphis und den Königshof. Ihre größte Bedrohung waren die thebanischen Fürsten, die ihren Anspruch mit militärischer Gewalt gegen die Machthaber von Herakleopolis durchzusetzen versuchten. Fünfzig Jahre lang arbeiteten thebanische Herrscher, darunter Antef I., Antef II. und Antef III. sowie die nachfolgende Reihe von Königen mit Namen Mentuhotep daran, die Macht Thebens auszubauen und seine Kontrolle über Ägypten auszudehnen. Nebhepetra Mentuhotep versuchte beispielsweise in der 11. Dynastie, eine ganz Ägypten überspannende Verwaltung mit Sitz in Theben einzurichten. Er nannte sich als Erster „der Göttliche mit der weißen Krone", um seine Herrschaft über Oberägypten zu demonstrieren; später „der die beiden Länder vereinigt hat", weil er über beide Teile Ägyptens regierte. Sein Totentempel und das Grab in neuer Gestalt, das er in Deir el-Bahari errichten ließ, inspirierte 500 Jahre später Königin Hatschepsuts Totentempel. Die Szenen in diesem Tempel lieferten frühe Hinweise, dass die Thebaner verstärkt einem kaum bekannten, lokalen Gott huldigten (Amun), der später Montu, dem Hauptgott des Gaus, an Bedeutung und Macht den Rang ablaufen sollte.

Einer von Mentuhoteps Nachfolgern ist für einen unvollendeten Grab-Tempel-Komplex in einem kleinen Tal zwischen Deir el-Bahari und Deir el-Medina verantwortlich. Die Höflinge seiner Zeit, vor allem Meketre, bauten ihre Gräber in der Nähe. Das Grab von

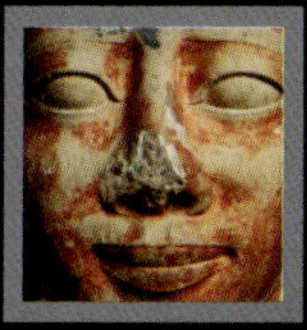

Meketre zeichnet sich durch einige zierliche Holzmodelle aus, die das tägliche Leben darstellen – sie gehören zu den Schätzen des Ägyptischen Museums in Kairo und dem Metropolitan Museum of Art in New York.
Wahrscheinlich war Mentuhotep III. ein illegitimer Herrscher, denn er wurde rasch von seinem Wesir Amenemhet abgelöst, einem Priestersohn aus Elephantine. Er bestieg den Thron als Amenemhet I., erster König der 12. Dynastie, und verlegte den Regierungssitz sofort von Theben nach Itj-taui (das heutige El-Lisht), dreißig Kilometer südlich von Memphis. Während Theben eine zentrale Rolle in der Religion behielt – jeder König der 11. Dynastie hatte den Amun-Tempel in Karnak vergrößert – blieb Itj-taui während der gesamten 12. Dynastie Ägyptens Regierungshauptstadt.
Die Nachfolger von Amenemhet I. vergrößerten Ägyptens Reichtum und trugen weiter dazu bei, die Bedeutung der Amun-Priester zu stärken.
Sein Sohn Sesostris I. huldigte Amun durch Bauten in Karnak. Seine „Weiße Kapelle", heute im Freilichtmuseum von Karnak, gehört zu Ägyptens schönsten antiken Bauten. Amenemhet II. weitete den Außenhandel aus und unternahm militärische Feldzüge nach Nubien und Westasien. Sein Nachfolger Sesostris II. beanspruchte weite Ackerflächen im Faijum. Sesostris III. ließ einen Kanal bauen, um den ersten Katarakt des Nils schiffbar zu machen; damit ermöglichte er eine Ausweitung des Handels und machte kriegerische Expeditionen nach Süden in Richtung Nubien möglich. Amenemhet III. weitete den Handel noch stärker aus. Große Teile dieses neuen Reichtums flossen nach Theben und in seine Tempel.

Amenemhet I. bezeichnete sich selbst als „Wiederholer der Geburten". Er sah sich als Begründer einer ägyptischen Renaissance, und in der Tat sorgten er und seine Nachfolger für einen enormen Aufschwung der ägyptischen Kultur und Gesellschaft. Die landwirtschaftlich nutzbaren Flächen wurden um Tausende von Hektar erweitert, hinzu kamen ein merklich verstärkter Außenhandel und Tribute: Ägypten wurde unglaublich reich. Die Ergebnisse dieser ökonomischen Politik waren dramatisch. In der 12. Dynastie erlebte die Literatur einen Aufschwung, und die Wissenschaften machten große Fortschritte. Kunst und Handwerk, vor allem die Skulptur und die Architektur, schwangen sich zu neuen ästhetischen Höhen empor. Die 12. Dynastie dauerte rund 200 Jahre und gehört zu den reichsten und kreativsten Epochen der ägyptischen Geschichte. Sie endete mit dem Tod von Amenemhet IV., der ohne männlichen Erben starb. Nachfolgerin wurde seine Schwester Sobeknofru, die vermutlich erste gekrönte Herrscherin des alten Ägyptens. Sie regierte nur drei Jahre, dann übernahmen westasiatische Stämme die Kontrolle Unterägyptens. Diese Besetzung durch die so genannten Hyksos, die „Herrscher der Fremdländer", markiert den Übergang zur Zweiten Zwischenzeit. Die Hyksos waren bereits seit über einem Jahrhundert nach Ägypten vorgedrungen, allerdings nicht als Eroberer, sondern als Diener und Siedler. Als ihre Zahl immer stärker anstieg, übernahmen sie die Kontrolle über große Teile des Ackerlandes und versuchten, im Nildelta eine eigene Regierung zu etablieren. Als sie weiter nach Süden vordrangen, erklärte ihnen der thebanische Gau unter Sekenenre Taa II. den Krieg. Er wurde in einer der folgenden Schlachten getötet, und sein Sohn Kamose folgte ihm als König. Kamose beherrschte Unterägypten von Elephantine bis nach Cusae, eine Stadt nahe dem heutigen Assiut. Er drang nach Norden bis ins Nildelta vor und griff erfolgreich Auaris (Tell el-Daba'a) an, die Hauptstadt der Hyksos in der Nähe des heutigen Suezkanals.

Die Hyksos hatten zahlreiche Neuerungen mit nach Ägypten gebracht, unter anderem neue Töpfer-, Bronze- und Webtechniken. Für den Krieg führten sie den Kompositbogen ein, außerdem wirksamere Schwerter und Dolche und – besonders wichtig – den von Pferden gezogenen Streitwagen. Trotz der für damalige Verhältnisse sehr guten Ausrüstung waren sie nicht siegreich, obwohl sie damit der ägyptischen Armee schweren Schaden zufügten, konnten sich die Ägypter behaupten und gewannen sogar wieder an Boden. Kamose griff weiterhin die Stellungen der Hyksos an, und nach seinem Tod errang sein Bruder und Nachfolger Ahmosis den endgültigen Sieg. Sein militärischer Erfolg gegen die Hyksos war gekoppelt an die rasche Wiedereroberung Nubiens und seiner Goldminen, die Invasion des Sinai, Südpalästinas und Kretas. Ahmosis gilt gewöhnlich als Begründer der 18. Dynastie und wurde wegen seiner Reputation als militärischer Führer während der Ramessidenzeit zum Gott erklärt

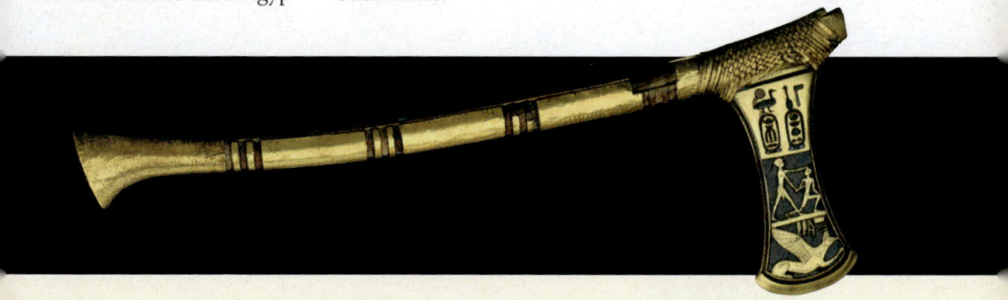

38 OBEN SPHINX VON AMENEMHET III.; ÄGYPTISCHES MUSEUM IN KAIRO.

38 MITTE ARMBAND VON KÖNIGIN ANHOTEP, DER MUTTER VON KAMOSE UND AHMOSIS; ÄGYPTISCHES MUSEUM IN KAIRO.

38 UNTEN UND 39 DOLCH UND ZEREMONIELLE STREITAXT VON AHMOSIS; ÄGYPTISCHES MUSEUM IN KAIRO.

40 KOPF VON HATSCHEPSUT AUS DEM TEMPEL VON DEIR EL-BAHARI; ÄGYPTISCHES MUSEUM IN KAIRO.

41 LINKS AMENOPHIS II. MIT DER THEBANISCHEN GÖTTIN MERETSEGER AUS DEM TEMPEL VON KARNAK; ÄGYPTISCHES MUSEUM IN KAIRO.

41 RECHTS STANDBILD VON THUTMOSIS III. AUS DEM VERSTECK (CACHETTE) VON KARNAK; ÄGYPTISCHES MUSEUM IN KAIRO.

und in Theben angebetet. Nach dem Tod von Ahmosis konsolidierte sein Sohn Amenophis I. die politischen und militärischen Erfolge seines Vaters. Da der neue König sehr vorbildlich regierte, wurde er Generationen später zur Schutzgottheit der thebanischen Nekropole erklärt. Das Grab von Amenophis I. gilt als das erste Königsgrab, das abseits von seinem Totentempel errichtet wurde.
Thutmosis I. heiratete Amenophis' I. jüngere Schwester und folgte ihm im Jahr 1506 v. Chr. als König nach. Die Kriegszüge des neuen Herrschers nach Westasien und Nubien waren so erfolgreich, dass Ägypten seine eroberten Gebiete auf über 1600 Kilometer entlang dem Nil und 1500 Kilometer ostwärts bis zum Euphrat ausdehnen konnte. Der königliche Architekt Ineni blieb im Amt und überwachte die umfangreichen königlichen Baumaßnahmen in Karnak und den Bau des königlichen Grabes – vermutlich das erste im Tal der Könige. Unter der Herrschaft von Thutmosis I. erschienen neue theologische Texte, darunter das *Amduat* und die *Litanei des Re*. Außerdem wurde die Stellung des Gottes Osiris im ägyptischen Glauben gestärkt.
Da die beiden ältesten Söhne vor ihrem Vater Thutmosis I. starben, fiel der Thron an den dritten Sohn Thutmosis II. Als eine seiner ersten Amtshandlungen nahm dieser seine Halbschwester Hatschepsut zur Frau, eine Entscheidung, die weit reichende Konsequenzen haben sollte.
Thutmosis III., der Sohn einer Nebenfrau von Thutmosis II., war erst sechs Jahre alt, als sein Vater starb; daher wurde Hatschepsut zur Regentin ernannt. Nach zwei Jahren ließ sie sich jedoch zur Königin von Ober- und Unterägypten krönen; ihre prunkvolle Krönungszeremonie wird in ihrem Totentempel in Deir el-Bahari dargestellt. Die dortigen Inschriften apostrophieren sie als Tochter der Götter. Darin wird sie – unter Aussparung der Regierungszeit von Thutmosis II. – zur direkten und legitimen Nachfolgerin ihres Vaters Thutmosis I. erklärt.
Die Regierung von Thutmosis III. wird zwar dargestellt, als hätte er zusammen mit Hatschepsut geherrscht, doch alle Hinweise sprechen dafür, dass Hatschepsut ihn völlig in den Hintergrund gedrängt hatte und das Land allein regierte. Zu ihren wichtigsten Ratgebern zählte ihr Architekt Senenmut. Er unterrichtete auch ihre Tochter und bezeichnete sich selbst als „der Größte unter den Großen des Landes". Bis zu seinem Tod im siebzehnten Jahr ihrer Herrschaft hatte er den Bau ihres Totentempels in Deir el-Bahari geleitet, ohne Zweifel einer der schönsten Bauten des antiken Ägypten; außerdem hatte er den Amun-Tempel in Karnak umfassend erweitert.
Als Hatschepsut nach zwanzig Regierungsjahren starb, wurde Thutmosis III. doch noch Alleinherrscher von Ägypten. Ein Ägyptologe nannte ihn einen „napoleonisch kleinen Mann", denn er

war nur 157 cm groß, und in militärischer Hinsicht war seine Regierung eine der expansivsten Ägyptens. Allein nach Westasien unternahm er über 16 Feldzüge, um das Land zurückzuerobern, das während der weitgehend friedlichen Regierung von Hatschepsut verloren gegangen war. In Nubien dehnte er die ägyptische Kontrolle bis zum vierten Katarakt aus.
Während seiner Regierung diente Memphis als Verwaltungs- und Militärhauptstadt, Theben behielt aber die wichtige Funktion eines religiösen Zentrums. Er ließ in Theben großartige Bauten errichten; seine Erweiterungen des Amun-Tempels von Karnak gehören zu den umfangreichsten ihrer Art. Sein Grab (KV 43) ist reichhaltig und wunderschön verziert. Die Gräber seiner Beamten (das von Rechmire ist ein gutes Beispiel) gehören zu den kunstvollsten der Nekropole von Theben; sie zeigen stolz den wachsenden Reichtum des sich ausdehnenden ägyptischen Reiches.
Amenophis II. und Thutmosis IV. führten die militärische Tradition weiter und unternahmen Feldzüge nach Nubien und Syrien. Beide waren große Förderer von Kunst und Architektur, bauten Karnak reich aus, und beide legten eindrucksvolle Gräber im Tal der Könige an.

Amenophis III., der Sohn von Thutmosis IV., bestieg den Thron als Kind; er trug mehr zum Wachstum von Theben bei als jeder andere König der 18. Dynastie. Obwohl ihn viele Feldzüge ins Ausland führten, ist Amenophis III. vor allem wegen seiner Wirkung in Ägypten bekannt. Er legte großen Wert auf die Vergangenheit, und sein archaisierender Stil führte zu zahlreichen Veränderungen in der Ausgestaltung von Gräbern und Tempeln. Amenophis III. erweiterte den Amun-Tempel in Karnak, unter anderem baute er den Dritten und Zehnten Pylon sowie den Mut-Tempel. Er ließ am Westufer Thebens den großen Malqata-Palast errichten und legte daneben einen riesigen Hafen (zwei Kilometer lang und einen Kilometer breit) für religiöse Zeremonien an. Sein prachtvoll gemeißeltes und verziertes Grab im westlichen Tal der Könige wird bald für Touristen geöffnet sein. Das eindrucksvollste Bauwerk ist jedoch sein Totentempel am Westufer, der größte Totentempel, der jemals erbaut wurde. An seinem Eingang stehen die Memnon-Kolosse; sie gehören zu den größten monolithischen Statuen überhaupt.
Amenophis III. und seine Königin Teje nahmen intensiv an theologischen und politischen Diskussionen teil. Sie legten besonderen Wert auf den Sonnenkult und die göttliche Natur des Königtums. Damit legten sie den Grundstein für die revolutionären religiösen Veränderungen, die ihr Sohn Amenophis IV. durchführen sollte.
Amenophis IV. änderte im fünften Jahr seiner Herrschaft seinen Namen in Echnaton und verlegte die Hauptstadt von Theben in die neue Stadt Achet-Aton (Tell el-Amarna), er veränderte einschneidend die ägyptische Kunst, Architektur, Schriftsprache und vor allem die Religion. Die Tempel der alten Götter wurden geschlossen. Es wurde verboten, das Wort „Gott“ im Plu-

42 STATUE VON AMENOPHIS III.; MUSEUM VON LUXOR.

43 KOLOSSALSTATUE VON AMENOPHIS III., KÖNIGIN TEJE UND TÖCHTER AUS SEINEM TOTENTEMPEL; ÄGYPTISCHES MUSEUM IN KAIRO.

ral zu benutzen, und er kombinierte spezielle Aspekte des Sonnenkultes zu einer Verehrung von Aton, der Sonnenscheibe. Der König und seine Familie genossen Gott-Status. Vor allem Theben hatte unter den Veränderungen zu leiden, denn seine Tempel mussten schließen, als Achet-Aton neue Hauptstadt wurde. In der Folgezeit wurden nur noch wenige Monumente in Theben errichtet. Eine Ausnahme ist der riesige Aton-Tempel, den Echnaton östlich des Amun-Tempels in Karnak errichten ließ. Steinblöcke daraus kann man heute im Museum in Luxor sehen. Wichtig für Kunsthistoriker ist das wunderschön verzierte Grab des Wesirs Ramose; es wurde unter Amenophis III. begonnen und unter Amenophis IV./Echnaton vollendet.
Auf Echnaton könnte Semenchkare gefolgt sein, doch es ist unbekannt, wer diese Person war und wie lange er (oder sie) regierte. Der nächste Nachfolger war Tutanchamun, vermutlich der jugendliche Sohn von Amenophis IV./Echnaton. Sein Grab im Tal der Könige enthielt die spektakulärste Sammlung von Objekten, die jemals in Ägypten entdeckt wurden. Nachdem es 1922 geöffnet worden war, machten die Funde Tutanchamun zum bekanntesten König der ägyptischen Geschichte, obwohl seine Regierungszeit kurz war, von ihm kaum bemerkenswerte Taten bekannt sind und seine Bauprojekte in Theben nur unbedeutend waren (z. B. am Tempel von Luxor).
Als der Kind-König starb, übernahm sein Regent Eje die Herrschaft. Er ist nur deswegen bekannt, weil er auf der Wand des Grabes von Tutanchamun dargestellt ist: Dort führt er beim König die rituelle Mundöffnung durch. Außerdem kennen wir sein Grab im westlichen Tal der Könige, das vielleicht ursprünglich für Tutanchamun vorgesehen war.
Ejes Nachfolger war der Armeegeneral Haremhab, seit über fünfzig Jahren der erste Herrscher, der wieder umfangreiche Baumaßnahmen in Theben ausführen ließ. Er erweiterte den Amun-Tempel in Karnak, wobei er häufig Steinblöcke von Echnaton wieder verwenden ließ. Besonders eindrucksvoll ist sein Grab im Tal der Könige. Haremhab war der letzte König, der Theben als Regierungssitz nutzte. Er brüstete sich damit, die Bürokratie reformiert zu haben, nicht nur, indem er auf Männer hohen Ranges zurückgriff, die „die die Bürger jeder Stadt beurteilten", sondern auf Männer „mit perfekter Sprache und gutem Charakter".
Haremhabs Stellvertreter, der Armeeoffizier Paramessu, wurde sein Nachfolger und nahm den Namen Ramses I. an. Er regierte das Land von der Stadt Tanis im Nildelta aus; Theben blieb zwar religiöses Zentrum, diente aber nicht mehr als weltliche Hauptstadt. Ramses I. gilt gewöhnlich als erster König der 19. Dynastie. Die Könige dieser neuen Dynastie wählten ihre Namenszusätze aus den Göttern Unterägyptens, wie Ra (Re), Seth und Ptah, nicht dagegen – wie die Könige der 18. Dynastie es taten – aus den Göttern Oberägyptens.

44 STEINBLOCK (TALATAT) AUS DEM TEMPEL VON KARNAK: ECHNATON BETET DIE SONNE AN; MUSEUM VON LUXOR.

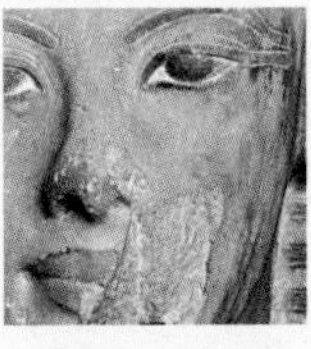

45 LINKS KOLOSSALKOPF VON ECHNATON AUS DEM TEMPEL VON KARNAK; MUSEUM VON LUXOR.

45 RECHTS DETAIL EINER KOLOSSALSTATUE VON TUTANCHAMUN; ÄGYPTISCHES MUSEUM IN KAIRO.

Sethos I., der Sohn von Ramses I., unternahm mehrere Kriegszüge nach Westasien. Obwohl er aus Gewohnheit den Regierungssitz im östlichen Delta beibehielt, investierte er in die religiösen Bauwerke von Theben große Summen.
Sein Totentempel am Westufer und sein Grab im Tal der Könige wurden hoch geschätzt und waren stilbildend für die späteren Könige. Sein Ausbau des Amun-Tempels in Karnak, vor allem der Säulensaal (Hypostylsaal) und die Ausstattung der äußeren Nordwand gehören zu den wertvollsten Beispielen von Kunst und Architektur in Ägypten.
Sethos I. begründete auch das Tal der Königinnen als königliche Nekropole. Im ersten Grab wurde seine Mutter begraben.
Sein Nachfolger Ramses II. setzte die Feldzüge in großem Stil fort, allerdings gibt es gute Gründe zu glauben, dass er seine Fähigkeiten als militärischer Führer maßlos übertrieb. Viele Ägyptologen halten einige seiner Angaben schlicht für Lügen.
Als Bauherr ist Ramses II. dagegen zweifellos Großartiges gelungen. Vermutlich ging es ihm mehr um Quantität als um Qualität – wenn er mit seinen Bauwerken Eindruck machen wollte, ist ihm dies zweifellos gelungen. Er ließ bei Abu Simbel in Nubien zwei gigantische Tempel aus dem Fels hauen. In Theben beauftragte er den Bau eines riesigen, spektakulären Grabes für seine Frau Nofretiri.
Ramses II. vollendete den Säulensaal in Karnak, baute den Tempel von Luxor aus und errichtete mit dem Ramesseum einen großartigen Tempel für sich selbst. Schließlich ließ er im Tal der Könige zwei riesige Gräber einrichten, eines für sich selbst und das andere, das größte Grab im Tal, für einige seiner zahlreichen Söhne. Seine 67 Jahre dauernde Regierung ist die zweitlängste in der ägyptischen Geschichte, er starb im Alter von über achtzig Jahren – zu einer Zeit, in der die durchschnittliche Lebenserwartung eines männlichen Ägypters 45 Jahre betrug.
Nach dem Tod von Ramses II. übernahm sein 13. Sohn Merenptah die Regierung – vermutlich war er da bereits über 50 Jahre alt. Der neue König residierte in Memphis und unternahm mehrere Feldzüge nach Nubien und Westasien gegen die Seevölker, Libyer und Sardinier. In Theben sind vor allem sein Grab im Tal der Könige und sein Totentempel bekannt, für den er Hunderte von Statuen und Steinblöcken benachbarter Bauten wieder verwendete.
Während seiner Regierungszeit entstand die Israel-Stele und wurde in seinem Totentempel aufgestellt; sie erwähnt zum ersten Mal den Namen dieses Volkes in einem ägyptischen Text. Für die Behauptung, dass Merenptah der Pharao der Bibel sei, unter dem die Israeliten auszogen, gibt es allerdings keinen Beleg.
Für eine kurze Übergangszeit drang Messui, ein nubischer Vizekönig, als Eroberer in Ägypten ein und beanspruchte die Kontrolle über Oberägypten; er änderte seinen Namen in Amenemes. Allerdings gelang es den Anhängern von Sethos II., einem Sohn von Merenptah, den Eroberer zu verdrängen. Sethos II. wurde König und herrschte sechs Jahre lang. Sein Grab kann besichtigt werden, während Amenemes' Grab (KV 10) noch ausgegraben wird.

47 OBEN KOLOSSALKOPF VON RAMSES II. IM ERSTEN HOF DES LUXOR-TEMPELS.

47 UNTEN KARTUSCHEN UND DECKENDEKORATION AUS DEM GRAB VON SETHOS I.; REPRODUZIERT VON G.B. BELZONI.

Als Sethos II. starb, war sein Sohn Siptah noch ein Kind, so dass Königin Tausret, die Witwe von Sethos II., dem Kind als Regentin diente. Nachdem Siptah unerwartet starb, herrschte sie zwei Jahre lang als Königin. Kanzler Bai, ein Syrer, der große Macht am ägyptischen Hof besaß, stand ihr bei und wurde dafür mit einem Grab im Tal der Könige belohnt (KV 14; es ist nicht zu besichtigen). Auf Tausret folgte Setnacht, ein Mann unbekannter Herkunft, der ungewöhnlicherweise ihr Grab beanspruchte und es vergrößerte.

Ramses III., der Sohn von Setnacht, war nach dem Tod von Merenptah der einzige bemerkenswerte Herrscher des Neuen Reiches. Er versuchte, Ramses II. nachzuahmen, gab seinen Söhnen die Namen von Ramses' Söhnen und baute mit Medinet Habu einen Totentempel, der den Plan des Ramesseums aufnahm. Er errichtete einen Schrein im Ersten Hof des Amun-Tempels von Karnak und begann mit den Arbeiten am Tempel von Chons, wiederum im Stil von Ramses II.

Die Ähnlichkeiten im Regierungsstil der beiden Könige sind allerdings nur vordergründig. Anders als sein Vorfahr hatte Ramses III. mit ernsten ökonomischen Problemen zu kämpfen: Zu Beginn seiner Regierung verfünffachten sich die Preise, und die Arbeiter von Deir el-Medina traten in den Streik, weil sie seit Monaten keinen Lohn bekommen hatten. Wichtige Hofbeamte wurden erfolgreich wegen Korruption angeklagt. Ramses IV., Sohn und Nachfolger des Königs, stellte später eine Liste der Schenkungen zusammen, die sein Vater den zahlreichen Tempeln Ägyptens gemacht hatte. Vermutlich wollte er dem Gerücht begegnen, sein Vater hätte sich nicht um das Reich und die Nöte seiner Untertanen gekümmert. Allerdings dürfte es in der Tat maßgeblich an Ramses' III. ineffizienter und zunehmend korrupter Regierung gelegen haben, dass Ägypten solche Probleme hatte.

Teje, eine der Nebenfrauen von Ramses III., hatte sogar mit Priestern und Beamten konspiriert, um den König zu ermorden und ihren eigenen Sohn auf den Thron zu setzen. Als Ramses III. schwer erkrankte, wurden die Verschwörer aufgefordert, seinen Nachfolger zu benennen. Allerdings wurde die Verschwörung aufgedeckt. Teje und die anderen kamen vor Gericht, wurden für schuldig befunden und zum Selbstmord gezwungen. Ramses III. starb noch vor Ende der Gerichtsverhandlung, und Ramses IV., sein rechtmäßiger Erbe, bestieg den Thron.

Die übrigen acht Ramessiden der 20. Dynastie sahen den Niedergang des antiken Theben. Plünderer überfielen Reisende in Oberägypten, ein Bürgerkrieg sorgte für Chaos in Theben, und die Korruption der Beamten nahm überhand. Eine Zeit lang tolerierte man sogar Diebstähle im Tal der Könige, denn die Erlöse aus der Beute minderten Inflation und Armut. Zu Beginn der 20. Dynastie wurde Theben von einem derart gewaltigen Nilhochwasser überschwemmt, dass man dreitausend Arbeiter brauchte, um die Schäden am Luxor-Tempel zu beheben. Außerdem wurde Theben von gewaltigen Korruptionsskandalen erschüttert; eine 66 Tage andauernde Gerichtsverhandlung führte sogar dazu, dass das Opet-Fest ausfiel, eine der wichtigsten religiösen Zeremonien des Landes.

Dennoch ließen sich die Ramessiden weiterhin im Tal der Könige begraben, und einige ihrer Gräber sind groß und bemerkenswert. Das Grab von Ramses IX. ist beispielsweise mit erstaunlich vielen religiösen Inschriften kunstvoll geschmückt. Die Priester der 21. Dynastie waren für die Bewachung der königlichen Mumien verantwortlich; sie entfernten einige aus den ausgeraubten Gräbern und versteckten sie an anderen Orten (in TT 320 und KV 35).

49 UNTEN DETAIL EINES STANDBILDES VON RAMSES III., AUS DEM TEMPEL VON KARNAK; ÄGYPTISCHES MUSEUM IN KAIRO.

49 RECHTS RELIEF VON RAMSES III. IM ERSTEN HOF SEINES TOTENTEMPELS IN MEDINET HABU.

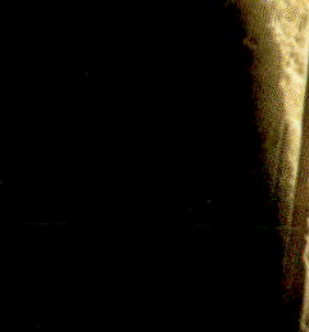

Während der Regierungszeit von Ramses IV. waren die wichtigsten Positionen der thebanischen Priesterschaft erblich geworden; die wachsende Macht dieser Priesterfamilien stellte eine ernste Bedrohung für das Königtum dar. Als der letzte Ramessidenkönig, Ramses XI., starb, wurde der größte Teil Ägyptens von Tanis im Delta aus regiert. Theben wurde vom Hohepriester des Amun in Karnak und seiner großen Familie kontrolliert. Die Herrscher der 22. Dynastie übernahmen nach und nach wieder die Kontrolle über den Amun-Tempel in Karnak und ernannten ihre Verwandten zu Hohepriestern von Amun. Auf diese Weise gewannen sie die Herrschaft über Oberägypten zurück. In der 23. Dynastie wurden die „Göttlichen Verehrer des Amun in Theben" zur wichtigsten Autorität des Nomos. Diese Situation hielt an, bis Ägypten in der 27. Dynastie ein Teil des persischen Reiches wurde. Wie reich die Priester des Amun waren, erkennt man an der enormen Größe ihrer Gräber, die zum Teil in der thebanischen Nekropole errichtet wurden. Die Gräber von Montemhet (TT 34) und Petamenophis (TT 33) in El-Assasif aus der 25. und 26. Dynastie bestehen beispielsweise aus labyrinthischen unterirdischen Gängen und Räumen.

In der 30. Dynastie lebte die ägyptische Autorität noch einmal für kurze Zeit auf – dann endete die dynastische Geschichte des Landes. Alexander der Große eroberte das Land 332 v. Chr., übernahm ägyptische Sitten und erbaute einige Monumente in Karnak, beim Luxor-Tempel, in Deir el-Medina und an anderen Stätten im thebanischen Gau. Die folgenden Herrscher setzten landwirtschaftliche Reformen durch. Sie steigerten die Produktivität und ermöglichten so, dass sich die ägyptische Bevölkerung von vier Millionen bis zur frühen Römerzeit verdoppelte. Während der griechisch-römischen Zeit wurden weitere Bauten in Theben ausgeführt. Allerdings hat-

50 LINKS RAMSES VI. OPFERT WEIN; SZENE AUS SEINEM GRAB.

50–51 RAMSES IX. OPFERT DEM SONNENGOTT, DARGESTELLT ALS WIDDERKÖPFIGER MANN.

51 RAMSES VI., IN KARNAK GEFUNDENE STATUE; ÄGYPTISCHES MUSEUM IN KAIRO.

te die große Entfernung von Alexandria zur Folge, dass Thebens Bedeutung schwand. Regelmäßige Fehden zwischen den Dörfern und fremden Besatzern ließen die Vorteile der Reformen in Oberägypten weniger deutlich zum Tragen kommen als im Delta. Das „Vorbild aller Städte“ hatte keine Bedeutung mehr für die ägyptische Kunst und Politik. Mit dem Aufkommen des Christentums entstanden in Theben zahlreiche Klöster, Konvente und Kirchen, deren Überreste am Westufer bei Dra Abu el-Naga, Deir el-Medina und anderswo noch immer erkennbar sind (siehe auch die Beispiele von Kunst und Handwerk aus dieser Epoche im Luxor-Museum). Der aufstrebende Islam hatte zunächst kaum wirtschaftliche Bedeutung für Theben, denn es lag südlich des Wadi Hammamet und das Wadi Qena, den beiden wichtigsten Pilgerrouten nach Mekka und Handelsstraßen zum Roten Meer und dem Indischen Ozean (die anderen beiden lagen weiter im Norden). In der Tat waren es erst die europäischen Touristen des 19. und vor allem des späten 20. Jahrhunderts, die Theben wieder zu einer wirtschaftlichen und kulturellen Bedeutung verhalfen.

ZEITTAFEL

Dynastie „0“ um 3050 v. Chr.

◆

FRÜHDYNASTISCHE ZEIT

1. Dynastie 3000–2800

2. Dynastie 2800–2670

◆

ALTES REICH

3. Dynastie 2670–2600

4. Dynastie

- Snofru 2600–2571
- Khufu (Cheops) 2571–2548
- Djedefre 2548–2540
- Chephren 2540–2514
- Mykerinos 2510–2491
- Schepseskaf 2491–2487

5. Dynastie

- Userkaf 2487–2480
- Sahure 2480–2468
- Neferirkare 2468–2449
- Niuserre 2443–2419
- Menkauhor 2419–2411
- Djedkare 2411–2378
- Unas 2378–2348

6. Dynastie

- Teti 2348–2320
- Userkare
- Pepi I. 2316–2284
- Merenre I. 2284–2270
- Pepi II. 2270–2205
- Merenre II.
- Nitokris (?)

◆

ERSTE ZWISCHENZEIT

7.–8. Dynastie 2198–2160

9.–10. Dynastie 2160–1980

11. Dynastie

- Antef I. 2081–2065
- Antef II. 2065–2016
- Antef III. 2016–2008
- Nebhepetra-Mentuhotep I. 2008–1957
- Mentuhotep II. 1957–1945
- Mentuhotep III. 1945–1938

◆

MITTLERES REICH

12. Dynastie

(Überschneidungen von Regierungszeiten wegen gemeinsamer Regentschaften)

- Amenemhet I. 1938–1909
- Sesostris I. 1919–1875
- Amenemhet II. 1877–1843
- Sesostris II. 1845–1837
- Sesostris III. 1837–1818
- Amenemhet III. 1818–1773
- Amenemhet IV. 1773–1763
- Sobeknofru 1763–1759

◆

ZWEITE ZWISCHENZEIT

13. Dynastie

(mehrere kurz regierende Herrscher) 1759–1630

14. Dynastie

(mehrere kurz regierende Herrscher) 1700–1630

15.–16. Dynastie

(die Hyksos) 1630–1522

17. Dynastie

(thebanische Herrscher)

- Antef V. um 1630
- Sekenenre Taa I. um 1570
- Sekenenre Taa II. um 1560/1550
- Kamose 1543–1539

◆

NEUES REICH

18. Dynastie

- Ahmosis 1539–1514
- Amenophis I. 1514–1493
- Thutmosis I. 1493–1482
- Thutmosis II. 1482–1479
- Hatschepsut 1479–1458
- Thutmosis III. 1479–1426
- Amenophis II. 1426–1400
- Thutmosis IV. 1400–1390
- Amenophis III. 1390–1353
- Amenophis IV./Echnaton 1353–1336
- Semenchkare 1336–1333
- Tutanchamun 1333–1323
- Eje 1323–1319
- Haremhab 1319–1292

19. Dynastie

Ramses I.	1292–1290
Sethos I.	1290–1279
Ramses II.	1279–1213
Merenptah	1213–1203
Sethos II.	1203–1196
Amenemes	
– Siptah	1196–1190
Tausret	1190–1188

20. Dynastie

Setnacht	1188–1186
Ramses III.	1186–1155
Ramses IV.	1155–1148
Ramses V.	1148–1143
Ramses VI.	1143–1135
Ramses VII.	1135–1129
Ramses VIII.	1129–1127
Ramses IX.	1127–1108
Ramses X.	1108–1104
Ramses XI.	1104–1075

◆

DRITTE ZWISCHENZEIT

21. Dynastie

Smendes	1075–1044
Neferkare	1044–1040
Psusennes I.	1040–990
Amenemope	993–984
Siamun	978–960
Psusennes II.	960–945

22. Dynastie

Scheschonk I.	945–924
Osorkon I.	924–889
Takelot I.	889–874
Osorkon II.	874–850
Takelot II.	850–825
Scheschonk III.	825–773
Pami	773–767
Scheschonk V.	767–730
Osorkon IV.	730–715 ?

23. Dynastie

Pedubastis	818–793
Scheschonk IV.	793–787
Osorkon III.	787–759
Takelot III.	764–757
Rudamun	757–754
Iupet	754–715 ?

24. Dynastie
(725–712 v. Chr.)

25. Dynastie

(nubisch)	712–664
Assyrische Besetzung	671–664

◆

SPÄTZEIT

26. Dynastie
(Saiten)

Necho I.	672–664
Psammetich I.	664–610
Necho II.	610–595
Psammetich II.	595–589
Apries	589–570
Amosis	570–526
Psammetich III.	526–525

27. Dynastie	
(Persische Zeit)	525–404
28. Dynastie	404–399
29. Dynastie	399–380
30. Dynastie	
Nektanebos I.	380–362
Tachos	362–360
Nektanebos II.	360–343
Zweite Persische Zeit	343–332
Makedonier	332–305
Ptolemäische Zeit	305–30
Römische und Byzantinische Zeit	30 v. Chr.–642 n. Chr.

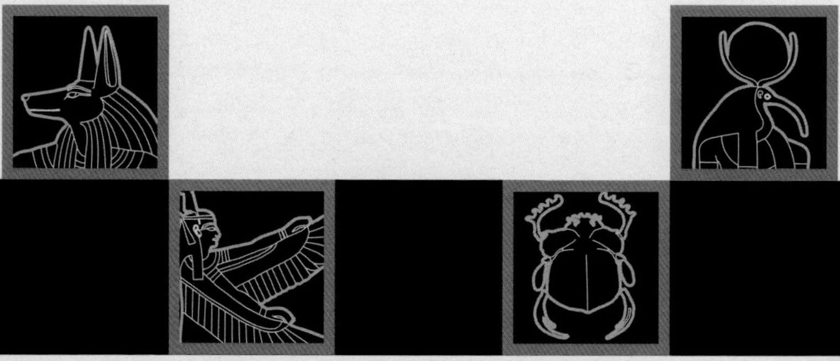

ÄGYPTISCHE RELIGION UND RELIGIÖSE FESTE

Das Universum der alten Ägypter bestand aus drei Teilen: Himmel, Erde und Unterwelt. Die Erde war eine flache Scheibe mit Ägypten im Zentrum; darum angeordnet waren die fremden Länder und die Wüste, und alles war von dem weiten Urozean Nun umgeben. In diesem Ozean wurden auf einem kleinen Hügel die Götter erschaffen. Dazu spuckte der Gott Atum („Der sich selbst geschaffen hat") – nach anderen Legenden masturbierte er – auf den Hügel und schuf als erstes Schu, den Gott der Luft und des Sonnenlichtes und Tefnut, die Göttin der Feuchtigkeit. Die beiden waren die Eltern von Geb, dem Gott der Erdenscheibe, die aus dem Hügel herauswuchs, und von Nut, der Göttin des Himmels. Geb und Nut wiederum hatten die Kinder Osiris, Isis, Seth und Nephthys, die ihrerseits weitere Götter gebaren.
An den vier Ecken der Welt erhoben sich vier mächtige Pfeiler, die eine gewaltige Himmelskuppel trugen; daran waren Sonne, Mond und Sterne befestigt – sie waren die Heimat verschiedener kosmischer Gottheiten.

Nach einer anderen Version bestand diese Himmelskuppel aus dem Körper von Nut, die sich schützend über die Erde wölbte.
Unter der Erde lag die Unterwelt, das Reich der Toten und die Heimat von Osiris. Nach ihrem Tod hielten sich hier die Menschen auf; über sie wurde gerichtet, und sie verbrachten die Ewigkeit dort. In dieser Unterwelt ging es zu wie auf der Erde, obwohl sie voller Gefahren war.
Besonders bedrohlich waren diese Gefahren für den Sonnengott Re. Jeden Abend versank die Sonne am westlichen Horizont und begab sich auf eine zwölfstündige Reise durch die Dunkelheit der Unterwelt. Sie reiste auf einer großen Barke, die von anderen Göttern beschützt wurde. Vor allem der Schlangengott Apophis und andere böse Kreaturen bedrohten das Boot und trachteten danach, die Sonne zu zerstören. Eine andere Version lässt die Reise durch den Körper der Göttin Nut verlaufen: Sie verschluckte die Sonne am Abend und gebar sie morgens wieder neu. Wie auch immer, wenn die Reise scheiterte, würde die Sonne am Morgen nicht mehr aufgehen und alles Leben auf der Erde untergehen. Viele Darstellungen auf den Wänden der königlichen Gräber im Tal der Könige baten darum, diese nächtliche Reise erfolgreich ablaufen zu lassen. In religiösen Texten, wie dem „Pfortenbuch“, dem „Amduat“ und dem

54 DIE GÖTTIN NUT BEREITET SICH VOR, DIE SONNE ZU VERSCHLUCKEN; AUS DER GRABKAMMER VON RAMSES VI.

54–55 DAS BUCH DES TAGES UND DAS BUCH DER NACHT AUF DER DECKE IM ERSTEN PFEILERRAUM DES GRABES VON RAMSES VI.; NUT HÄLT DIE DARSTELLUNG ZUSAMMEN.

„Höhlenbuch“, sind Beschwörungen niedergeschrieben, um die Feinde der Sonne zu bekämpfen. Die wichtigste Aufgabe vieler der zahlreichen ägyptischen Götter war es, die Sonne auf ihrer gefährlichen Reise zu unterstützen.
Die Götter des alten Ägyptens haben sowohl Tier- als auch Menschengestalt; häufig kommen auch Mischwesen vor. In der Litanei des Re erscheint die Sonne in 75 unterschiedlichen Formen, manchmal männlich, manchmal weiblich und mit den Köpfen verschiedener Kreaturen. Die Götter besaßen ähnliche Gestalten wie die Menschen, waren allerdings größer. Laut den Inschriften war Osiris 4,70 Meter und Horus vier Meter groß. Dies mag erklären, warum ägyptische Priester die Körpergröße ihrer Könige als Zeichen ihrer Göttlichkeit genau aufzeichneten, wie der griechische Reisende Diodorus Siculus (90–21 v. Chr.) berichtet.
Die Inschriften erzählen uns, dass sich die Götter trotz ihres merkwürdigen Aussehens sehr menschlich benahmen. Sie wurden geboren, heirateten, hatten Kinder, feierten Geburtstag, besaßen Gefühle, hatten Freunde und Feinde und schrieben sich sogar Briefe. Auch ihre Körperfunktionen waren den unseren gleich: Sie weinten, bluteten, schieden aus, schwitzten und übergaben sich. Sie fühlten sich krank, wurden alt und konnten sogar sterben. So starb Re beispielsweise jeden Abend bei Sonnenuntergang und wurde morgens wiedergeboren. Es gab sogar Götter, die den Superhelden moderner Comics glichen: Man konnte sie verbrennen, köpfen oder in Stücke schneiden – sie stellten sich selbst wieder her oder wurden von anderen Göttern geheilt. Auf diese Weise kehrten sie wieder und wieder in die Welt der Lebenden zurück.
Die Ägypter glaubten, dass die Zahl ihrer Götter unendlich groß sei; wir kennen die Namen von mehreren hundert. Um diese große Zahl besser in den Griff zu bekommen, ordneten die Priester sie zu Gruppen, den Enneaden (meist Gruppen von neun, wie oben beschrieben), Familien und Triaden, wie die thebanische Triade aus Amun, seiner Frau Mut und ihrem Sohn Chons. Wie menschliche Familien verbrachten diese unterschiedlichen Göttergruppen gemeinsame Feste, vertraten gemeinsame Interessen oder stritten mit anderen Gruppen.
Die thebanische Triade war während des Neuen Reiches die mächtigste Gruppe von Göttern, und Amun, vor allem in seiner vereinigten Form als Amun-Re, galt als „König der Götter“. Obwohl er bereits im Alten Reich genannt wird und an Bedeutung während des Mittleren Reiches zunahm, erreichte Amun erst während der 18. bis 20. Dynastie seine hervorragende Position unter den Göttern. Obwohl sein Name „der Verborgene“

56 UNTEN RAMSES II. OPFERT DER THEBANISCHEN TRIADE (AMUN, MUT UND CHONS), GEFOLGT VON MAAT; AUS DEM LUXOR-TEMPEL.

56–57 DER VERGÖTTLICHTE RAMSES II. SITZT ZWISCHEN AMUN-RE UND MUT; AUS „MONUMENTI DELL'EGITTO E DELLA NUBIA" VON I. ROSELLINI.

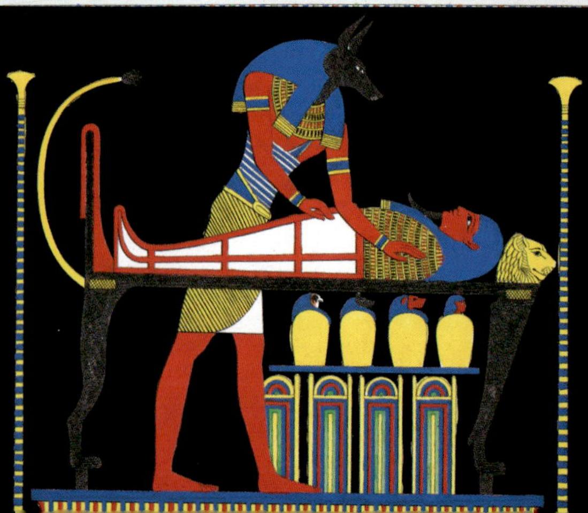

bedeutet, waren die riesigen Tempel, die zu seinen Ehren erbaut wurden und in denen ihm Armeen von Priestern huldigten, alles andere als versteckt. Amun erreichte beinahe den Status eines monotheistischen Gottes und war eine Zeit lang die reichste und mächtigste Macht in Ägypten.

Die so genannten „kleineren" oder „persönlichen" Götter waren verantwortlich für die täglichen Bedürfnisse der Menschen. So baten beispielsweise Bauersfrauen Bes oder Toeris um Schutz während der Schwangerschaft oder um Hilfe für ein krankes Kind. Andere Götter gaben Ratschläge bei Heiratsangelegenheiten oder wurden um eine gute Ernte gebeten.

Die wichtigeren „staatlichen" Götter hatten entsprechend bedeutendere Aufgaben: Sie sorgten dafür, dass die Sonne auf- und unterging, der Mond zu- und abnahm, der Nil über die Ufer trat und wieder abfloss und dass Maat den Sieg über Chaos und Zwietracht davontrug. In ihren Händen lagen Leben und Tod. Für diese Götter wurden die großen Tempel gebaut, Armeen von Priestern beteten sie an und waren für die Opfer zuständig. Bis ins Neue Reich galten diese Götter als derart mächtig, dass gewöhnliche Sterbliche keinen Kontakt zu ihnen haben durften. Das war keineswegs immer so. Die ägyptischen Texte gehen nur sehr sporadisch auf die Entstehung der Menschheit ein: Angeblich stammen wir von den Tränen eines Schöpfer-Gottes ab, so ein ägyptisches Wortspiel: *remi* („Weinen") und *remitj* („Menschheit"). Wir wurden von den Göttern getrennt und lebten fern von ihnen, aber in der Frühzeit des Kosmos hatten Menschen und Götter noch zusammen auf der Erde gelebt. Als das Benehmen der Menschen jedoch unerträglich wurde, hatten die Götter beschlossen, die Erde zu verlassen und im Himmel zu leben. Wir Menschen bereuten sofort, dass die Götter uns nun nicht mehr helfen konnten, und wir flehten sie an, ihre Hilfe auch weiterhin zu gewähren. In einem Augenblick des Mitleids beschlossen die Götter, einen der Ihrigen – Horus – zum Mittler zwischen Menschen und Göttern zu bestimmen. Er wurde zum „lebenden Horus", der auf der Erde im Körper des Königs lebte. Man verglich die Rolle des Königs zwischen Göttern und Menschen mit der Engstelle einer Sanduhr: Oben lebten die Götter, unten die Menschen. Jede Form der Kommunikation zwischen oben und unten musste über die Engstelle verlaufen, d. h. über den König. Er teilte den Göttern die Bedürfnisse der Menschen und den Menschen die Wünsche der Götter mit.

Unter dieser Voraussetzung galt der Tod eines Königs als äußerst bedrohliche Angelegenheit, da nun die Möglichkeit der Kommunikation unterbrochen war. Aus diesem Grund legte man großen Wert auf komplizierte Rituale und sorgfältig durchgeführte Begräbnisse, damit der tote König sicher in die Unterwelt gelangte. Dort schloss er sich als Osiris den Göttern an.

Aus demselben Grund erfolgte die Inthronisation des rechtmäßigen Nachfolgers nach ausgefeilten Regeln. Es musste sichergestellt werden, dass auch der neue König als lebender Horus zwischen Menschen und Göttern vermitteln konnte.

Die genaue Orientierung der Tempel (häufig legten die Priester den Verlauf der Grundmauern während der Nacht fest, um die Tempelachse auf den Großen Bären ausrichten zu können), die sorgfältige Gestaltung der Königsgräber, der Wert, den man auf religiöse Inschriften und Szenen legte und der komplizierte Prozess der Mumifizierung – alles diente dazu, den Kontakt zwischen Menschen und Göttern zu bewahren. Die Opfer mussten genau vorbereitet und platziert, die Gebete fehlerfrei vorgetragen werden, und

58 OBEN SETHOS WIRD VON HORUS VOR OSIRIS GEFÜHRT, DAHINTER STEHT DIE GÖTTIN DES WESTENS; AUS „MONUMENTI DELL'EGITTO E DELLA NUBIA" VON I. ROSELLINI.

58 UNTEN ANUBIS KÜMMERT SICH UM DIE MUMIE VON TAUSRET; AUS „MONUMENTI DELL'EGITTO E DELLA NUBIA" VON I. ROSELLINI.

selbst das kleinste Detail eines Rituals hatte perfekt zu sein, andernfalls hätten sich die Götter vielleicht von den Menschen abgewandt. Wäre der Übergang vom toten König zu seinem Nachfolger nicht reibungslos verlaufen, wären die Folgen für die Menschheit verheerend gewesen.

In Theben fanden jedes Jahr zwei Zeremonien statt, um die Beziehung zwischen dem König und den Göttern sowie den Bewohnern der drei Teile des ägyptischen Kosmos zu erneuern. Wie bei fast allen religiösen Festen in Ägypten fanden dabei Prozessionen statt. Im Rahmen solcher Prozessionen wurden in Theben auch die Lage von Gräbern und Tempeln sowie ihre Grundrisse festgelegt.

Im zweiten Monat der Nilüberschwemmung fand das Opet-Fest statt. Die Priester trugen Barken mit den Statuen von Amun-Re, seiner Frau und seinem Sohn von ihrem Heimattempel in Karnak zum Tempel von Luxor. Das Fest hatte den Zweck, die enge Bindung zwischen Amun-Re und dem König zu stärken, der Verkörperung von Horus auf der Erde. Musiker, Tänzer, Akrobaten und andere begleiteten die singenden Priester, deren Zug von Tausenden von Schaulustigen gesäumt wurde. Gegen Ende der 18. Dynastie verlängerte sich dieses Fest von elf auf 27 Tage – ein Zeichen für die wachsende Bedeutung der Feierlichkeit.

Das „Schöne Fest vom Wüstental" war der Regeneration und der Stärkung der Bande zwischen den Lebenden und den Toten gewidmet. Etwa acht Monate nach dem Opet-Fest trug man die Statuen von Amun-Re und ehemaligen Königen in einer großen Prozession von Karnak über den Nil; dann über Kanäle durch die Schwemmebene bis zu den königlichen Totentempeln. An jedem Tempel wurde angehalten, bis man an dem alten Schrein von Hathor in Deir el-Bahari angelangt war. Später im Neuen Reich ging die Prozession danach weiter über einen Kanal bis Medinet Habu, dann ostwärts zum Nil, zum Tempel von Luxor auf dem Ostufer und schließlich zurück nach Karnak. Die Familien Thebens kleideten sich festlich und gingen mit Speisen und Blumen zu den Friedhöfen, um ihre Ahnen zu ehren; genauso wie der lebende König seinen sterblichen und göttlichen Vorfahren die Ehre erwies.

Dazu gab es zahlreiche weitere Feste, so dass die meisten ägyptischen Tempel ständig mit Prozessionen und den mehrmals täglich stattfindenden Gebeten und Opfern beschäftigt waren. Auch wenn uns heute diese Festlichkeiten merkwürdig erscheinen und uns der ägyptische Glaube fremd vorkommt, ihre Ziele unterschieden sich nur marginal von jenen, nach denen die Menschheit seit Jahrtausenden strebt. Die Ägypter versuchten, dem sterblichen Menschen Bedeutung und Sinn zu verleihen und die unerklärlichen Phänomene von Sein und Zeit, Gut und

Böse, Leben und Tod zu erklären. Auch wenn wir die Schlussfolgerungen der alten Ägypter nicht nachvollziehen können, dürften sich selbst moderne Menschen kaum der Leidenschaft entziehen können, mit der sich die Ägypter diesen grundlegenden und erschreckenden Fragen näherten.

60–61 PROZESSION BEIM „SCHÖNEN FEST VOM WÜSTENTAL"; AUS DEM TEMPEL VON KARNAK.

61 UNTEN DETAIL DES RELIEFS MIT DER HEILIGEN BARKE VOM AMUN-RE; AUS DEM TEMPEL VON KARNAK.

1 MONUMENTE AUF DEM OSTUFER

1

DIE TEMPEL VON KARNAK

GESCHICHTE

Der Tempelkomplex von Karnak ist schwer zu erfassen. Jean-François Champollion, der französische Entzifferer der Hieroglyphen, beschrieb es als „so weitläufig und grandios", als hätten es die Ägypter für „dreißig Meter große Menschen" gebaut. Karnak ist nicht nur riesig – der Komplex nimmt über zwei Quadratkilometer ein –, sondern auch das Produkt einer beinahe ununterbrochenen Bautätigkeit. Sie begann vor über 4700 Jahren und ist selbst heute noch nicht beendet. Der Tempel von Amun-Re, das Hauptheiligtum, dürfte das größte sakrale Bauwerk aller Zeiten sein. Er sollte dem Gott als Wohnung auf Erden dienen, daher finden sich in seiner Umgebung auch die Häuser seiner Familie: seiner Frau Mut und ihres Sohns Chons. Auch deren Tempel sind enorm. Die Reihe der Könige hat diese Bauten immer weiter erneuert, repariert und vergrößert, ganz so wie die Generationen einer Familie ihr Elternhaus an die jeweils herrschenden Bedürfnisse und Geschmäcker anpassen.

Die ältesten Bauten Karnaks gehen auf das Mittlere Reich zurück. Es gibt allerdings Hinweise auf Bautätigkeiten in der 3. Dynastie, und die archäologischen Befunde deuten sogar darauf hin, dass der Ort bereits lange vorher, in prähistorischer Zeit, besiedelt war. Im Neuen Reich schien jeder König geplant zu haben, seine Vorfahren durch ein noch gewaltigeres Monument zu übertreffen. Die Könige rissen ältere Bauten nieder und nutzten deren Steine für eigene Bauten. So stammen beispielsweise die Blöcke, aus denen Amenophis III. einen Pylon erbauen ließ, aus einem Dutzend Vorgängerbauten. Häufig bauten die Könige auch die Bauten ihrer Vorgänger um, hackten die Wandbilder heraus und ließen neue anfertigen, in denen der alte Königsname durch ihren eigenen ersetzt wurde. Daher ist es für Ägyptologen nicht ganz einfach, die geschichtliche Abfolge der Bautätigkeiten zu rekonstruieren.

Die ägyptischen Herrscher des Neuen Reiches bauten verschwenderisch und wandten große Mittel auf, um die Größe und Komplexität von Karnak zu steigern – und seinen Reichtum. Die Priester gehörten zu den reichsten in Ägypten. In Unterlagen des Neuen Reiches ist aufgeführt, dass die Priester des Amun-Tempels 81 000 Sklaven und Diener, 421 000 Rinder, 691 000 Morgen Ackerland, 83 Schiffe, 46 Werften und 65 Städte besaßen. Allein während der Herrschaft von Ramses III. erhielt der Tempel 31 833 Kilogramm Gold, 997 805 Kilogramm Silber, 2 395 120 Kilogramm Kupfer, 3722 Stoffballen, 880 000 Scheffel Getreide, 289 530 Enten und Gänse sowie unzählige Mengen von Öl, Wein, Obst und Gemüse als Geschenk. Amun war sowohl in religiöser wie ökonomischer Hinsicht der „König der Götter".

In Karnak wurden über zweihundert Bauwerke nachgewiesen, doch zweifellos gab

65 KOLOSSALE GRANITSTATUE VON RAMSES II. NEBEN DEM EINGANG ZUM SÄULENSAAL.

es hunderte weitere. Manche bestanden aus einfachen Lehmziegeln, die völlig verschwunden sind; andere sind edle Bauten aus kostbarem Alabaster, wieder andere enorme Tempel aus Sandstein und Granit mit 50 Meter hohen und 15 Meter dicken Mauern. Gegen Ende des Neuen Reiches war Karnak so dicht bebaut, dass neue Monumente zwischen die alten gesetzt oder ältere Gebäude niedergerissen werden mussten, um Platz zu schaffen. Ganz sicher gab es niemals einen Gesamtplan für diese Anlage.

Viele Bauwerke Karnaks sind nur schlecht erhalten. Die Erosion durch Wind und Wasser hat ihren Teil zur Zerstörung beigetragen, und Erdbeben, wie das im Jahre 27 v. Chr., verursachten derart starke Schäden, dass die Ingenieure noch heute an der Rekonstruktion der Bauten arbeiten. Es ist merkwürdig, aber die gewaltigen Mauern, Pylone und Säulen von Karnak stehen auf äußerst unsicheren Fundamenten, oft nicht mehr als flachen Gräben, die mit feinem Kies gefüllt wurden. Bereits steigendes Grundwasser kann die Fundamente schädigen und die Gebäude zum Einsturz bringen. Dies geschah im Oktober 1899, als die Säulen des Großen Säulensaals mit einem Krachen zusammenbrachen, das meilenweit hörbar war. Viele Teile von Karnak wurden von späteren Herrschern dem Erdboden gleichgemacht (ein bekanntes Beispiel für diesen Vandalismus ist Ptolemäus IX.), von den Christen für Häuser, Ställe und Klöster verwendet oder in Aufständen und Kriegen beschädigt. Während der letzten zwei Jahrtausende ritzten Touristen ihre Namen in die bemalten Wände und schlugen Teile der Reliefs heraus. Schatzgräber haben nach Kunstschätzen gegraben und dabei vieles zerstört. Dennoch sind immer noch Hunderte

66–67 KARNAK, DER ZENTRALE TEMPELBEZIRK VON SÜDEN.

von Hektar in Karnak unerforscht und viele (zweifellos bedeutsame) Monumente sind nur deswegen bekannt, weil Steine aus der Erde oder zwischen Unkraut hervorragen oder weil sie in neueren Gebäuden verbaut wurden. Aus diesen Gründen bleibt Karnak ein eindrucksvolles architektonisches Puzzle. Am Anfang des heutigen Komplexes standen einige kleinere Schreine, dann wuchs die Anlage weiter wie die Wellenkreise auf einem Teich. Geht man vom Zentrum aus zehn Minuten weit in eine beliebige Himmelsrichtung, durchwandert man beinahe jede Epoche der ägyptischen Geschichte – wenn auch keineswegs in chronologischer Ordnung.

Karnak lässt sich in vier Bereiche untergliedern. Im Norden liegt ein großer, ummauerter Bezirk mit dem Tempel des Gottes Montu und einem kleineren Maat-Tempel. Hinzu kommen mehrere kleinere Gebäude aus Stein und Lehmziegeln. Der Tempel von Montu war vielleicht über eine Sphingen-Allee mit einem etwa fünf Kilometer weiter nördlich gelegenen, sehr viel älteren Medamud-Tempel verbunden. Im Osten ließ Amenophis IV./Echnaton einen riesigen, offenen Tempelkomplex errichten, der seinem Sonnengott Aton geweiht war. Im Süden umgibt eine weitere Mauer einen Tempel der Göttin Mut und kleinere Tempel für Amenophis III. and Ramses III. (keiner dieser Bereiche ist für Touristen zugänglich).

Der vierte Bereich ist der größte und wichtigste. Dieser „Tempelbezirk des Amun“ ist das Ziel der Touristen und wurde von Ägyptologen besonders intensiv untersucht. Hier steht der große Tempel von Amun-Re, dem König der Götter. Allein dieses Gebäude misst 375 Meter von der Vorder- zur Rückseite und bedeckt eine Fläche von über 25 Hektar. Der gesamte Tempelbezirk nimmt hundert Hektar ein und enthält Tempel von Ptah, Chons, Osiris, Opet und anderen.

Im Umkreis der vier Tempelbezirke und begraben unter mehreren Metern Nilschlamm liegen die Ruinen des antiken Theben, eine Stadt, die einst Tausende von Hektar einnahm. Obwohl Theben im Neuen Reich über 50 000 Einwohner hatte, ist diese alte Stadt archäologisch noch so gut wie unerforscht.

Die alten Ägypter nannten Karnak *Ipet Isut*, den „vollkommensten aller Orte". Allerdings galt dieser Begriff ursprünglich nur für einen kleinen Bereich des Amun-Tempels, nicht für den gesamten Komplex. Einige Wissenschaftler vermuten, dass der erste Teil des Namens *(Ipet)* mit dem bestimmten Artikel *ta* wie „taype" ausgesprochen wurde und die griechischen Besucher ihn als „Theben" verstanden, der Name einer griechischen Stadt, mit der sie vertraut waren. Die Ägypter nannten ihre Stadt *Waset*. Karnak ist der arabische Name für das nahe gelegene moderne Dorf. Er bedeutet „befestigte Siedlung", vermutlich weil die frühen muslimischen Besucher auf die Ummauerung des Tempelbezirkes anspielten – eine genaue etymologische Deutung steht allerdings noch aus.
Die umgebende Mauer umfasst eine rechteckige Fläche von 500 Metern Tiefe und 550 Metern Breite; sie ist über 12 Meter hoch und mehr als acht Meter dick. Die Lehmziegel wurden nicht horizontal gerade, sondern in Form einer sanften Wellenbewegung vermauert. Diese Abweichung war gewollt; sie sollte die Wellen des großen Urmeeres symbolisieren, das nach dem ägyptischen Glauben die Erde bedeckte, bevor das Leben geschaffen wurde. Die Priester verkündeten, dass die Fläche innerhalb der Mauern – der Tempel des Amun-Re – einst jene Insel war, auf der die Schöpfung stattfand. Die Altertumsverwaltung hat große Teile der Mauer vor etwa sechzig Jahren rekonstruieren lassen. Damals wurde erstmals Eintritt verlangt und der Zutritt geregelt; auch in den ergänzten Teilen behielt man das Wellenmuster bei.
Vier monumentale und mehrere kleine Tore führen durch die Mauer ins Innere des Tempelbezirks. Viele Jahrzehnte lang betraten die Touristen das Gelände durch das Südtor. Das Haupttor liegt jedoch in der Westmauer, im Ersten Pylon des Tempels von Amun-Re. Bis vor wenigen Jahrzehnten war dieser Zugang verschlossen, denn er war weiter von den Hotels von Luxor entfernt und während der jährlichen Nil-Überschwemmung unpassierbar.
Heute gibt es keine Überschwemmungen mehr, daher nähert man sich dem Tempel vom Nil und fährt vom Fluss aus nach Osten bis zu einem großen, hässlichen Parkplatz. Links (im Norden) stehen die Antiquitätenläden, rechts (im Süden) das Hauptquartier der französischen archäologischen Gesellschaft. Die Straße folgt dem Weg der antiken Priester, deren Reise allerdings per Boot auf einem Kanal vom Nil bis zu einem T-förmigen Wasserbecken mit einem steinernen Kai führte.
In der Südostecke des Parkplatzes, etwa hundert Meter westlich von Karnak, kauft man die Eintrittskarten für den Tempelbezirk Karnak. Die Eintrittskarten für die Ton-und-Licht-Schau können direkt daneben erworben werden.

LEGENDE

1 SPHINGEN-ALLEE
2 ERSTER PYLON
3 ERSTER HOF
4 SCHREIN VON SETHOS II.
5 TEMPEL VON RAMSES III.
6 BUBASTIS-PORTAL
7 ZWEITER PYLON
8 FREILICHTMUSEUM
9 SÄULENSAAL
10 DRITTER PYLON

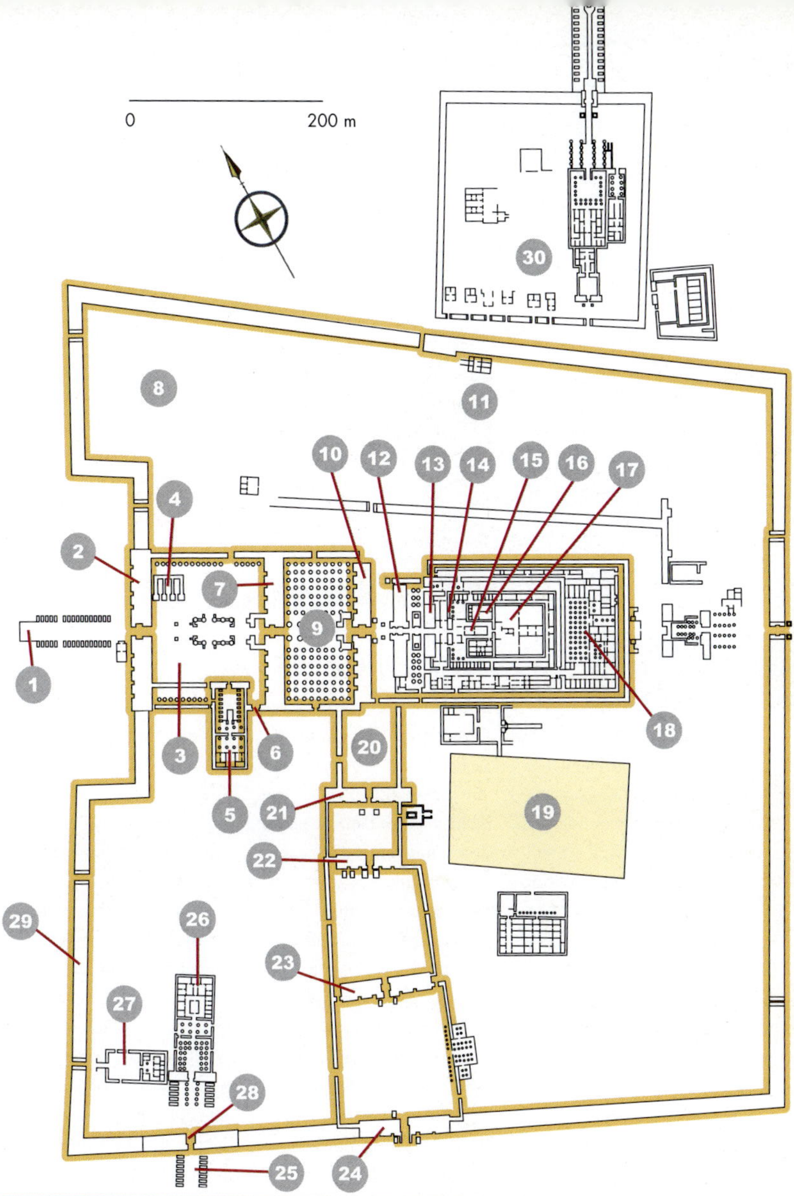

11 TEMPEL VON PTAH
12 VIERTER PYLON
13 FÜNFTER PYLON
14 SECHSTER PYLON
15 SCHREIN VON PHILIPPOS ARRHIDAIOS
16 SCHREIN VON HATSCHEPSUT
17 HOF DES MITTLEREN REICHES
18 ACHMENU, TEMPEL VON THUTMOSIS III.
19 HEILIGER SEE
20 COUR DE LA CACHETTE
21 SIEBTER PYLON
22 ACHTER PYLON
23 NEUNTER PYLON
24 ZEHNTER PYLON
25 SPHINGEN-ALLEE
26 TEMPEL VON CHONS
27 TEMPEL VON OSIRIS UND OPET
28 TOR VON PTOLEMÄUS III. EUERGETES
29 UMFASSUNGSMAUER
30 TEMPEL VON MONTU

BESICHTIGUNG

◆ DER KAI ◆

Am Kai von Amun landeten während der Festlichkeiten die großen Boote mit den Statuen von Amun und seinem Gefolge. Er ist eine Plattform aus Sandstein (13 mal 15 Meter), die man heute über eine Holzbrücke erreicht, die das Westende des antiken T-förmigen Hafenbeckens überspannt. Früher standen auf den Nordost- und Südostecken der Plattform zwei vier Meter hohe Obelisken; einer davon, der für Sethos II. (19. Dynastie) errichtet wurde, steht noch heute. In der Mitte des Kais erhob sich ein Piedestal aus Granit; es trug während der Feste das Modell einer Barke für die Statue des Gottes. Als man den unteren Teil des Kais in den letzten Jahren freilegte, kamen Inschriften aus der Spätzeit zum Vorschein, die die Höhe der jährlichen Nilüberschwemmungen angaben. Die höchste vermerkte Flut trat im sechsten Jahr der Regierung von Taharka (684 v. Chr.) auf; damals wurde der Säulensaal des Amun-Tempels 84 Zentimeter hoch überschwemmt. Die Überschwemmungen hörten erst 1925 auf, als ein Entwässerungskanal um Karnak gegraben wurde. Südöstlich des Kais (etwas rechts von ihm) in der Nähe des Ersten Pylons steht die Kapelle des Hakoris, eines Königs der 29. Dynastie. Sie gehörte zu einer von mehreren Stationen am Weg der Priester, die hier während der Prozessionen zum Tempel des Amun (und zurück) die Statuen des Gottes abstellten und beteten. Die Statuen stammten aus den Tempelheiligtümern und standen in vergoldeten Schreinen auf Bootsmodellen, die von Priestern in großartigen Faltenroben aus Leinen auf den Schultern getragen wurden. Am Kai lud man sie auf große Barken (sie hießen *Merit-Amun* und *Userhet*, bestanden aus Zedernholz und waren mit Blattgold und kunstvollen Stoffen geschmückt), die auf eine zeremonielle Reise zu den verschiedenen Tempeln in Oberägypten gingen. Musiker und Tänzer führten uralte Rituale auf, und Opferträger trugen mit Einlegearbeiten verzierte Kästen, die mit Gold, Juwelen und feinstem Leinen gefüllt waren. Wenn die Statue des Gottes vorbeikam, betrachteten die Priester, Würdenträger und Dorfbewohner diese verschwenderische Vorführung von Reichtum und Macht voller Ehrfurcht.

Bevor der Erste Pylon errichtet wurde, führten diese Prozessionen durch einen Bereich vor diesem, bedeckt mit üppigen Gärten und Teichen mit Papyrus und Lotosblumen. In mehreren privaten Gräbern von Theben haben sich Bilder von diesen Gärten erhalten (z. B. in TT 49, dem Grab von Neferhetep vom Ende der

18. Dynastie, und TT 161, dem Grab von Nacht aus der Regierungszeit von Amenophis III.). Aus diesen Quellen wissen wir auch, dass nördlich des Kais königliche Paläste und Gärten mit Dattelpalmen und Granatapfelbäumen lagen. Es gab reichlich Gemüse und Blumen, die häufig als Opfer für den Tempelgott dienten.

Eine Rampe an der Ostseite des Kais senkte sich zu einer Sphingen-Allee, dem so genannten Opferweg, der bis zum Ersten Pylon führte. Die Statuen sind Widder-Sphingen mit dem Körper eines Löwen und dem Kopf eines Widders – Symbole des Gottes Amun. Zwischen ihren Tatzen stehen kleine Figuren von König Ramses II. in der Pose des Osiris. Früher hielt man die Sphingen für Arbeiten aus der Zeit Ramses' II., tatsächlich entstanden sie jedoch in der 18. Dynastie unter Amenophis III. und Thutmosis IV. für den Tempel von Luxor. Erst später beanspruchte sie Ramses II. und ließ sie hierher versetzen. Heute wird die Allee von 40 Widder-Sphingen gesäumt, doch vor dem Bau des Ersten Pylons reichte sie mit 124 Sphingen bis zum Zweiten Pylon. Nach Vollendung des Ersten Pylons stellte man 84 der Sphingen an die Seitenwand des Ersten Hofes. Von dort sollten sie an eine andere Stelle verlagert werden, was jedoch niemal verwirklicht wurde.

◆ DER ERSTE PYLON ◆

Trotz seiner roh behauenen Steine, denen jegliche Verzierung fehlt, bildet der unfertige Erste Pylon einen eindrucksvollen Zugang zum Amun-Tempel. Er wurde bereits von Scheschonk I. (22. Dynastie) als genaue Kopie des Zweiten Pylons geplant; der Baubeginn fällt jedoch vermutlich in die Zeit von Nektanebos I. (30. Dynastie). Der Pylon ist 113 Meter lang, 15 Meter tief und 40 Meter hoch. In jedem seiner beiden Türme waren acht große Fenster ausgespart; darunter befanden sich vier Nischen mit mindestens 46 Meter hohen Fahnenmasten für farbig flatternde Leinenbanner.

Die Mitte des Pylons nimmt ein 19 Meter hohes, 7,5 Meter breites und fünf Meter tiefes Tor ein. In der Antike wurde es mit Holztüren verschlossen, die mit reliefverzierten Gold- oder Bronzeplatten beschlagen waren. An den Wänden sind noch immer Spuren des Feuers zu erkennen, das die Türen während der ptolemäischen Epoche vernichtete. Hoch oben auf dem rechten (südlichen) Torpfosten haben Wissenschaftler der Napoleonischen Expedition (1799) die Länge und Breite von „Carnac", Luxor und anderer ägyptischer Stätten eingetragen. Die Höhe dieser Inschriften über dem jetzigen Bodenniveau zeigt an, wie hoch der Schutt lag, als diese Europäer den Ort vor zwei Jahrhunderten besuchten.

70 UND 70–71 EINE ALLEE MIT WIDDER-SPHINGEN (MIT DEM KÖRPER EINES LÖWEN UND WIDDERKÖPFEN) FÜHRT ZUM ERSTEN PYLON.

◆ DER ERSTE HOF ◆

Das Tor im Ersten Pylon entstand während der Regierungszeit von Nektanebos in der 30. Dynastie und diente danach 2300 Jahre lang als formeller Eingang in den Tempel des Amun. Es führt in den 100 Meter breiten und 82 Meter tiefen Ersten Hof. Bevor der Erste Pylon erbaut wurde, befand sich hier eine offene Fläche mit mehreren Gebäuden, von denen sich zwei erhalten haben: ein kleiner Tempel von Sethos II. in der Nordwestecke des Hofes und ein Tempel von Ramses III. in der Südostecke. Beide Gebäude wurden beim Bau des Ersten Hofes in die Anlage integriert.

Die Idee, den Raum vor dem Zweiten Pylon zu ummauern, war schon älter, wurde aber erst später in Angriff genommen. Es dauerte mehrere Jahrhunderte, den Ersten Pylon zu erbauen und die Mauern an den Nord- und Südflanken zu errichten.

Die Besichtigung des Hofes beginnt mit dem Tempel von Sethos II., direkt links des Eingangs. Dieser Schrein („Majestätischer Tempel der Jahrmillionen") ist einfach konstruiert und wurde hastig erbaut. Er ist der thebanischen Triade geweiht und diente, wie viele andere Schreine, während der Prozessionen als Rastplatz für die Heiligen Barken. Neben den Eingängen zu den drei flurartigen Räumen standen Statuen von Sethos II. Der mittlere Raum war Amun geweiht, der in menschlicher Gestalt auf der linken Wand dargestellt ist, rechts als widderköpfiger Gott. Der Raum zur Linken ist Mut geweiht, der rechte Chons. An den Wänden des Raumes sieht man Sethos II., der den Göttern opfert.

In der Mitte des Ersten Hofes bildeten früher zwei Reihen von je fünf Säulen einen großen Pavillon, der von Taharka in der 25. Dynastie erbaut und während der ptolemäischen Epoche restauriert wurde. Eine der Originalsäulen steht noch; die fünf auf der linken (nördlichen) Seite wurden im letzten Jahrhundert teilweise

rekonstruiert. Die riesigen Säulen mit offenen Papyrus-Kapitellen sind fast 19 Meter hoch. Während der Herrschaft von Ptolemäus IV. waren sie durch eine dünne Steinmauer verbunden. Das Dach – falls die Kolonnade überdacht war – bestand wahrscheinlich aus Holz, denn man hätte die 14 Meter Abstand zwischen den Säulenreihen nicht mit Steinen überspannen können (nach Meinung eines Wissenschaftlers dienten die Säulen ohnehin nicht als Stützen für ein Dach, sondern als Piedestale für Statuen, dies ist jedoch unwahrscheinlich).

Ein großer Alabasterblock in der Mitte des Baus diente als Ruheplatz für die Heiligen Barken während der zeremoniellen Prozessionen.

Einer der interessantesten Bauten im Ersten Hof ist eine riesige Konstruktionsrampe aus Lehmziegeln, deren Überreste sich an die östliche Front des Südturmes des Ersten Pylons anlehnen. Sie bestand aus einer Reihe von Lehmziegelmauern, die rechtwinklig an den Ersten Pylon stoßen und deren Zwischenräume mit Schutt verfüllt waren (eine nicht erhaltene ähnliche Rampe vor dem Nordturm war sorgfältiger und vollständig aus Lehmziegeln erbaut worden). Die Arbeiter schleppten die Steinblöcke, aus denen der Pylon errichtet wurde, mit Seilen über Rollen oder Schlitten die Rampe hinauf. Als Napoleons Expedition hier eintraf, lagen noch immer einige der Sandsteinblöcke auf der Rampe, so wie sie vor 2600 Jahren von den Arbeitern zurückgelassen worden waren. Nach Vollendung des Pylons hätte man die Rampe entfernt – wie die unfertige Front belegt, kam es jedoch niemals so weit. Auf Zeichnungen im Grab von Rechmire ist eine ähnliche Rampe dargestellt.

Die Säulenreihe entlang der südlichen Mauer des Hofes belegt eine andere Bautechnik der Antike. Die Trommeln der ersten Säule vor dem Ersten Pylon sind weder zugerichtet noch verziert. Diese Arbeiten wurden gewöhnlich erst dann von oben nach unten ausgeführt, wenn die grob behauenen Säulentrommeln an Ort und Stelle waren und die Rampe entfernt worden war.

72–73 LUFTBILD DES ERSTEN HOFES; UNTEN RECHTS LIEGT DER SCHREIN VON RAMSES III.

72 MITTE DER SCHREIN VON SETHOS II., HINTER DEM ERSTEN PYLON LINKS.

72 UNTEN AN DEN ERSTEN PYLON IM ERSTEN HOF LEHNT SICH EINE RAMPE AUS LEHMZIEGELN AN.

◆ DER TEMPEL VON RAMSES III. ◆

Der Tempel in der Südostecke des Ersten Hofes gehört zu den am besten erhaltenen Bauten in Karnak. Ramses III. richtete sich nach dem Plan seines Totentempels in Medinet Habu am Westufer

von Theben. Der kleine Tempel wirkt hier fehl am Platze; da er die Mauer des Ersten Hofes durchbricht, entsteht ein gebrochener, unsymmetrischer Grundriss. Bis 1896 war der Tempel fast vollständig unter Schutt begraben, dessen Höhe man noch an der Verfärbung auf den Mauern ablesen kann. Der Schrein ist in dem gedrungenen, schwerfälligen Stil der meisten Bauten von Ramses III. verziert, hat sich allerdings wegen der Schuttbedeckung sehr gut erhalten. Anders als bei vielen großen Tempeln ist sein Grundriss unmittelbar einsichtig.

Vor dem Ersten Pylon des Tempels stehen zwei Statuen von Ramses III. In nahen Inschriften wird die große, mit Bronze beschlagene Doppeltür aus Akazienholz beschrieben, die das Tor verschloss.

Der König auf der Front des linken (östlichen) Turms des Pylons trägt die Doppelkrone von Ober- und Unterägypten, rechts (westlich) die Krone von Unterägypten. Er nimmt eine typische Haltung ein: Mit einem Streitkolben in einer Hand steht er vor Amun und hält mit der anderen fremde Gefangene am Haar fest. Amun hält ein Siegesschwert. Die Namen der Städte und Länder in Nubien und Westasien, aus denen die Gefangenen stammen, standen daneben, sind aber inzwischen zerstört.

Die westliche Außenmauer des Tempels zeigt die Prozession der Barken von Karnak zum Luxor-Tempel während des Opet-Festes. Ähnliche Szenen sind auch in der Kolonnade des Tempels von Luxor dargestellt.

Ein kleiner Peristylhof im Innern des Tempels besteht aus je einer Reihe von acht Pfeilern vor der West- und der Ostwand. Vor den Pfei-

Durchgängen zu den Räumen für Amun (Mitte), Mut (links) und Chons (rechts). Dazu gehören jeweils eine oder mehr Seitenkammern. Stellen Sie sich eine antike Prozession vor, die den Tempel betritt. Es ist früh am Morgen, es ist bereits heiß, und die Sonne brennt. Die Oberpriester tragen eine höl-

ter, der König, ausgewählte Mitglieder der königlichen Familie –, die Statue des Gottes begrüßen und für eine sichere Reise beten. Einer solchen Szene beiwohnen zu können muss eine außerordentlich bewegende Erfahrung gewesen sein. Der Schrein von Ramses III. ist ein exzellentes Beispiel für einen traditionellen Tempel des Neuen Reiches, das alle wesentlichen Merkmale aufweist: Die Fassade bildet einen Pylon, dessen hohe Türme an ferne Berge erinnern sollen. Das tief gelegene, zentrale Eingangstor gleicht einem Tal, über dem die Sonne auf- und untergeht. Der Tempel ist spiegelsymmetrisch mit einer zentralen Achse erbaut. Steinrampen in den Durchgängen lassen den Boden jeder folgenden Kammer höher liegen, während die Decken entsprechend von Kammer zu Kammer niedriger und die Räume kleiner werden. Die Prozession von der offenen, sonnigen Außenwelt in immer kleinere, engere Räume verstärkte den Eindruck, einen heiligen Ort zu betreten.

lern stehen Statuen des Königs in der Gestalt von Osiris; es sind gedrungene Gestalten ohne ausgeprägte Proportionen oder Details. Auf den Rückseiten der Pfeiler sind verschiedene Gottheiten dargestellt. Auf der linken (östlichen) Mauer des Hofes wird die Barke des Amun in einer Prozession von Priestern getragen; auf der rechten (westlichen) Wand tragen sie ithyphallische Statuen von Amun; auf der Innenseite des Pylons erteilt Amun Ramses III. den Segen für ein langes Leben. Am südlichen Ende des Hofes führt eine Rampe zu einem Vestibül (Pronaos) mit vier Osiris-Pfeilern und vier Säulen hinauf. Dahinter folgt eine Hypostylhalle mit acht Säulen und drei

zerne Barke auf ihren Schultern; darin befindet sich ein vergoldeter Schrein mit einer Statue des Gottes. Sie kommen aus dem Inneren des Amun-Tempels und werden hier pausieren und Gebete sprechen, ehe sie weiter zum Kai gehen. Draußen bringt die Sonne die intensiv roten, blauen, gelben und grell-weißen Farben auf den Tempelmauern zum Leuchten. Die Prozession bewegt sich langsam durch die kühlen, dunklen Kammern und die Priester halten an, um ihre Augen an das Dämmerlicht zu gewöhnen. Im Allerheiligsten hinten im Tempel, wo die Statue des Gottes steht, ist der Schrein völlig dunkel und ruhig. Nur wenige Menschen dürfen bis hierher weitergehen – die Oberpries-

74–75 ZWEI STATUEN VON RAMSES III. STEHEN VOR DEM ERSTEN PYLON SEINES TEMPELS.

74 UNTEN DER PERISTYLHOF DES TEMPELS MIT STATUEN DES KÖNIGS ALS OSIRIS.

75 RAMSES III. OPFERT AMUN; RELIEF IM TEMPEL.

◆ DAS BUBASTIS-PORTAL ◆

Zwischen dem Tempel von Ramses III. und dem Zweiten Pylon steht ein Tor, das die Ägyptologen Bubastis-Portal nennen. Der Name geht auf die Stadt Bubastis im Nildelta zurück, die von den Königen der 22. Dynastie gegründet wurde und als Hauptstadt diente. Die Steine des Tores stammen aus einem Steinbruch südlich von Theben bei Gebel el-Silsila, und eine Inschrift nennt König Scheschonk I., der seinen Aufseher Horemsaf mit dem Bauprojekt beauftragte: „Seine Majestät gab den Auftrag zum Bau eines sehr großen Pylons … um Theben auszuzeichnen; seine Doppeltore ragen Myriaden von Ellen empor, über einen Ehrenhof für seinen Vater Amun-Re, den König der Götter; und er soll mit einer Kolonnade umgeben sein."
Oben auf der Ostwand des Tores empfängt König Osorkon I. von Amun-Re ein Schwert und Palmzweige als Symbol für ein langes Leben. Darunter gibt ihm der Gott Chnum ein *Anch*-Zeichen (das Symbol des Lebens), und der König wird von der Göttin Hathor gesäugt. Auf der westlichen Mauer stehen Takelot II. und sein Sohn, ein Hohepriester des Amun, vor dem Gott.
Links vom Bubastis-Portal, am Südende des Zweiten Pylons, feiert König Scheschonk I. – der Pharao Schischak/Sisak der Bibel – seinen Sieg über Salomon, den König der Juden. Der Angriff Ägyptens auf den Tempel von Salomon fand während der 22. Dynastie statt. Obwohl die Qualität der Steinmetzarbeiten, die man am besten am Vormittag ansehen sollte, durchschnittlich ist, haben die Szenen historischen Wert. In einer Darstellung steht Amun-Re mit einem Schwert in der Hand und verkündet die Eroberung von 156 Dörfern in Judäa und Palästina. Jedes Dorf wird namentlich in einem mit Zinnen verzierten Oval vorgestellt, das von Menschenköpfen gekrönt ist. Die Schlacht wird in der Bibel beschrieben (2. Chronik 12, 2-3 und 1. Könige 14, 25-26): „Aber im fünften Jahr von König Rehabeam zog Sisak, der König in Ägypten, herauf wider Jerusalem und nahm die Schätze aus dem Hause des Herrn und alles aus dem Hause des Königs und alles, was zu nehmen war, und nahm alle goldenen Schilde, die Salomo hatte machen lassen."
Rechts (im Osten) auf der südlichen Außenmauer des Gro-

ßen Säulensaals ließ Ramses II. kriegerische Szenen einmeißeln; damit ahmt er die Mauer seines Vaters auf der Nordseite der Halle nach.

◆ DER ZWEITE PYLON ◆

Der Zweite Pylon, der von Haremhab begonnen, von Ramses I. und Ramses II. weitergebaut und während der ptolemäischen Periode mit Anbauten versehen wurde, besteht teilweise aus Blöcken, die aus älteren Bauten östlich des Amun-Tempels von Amenophis IV./Echnaton stammen. Der Pylon wurde „Erleuchtung Wasets", seltener auch „Amun frohlockt" genannt. Die großen Löcher im unteren Teil des Pylons stammen von Archäologen, die im Innern nach weiteren, wieder verwendeten Blöcken gesucht haben. Eine Statue von Ramses II. aus rotem Granit, von mehreren späteren Königen usurpiert, steht vor der Nordseite (links) des Tores im Zweiten Pylon. Zwischen seinen Füßen steht seine Tochter Bint-Anat – sie ist viel kleiner dargestellt. Zwei weitere Statuen von Ramses II., nur eine ist erhalten, flankierten den Torweg. Das eigentliche, 30 Meter hohe Tor wurde von Ptolemäus VIII. restauriert.

Das kleine Vestibül vor dem Durchgang wurde von Haremhab in der 18. Dynastie begonnen und von Ramses II. vollendet. Die Szenen im Vestibül zeigen Ramses II. vor Amun, der die Feinde Ägyptens zerschmettert. Die Südmauer ist mit der Heiligen Barke der thebanischen Triade verziert, die Kartuschen von Ramses II. und III. trägt. Auf den Türpfosten opfert Ramses II. den Göttern.

76 PRINZESSIN BINT-ANAT, DIE TOCHTER VON RAMSES II., STEHT ZWISCHEN DEN FÜSSEN DER KOLOSSALSTATUE IHRES VATERS.

76–77 VOR DEM ZWEITEN PYLON STEHEN KOLOSSALSTATUEN VON RAMSES II.

77 UNTEN DIE ROTE GRANITSTATUE VON RAMSES II. MIT DEN INSIGNIEN SEINER HERRSCHAFT.

78 DIE DECKE DES GROSSEN SÄULENSAALS WIRD VON 134 SANDSTEINSÄULEN TRAGEN .

78–79 LUFTBILD DES „SÄULENWALDES" DES GROSSEN SÄULENSAALS.

An diesem Punkt der Besichtigung haben Sie zwei Möglichkeiten: Wenn Sie eine Eintrittskarte ins Freilichtmuseum (es lohnt die Besichtigung) gekauft haben, wenden Sie sich nach Norden (nach links, wenn Sie vor dem Zweiten Pylon stehen) und verlassen den Ersten Hof durch die Tür in der Nordmauer. Wenn Sie wenige Meter einem gepflasterten Weg folgen, liegt der Eingang zum Museum direkt vor Ihnen (hier befinden sich auch Toiletten). Sollten Sie das Museum nicht besuchen wollen, gehen Sie weiter durch den Zweiten Pylon und betreten den Großen Säulensaal.

◆ DER GROSSE SÄULENSAAL (HYPOSTILSAAL) ◆

Kein Teil des Amun-Tempels ist berühmter oder eindrucksvoller als dieser gewaltige, von Pfeilern gestützte Saal, eines der größten sakralen Bauwerke aller Zeiten. Weder Fotos noch statistische Zahlen können einen Eindruck von seiner Größe und Schönheit vermitteln. Ein Besucher meinte enthusiastisch: „Die Pyramiden sind gewaltiger. Das Kolosseum ist größer. Der Parthenon ist schöner. Aber in der edlen Konzeption, dem unglaublichen Detailreichtum, in der Majestät seiner höchsten Ordnung übertrifft sie dieser Säulensaal alle." Ein anderer bemerkt allerdings: „Es sind zu viele Säulen. Die Größe, die uns beeindruckt, stammt nicht von grandioser Stärke, sondern von der Massigkeit einer Krankheit her." Möglicherweise haben die Baumeister den Saal mit zu vielen und zu dicht stehenden großen Säulen ausgestattet, aber es besteht kein Zweifel, dass

er ein überwältigendes Staunen auslöst. Ironischerweise sollte dieser gewaltige Wald aus Säulen, größer als jede andere Halle dieser Art auf Erden, ein sehr prosaisches Bild beschwören: Einen Papyrussumpf, wie er zu Tausenden entlang dem Nil zu finden ist. Jedes Jahr wurden diese Dickichte vom Nilwasser überschwemmt, und auch die Halle wurde so konstruiert, dass der Nil sie im Sommer mit seinen Fluten erreichte. Die Halle symbolisierte den Sumpf, der die flache Insel umgab, auf der – nach ägyptischem Glauben – das erste Leben erschaffen wurde.

In der 18. Dynastie standen hier nur zwei Reihen von je sechs Säulen. Sie bilden heute die Mittel- bzw. Ost-West-Achse des Saals. Zusammen mit den beiden nördlich und südlich anschließenden Wänden bildeten sie eine Kolonnade wie im Tempel von Luxor. Später, in der 19. Dynastie, rückte man diese Wände weiter nach außen und erbaute den Säulensaal mit weiteren 122 Säulen, wie wir ihn heute kennen.

Als die ersten Europäer kamen, waren Teile des Säulensaals bereits in katastrophalem Erhaltungszustand. Das 1899 eingedrungene Grundwasser griff die Fundamente an und verschlimmerte den Verfall: Säulen fielen um, und Wände stürzten zusammen. Es ist französischen Archäologen und Ingenieuren zu danken, die seit beinahe einem Jahrhundert hier arbeiten, dass dieses prachtvolle Bauwerk wieder in seiner originalen Form rekonstruiert werden konnte.

Der Große Säulensaal ist 103 Meter breit, 53 Meter tief und nimmt eine Fläche von 5500 Quadratmetern ein. 134 Sandsteinsäulen tragen die Decke. Die jeweils sechs Papyrusbündelsäulen beiderseits der Mittelachse in ost-westlicher Richtung mit geöffneten Kapitellen sind 23 Meter hoch. Ihr Umfang beträgt zehn Meter; sie wurden aus jeweils ein Meter hohen Steintrommeln von drei Metern Durchmesser aufeinander getürmt. Die anderen 122 Säulen stehen in vier Gruppen, jeweils zwei beiderseits der Nord-Süd- bzw. Ost-West-Achse. Sie tragen geschlossene Papyruskapitelle, sind 15 Meter hoch und haben 8,40 Meter Umfang. Der Höhenunterschied zwischen den beiden mittleren Säulenreihen und den übrigen Säulen des Saals – immerhin fast acht Meter – machte es möglich, Lichtgaden entlang der Mittelachse zu installieren. Einige der mächtigen Sandsteingitter in den Fenstern sind immer noch vorhanden. Dank dieser Bauweise war die Mittelachse des Saals hell beleuchtet, während er weiter nach außen hin immer dunkler wurde. Überall im Saal standen Statuen, die im Dämmerlicht geisterhaft gewirkt haben müssen. Drei solcher Statuen sind noch nahe der Mittelachse zu sehen.
Vermutlich hat bereits Ramses I. den Säulensaal geplant, der Bau blieb aber Sethos I. und Ramses II. überlassen, denn die Kartuschen in der Nordhälfte der Halle nennen Sethos I., die in der Südhälfte Ramses II. Außerdem finden sich die Namen von Ramses I., III., IV. und VI. Die Kartuschen und königlichen Titel machen den Hauptteil der Inschriften auf den Säulen aus.
Die beiden Hälften der Halle unterscheiden sich deutlich, was die handwerkliche Qualität betrifft. Die Künstler von Sethos I. haben fein gemeißelte, erhabene Reliefs geschaffen und viele der Figuren so oft nachgearbeitet, bis sie mit den Proportionen zufrieden waren (achten Sie beispielsweise auf das Gesicht von Sethos I. am Nordende der westlichen Wand). Im Unterschied dazu wurden die Verzierungen unter Ramses II. hastig ausgeführt; häufig als versenktes Relief mit kaum herausgearbeiteten Details. An vielen Reliefs haben sich Farbspuren erhalten.
Der Zeitaufwand, durch den Wald aus Säulen zu wandern und die Architektur und Verzierungen zu bewundern, ist wirklich lohnend. Sollten Sie das Glück haben, allein im Saal zu sein, machen seine Stille und Erhabenheit den Besuch zu einem eindrucksvollen Erlebnis. Zur Linken, wenn Sie die Halle betreten, steht eine riesige Statue von Ramses II. und Amun. Rechts liegt eine Alabasterplatte auf dem Boden (unter einer ursprünglich großen Stele), deren eingravierte Figuren nubische und asiatische Feinde Ägyptens darstellen – die so genannten „Neun Bögen".

80 DIE DICHT STEHENDEN SÄULEN SOLLTEN EINEN PAPYRUSSUMPF SYMBOLISIEREN.

80 UNTEN UND 81 AUF VIELEN RELIEFS DES SÄULENSAALS HABEN SICH SPUREN DER ORIGINALBEMALUNG ERHALTEN.

82 DIE FÜR SETHOS I. ANGEFERTIGTEN RELIEFS IN DER NORDHÄLFTE DES SÄULENSAALS ZEICHNEN SICH DURCH HOHE QUALITÄT AUS.

82–83 RAMSES II. KNIET NEBEN EINEM KUGELBAUM VOR AMUN-RE.

83 UNTEN LINKS RAMSES II. BRINGT VOR DER HEILIGEN BARKE VON AMUN EIN RAUCHOPFER DAR.

83 UNTEN RECHTS MAAT UND THOT IN EINER PROZESSION.

Die Szenen im Saal zeigen religiöse Themen, die nur für eine begrenzte Zahl von Priestern gedacht waren. Sie zeigen den König, der den Göttern opfert, die Prozessionen der Heiligen Barken und verschiedene Tempelrituale. Zum Beispiel sind nördlich (rechts) neben dem Tor im Zweiten Pylon Sethos I. und Hathor zu sehen, die Amun und Mut begrüßen. Etwas weiter betet Ramses I. acht Götter an. Auf der Nordwand des Saals (links der Tür) tragen Priester in vollem Ornat eine reich verzierte Heilige Barke auf ihren Schultern, und Sethos I. begrüßt die thebanische Triade. Reste von Farben zeigen die ursprünglich kräftige, beinahe grelle Farbigkeit der originalen Wandbemalung. Auf dieser Wand haben sich einige der besten Reliefs von Karnak erhalten. Die Barke ist zwar kleiner als die tatsächlich auf dem Fluss fahrenden Schiffe, aber immer noch so groß, dass sie von zwanzig Männern getragen werden muss. Bug und Heck sind mit dem geschnitzten Kopf des Gottes Amun geschmückt. Links davon (östlich) bringt Sethos I. – als prachtvoll ausgestaltetes erhabenes Relief – ein Bündel Papyrus dar. Mund und Nase sind sehr sorgfältig ausgearbeitet, die Wangen fein modelliert und die Perücke und der breite Kragen äußerst detailreich dargestellt. Auf der rechten Seite der Tür steht Thot und schreibt die Namen des Königs auf ein Blatt des Kugelbaumes *(Mimusops schimperi)*. Sethos I. kniet neben ihm. Vergleichen Sie diese künstlerische Arbeit mit der Szene, die für Ramses II. in die Südmauer der Halle gemeißelt wurde. Die Sethos-Szene ist sehr viel ansprechender.

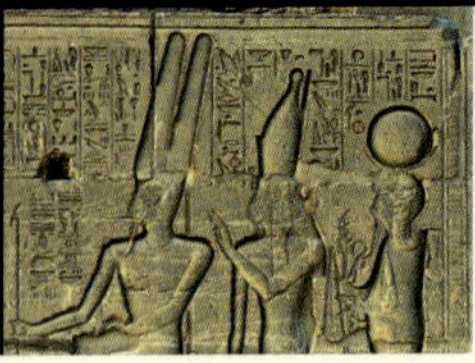

84 OBEN SETHOS I. (NICHT ZU SEHEN) OPFERT DER THEBANISCHEN TRIADE.

84 UNTEN ASIATISCHE KRIEGSGEFANGENE WERDEN NACH ÄGYPTEN GEFÜHRT.

84–85 AUSSENSEITE DER NORDWAND DES SÄULENSAALS.

◆ DIE AUSSENWAND DES SÄULENSAALS ◆

Die Szenen auf den inneren Mauern des Säulensaals bleiben uns häufig verschlossen, da sie mit unverständlichen Details merkwürdiger Zeremonien angefüllt sind. Dieser Teil des Tempels war den eingeweihten Priestern und der königlichen Familie vorbehalten, die über die Ikonographie Bescheid wussten und ihre Bedeutung kannten.
Die Außenwände erfüllten einen anderen Zweck. Sie konnten auch von Priestern geringeren Ranges und Tempelangestellten gesehen werden, vielleicht sogar von einfachen Ägyptern, die bei bestimmten Festlichkeiten Teile des Tempels betreten durften. Daher haben die dargestellten Themen keinen religiösen, sondern in gewisser Weise eher propagandistischen Charakter. Die Szenen betonen die Männlichkeit und militärische Tapferkeit des Königs: Er führt seine Truppen in den Krieg, führt große und stets erfolgreiche Schlachten, kehrt ehrenvoll nach Ägypten zurück und stiftet die Beute und die Gefangenen, die er gemacht hat, dem Tempel von Amun-Re. In längeren Inschriften werden die Macht des Königs gepriesen, seine kühnen Heldentaten und die Städte aufgelistet, die er erobert hat. Da über neunzig Prozent der ägyptischen Bevölkerung nicht lesen konnten, waren sie vermutlich von solchen Reliefs beeindruckt, in denen die verehrungswürdige Macht ihres Königs gepriesen wurde – ganz wie die Malereien in mittelalterlichen Kirchen, mit denen die Menschen über die Höllenqualen und die Freuden des Himmels belehrt wurden. Außerdem zielten die Darstellungen auf den Widerspruch zwischen Unordnung und Chaos der Welt jenseits der Tempelmauern und dem Frieden und der Harmonie innerhalb des „Wohnortes der Götter". Sie zeigten die Rolle des Königs, diese Unordnung in Schach zu halten und eine gewisse Ordnung und Ausgeglichenheit (Maat) zu bewahren.
Die besten Schlachtszenen von Sethos I. finden sich auf der nördlichen Außenmauer des Säulensaals. Hier blieben zwar nur wenige Farbspuren erhalten, doch zeugen bereits die nackten Steine von den

technischen Fähigkeiten der Künstler, die hier einige der detailliertesten und elegantesten Beispiele monumentaler ägyptischer Kunst schufen. Da die Szenen in Form sehr fein modellierter Hochreliefs ausgeführt sind, betrachtet man sie am besten in hellem Streiflicht. Der ideale Zeitpunkt ist ein klarer Wintermorgen, wenn die Sonne tief am Himmel steht; jeder frühe Morgen ist jedoch gleichfalls geeignet. Ursprünglich waren diese Mauern über 25 Meter hoch und zogen sich mehr als 30 Meter beiderseits einer mittleren Tür hin. Sie werden von tausenden Quadratmetern Verzierungen bedeckt.

Um die Schlachtszenen zu betrachten, gehen Sie nach Norden durch den Säulensaal, treten durch die Tür in der Wandmitte ins Freie und wenden sich zunächst nach rechts. Die linke (östliche) Hälfte der Wand ist den Schlachten des Königs in Syrien und Palästina gewidmet. Am äußersten Ende stürmt der König in seinem Streitwagen vorwärts und schießt Pfeile auf die feindlichen Soldaten ab. Viele Männer liegen bereits tot oder sterbend auf dem Boden. Die Mitte der Wand zeigt Ägyptens Grenze zu Asien; sie wird durch ein langes, schmales Gewässer markiert, das „Wasser des Einschnitts". Es lag nahe der antiken Grenzstadt Tharu, nicht weit vom modernen Suezkanal. In dem Gewässer wimmelt es von Krokodilen. Es wird von einer kleinen Brücke überspannt, die zwischen zwei Gebäuden verläuft – möglicherweise eine Station der Grenzsoldaten. Das Gebäude auf der linken (östlichen) Seite hat asiatischen Charakter, das auf der rechten (westlichen) Seite ist ägyptischen Stils. Auf der Westseite des Sees fährt Sethos I. gefesselte Gefangene über die Sinai-Halbinsel zur Grenze. Auf der Westseite, in Ägypten, singen und spielen Priester aus dem Amun-Tempel ihre Instrumente, während sie aufgeregt auf die Ankunft der Gefangenen warten. Beachten Sie den Kontrast zwischen Chaos und Verwirrung auf der asiatischen Seite und der guten Organisation und den Manieren der Ägypter.

86 OBEN DIE ÄGYPTISCHE KAVALLERIE SCHLÄGT FEINDLICHE SOLDATEN IN DIE FLUCHT.

86 UNTEN SETHOS I. BEKÄMPFT AUF EINEM STREITWAGEN SEINE FEINDE.

87 SETHOS I. BRINGT DIE FEINDE VOR AMUN-RE.

Oberhalb der Szene beschreibt Sethos I. diesen Moment: „Das Herz der Majestät war darüber froh. Im Namen des guten Gottes tritt er freudig in die Schlacht ein, sein Herz ist befriedigt, als er das Blut sieht, er schlägt die Köpfe der rebellischen Gegner ab und liebt die Stunde der Schlacht mehr als einen Tag der Erholung. Seine Majestät erschlägt sie einen nach dem anderen. Er verschont keines ihrer Glieder, und wer seiner Hand entkommt, wird als lebender Gefangener nach Ägypten gebracht."
Zur Rechten schwingt eine kolossale Figur des Königs einen Streitkolben und packt die Gefangenen bei den Haaren. Bei gutem Licht werden auch die feinsten Details dieser wunderbar eingemeißelten Gesichter deutlich. Man kann an den sehr deutlichen Details ohne weiteres ihre Rasse und Nationalität erkennen – Libyer, Syrer und Nubier –, und ebenso ihre Verzweiflung.
Direkt unterhalb und rechts der monumentalen Figur von Sethos I., in der Nähe des mittleren Tores, wurden mehrere kleine Figuren des Gottes Amun – jede nicht höher als vierzig Zentimeter – etwa 1,50 Meter oberhalb des Bodens ausgeführt.
Neben Schulter und Füßen jeder der Götterfiguren hat man vier Löcher gebohrt. Dort hinein steckte man hölzerne Dübel, an denen eine geflochtene Matte oder ein Leinentuch befestigt wurde, um den Gott vor den Blicken zu verbergen. Ähnliche, wenn auch größere Löcher finden sich um die kolossalen Figuren des Gottes auf dieser Wand. Der Namen Amun bedeutet „Der Verborgene": Wenn Priester geringeren Ranges und gewöhnliche Ägypter diesen Teil des Tempels betreten durften, wurde der Anblick des Gottes vor den Augen der Unreinen verborgen.
Auf der rechten (westlichen) Hälfte der Sethos-I.-Wand bekämpft der König Libyer und Hethiter. Eine besonders schön ausgeführte Szene befindet sich im obersten Register am äußersten rechten Ende der Mauer, unmittelbar vor dem Rundstab vor der Ecke des Zweiten Pylons: Ägyptische Streitwagen rasen mit voller Geschwindigkeit durch die Wüste auf Kadesch

zu, eine Festung im Land Amor. Von den Befestigungen eines Turmes auf einem Hügel fallen Soldaten herab, getötet von den Pfeilen des Pharaos. Die Toten und Verwundeten liegen verstreut auf dem Schlachtfeld. Die Szene ist sehr lebensecht: Man kann sich den Staub, den Lärm, das Blut, den Schweiß und die erzitternde Erde vorstellen, als die ägyptische Kavallerie vorwärts stürmt. Unterhalb der Festung ist der Hügel bewaldet; die zu Tode erschrockenen Feinde versuchen sich zwischen den Bäumen zu verstecken. Abweichend von der sonst üblichen Praxis hat der Künstler die Gesichter der Feinde nicht im Profil, sondern von vorn dargestellt. Sie legen in einer Geste völliger Verzweiflung ihre Hände auf den Kopf. Ein verschreckter Hirte versucht, seine Herde aus der Gefahrenzone hinter den Hügel zu treiben. Als ein ägyptischer Streitwagen näher stürmt, dreht er sich in Panik um und hebt seine Arme zur Selbstverteidigung. Es ist eine zwecklose Geste. Im nächsten Augenblick wird auch er getötet und sein Vieh geraubt.

In dem Register unterhalb dieser Szene steht eine kleine männliche Figur rechts neben dem großen, nach Osten gewendeten Streitwagen von Sethos I. Dieselbe Figur taucht noch fünfmal auf der Wand von Sethos I. auf, und in jedem Fall haben die alten Künstler diese Figur mit Gips verputzt und durch eine Darstellung von Ramses II. ersetzt. Viele Jahre lang werteten Ägyptologen dies als einen Beleg dafür, dass Ramses II. einen älteren Bruder hatte, der eigentlich das Erbe von Sethos I. hätte antreten müssen. Ramses II. soll ihn ermordet und selbst den Thron bestiegen haben. In der Tat wissen wir jedoch nun, dass die Originalfigur ein Fächerträger und Heerführer mit Namen Mehy (Kürzel für Haremhab oder Amenemhet) war, ein enger Vertrauter des Königs. Dass Mehys Figur entfernt und durch eine von Ramses II. ersetzt wurde, war also keineswegs ein Beleg für eine Palastintrige, sondern dadurch demonstrierte Ramses II. seine Volljährigkeit und den rechtmäßigen Anspruch als Erbe.

◆ DER DRITTE PYLON UND DER HOF DAHINTER ◆

Der Dritte Pylon, der jetzt die Rückwand des Großen Säulensaals bildet, wurde von Amenophis III. unter Verwendung älterer Blöcke erbaut. Die Archäologen haben diese Blöcke aus dem Kern des Pylons entfernt und dabei entdeckt, dass viele von einem Schrein von Sesostris I. stammen, andere von einem von Hatschepsut sowie zwölf anderen Gebäuden. Die Schreine von Sesostris I. und Hatschepsut wurden im Freilichtmuseum rekonstruiert.

Der Pylon ist nicht gut erhalten. Auf der Rückseite (im Osten) des rechten (südlichen) Turmes steht eine ausführliche Liste mit den Tributen, die Amenophis III. von asiatischen Ländern erhielt; sie ist jedoch beschädigt und schwer zu lesen.

Interessanter sind die Szenen auf der Rückseite des linken (nördlichen) Turmes. Sie zeigen Amenophis III., der während des wichtigen Opet-Festes auf Amun-Res riesiger Barke auf dem Nil segelt, und das „Schöne Fest vom Wüstental". Die Barken nehmen auf der östlichen Front des Nordturmes die gesamte Nordhälfte ein. Es sind prachtvolle Boote von 130 Ellen (etwa 68 Meter) Länge. Amenophis III. war so stolz auf diese großartigen Boote, dass er sie auf einer Stele beschreibt, die in seinem Totentempel auf dem Westufer aufgestellt wurde: „Ich schuf ein weiteres Monument für den, der mich erzeugte, Amun-Re, Herrscher von Theben, der mich auf den Thron setzte. Ich baute ihm eine große Barke für den ‚Anfang des Flusses' mit Namen ‚Amun-Re in der Heiligen Barke' aus neuem Zedernholz, das in den Ländern von Gottes Land geschlagen wurde. Es wurde von den Prin-

88 OBELISKEN VON THUTMOSIS I. (LINKS) UND HATSCHEPSUT. DAZWISCHEN LIEGT DER VIERTE PYLON, IM HINTERGRUND DER TEMPEL VON PTAH.

zen aller Länder über die Berge von Retenu gezogen. Ich machte es sehr breit und groß … verziert mit Silber, überall von Gold durchzogen, der große Schrein besteht aus Elektrum, damit er das Land mit seiner Helligkeit erfüllt.“ Thutmosis I. ließ zwischen dem Dritten und Vierten Pylon einen kleinen offenen Hof erbauen. Er ist heute kaum mehr als ein schmutziger Platz mit moderner Pflasterung, aber zu seiner Zeit standen dort vier massive Obelisken, je zwei für Thutmosis I. und Thutmosis III. Von drei Obelisken blieben nur die Basen erhalten, während der vierte für Thutmosis I. noch steht. Es ist ein monolithischer Block aus Granit, 22 Meter hoch, mit einer Seitenlänge von 1,80 Metern und einem Gewicht von 140 Tonnen. Er stammt aus einem Steinbruch bei Assuan nahe dem ersten Katarakt und wurde auf einem gewaltigen Schiff nilabwärts transportiert. Auf welche Weise die Ägypter solche Blöcke transportierten und – noch bemerkenswerter – sie aufstellten, wird noch immer von den Wissenschaftlern diskutiert. Der Name von Thutmosis I. erscheint auf allen Seiten des Obelisken; später fügte Ramses IV. seinen Namen hinzu.

◆ EIN ABSTECHER ZUM TEMPEL VON PTAH ◆

Von dem Hof zwischen dem Dritten und Vierten Pylon geht man auf einem rund hundert Meter langen, staubigen Weg durch ein Feld mit beschrifteten Blöcken bis zur Nordgrenze des Tempelbezirks. Hier steht der Tempel von Ptah, einer der wichtigsten Schöpfergötter Ägyptens. Er spielte zusammen mit seiner löwenköpfigen Gefährtin, der Göttin Sechmet, eine wichtige Rolle bei der Krönung des Königs.

Sein Tempel ist gut geplant, liegt attraktiv und lohnt einen Besuch. Thutmosis II. beschreibt ihn in einer Inschrift auf dem zentralen Schrein des Baus: „Ich errichtete ihn als Monument für meinen Vater Ptah … errichtete ihn neu als Haus für Ptah aus feinem, weißen Sandstein, mit Türen aus neuen Zedern von den besten Terrassen. Er ist schöner als vorher … meine Majestät fand einen Tempel aus Lehmziegeln und hölzernen Säulen und einem Tor aus Holz vor, der zu verfallen begann … Ich überzog für ihn (Ptah) seinen großartigen Thron mit dem besten Elektrum aus allen Ländern. Alle Gefäße sind aus Gold und Silber, und alle prachtvollen, teuren Steine, die Stoffe aus feinem Leinen, weißem Leinen, die Öle mit göttlichen Zutaten dienen dazu, die Festlichkeiten zum Beginn der Jahreszeiten, die in diesem Tempel abgehalten werden, zu seiner Freude zu begehen …“

Der Tempel steht auf den Fundamenten eines älteren Baus; er wurde in der Spät- und griechischen Zeit weiter vergrößert. Fünf – vorwiegend ptolemäische – Pylone wurden entlang der Ost-West-Achse des Tempels erbaut und von verschiedenen ptolemäischen Königen (sowie von Schabaka aus der 26. Dynastie) verziert. Sie führen zu dem originalen (Sechsten) Pylon von Thutmosis III., der von Ramses III. neu erbaut wurde. Dieser Pylon steht vor einem Vestibül mit drei Opferaltären. Der rechte (südliche) Alter stammt von Amenemhet I. aus dem Mittleren Reich und wurde von Thutmosis III. hierher verlegt. Dahinter folgen drei Heiligtümer: Schreine für Ptah zur Linken (nördlich) und in der Mitte sowie ein Schrein für Hathor rechts (im Süden). Im mittleren Schrein opfert Thutmosis III. Ptah und Amun. Wenn ein Lichtstrahl zu bestimmten Zeiten des Tages durch eine kleine Öffnung in der Decke eindringt, fällt dramatisches Licht auf eine Statue von Sechmet im rechts liegenden Raum. Es lohnt sich, einige Zeit in diesem Raum zu verbringen, um die unheimliche Wirkung dieser Inszenierung zu genießen. Die Sechmet-Statue trägt einen Löwenkopf auf einem herrlich modellierten weiblichen Körper. Vor einem Jahrhundert ängstigten sich die Dorfbewohner derart vor ihr, dass sie die Figur für ein Monster hielten, das in mondlosen Nächten zum Leben erwacht, die Dorfstraßen entlanggeht und kleine Kinder raubt. Es ist bekannt, dass die Statue von ihnen mit Knüppeln und Steinen angegriffen wurde.

90 OBEN UND UNTEN RECHTS FRAGMENT VON HATSCHEPSUTS GRANITOBELISK.

90 UNTEN LINKS DIE VON THUTMOSIS I. ERBAUTE QUERHALLE.

90 UNTEN MITTE KOLOSSALSTATUEN VON THUTMOSIS I. ALS OSIRIS.

91 DER OBELISK VON KÖNIGIN HATSCHEPSUT ZWISCHEN DEM VIERTEN UND FÜNFTEN PYLON.

◆ VOM VIERTEN ZUM SECHSTEN PYLON ◆

Der Vierte Pylon wurde von Thutmosis I. erbaut, von Thutmosis IV. repariert und von Sethos II., Ptolemäus VIII. und Alexander dem Großen verändert. Dahinter legte Thutmosis I. eine Querhalle an (manchmal als Hypostylsaal oder Kolonnade bezeichnet). Vor den Ostmauern des Nord- und Südturmes stehen riesige Statuen des Königs in Kleidung und Pose des Osiris. Ursprünglich trug die Halle ein Holzdach, das von hölzernen Säulen gestützt wurde. Im alten Ägypten war Holz ein kostbarer Werkstoff, daher dürften Bauteile von solcher Größe sicher eine wertvolle Spende an den Tempel gewesen sein. Später ersetzte Thutmosis III. das Holz durch 14 Steinsäulen und ein Steindach.

Der Granitobelisk gehört zu einem Paar, das von Hatschepsut im sechzehnten Jahr ihrer Regentschaft aufgestellt wurde. Der andere ist zerbrochen und seine Bruchstücke in Karnak verteilt. Ein Stück mit Szenen von der Krönung der Königin liegt an der Nordwestecke des Heiligen Sees (von den beiden anderen von Hatschepsut in Karnak errichteten Obelisken blieben keine Spuren erhalten). Der stehende Obelisk ist 30 Meter hoch, hat eine Seitenlänge von 2,60 Metern und wiegt 323 Tonnen. Er war mit Elektrum verkleidet, einer Legierung aus Silber und Gold. Hatschepsut und ihre Baumeister waren sehr stolz auf diese riesigen Monumente, und der Fortgang der Arbeit bei ihrer Errichtung wird in Szenen und Inschriften in Hatschepsuts Tempel in Deir el-Bahari und auf dem Obelisken selbst dargestellt.

Mit merklichem Stolz erklärt die Königin, warum sie ein derart anspruchsvolles Monument in Auftrag gab. Auf der Basis des stehenden Obelisken schreibt sie: „Ich habe dies mit einem liebenden Herzen für meinen Vater Amun getan … Wegen dieses Tempels fand ich keinen Schlaf … Ich saß im Palast und dachte an jenen, der mich erschaffen hat; mein Herz wies mich an, zwei Obelisken aus Elektrum zu schaffen, damit ihre Spitzen mit dem Himmel verschmelzen, zwischen dem majestätischen Säulensaal und dem großartigen Pylon von (Thutmosis I.) … Jeder besteht aus einem Block haltbaren Granits ohne Fugen oder Fehler. Meine Majestät begann die Arbeiten im fünfzehnten Regierungsjahr, im zweiten Monat des Winters, am ersten Tag; sie dauerten bis zum sechzehnten Jahr, im vierten Monat des Sommers am dreißigsten Tag; sieben Monate dauerte es, sie aus dem Stein des Berges zu schneiden … Jeder, der dies hört, soll nicht denken, es sei Prahlerei was ich sage, sondern besser sagen: ‚Sie sind wie sie, die ihrem Vater treu ergeben war.'" Nach Hatschepsuts Tod ließ Thutmosis III. die Obelisken einmauern, um die Erinnerung an die Königin zu löschen. Damit schützte er die Obelisken erfolgreich vor der Zerstörung.

92 OBEN DIE FLÄCHE ZWISCHEN DEM FÜNFTEN UND SECHSTEN PYLON.

92 UNTEN DER AUF EINEM HERALDISCHEN PFEILER AUS ROTEM GRANIT DARGESTELLTE PAPYRUS IST DAS SYMBOL VON UNTERÄGYPTEN.

93 EINE STATUE VON AMUN AUS DER ZEIT VON TUTANCHAMUN.

Vom Fünften Pylon blieb nicht viel erhalten. Auch er ist ein Werk von Thutmosis I., wurde aber durch Thutmosis III. und Amenophis III. verändert. Während der Herrschaft von Thutmosis III. diente dieser Pylon als Eingang zu einer weiteren, heute stark zerstörten Querhalle, die während der Antike zwanzig 16-seitige Säulen und eine Reihe von Osiris-Statuen entlang der östlichen Außenfront enthielt. Eine Statue von Amenophis III. sitzt vor dem linken Pylonturm. Nördlich und südlich davon liegen zwei Säulenhöfe.
Der Sechste Pylon wurde von Thutmosis III. erbaut und ist auf der westlichen Außenfront mit den Namen von 120 syrischen Städten (links) und nubischen Türmen (rechts) beschriftet, die seine Armee eingenommen hatte. Das Tor besteht aus rotem Granit.
Das Vestibül direkt östlich des Sechsten Pylons wird von kleinen Räumen flankiert, die als Annalensaal des Thutmosis III. bekannt sind. Auf der Nordseite der Tempelachse stehen zwei mächtige heraldische Pfeiler, einer ist mit einer Lotosblüte, dem Symbol von Oberägypten, der andere mit Papyrus verziert, dem Symbol von Unterägypten. Der rote Granit ist von ausgezeichneter Qualität, und die Kunstfertigkeit der Handwerker unübertroffen.
Überreste von Statuen des Gottes Amun und der Göttin Amenet stehen in der Nähe – sie wurden zur Regierungszeit von Tutanchamun geschaffen und von Haremhab usurpiert. Das Gesicht von Amun ist außerordentlich gut modelliert. Inschriften beschreiben Ereignisse aus der Regierungszeit von Thutmosis III.; sie stehen auf den Wänden und setzen sich in den anderen Teilen des Gebäudes fort, das den Schrein von Philippos Arrhidaios aus Rosengranit umgibt (einige Meter weiter östlich). Im zweiten Annalensaal südlich des Schreins stellen Inschriften die Feldzüge des Königs vor und zeigen ihn beim Opfer für Amun-Re.

◆ DIE SCHREINE VON PHILIPPOS ARRHIDAIOS UND HATSCHEPSUT ◆

Philippos Arrhidaios, der Halbbruder Alexanders des Großen, regierte Ägypten von 323 bis 317 v. Chr. Wie viele Nicht-Ägypter, die das Land regierten, übernahm er ägyptische Kleidung, Titel und den Glauben. Philippos wurde von griechischen Offizieren zum Herrscher über Ägypten gewählt, weil sie ihn für das kleinste Übel unter den schlechten Kandidaten hielten. Er war das uneheliche Kind von Philipp II. von Makedonien und einem Tanzmädchen, dümmlich und Epileptiker. Er wurde nach sechs Jahren Herrschaft ermordet; die meisten Entscheidungen, die in seinem Namen getroffen worden waren, stammten von seinen Offizieren oder seiner Frau, seiner Cousine Eurydike. Eine dieser Entscheidungen war, den Tempelkomplex von Karnak auszubauen. Die Standortwahl für seinen Schrein war keineswegs zufällig erfolgt: Er stand mitten im Amun-Tempel, genau in der Hauptachse und direkt neben dem ältesten Teil des Tempels, dem Hof des Mittleren Reiches. Es gab nur wenige Stellen, die näher an den Tempelzeremonien gelegen waren. Der hier stehende Schrein von Thutmosis III. wurde abgerissen und durch Philippos' Schrein ersetzt. Vermutlich hatten bereits assyrische oder persische Eroberer den ursprünglichen Schrein zerstört, daher entschied Philippos, er „liege in Ruinen". Sein Schrein wurde nach demselben Bauplan aus Rosengranit errichtet und die eingemeißelten Figuren gelb bemalt. Er war 18 Meter lang, sechs Meter breit und in zwei Räume unterteilt; der erste war für die Opfer, der zweite für die Heilige Barke vorgesehen.
Einige der interessantesten und am besten erhaltenen Szenen sind auf der Außenseite der rechten (südlichen) Wand erhalten: Es gibt vier Register, das oberste zeigt Philippos' rituelle Reinigung, seine Krönung und die Besteigung des Thrones vor Amun.
Am besten umschreiten Sie den Schrein von Philippos Arrhidaios gegen den Uhrzeigersinn bis zur Nordwestecke. Eine große Reliefszene an der Nordseite des Schreins zeigt Thutmosis II. beim Opfer für Amun. Direkt vor dem König sind die beiden Obelisken dargestellt, die er in Karnak vor dem Siebten Pylon aufgestellt hat. Unter der Szene beschreiben 67 Textsäulen in allen Details die westasiatischen Feldzüge des Königs. Ein Tor am westlichen Ende dieser Nordmauer führt in eine Kammer, die mit herrlich bemalten Reliefs von Hatschepsut, Thot und Horus verziert ist. Die Figuren des Gottes Amun und die gut gemalten Hieroglyphen wurden meisterhaft geformt, während Thutmosis III. die Figuren der Königin durch solche von sich selbst ersetzen ließ.

◆ DER HOF DES MITTLEREN REICHES ◆

Östlich des Schreins von Philippos Arrhidaios liegt der älteste bekannte Teil des Amun-Tempels, ein großer, offener Hof, der jüngst mit Kies und Steinen abgedeckt wurde. Hier erbaute Sesostris I. in der 12. Dynastie einen Schrein. Jüngste Ausgrabungen konnten Spuren der Fundamentmauern und Gräben nachweisen. Die Versuche des 4. und 5. Jh. v. Chr., diesen Tempel neu zu erbauen, wurden nicht zu Ende geführt.

94 OBEN HOF DES MITTLEREN REICHES MIT DEM SCHREIN VON PHILIPPOS ARRHIDAIOS (MITTE) UND DEM ACHMENU (UNTEN).

94 UNTEN UND 95 RELIEFS AUS DEM SCHREIN VON PHILIPPOS ARRHIDAIOS.

◆ DAS ACHMENU, TEMPEL VON THUTMOSIS III. ◆

Die meisten Bauwerke um den Hof des Mittleren Reiches stammen aus der Zeit der Thutmosis-Herrscher. Direkt anschließend erheben sich die Pylone und Umfassungsmauern von Thutmosis I. und Thutmosis II.; einige Meter dahinter stehen Gebäude von Thutmosis III. Das komplexeste Bauwerk von Thutmosis III. ist der große und ungewöhnliche Tempel direkt östlich des Hofes aus dem Mittleren Reich. Er wurde früher *Achmenu* oder „Erhaben ist das Andenken", heute Festhalle genannt. Die hier stattfindenden Zeremonien standen im Zusammenhang mit dem *Sed*-Fest des Königs – Architektur und Verzierungen des Gebäudes spiegeln diesen Zusammenhang wider.
Thutmosis III. brüstet sich damit, wie gründlich er den Untergrund vorbereit habe, ehe man mit dem Bau begann: Er „trieb das Böse aus, entfernte den Schutt, der sich bis zu den Stadtvierteln angesammelt hatte", und begann die neue Konstruktion, denn er „wollte nicht über dem Monument eines anderen bauen".
Seine Westwand ist zerstört, und viele Touristen betreten das *Achmenu* in Richtung der Ost-West-Achse des Amun-Tempels. Der eigentliche Eingang liegt jedoch in der Südostecke des Hofes, zwischen zwei 16-seitigen Säulen und einem Paar von Osiris-Statuen. Eine weitere 16-seitige Säule steht in dem kleinen Foyer direkt hinter der Tür. Rechts führt ein Korridor zu neun kleinen Räumen, die als Lager für die Priesterkleidung und die Kultgegenstände dienten. Was man in den jeweiligen Räumen aufbewahrte, ist auf den Reliefs auf ihren Wänden dargestellt: In einem wurde Brot, einem anderen Vasen, einem dritten Wein gelagert usw. Auf der langen Nordwand des Korridors sind Szenen des königlichen *Sed*-Festes dargestellt. Wendet man sich vom Foyer nach links (nach Norden), betritt man die weite Festhalle mit 44 Metern Breite und 16 Metern Tiefe. Zwei Reihen à zehn Säulen tragen das hohe Dach des Mittelschiffes. Diese Säulen sind einzigartig in der ägyptischen Architektur: Ihr Durchmesser nimmt von unten nach oben zu; sie enden mit einem Grat, auf dem ein glockenförmiges Kapitell sitzt. Die Säulen sind rot, in der Farbe von Holz, angestrichen und sollen Zeltpfähle symbolisieren, entweder jene im Kriegszelt des Königs, wahrscheinlicher jedoch die Zeltpfähle während der Feierlichkeiten zum *Sed*-Fest. Sie werden von 32 Pfeilern umgeben, die kürzer sind als die Säulen, so dass das Licht durch einen Obergaden einfällt. Inschriften und

96–97 ANSICHT DES ACHMENU, DER FESTHALLE VON THUTMOSIS III.

97 DIESE OSIRISSTATUE STEHT VOR DEM EINGANG ZUM TEMPEL VON THUTMOSIS III.

Figuren auf den Säulen zeigen den König mit verschiedenen Göttern, die jedoch fast alle von den Nachfolgern Echnatons in der 18. Dynastie oder von christlichen Priestern entfernt wurden, die die Festhalle als Kirche nutzten. Oben an der vierten Säule von Süden sind in der zweiten Reihe noch die Spuren eines gemalten christlichen Heiligen zu erkennen. Der falsch geschriebene Name „Champoleon“ auf der ersten Säule in der zweiten Reihe ist dagegen ein schwacher Scherz aus dem 19. Jahrhundert.

Die Säulenbasen entlang der Mittelachse der Halle wurden verkleinert, um den Gang einen Meter breiter zu machen. Weil dies geschah, nachdem die Halle bereits fertig war, trugen die Priester vermutlich eine neue und breitere Barke als bei den früheren Prozessionen. Bevor diese Basen verkleinert wurden, bestand die Gefahr, dass die Priester mit der heiligen Barke stolperten und dabei die Statue des Gottes umfiel.

In den Kapellen am Nordende der Halle sind unter anderem Szenen zu sehen, in denen königliche Statuen in den Tempel gebracht werden (mittlere Kapelle, Westwand) und verschiedenen Göttern geopfert wird (Westkapelle, Ostwand). In der linken (westlichen) Kapelle steht eine riesige beschädigte Statue des Königs mit Amun und Mut. Eine kleine Tür gleich links führt in einen Korridor mit Szenen, in denen der König einem ithyphallischen Amun opfert.

Über eine Steintreppe in der Nordostecke der Halle gelangt man zu einem Raum mit einer Wasseruhr, einem Topf mit einem Loch, durch das Wasser mit konstanter Geschwindigkeit abfloss – damit maß man die Zeit. Diese Information war wichtig, weil die Liturgie der Zeremonien einen präzisen zeitlichen Ablauf verlangte.

Forscher des 19. Jahrhunderts haben in der Südwestecke der Halle eine wichtige Steininschrift entdeckt, die als „Königsliste von Karnak“ bekannt wurde. Sie entstand während der Regierungszeit von Thutmosis III. und zählt 61 Könige auf, beginnend mit Snofru im Alten Reich. Die Liste war keine komplette Tabelle aller ägyptischen Herrscher, sondern führte nur jene auf, die eine besondere Rolle in der Geschichte Thebens spielten. Thutmosis III. wollte durch diese Vorfahren seine königliche Abstammung legitimieren. Die Blöcke mit der Königsliste wurden in einer dunklen Frühlingsnacht im Jahr 1843 von dem Franzosen Emile Prisse d'Avennes freigelegt und in Kisten mit der Aufschrift „naturgeschichtliche Proben“ außer Landes geschmuggelt. Heute stehen sie im Louvre in Paris.

Die kleinen Räume von Thutmosis III. weiter östlich, direkt südlich (rechts) der Hauptachse wurden in ptolemäischer Zeit usurpiert und mit mehreren gut ausgeführten Szenen bemalt, in denen Alexander der Große abgebildet ist.

Der interessanteste Raum im *Achmenu* ist der so genannte „Botanische Garten" direkt nördlich der Haupttempelachse und östlich der Halle. Eine moderne Holztreppe führt über eine stark zerstörte Wand in einen rechteckigen Raum mit vier Papyrussäulen entlang der Mittellinie.

Die Wände des Botanischen Gartens sind als sehr flaches, erhabenes Relief ausgeführt, das am besten im morgendlichen Streiflicht zur Geltung kommt. Die Süd- und Nordwände (15 Meter lang) und die Ost- und Westwände (6 Meter lang) zeigen bemerkenswerte Darstellungen von Pflanzen und Tieren, die Thutmosis III. während seiner Feldzüge in fremden Ländern gesammelt hat, insbesondere in seinem 25. Regierungsjahr in Syrien. Er schreibt: „Ich schwöre bei Re (der mich liebt), bei meinem Vater Amun, der mich begünstigt, dass alle diese Dinge tatsächlich passiert sind – ich habe mir keine Geschichten über das ausgedacht, was meiner Majestät passiert ist."

Thutmosis III. war offenbar klar, dass man ihn der Lüge und Übertreibung beschuldigen könnte und dass die Darstellungen Stirnrunzeln hervorrufen würden. Für Jahrzehnte widerstanden die Zeichnungen einer Erklärung, und viele Forscher hielten sie schlicht für königliche Fantasien. In jüngster Zeit wurden die Abbildungen jedoch identifiziert. Man erkannte, dass der Künstler nicht immer ganze Pflanzen oder Tiere, sondern nur Teile davon dargestellt hat. Sie zeigen seltene Vögel, Tiere, Blumen und Bäume aus Asien und Ostafrika, die man in Ägypten vorher noch nicht gesehen hatte. Es gibt aber auch Zeichnungen von den inneren Organen der Tiere, kleine Teile exotischer Blumen, deformierte Kreaturen und genetische Spielarten. Man sieht merkwürdige Samen, missgestaltete Kürbisse und Rinder mit drei Hörnern oder zwei Schwänzen. In den Worten eines Forschers ist der Botanische Garten ein „Kuriositätenkabinett".

Warum sammelte Thutmosis III. solche Kuriositäten und widmete einen Teil des *Achmenu* ihrer Darstellung? Viel-

leicht versuchte er damit die Ausweitung von Amuns Herrschaft zu demonstrieren. Indem Ägypten immer größere Teile Westasiens und Nordostafrikas eroberte und damit seine Grenzen erweiterte, vergrößerte sich auch Amuns Einflussbereich. Amun hatte offenbar auch Dinge geschaffen, die sich die Ägypter nie hätten vorstellen können, und indem man dies darstellte, wuchs auch die Macht des Gottes. Amun wurde damit von einem rein ägyptischen zu einem universalen Gott, dessen Machtbereich weit über Ägypten hinausreichte. Zu einer Zeit, da die meisten Kulturen akzeptierten, dass die Macht von Göttern auf jene Menschen beschränkt war, die ihnen Opfer brachten und Tempel bauten, war diese Einsicht von großer theologischer Reichweite.

99 OBEN
DIE BEMALTEN SÄULEN DER FESTHALLE

99 UNTEN
STEINTREPPE IN DER NORDOSTECKE DER FESTHALLE.

98–99
DIE SÜDWAND DES TEMPELS.

◆ DER ÖSTLICHE TEIL DES KOMPLEXES UND DER HEILIGE SEE ◆

Wenn man den Botanischen Garten an der Nordostecke verlässt, führt eine Holzrampe über die eingestürzte Wand des *Achmenu* in den östlichsten Teil des Tempelbezirkes hinter den Tempel von Amun. Die von Thutmosis III. errichteten Außenwände wurden vor allem von Ramses II. verziert.

Die „Kapelle des hörenden Ohres" wurde von Thutmosis III. in die Ostmauer des Amun-Tempels eingebaut; darin sitzen eine Alabasterstatue des Königs und einer Göttin. An dieser Stelle konnten Menschen aus dem einfachen Volk dem Gott begegnen und ihn um Hilfe bei medizinischen oder sozialen Problemen bitten. Sie hatten keine rituelle Reinigung durchgemacht und durften daher den Hauptteil des Tempels nicht betreten – näher als hier konnten sie dem Gott nicht kommen. Auch Ramses II. baute hier einen Tempel für denselben Zweck. Außerdem usurpierte er die sechs in der Nähe stehenden Statuen von Osiris.

Weiter östlich stehen zwei Tempel von Thutmosis IV. und Ramses II., die noch weitgehend unausgegraben und von Büschen überwuchert sind. Thutmosis IV. ließ hier einen Obelisken aufstellen, der ursprünglich von seinem Großvater Thutmosis III. in Auftrag gegeben wurde. Er war 33 Meter hoch und wurde 357 n. Chr. in den Circus Maximus nach Rom transportiert; 1567 stellte man ihn auf der Piazza San Giovanni in Laterano auf.

Ramses II. baute in diesem Bereich einen Tempel, der sich nach Osten bis zu der begrenzenden Lehmziegelmauer mit dem Wellenmuster ausdehnte. Das monumentale Tor (19 Meter hoch) wurde von Nektanebos in der 30. Dynastie errichtet. Jenseits der Ostmauern des Tempelbezirkes liegen die nur teilweise ausgegrabenen Ruinen eines riesigen

Tempels von Amenophis IV./ Echnaton.

Südlich des Tempels von Thutmosis III. und jenseits von üppig verzierten Mauern mit Szenen, in denen Ramses II. verschiedenen Gottheiten opfert, liegt der Heilige See von Karnak, der in seiner jetzigen Form von Taharka (25. Dynastie) angelegt wurde. Der 200 mal 117 Meter große See ist mit Grundwasser gefüllt und in weiten Teilen des Jahres ein schmutziger und stinkender Algentümpel, obwohl man in letzter Zeit versucht hat, ihn zu reinigen und zu belüften. Die Anwohner nennen ihn den Salzwassersee; nach jüngsten Test enthält er eine besonders hohe Konzentration eines Parasiten, der die Schistosomiasis (Bilharziose) hervorruft – man sollte jeglichen Kontakt mit diesem Wasser vermeiden. Auch vor dreitausend Jahren vermieden die Priester den Kontakt mit dem Wasser, aber nicht, weil es verschmutzt war. Die religiösen Riten verlangten aber von ihnen, sich jeden Tag nur mit frischem, fließendem Wasser rituell zu waschen. Sie ruderten jedoch an Festtagen auf

kleinen heiligen Barken auf den See hinaus. Eine moderne Legende aus Luxor erzählt von vergoldeten Barken mit soliden Goldstatuen als Ruderern, die eines Tages wieder über den See fahren werden – nachdem der letzte Lügner und Dieb aus Ägypten verbannt sein würde.

In der Südwand des Sees befindet sich ein mit Steinen verkleideter Tunnel von einem Meter Durchmesser, der zu einem kleinen Steingebäude führt. Dort lebte eine Gänseherde, die von den Tempelpriestern gehalten wurde. Gänse waren ein Symbol von Amun, und jeden Morgen trieb man die Repräsentanten des Gottes durch den Tunnel bis in den See, wo sie den Tag in den heiligen Wassern schwimmend verbrachten. Thutmosis III. schrieb: „Meine Majestät besorgte ihm (Amun) eine Schar Gänse, um den Heiligen See für die täglichen Opfer zu füllen. Siehe, meine Majestät gab ihm täglich zwei fette Gänse, als Opfergabe für meinen Vater Amun."

Ab der Spätzeit des Neuen Reiches lebten die Amun-Priester östlich und südlich des Sees. Als die Licht-und-Ton-Schau in den 70er Jahren des vergangenen Jahrhunderts hier ihre Tribünen aufstellte, kamen einige der Priesterhäuser zu Tage; auf dem Boden lagen noch Haushaltsgegenstände und priesterliche Ausstattung. In dieser religiösen Gemeinschaft innerhalb des heiligen Tempelbezirks, weitab von dem unreinen normalen Alltagsbetrieb, führten die Priester ein isoliertes Leben, das sie mit Beten, Meditieren und den notwendigen Tempelzeremonien ausfüllten. Inschriften auf den Mauern dieses Dorfes und sei-

100–101 DER HEILIGE SEE MISST 200 MAL 117 METER.

101 OBEN DIE MAUERN NÖRDLICH DES HEILIGEN SEES SIND MIT SZENEN VON RAMSES II. VERZIERT, DER DEN GÖTTERN OPFERT.

101 UNTEN DIE GÄNSE WAREN EIN SYMBOL FÜR RE; TEMPELPRIESTER IN KARNAK ZOGEN SIE AUF.

ner Tore ermahnten die Priester an ein streng moralisches Leben und rituelle Reinheit. An der Nordwestecke des Heiligen Sees werden in einem Imbissstand Getränke und Postkarten verkauft. Unmittelbar westlich davon steht ein großes Piedestal aus Granit mit einem riesigen Skarabäus aus Stein. Dieser Mistkäfer repräsentiert Atum-Chepre, eine Form des Sonnengottes. Dieser Skarabäus ist der letzte von vieren, die Amenophis III. für seinen Totentempel auf dem Westufer anfertigen ließ. Er wurde in der 25. Dynastie von Taharka hierher geschafft, dessen Tempel für den Sonnengott sich direkt nördlich anschließt. (Glauben Sie die Geschichte nicht, die von den Reiseführern erzählt wird: Angeblich liefen die Frauen im antiken Ägypten siebenmal um diesen Skarabäus herum, wenn sie schwanger werden wollten. Dafür gibt es keinen Beweis.) Wenige Meter weiter nördlich liegt die Spitze eines der Obelisken von Hatschepsut, die zwischen dem Vierten und Fünften Pylon standen. Die Szenen auf dem Fragment zeigen die Krönung der Königin.

◆ DIE NORD-SÜD-ACHSE DES AMUN-TEMPELS ◆

Ein paar Meter westlich des Skarabäus und des Obeliskenfragments führt ein kleines Tor durch eine Nord-Süd-Mauer in einen Innenhof, mit dem die zweite Bauachse des Amun-Tempels beginnt. Diese Achse – sie verläuft in etwa senkrecht zur Achse des Ersten bis Sechsten Pylons – reicht vom Siebten über den Zehnten Pylon bis zum Tempel von Mut. Diese neue Achse wurde von Königin Hatschepsut initiiert, als sie den Achten Pylon baute, einen der ersten Pylone in Karnak. Die älteren Tempel und Schreine des Neuen Reiches standen bereits, als Hatschepsut die Arbeiten aufnehmen ließ; die neue Achse sollte für Prozessionen eine Verbindung zwischen ihnen und dem Amun- und Mut-Tempel schaffen. Kurz nach seiner Thronbesteigung erbaute Thutmosis III. vor dem Achten den Siebten Pylon.

Unter Ägyptologen ist der Hof zwischen Siebtem Pylon und Großem Säulensaal als Erster Hof oder häufig auch als Cour de la Cachette

zu solchen Säuberungen in den Tempeln: Man entfernte alte Statuen und Möbel und schuf Platz für die zahlreichen neuen Statuen und Schreine, die in den Tempelwerkstätten hergestellt wurden. Solche Werkstätten wurden von Beamten wie Neferrenpet überwacht, dessen Grab in Theben (TT 178) Szenen aus den zahlreichen Werkstätten zeigt.
Zwischen 1902 und 1909 leerte der französische Archäologe Georges Legrain eine große Grube, die während der ptolemäischen Periode im Cour de la Cachette angelegt worden war. Mit Hilfe von 32 Shadufs – ägyptische Schöpfgeräte mit einem Eimer und einem Gegengewicht an einer Stange – konnden waren. Damit hatte er eines der größten Statuenverstecke entdeckt. Die Objekte stehen heute im Ägyptischen Museum von Kairo. Da Legrain nicht alle Statuen bergen konnte, dürften irgendwann zweifellos weitere Objekte gefunden werden.

(Cachette-Hof) bekannt. Er gehört zu mehreren Stätten in Ägypten, an denen die Priester des Altertums Tempelausstattung vergruben, die nicht länger benötigt wurde. Ähnliche Verstecke gibt es auch in anderen Religionen, in Form einer Favissa oder Genizah. Vermutlich kam es regelmäßig te er sich 14 Meter tief in die alte Grube vorarbeiten, bis ihn das Grundwasser schließlich stoppte. In dieser Grube entdeckte Legrain 780 überlebensgroße Steinstatuen, 17 000 Bronzestatuetten und Hunderte von Bauteilen, die hier von den Tempelpriestern um 300 v. Chr. versenkt wor-

102–103 LUFTBILD MIT BLICK NACH NORDEN: ZEHNTER, NEUNTER UND ACHTER PYLON.

103 OBEN LÖWE MIT EINER SONNENSCHEIBE AUF DEM SIEBTEN PYLON.

103 UNTEN EIN STEINERNER SKARABÄUS (RECHTS) AN DER NORDWESTECKE DES HEILIGEN SEES.

Die Nordwand des Ersten Hofes, gleichzeitig die Südwand des Großen Säulensaals, wurde von Ramses II. in der flüchtigen Art und Weise verziert, die für die Arbeiten in seiner Regierungszeit charakteristisch ist; die Inschriften sind jedoch von beträchtlichem historischem Wert. Dazu gehört die Kopie eines Friedensvertrages, den Ägypten mit dem hethitischen Herrscher Hatusilis III. im 21. Regierungsjahr unterzeichnete. Eine seiner Klauseln lautet: „Der große Herrscher der Hethiter darf niemals das Land der Ägypter betreten oder sich Teile davon aneignen. Und (Ramses II.) der große Herrscher von Ägypten darf niemals das Land (von Hatti) betreten, (um sich etwas davon anzueignen)." Darauf folgt die deutliche Erklärung, dass die Unterzeichnung des Vertrages von „Tausenden von

Göttern, männlich und weiblich, und den Flüssen Ägyptens und dem Himmel, der Erde, der großen See, dem Wind und den Wolken" bezeugt wurde. Die Rechtsgelehrten hatten an alles gedacht.

Vor dem Siebten Pylon stehen mehrere Statuen. Vier stellen Thutmosis III. (links) dar, zwei davon Könige aus der Zweiten

Zwischenzeit und eine Amenophis II. Sie stehen allerdings nicht an der ursprünglichen Stelle. Außerdem gibt es das Fragment eines Obelisken, der für Thutmosis III. gemeißelt wurde; sein Zwilling, der ursprünglich vor dem Westturm (rechts) des Pylons stand, befindet sich heute in Istanbul. Der Alabasterschrein zwischen dem Siebten und dem Achten Pylon, in der linken (östlichen) Wand des Zweiten Hofes, wurde von Thutmosis III. errichtet.

Der Achte Pylon trägt eine Inschrift von Hatschepsut, die sie allerdings fälschlicherweise Thutmosis I. zuschreibt: Damit rechtfertigte sie ihren Aufstieg auf den Thron von Ägypten. Thutmosis III. ließ den Pylon erneut beschriften, Amenophis IV./Echnaton hackte alles wieder aus, und Sethos I. restaurierte die Inschriften wieder.

Auf der Nordfassade des linken (östlichen) Turmes ist Sethos I. beim Opfer für die Götter zu sehen. In einer älteren Szene schreitet Thutmosis II. zusammen mit der löwenköpfigen Göttin Werethekau und der Göttin Hathor. Auf dem rechten (westlichen) Turm geht Sethos I., begleitet von dem falkenköpfigen Gott Montu und Priestern, die eine Heilige Barke tragen. Auf der Rückseite (Süden) des Pylons ergreift Amenophis II. im Beisein von Amun fremde Gefangene. Solche Gefangenen wurden fast immer kniend und nur selten, wie hier, stehend dargestellt.

Auf dem Neunten Pylon ist Haremhab in einer Prozession mit einer Heiligen Barke dargestellt. Der Neunte Pylon wird zurzeit restauriert, nachdem die Archäologen 60 000 Blöcke entfernt hatten; sie stammten von Gebäuden des Amenophis IV./Echnaton aus Karnak, die Haremhab als Füllmaterial verwendet hatte.

Zwischen dem Neunten und Zehnten Pylon errichtete Amenophis II. auf der linken (östlichen) Seite des Vierten Hofes einen Tempel für das *Sed*-Fest. Seine und die Fassaden der Pylone tragen Szenen mit Ramses II. und Haremhab. Sethos I. ließ diesen Teil des Tempelbezirks gründlich restaurieren.

Jenseits des Zehnten Pylons, führt eine Allee aus widderköpfigen Sphingen zum Tempel von Mut.

104–105 VOR DEM SIEBTEN PYLON STEHEN RESTE VON KOLOSSALSTATUEN.

104 MITTE UND 105 RECHTS RELIEFS AUF DEM SIEBTEN PYLON MIT DEM PHARAO, DER DEN GÖTTERN OPFERT.

104 UNTEN VIER SITZENDE KOLOSSALSTATUEN VOR DEM ACHTEN PYLON.

◆ DER TEMPEL VON CHONS ◆

Der Tempel von Chons, Mondgott und drittes Mitglied der thebanischen Triade, liegt in der südwestlichen Ecke des Tempelbezirks. Man folgt vom Säulensaal des Amun-Tempels aus einem Steinweg nach Süden. Er führt durch ein weites Feld mit verzierten Tempelblöcken, die in unterschiedliche Monumente Karnaks eingebaut werden sollen. Eine spektakuläre alte und knorrige Tamariske steht direkt östlich des Tempels. Sie wird seit über einem Jahrhundert auf den Bildern unterschiedlichster Künstler dargestellt und bietet einen angenehmen Ort für eine kurze Rast.

Der Tempel von Chons liegt direkt nördlich des monumentalen Tores von Ptolemäus III. Euergetes, dem so genannten Bab el-Amara. Es ist 21 Meter hoch und gehört zu den am schönsten verzierten Beispielen ptolemäischer Architektur in Theben. Eine Inschrift auf dem Tor vermerkt, dass in ptolemäischer Zeit direkt davor ein Gerichtshof existierte, in dem Maat (Recht) gesprochen wurde. Das Tor öffnet sich zu einer Allee aus Sphingen, die vielleicht von Amenophis III. geplant, jedoch erst von Nektanebos I. in der 30. Dynastie errichtet wurde. Sie führt fast drei Kilometer weit nach Süden zum Tempel von Luxor. An diesem Ende der Allee sind die Sphingen nur schlecht erhalten; sie dienten seit Jahrhunderten als Spielplatz für die Kinder aus dem nahen Dorf. Eine kürzere Reihe von Sphingen und Pfeilern zieht sich innerhalb des Tempelbezirkes vom Tor bis zum Tempel.

Wie der Schrein von Ramses III. im Großen Hof des Amun-Tempels und sein Tempel am Westufer in Medinet Habu, ist der Chons-Tempel ein gut erhaltenes Monument mit intakten Wänden und erhaltener Decke. Diese Bauten sind zu großen Teilen das Werk von Ramses III., obwohl der Chons-Tempel vermutlich bereits in der 18. Dynastie von Amenophis III. begonnen, dann erweitert und von späteren Herrschern großartig verziert wurde – insbesondere von den Ramessiden, Herihor (einem Hohepriester Amuns) und Pinodjem. Die letzten beiden waren verantwortlich für den Tempelpylon und seinen Peristylhof.

Der Chons-Tempel ist ein wichtiges Monument für Ägyptologen, denn er gehört zu den wenigen zeitgenössischen Bauten, in denen die enormen Veränderungen Ägyptens zum Ende des Neuen Reiches sichtbar werden. Ramses XI. war der letzte König der 20. Dynastie, und unter seiner Herrschaft endete die Zeit des Überflusses für Ägypten: Die Auslandsbeziehungen waren auf einem Tiefpunkt, es gab praktisch keinen Handel mehr, und die

Regierung musste mit ökonomischer Depression und Bürgerkrieg fertig werden. Ramses XI., der seinen Regierungssitz im Norden hatte, konnte nicht einmal Unterägypten kontrollieren. Oberägypten war in der Hand des Hohepriesters von Amun, einem ehemaligen Offizier mit Namen Herihor, der mehrere Titel, unter anderem den eines Wesirs trug. Herihor ließ verkünden, dass er eine „göttliche Herrschaft" in Theben errichten und damit Ägyptens alten Glanz wiederherstellen wolle.

Der Gott Chons in seiner Form als „Chons-in-Theben-Neferhetep" war zu jener Zeit äußerst populär, vielleicht sogar beliebter als Amun. Daher entschied sich Herihor für einen Chons-Tempel, um seine Machtergreifung zu feiern. Herihor stellte sich darin in derselben Größe wie Ramses XI. und mit der Kleidung dar, die eigentlich dem König vorbehalten war. Mit dem Reichtum und dem Rückhalt aus der Priesterschaft des Amun war Herihor de facto der Herrscher von Oberägypten.

Der erste Pylon des Tempels ist 17 Meter hoch, 32 Meter breit und zehn Meter tief. Auf seiner Front sind Szenen von Pinodjem I. aus der 21. Dynastie und seiner

106 IM VORDERGRUND DIESES LUFTBILDES LIEGT DER TEMPEL VON CHONS.

106–107 DIE SPHINGEN-ALLEE FÜHRT VOM TEMPEL VON CHONS NACH LUXOR, EINE ANDERE ALLEE ZUM MUT-TEMPEL, DAVOR EIN U-FÖRMIGES TOR.

107 UNTEN DAS TOR VON PTOLEMÄUS III. EUERGETES.

Frau Henttowy dargestellt, die Amun, Mut und Chons opfern. Jüngere Szenen auf den Torpfosten zeigen Alexander den Großen, der der Triade opfert.
Der Peristylhof ist auf drei Seiten von einer Doppelreihe aus Säulen umgeben. Sie stammen von Herihor aus der 21. Dynastie. Er ist zusammen mit der Göttin Hathor auf der rechten (östlichen) Wand zu sehen, wie er der thebanischen Triade opfert. Rechts von dieser Szene ist der Chons-Tempel dargestellt; man erkennt die Fassade des ersten Pylons mit den Fahnenstangen in den vier Nischen. Auf der Rückwand des Portikus finden sich weitere Opferungsszenen.
Jenseits des Peristylhofes führt ein Durchgang mit dem Namen von Ptolemäus IV. in einen Säulensaal mit acht Säulen. Sie haben Papyruskapitelle, sind über sieben Meter hoch und mit den Figuren von Ramses XI. und Herihor verziert. Wie üblich in solchen Hallen sind die vier mittleren Säulen höher als die seitlichen. Hier steht eine Statue von Chons in Form eines Pavians.
Die heilige Barke des Gottes wurde im nächsten Raum aufbewahrt; er wurde von Amenophis II. hergestellt und dann von Ramses IV. usurpiert. Die Wände sind mit Szenen verziert, die Ramses IV. und verschiedene Götter zeigen. In den Löchern auf dem Boden könnten Pfosten gesteckt haben, die eine geflochtene Schilfmatte trugen, um einen Altar oder Schrein vor den Blicken zu verbergen.
In den Kapellen beiderseits dieses Heiligtums findet man mehrere Szenen mit gut erhaltenen Farben, in denen der König mit verschiedenen Gottheiten dargestellt ist. Eine der interessantesten Szenen in der rechten (östlichen) Kapelle enthält auf der linken (westlichen) Wand die seltene Figur eines ithyphallischen Löwengottes – die meisten Löwengottheiten waren weiblich.
Ein kleiner Raum für den Gott Chons hinter dem Heiligtum enthält vier 16-seitige Säulen und Reliefs, die in einigen Szenen Ramses III. und in anderen den römischen Kaiser Augustus darstellen. In einem weiteren, nordöstlich davon gelegenen Raum liegt der tote Osiris auf einer Bahre, flankiert von Isis und Nephthys.

◆ DER TEMPEL VON OSIRIS UND OPET ◆

Direkt westlich des Chons-Tempels steht der kleine Tempel von Osiris und Opet. Opet war eine Nilpferd-Göttin, verantwortlich für Geburten, und galt in Ägypten als Mutter von Osiris. Nach ptolemäischem Glauben nahm Amun nach seinem Tod die Gestalt von Osiris an, ging in den Körper seiner Mutter Opet-Nut ein und wurde als Chons wiedergeboren. Daher lag der Geburtsort von Chons direkt neben dem Chons-Tempel. Der ptolemäische Opet-Tempel ist nach einem ungewöhnlichen Plan entworfen. Er steht auf einer zwei Meter hohen Plattform mit einer Hohlkehle an der Oberkante. Dieses Podest symbolisierte den Hügel der Schöpfung, bot aber auch Raum für zwei Kammern, die unterhalb des Tempelbodens eingemeißelt wurden und als Krypta und Kapelle für Osiris dienten. Neun kleine, dunkle Räume umgeben eine Halle mit zwei Säulen; sie enthalten gut ausgearbeitete Inschriften und Szenen von Ptolemäus II., der in Verehrung vor Opet, Osiris, Horus und anderen Gottheiten steht.

108 LINKS RELIEFS VOM CHONS-TEMPEL.

108 RECHTS SÄULENSAAL IM CHONS-TEMPEL.

109 OBEN DER ERSTE PYLON DES CHONS-TEMPELS.

109 UNTEN DIE HALLE IM CHONS-TEMPEL VON INNEN.

1

DAS FREILICHT-MUSEUM

BESICHTIGUNG

Wenn die in Karnak arbeitenden Archäologen in einem Bauwerk Steine fanden, die offenbar aus älteren Vorgängerbauten stammten, haben sie diese entfernt, katalogisiert und innerhalb des Tempelbezirks im Freien gelagert. Vor einigen Jahrzehnten wurde ein Teil dieser Blöcke wieder zusammengestellt und die ursprünglichen Bauten rekonstruiert. Diese Bauten stehen im so genannten Freilichtmuseum in der Nordwestecke des Tempelbezirks von Karnak.

Das Freilichtmuseum ist ein angenehmer und friedlicher Ort mit alten Bäumen, Steinwegen und einigen der schönsten Monumente aus dem Amun-Tempel. Die Zahl der gezeigten Objekte wächst stetig: Vor fünf Jahren standen hier nur drei Bauten und eine kleine Sammlung von Statuen und isolierten Blöcken; heute gibt es vier Wegestationen, mehrere riesige Tempelmauern, Lagerräume, Statuen und Hunderte von Blöcken aus noch nicht rekonstruierten Gebäuden. Diese Monumente sind so interessant, dass jeder Tourist, der nach Theben kommt, sie besichtigen sollte.

◆ DIE WEISSE KAPELLE VON SESOSTRIS I. ◆

Im Herbst 1927 fanden französische Archäologen, die den Dritten Pylon des Amun-Tempels restaurierten, einen großen Architrav aus Kalkstein mit wunderschönen Inschriften, der als Füllmaterial für den Pylon wiederverwendet worden war. Während der nächsten zehn Jahre kamen Hunderte von weiteren Blöcken zum Vorschein, die alle von einem Bauwerk stammten, das Sesostris I. während des Mittleren Reiches erbaut hatte. Zwei Franzosen, der Ägyptologe Pierre Lacau und der Architekt Henri Chevrier begannen 1937, das Gebäude zu rekonstruieren und nannten es „Weiße Kapelle“. Es sollte das erste Monument des Freilichtmuseums werden. Wahrscheinlich stand es ursprünglich auf der Westseite des Hofes aus dem Mittleren Reich. Dieser Hof wurde die „Hohe Aussicht von Sesostris I.“ genannt und der eigentliche Schrein „Thron des Horus“. Sesostris I. ließ ihn für die Feier seines ersten *Sed*-Festes erbauen.

Zur Zeit ihrer Entdeckung war die Weiße Kapelle einmalig. Bis dahin waren keine Beispiele eines vergleichbaren Bauwerkes ans Licht gekommen. Da die Teile beinahe perfekt erhalten waren, konnte man es neu aufbauen. Viele Forscher halten es für die qualitätsvollste Reliefarbeit aus der Zeit des Mittleren Reiches.

Die Weiße Kapelle war nur eine der vielen Wegstationen in Karnak; es waren kleine Gebäude, an denen die Priester während der zahlreichen religiösen Prozessionen des Jahres die Heilige Barke mit der Statue des Gottes niedersetzten, kurz pausierten und Gebete sprachen.

Es handelt sich um ein kleines Monument von 6,75 Metern im Quadrat; auf zwei Seiten führen eine kombinierte Rampe und Treppe zum 1,80 Meter erhöhten Boden der Kapelle hinauf. Der Schrein besteht aus vier Reihen von 2,50 Meter hohen Pfeilern, die Architrave und ein Gesims tragen. Wasserspeier sammelten das seltene Regenwasser, das für die Reinigungsrituale verwendet wurde. Grundriss und Einteilung des Gebäudes sind einfach und etwas wuchtig. Dies wird jedoch durch die hervorragenden Reliefarbeiten mehr als ausgeglichen, die beinahe alle vertikalen Flächen bedecken. Ganz sicher ist dieser Bau die am kunstvollsten verzierte Kapelle in Karnak.

Auf den Pfeilern steht Sesostris I. neben Amun, der manchmal in seiner ithyphallischen Form dargestellt ist, sowie neben anderen Göttern und Göttinnen, wie Anubis, Thot, Ptah, Horus, Atum, Montu und Amenet. Die Inschriften nennen die Titel und Attribute des Königs und der Götter. Die Details dieser Figuren sind wirklich erstaunlich: Röcke und ungewöhnliche Umhänge sind kunstvoll in Falten gelegt; jede Perle der Halsketten ist genau erkennbar. Noch kunstvoller wurden die Hieroglyphen gestaltet: Die Federn eines Vogelflügels, die Muskeln eines Bullen, die Locken auf dem *hr*-Zeichen (ein menschlicher Kopf), die verdrehten Stränge einer Seilkartusche, die transparenten Flügel einer Biene, das Muster eines Flechtkorbes – alle zeigen minutiöse Details. Obwohl von den Farben fast nichts erhalten blieb, ist jede Hieroglyphe ein Kunstwerk, ein winziges Meisterwerk aus feinstem Kalkstein.

Zudem gehen diese Inschriften weit über den ästhetischen Wert hinaus. Sie zeigen auf den Außenwänden, in einer Reihe von Rechtecken direkt unter den Fenstern des Schreins, eine Liste der Gaue (Nomoi), der antiken Verwaltungseinheiten, in die Ägypten untergliedert war. Auf der rechten (nördlichen) Seite findet man die Gaue von Unterägypten, auf der linken (südlichen) jene von Oberägypten. Am rechten (östlichen) Ende der Südwand erscheint beispielsweise der Name *Ta-Sethos*, das erste Nomos von Oberägypten, Elephantine oder Assuan genannt. In einem Rechteck darunter steht der Name des wichtigsten Gottes des Gaus, in diesem Fall Horus. Darunter verdeutlicht eine Reihe von Zahlen die Uferlinie des Gaus zum Nil, in diesem Fall zehn *Iteru*, zwei *Kha*, sieben *Setjat*, was 112,06 Kilometern entspricht (ein *Iteru* entspricht 10,5 Kilometern; *Kha* und *Setjat* sind Untereinheiten). Am linken (östlichen) Ende der Nordwand umschließt ein Rechteck den ersten Gau von Unterägypten, *Inbu hedj* (Memphis), der sich über vier *Iteru*, ein *Kha* oder 42,52 Kilometer entlang dem Nil erstreckt. 22 Gaue in Ober- und 14 in Unterägypten sind aufgeführt. Dazu findet man auf der nördlichen Außenwand der Kapelle die Hochwasserpegel des Nils in Ellen. Diese Informationen sind besonders wichtig, um die Geographie und Politik des antiken Ägyptens zu verstehen.

110 DETAILS AUS DER WEISSEN KAPELLE VON SESOSTRIS I.

111 LINKS DIE WEISSE KAPELLE VON SESOSTRIS I.

111 RECHTS RECHTER PFEILER DER WEISSEN KAPELLE VON SESOSTRIS I. MIT DEM KÖNIG VOR AMUN.

◆ DER ALABASTER-SCHREIN VON AMENOPHIS I. ◆

Amenophis I. errichtete mehrere Gebäude im und um den Hof des Mittleren Reiches. Davon wurden einige demontiert und als Füllmaterial für den Dritten Pylon bzw. den Hof vor dem Siebten Pylon verwendet. Eines dieser aus dem Füllmaterial rekonstruierten Bauwerke ist ein bemerkenswerter Alabasterschrein, der seit kurzem im Freilichtmuseum steht. Er wird *Menmenu* genannt und stand ursprünglich zwischen den Bauten des Mittleren Reiches als Station für die Heilige Barke des Amun. Amenophis I. sagte: „Niemals seit den Urzeiten der Erde wurde etwas Ähnliches in diesem Land geschaffen." Der Name stammt aus einer Inschrift in der nahen Roten Kapelle von Königin Hatschepsut.

Der Schrein ist die Arbeit von Ineni, einem bekannten Architekten des Neuen Reiches; dieser Baumeister hat auch zahlreiche Bauten von Thutmosis I., dem Nachfolger von Amenophis I., errichtet.

Der Schrein von Amenophis I. ist nur neun Meter lang und besteht aus einem einzigen Raum aus riesigen Alabasterblöcken. Alabaster war ein kostbares Material, das nur selten in derart großen Stücken zu finden ist. Es stammt vermutlich aus den Steinbrüchen von Hatnub und zeichnet sich durch karamell- und honigfarbene Maserungen aus, außerdem ist es durchsetzt mit Löchern und Rissen, die ihm das Aussehen von Karamellkonfekt verleihen. Diese Fehler verbergen das zarte Relief fast vollständig, so dass die Figuren nur in starkem Seitenlicht zu sehen sind. Die Szenen müssen im Original farbig gewesen sein, sonst hätte man sie kaum erkennen können. Andererseits wäre das kostbare Material unter der Bemalung verschwunden. Warum also benutzte man kostbaren Alabaster, wenn er nicht zu sehen war? Vielleicht waren die magischen und religiösen Assoziationen, die man mit Alabaster verband, wichtiger, als das Material offensichtlich zur Schau zu stellen.

Die Szenen auf der nördlichen Außenmauer des *Menmenu* zeigen die mystische Verbindung von Amenophis I. mit dem Gott Amun; er opfert Nahrung, Öl und Wasser als Bestandteil seiner Krönungszeremonie. Die südliche Außenmauer ist mit Figuren von Thutmosis I. verziert; manche Wissenschaftler halten dies für einen Beleg, dass der Schrein zum Ende der Regierungszeit von Amenophis I. erbaut wurde – möglicherweise bereits in Zusammenarbeit mit seinem Nachfolger. Die Innenseiten der beiden Wände zeigen Amenophis I. und Amun, die vor Opfergaben und einer göttlichen Barke stehen.

◆ DIE ROTE KAPELLE VON KÖNIGIN HATSCHEPSUT ◆

Dieses große und elegante Gebäude wurde erst im Jahr 2000 rekonstruiert und ist damit eines der jüngsten Bauwerke im Freilichtmuseum. Da andererseits die Blöcke bereits 1898 entdeckt wurden, gehört es zu den ersten, die jemals freigelegt wurden. Wie die übrigen Schreine im Museum hat auch dieses Gebäude mehrere Namen und beschreibende Begriffe: Chapelle Rouge (französisch für „Rote Kapelle"), Schrein, Barkenschrein, Kapelle, Wegstation. Die Rote Kapelle diente während der religiösen Prozessionen als kurzfristiger Ruheplatz für die Heilige Barke. Die Steinblöcke dieses Monuments waren im Dritten Pylon wieder verwendet worden; es besteht aus Blöcken roten Quarzits und schwarzem Granits, die mit den Kartuschen von Thutmosis III. und Hatschepsut bezeichnet sind. Ursprünglich

stand es wohl neben dem Schrein von Philippos Arrhidaios, westlich des Hofes aus dem Mittleren Reich. Der Bau ist mit 15 Metern Länge und 5,77 Metern Höhe größer als die übrigen Schreine.

Die Kapelle ist ein faszinierendes Stück Architektur. Sie besteht aus einer Basis aus schwarzem Granit, auf der die Wände aus rotem Quarzit stehen. Die Ecken tragen einen Rundstab und die Oberkanten ein Gesims. Die Register sind jeweils einen Block hoch; auf der Außenwand sind es sechs, auf der Innenwand sieben Register. Da jeder Block eine etwas andere Länge hat, bieten sie Platz für eine ganze oder den Teil einer Szene. Wahrscheinlich wurden die Blöcke im Steinbruch nach genauen Anweisungen behauen, ausgeschmückt und an einer bestimmten Stelle in der Wand eingebaut; es muss also ein detaillierter Bauplan für das Monument existiert haben. Die schwarze Granitbasis, auf der die Außenwände stehen, trägt die Listen der Gaue von Unter- und Oberägypten. Die unteren Teile der Innenwände sind mit dekorativen Motiven verziert. In den Boden des Schreins wurden mehrere Kanäle eingehauen, durch die bei den Reinigungszeremonien Wasser floss.

112 LINKS DER ALABASTERSCHREIN VON AMENOPHIS I.

112 RECHTS UND 113 RELIEFS AUS DER ROTEN KAPELLE VON KÖNIGIN HATSCHEPSUT.

DER TEMPEL VON LUXOR

1

GESCHICHTE

In der Antike zogen die religiösen Prozessionen zwischen dem Tempelkomplex von Karnak und dem Tempel von Luxor über eine 2,5 Kilometer lange, gepflasterte Sphingen-Allee. Dieser Prozessionsweg wurde von tausend überlebensgroßen Sphingen mit Widderköpfen gesäumt und führte durch Gärten und Teiche. Sechs Schreine für die Barken, ähnlich wie jene im Freilichtmuseum von Karnak, standen in Abständen neben dem Weg. Hier konnten die Priester, die eine Amunstatue von einem Tempel zum anderen trugen, ausruhen und ihre Riten vollführen. Der nördlichste dieser Schreine stand direkt außerhalb des Bab el-Amara in Karnak; der südlichste im Ersten Hof des Tempels von Luxor.

Zu Beginn des Neuen Reiches, noch bevor die Sphingen-Allee erbaut wurde, verlief hier wahrscheinlich ein mit Wasser gefüllter Kanal, auf dem die Heiligen Barken zwischen Karnak und Luxor verkehrten. Später im Neuen Reich, als die nach dem Mondkalender datierten Feste zunahmen und auch außerhalb der jährlichen Nilüberschwemmung stattfanden, gab es zu wenig Wasser für die Barken – der Kanal wurde zugeschüttet und gepflastert. Fortan zogen die Prozessionen über Land oder fuhren auf dem Nil. Die Sphingen-Allee wurde im Neuen Reich begonnen, erhielt ihre endgültige Form aber erst unter Nektanebos I. in der 30. Dynastie.

114 OBEN UND 115 OBEN UND UNTEN DETAILS VON EINER KOLOSSALSTATUE VON RAMSES II. IM GROSSEN HOF.

114–115 DER TEMPEL VON LUXOR.

116–117 DIE SPHINGEN-ALLEE ERSTRECKT SICH NÖRDLICH VON LUXOR BIS ZUM CHONS-TEMPEL IN KARNAK.

Von der Sphingen-Allee wurden erst einige kurze Strecken ausgegraben. Der am besten erhaltene Abschnitt erstreckt sich einige hundert Meter nordwärts vor dem Tempel von Luxor mit beiderseits etwa 35 Sphingen. Die Allee wird von Bäumen und breiten Grasflächen gesäumt, je nach Jahreszeit blühen die Blumen, und der Lärm der nahen Stadt wird gedämpft. Es lohnt sich, den Prozessionsweg entlangzugehen, um die antike Konstruktion und den guten Blick auf den Ersten Pylon zu bewundern. Im Altertum war der Tempel von Luxor von einem ausgedehnten Gebäudekomplex umgeben. Die Stadt Theben bestand aus einem Labyrinth schmaler Straßen, die sich an Märkten, Werkstätten, Ställen und Häusern aus Lehmziegeln vorbeischlängelten, von elenden Hütten bis hin zu Villen. Der französische Autor Gustave Flaubert beschrieb den Tempelkomplex im 19. Jahrhundert: „Die Häuser waren zwischen den Kapitellen der Säulen erbaut; Hühner und Tauben nisten in den großen (steinernen) Lotosblättern; Mauern aus nackten Ziegeln oder Lehm trennen die Häuser voneinander ab; Hunde laufen bellend zwischen den Mauern herum." Vermutlich sah das Theben vor den Tempelmauern schon vor 2500 Jahren ähnlich aus. Einige der von Flaubert beschriebenen Häuser wurden 1885 abgerissen. Bis auf einen kleinen Bereich der römischen Stadt westlich der Sphingen-Allee liegen die meisten antiken Stadthäuser noch immer unter dem modernen Luxor. Wegen der hohen Kosten werden sie wohl in absehbarer Zeit nicht ausgegraben werden.
Heute ist der Tempelkomplex von einer Stadt umgeben, die Tausende von Touristen und eine rasch wachsende Bevölkerung versorgen muss. Die Stadt stellt eine Bedrohung für den Tempel dar. Der Erzähler William Golding schrieb nach seinem Besuch des Tempels von Luxor: „Über dem Gebäude schwebte die erhabene Aura, schon viel länger zu existieren, als die Stadt bereit war zu akzeptieren, es schien nur auf die Abbrucharbeiter zu warten." Die modernen Gebäude, das heißt jene, die während der letzten beiden Jahrhunderte erbaut wurden, sind bis in die antiken Bauwerke vorgedrungen, und die verheerende Infrastruktur der Stadt hat dazu geführt, dass Grund- und Abwasser vom Westen der Stadt in den Tempelkomplex einsickern und dessen Fundamente angreifen.
Der Druck hält an. Vor kurzem musste der Hof von Amenophis abgetragen und eine Betonplatte zwischen die Säulen gegossen werden, um einen drohenden Kollaps abzuwenden. Die Reliefs der Steinmauern wurden so stark durch gestiegenes Grundwasser beschädigt,

dass die Oberflächen buchstäblich zerbröselten. Die Lehmziegelmauern der Nebengebäude des Tempels haben sogar noch stärker gelitten: Viele sind einfach verschwunden. Ein Bruch der Hauptwasserleitung im Jahr 2001 hat die römischen Überreste am Südende der Stätte stark beschädigt. Die Arbeiten zum Schutz des Tempels dauern an und werden auch in Zukunft – hoffentlich erfolgreich – fortgeführt werden.
Es ist im Gespräch, die gesamte Sphingen-Allee freizulegen, die antike Stadt um den Tempel von Luxor auszugraben und die Fläche für Touristen zu öffnen. Dies würde jedoch das moderne Luxor in zwei Hälften teilen und die wertvollen Grundstücke zwischen dem Nil und dem Prozessionsweg in einen Park oder eine Fußgängerzone verwandeln. Wegen der hohen Kosten, der unsicheren politischen Lage und den ungeklärten Fragen der Konservierung dürfte dieser Vorschlag jedoch bis auf weiteres keine Chance haben.
Westlich des Tempelkomplexes trennt eine gepflasterte Hauptstraße (Corniche) den Tempel vom Nil ab. In der Abendkühle sitzen gerne ägyptische Jugendliche auf den Bankreihen unter schattigen Bäumen und unterhalten sich. Südlich des Tempels stehen das hässliche Hotel New Winter Palace und eine langsam verfallende Ladenstraße mit Antiquitätenläden und Tuchhändlern. Im Nordwesten stehen auf den Ruinen der römischen Stadt zwei baufällige Häuser aus dem 19. Jahrhundert; in einem davon befindet sich die Zentrale der National-Demokratischen Partei. Dahinter, direkt über der alten Stadt, liegen die Brooke-Tierklinik, das städtische Gefängnis, die Feuerwehr und ein Keramikhändler. Im Osten erstreckt sich das quirlige Geschäftszentrum mit Straßenhändlern, Läden, Restaurants, Kaufhäusern und einem florierenden McDonald's-Restaurant. Die Düfte von Gewürzen und gegrilltem Fisch schwängern die Luft. Straßenhändler rufen süße Datteln, frische Säfte, Dosenmakrelen und eine verwirrende Vielfalt von Haushaltswaren aus, hinzu kommen die Warnrufe, mit denen Fußgänger von Fuhrwerken aus zum Beiseitegehen aufgefordert werden.
Die Marktstraßen von Luxor sind faszinierend (der große Wochenmarkt findet am Dienstagmorgen statt) und lohnen einen Besuch. Wer jedoch das Flair des Tempels von Luxor erahnen möchte – ohne moderne Beimischung – sollte dahin vordringen, wo die antiken Steinmauern den Blick auf die modernen Gebäude der Stadt versperren und den Lärm der Stadt abschirmen. Am schönsten ist ein abendlicher Besuch, wenn die Mauern beleuchtet werden und der Tempel in tiefer Dunkelheit liegt.

BESICHTIGUNG

Die heutigen Tempelbesucher treten von der Corniche auf der Westseite ein. Ganz in der Nähe lag auch der antike Eingang. Unterhalb des Straßenniveaus kann man am Nilufer die Steine des Landungskais erkennen, an dem die Heiligen Barken und andere Boote während der Feste an- und ablegten. Ein Steinweg führt vom Eingang ostwärts über eine offene Fläche, von der jüngst viele Steinblöcke mit Inschriften entfernt wurden, an einer römischen Befestigung, römischen Tempeln und weiter südlich an einer christlichen Kirche vorbei. Über eine breite Treppe betritt man den Hof, der von Nektanebos I. zwischen dem Ersten Pylon und der Sphingen-Allee erbaut wurde. Von den in der Römerzeit erbauten Monumenten sind fast alle zerstört; nur in der Nordwestecke blieb eine interessante kleine Kapelle erhalten. Sie wurde von Hadrian im frühen 2. Jahrhundert n. Chr. erbaut und ist Serapis geweiht. Die Kapelle ist nur eines der zahlreichen Bauwerke, welche die Römer im Tempelkomplex von Luxor in Angriff nahmen, als sie die gesamte Stätte um das Jahr 250 n. Chr. in eine befestigte Garnison verwandelten. Der eigentliche Tempel von Luxor lag mitten in dieser Verteidigungsanlage und diente den römischen Kaisern als Tempel, denn sie verstanden sich als göttliche Erben der ägyptischen Könige. In der Tat geht der Name Luxor auf das arabische Wort *al-Uksur* zurück, das „Befestigung" bedeutet und sich von dem lateinischen Wort „castrum" – gleichfalls für Befestigung – ableitet. Der Tempel wurde auch „Tempel des Amun der Opet", „Amenemopet" oder „Das südliche Heiligtum" genannt.

Wie die Tempel von Karnak wurde auch der Tempel von Luxor mehrfach verändert und in den letzten drei Jahrtausenden mit Anbauten versehen. Es ist sicher, dass hier ein älterer Tempel aus dem Mittleren Reich stand, vielleicht sogar ein noch älterer des Alten Reiches, und es gibt Hinweise darauf, dass auch Königin Hatschepsut in der 18. Dynastie hier baute. Die älteste heute noch sichtbare Struktur wurde allerdings von Amenophis III. errichtet; er und Ramses II. sind verantwortlich für die meisten der riesigen Kolonnaden und Höfe des Tempels. Umfangreiche spätere Umbauten stammen von den ptolemäischen und römischen Herrschern, christlichen Priestern und islamischen Scheichs. Die Baugeschichte des Tempels von Luxor ist zwar weniger komplex als jene von Karnak, aber dennoch müssen wir auf dem Weg durch den Tempel in der Zeit zurückschreiten.

118 DETAILS VOM THRON EINER KOLOSSALSTATUE VON RAMSES II. IM GROSSEN HOF; NILGÖTTER BINDEN DIE BEIDEN LÄNDER ÄGYPTENS ZUSAMMEN.

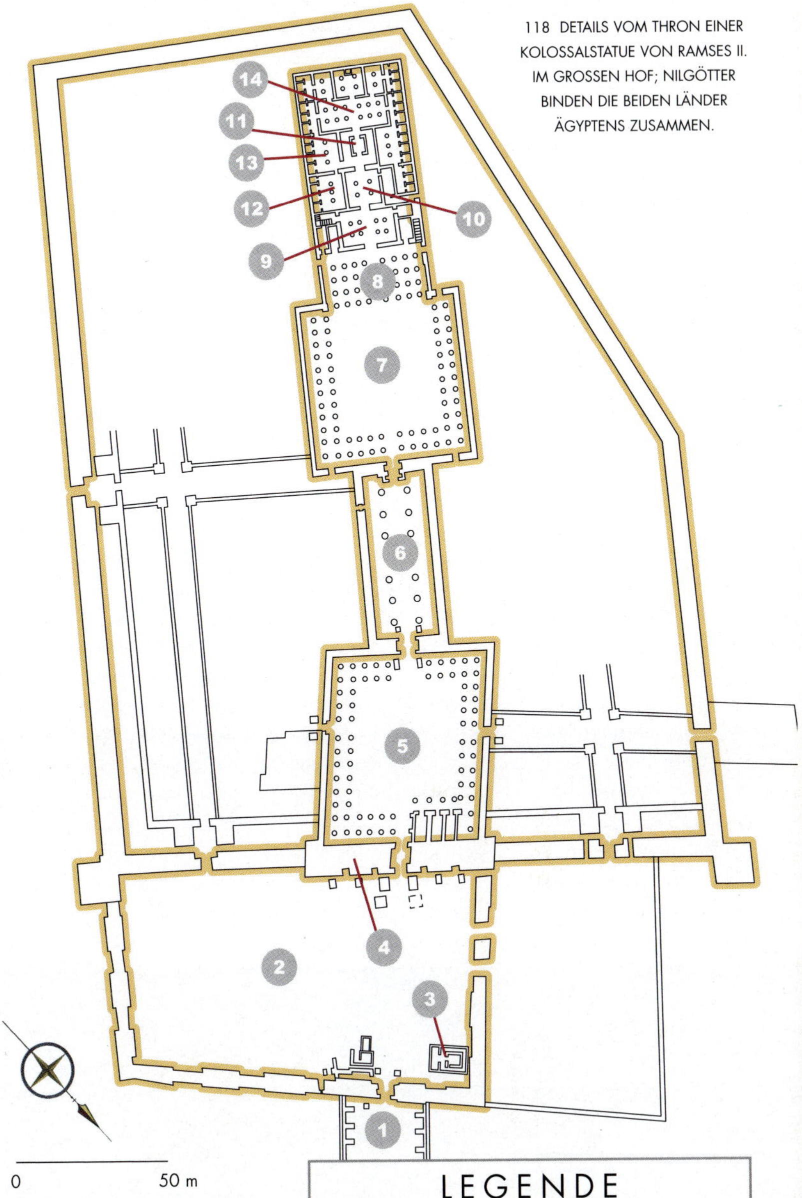

LEGENDE

1 SPHINGEN-ALLEE
2 HOF VON NEKTANEBOS I.
3 KAPELLE VON SERAPIS
4 ERSTER PYLON
5 GROSSER HOF
6 KOLONNADE
7 SONNENHOF
8 SÄULENSAAL
9 KAMMER DES GÖTTLICHEN KÖNIGS
10 ZWEITES VOR-ZIMMER
11 SCHREIN VON ALEXANDER DEM GROSSEN
12 KRÖNUNGSRAUM
13 GEBURTSRAUM
14 RAUM DER STATUE VON AMUN DER OPET

Während seiner langen Geschichte war der Tempel von Luxor die Heimstatt für eine ithyphallische Form des Gottes Amun und eng verknüpft mit Fruchtbarkeit und Wiedergeburt. Jedes Jahr trug man die Statue des Amun in einer Prozession von Karnak zum Tempel von Theben, um Amun der Opet (Amenemopet) in einer Zeremonie zu grüßen, die „Das Schöne Fest der Opet" genannt wurde. Dieses Fest gehörte zu den wichtigsten Veranstaltungen im religiösen Kalender Ägyptens. Die Prozession zwischen den Tempeln und die Zeremonien, die in Luxor abgehalten wurden, sind auf den Außenwänden des Tempels von Ramses III. im Großen Hof von Karnak und auf den Mauern der Kolonnade von Amenophis III. im Tempel von Luxor dargestellt. Das Fest diente unter anderem dazu, die Autorität des Königs sowie seine Verbindungen zu den königlichen Ahnen und den Göttern zu stärken. Die Rituale waren Ausdruck der königlichen Wiedergeburt und bekräftigten seine Macht über Ägypten. Das Fest fand während der jährlichen Nil-Überschwemmung im zweiten Monat des Sommers statt.

Die lange Tradition der Prozessionen und Feste hat in Luxor überlebt. Das moderne Abu-el-Haggag-Fest führt viele der antiken Festtraditionen in modifizierter Gestalt fort. Abu el-Haggag war ein verehrter islamischer Scheich, dessen Moschee und Grab innerhalb des Tempelbezirkes liegen; angeblich hat er vor acht Jahrhunderten den Islam nach Luxor gebracht. Jedes Jahr während des islamischen Monats Schaban verwandelt sich Luxor in den Schauplatz eines dreitägigen Karnevals. Auf den Straßen werden Früchte und Nüsse verkauft, Musikanten und Zauberer treten auf, Pferde rasen die Corniche auf und ab, Männer verkleiden sich als Frauen und die Frauen tragen ihre besten Kleider. Zum Höhepunkt des Festes beobachten Tausende von Menschen eine Barke mit fröhlich gekleideten Kindern, die auf einem Pferdewagen vom Tempel in Luxor nach Karnak gezogen wird. Die Kinder schreien, Frauen heulen rhythmisch, und die Männer singen, wenn die Barke vorbeikommt. Obwohl es sich um ein anderes Jahrhundert, eine andere Religion und eine andere Kultur handelt, setzt das Abu-el-Haggag-Fest doch die traditionelle Form des Opet-Festes fort.

120 WESTWAND DER GROSSEN KOLONNADE; PROZESSION WÄHREND DES OPET-FESTES.

121 ALEXANDER DER GROSSE OPFERT EINEM ITHYPHALLISCHEN GOTT AMUN.

◆ DER ERSTE PYLON ◆

Der älteste Teil der Tempelanlage besteht aus einigen Kammern am Südende. Die Gebäude am Nordende sind jünger; dazu gehören mehrere größere Bauten, die von Ramses II. in der 19. Dynastie erbaut wurden. Es handelt sich vor allem um den Ersten Pylon und den Großen Hof, die heute den Eingang zum Tempel bilden. Vor dem Ersten Pylon ließ Ramses II. zwei Obelisken aus rotem Granit aufstellen. Der noch stehende ist 25 Meter hoch und wiegt 254 Tonnen, der zweite wurde 1835 auf die Place de la Concorde in Paris geschafft; er ist 22,50 Meter hoch und wiegt 227 Tonnen. Jeder Obelisk stand auf einer Basis, in die vier Paviane eingemeißelt waren.

Angeblich hat Josephine Napoleon mit den Worten verabschiedet: „Wenn du in Ägypten bist und nach Theben kommst, schicke mir doch bitte einen kleinen Obelisken“. Nach mehrjährigen Verhandlungen erhielten die Franzosen die Erlaubnis, ebendies zu tun. Eigentlich sollten beide Obelisken des Tempels von Luxor nach Paris verschifft werden, doch als sich das Vorhaben als zu teuer erwies, entschieden sich die Franzosen für den besser erhaltenen der beiden. Sie luden den westlichen (rechten) Obelisken auf ein großes Schiff und segelten über Alexandria nach Frankreich.

Der Obelisk kam im Oktober 1833 in Paris an, und seiner Aufstellung wohnten der König, die Königin und 200 000 Zuschauer bei. Die Place de la Concorde ist ein sehr eindrucksvoller Standort, denn der Obelisk steht stolz in seiner Mitte. Allerdings sieht der Tempel von Luxor nun aus wie ein Elefant, dem ein Stoßzahn fehlt – so der Kommentar eines Besuchers.

Zum Dank schickte der französische König im Jahre 1846 eine kunstvolle Uhr nach Ägypten, die in der Zitadelle von Kairo im Hof vor der Mohammed-Ali-Moschee aufgestellt wurde. Dort steht sie noch immer – funktioniert hat sie allerdings niemals.

Das Tor hinter dem Obelisken, zwischen den beiden Türmen des Pylons, wird von zwei sitzenden, sieben Meter hohen Statuen des Königs flankiert. Von den übrigen vier schreitenden Statuen des Königs sind nur

die Basen verblieben (eine Statue befindet sich im Louvre). Die sitzenden, sehr viel kleineren Statuen links zu Füßen des Königs (im Osten) stellen eine Prinzessin und Königin Nofretiri dar. Die Seiten beider Königsthrone sind mit Figuren der Nilgötter dekoriert, den Bindegliedern zwischen den beiden Ländern Ägyptens.

Die Türme des Ersten Pylons sind 24 Meter hoch und 65 Meter breit. Die Fassade ist mit einem versenkten Relief verziert, das Szenen aus Ramses' II. Schlacht gegen die Hethiter bei Kadesch zeigt; sie fand im fünften Regierungsjahr statt. Viele Szenen auf den Tempeln befassen sich mit diesem Ereignis. Leider ist die Fassade des Pylons stark erodiert und daher nur schwer zu entziffern. Auf dem rechten (westlichen) Turm hält der König eine taktische Besprechung mit seinen Prinzen und Beratern ab. Daneben fährt er mit einem Streitwagen in die Schlacht. Auf dem Ostturm (links) tobt die Schlacht: Tote und sterbende Feinde liegen auf dem Schlachtfeld. Auf den Torpfosten ist Ramses II. mit verschiedenen Göttern zu sehen.

122–123 ERSTER PYLON, VON RAMSES II. IN DER 19. DYNASTIE ERBAUT.

123 OBEN ZWEI SITZENDE STATUEN VON RAMSES II. NEBEN DEM EINGANG IM ERSTEN PYLON.

123 UNTEN RELIEF VOM ERSTEN PYLON; ES ZEIGT RAMSES II. IN SEINEM STREITWAGEN.

◆ DER GROSSE HOF ◆

Der Große Hof direkt hinter dem Ersten Pylon ist 57 Meter tief und 51 Meter breit. Es ist ein Peristylhof (Säulenhof) mit 74 Säulen in Doppelreihen um die vier Seiten; sie tragen ein schmales, umlaufendes Dach. Der nordöstliche Quadrant des Hofes (links vorn) ist nicht ausgegraben. Unter der Moschee und dem Grab von Abu el-Haggag liegen eine hohe Schuttschicht sowie die Überreste einer frühchristlichen Kirche; das Minarett der Moschee wurde im 13. Jahrhundert errichtet. Die

Moschee selbst ist ein derart bedeutendes Baudenkmal, dass man diesen Bereich wohl niemals bis auf die dynastische Ebene ausgraben wird.

Die Mauern des Hofes sind mit Szenen bedeckt, die Ramses II. zusammen mit singenden Priestern beim Rauchopfer zeigen, Thot schreibt die Gaben auf. Die interessantesten Szenen sind auf den Mauern in der südwestlichen (hinteren rechten) Ecke des Hofes zu sehen: Hier findet man auf der westlichen (rechten) Mauer eine Reihe wundervoller, mit Girlanden verzierter Stiere, die als Opfer zum Tempel geführt werden. Vor ihnen in der Prozession, auf der südlichen (hinteren) Mauer, gehen 17 Söhne von Ramses II. zum Tempel. Unter jeder Gestalt stehen Name und Titel; die Söhne erscheinen in der Reihenfolge ihrer Geburt, der Älteste, Amunherchepeschef, steht links als Erster. Vor ihnen ist eine gut erhaltene Darstellung des Ersten Pylons des Luxor-Tempels zu sehen. Seine Flaggen flattern, und Obelisken und Statuen sind detailliert gezeichnet.

Die imponierende Statue von Ramses II. und Königin Nofretari in der südöstlichen Ecke des Hofes (links hinten) ist eine von mehreren Statuen, die für Amenophis III. angefertigt und dann von Ramses II. usurpiert wurden. Diese zeigt den kraftvoll und zuversichtlich vorwärts schreitenden König als muskulösen und ewig jugendlichen Herrscher. Ebenso gut ausgeführt sind die Statuen des sitzenden Königs neben der Tür zum nächsten Raum.

In der Nordostecke (rechts vorn) steht ein kleiner Dreifachschrein (Barkenschrein) für die thebanische Triade Amun, Mut und Chons. Er stammt ursprünglich von Hatschepsut und wurde erst von Thutmosis III. und später von Ramses II. usurpiert. Der

Schrein hat einen Portikus mit vier zierlichen Papyrussäulen. Die drei Räume sind (von links nach rechts) Mut, Amun und Chons zugeordnet. In jedem kniet der König vor dem Gott. Die Wände sind mit Szenen der Heiligen Barke bedeckt. Dieses Gebäude stellt den südlichsten der Barkenschreine dar, die bei den Prozessionen zwischen Karnak und Luxor verwendet wurden, und spielte eine wichtige Rolle in der Zeremonie. Vermutlich stand er ursprünglich in einer mehr zentralen Position am Tempeleingang und wurde erst von Ramses II. hierher versetzt.

124 LUFTBILD DES GROSSEN HOFES MIT DER MOSCHEE VON ABU EL-HAGGAG.

124–125 KOLOSSALSTATUEN ZWISCHEN DEN SÄULEN DES GROSSEN HOFES.

125 UNTEN PROZESSION DER SÖHNE VON RAMSES II. AUF EINEM RELIEF IM GROSSEN HOF.

◆ DIE KOLONNADE ◆

Die Kolonnade bildet wie in vielen ägyptischen Bauwerken einen besonders eindrucksvollen Raum. Sie entstand zeitlich vor dem Großen Hof, folgt ihm aber geographisch nach. Sie wurde von Amenophis III. als großartiger Eingang zum Tempel des Amun der Opet geplant und ist das dritte Projekt im umfangreichen Bauprogramm des Königs. Die beiden von ihm errichteten Säulenreihen könnten als Hauptachse eines großen Säulensaals geplant gewesen sein, ähnlich wie jener in Karnak. Wenn dies geplant war, wurden die Arbeiten nie abgeschlossen. Die Kolonnade wurde erst nach dem Tod Amenophis' III. von Tutanchamun, Eje und Haremhab vollendet.

Die Achse der Kolonnade und der südlich folgenden Räume weicht deutlich von der Achse der davor liegenden Ergänzungsbauten der Ramessiden ab. Dieser Wechsel war erforderlich, weil Ramses II. den Tempel von Luxor über einen Prozessionsweg geographisch an den Chons-Tempel in Karnak anbinden wollte, dessen Ausrichtung anders verlief.

Die Kolonnade wird von 14 Säulen mit offenen Papyruskapitellen gebildet. Sie stützen ein Dach, das sich 21 Meter über dem Boden erhebt. Der Raum ist schmal, nur zehn Meter breit, und 26 Meter lang. Ursprünglich reichten die Wände bis zum Dach, so dass das einzige Licht durch kleine Oberlichter einfiel, die in der Höhe der Decke eingeschnitten waren. Da die Wände nur wenige Meter hoch erhalten blieben, kann man sich heute kaum vorstellen, wie eindrucksvoll dieser Raum ursprünglich gewirkt haben muss. Es war vermutlich eine Ehrfurcht gebietende Erfahrung, aus dem offenen, sonnendurchfluteten Hof in diese dunkle und abweisende Kolonnade einzutreten, deren schwach beleuchteter Innenraum an die Proportionen einer großen europäischen Kathedrale gemahnen. Die Szenen in der Kolonnade gehören zu den bedeutendsten Quellen zum Ablauf des Opet-Festes, eine der wichtigsten religiösen Zeremonien des Neuen Reiches. Sie zeigen Details der Prozessionen von Karnak nach Luxor und zurück. Ihre einheitliche Komposition und die sorgfältig aufeinander abgestimmte zeitliche Ordnung deuten darauf hin, dass die Szenen noch vor Beginn der Arbeit als künstlerisches Gesamtprogramm entworfen worden sind. Dieser „Cartoon" wurde von Künstlern Amenophis' III. gestaltet – von Männern wie Hor und Suti, den „Aufsehern der Arbeiten für Amun im südlichen Opet" – die zusammen mit den Oberpriestern für das Opet-Fest verantwortlich waren. Das

126 DIE KOLONNADE VON AMENOPHIS III. MIT ZWEI REIHEN ZU SIEBEN SÄULEN.

127 LINKS STATUEN VON AMENOPHIS III. UND SEINER FRAU IN DER KOLONNADE.

127 RECHTS DIESES RELIEF AUF DER NORDWESTWAND DER KOLONNADE ZEIGT TUTANCHAMUN.

Programm hat Amenophis III. und die Amarna-Periode überlebt und wurde noch von den Künstlern Tutanchamuns und Ejes befolgt. Damit stellen diese Szenen ein dekoratives Programm dar, das noch vor der Amarna-Periode entworfen und erst zwei Jahrzehnte später von Künstlern während der Nach-Amarna-Periode vollendet wurde, die sich dabei nach den alten Traditionen richteten. Später, unter Sethos I., wurden die Dekorationen erweitert. Man kann die Ergänzungen leicht von den älteren Arbeiten unterscheiden, weil das erhabene Relief höher ausfällt und die Figuren noch genauer ausgeführt wurden.

Die Opet-Szenen lassen sich in zwölf Teile gliedern: Fünf Szenen auf der Westwand behandeln die Prozession von Karnak und Luxor und die ersten Rituale im Tempel von Luxor; fünf Szenen auf der Ostwand beschreiben die weiteren Festlichkeiten in Luxor und die Rückkehr nach Karnak. Die weiteren Szenen sind auf der nördlichen und südlichen Querwand zu sehen. In der Nordwestecke der Kolonnade (rechts vorn) führt König Tutanchamun die Prozession an und begrüßt in Karnak die Götter. Dann opfert er der Barke der thebanischen Triade und schließt sich der Prozession der Boote an, die von ihren Schreinen zum Nil ziehen. Vor dem Dritten Pylon Karnaks wehen die Flaggen. Von Karnak aus werden die Barken von Männern am Ufer gegen die Strömung gezogen und dann von Ruderbooten zum Tempel von Luxor gebracht. Anschließend tragen die Priester die Statuen vom Kai in den Ersten Hof, wo sie wieder auf Barkenschreine gestellt werden. Auf der südlichen Querwand begrüßt der König Amun, Mut und Amunet im Tempel von Luxor.

Die Reliefs der Kolonnade sind im diffusen Licht schwer zu erkennen, daher sollte man sich auf jene Teile konzentrieren, die im direkten Licht, Streiflicht oder am Abend im Flutlicht liegen. Bei dieser Beleuchtung tauchen wundervolle Details auf: Man kann die fein modellierten Gesichter und detailgetreuen Roben von Priestern und Beamten bewundern, das genau ausgearbeitete nautische Takelwerk und die Boote, die lebhafte Bewegung der jungen Akrobaten, die Bewegungen der Musiker an ihren Trommeln, Lauten und Sistren.

Zwar blieben nur die untersten Register erhalten, doch die Ägyptologen haben nach und nach Hunderte weiterer Steinblöcke aus den höheren Wandteilen identifiziert, die nun im Umkreis des Tempels gelagert werden. Zumindest auf dem Papier ist nun geplant, die Darstellungen dieser oberen Szenen zu rekonstruieren.

◆ DER SONNENHOF ◆

Südlich der Kolonnade folgt der wundervoll proportionierte Zweite Hof (Sonnenhof) von Amenophis III. Es handelt sich um einen 45 Meter tiefen und 51 Meter breiten Peristylhof, der auf drei Seiten von einer Doppelreihe aus 60 Säulen (gestaltet als Papyrusbündel) umgeben wird. Die Mauern des Hofes sind nur schlecht erhalten, aber auf der Ostseite (links) sind noch Spuren der Szenen mit Amenophis III. und Amun sowie andere mit Alexander dem Großen zu erkennen.

In den letzten Jahrzehnten fanden in diesem Hof regelmäßig Veranstaltungen statt. Dazu gehörten Ruderzeremonien vor Regatten auf dem Nil zwischen Mannschaften aus Oxford, Cambridge, Harvard, Yale, Kairo und Polizeimannschaften aus Kairo. Die Kinder von Luxor trugen Pharao-Kostüme und streuten Blumenblätter vor den Ruderern aus. Hier fanden sogar Rockkonzerte statt, bis man sich auf offizieller Seite Sorgen um die Wirkung der Vibrationen auf die Säulen machte.

Als Arbeiter 1989 den ungepflasterten Hof säuberten, legten sie ein verfülltes Loch frei, in dem 26 Statuen lagen. Die Priester hatten sie während der römischen Zeit vergraben, weil sie sich davor fürchteten, den Statuen der römischen Kaiser mehr Platz einzuräumen als ihren eigenen ägyptischen Königen vergangener Zeiten. Die perfekt erhaltenen Statuen – einige davon gehören zu den besten bekannten Beispielen ägyptischer Kunst – stehen nun im Museum für antike Kunst in Luxor.

◆ HYPOSTYLHALLE, ALLERHEILIGSTES UND ANDERE RÄUME ◆

Jenseits des Sonnenhofes folgen die Räume des ursprünglichen Opet-Tempels. Dieser Bereich hat einen komplizierten Plan mit 23 Zimmern und 22 kleinen Kapellen. Sie liegen auf einem Sockel, einer flachen Plattform aus Stein, die den niedrigen Schöpfungshügel symbolisieren soll.

Obwohl die Hypostylhalle beschädigt ist, stehen im Innern noch 32 Papyrusbündel-Säulen. Einige tragen die Namen ihrer Usurpatoren, Ramses IV. und VI. Die östliche (linke) Wand der Halle wurde mit Szenen des Königs geschmückt, der vor Amun und Amunet steht und Milch, Salben, Vögel und Fische opfert. Andere Szenen zeigen den König und sein Ka: Sie treiben Kälber und weihen Kästen mit Stoffen. In der Südostecke (links hinten) der Hypostylhalle schließen zwei kleine, rechteckige Kapellen für Chons (ganz links) und Mut an, und in der Südwestecke (rechts hinten) liegen eine zweite Kapelle für Chons und eine Treppe, die zum Tempeldach hinaufführt.

Folgt man der Hauptachse des Tempels südlich der Hypostylhalle weiter, führen niedrige Stufen zu einem Raum, der ursprünglich acht Säulen enthielt – die Basen

128 OBEN LINKS UND UNTEN UM DEN SONNENHOF STEHEN 60 PAPYRUSBÜNDEL-SÄULEN.

129 DER LUXOR-TEMPEL MIT DEM SONNENHOF (MITTE), DEM SÄULENSAAL UND DEM ALLERHEILIGSTEN (VORN).

sind auf dem Boden noch zu erkennen. Es handelt sich um das Erste Vorzimmer, die so genannte „Kammer des Göttlichen Königs". Sie diente als Schrein für die Barke, wurde aber in der Römerzeit zu einer Kapelle des Kaiserkultes umgewidmet. Die Römer verputzten die Szenen mit Amenophis III. und Amun mit Gips und übermalten die Fläche mit römischen Beamten. Weil der Gipsverputz auf der Südwand (rechts) abgefallen ist, sind Amenophis III. und Amun-Re jedoch wieder zu sehen. In dieselbe Wand sind eine Apsis mit flankierenden Säulen und ein Durchgang eingebaut. Die Apsis wurde mit stehenden Figuren von Diokletian, Maximilian und zwei Cäsaren bemalt (den Durchgang hat die Altertumsverwaltung in den 1950er-Jahren angelegt). Die lange vertretene Meinung, der Raum könne als christliche Kirche gedient haben, gilt heute als widerlegt. In der Tat wurden hier die Christen sogar gezwungen, dem römischen Gottkaiser einen Treueid zu schwören.

Hinter der Apsis liegt ein Zweites Vorzimmer mit vier Pfeilern, das „Opfer-Vestibül"; hier fanden die eigentlichen Opfer für Amun statt. Auf den Wänden treibt Amenophis III. Rinder in den Tempel, die dort vor dem Gott geschlachtet werden, und der König opfert Blumen, Vasen und Weihrauch.

Gleich dahinter folgt der „Barkenschrein von Amun-Re" in einem Raum, der manchmal als Drittes Vorzimmer bezeichnet wird. Die Wände zeigen Szenen mit Amenophis III. oder Alexander dem Großen, die vor einem ithyphallischen Amun stehen. Ursprünglich kennzeichneten vier Säulen den Ort, wo man die Heilige Barke des Amun von Karnak während des Opet-Festes niedersetzte. In der Zeit von Alexander dem Großen wurden sie durch einen inneren Schrein ersetzt. Oberhalb des Durchgangs in diesen Raum

wurde eine kleine Kammer direkt in die Wand eingebaut, gerade groß genug für einen Mann. Manche Forscher vermuten, dass hier ein Priester während der religiösen Zeremonien versteckt war, der als Stimme Amuns auf die Fragen der Priester antwortete. Weniger zynische Kenner der ägyptischen Religion halten ihn für einen geheimen Aufbewahrungsort von Kultgegenständen.

Im Osten (links) führt ein Durchgang in zwei Räume: Der erste wird als „Krönungsraum", der zweite als „Geburtsraum" bezeichnet. In letzterem zeigen die Szenen auf der westlichen Wand die göttliche Geburt von Amenophis III.; sie werden von rechts nach links und von unten nach oben gelesen. Am Boden links formt der Gott Chnum auf einer Töpferscheibe Amenophis III. und sein Ka. An den östlichen Wänden dieser Räume liegen kleine Kapellen, in denen entweder Statuen von Göttern oder Tempelmobiliar aufbewahrt wurden.

Im Süden schließt der Tempel mit einer Flucht aus vier Säulenhallen ab. In der ersten und größten mit zwölf Säulen wurde die Statue von Amun der Opet aufbewahrt. Der Zugang zu dieser Zimmerflucht ist nicht original. In dynastischer Zeit diente sie als „Tempel im Tempel" und wurde durch die westliche Wand betreten. In jedem Raum sind Szenen zu sehen, in denen der König Amun opfert – Brot, Milch, Wein, Fleisch und eine Reihe anderer Nahrungsmittel. Dieser Bereich ist das Allerheiligste des Tempels, der heiligste Raum des ganzen Komplexes.

130 OBEN DETAIL DER MITTELWAND IM SCHREIN ALEXANDERS DES GROSSEN.

130 UNTEN DAS DRITTE VORZIMMER ODER DER SCHREIN ALEXANDERS DES GROSSEN.

130–131 OPFERSZENE AUS DEM DRITTEN VORZIMMER.

Fassen wir zusammen: Die wichtigste Aufgabe des Tempels von Luxor war seine Rolle beim Opet-Fest. Alle architektonischen und dekorativen Veränderungen im Laufe der Zeit hatten den Zweck, den Priestern optimale Bedingungen für die Rituale zu schaffen. Vor kurzem ist es den Ägyptologen gelungen, durch genaue Analyse der Szenen und Inschriften in Karnak und Luxor die Prozession des Opet-Festes von einem Tempel zum anderen zu rekonstruieren. Der Ablauf dieser Zeremonien wird im Folgenden geschildert:

Am frühen Morgen des ersten Tages versammelten sich der König und die Hohepriester im *Achmenu* von Karnak und gingen zum Heiligtum der Heiligen Barke von Amun-Re. Sie trugen die Barke in den Säulensaal, dann nach Süden entlang der Tempelachse durch die Pylone Sieben und Acht bis zum Tempel von Chons, wo sich ihnen die Barke von Chons und ein Teil seiner Priesterschaft anschlossen. Dann ging es weiter zum Mut-Tempel, wo sich wiederum Muts Barke und deren Priester in die Prozession einreihten.

Die inzwischen recht große Gruppe zog als Prozession nach Süden, die Sphingen-Allee entlang und machte an insgesamt sechs Wegstationen unterwegs Halt. Bei jedem Halt sprach sie Gebete und brachte Opfer dar. Ihr Weg war von Menschen gesäumt, die sangen, riefen und vielleicht Blumen warfen. Musiker und Tänzer, Akrobaten und farbenfroh gewandete Opferträger verliehen der Prozession einen festlichen Anstrich.

Nachdem die Prozession den Ersten Pylon des Tempels von Luxor passiert hatte, wurden die Zuschauer spärlicher und die Stimmung gedämpfter.

Der erste Halt war der Dreifach-Schrein im Ersten Hof des Tempels. Nach den Ritualen bewegte sich die Prozession weiter durch die Kolonnade, auf deren Wänden

132 OBEN PRIESTER TRAGEN EINE HEILIGE BARKE WÄHREND DES OPET-FESTES.

132 UNTEN SOLDATEN IN DER PROZESSION ZUM OPET-FEST.

133 OBEN AUFSEHER BRINGEN PAPYRUSBLÜTEN, GÄNSE UND STIERE FÜR DAS OPET-FEST.

133 UNTEN MUSIKER, TROMMLER UND KLATSCHENDE MENSCHEN IN DEN OPET-RELIEFS.

jener Teil des Zuges abgebildet ist. Wenn sie den Sonnenhof erreichte, wurde die Prozession bereits von einer großen Gruppe ausgewählter Gäste erwartet, die diesem Teil der Zeremonie beiwohnten. Danach betrat die Prozession den südlichen „Kern" des Tempels. In der „Kammer des Göttlichen Königs" unterwarf sich der Pharao einer Reinigungszeremonie, in der er gekrönt und von Amun-Re gesegnet wurde. Danach bewegte sich die Gruppe in das „Zentrale Barkenheiligtum" für weitere Gebete und Opfer. Sie wandte sich nach links und betrat den „Krönungsraum", dann den „Geburtsraum", deren Wände mit den Szenen der göttlichen Geburt des Königs, seiner Krönung und den *Sed*-Festen verziert waren. Als Höhepunkt der Feierlichkeiten betrat die Gruppe den hinteren Teil des Tempels, das „Heiligtum der Südlichen Opet", wo die letzten Gebete und Opfer stattfanden. Von hier wandte sich die Prozession zurück durch den Tempel und zog per Boot auf dem Nil nach Karnak zurück. Das gesamte Fest dauerte elf Tage.

Heute muss man sich nicht zurückwenden, sondern kann den Tempel durch eine der Türen in der Westwand an der Rückseite des Gebäudes verlassen und durch die Ruinen der Priesterwohnungen gehen. Die äußere westliche Wand des Tempels ist mit ausführlichen Darstellungen versehen, in denen die Feldzüge von Ramses II. in Westasien gezeigt werden, insbesondere die Schlacht von Kadesch.

1

DAS MUSEUM FÜR ANTIKE KUNST IN LUXOR

Das 1975 eröffnete kleine Museum an der Corniche enthält eine der weltweit schönsten Sammlungen ägyptischer Skulpturen. Zuschnitt und Beleuchtung des Museumsgebäudes bringen die Objekte auf das Vorteilhafteste zur Geltung. Das Museum ist von 9.00 bis 13.00 Uhr und von 16.00 bis 21.00 Uhr (im Winter) bzw. 17.00 bis 22.00 Uhr (im Sommer) geöffnet und bietet die besten Voraussetzungen für eine oder zwei entspannende und gleichzeitig lohnende Stunden. Die etwa dreihundert ausgestellten Objekte, viele aus dem thebanischen Nomos, repräsentieren jede Periode der Geschichte, von der Vordynastischen Zeit bis zum islamischen Mittelalter. Die folgenden Objekte gehören zu meinen persönlichen Lieblingsstücken; sie werden in der Reihenfolge behandelt, in der sie augenblicklich ausgestellt sind.

Luxor-Katalog Nr. 5: Den Kopf der Kuhgöttin Mehet-Weret, eine Form von Hathor, fand man im Grab von Tutanchamun. Er besteht aus Holz, Kupfer, Lapislazuli und ist vergoldet. Das Objekt fängt sowohl Anmut und Würde des Tieres als auch die erhabene Natur der Göttin perfekt ein, die den Toten in der Unterwelt begrüßt.

Luxor-Katalog Nr. 34: Der rote Granitkopf von Sesostris III. mit der Doppelkrone von Ober- und Unterägypten ist ein bemerkenswertes Beispiel für den Realismus königlicher Skulptur in der 12. Dynastie. Dieser Mann königlicher Herkunft hat schwere Augenlider und eine faltige Oberlippe; die Art der Darstellung soll Nachdenklichkeit und Autorität verdeutlichen, denn der König hat die schwere Bürde seines Amts zu tragen.

Luxor-Katalog Nr. 3: Die aus einem Granitblock hergestellte Statue stellt Amunedjeh dar, den königlichen Herold von Thutmosis III. Man kann sich das Vorbild für diese Statue noch heute vergegenwärtigen: Besuchen Sie ein beliebiges Kaffeehaus in Oberägypten und beobachten Sie die Männer. Sie sitzen auf dem Boden, haben die Knie bis zum Kinn angezogen, ihre Dschallabijas straff über die Beine gezogen und die Hände über den Knien gefaltet. Das Gesicht zeigt einen ernsten Mann mit Selbstvertrauen.

134 OBEN DETAIL DER SANDSTEINMAUER VON ECHNATON AUF DER OBEREN EBENE DES MUSEUMS.

134 UNTEN GRANITKOPF VON SESOSTRIS III.

135 OBEN KOPF VON MEHET-WERET AUS DEM GRAB VON TUTANCHAMUN.

135 UNTEN FASSADE UND EIN AUSSTELLUNGSSAAL IM MUSEUM.

Luxor-Katalog Nr. 43: Diese 2,30 Meter hohe Kalksteinstele aus dem Amun-Tempel von Karnak zeigt den Feldzug von König Kamose (17. Dynastie) gegen die Hyksos. Die Hyksos versuchten in der Zweiten Zwischenzeit die Kontrolle über Ägypten zu übernehmen. Kamose beschreibt seine Angriffe auf die Feinde: „Wie Löwen auf ihre Beute stürzte sich meine Armee auf ihre Diener, ihr Vieh, ihre Milch, ihr Fett und ihren Honig." Als er nach Theben zurückkehrte, stellte er fest, dass „jedes Gesicht strahlte, das Land im Überfluss lebte, die Ufer in Aufregung waren und in Theben ein Fest gefeiert wurde". Die kleine Gestalt in der unteren linken Ecke zeigt Neshi, dem Kamose den Auftrag erteilt hatte, die Stele herzustellen und im Tempel aufzustellen.
Luxor-Katalog Nr. 140: Dieses Kalksteinrelief stellt Thutmosis III. mit der Atef-Krone dar. Es ist ein prachtvoll bemaltes und gut erhaltenes Beispiel der herrlichen Reliefs, die einst den Totentempel des Königs in Deir el-Bahari auskleideten. In einem Lagerraum liegen Tausende weiterer Steinblöcke dieser bemerkenswerten Arbeit; es ist zu hoffen, dass sie eines Tages ausgestellt werden.

Luxor-Katalog Nr. 139: Dieses Kalksteinrelief eines Gottes aus dem Totentempel von Thutmosis III. in Deir el-Bahari ist ein weiteres Beispiel für die außergewöhnliche Qualität der Reliefarbeiten dieses Tempels. Das Stück zeigt den Gott Amun-Min; es wurde in der Regierungszeit von Echnaton ausgehackt und unter Haremhab sehr erfolgreich restauriert.
Luxor-Katalog Nr. 2: Ohne Zweifel gehört diese außergewöhnlich modellierte Grauwacke zu den besten Beispielen ägyptischer Steinmetzkunst an schwierigem Material. Sie zeigt König Thutmosis III., der vorwärtsschreitet, um magisch an den Tempelzeremonien in Karnak teilzunehmen. Die Statue gehört zu den wichtigsten Skulpturen des Museums.
Luxor-Katalog Nr. 155: Diese Kalksteinstatue von Amenophis III. und dem Krokodilgott Sobek ist mehr als 2,50 Meter hoch. Die monolithi-

sche Statue gehört zu den eindrucksvollsten, die je in Ägypten gefunden wurden: Sobek, der die Atef-Krone trägt, sitzt schützend neben dem König und gibt ihm ein Anch-Zeichen. Ramses II. hat diese Statue usurpiert und seinen Namen in den Inschriften auf der Rückseite verewigt.
Luxor-Katalog Nr. 149: Der Hohepriester Pia betet auf dieser Kalksteinstele Sobek und die Göttin „Geliebte des Windes" vor einem *Ima*-Baum an. Die Stele wurde von Pias Sohn in Auftrag gegeben, der im oberen Register gezeigt wird und den Gott in einer Inschrift darunter um Beistand bittet.
Von den Exponaten im oberen Stockwerk des Museums verdienen folgende eine besondere Erwähnung:

136 OBEN LINKS UND 137
HAUPTSAAL DES LUXOR-MUSEUMS
MIT EINER KALKSTEINSTATUE VON
AMENOPHIS III. UND SOBEK.

136 UNTEN DETAIL DES
KALKSTEINRELIEFS VON AMUN-MIN.

136 RECHTS SCHIEFERSTATUE
VON KÖNIG THUTMOSIS III.

Luxor-Katalog Nr. 183: Das Relief aus dem Alten Reich zeigt Unas-anch. Es stammt aus seinem Grab vom Westufer (TT 413) und gehört zu den seltenen Beispielen der Kunst des Alten Reichs in der thebanischen Nekropole. Die Proportionen der menschlichen Figuren lohnen einen Vergleich mit ähnlichen Reliefs aus dem späteren Neuen Reich. Unas-anch war während der 6. Dynastie Gouverneur von Oberägypten.
Luxor-Katalog Nr. 159–164: Diese Beispiele neolithischer Töpferei (aus einer Negade II. oder Nakada genannten Epoche) stehen stellvertretend für die Keramik der vordynastischen Zeit, die mit rotbrauner Farbe auf gelblichem Hintergrund verziert wurde und für die meist noch älteren schwarz bemalten roten Tongefäße.
Luxor-Katalog Nr. 4: Ein schönes Beispiel für die Statue eines Schreibers; dieses Granitobjekt zeigt einen der wichtigsten Beamten aus der Regierungszeit von Amenophis III., den Direktor der königlichen Werkstätten, Amenophis, Sohn des Hapu. Er war verantwortlich für die Herstellung und Aufstellung der Memnon-Kolosse. Der sitzende Amenophis liest in einer Papyrusrolle, die er in seinem Schoß entrollt hat. Die Falten auf seinem Bauch kennzeichnen ihn als erfolgreichen Mann mittleren Alters.
Luxor-Katalog Nr. 223: Diese Sandsteinwand entstammt einem Tempel in Karnak, der von Amenophis IV./Echnaton erbaut wurde. Sie besteht aus 283 Blöcken oder *Talatat*, die man als Füllmaterial im Neunten Pylon des Amun-Tempels gefunden hat. Auf den Blöcken

sind Szenen von Arbeitern in Lagerhäusern, Handwerksbetrieben und einer Brauerei dargestellt. Es lohnt sich, bei den bewunderungswürdigen Details zu verweilen: Gänse fressen aus einem Krug, hungrige Männer essen einen Laib Brot, Rinder werden vor dem Schlachten zwangsernährt. Die Szenen und Figuren sind charakteristisch für den frühen Amarna-Stil.
Im Jahr 1989 fand man bei Reinigungsarbeiten in der Nord-

138 GRANITSTATUE VON AMENOPHIS, SOHN DES HAPU.

139 OBEN RECHTS UND UNTEN LINKS ZWEI USCHEBTIS UND EINE BARKE AUS DEM GRAB VON TUTANCHAMUN.

139 UNTEN RECHTS SANDSTEINMAUER (LINKS) AUS EINEM TEMPEL VON KARNAK, ERBAUT VON ECHNATON (AMENOPHIS IV.).

westecke des Großen Hofes im Tempel von Luxor ein Versteck mit 26 Statuen; mehrere davon sind im Untergeschoss des Museums ausgestellt. Diese sind in einem erstaunlich guten Erhaltungszustand. Beachten Sie die vor Atum kniende Dioritstatue von Haremhab ebenso wie die Dioritstatue des vor dem sitzenden Amun stehenden Haremhab.

Im Jahr 2004 sind im Museum in Luxor einige neue Räume eröffnet worden. Der inhaltliche Schwerpunkt der dort ausgestellten Objekte, deren Qualität ebenso wie die Präsentation erstklassig ist, ist die Militärgeschichte des Neuen Reiches.

140 OBEN
DIE GÖTTIN HATHOR (LINKS) UND AMUN-RE BESCHÜTZEN HAREMHAB (RECHTS).

140 UNTEN
RAUM AUF DER UNTEREN EBENE MIT DEN STATUEN AUS DEM VERSTECK IM GROSSEN HOF DES LUXOR-TEMPELS.

141 GÖTTIN IUNTET (LINKS) UND DETAIL EINER GRUPPE MIT HAREMHAB, DER VOR ATUM KNIET (IM BILD).

DAS MUMIFIZIERUNGSMUSEUM IN LUXOR

Dieses kleine, einräumige Museum wurde 1998 in Luxor eröffnet. Man betritt es von der Corniche aus, einige hundert Meter nördlich des Tempels von Luxor (auf der anderen Straßenseite steht das Mina Palace Hotel) über eine steile Treppe zum Nil hinunter. Der Zugang für Rollstuhlfahrer liegt am Nordende des Gebäudes. Das Museum ist täglich von 9.00 bis 13.00 Uhr und von 16.00 bis 21.00 Uhr geöffnet. Die kleine Sammlung des Museums verrät zwar nicht sehr viel über den Prozess der Mumifizierung, aber man findet mehrere interessante Exponate. In einer kleinen Vitrine lagern Werkzeuge, die wahrscheinlich bei der Mumifizierung verwendet wurden – Kupferpinzetten, Nadeln und ein Rasiermesser. In einer anderen liegen kleine Schalen mit Substanzen für die Mumifizierung: Natron, Sägemehl, verschiedene Salben, Harze und Leinenbinden. In einer weiteren Vitrine sind vier hübsche Kanopenkrüge zu sehen, die Wahibra Menneferu, einem Königssohn der 26. Dynastie gehörten; daneben stehen Uschebti-Statuetten aus Fayence, ein Bootsmodell und Amulette. Die meisten der ausgestellten Mumien sind Tiere: Es gibt einen faszinierenden mumifizierten Widder, der in vergoldete Kartonagen gewickelt wurde, dazu Mumien einer Katze, einer Gans, eines Nilfisches, eines neu geborenen Krokodils und eines ausgewachsenen Exemplars, eines Ibisses und eines Pavians. Die interessantesten Exponate stammen jedoch aus dem Grab von Masaharta bei Deir el-Bahari, einem Hohepriester von Amun und General der Armee aus der 21. Dynastie. Nicht nur seine Mumie, sondern auch der hölzerne Sarg und die Sargdeckel sind hier ausgestellt und lohnen eine sorgfältige Betrachtung.

2

TOTEN-TEMPEL

2

EINLEITUNG

144–145 DAS WESTUFER IN RICHTUNG SÜDWESTEN. DEIR EL-BAHARI LIEGT OBEN RECHTS AM ENDE DER STRASSE.

Ägyptologen unterscheiden zwischen zwei Formen antiker ägyptischer Tempel: Kulttempel und Totentempel. Zu den Kulttempeln gehört beispielsweise der Amun-Tempel in Karnak; sie sind einem bestimmten Gott bzw. einer Gruppe von Göttern geweiht und dienen der Anbetung. Manchmal werden sie als irdische Wohnstatt eines Gottes beschrieben.

Die Totentempel gelten – zusammen mit den Königsgräbern – zwar als Bestandteil des königlichen Grabkomplexes, allerdings verläuft die Trennungslinie zwischen ihnen und den Kulttempeln nicht scharf. So sind Totentempel beispielsweise weit mehr als nur Orte von Begräbnisritualen. Sicher muss man sie im Zusammenhang mit Königtum und Totenkult sehen, sie spielten aber auch eine wesentliche Rolle im „Schönen Fest vom Wüstental", der jährlichen Bekräftigung des Bandes zwischen Lebenden und Toten, zwischen Königen und Göttern. In ihren Kapellen wurde nicht nur den Königen, sondern auch dem Gott Amun und dem Sonnenkult gehuldigt. Darüber hinaus kam ihnen eine maßgebliche Rolle in der Ökonomie des Staates zu.

Im Theben des Neuen Reiches waren Standort und Plan eines Tempels den religiösen Prozessionen untergeordnet. Das religiöse Jahr in Theben bestand aus einer beinahe kontinuierlich andauernden Folge von Prozessionen, die sowohl innerhalb eines Tempels stattfanden als auch von einem Tempel zu einem anderen führten. Dabei trugen die Priester Statuen der Könige und Götter in Schreinen und Booten auf ihren Schultern entlang von Sphingen-Alleen oder zogen sie nilauf- und -abwärts. Beim Opet-Fest, das während der jährlichen Nilüberschwemmung stattfand, zogen der König und Amun-Re von Karnak zum Tempel von Luxor, wo die Göttlichkeit des Königs aufs Neue bestätigt wurde. Fünf Monate früher, während des „Schönen Festes vom Wüstental" wurden die Statuen von König und Gott von Karnak über den Nil gebracht, um alle Totentempel zu besuchen, bis sie den Felskessel von Deir el-Bahari erreicht hatten, einen Ort, der seit Jahrtausenden der Göttin Hathor geheiligt war. Kanäle verbanden die Tempel am Westufer untereinander und mit dem Nil; vom Tempel des Sethos I. im Norden bis zu dem von Ramses II. in Medinet Habu im Süden.

Anders als die Toten- oder Grabtempel der älteren Zeit errichtete man jene des Neuen Reichs in Theben räumlich getrennt von den Königsgräbern – manchmal über mehrere Kilometer. Dafür gab es einen praktischen Grund. Die Gräber mussten in einer sicheren Region ausgehauen werden, sie durften nicht durch Grundwasser beschädigt werden und mussten leicht zu bewachen sein. Andererseits sollten die Tempel während der Prozessionen, die oftmals per Boot stattfanden, leicht zugänglich sein. Daher begrub man die Könige im Tal der Könige, mehrere Kilometer entfernt in der Westlichen Wüste, während man die Totentempel am Rande des bewirtschafteten Landes errichtete, wo sie über Kanäle erreichbar waren.

Alle Tempel Thebens besaßen bestimmte Gemeinsamkeiten. Dazu gehörte der spiegelsymmetrische Grundriss entlang einer Achse (häufig Ost-West), wobei die Pylone die zunehmende Heiligkeit der inneren Räume versinnbildlichten.

Wer einen Tempel betrat, trat von den offenen Höfen in Räume zunehmender Dunkelheit ein, von größeren Räumen in kleine, von Räumen mit hohen Decken zu solchen mit niedrigen Decken und erhöhten Fußbodenniveaus. Mit dieser Art von Architektur betonten die Baumeister die zunehmende Heiligkeit des Raumes, bis hin zum Schrein (Sanktuarium), in dem der Gott untergebracht war.

Während die meisten Totentempel aus Sandstein erbaut wurden, bestanden die Bauten in ihrer Umgebung aus Lehmziegeln. Dazu gehörten die Priesterwohnungen, ein kleiner Königspalast, Nebengebäude sowie riesige Kornspeicher und Lagerräume. Letztere nahmen die gewaltigen Mengen an Produkten auf, die den Tempelpriestern als Pacht und Steuern gezahlt wurden. Die Lagerräume im Totentempel von Ramses II., dem Ramesseum, konnten beispielsweise über 16 Millionen Liter Weizen aufnehmen, eine Menge, die ausreichte, 20 000 Menschen ein Jahr lang zu ernähren. Wenn man annimmt, dass einem Tempel etwa dreißig Prozent des jährlichen Feldertrages zustand, dann hätten die Priester des Ramesseums das Recht besessen, die Pacht von über 400 Quadratkilometern Weizenfeldern einzuziehen. Dazu erhielt der Tempel einen Anteil der anderen Erträge, Rinder, Schafe, Ziegen, Fische, Bier, Wein, Öl, behauene Steine und Erze, dazu Mineralien, Stoffe, Holz, Tribute und Beute aus fremden Ländern. Zweifellos kam diesen Tempeln eine nicht unerhebliche Rolle in der ökonomischen Umverteilung Ägyptens zu.

So wie sich bei anderen antiken ägyptischen Monumenten Grundriss und Aufbau je nach den vorherrschenden theologischen Sichtweisen, den verfügbaren Rohstoffen und dem Zustand der Wirtschaft veränderten, waren auch die Tempel einem Wandel unterworfen.
Von den über dreißig Tempeln, die einst am Westufer des Nils bei Theben standen, sind die meisten heute kaum mehr als Steinhaufen. Es wäre zu hoffen, dass auch diese Monumente dereinst freigelegt und geschützt würden. Vielfach sind verzierte Steinblöcke erhalten, deren Inschriften einen wichtigen Beitrag zur Geschichte des antiken Thebens beitragen könnten. Bislang sind nur sieben Tempelkomplexe des Westufers für Touristen zugänglich. Jeder davon lohnt den Besuch.
Zu den ältesten heute zugänglichen Monumenten gehört der Tempel von Königin Hatschepsut in Deir el-Bahari – sicher einer der schönsten. Er ist am besten von der niedrigen Mauer aus zu sehen, die einige hundert Meter östlich verläuft. Von hier aus ist die Beziehung zu den umgebenden Felswänden besonders auffällig. Leider sind die eleganten Reliefs auf den Wänden der Lichtverhältnisse wegen nur sehr schwer zu erkennen.
Jeder, der nach Theben kommt, sollte einen kurzen Halt am Tempel von Amenophis III. und den Memnon-Kolossen einlegen. Die noch andauernden Ausgrabungen am Westende des Tempelkomplexes bringen viele neue Ergebnisse ans Licht. Lohnend ist ein Spaziergang über die nahe Straße, um die frisch freigelegten Statuen und Säulenbasen zu betrachten.

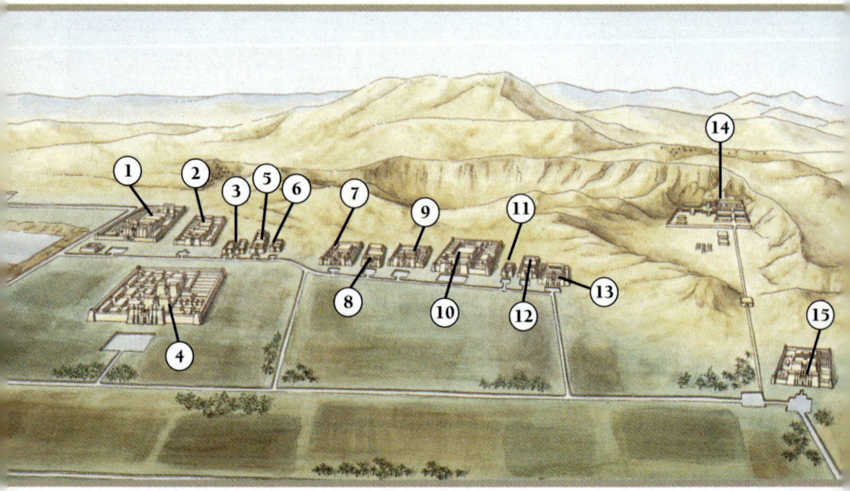

Das Ramesseum, der Totentempel von Ramses II., ist vor allem berühmt wegen der umgefallenen Statue, die Percy Bysshe Shelley zu seinem Gedicht „Osymandias“ inspiriert hat. Die Schlachtszenen auf dem Zweiten Pylon und die Szenen mit den zahlreichen Söhnen des Königs im Innern des Tempels lohnen eine genauere Betrachtung. Es ist interessant, durch die zahlreichen Nebengebäude aus Lehmziegeln zu wandern, von denen einige erst seit jüngster Zeit freigelegt sind; sie dienten als Arbeitsräume und Lager für die Priester.
Hinter dem Tempel von Amenophis III. liegt der seit kurzem geöffnete Tempel von Merenptah. Er wurde teilweise rekonstruiert, und viele Sta-

LEGENDE

1 TEMPEL VON RAMSES III. IN MEDINET HABU
2 TEMPEL VON EJE/HAREMHAB
3 TEMPEL VON THUTMOSIS II.
4 TEMPEL VON AMENOPHIS III. UND MEMNON-KOLOSSE
5 TEMPEL VON AMENOPHIS, SOHN DES HAPU
6 TEMPEL VON RAMSES IV.
7 TEMPEL VON MERENPTAH
8 TEMPEL VON TAUSRET
9 TEMPEL VON THUTMOSIS IV.
10 RAMESSEUM, TEMPEL VON RAMSES II.
11 TEMPEL VON AMENOPHIS II.
12 TEMPEL VON SIPTAH
13 TEMPEL VON THUTMOSIS III.
14 TEMPEL VON MENTUHOTEP, THUTMOSIS III. UND HATSCHEPSUT IN DEIR EL-BAHARI
15 TEMPEL VON SETHOS I.

tuen werden in drei kleinen Lagerräumen am Ort ausgestellt. Die Skulpturen sind faszinierend und lohnen einen Besuch.

In Medinet Habu stehen die besterhaltenen Tempel des Westufers, darunter der riesige Totentempel für Ramses III. Seine wunderschön behauenen und bemalten Wände, insbesondere in den Nordwestecken der ersten drei Höfe, sind erstaunlich gut erhalten und schöne Fotomotive. Der königliche Palast links (südlich) des Tempels lohnt einen Besuch.

In Deir el-Medina bietet ein kleiner, aber gut erhaltener ptolemäischer Tempel am Nordende des Dorfes ein gutes Beispiel für die Kunst und Architektur dieser Epoche.

Der Tempel von Sethos I. am Nordende der Nekropole war Vobild für die Tempel von Ramses II. und Ramses III. Leider wurden manche Funde aus neueren Grabungen 1994 durch sintflutartige Regenfälle schwer beschädigt.

146–147 VON LINKS DIE TOTENTEMPEL VON MERENPTAH, RAMSES II. UND HATSCHEPSUT.

2

DER FELSKESSEL VON DEIR EL-BAHARI

KÖNIGIN HATSCHEPSUTS TEMPEL

GESCHICHTE

Wenn man sich dem Totentempel von Königin Hatschepsut nähert, eröffnet sich eines der bemerkenswertesten Panoramen von Theben. Man wendet sich neben einer kleinen Moschee nach Westen und folgt einer gepflasterten Straße in gerader Linie bis zu einer dramatischen Landschaft aus zerklüfteten Sandsteinfelsen, die sich mehr als 300 Meter hoch aus der Wüste erheben. Regenwasser hat sie seit Millionen von Jahren abgetragen, der heiße Wüstenwind sie seit Tausenden von Jahren gebleicht und die Klippen in ein verwirrendes Muster aus Spalten, Sprüngen und tief reichenden senkrechten Rissen verwandelt. Die Risse sind tiefschwarz, während das Gestein dazwischen im Sonnenlicht blendend weiß erscheint. So entsteht eine Steinfassade, die das Auge fesselt. Man bemerkt erst nach einiger Zeit, dass zu Füßen dieser Klippen ein ausladendes Monument von atemberaubender Schönheit liegt. Das breite, perfekt proportionierte Bauwerk erhebt sich in niedrigen Terrassen, bis es mit den Klippen verschmilzt. Das rhythmische Muster von Licht und Schatten verleiht der Fassade eine militärische Strenge und geometrische Formalität, die in starkem Kontrast zu den zerklüfteten Felsen steht. Tempel und Felsen gehen jedoch eine perfekte Verbindung ein, da sie sich in ihrer Wirkung gegenseitig verstärken.
Sicher, die moderne Straße ist hässlich, zweifellos weniger attraktiv als der ursprüngliche Prozessionsweg aus Steinen, über den die Priester Statuen von Königen und Göttern trugen. Man wünschte sich auch den gewaltigen Parkplatz aus Asphalt weg, der mit Reisebussen und bunten Kiosken angefüllt ist, die gedankenlos davor aufgestellt wurden. Dennoch können selbst sie die überwältigende Schönheit dieses Meisterwerks nicht mindern.
Sobald man den Tempel sieht, gerät man in ehrfürchtiges Staunen – trotz Verkehr und Andenkenverkäufern.
Als die ersten europäischen Besucher den Totentempel von Königin Hatschepsut Ende des 18. Jahrhunderts zu Gesicht bekamen, war er völlig verfallen und lag unter Tonnen von Schutt begraben. Seit dem Ende des 19. Jahrhunderts wurde beinahe kontinuierlich ausgegraben und rekonstruiert. Allerdings dauerte es bis in die 1920er-Jahre, bis die Arbeiten so weit fortgeschritten waren, dass Besucher die Schönheit des Tempels erleben durften. Als Howard Carter (er entdeckte später das Grab von Tutanchamun) Ende des 19. Jahrhunderts Bilder aus dem Tempel veröffentlichte, waren die Europäer von der Schönheit dieser Malereien begeistert. Während er davor in den meisten Reiseführern nur in Form einiger Zeilen auftauchte, avancierte er nach der Veröffentlichung zum meistbesuchten und meistbestaunten Bauwerk in Ägypten.

148 OSIRISSTATUEN AUS DEM TEMPEL VON HATSCHEPSUT.

149 OBEN KOPF VON HATSCHEPSUT; ÄGYPTISCHES MUSEUM IN KAIRO.

149 UNTEN DER KOMPLEX VON DEIR EL-BAHARI.

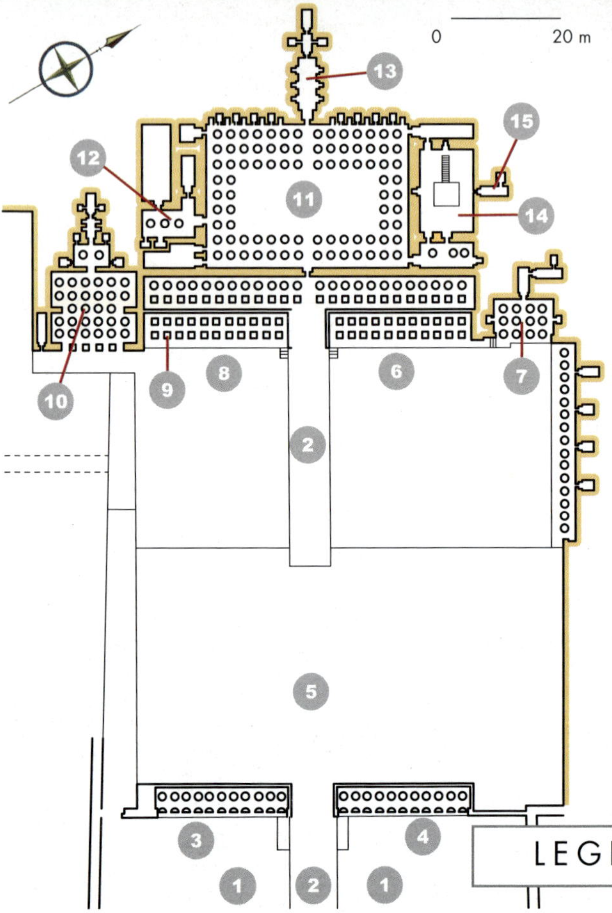

LEGENDE

Der Aufbau des Tempels scheint sich vollständig von der Architektur anderer Tempel des Neuen Reichs zu unterscheiden. Da er jedoch eine Funktion als Totentempel zu erfüllen hatte, enthält er alle Komponenten eines solchen und folgt auch dem üblichen Aufbau: Seine Tore, Pfeiler, Säulen, Osiris-Statuen, Sphingen, Gärten, die ansteigende Mittelachse und der dreigeteilte Grundriss sind Standard. Hatschepsuts Tempel ist einzigartig, weil alle diese Komponenten optimal auf die natürliche Umgebung abgestimmt wurden.

Der Aufbau des Tempels wurde sichtlich von dem einige Meter weiter südlich stehenden Tempel des Nebhepetra-Mentuhotep aus der 11. Dynastie beeinflusst. Auch hier wurden Rampen, Kolonnaden und Terrassen gebaut. Dennoch ist Hatschepsuts Tempel keineswegs eine simple Kopie des Vorgängers, selbst wenn einige Kritiker dies bemängeln. Im Gegensatz zu diesen beschrieb ein Ägyptologe den älteren Tempel als „verschenkte Gelegenheit“ und nannte Hatschepsuts Bau „die einzig mögliche Lösung für einen äußerst attraktiven, aber auch äußerst schwierigen Standort“. Senenmut, Hatschepsuts Architekt, hat sich vermutlich von dem Bau Mentuhoteps inspirieren lassen – die Idee der aufeinander folgenden Terrassen hat er offensichtlich übernommen – ging aber weit darüber hinaus. Er schuf ein Kunstwerk, weil er erkannte, „dass nur lange, horizontale Linien vor den überwältigenden, vertikalen Linien des Hintergrundes bestehen konnten“.

Ganz sicher hatte man sich für diesen Standort entschieden, weil die prachtvollen Felswände die Gegend so eindrucksvoll machten. Es gab jedoch auch andere Gründe. Man räumte dem Gott Amun

1 ERSTER HOF
2 RAMPE
3 UNTERE KOLONNADE, SÜDEN
4 UNTERE KOLONNADE, NORDEN
5 ZWEITER HOF
6 MITTLERE KOLONNADE, NORDEN
7 ANUBIS-SCHREIN
8 MITTLERE KOLONNADE, SÜDEN
9 DIE PUNT-RELIEFS
10 HATHOR-SCHREIN
11 OBERE TERRASSE
12 KAPELLEN FÜR DIE KÖNIGLICHEN GOTTESDIENSTE
13 KAPELLE VON AMUN UND DER KÖNIGLICHEN FAMILIE
14 HOF VON RE-HARACHTE
15 OBERE ANUBIS-KAPELLE

151 DER KESSEL VON DEIR EL-BAHARI; DAHINTER DAS TAL DER KÖNIGE.

einen bevorzugten Platz im Tempel ein und baute daher in genauer Flucht mit dem Amun-Tempel in Karnak. Verlängert man die Hauptachse des Hatschepsut-Tempels fünf Kilometer weiter nach Osten bis Karnak, trifft sie auf hundert Meter genau die Achse des Tempels von Amun-Re. Bereits Jahrhunderte bevor Hatschepsut ihren eigenen Tempel in Auftrag gab, hatte es in Deir el-Bahari einen Schrein für Hathor gegeben. Dieser Schrein stand im Tempel von Nebhepetra-Mentuhotep direkt südlich, und Hatschepsut ließ ihren eigenen Hathor-Schrein so nahe daran wie möglich errichten. Auch Amenophis I. hatte bereits einen größeren Tempel mit einem Hathor-Schrein erbaut, den Hatschepsut später in die mittlere Terrasse ihres Tempels integrierte. Der Hathorkult in dieser Region und das zugehörige „Schöne Fest vom Wüstental" – ein jährliches Fest von eigentlich untergeordneter Bedeutung, das Hatschepsut jedoch aufwertete – waren so bedeutsam, dass Hatschepsut ihren Tempel ganz bewusst hier erbauen ließ. Er sollte zum wichtigsten Haltepunkt während der festlichen Prozessionen werden.
Weiterhin ist es kein Zufall, dass Grab KV 20, das Grab im Tal der Könige, das Hatschepsut zugeschrieben wird, direkt hinter dem Tempel angelegt wurde. Wäre ihr Grab mit gerader Achse gegraben worden – so der ursprüngliche Plan, wie manche vermuten – hätte die Grabkammer direkt unter dem Tempel gelegen. Allerdings zwang die schlechte Qualität des anstehenden Fels die Arbeiter dazu, den Gang gewunden anzulegen, bis sie endlich auf stabilen Fels stießen. So lag die Grabkammer letztendlich tiefer und südwestlich des Tempels.
Die antiken Ägypter nannten den Tempel *Djeser-djese-*

ru, den „Heiligsten der Heiligen". Ursprünglich war er durch einen künstlichen Kanal mit dem bebauten Land verbunden. Während der Tempel im Tal niemals vollendet wurde, konnte man den 13 Meter breiten und 400 Meter langen, von Sphingen und Statuen gesäumten Zuweg fertigstellen. Wahrscheinlich standen die Statuen ähnlich dicht wie jene am Weg zum Tempel von Luxor. Dabei handelte es sich keineswegs um belanglose Statuen: Die Sphingen aus rotem Granit waren über 3 Meter hoch und wogen 7,5 Tonnen. Hatschepsuts Skulpturenprogramm blieb Rekord, sowohl in Quantität wie in Größe, und wurde erst zur Regierungszeit von Amenophis III. wieder erreicht. So standen beispielsweise Statuen von Hatschepsut in der Haltung von Osiris an beiden Seiten der oberen und unteren Terrasse, vor jedem der 24 Pfeiler der oberen Terrasse, in den zehn Nischen der oberen Halle und in den vier Ecken des oberen Heiligtums.

Im nordwestlichen Teil der oberen Tempelterrasse wurde das koptische Kloster Deir Apa Phoibamon erbaut, das seine Blütezeit im 7. und 8. Jahrhunderts n.Chr. hatte. Es gehörte zu den größten Klöstern Oberägyptens, und als es im 20. Jahrhundert von Ägyptologen niedergelegt wurde, hatte es über ein Jahrtausend bestanden. Diesem Kloster verdankt *Djeser-djeseru* auch seinen arabischen Namen Deir el-Bahari, das heißt „Das Nördliche Kloster". Bei seinem Bau wurde die obere Tempelterrasse stark in Mitleidenschaft gezogen, daher brauchten die Archäologen über ein Jahrhundert, um sie zu restaurieren; eine Arbeit, die noch immer nicht abgeschlossen ist.

Sobald Sie den Spießrutenlauf durch Andenkenhändler und Taxifahrer hinter

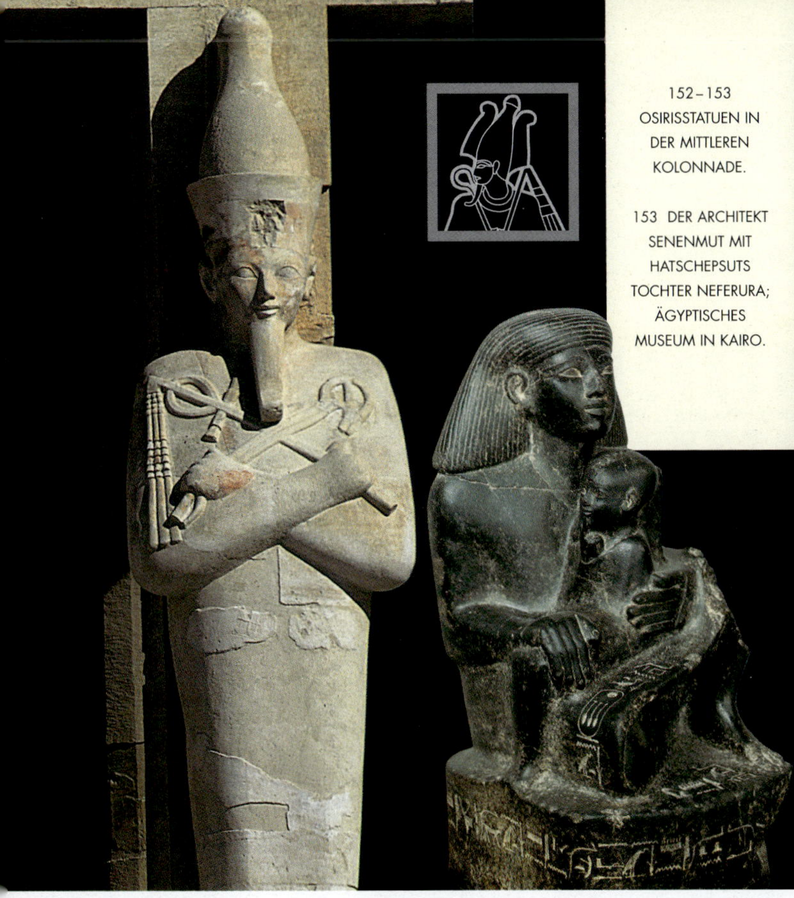

152–153
OSIRISSTATUEN IN DER MITTLEREN KOLONNADE.

153 DER ARCHITEKT SENENMUT MIT HATSCHEPSUTS TOCHTER NEFERURA; ÄGYPTISCHES MUSEUM IN KAIRO.

sich gebracht und das Sicherheitstor passiert haben, sollten Sie langsam gehen und sich die Zeit nehmen, den Felskessel von Deir el-Bahari und die Lage des Tempels zu genießen. Neben der Straße standen die Wegestationen für die zahlreichen Prozessionen, die jedes Jahr hier stattfanden. Nördlich und südlich der Achse lagen Gärten, Obstgärten und Teiche. In manchen Teilen des Tempelkomplexes sind noch immer kleine Pflanzlöcher und originale alte Baumwurzeln zu sehen. Am Fuß der ersten Rampe haben die Ausgräber zwei kleine T-förmige Teiche freigelegt, die von solchen Löchern umgeben sind. Darin standen einst Tamarisken, Eselsfeigen and Kugelbäume, außerdem seltene Arten, die aus dem afrikanischen Land Punt stammten.

BESICHTIGUNG

Bevor Sie die erste Rampe zur mittleren Terrasse hinaufsteigen, sollten Sie einige Zeit für die beiden Kolonnaden rechts und links davon opfern. Besonders jene auf der linken Seite hat einige interessante und wichtige Reliefs bewahrt. Seien Sie aber nicht enttäuscht: Vor kurzem hat die Altertumsverwaltung eiserne Geländer vor den Kolonnaden anbringen lassen, um die Touristen auf einigem Abstand zu halten. Daher ist die Dekoration äußerst schwer zu erkennen. Sie brauchen Geduld, Vorstellungskraft und ein gutes Auge. Am besten besichtigt man den Tempel früh morgens, wenn die Sonne tief am Himmel steht. Später am Tag sind die Reliefs so gut wie unsichtbar. Deir el-Bahari steht außerdem in dem Ruf, einer der heißesten Plätze der Erde zu sein (vor kurzem wurden 55 °C gemessen), ein weiterer Grund, eine Besichtigung am Nachmittag zu vermeiden.

◆ UNTERE KOLONNADE, SÜDEN: TRANSPORT VON OBELISKEN ◆

Die faszinierenden Reliefs links der Rampe – sie sind leider in schlechtem Zustand – zeigen, wie Hatschepsuts Architekten und Ingenieure zwei riesige Obelisken von den Steinbrüchen in Assuan nach Theben brachten.
Zuschnitt, Transport und die Errichtung dieser gewaltigen Monolithe war eine enorme Arbeit: Jeder wog 186 Tonnen. Am linken (südlichen) Ende der Wand sind die Obelisken zu sehen; sie scheinen hintereinander auf einem riesigen Schiff zu liegen. Marinehistoriker glauben jedoch, dass sie in Wahrheit nebeneinander gelegen haben; sie sehen in der Darstellung den Versuch, die gewaltige Größe der Ladung zu symbolisieren. Wäre die Darstellung jedoch korrekt, hätte es sich um ein 95 Meter langes Schiff mit 32 Metern maximaler Breite, einem Tiefgang von drei Metern und einem Deck gehandelt, das 9,50 Meter über der Wasserlinie lag. Das Schiff wurde aus dem Holz von Eselsfeigen hergestellt; es ist zwar wasserundurchlässig, aber schwer zu bearbeiten, dazu findet man nur selten genügend lange Stämme, die dann äußerst schwer sind. Marinehistoriker haben errechnet, dass dieses Schiff 2500 Tonnen wog und 7300 Tonnen Wasser verdrängte. Dieses gewaltige Schiff wurde von 30 kleineren Schiffen – jedes mit 32 Ruderern bemannt – nilabwärts von Assuan nach Theben geschleppt.
Was für eine Aufgabe! Die gigantischen Granitblöcke mussten in den Steinbrüchen von Assuan aus dem Fels gemeißelt werden, dann schleppte man sie durch eine öde, felsige Landschaft bis zu einem Kanal östlich des Nils, wo sie auf ein riesiges Schiff geladen wurden. Das war nicht nur ein enormer Arbeitsaufwand, sondern es war auch genaueste Planung dabei erforderlich. Wären die Arbeiter nur einmal ausgeglitten und die Steine zerbrochen, wären Jahre voller Arbeit umsonst gewesen. Es muss ein Alptraum gewesen sein, die Ladung genau auszubalancieren, denn das Schiff durfte keinerlei Schlagseite haben, weder nach Backbord noch nach Steuerbord.
Auch die Zeitplanung war sehr wichtig. Das Schiff musste im Winter bei Tiefstand des Nils beladen werden. Dann wartete man bis zur Sommerflut, um das Schiff flottzubekommen. Nach 220 Kilometern Fahrt flussabwärts vertäute man das Schiff in einem Kanal bei Karnak und wartete den Tief-

154–155 DIE RAMPE MIT DER UNTEREN, SÜDLICHEN KOLONNADE.

155 HATSCHEPSUT ALS SPHINX; ÄGYPTISCHES MUSEUM IN KAIRO.

stand des Nils ab, um es zu entladen. Am Ufer schleppte man die Obelisken bis zum Amun-Tempel. Dort wurde eine gigantische Rampe errichtet, die Monolithe hinaufgezogen und vorsichtig in eine mit Sand gefüllte Grube abgesenkt. Dann entfernte man nach und nach den Sand, so dass die Obelisken langsam nach unten sackten, bis sie auf steinerne Piedestale auftrafen. Das Ganze geschah mit solcher Präzision, dass sie fast genau senkrecht mit knapp ein bis zwei Millimetern Abweichung parallel zu den Seiten der Basen standen.

Während die Obelisken vorbeifuhren, säumten Infanterie, Bogenschützen und Priester die Ufer. Am Tempel von Karnak begrüßten jubelnde und tanzende Musiker die Ankunft der Obelisken mit Hörnern und Trommeln. Auf dieses Projekt durfte man sich mit Recht etwas einbilden, und Hatschepsut und ihre Beamten verkündeten das Gelingen mit sichtlichem Stolz. Der begleitende Text schildert die vielen Hindernisse, mit denen die Baumeister fertig werden mussten, und verkündet, dass dieser Aufwand nur deswegen möglich war, weil Hatschepsut ihren göttlichen Vater Amun über alles liebte (siehe auch die Beschreibungen der Obelisken im Amun-Tempel in Karnak).

♦ UNTERE KOLONNADE, NORDEN: VOGELFANG ♦

Diese Wand ist zwar stark beschädigt, am rechten (nördlichen) Ende ist jedoch eine wundervolle Szene über den Vogelfang mit Netzen erhalten, die einen kurzen Besuch lohnt. Es handelt sich um eine mythologische Szene, in der die Götter im Nildelta ein Netz mit zahlreichen Vögeln schleppen. Man sieht sehr viele Enten, doch auch andere Arten. Achten Sie vor allem auf den herrlich gezeichneten Graureiher (*Ardea cinera*), der rechts mit einem Fisch im Schnabel steht. Ohne Zweifel ist er eine der realistischsten ornithologischen Darstellungen in der ägyptischen Kunst. Weiterhin zeigt die Wand eine gut erhaltene Darstellung von Hatschepsut als Sphinx, die die Feinde Ägyptens zertritt.

Die Rampe zur mittleren Terrasse wird von Balustraden gesäumt, die am Boden in Löwenköpfen enden. Sie sind Symbole für den Horizont und sollen die höheren Ebenen des Tempels vor dem Chaos und der Konfusion der Welt beschützen. Obwohl sie eindeutig Löwen darstellen, haben sie menschliche Gesichter mit den Zügen, die aus Porträts von Königin Hatschepsut bekannt sind.

◆ MITTLERE KOLONNADE, NORDEN: DIE GEBURT DER KÖNIGIN ◆

Zwischen den beiden Reihen aus elf Pfeilern zeigen Szenen die göttliche Geburt von Königin Hatschepsut. Die Reliefs sind schwer zu erkennen, denn die Gesichter wurden nach Hatschepsuts Tod ausgehackt. Zudem waren die ursprünglichen Reliefs flach ausgeführt, und da es innerhalb der Kolonnaden kein Streiflicht gibt, bleiben sie fast unsichtbar; die jüngst angebrachten Barrieren tun ein Übriges. Dennoch sind die Reliefs von großer Bedeutung, weil Hatschepsut in den Darstellungen einen theologischen Beweis führen wollte, dass sie den Thron zu Recht bestiegen hatte. Sie besagen, dass Amun-Re ihr göttlicher und Thutmosis I. ihr weltlicher Vater war. Vergleichbare Szenen wurden zwar später ausführlich in den Reliefs wieder aufgenommen, die für Amenophis III. in den südlichen Räumen der Tempelanlage von Luxor angefertigt wurden, doch diese sind die ältesten bislang bekannten Beispiele.

In zwei Szenen erscheint Hatschepsuts Mutter, Königin Ahmosis. In einer sitzt diese auf einer Couch – Amun-Re übergibt ihr ein *Anch*-Zeichen, die Hieroglyphe für „Leben". Auf diese taktvolle Weise versucht sie zu sagen, dass sie vom Gott schwanger wurde. Der Begleittext beschreibt poetisch die Ereignisse:

„Dann kam der prächtige Gott Amun selbst, Herrscher der Throne beider Länder,
In der Gestalt ihres Mannes
Und fand sie ruhend in der Schönheit des Palastes.
Sie erwachte vom Duft des Gottes
Und lachte ins Gesicht seiner Majestät.
Entbrannt vor Liebe eilte er zu ihr,
Er hatte sein Herz an sie verloren.
Sie erblickte in ihm
Die Gestalt eines Gottes,
Als er sich ihr näherte.
Sie frohlockte, als sie seine Schönheit sah.
Seine Liebe erfüllte all ihre Glieder,
Der Palast füllte sich
Mit dem süßen Parfüm des Gottes,
Alle aus dem Land Punt, wo der Weihrauch herkommt.
Die Majestät dieses Gottes
Machte mit ihr, was sie wollte.
Sie beglückte ihn mit sich selbst
Und küsste ihn."

In einer anderen Szene erscheint Ahmes vor der froschköpfigen Göttin Heket und dem widderköpfigen Gott Chnum, die beide mit der Geburt assoziiert sind. Sie ist deutlich schwanger dargestellt und wird ins Geburtszimmer geführt, wo sie im Beisein vieler göttlicher Zeugen Hat-

schepsut zur Welt bringt. Amun-Re steht dabei und bezeugt damit, dass er Hatschepsuts Vater ist.
In einem bemerkenswert unbescheidenen Text werden Hatschepsuts Persönlichkeit und ihre Jugend beschrieben: „Ihre Majestät wurde wichtiger als alle anderen. Alles was in ihr war, war gottähnlich; ihr Benehmen war gottähnlich; gottähnlich war alles, was sie tat; ihr Geist war gottähnlich. Ihre Majestät wuchs zu einer wunderschönen Jungfrau heran … Sie ist eine Frau von großartiger Erscheinung." Die Krönung der Königin wird oben auf der Wand dargestellt. Sie nimmt in Gegenwart ihres Vaters Thutmosis I. und der Götter Amun und Re-Harachte an den Reinigungszeremonien teil.

◆ MITTLERE KOLONNADE, NORDEN: DER ANUBIS-SCHREIN ◆

In einem kleinen Vestibül rechts (nördlich) der Geburtsszenen findet man einige der am besten erhaltenen bemalten Reliefs von Theben. Die Gesichter der Hatschepsutfiguren wurden zwar entfernt, doch Thutmosis III., der Gott Anubis und vor allem die aufgestapelten Speiseopfer sehen so kräftig und frisch wie am ersten Tag aus. In einer kleinen Nische auf der linken (südlichen) Wand des Vestibüls erscheint Königin Hatschepsut mit Göttern. Links ist die Königin mit Anubis, rechts mit Nechbet und Re-Harachte dargestellt. Der Name der Königin steht zwischen ihnen. Über der Tür bietet die Königin Osiris Wasser an. In einer ähnlichen Nische auf der rechten Wand (im Norden) opfert Thutmosis III. dem darüber dargestellten Sokar Wein; rechts stehen die Königin und Anubis vor einem Hundekopf, der den Gott der Toten repräsentiert. Die drei kleinen Kammern hinter dem Vestibül (zurzeit nicht zugänglich) enthalten gut erhaltene Szenen mit der Königin und verschiedenen anderen Gottheiten, vor allem Anubis.
Vor der rechten (nördlichen) Wand der mittleren Kolonnade stehen fünfzehn 16-seitige Säulen. Ursprünglich war geplant, die vier Statuennischen mit verschiedenen Göttern zu schmücken, doch die Arbeiten in diesem Teil des Tempels blieben unvollendet, und die unverzierten Nischen wurden in moderner Zeit verschlossen.

156 OBEN MITTLERE, NÖRDLICHE KOLONNADE (IM VORDERGRUND).

156 UNTEN FARBIGES RELIEF AUS DER GEBURTSSZENE DER KÖNIGIN.

157 LINKS THUTMOSIS III. BRINGT OPFERGABEN DAR; SCHREIN VON ANUBIS.

157 RECHTS FARBIGES RELIEF MIT SPEISEOPFERN AUS DEM SCHREIN VON ANUBIS.

◆ MITTLERE KOLONNADE, SÜDEN: DIE RELIEFS VON PUNT ◆

Die Ägypter werden zu Recht für ihre Darstellungen von Tieren und Pflanzen bewundert – sie gehören zu den genauesten und einfühlsamsten der Antike. Seit dem Alten Reich zeigen die Darstellungen von Papyrusdickichten, Landwirtschaft, Vogelfang in Netzen, Fischen und Jagen – praktisch von jedem Aspekt der Natur – einen Detailreichtum, der auf lange und sorgfältige Beobachtungen schließen lässt. Die Ägypter waren maßlos fasziniert von der Natur, und die Künstler achteten darauf, sie genau wiederzugeben.

Zwei Wände aus dem Neuen Reich zeigen dies besonders deutlich und beide merkwürdigerweise mit Szenen aus fremden Ländern. Die jüngere ist der „Botanische Garten" von Thutmosis III. im *Achmenu*, der königlichen Festhalle im Amun-Tempel von Karnak. Die um etwa 25 Jahre ältere hat die hier dargestellte Schiffsexpedition von Königin Hatschepsut ins Land Punt zum Thema.

Der große amerikanische Ägyptologe James Henry Breasted nannte die Reliefs von Punt die „zweifellos interessanteste Relief-Serie in Ägypten". Dabei hat er wohl kaum übertrieben. Die Szenen zeichnen in ihrer Gesamtheit ein ethnographisches, biologisches und geographisches Bild und zeigen, wie sich die Ägypter das fremde Land zu Eigen machten und es in ihre Weltsicht integrierten. Sie stellen dar, was ihnen an Punt merkwürdig, lustig oder besonders charakteristisch vorkam. In der ägyptischen Kunst wurden regelmäßig fremde Menschen oder Tiere dargestellt, doch nirgendwo sonst befassen sich die Szenen derart aufmerksam mit fremder Architektur, der Lebensweise und den Landschaften fremder Völker. Ebendies machen die Punt-Reliefs – präzise und einzigartig. Offenbar waren die Ägypter so beeindruckt von den ungewöhnlichen Pflanzen und Tieren, die sie fanden, dass sie bereits an Ort und Stelle genaue Aufzeichnungen machten und sie später für die Tempeldekoration nutzten. Vielleicht wollten sie damit ausdrücken, dass ihre Welt und der Machtbereich der ägyptischen Götter weiter geworden war und sich nun weit über das Niltal hinaus erstreckte.

Hatschepsut begann die Expedition nach Punt im achten Jahr ihrer Herrschaft. Sie war keineswegs die Erste, die eine Reise nach Punt unternahm – manche Forscher vermuten erste Kontakte bereits in der 4. Dynastie –, noch war sie die letzte. Hatschepsuts Expedition war jedoch die umfassendste und die Darstellung ist ohne Zweifel eine der bezauberndsten.

Ägyptologen vermuten, dass Punt im Horn von Afrika anzusiedeln ist, im modernen Somalia oder Eritrea. Dabei stützen sie sich auf drei Beobachtungen: Punt war auf dem Landweg von Ägypten aus zu erreichen, denn ältere ägyptische Texte erwähnen diese Tatsache; Punt war aber auch auf dem Seewege erreichbar, wie die Punt-Reliefs darstellen; und die Flora, Fauna und Architektur der Punt-Reliefs entsprechen der Realität, die man an der afrikanischen Küste zum Roten Meer, aber nicht am Mittelmeer, West-

158 LINKS ZWEI MÄNNER AUS PUNT MIT EINEM ESEL; ÄGYPTISCHES MUSEUM IN KAIRO.

158 RECHTS DER HÄUPTLING VON PUNT MIT SEINER FRAU, DER „KÖNIGIN VON PUNT".

159 MITTLERE KOLONNADE MIT DEN RELIEFS VON PUNT.

asien, Arabien oder Europa findet.
So illustriert beispielsweise die Wasserszene am Fuß der Wand, dass Punt in Ostafrika lag. Man sieht verschiedene Salzwassertiere, wie Schildkröten, Papageifische, Rotfeuerfische, Soldatenfische, Drückerfische, Lippfische, Kalmare und Langusten, aber auch Süßwasserarten wie Tilapien, Welse und Schildkröten. Alle Salzwasserarten kommen im Roten Meer und Indischen Ozean häufig vor, während die Süßwasserarten in Ostafrika, nicht jedoch auf der Arabischen Halbinsel bekannt sind. Eine neuere Ansicht, dass Punt östlich des Golfs von Akaba lag, wird kaum akzeptiert.
Man kann die Punt-Reliefs in mehrere Abschnitte gliedern, jeder zeigt einen anderen Zeitpunkt der Expedition. Die unteren Register auf der linken (südlichen) Querwand zeigen die Landschaft von Punt und die Begrüßung der Ägypter durch die örtlichen Führer.
Die Häuser in Punt sind bienenkorbartige Grashütten, die auf Stelzen stehen, um vor den verheerenden Fluten, wilden Tieren oder Insekten geschützt zu sein und im Sommer kühl zu bleiben. Den Zugang ermöglicht eine Leiter. In einem Hain mit Öl- und Dattelpalmen sind mehrere dieser Häuser zu sehen. In der Nähe grasen Rinder mit kurzen und langen Hörnern. Vögel flattern in den Bäumen, ein Hund sitzt vor einer Hütte. Man sieht auch weitere exotische Tiere: eine Giraffe, einen Leoparden, Affen und möglicherweise ein Nashorn. Die ägyptische Armee hat ihre Zelte in den „Myrrhen-Terrassen von Punt an der Küste des Meeres" aufgeschlagen, und die Boten des Königs bieten im Tausch für die Rohstoffe aus Punt, mit denen die Schiffe beladen werden, Edelsteine, Perlen, Dolche und Metalläxte an. Ägyptische Händler hatten Punt bereits vorher besucht. Dies ist aus mehreren Quellen bekannt. Dennoch scheinen die Herrscher von Punt überrascht, die Fremden zu sehen. Über der Szene fragen sie: „Warum seid ihr in dieses Land gekommen, das die Menschen (Ägyptens) nicht kennen? Kamt ihr vom Himmel herab, oder seid ihr auf dem Wasser gesegelt, auf dem Meer von Gottes Land?" Eine Antwort ist nicht angegeben. Zwischen den Führern Punts steht auch ihr Häuptling Perehu mit seiner krankhaft fettleibigen Frau, die den Ägyptologen als „Königin von Punt" bekannt ist. Ursprünglich gehörten auch zwei Söhne und eine Tochter dazu – ähnlich fett wie ihre Mutter – doch diese Figuren wurden zerstört. Besonders hervorgehoben, vielleicht als wenig schmeichelhafter Kommentar über die Gestalt der Königin, ist der Satz „der Esel, der seine Frau trug". Die Originaldarstellung der Königin von Punt wurde durch einen Gipsabdruck ersetzt, das Original wird im Ägyptischen Museum in Kairo gezeigt. Medizinhistoriker haben zahlreiche Artikel über den Grund der Fettleibigkeit der Königin geschrieben, doch keine der vorgeschlagenen Diagnosen (meist Elephantiasis oder Fettsteiß) wird allgemein anerkannt. Im Unterschied zu den Frauen scheinen die Männer ähnliche Statur, Gesichter und Kleidung wie die Ägypter zu besitzen. Selbst ihre Haut ist in der roten Farbe der

ägyptischen Männer, nicht mit dem Schwarz der Nubier dargestellt.
In den oberen Registern beladen ägyptische Seeleute ihre Schiffe mit Weihrauch und anderen Rohstoffen. Zur Ladung gehörten „alle gut riechenden Hölzer aus Gottes Land, Bündel von getrockneter Myrrhe, frische Myrrhebäume, Ebenholz und reines Elfenbein, … Zimtholz, *Khesyt*-Holz, *Ihmut*- und *Sonter*-Weihrauch, Augenkosmetik, Affen, Menschenaffen, Hunde und Häute des südlichen Leoparden, Eingeborene und ihre Kinder. Kein König seit Anbeginn der Zeit hat jemals solche Mengen mitgebracht". Die Männer strengen sich an, die schweren Bündel festzuzurren. Sie tragen vorsichtig die gebündelten Myrrhebäume und einer ruft: „Passt auf eure Füße auf! Vorsicht! Die Ladung ist sehr schwer!" Einige Männer sagen, dass die Bäume in Deir el-Bahari gepflanzt werden sollen und ihre Freunde scheinen begeistert zu sein über die Aussicht, solche Herrlichkeiten zum Hof von Theben bringen zu dürfen.
Um die Ecke, am linken (südlichen) Ende der hinteren (westlichen) Wand, sieht man in den unteren Registern, wie die ägyptische Flotte in Punt ankommt und rechts, wie sie nach Ägypten zurückkehrt. Sobald die Schiffe in Theben ankommen, werden die Waren gewogen und von Horus und dem nubischen Gott Dedun bewertet. „Der Herr von Hermopolis, Thot, verewigt (es) in den Akten, und Sefchet-abui berechnet die Zahlen. (Ihre) Majestät selbst vollbringt es mit ihren beiden Armen, die besten Myrrhen sind auf allen ihren Gliedern, ihr Geruch ist der Wohlgeruch Gottes, ihr Duft vermischt sich mit dem von Punt, ihre Haut ist mit Elektron vergoldet und strahlt wie die Sterne inmitten der Festhalle vor dem ganzen Land."
Weiter rechts verkündet Hatschepsut den Erfolg ihrer Reise und bietet die Ladung Amun an. Die Weihrauchbäume werden bereits wachsend in den Gärten des Amun-Tempels in Karnak dargestellt.
Hatschepsuts Flotte bestand aus fünf Schiffen (fünf werden bei der Abfahrt, fünf bei der Ankunft gezeigt). Die Schiffe – sie gelten als die besten nautischen Quellen aus dem Neuen Reich – sind sehr detailliert dargestellt und wurden von Marinehistorikern sorgfältig analysiert. Sie haben berechnet, dass die Schiffe etwa 25 Meter lang und schmal waren. Vermutlich hatten sie nur sieben Meter Breite und zwei Meter Tiefgang, so dass sie leicht durch die gefährlichen Gewässer des Roten Meeres gleiten konnten.
Die vorherrschenden Winde im Roten Meer blasen von Juni bis September stetig von Norden nach Süden und von November bis März von Süden nach Norden. Im übrigen Jahr sind sie wechselhaft, daher hätten die Seeleute für eine einigermaßen schnelle Reise rudern müssen. Die Alternative wäre gewesen, gegen den Wind zu kreuzen; das hätte die 1500 Kilometer lange Reise um etwa 800 Kilometer verlängert.
Wenn die Schiffe schätzungsweise täglich acht bis neun Stunden segelten, in Buchten und Flussmündungen festmachten und eine Geschwindigkeit von fünf Stundenkilometern segelten oder ruderten, hätte die Hinreise zwischen vierzig und fünfzig Tagen gedauert. Vermutlich haben sie drei bis vier Monate in Punt damit zugebracht, Verhandlungen zu führen, Waren einzu-

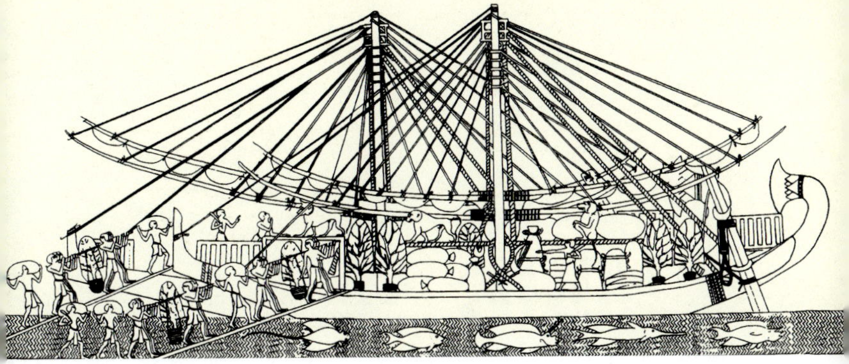

kaufen und zu verladen. Hinzu kommt eine gewisse Zeit für den Weg ins Inland, denn wir wissen aus anderen Quellen, dass es in Punt regnete – das lässt vermuten, dass das Land nicht an der Küste lag. Sofern die Einwohner von Punt nicht mit den Ägyptern gerechnet hatten und die Waren deshalb noch nicht an einem bestimmten Ort an der Küste bereit lagen, hätten die Ägypter die Rohstoffe an verschiedenen Stellen des Landes einsammeln müssen.

Wie lange könnte die Reise also gedauert haben? Berücksichtigen wir folgende Fakten: Die Schiffe wurden wahrscheinlich in Koptos gebaut (dem heutigen Kift), fünfzig Kilometer nördlich von Theben an der Mündung des Wadi Hammamat gelegen. Hier nahm man die Schiffe auseinander und transportierte sie und ihre Ladung auf Eselskarawanen 200 Kilometer durch die Östliche Wüste und das Küstengebirge des Roten Meeres zum Hafen von Qusseir. Dort baute man sie wieder zusammen. Die strapaziöse, heiße und staubige Reise durch die steinige Wüste dürfte vermutlich zwei Monate gedauert haben. Das Segeln nach Süden bis Punt dauerte weitere sechs bis acht Wochen. Gehen wir weiter von drei Monaten Aufenthalt in Punt und einer Dauer von drei Monaten für die Rückreise nach Qusseir aus. Dort hätte man die Schiffe wieder auseinandergenommen, sie und die Ladung über Land bis zum Nil gebracht, erneut zusammengebaut und nach Süden bis Theben gesegelt – wiederum zwei Monate. Insgesamt hätte die Reise demnach etwa ein Jahr gedauert.

Die Logistik für eine Expedition dieser Art war äußerst komplex. Jedes der fünf Schiffe war mit dreißig Ruderern ausgestattet, hinzu kam eine Ersatzcrew und Arbeiter, Beamte, Schreiber und Übersetzer – alles in allem also 250 bis 300 Männer. Sie verließen Qusseir mit Proviant und Frischwasser für etwa ein Jahr. Für die Rückreise hätten sie eine entsprechende Menge Verpflegung und Wasser zusätzlich zu den Waren aus Punt mitführen müssen. Es ist kein Wunder, dass Hatschepsut so stolz auf diese Expedition war, dass sie eine ganze Wand ihres Tempels dieser Geschichte widmete.

160 DAS DETAIL AUS DEN PUNT-RELIEFS ZEIGT EIN ÄGYPTISCHES BOOT.

161 OBEN SZENEN MIT SEELEUTEN, DIE IHRE SCHIFFE MIT DEN WAREN AUS PUNT BELADEN.

161 UNTEN MÄNNER TRAGEN LEBENDE BÄUME ZUM SCHIFF.

◆ MITTLERE TERRASSE, SÜDEN: DER HATHOR-SCHREIN ◆

Links (südlich) der Punt-Kolonnade steht ein Hathor geweihter Schrein, die vielleicht wichtigste Göttin, die in der Gegend von Deir el-Bahari verehrt wurde. Ihrer besonderen Rolle unter den Göttinnen von Theben wurde durch die Tatsache Rechnung getragen, dass von der unteren Terrasse eine eigene Rampe zu ihrem Schrein hinaufführte. Der Schrein hat zwei Hallen, beide stark zerstört. Die erste besaß acht Pfeiler und acht 16-seitige Säulen, die zweite sechzehn 16-seitige Säulen. Jede davon war mit einem Hathor-Kapitell verziert, das die Göttin mit einem menschlichen Kopf, Rinderohren und einem Sistrum auf dem Kopf zeigte. Zwei einnehmende Reliefs auf der Rückwand (Westen) zeigen Hathor als Kuh, die die königliche Hand leckt. Der Text lautet: „Die Hand zu küssen, das göttliche Fleisch zu lecken; dem König Leben und Reinheit zu schenken." Daneben hält eine andere Hatschepsut-Figur ein Ruder und einen Zimmermannswinkel. Hatschepsut kniet und trinkt vom Euter einer Hathor-Kuh, während die Göttin äußert: „Ich habe Eure Majestät mit meinen Brüsten gesäugt. Ich habe sie mit meiner Intelligenz, meinem Wasser des Lebens und Glück erfüllt. Ich bin deine Mutter, die deine Glieder formte und deine Schönheiten schuf." Auf der rechten (nördlichen) Wand befindet sich eine besonders gut gemeißelte und bemalte Darstellung von Hathor als Kuh mit Hörnern und einer Sonnenscheibe auf dem Kopf; dazu eine große Schiffsprozession und Militärparade.

Hinter den Pfeilerhallen wurde eine Kapelle mit drei Räumen in den Fels gemeißelt. Sie sind zurzeit nicht zu besichtigen. Versuchen Sie, einen Blick durch die Tür zu werfen und die bunt gemalten und gut erhaltenen Szenen von Hatschepsut und Thutmosis III. vor verschiedenen Göttern zu sehen. Leider ist eine kleine Figur hinter der Tür nicht sichtbar, die den königlichen Architekten Senenmut (manche halten ihn für Hatschepsuts Liebhaber) zeigt.

◆ OBERE TERRASSE ◆

Nach 25-jährigen Restaurierungsarbeiten durch ein polnisch-ägyptisches Team konnte die obere Terrasse jüngst für Touristen geöffnet werden. In architektonischer Hinsicht repräsentiert sie den spektakulärsten Teil des Tempels von Königin Hatschepsut; die glatten und gut gearbeiteten Säulen und Mauern bilden einen scharfen Kontrast zu den zerklüfteten Klippen, die sich dramatisch dahinter erheben.

Oben auf der Rampe stehen beiderseits des Torweges aus Granit 24 kolossale Osiris-Statuen vor den Pfeilern. Die Statuen waren ursprünglich ziemlich grell bemalt, damit man sie aus der Entfernung erkennen konnte. Die langen Bärte waren blau, Kehlen und Gesichter rot, die Augen schwarz und weiß und die Augenbrauen blau. Die Gegenstände, die sie trugen oder in der Hand hielten, waren rot, blau oder gelb. Auf der rechten Wand dahinter sind Szenen zu sehen, in denen die Königin gekrönt wird; sie wird begleitet von Göttern und trägt die Kronen von Ober- und

162 DIE OBERE TERRASSE ALS LUFTBILD.

163 LINKS RELIEF AUS DEM HATHOR-SCHREIN.

163 RECHTS HATHOR-SÄULE AUS DEM HATHOR-SCHREIN.

Unterägypten auf dem Kopf. Die Mitteltür mit riesigen und komplizierten Türriegeln und Scharnierlöchern führt in einen großartigen Säulensaal. Er wird von zwei Reihen (vorne drei) aus zweiundsiebzig 13-seitigen Säulen umgeben. Früher wurde die Achse des Hofes von knienden Statuen der Hatschepsut gesäumt. Die Wände zeigen festliche Szenen. Auf der Nordseite der vorderen (östlichen) Wand und der gesamten rechten (nördlichen) Wand ist das „Schöne Fest vom Wüstental“ dargestellt. Hatschepsut, Thutmosis II. und Thutmosis III. nehmen an einer großartigen Prozession von Karnak über den Nil teil, die in dieses Heiligtum und wieder zurück führt. Das Opet-Fest nimmt die andere Hälfte des Hofes ein, und wieder ist die Bootsprozession auf dem Nil ausführlich und eindrucksvoll dargestellt.

Auf der rechten (nördlichen) Seite des Hofes war eine Reihe von Räumen (für Touristen derzeit nicht zugänglich) dem Sonnenkult von Re-Harachte und Anubis geweiht. Die Räume auf der linken (südlichen) Seite (ebenfalls nicht zugänglich) wurden als Opfersäle für Hatschepsut und Thutmosis I. genutzt. In der Rückwand (Westen) des Hofes befinden sich mehrere Nischen – acht große, zehn kleine – in denen einst Statuen der Königin in der Pose von Osiris und Statuen von Thutmosis III. standen. Die kleine Halle in der Nordwestecke ist Amun geweiht und die Kammer im Südwesten mit Szenen von Amun-Re und der Königin dekoriert. Viele Reliefs der Seitenkammern auf der oberen Terrasse weisen archaisierende Elemente auf, und zahlreiche ikonographische Details sind Kopien von Originalen aus dem Alten Reich. Mit diesem Stilmittel wollte man während der religiösen Zeremonien die Intensität der Darstellungen verstärken und den Eindruck erwecken, sie gingen auf die Zeit der Götter zurück. Außerdem findet man hier kryptographische Inschriften: Damit wollte man religiöse Inhalte verbergen, die als so heilig galten, dass ihre Kraft vor neugierigen Augen geschützt werden musste. Texte dieser Art finden sich beispielsweise im Schrein von Re-Harachte.

In der Mitte der Rückwand führt ein großartiger Durchgang aus Granit zu drei Räumen (jetzt geschlossen), die mit Szenen der Königin und Amun geschmückt sind; sie bezeichnen die Grenze ihres Tempels. In der ptolemäischen Epoche wurde dieser Schrein in ein Sanatorium umgewandelt, das dem zum Gott erklärten Amenophis, Sohn des Hapu, geweiht war; er war der in der 18. Dynastie für die Bauten von Amenophis III. verantwortliche Architekt. Nach seiner Vergöttlichung galt er als Heiler und zog Pilger an, die um Heilung von ihren Leiden baten. Vermutlich versteckten sich Priester in dem Schrein und sprachen mit der Stimme des Gottes zu den Leidenden, sie spendeten Trost und Rat. Während mehrere Graffiti im Schrein von zufriedenen Besuchern stammen, findet man auch einen oder zwei Kommentare von Enttäuschten, die ihren Besuch für Zeitverschwendung und die Kommentare der Priester für Betrug hielten.

DER TEMPEL VON NEBHEPETRA-MENTUHOTEP

Etwa 500 Jahre bevor Senenmut damit begann, den Tempel von Hatschepsut in Deir el-Bahari zu planen, arbeitete ein anderer Architekt an einer kombinierten Tempel- und Grabstätte für Nebhepetra-Mentuhotep, einen Herrscher der 11. Dynastie. Sein Monument liegt nur wenige Meter südlich von Hatschepsuts Bau und wurde zwischen 1859 und 1931 von mehreren britischen und amerikanischen Expeditionen ausgegraben und in den 1970er-Jahren sehr gründlich von einer deutschen Expedition untersucht.

Wie beim Tempel von Hatschepsut führte eine lange, von Statuen gesäumte Allee auf den Tempel zu; zwei stehen noch an Ort und Stelle, und eine Rampe führt zu einer niedrigen Terrasse hinauf. Kolonnaden beidseitig der Rampe und auf der Terrasse setzen sich auf der Nord- und Südseite des Gebäudes fort. Mentuhoteps Tempel war jedoch im Unterschied zu Hatschepsuts Monument nur klein und wurde von einer Mastaba oder einem Hügel bedeckt (nicht von einer Pyramide, wie früher vermutet). Außerdem – auch dies ist ein Unterschied – diente Mentuhoteps Bau als Tempel für den König und Hathor und war gleichzeitig Grabstätte des Königs. Hinter der Mastaba beziehungsweise dem Hügel auf dem Tempeldach lag ein großer Säulenhof mit achtzig achteckigen Pfeilern. Durch einen Eingang in dessen Boden gelangt man in einen 150 Meter langen Gang, der nach Westen in die Kalksteinklippen mit seiner Grabkammer führt. Mentuhoteps Monument ist heute für Be-

DER TEMPEL VON THUTMOSIS III.

sucher geschlossen; man kann sich aber dennoch von dem offenen Vorplatz, der einst mit Bäumen, Blumen und Statuen geschmückt war, einen guten Überblick verschaffen. In der Senke im Hof soll angeblich Howard Carters Pferd gestürzt sein, dort fand er einen Gang, der zu einer Kammer unter dem Tempel führte. Darin stand eine ungewöhnliche rot, schwarz und weiß bemalte Statue von Mentuhotep, die heute im Ägyptischen Museum in Kairo steht.

Dieser stark zerstörte Tempel wurde erst in den 1960er-Jahren entdeckt. Der andauernde Steinschlag aus den Felsen hatte ihn für fast dreitausend Jahre unter sich begraben. Er liegt über und hinter den Tempeln von Hatschepsut und Mentuhotep und ist ihnen in vielen Gestaltungsmerkmalen ähnlich. Pilger, die die Göttin Hathor anbeten wollten, haben zahlreiche Graffiti auf den Wänden hinterlassen. Der Bereich ist nicht zugänglich und wird dies aus strukturellen Gründen auch für eine Zeit lang bleiben. Es ist aber zu hoffen, dass die Sammlung bemerkenswert schön gemeißelter und bemalter Reliefblöcke eines Tages ausgestellt wird. Sie wurden von der polnisch-ägyptischen Expedition geborgen und lagern nun in Deir el-Bahari. Einige der Blöcke sind zusammen mit kleinen Artefakten aus Mentuhoteps Tempel bereits im Luxor-Museum ausgestellt.

164 OBEN DER TEMPEL VON MENTUHOTEP.

164 UNTEN KOLONNADE AUF DER TERRASSE VON MENTUHOTEP.

165 LINKS MALEREIEN AUS DEM TEMPEL VON THUTMOSIS III.; ÄGYPTISCHES MUSEUM IN KAIRO.

165 RECHTS STATUE DER KÖNIGIN, GEFUNDEN IM TEMPEL VON THUTMOSIS III.; ÄGYPTISCHES MUSEUM IN KAIRO.

DER TOTENTEMPEL VON AMENOPHIS III. UND DIE MEMNON-KOLOSSE

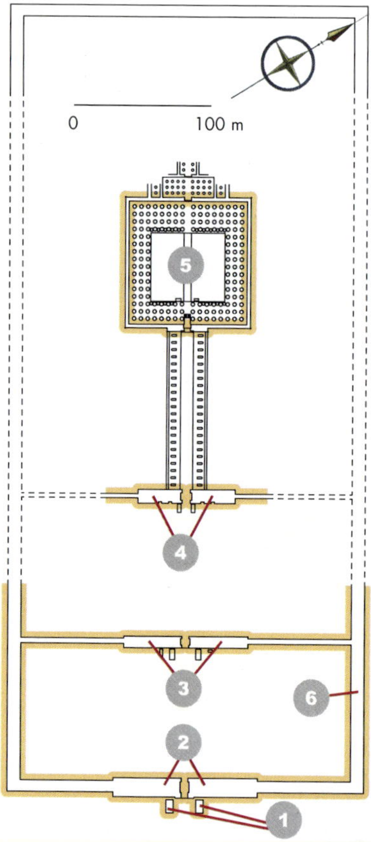

GESCHICHTE

Der Totentempel von Amenophis III., im Arabischen *Kawm al-haitan,* der „Hügel der Mauern" genannt, war der größte jemals in Ägypten gebaute Tempel. In seiner Glanzzeit enthielt er eine dichte Ansammlung von Pylonen, Räumen, Mauern und Statuen, die eine Fläche von über 385 000 Quadratmetern bedeckten. Die Hauptachse des Tempels verlief vom Ersten Pylon fast einen Kilometer lang nach Westen. Er war 550 Meter breit und erstreckte sich vom Ramesseum in Richtung Süden zum Tempel von Medinet Habu und Malqata, dem gewaltigen Palast von Amenophis III. Zu unserem Unglück bestand

LEGENDE

1 MEMNON-KOLOSSE
2 ERSTER PYLON
3 ZWEITER PYLON
4 DRITTER PYLON
5 SONNENHOF
6 UMFASSUNGSMAUER

166 RELIEF MIT EINEM NILGOTT AUF DER SEITE DES THRONS.

167 OBEN ÜBERBLICK ÜBER DEN TOTENTEMPEL VON AMENOPHIS III. UND DIE MEMNON-KOLOSSE.

167 UNTEN STATUE DER KÖNIGIN ZU FÜSSEN EINES KOLOSSES.

der Tempel vorwiegend aus Lehmziegeln und lag in der Überschwemmungszone des Nil, wurde also von den jährlichen Hochwassern betroffen. Nachdem man ihn verlassen hatte und nicht mehr regelmäßig ausbesserte, lösten sich die Ziegelmauern auf, und spätere Könige nutzten die Steinblöcke zum Bau ihrer eigenen Totentempel. Daher ist von dem riesigen Komplex nur wenig verblieben. Die meisten Besucher erleben die beiden riesigen Statuen von Amenophis III., die so genannten Memnon-Kolosse, als isolierte Monumente und haben keine Ahnung, dass sie einst nur ein winziger Teil einer gewaltigen Tempelanlage waren.
Die Statuen sind wirklich spektakulär: Jede wurde aus einem einzigen Steinblock gehauen, ist über 20 Meter hoch und wiegt 1000 Tonnen. Als ihre Kronen noch intakt und die Basen vollständig sichtbar waren, müssen sie noch gewaltiger gewirkt haben. Die Statuen wurden aus wunderschönem Orthoquarzit gemeißelt, einem der härtesten bekannten Gesteine, das extrem

schwer zu behauen ist. Sie mussten mit dem Schiff von Steinbrüchen bei Heliopolis, 700 Kilometer weiter im Norden, hertransportiert werden oder von einem Steinbruch im Süden, man ist sich bis heute nicht sicher. Ägyptologen glauben, dass der Stein gewählt wurde, weil dessen rote Farbe mit dem Sonnenkult assoziiert werden konnte. Der Transport der Statuen war nur eines der wichtigen Projekte, die Amenophis, Sohn des Hapu, ausführte. Er war ein brillanter Beamter von Amenophis III., dessen eindrucksvolle Karriere letztlich zu seiner Vergöttlichung führte. Verantwortlich für die Steinmetzarbeiten war Men, der „Oberbildhauer des Großartigen Monuments des Königs in den Roten Bergen". Der nördliche (rechte) Koloss zeigt Amenophis III. sitzend auf einem Thron, dessen Lehnen als Nilgötter gestaltet sind; sie binden Lotos und Papyrus, die Symbole von Ober- und Unterägypten zusammen. Neben dem König steht seine Mutter Mutemwia, in kleinerem Maßstab dargestellt. Der südliche Koloss zeigt den König mit Königin Teje und einer namenlosen Tochter.

Vor allem der nördliche Koloss war bei antiken griechischen und römischen Reisenden sehr beliebt. Im Jahre 27 v. Chr. zerbrach die Statue bei einem Erdbeben und ließ von da an für 200 Jahre ein geheimnisvolles Pfeifgeräusch hören, wenn die Sonne morgens aufstieg und sich Temperatur und Feuchtigkeit änderten. Griechische Reisende wollten in diesem Ton den Ruf von Memnon an Eos, seine Mutter und Göttin der Morgenröte hören. Memnon war ein mythischer afrikanischer Krieger, der im Trojanischen Krieg von Achilles erschlagen wurde. Den Ruf der Statue zu hören sollte Glück bringen und machte die Kolosse rasch zu einer Touristenattraktion. Beide Kolosse sind mit Hunderten von griechischen und lateinischen Graffiti bedeckt, die dankbare Besucher hinterlassen haben. Nachdem Septimus Severus 199 n. Chr. die Risse reparieren ließ, um das Aussehen der Statue zu verbessern, hörte sie auf zu singen.

BESICHTIGUNG

Die meisten Touristen in Kawm al-Haitan machen kaum mehr als ein Foto der Kolosse zwischen einem Meer anderer Touristen und Reisebusse hindurch. Dabei gibt es mehr zu sehen als nur die beiden berühmten Statuen; ein Spaziergang durch den offenen Bereich der Stätte lohnt sich. Ursprünglich standen die Kolosse vor dem Ersten, aus Lehmziegeln errichteten Pylon. Dazu kamen zwei Kolosse aus Quarzit vor dem Zweiten Pylon und zwei Alabaster-Kolosse weiter westlich vor einem Dritten Pylon. Eine dieser riesigen

Statuen ist bereits in der Antike umgestürzt und lag hier für Jahrtausende unter Schlick begraben. Im Jahre 2001 hat eine deutsche Gruppe damit begonnen, sie wieder aufzustellen, obwohl das Grundwasser die Arbeiten sehr schwierig macht.
Amenophis III. war über die Maßen von Statuen angetan. Ägyptologen schätzen, dass allein in diesem Tempel Tausende von Statuen standen. Hier standen auch über 730 Statuen von Sechmet, für jeden Tag des Jahres eine stehende und eine sitzende, und diese stellten nur einen Bruchteil der Hunderten von Statuen anderer Götter dar. Amenophis' III. Totentempel enthielt das umfangreichste Statuenprogramm, das jemals im antiken Ägypten geplant wurde. Auf die Vielfalt und Qualität weisen eine Sphinx mit dem Körper eines Krokodils hin, die immer noch hier steht, acht Meter hohe Statuen des Königs als Osiris, die früher im Tempelkomplex standen, und zahlreiche Statuen, die von Merenptah usurpiert wurden und heute im Freilichtmuseum seines Totentempels zu sehen sind – direkt hinter dem von Amenophis III.
Der König beschreibt seine Statuensammlung auf einer großen Stele, die 1896 westlich seines Tempels gefunden wurde. Sie besagt, dass sein Tempel „reich mit königlichen Statuen aus Granit, Quarzit und wertvollen Steinen ausgestattet ist, die für immer Bestand haben sollen. Sie sind höher als der Himmel und ihre Strahlen erscheinen den Menschen wie die aufsteigende Sonne …“ Auf einer anderen Stele, die noch immer am westlichen Ende des Tempels steht, brüstet sich der König, „wenn (die Statuen) an ihrem Platz gesehen werden, gibt es großen Jubel über ihre Größe“. Der König beschreibt den Tempel als „eine ewig währende Festung aus Sandstein, überall mit Gold verziert, die Böden glänzen von Silber und die Tore von Elektrum“. Selbst wenn man die Übertreibungen solcher Texte berücksichtigt, zeigen die archäologischen Befunde, dass der Tempel in antiker Zeit in der Tat ein Ehrfurcht gebietendes Bauwerk gewesen sein muss.
Ausgrabungen am westlichen Ende der Stätte haben jüngst umfangreiche Teile des Tempels freigelegt, darunter einen gewaltigen Säulensaal. Vor dem Saal befand sich ein großartiger Sonnenhof und östlich davon eine Reihe von Kolonnaden und Höfen. Wie üblich für die Baupraxis im alten Ägypten, stellte man die riesigen Säulen direkt auf den Nilschlamm, ohne zuvor ein Fundament anzulegen – kein Wunder, dass sie so rasch zusammenbrachen.

168 GROSSE STELE AUS DEM INNEREN HOF MIT DETAIL.

169 DIE BEIDEN RIESIGEN STATUEN VON AMENOPHIS III., BEKANNT ALS MEMNON-KOLOSSE.

2

DER TOTENTEMPEL VON SETHOS I.

GESCHICHTE

Der Totentempel von Sethos I., genannt „Das Reich von Amun im Westen Thebens“, liegt am Nordende der thebanischen Nekropole, direkt gegenüber dem Tempel von Karnak am anderen Nilufer. Die Lage ist hübsch, und man hat von den Umfassungsmauern des Tempels einen schönen Blick auf einen großen Palmenhain und die Hügel von Theben. Der Tempel ist sehr gut erhalten und gehörte im 19. Jahrhundert zu den Lieblingsmotiven der Aquarellmaler.
Der Name für den Tempel von Sethos I. ist jenem des Großen Säulensaals in Karnak

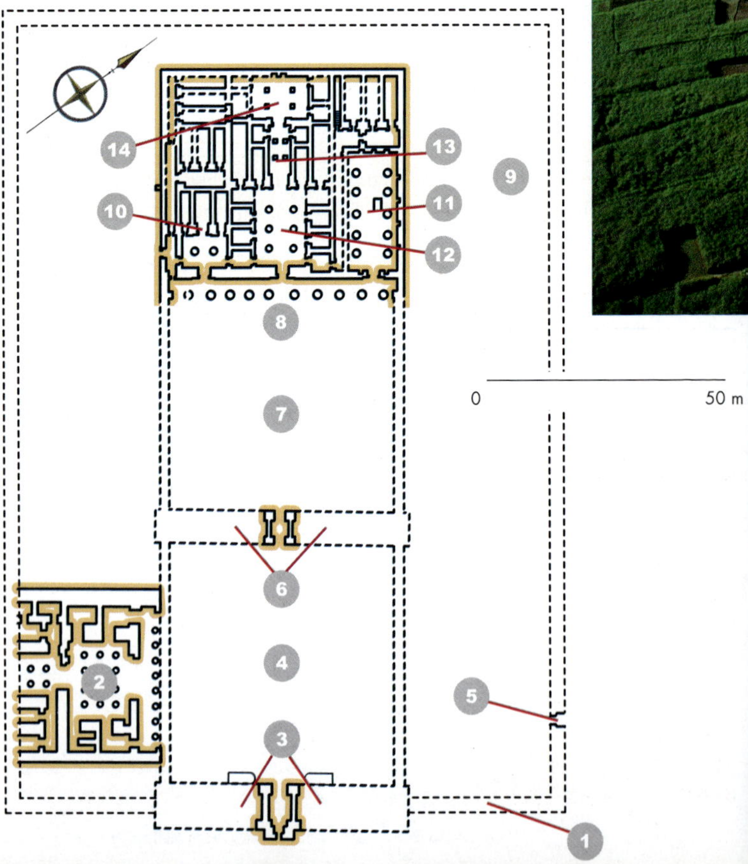

sehr ähnlich. In der Tat sind die beiden Orte geographisch und funktionell über ihre zeremoniellen Rollen bei den großen Festen miteinander verbunden. In der Antike führte ein Kanal von hier zum Fluss, und während des „Schönen Fests vom Wüstental" und anderer Feste segelten die Prozessionen der Heiligen Barken vom Amun-Tempel in Karnak hierher; hier begannen auch die Rituale, die in anderen Totentempeln am Westufer ihre Fortsetzung fanden. Beim Tempel von Sethos I., manchmal Qurna-Tempel genannt, begann auch die Besichtigungstour der Reisenden am Westufer. Eigentlich starteten die Touren hier nur in den Sommer- und

LEGENDE

1 UMFASSUNGSMAUER
2 KÖNIGLICHER PALAST
3 ERSTER PYLON
4 ERSTER HOF
5 NORDEINGANG
6 ZWEITER PYLON
7 ZWEITER HOF
8 PORTIKUS
9 MAGAZINE
10 WOHNRÄUME VON RAMSES I.
11 SONNENHOF
12 SÄULENSAAL
13 HEILIGTUM VON AMUN-RE
14 HALLE MIT VIER PFEILERN

170–171 TOTENTEMPEL VON SETHOS I. UND DER ORT QURNA.

171 UNTEN RELIEFDETAIL MIT SETHOS I. UND CHONS.

Herbstmonaten, wenn die jährliche Überschwemmung die Fahrt vom Nil nach Westen zu den Memnon-Kolossen unmöglich machte. Vor einem Jahrhundert reichte der Nil während der Überschwemmungen mehrere Kilometer weiter nach Westen als heute. Die Touristen vertäuten ihre Boote am Tempel an einer riesigen Eselsfeige bei einem Wasserrad, die beide schon bald in jedem Reiseführer als Orientierungspunkte erwähnt wurden. Die Eselsfeige ist zwar verschwunden, noch heute stehen jedoch einige Teile des Wasserrades im Garten des Hotels Abdel Kassem und einer Alabasterfabrik etwa 300 Meter östlich des Tempels.

In dynastischer Zeit hieß dieser Bereich *Hefet-her-nebes,* was so viel bedeutet wie „vor dem Herrn", also dem Amun-Tempel in Karnak. Vor dreitausend Jahren stand hier ein großes Dorf desselben Namens direkt nördlich des Tempels. Das heutige Dorf heißt Balyana und ist bekannt für seinen lebhaften Dienstagmorgen-Markt. Es macht Spaß, ihn zu besuchen: Er ist lärmend und farbenfroh, ein staubiges Feld von mehreren Hektar Größe füllt sich mit schwatzenden Menschen, die klebrig-süßen Tee trinken, über die Preise feilschen und Gemüse, Eisenwaren, Sandalen, Schafe und Ziegen verkaufen. Weiter im Norden liegt der Friedhof El-Tarif aus der Ersten Zwischenzeit and dem Mittleren Reich, umgeben von modernen Dorfhäusern. Dahinter folgt Neu-Theben, eine vor kurzem errichtete Siedlung, in die Menschen aus dem Bereich der Qurna-Gräber umgesiedelt wurden.

Als im November 1994 Wolkenbrüche über den nahen thebanischen Hügeln niedergingen und das Wasser sintflutartig durch die Wadis der Wüste herabschoss, wurde der Tempel von Sethos I. schwer beschädigt. Tausende Liter Wasser ergossen sich in *Hefet-her-nebes*. Die Flut stieg über einen Meter an und ergoss sich mit einer Geschwindigkeit von 20 Stundenkilometern in den Tempelkomplex. Sie zerstörte die Umfassungsmauer, überflutete Lagerräume, zerstörte Kalksteinstatuen und Stelen und hinterließ Tonnen von Schlick, Sand und Steinen. Mehrere Menschen in den nahen Dörfern fanden den Tod oder wurden verletzt, viele Häuser wurden zerstört. Während das Wasser die Lehmziegelmauern wegspülte, blieben die Steinmauern glücklicherweise relativ intakt und ihre Verzierungen erhalten.

BESICHTIGUNG

Heute erscheint der Tempel Sethos' I. klein, doch ursprünglich war er vom Pylon zur Rückwand über 160 Meter lang. Man betritt den Tempel durch eine kleine Tür in der Nordostecke der Umfassungsmauer und geht in den Ersten Hof. Der Erste Pylon stand links (östlich); die Überreste der von der Flut schwer beschädigten Sphingen und Inschrift-Blöcke stehen entlang der Tempelhauptachse. Der Originalpylon maß 69 Meter in der Breite und 24 Meter in der Höhe. Direkt gegenüber, auf der Südseite des als „Festhof der Untertanen" bekannten Hofes liegen die jüngst gereinigten Überreste des Königspalastes. Auf der Nordseite eines großen Säulensaals mit zwölf Pfeilern führt eine breite Treppe hinauf zum Erscheinungsfenster; von dort wohnte der König den Zeremonien und Prozessionen im Hof bei. Der Bauplan des Palastes gleicht jenen der besser erhaltenen Paläste von Ramses II. (Ramesseum) und Ramses III. (Medinet Habu). Er ist das älteste Beispiel für einen Palast innerhalb eines Totentempels. Im Hof stehen zahlreiche Stelen, beschriftete Tempelblöcke und beschädigte Sphingen. Ursprünglich war der Prozessionsweg des Tempels von dutzenden großer Sphingen gesäumt und der gesamte Bereich voller Nebengebäude und Obstgärten mit Kugelbäumen.
Der Zweite Pylon teilte den heute einheitlich aussehenden Hof in zwei Hälften. Der Pylon selbst ist nicht mehr erhalten, seine Position wird jedoch durch eine Mauer aus Lehmziegeln und ein Tor markiert. Das Bauwerk war eher klein, kaum höher als sieben Meter.
Die Westfassade des Tempels war als Portikus mit einer Reihe von zehn Papy-

172 LINKS WANDRELIEF MIT DETAIL DER BARKE VON AMUN.

172 RECHTS ZWEI VOTIVSTATUEN VON SETHOS I. IM ERSTEN HOF.

172–173 DER KÖNIG BEI DER OPFERUNG, RELIEF IM ERSTEN HOF.

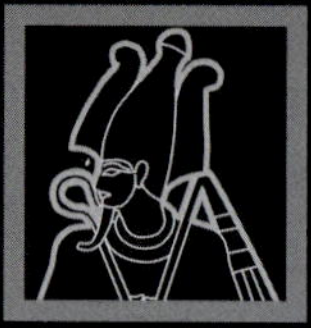

rusbündel-Säulen ausgestaltet. Die Inschriften auf den Architraven sind von Ramses II., dem Sohn von Sethos I., verfasst worden. Er beschreibt, dass er den Tempelbau nach dem Tod seines Vaters vollendete.

Die Szenen auf der Wand dahinter zeigen Personifizierungen von Oberägypten auf der linken (südlichen) und Unterägypten auf der rechten (nördlichen) Seite. Links über ihnen tragen Priester die Heilige Barke von Amun in den Tempel, und der König opfert ihm Weihrauch.

Die drei Durchgänge in dieser Wand führen in drei getrennte Tempelräume. Diese Dreiteilung ist typisch für die meisten Totentempel auf dem westlichen Nilufer: Der hintere Teil der Mitte des Tempels war dem Amunkult geweiht, der linke dem König und seinen Ahnen, der rechte diente dem Sonnenkult.

Der mittlere Durchgang führt in einen Säulensaal mit sechs Säulen; die drei kleinen Kapellen auf jeder Seite sind der thebanischen Triade (Amun, Mut und Chons) geweiht. Die Reliefs auf den Wänden wurden unter Sethos I. begonnen und von Ramses II. vollendet. Man kann die Urheber leicht unterscheiden: Die Arbeiten der Künstler von Sethos' I. sind von hoher Qualität, jene von Ramses II. entstanden hastig und sind gröber ausgeführt. Die Szenen zeigen jeweils einen der beiden Könige, der verschiedenen Gottheiten opfert, u.a. Thot, Osiris, Amun, Mut, Ptah und Sechmet.

Die Räume im hinteren Teil des Tempels sind dem „Schönen Fest vom Wüstental" und dem Gott Amun geweiht. Hinter dem Saal und einem kleinen Vestibül führen fünf Durchgänge in Räume für die Heiligen Barken von Amun (Mitte), Mut (links bzw. südlich) und Chons (rechts bzw. nördlich). Zwei weitere Räume am äußersten Ende dienten unbekannten Zwecken. Der Hauptschrein für Amun ist besonders schön verziert; seine Szenen zeigen die kostbar ausgestattete Heilige Barke, der der König seine Opfergaben darreicht. Hinter dem Hauptschrein befindet sich ein Raum, dessen vier Pfeiler Szenen mit dem König und verschiedenen Göttern zeigen. In der Rückwand (Westen) erlaubte eine

Scheintür (nicht erhalten) dem *Ka* des Königs den Zugang zur Unterwelt. Der Durchgang am linken (südlichen) Ende des Portikus führt in einen Raum mit zwei Säulen, hinter denen drei kleine Kapellen liegen. Sethos I. hat sie in einem Akt von Verehrung seinem Vater Ramses I. gewidmet, der nur kurz regierte und keinen eigenen Totentempel erbauen konnte. In den Szenen tauchen Ramses I., Sethos I. und Ramses II. vor Amun auf. Eine doppelte Scheintür für Ramses I. wurde auf die Rückwand (Westen) seiner Kapelle gemeißelt. Der Durchgang am rechten (nördlichen) Ende des Portikus führt in einen beschädigten Hof, der dem Sonnenkult diente. Zwischen dem Tempel und der rechten (nördlichen) Umfassungsmauer liegen aus Lehmziegeln erbaute Lagerhäuser. Sie sind das erste Beispiel für Lagerräume innerhalb eines Totentempels. Früher schaffte man die Nahrung aus den Lagerräumen Karnaks zu den Tempeln. Der kleine heilige Brunnen auf der linken (südlichen) Seite des Tempels wurde jüngst teilweise freigelegt.

174 OBEN ZWEI SÄULEN DES SÄULENSAALS.

174 UNTEN PAPYRUSBÜNDEL-SÄULEN DES PORTIKUS.

175 OBEN TEMPEL UND LAGERRÄUME (RECHTS) AUS DER VOGELSCHAU.

175 UNTEN IM INNERN DES TEMPELS.

2

DAS RAMESSEUM, TOTENTEMPEL VON RAMSES II.

GESCHICHTE

„Von allen Ruinen Thebens", schrieb die englische Besucherin Amelia Edwards im 19. Jahrhundert, „ist das Ramesseum die heiterste. Es badet in der Sonne, sein warmer Kalkstein, aus dem es erbaut wurde, scheint mit ihr zu verschmelzen und hat sich mit der Zeit in Gold verfärbt. Keine Mauern umgeben es. Keine hoch aufragenden Pylone beschatten es. Es ragt hoch hinaus, und die Luft kann frei zirkulieren … Es gibt nicht viele ägyptische Ruinen, in denen man erzählen und fröhlich sein kann …" Seit den Zeiten von Frau Edwards hat sich das Ramesseum zwar verändert, zu den schönsten Monumenten in Theben gehört es aber immer noch.
Ramses II. nannte seinen Tempel „das Jahrmillionenhaus von User-Maat-Re vereinigt mit Theben im Reich Amuns im Westen Thebens"; klassische Reisende kannten ihn unter dem Namen Memnonium oder Grab von Osymandias, während es modernen Touristen als Ramesseum vorgestellt wird. Dieser Name wurde von Jean-François Champollion geprägt, dem Mann, der die Hieroglyphen entzifferte. Der Bau wurde unmittelbar nördlich vom Tempel des Amenophis II. errichtet, am Rande des bebauten Lands und neben einem zeremoniellen Kanal, der sich vom Tempel Sethos' I. bis nach Medinet Habu im Süden erstreckte. Der Bau wurde von zwei hervorragenden Baumeistern des Königs, Penra und Amenemonet überwacht; die Arbeiten begannen zu Beginn der Regierungszeit und dauerten 22 Jahre.

BESICHTIGUNG

Der moderne Eingang in den Tempel ist ein schmaler Zugang in der Nordostecke der Umfassungsmauer. Ein Weg führt nach Süden an Lagerräumen aus Lehmziegeln vorbei in den Zweiten Hof. Dort sollte man sich nach links (nach Osten) wenden und über ein kleines, mit Gras bewachsenes Feld zum Ersten Pylon gehen. Im Ramesseum wurden mehrere architektonische Neuerungen verwirklicht. Besonders eindrucksvoll ist der Gebrauch von Sandsteinen statt Lehmziegeln für den riesigen Ersten Pylon, der ursprünglich 67 Meter breit und 24 Meter hoch war. Der Pylon ist zwar stark beschädigt, vor allem weil seine schwachen Fundamente auf Kulturland errichtet wurden, doch man erkennt im Licht des späten Nachmittags noch immer Spuren der Verzierung an der inneren (westlichen) Fassade. Wie in vielen anderen Bauwerken von Ramses II. zeigen diese Szenen einen Feldzug gegen die Hethiter in seinem fünften Regierungsjahr. Auf dem linken (nördlichen) Turm sieht man ein Dutzend syrische Festungen. Daneben campieren die Ägypter, die Soldaten ruhen sich aus, trinken, reden und ringen miteinander. Mit Gepäck beladene Wagen nähern sich dem Lager, Esel grasen in der Nähe, und der König hält Rat mit seinen Söhnen und Beratern. Alles scheint ruhig hier. Auf dem rechten (südlichen) Turm tobt dagegen die Schlacht von Kadesch, und die Feinde Ägyptens fliehen in Panik vor Ramses II. und seiner Armee.

177 OBEN KRÖNUNGSSZENE MIT RAMSES II., AMUN-RE UND MUT.

177 UNTEN DETAIL EINER OSIRIS-SÄULE.

178 OBEN DAS RAMESSEUM MIT DEM ERSTEN PYLON IM VORDERGRUND.

178 UNTEN STATUE VON RAMSES II. AUS QUARZITDIORIT IM ZWEITEN HOF.

LEGENDE

1 ERSTER PYLON
2 ERSTER HOF
3 KÖNIGSPALAST UND PRIVATE WOHNRÄUME
4 KOLOSS VON RAMSES II.
5 ZWEITER PYLON
6 ZWEITER HOF
7 VESTIBÜL-GALERIE
8 SÄULENSAAL
9 ASTRONOMISCHE HALLE ODER STERNENSAAL
10 HALLE DER LITANEIEN
11 ALLERHEILIGSTES
12 MAGAZINE
13 MAMMISI

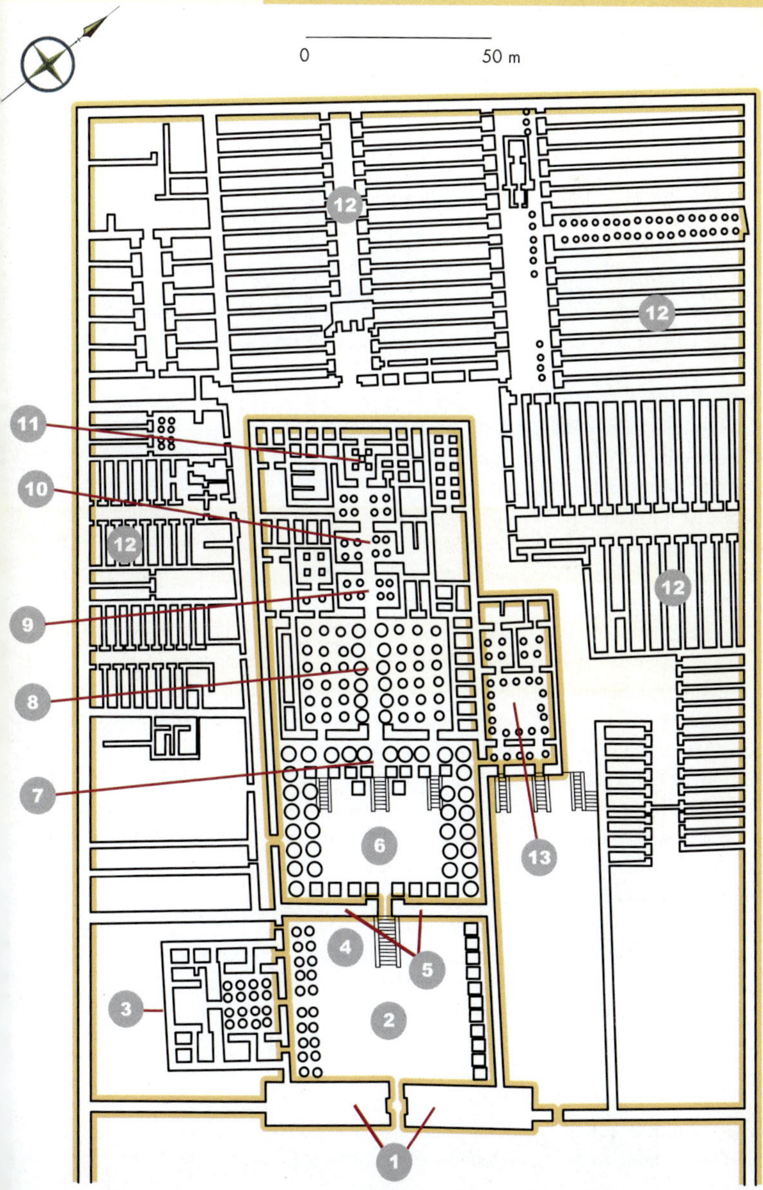

◆ DER ERSTE HOF ◆

Zwischen dem Ersten und Zweiten Pylon liegt ein attraktiver offener Platz, bewachsen mit wildem Gras und die Heimat einer wunderschönen Tamariske sowie mehrerer Vogelarten. An der Südseite des Hofes stand eine Doppelreihe von Säulen, und dahinter führte ein Torweg in den königlichen Palast. Der Plan gleicht dem Tempel von Sethos I. und der ersten Bauphase des Tempels von Ramses III. in Medinet Habu. Hinter dem Palast liegen die Reste von jüngst ausgegrabenen Küchen, Backstuben und einem Schlachthaus, das der Versorgung der Tempelpriester und der königlichen Familie diente.

Auf der Westseite des Hofes in der Nähe zu den Ruinen des Zweiten Pylons ist die kolossale Statue des vergöttlichten Ramses II., eine der berühmtesten Statuen Ägyptens, in den Staub gefallen. Diese sitzende Figur des Königs maß ursprünglich 17,50 Meter – ohne die Basis – und wog über tausend Tonnen.

Damit ist sie die größte monolithische Statue aller Zeiten. Sie ist so groß, dass ein Ohr über einen Meter lang und die Schultern über sieben Meter breit sind. Ob diese Statue als Teil eines Paares vor dem Zweiten Pylon gedacht war oder ob sie allein stand, ist nicht bekannt. Allerdings gibt es keinerlei Hinweise auf eine zweite Statue. Außerdem ist unklar, ob Ramses II. die Statue speziell für diesen Standort in Auftrag gegeben hat oder ob sie ursprünglich für den Tempel von Amenophis III. vorgesehen war und Ramses II. sie nur usurpiert hat. Warum die Statue umkippte, konnte ebenfalls bis heute nicht geklärt werden, wir wissen jedoch, dass sie noch aufrecht stand, als Diodorus Siculus den Ort im 1. Jahrhundert n. Chr. besuchte. Möglicherweise stürzte sie um, weil es durch Steinbrucharbeiten in der Nähe der Basis zu Erschütterungen des Untergrundes kam.

180 OBEN DIE FÜSSE DER KOLOSSALSTATUE VON RAMSES II.

180 UNTEN DER ERSTE HOF, DAHINTER DER ERSTE PYLON.

180–181 DIE ÜBERRESTE DER KOLOSSALSTATUE IM ERSTEN HOF (VORDERGRUND), DER ZWEITE HOF UND DER SÄULENSAAL.

◆ DER ZWEITE PYLON ◆

Der Zweite Pylon hat noch stärker gelitten als der Erste, heute steht nur noch ein Teil seines Nordturmes. Er gründet direkt auf Fels, der den Boden des Ersten Hofes um zwei Meter überragt. Man erreichte ihn über eine Treppe, die in die westliche Seite eingehauen wurde. Der Zweite Hof wird von einem Portikus umgeben; er besteht aus Reihen von Osiris-Pfeilern und geschlossenen Papyrussäulen auf der Ost- und Westseite.

Die Westfassade des Zweiten Pylons hinter diesem Portikus ist mit weiteren Szenen der königlichen Feldzüge in Westasien verziert. Sie fangen das Chaos einer Schlacht außerordentlich gut ein: ein riesiges Szenario voller durchgehender Pferde und toter und sterbender Soldaten. Die hethitische Infanterie wird von der königlichen Kavallerie zertrampelt, und die Männer werfen sich im vergeblichen Versuch zu entkommen in den Orontes. Einer ihrer Führer ist beinahe ertrunken und wird von seinen Männern künstlich beatmet; sie stellen ihn auf den Kopf und klopfen auf seine Brust. Auf der Mauer hat sich etwas von der Farbigkeit erhalten. Man erkennt den hellblauen Orontes, der sich durch die Bilder schlängelt, an seinen Ufern wimmelt es von ägyptischer und hethitischer Kavallerie, Bogenschützen und Speerträgern. Ganz rechts überblicken über hundert bemerkenswert gut dargestellte Soldaten die Schlacht. Die Gruppe steht so dicht, dass man nur die Köpfe der Soldaten erkennt; sie starren eindringlich, und ihre gerunzelten Stirnen zeigen ihr Entsetzen, während sie die grässlichen Szenen vor ihren Augen verfolgen. Vermutlich ist diese Darstellung einzigartig in der gesamten ägyptischen Kunst. Im Kontrast zu diesen Szenen der Verstümmelung zeigt das obere Register ein friedliches Bild: das Erntefest für den Gott Min. Vögel werden in den Himmel entlassen, jeder von ihnen trägt ein kleines Stück Papyrus um den Hals, das die Krönung des Königs anzeigt. Solche „Brieftauben“ sollten die gute Nachricht in der Welt verbreiten.

◆ DER ZWEITE HOF ◆

Der zweite Hof ist mit großen Steinblöcken gepflastert, die Mauern, Säulen und Pfeiler wurden jedoch weitgehend zerstört. Auf der Westseite des Hofes führen drei breite, niedrige Treppen zu einem Portikus und einem Säulensaal. Die Front des Portikus bilden zehn Osiris-Pfeiler und zehn Säulen. Auf der Wand dahinter wird der König von Atum und Montu in den Tempel geführt, rechts kniet er vor der thebanischen Triade. In anderen Szenen opfert der König Ptah und Min. Darunter gehen die Königssöhne in einer Prozession mit. Die mittlere Treppe wird von zwei riesigen Statuen von Ramses II. flankiert. Der obere Teil einer Statue wurde 1816 von Giovanni Belzoni abtransportiert und an das British Museum verkauft. Als sie in London eintraf und die „ägyptischen Aktivitäten“ von

Belzoni veröffentlicht wurden, inspirierten sie Percy Bysshe Shelley zu seinem berühmten Gedicht „Osymandias“, das dem gefallenen Koloss im Torweg des Zweiten Pylons ein Denkmal setzt (Osymandias ist eine griechische Annäherung an einen der Namen Ramses' II., User-Maat-Re):

Einen traf ich, fernher aus antikem Land,
der sprach: Zwei Beine, steinern, riesig, rumpflos,
ragen in der Wüste . . .,
unweit, halb im Sand,
liegt ein geborstnes Antlitz, dessen Groll,
sich kräuselnde Lippe, höhnisch befehlendes Lächeln
verraten: Sein Bildner las die Züge gut,
die, aufgepresst auf Totes, überdauern,
die formende Hand, das Herz auch, das sie trug.
Und auf dem Sockel steht gemeißelt:
„Ich bin Osymandias, König der Könige:
Seht, Mächtige, mein Werk und verzweifelt!“
Nichts sonst ist geblieben.
Rings um den Verfall
Der gewaltigen Ruine, grenzenlos, nackt,
erstrecken sich einsam ebene Sande.

Diodorus Siculus hatte schon 17 Jahrhunderte vor Shelley fälschlicherweise behauptet, folgende Inschrift auf der Statue gesehen zu haben: „Ich bin Osymandias, König der Könige; wenn jemand wüsste, wie groß ich bin und wo ich liege, soll er versuchen, mich in all meinen Werken zu übertreffen.“

182–183 LUFTBILD DES ZWEITEN HOFES.

182 UNTEN DIE VESTIBÜL-GALERIE MIT DEM UNTEREN TEIL DER STATUE VON RAMSES II. (DER OBERE TEIL BEFINDET SICH IM BRITISH MUSEUM).

183 OBEN LINKS RAMSES II. MIT DER DOPPELKRONE.

183 OBEN RECHTS DIE KOLONNADE IM ZWEITEN HOF.

183 UNTEN RAMSES II. VOR AMUN-RE, MUT UND CHONS.

◆ DER GROSSE SÄULENSAAL ◆

Drei Durchgänge hinter dem Portikus führen in einen großartigen Säulensaal mit 48 Sandsteinsäulen. Die mittleren zwei der sechs Reihen sind höher als die übrigen und ermöglichen eine Belichtung durch Obergaden. Alle Szenen auf den Säulen zeigen Ramses II., der den Göttern opfert. Auf der vorderen (östlichen) Wand führt der König in seinem Streitwagen einen Angriff auf eine hethitische Festung bei Dapur an. Die Soldaten erklimmen die Mauern auf Leitern und überwinden die Wachtposten. Solche Szenen haben den Militärhistorikern reiche Details über die antiken militärischen Taktiken geliefert. Auf der hinteren (westlichen) Wand ist unter den Szenen mit dem König vor Amun und Mut eine lange

Prozession königlicher Prinzen und einer Prinzessin zu sehen – 19 Figuren auf der linken (südlichen) und 23 auf der rechten (nördlichen) Seite. Die Prinzen erscheinen in der Reihenfolge ihrer Geburt; ähnlich wie in Prozessionen, die in anderen Tempeln von Ramses II. in Ägypten und Nubien dargestellt sind. Westlich des Säulensaals führt ein Durchgang in die „Astronomische Halle" oder den „Sternensaal". Acht Säulen tragen eine mit astronomischen Szenen verzierte Decke. Sie stellen Sternbilder und 36 Gruppen von Sternen dar, die so genannten Dekane, in die die Ägypter den Nachthimmel untergliederten. Auf der vorderen (östlichen) Wand tragen Priester die Heiligen Barken von Amun, Mut, Chons, Ahmosis-Nofretiri und Ramses II. Auf der hinteren (westlichen) Wand sitzen Ramses II. und Atum neben einem Kugelbaum. Rechts steht die Göttin Sefchet-abui mit dem Gott Thot und schreibt den Namen des Königs auf Blätter des Baumes. Frederick Norden, ein dänischer Reisender des 18. Jahrhunderts, hielt dies für eine Zeichnung von Adam und Eva neben dem Baum der Erkenntnis. Hinter dem Sternensaal, in der so genannten „Halle der Litaneien", opfert der König Ptah und Re-Harachte. Die Räume im hinteren Teil des Tempels sind stark zerstört.

184–185 RAMSES II. GREIFT IN SEINEM STREITWAGEN EIN HETHITISCHES FORT IN DAPUR AN; RELIEF IM SÄULENSAAL.

184 UNTEN DER SÄULENSAAL VON OBEN.

185 OBEN RAMSES II. SITZT NEBEN EINEM KUGELBAUM; DER GOTT SCHREIBT SEINEN NAMEN AUF DIE BLÄTTER.

185 UNTEN DIE SÄULEN IM SÄULENSAAL HABEN VIEL VON IHRER URSPRÜNGLICHEN FARBIGKEIT BEWAHRT.

◆ NEBENGEBÄUDE ◆

In der Umgebung des Tempels benutzten die Tempelpriester eine Reihe von gut erhaltenen, gewölbten Räumen aus Lehmziegeln als Lager für die Überschüsse aus dem Anbau und für Tribute aus dem Ausland, die hier angehäuft und weiter verteilt wurden. Diese Lagerräume werden in der Inschrift auf einem Architrav im Säulensaal beschrieben: „… Er hat dafür gesorgt, dass dieser Tempel wie der in Theben ist, er wird mit allen Nahrungsmitteln versorgt, seine Kornspeicher reichen bis zum Himmel, eine majestätische Schatzkammer mit Silber, Gold, königlichem Leinen und allen Arten von Edelsteinen, die ihm von dem König aus Ober- und Unterägypten dargebracht wurden …“ Außerdem lagen hier Verwaltungseinrichtungen und Handwerksbetriebe.

An der Nordseite des Tempels blieben die spärlichen Überreste einer kleinen Kapelle erhalten, die ursprünglich von Sethos I. erbaut wurde. Manche Forscher glauben, dass Ramses II. diesen Standort für sein eigenes Monument gerade deswegen gewählt hatte, weil hier ein älterer Tempel lag. Später wurde er zum *Mammisi* (Geburtshaus) zu Ehren von Tuja, der Mutter von Ramses II., und seiner Frau Nofretiri umgewidmet. Im Hof stand eine Kolossalstatue von Tuja. Nicht lange nach dem Ende des Neuen Reichs raubten hungrige aufständische Bürger das Ramesseum aus, und seine Steinblöcke dienten als Grundlage zum Bau anderer Monumente. Die Gräber der wichtigen und weniger wichtigen Hofbeamten wurden in den Felsen dahinter gehauen, aus seinen Steinen baute man kleine Schreine, und schließlich entstand in den Ruinen eine christliche Kirche.

186 OBEN
DIE LEHMZIEGELMAUERN DER UMFASSUNGSMAUER VOM TOTENTEMPEL RAMSES' II. WERDEN VON EL-QURN BEHERRSCHT.

186 UNTEN LINKS UND 187 UNTEN
DAS RAMESSEUM WIRD VON VIELEN HÄUSERN AUS LEHMZIEGELN UMGEBEN, AUCH VON LAGERRÄUMEN.

186 UNTEN RECHTS
DIESES BILD ZEIGT DEUTLICH DEN AUFBAU DER GEBÄUDE (SÄULEN UND WÄNDE), DIE DAS RAMESSEUM UMGEBEN.

187 OBEN EINIGE GEWÖLBE DER LAGERRÄUME AUS LEHMZIEGELN HABEN SICH BIS HEUTE GUT ERHALTEN.

2

DER TOTEN-TEMPEL VON MERENPTAH

GESCHICHTE

Noch vor einigen Jahren waren vom Totentempel Merenptahs – direkt hinter dem Tempel von Amenophis III. gelegen – kaum mehr als einige zerstreute Steine und Schutthügel zu sehen. Er war in den 1890er-Jahren von Flinders Petrie teilweise ausgegraben worden, doch erst die hingebungsvolle Arbeit des Schweizer Institutes während der letzten Jahrzehnte hat die Stätte in ein faszinierendes Freilichtmuseum verwandelt, in dem man den Plan des Tempels nachvollziehen und Beispiele für seinen Statuenschmuck und die Wandreliefs sehen kann.
Der Tempel, der erst seit 2003 für Besucher geöffnet ist, sollte auf der Liste keines Touristen fehlen, der das Westufer besichtigt.
Die besondere Anziehungskraft von Merenptahs Tempel liegt nicht in der Architektur, sondern im Skulpturenschmuck. Der König ließ mehrere Stücke speziell für diesen Tempel anfertigen, bediente sich aber auch schamlos im nahen Tempel von Amenophis III.; er fügte seinen Namen den Inschriften hinzu und baute sie ein. Daher ist diese Stätte auch eine wichtige Informationsquelle für die Untersuchung des Tempels von Amenophis III.
Bevor Sie den eigentlichen Tempel betreten, sollten Sie das kleine Museum hinter dem Schalter für die Eintrittskarten besuchen. Hier finden Sie einige Tafeln mit Informationen über die Geschichte des Tempels und die archäologischen Arbeiten. Die Ausstellung zeigt Tonscherben, Keramik und kleine Kunstgegenstände aus den jüngsten Ausgrabungen. Da im Tempel erläuternde Texte fast vollständig fehlen, braucht man das Museum, um den Tempelgrundriss zu verstehen.
Beachten Sie im Museum vor allem die Köpfe der Anubis-Schakale aus Sandstein, die mehrfach überlebensgroß gestaltet wurden. Ursprünglich stammen sie aus dem Tempel von Amenophis III.
Auf mich hat die ägyptische Kunst – anders als die der anderen nahöstlichen Kulturen – niemals bedrohlich, sondern oft sogar freundlich gewirkt. Diese Anubisköpfe sind jedoch erschreckende, boshafte Kreaturen, jene Art von Tieren, die Kindern Alpträume verursachen. Diese schrecklichen Darstellungen erscheinen daher in einem antiken ägyptischen Bauwerk völlig fehl am Platze. Vor allem die rote Farbe der Augen und Nüstern lässt sie so wild erscheinen; ohne das Rot sähen die Statuen wohl freundlicher aus. Im Magazin des Tempels, hinter dem Heiligen See, sind weitere Statuen zu besichtigen.
Der Grundriss von Merenptahs Tempel gleicht dem des Ramesseums, er ist allerdings nur halb so groß.

189 DER TEMPEL VON MERENPTAH LIEGT AM RANDE DES KULTIVIERTEN LANDS (VORDERGRUND, MITTE).

LEGENDE

1 ERSTER PYLON
2 VORHOF
3 PALAST
4 ZWEITER PYLON
5 ZWEITER HOF
6 SÄULENSAAL MIT 12 SÄULEN
7 SÄULENSAAL MIT 8 SÄULEN
8 HEILIGTUM
9 KAPELLE VON OSIRIS
10 KAPELLE DES SONNENKULTES
11 LAGERRÄUME
12 SCHATZKAMMER
13 HEILIGER SEE

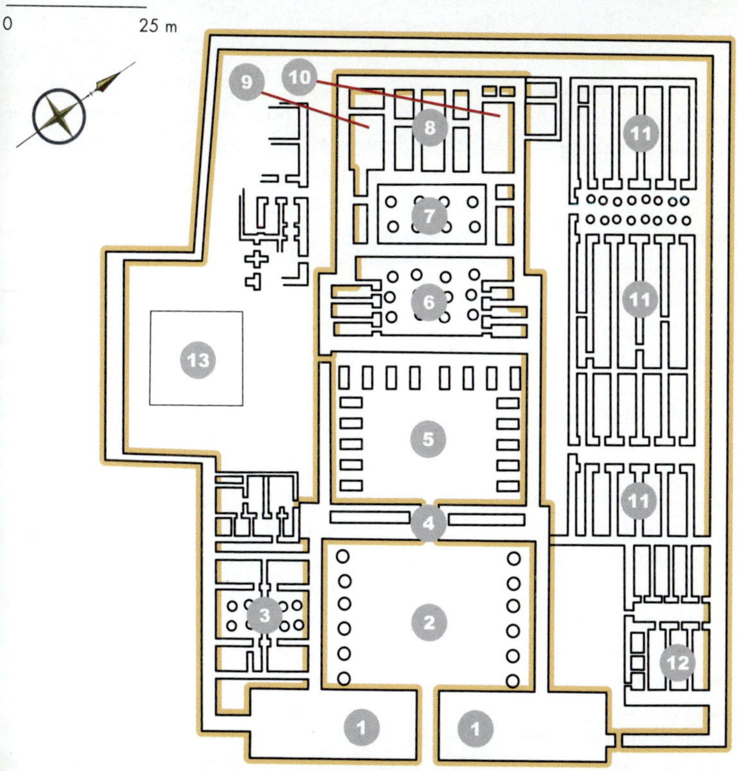
0
25 m
1
1
2
3
4
5
6
7
8
9
10
11
11
11
12
13

BESICHTIGUNG

Vom Ersten Pylon blieben nur wenige Steinreihen erhalten; ursprünglich ragte er höher als zehn Meter auf. Die Außenfassade ist mit Szenen des Königs, Amuns und einer Göttin verziert, während die Innenseite den König, Amun und einen anderen Gott zeigt. Hinter dem Pylon betritt man einen Vorhof mit einer Reihe von Papyrussäulen an der Nord- und Südseite. An der Nordseite standen Statuen des Königs.

In der Südostecke entdeckte Flinders Petrie die Kopie der so genannten Israel-Stele – sie enthält als einzigen ägyptischen Text den Namen „Israel" in einer Inschrift. Sie lautet: „Israel ist zerstört, seine Saat ist vergangen. Palästina ist nun eine Witwe Ägyptens." Der Name steht in der zweiten Textlinie von unten. Er beginnt mit zwei Schildblättern und endet etwa acht Symbole danach mit der Zeichnung eines sitzenden Mannes und einer Frau.

Das Erscheinungsfenster auf der Südseite des Vorhofes hinter den Säulen verband den Vorhof mit dem Palast dahinter. Vermutlich stand Merenptah hier und betrachtete die Prozession, wenn die Barke von Amun während des „Schönen Fests vom Wüstental" und anderer Feierlichkeiten vorbeigetragen wurde. Der Palast wurde zunächst in Lehmziegeln ausgeführt und später, etwas vergrößert, in Stein neu erbaut.

Der Zweite Pylon führt in einen zweiten Hof mit Portiken, die aus dem Tempel von Amenophis III. stammen und den König in Osiris-Pose vor den Pilastern

190 GRANODIORIT-BÜSTE VON MERENPTAH AUS SEINEM TOTENTEMPEL; ÄGYPTISCHES MUSEUM IN KAIRO.

191 DIE SO GENANNTE ISRAEL-STELE AUS MERENPTAHS TOTENTEMPEL; ÄGYPTISCHES MUSEUM IN KAIRO (AM ORT WIRD EINE KOPIE GEZEIGT).

zeigen. Die Osiris-Figuren wechseln sich mit drei kolossalen Kalksteinstatuen von Amenophis III. ab, die von Merenptah usurpiert wurden. Es gibt ein Paar mit Amun und dem König und ein Trio mit Osiris, dem König und Hathor/Isis. Im Fundament des Tempels wurden Bruchstücke von Statuen des königlichen Paares – Amenophis III. und Königin Teje – gefunden, die elegante und sehr kunstvolle Roben tragen.

Auf den Zweiten Hof folgen zwei Säulensäle; der erste mit zwölf, der zweite mit acht Säulen. Dahinter liegen das Allerheiligste, im Süden davon eine Kapelle für Osiris und im Norden eine für den Sonnenkult.

Im Norden des Tempels folgt eine Reihe von Magazinen aus Lehmziegeln. In der Nordwestecke, neben dem Ersten Pylon, bildeten mehrere Räume die so genannte „Schatzkammer“. In der Nähe errichtete man ein Schlachthaus für die Rinder, die als Opfer in den Tempelzeremonien dienten.

Auf der Südseite des Tempels, südlich und östlich des Palastes, kann man noch die Reste eines kleinen Heiligen Sees, die Priesterwohnungen und einen Werkstattkomplex erkennen.

Im Innern des Tempels von Merenptah bauten die Schweizer tiefer gelegte Ausstellungsräume, in denen mehrere Beispiele für die prachtvoll ausgeführten Wandmalereien zu sehen sind. Einige davon stehen auf dem Kopf, so wie sie ursprünglich in dem Tempel wiederverwendet wurden.

Östlich des Heiligen Sees werden in einem großen Lagerraum Köpfe und Körperteile von kolossalen Sphingen ausgestellt. Einige davon gleichen den Skulpturen in dem Museum am Tempeleingang, eine stellt beispielsweise einen 6,50 Meter langen Schakalkopf von Anubis dar. Zwischen seinen Kiefern steht eine Figur von Amenophis III. Fragmente von einem Dutzend weiterer Schakale, jeder fünf Meter lang und ebenfalls mit einer königlichen Gestalt unter der Schnauze, sind ebenfalls ausgestellt, dazu weitere, kleinere Sphingen und Statuen aus dem Amenophis-III.-Komplex.

2

MEDINET HABU

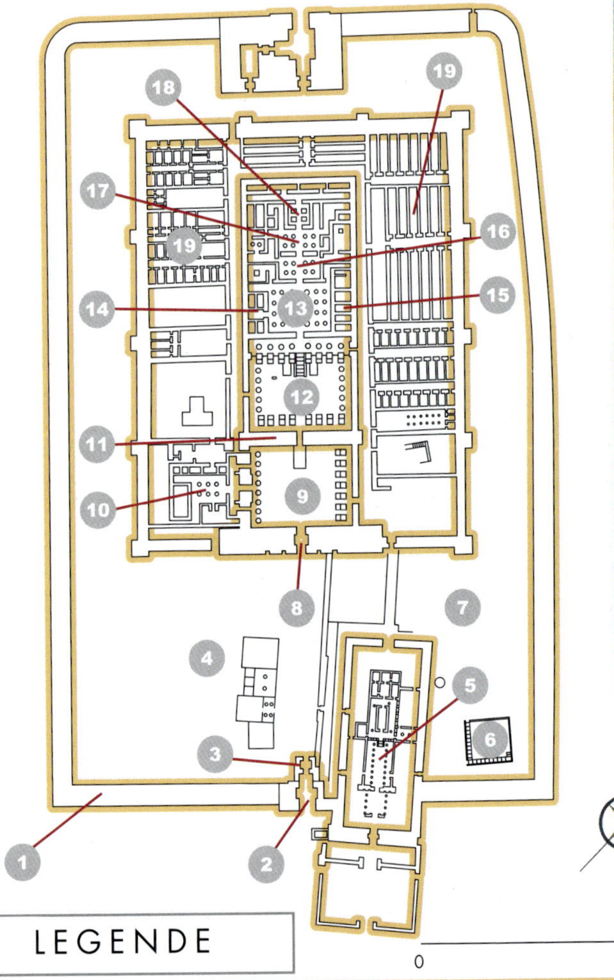

LEGENDE

1 UMFASSUNGSMAUER
2 EINGANG
3 MIGDOL
4 KAPELLEN DER GÖTTLICHEN ANBETERINNEN
5 TEMPEL DER 18. DYNASTIE
6 HEILIGER SEE
7 NILOMETER
8 ERSTER PYLON
9 ERSTER HOF
10 KÖNIGSPALAST
11 ZWEITER PYLON
12 ZWEITER HOF
13 GROSSER SÄULENSAAL
14 KÖNIGLICHE SCHATZKAMMERN
15 KAPELLE FÜR GOTTHEITEN
16 ZWEITER SÄULENSAAL
17 DRITTER SÄULENSAAL
18 KAPELLE VON RAMSES III.
19 LAGERRÄUME

193 DER KOMPLEX VON MEDINET HABU IN DER DÄMMERUNG, BLICK NACH WESTEN.

GESCHICHTE

Medinet Habu gehört zu den am besten erhaltenen und interessantesten Tempeln Ägyptens. Leider kommen die meisten Touristen erst am Ende eines langen, anstrengenden Morgens voller Besichtigungen hier an und würdigen dieses faszinierende Monument kaum mehr als eines kurzen Blickes. Dabei verdient dieser Tempel mehr Beachtung. Er gehört zu den wenigen Bauwerken Ägyptens, die noch ein Gefühl dafür vermitteln, welche Bedeutung religiöse Kunst und Architektur für die antiken Ägypter hatten. Medinet Habu liegt am südlichen Ende der thebanischen Nekropole und wird von einer dicken Mauer umgeben, die einen 210 mal 315 Meter (66 150 Quadratmeter) großen Bereich umschließt. Der arabische Name bedeutet „Die Stadt von Habu", vielleicht eine Reminiszenz an den großen Architekt Amenophis, Sohn des Hapu, aus der 18. Dynastie; sein Totentempel liegt 300 Meter weiter nördlich. Eine andere Deutung geht von dem Wort Hebu aus, dem antiken Namen für den Ibis, Symbol des Gottes Thot, dem zu ptolemäischen Zeiten ein Tempel einige hundert Meter weiter südlich geweiht war. Früher hieß der Ort nach der nahen Stadt Djeme. Djeme könnte von dem Wort für „Truppen" oder „junge Männer" abstammen. Ein Wortspiel daraus – *tchau-muwe*, das heißt Väter und Mütter – war der Name für einen Vorgängertempel, der im Vorhof des heutigen Bauwerks in Medinet Habu aus der 18. Dynastie stand.

194 LINKS DER PYLON VON PTOLEMÄUS VIII. RECHTS DES HOHEN TORES.

194 RECHTS DER KÖNIG ZERSCHMET SEINE FEINDE, AM EINGANG ZUR KOLONNADE DES KLEINEN TEMPEL

195 LUFTBILD MIT HOHEM TOR UND MIGDOL.

BESICHTIGUNG

Innerhalb der Ummauerung von Medinet Habu stehen mehrere Monumente, doch das bei weitem bekannteste und am besten untersuchte ist der Totentempel von Ramses III., einer der am besten erhaltenen Tempel in Ägypten. Im antiken Ägypten war er unter dem Namen „Jahrmillionenhaus des Königs von Ober- und Unterägypten, User-Maat-Re-Mery-Amun im Reich von Amun im Westen Thebens" bekannt.
Der Tempel von Ramses III. ist einer der wenigen ägyptischen Tempel, die vollständig und wissenschaftlich genau ausgegraben und dokumentiert wurden. Von 1924 bis 1937 hat das Oriental Institute der Universität von Chicago den Tempel ausgegraben und kartiert; seit 1924 werden die Szenen und Inschriften erfasst. Da große Teile der Decken erhalten blieben, waren die zu Recht berühmten Verzierungen gut geschützt und zeigen noch immer ein hohes Maß an Originalfarben. Sie geben dem Besucher einen Eindruck davon, wie die Tempel ursprünglich aussahen: Sie zeigen helle, lebendig gemalte – manchmal sogar knallbunte – Szenen religiöser Riten und historischer Ereignisse.
Die Umfassungsmauer von Habu wird von zwei Toren durchbrochen. Das Steintor auf der Westseite, an der Rückseite des Tempels, war einst den Tempelangestellten, Lieferanten und Beamten niederen Ranges vorbehalten – es ist heute versperrt. Das Tor auf der Ostseite diente den großartigen Prozessionen als Eingang und wird heute von den Touristen benutzt. In der Antike trafen vor dem Tor zwei Kanäle aufeinander. Der eine verlief westlich des Nils, der andere führte von Süden, vom Tempel von Sethos I., am Rande des kultivierten Lands entlang. Sie trafen sich in einem T-förmigen Hafen mit einem großen Steinkai. Hier endete die Fahrt der heiligen Barken während des „Schönen Fests vom Wüstental" auf dem Westufer. Priester, Mitglieder der königlichen Familie und die Statuen der Götter nahmen hier an den zeremoniellen Prozessionen teil, bevor sie weiter zum Tempel von Luxor auf dem Ostufer segelten.
Heute sind Kai und Kanal unter einer modernen

Asphaltstraße verschwunden. Ein Aquarell von David Roberts aus dem 19. Jahrhundert zeigt noch Überreste der Steinbauten, die einst den Kanal säumten. Seit damals wurden sie vollständig unter der sich rasch ausdehnenden modernen Stadt Kom Lola und einer Serie von kleinen Kaffeehäusern und preiswerten Hotels verschlungen. Vom Kai westlich des Tempels führt ein gepflasterter Weg zum so genannten Syrischen Tor, das einer westasiatischen Befestigungsanlage *(Migdol)* nachempfunden wurde. Es wird auch „Hohes Tor" genannt.

Das Hohe Tor führte durch die beiden Mauern, die den Komplex von Medinet Habu umgeben. Eine davon besteht aus Stein und trägt westasiatische Zinnen auf ihrer Brüstung, die andere war aus Lehmziegeln erbaut und einst 19 Meter hoch und zehn Meter dick. Auf beiden Seiten des Zugangs erbaute man Steinhäuschen für die antiken Tempeltorwächter – heute werden hier die Eintrittkarten gesammelt und der Sicherheits-Check durchgeführt.

Es ist nicht bekannt, warum ein ausländisches militärisches Bauwerk zum Vorbild einer ägyptischen Tempelmauer wurde. Tempel waren die Heimstätte für die Götter und mussten zwar vor der verlogenen, verräterischen Außenwelt geschützt werden, in Medinet Habu scheint man diesen Schutzwall jedoch offenbar wörtlich genommen zu haben. Manche Ägyptologen glauben, dass Tore und Mauern dazu dienten, den Tempel vor Angriffen des unzufriedenen Volkes zu schützen. Die Inschriften aus der Regierungszeit von Ramses III. lassen in der Tat einen

196 LINKS FENSTER IN EINEM RAUM INNERHALB DES HOHEN TORES.

196 RECHTS MIGDOL VON NORDWESTEN.

196–197 BLICK AUF DEN EINGANG (LINKS) UND PTOLEMÄISCHE BAUTEN.

starken Rückgang in der Wirtschaft Ägyptens vermuten. Im 29. Regierungsjahr des Königs marschierten beispielsweise nicht bezahlte Arbeiter aus dem Tal der Könige herbei und forderten Nahrung: „In diesem Monat hungern wir seit 18 Tagen“, riefen sie. „Wir sind hergekommen, weil wir hungrig und durstig sind; wir haben keine Kleider, keine Salben, keinen Fisch … Berichtet dem Pharao, unserem göttlichen Herrn, davon, schreibt dem Wesir, unserem Herrn, damit wir mit dem Lebensnotwendigen versorgt werden.“ Sie bekamen ihre Rationen. Während der Regierung von Ramses XI. drangen Aufständische in den Tempel ein; als man sie abwies, zerstörten sie die hölzernen Türflügel des Hohen Tores.

Das eigentliche Tor ist 22 Meter hoch. Es ist mit Reliefs verziert, die zeigen, wie Ramses III. mit Hilfe von Re-Harachte seine Feinde zerschmettert. Man sieht rechts gefesselte Gefangene aus Syrien, Sardinien, Palästina und anderen Mittelmeer- und westasiatischen Ländern, Nubier und Libyer zusammen mit Amun-Re auf der linken Seite. Die Gesichter der Gefangenen auf der linken Wand sind besonders gut gearbeitet und zeigen im Streiflicht des frühen Morgens herrliche Details und Formen.

Die Mauern des Tores weisen ein charakteristisches Merkmal der Arbeiten von Ramses III. in Medinet Habu auf: Im unteren Teil der Mauer wurden riesige Hieroglyphen in Sandsteinblöcke eingemeißelt. Sie nennen die königlichen Namen und Titel – vielleicht wollte der König vermeiden, dass sie jemals entfernt wurden. Die übrigen Texte und Szenen auf der Mauer haben normale Größe und Tiefe. An anderen Stellen des Tempels sind noch tiefere Hieroglyphen eingemeißelt, so dass die Hinterlassenschaften der darin brütenden Eulen und Spatzen die Konservierungsbemühungen behindern.

Über dem Eingang wurden kleine Räume in das Tor eingemauert. Man betritt sie über eine moderne Treppe links (südlich) des Eingangs. Zurzeit sind die Räume nicht für das Publikum geöffnet, man erkennt durch die Fenster aber einige der Dekorationen. In diesen Räumen befand sich der Harem von Ramses III., den er bei königlichen Besuchen im Tempel aufsuchte. Die Reliefs zeigen den König umgeben von wunderschönen jungen Frauen, die Blumen

in den Händen halten, Musikinstrumente spielen und den König leidenschaftlich begrüßen.
Allerdings waren nicht alle Frauen des Harems süße, unschuldige Jungfrauen, die der König sich vermutlich wünschte. Ein zeitgenössischer Papyrus berichtet von Teje, einer Nebenfrau von Ramses III., die mit den Eunuchen des Harems konspirierte, um den König zu ermorden und ihren Sohn Pentwere auf den Thron zu setzen. Die Konspiration wurde entdeckt, Teje und die anderen eingesperrt, bis zu ihrem Geständnis gefoltert und dann hingerichtet oder zum Selbstmord gezwungen. Ramses III. starb noch vor Ende des Prozesses, es ist aber nicht bekannt, ob sein Tod eine natürliche Ursache hatte oder ob er vergiftet wurde. Offenbar wurde die Ermordung des Königs hier in diesen Räumen geplant (eine Anmerkung zur Architektur: Die Türen zum Harem konnten nur von außen, nicht von innen verschlossen werden).
Der Hof zwischen den Zwillingstürmen des Tores wird von zwei sitzenden Statuen der Göttin Sechmet flankiert. Auf Absätzen (gestaltet in Form gefesselter Gefangener) auf den Mauern daneben und dahinter standen Statuen des Königs. Die Szenen zeigen Ramses III., der Seth, Nut, Atum, Montu, Maat, Thot und anderen Göttern opfert. In anderen Szenen übergibt der König Amun gefesselte Gefangene. Dazu gehören Libyer, deren Gesichter von vorn gezeigt werden, um dramatischer den Schrecken darzustellen, den sie in Gegenwart des allmächtigen Herrschers Ägyptens und omnipotenten Gottes verspüren. Haare, Augen und die Bärte der hier gezeigten Figuren waren ursprünglich mit blauen Fayencen eingelegt. Die in die Wand gebohrten Löcher konnten Schirme oder Schleier aufnehmen, um die Götter zu verhängen.

197 UNTEN EINE DER BEIDEN STATUEN VON SECHMET, DIE DAS TOR DER ZWILLINGSTÜRME IM HOF FLANKIEREN.

◆ VORHOF ◆

Westlich des Hohen Tores folgt ein riesiger Vorhof von 200 mal 60 Metern Größe. Heute erscheint die Fläche kahl, doch damals standen hier mehrere Gebäude. Südlich des Tores befanden sich die königlichen Ställe, daneben die Kasernen für die königlichen Leibwächter. Der Duft von Bäumen, Blumen, Weingärten und Teichen mit Lotosblumen aus den nahen Gärten erfüllte die Luft.
Direkt links (südlich) von der Ost-West-Achse des Vorhofes stehen die „Kapellen der Göttlichen Anbeterinnen".

◆ DIE KAPELLEN DER GÖTTLICHEN ANBETERINNEN ◆

Diese vier kleinen Kapellen wurden jeweils für ein „göttliches Weib von Amun" erbaut, das heißt für Prinzessinnen, die unter den Königen der Spätzeit als Priesterinnen des Amunkultes dienten. Am nächsten zum Hohen Tor steht die Kapelle von Amenirdis I. (25. Dynastie), genannt „Weinberg von Anubis". Die Mitte ihrer Viersäulen-Halle nimmt ein schwarzer Opferaltar aus Granit ein, der mit Brotlaiben, Weinkrügen und gekochten Vögeln verziert ist. Auf der Wand finden sich Listen mit Nahrungsmitteln und anderen Opfergaben, die im nächsten Leben benötigt werden. Innerhalb eines großen Raumes hinter dem Säulensaal befindet sich ein gewölbter Schrein; es lohnt sich, durch den schmalen Umgang zu gehen. Das Licht in diesem Bereich fällt ausschließlich durch wenige kleine Löcher in der hohen Decke, und man erhält in der Dämmerung und Stille einen Eindruck davon, was Besucher vor drei Jahrtausenden hier empfunden haben.
Der erste der drei anderen Schreine gehörte Nitokris, einer Tochter von Psammetich I. (26. Dynastie), der zweite Schepenupet II., der dritte Mehtnesechet, der Mutter von Nitokris. Die Körper der Prinzessinnen wurden in kleinen Krypten unter dem Kapellenboden begraben. Die Inschriften über den Türen der Kapellen bitten die Besucher, für die Prinzessinnen zu beten und ihren Seelen zu opfern. Wer diesen Wunsch nicht erfüllt, so die Texte, den werden die Prinzessinnen „mit Krankheiten bestrafen und ihre Frauen heimsuchen". In der Spätantike waren die Kapellen ein beliebtes Pilgerziel, wurden schließlich aber dennoch geplündert.

◆ DER KLEINE TEMPEL AUS DER 18. DYNASTIE ◆

Nördlich dieser Kapellen stehen die Überreste eines Steintores, das von Nektanebos (30. Dynastie) in eine Mauer aus Lehmziegeln eingebaut wurde – die Mauer ist verschwunden. Dahinter, weiter nördlich, entstand in der 18. Dynastie eine kleine Kapelle. Sie ist das älteste noch stehende Bauwerk von Medinet Habu. Sie wurde in der Regierungszeit von Hatschepsut und Thutmosis III. begonnen, Amenophis IV./Echnaton ließ die Szenen aushacken, Haremhab, Sethos I. und natürlich Ramses III. restaurierten sie wieder; Letzterer ließ auch die Außenwand verzieren. Weitere Anbauten stammen aus der griechisch-römischen Zeit. Der Tempel steht auf noch

198 MIGDOL UND DIE KAPELLEN DER GÖTTLICHEN ANBETERINNEN (RECHTS).

199 LINKS STEINTOR VON NEKTANEBOS II.

199 RECHTS TEMPEL DER 18. DYNASTIE VOM HEILIGEN SEE AUS GESEHEN.

älteren Bauresten. Man hat Spuren eines Gebäudes aus dem Mittleren Reich geborgen, das vermutlich vier männlichen und vier weiblichen Gottheiten geweiht war: den Ogdoad, die mit dem ägyptischen Schöpfungsmythos und mit dem Gott Amun in Verbindung stehen. Viele Jahrhunderte lang, vom Mittleren Reich bis in griechisch-römische Zeit, nannte man den Ort „Hügel von Djeme". Hier fanden Rituale statt, zu denen auch Prozessionen mit der Heiligen Barke gehörten. Sie brachten die Statue von Amun alle zehn Tage aus dem Tempel von Luxor nach Medinet Habu. In der Antike betraten diese Prozessionen den kleinen Tempel von Osten her; sie gingen durch einen Portikus und einen Säulensaal bis in einen zentralen Barken-Schrein. Heute betritt man ihn gewöhnlich durch eine Seitentür in der Südwand, die in einen Flur zwischen dem Barken-Schrein rechts (östlich) und einer Reihe von sechs kleinen Räumen zur Linken (westlich) führt. Die Räume sind mit Szenen verziert, in denen Thutmosis III. an Ritualen und Reinigungszeremonien teilnimmt. Unter dem Boden des Zentralraumes fand man eine riesige schwarze Granitstatue von Thutmosis III. und Amun – beide sitzend. Die Statue wird zurzeit im Oriental Institute der Universität von Chicago restauriert, dessen Mitarbeiter auch die Inschriften und Szenen auf den Wänden des Tempels reinigen und erfassen.
Die gut ausgeführten und erhaltenen Szenen auf den Außenwänden des Barken-Schreins behandeln die Gründung des Tempels. Auf der Nordseite „spannen" Thutmosis III. und die Göttin Sefchetabwi „eine Schnur", das heißt, sie legen den Tempelplan auf dem Boden fest. Die Gräben für die Fundamente werden dann mit Kalksteinschnipseln markiert und mit einer Hacke ausgegraben.
In der Spätzeit und in griechisch-römischer Zeit wurde der Tempel merklich vergrößert: Im Osten des Baus aus der 18. Dynastie baute man Vorhöfe, Portiken, Mauern und Pylone an. Den Eingang zu diesem neuen Tempelteil flankieren zwei schlanke, 13,40 Meter hohe Säulen, deren reich verzierte Kapitelle noch immer Farbspuren tragen. Die Säulen wurden von Ptolemäus VIII. erbaut. Das bemalte Gesims des vorderen Pylons ist bemerkenswert gut ausgeführt.
Nördlich des Tempels aus der 18. Dynastie liegt ein kleiner Heiliger See. Im Westen des Sees bezeichnet ein Durchgang mit dem Namen von Nektanebos II. (30. Dynastie) einen Hochwasserpegel. Bis in die 1970er-Jahre, als die Altertumsverwaltung die Umfassungsmauern um Medinet Habu erneuern ließ, wanderten die Frauen des Dorfes mit Kinderwunsch freitagmorgens siebenmal um den Heiligen See; dabei baten sie darum, schwanger zu werden oder um Schutz vor Krankheiten. Auch die zahlreichen tiefen Kratzer in den Mauern des Totentempels stammen aus jener Zeit. Die Frauen brachen Steine heraus, zermahlten sie und bereiteten daraus Heil- und Zaubertränke gegen Krankheiten oder um für die Geburt eines männlichen Kindes zu beten.

200 OBEN DER ERSTE PYLON.

200 UNTEN DETAIL VOM ERSTEN PYLON MIT DEN NAMEN DER BESIEGTEN FEINDE.

201 OBEN RAMSES III. ZERSCHMETTERT DIE FEINDE VOR AMUN-RE, SÜDTURM DES ERSTEN PYLONS.

201 UNTEN LINKS EINGANG ZUM ERSTEN PYLON.

201 UNTEN RECHTS DIE RIESIGE FIGUR VON RAMSES III. WURDE IN DEN NORDTURM DES ERSTEN PYLONS GEMEISSELT.

◆ DER TOTENTEMPEL VON RAMSES III. ◆

Da Ramses III. regelmäßig die Bauten von Ramses II. kopierte, gleicht der Grundriss seines Totentempels recht genau dem Tempel von Ramses II. (Ramesseum). Da er besser erhalten ist, sollte man vor dem Besuch des Ramesseums zunächst Medinet Habu besichtigen, um beide Bauwerke besser würdigen zu können.

Häufig liest man, dass Konstruktion und die Dekorationen von Medinet Habu von schlechter Qualität und die großen und tief eingemeißelten Hieroglyphen „grotesk“ und „geschmacklos“ seien. Ein bekannter Architekturhistoriker beschrieb die Säulen als „gigantische Würste“. Selbst der hoch angesehene amerikanische Ägyptologe James Henry Breasted äußert seine Enttäuschung, dass gerade dieses Bauwerk so gut erhalten sei und nicht die ästhetisch ansprechenden Tempel aus der 18. Dynastie. Trotz solcher Stellungnahmen hat Medinet Habu vieles zu bieten, unter anderem deswegen, weil seine Farben besser erhalten sind als in jedem anderen Tempel Thebens – mit Ausnahme von Hatschepsuts Tempel in Deir el-Bahari.

◆ DER ERSTE PYLON ◆

Der Erste Pylon ist 27 Meter hoch und 65 Meter breit. Seine beiden Türme sind mit riesigen Figuren von Ramses III. verziert, der auf dem rechten (nördlichen) Turm Gefangene vor Re-Harachte und auf dem linken (südlichen) vor Amun-Re zerschmettert. Amun hält ein Siegesschwert. Unter und hinter dem Gott stehen die Namen von Ägyptens besiegten Feinden. Zwischen den Nischen für die Fahnenmasten auf dem Nordturm erzählt eine längere Inschrift vom Sieg des Königs über Libyen im 12. Regierungsjahr. Auf dem Südturm schenkt Ptah dem König ein langes Leben und Sieg. Auf beiden Seiten der mittleren Tür wurde eine Stele eingemeißelt. Die rechte gibt die Rede von Ramses III. wieder, der seine Untertanen bittet, ihm loyal ergeben zu bleiben. Diese Aufforderung ist äußerst ungewöhnlich und könnte darauf hindeuten, dass es Aufruhr in der ägyptischen Gesellschaft gab.

◆ DER ERSTE HOF ◆

Das Tor im Ersten Pylon führt in den Ersten Hof, eine offene, 48 mal 35 Meter weite Fläche. Sie war nicht nur der Vorhof zum Tempel Ramses' III., sondern auch zu seinem Palast. Der Palast liegt hinter der linken (südlichen) Wand; vielleicht erklärt diese Lage, warum der Vorhof asymmetrisch mit sieben Osiris-Pfeilern auf der rechten (nördlichen) und acht Säulen mit offenen Papyruskapitellen auf der linken (südlichen) Seite ausgestattet wurde.

Die Rückwand des Ersten Pylons, die Ostwand des Vorhofes, setzt die militärischen Szenen von der Außenwand des Pylons fort. Auf dem Südturm führt Ramses III. eine ägyptische Armee und ein Regiment Sarden in eine blutige Schlacht mit den Libyern. Auf dem Nordturm werfen Schreiber Körbe voller Hände und Penisse nieder, die den gefallenen libyschen Soldaten abgehackt wurden. Auf diese Weise zählte man die Toten, damit die einzelnen Armee-Einheiten für ihre Taten entsprechend belohnt werden konnten – in der Tat eine frühe Form von Buchführung. Da die Penisse unbeschnitten sind, kann man sie von jenen der Ägypter unterscheiden, die in der Regel alle beschnitten waren.

Auf der hinteren (westlichen) Mauer des Ersten Hofes, das heißt auf der Front des Zweiten Pylons, präsentiert Ramses II. Amun-Re und Mut Kriegsgefangene. Dabei handelt es sich um Gefangene der Seevölker, indoeuropäische Feinde Ägyptens aus Westasien. Ihre Gefangennahme wird auch auf der Außenseite der nördlichen Tempelmauer dargestellt. Eine Inschrift beschreibt den Feldzug des Königs in seinem achten Regierungsjahr. Auf der Nordmauer hinter

der Pfeiler-Kolonnade werden in ausführlichen Szenen weitere Schlachten dargestellt; dazu gehört auch ein Angriff auf ein befestigtes Bauwerk der Amoriter in Syrien. Weiterhin zeigt die Nordmauer die Opfergaben im Zuge der hier im Hof täglich praktizierten Rituale. Im oberen Register sieht man Weihrauchopfer und den Schrein mit der Statue des Gottes, der geöffnet wurde, um Nahrung und Kleidung zu opfern.
Die Südmauer des Ersten Hofes war gleichzeitig Fassade des Königspalastes. Die Szenen darauf zeigen, wie der König die Feinde Ägyptens zerschmettert und wie er Prozessionen mit Beamten und Familienmitgliedern anführt. Am westlichen Ende der Mauer besucht er die königlichen Ställe (die echten lagen westlich des Ersten Pylons); dort applaudieren ihm die Menschen und tanzen in seiner Gegenwart. Vom Erscheinungsfenster verfolgten der König und seine obersten Beamten vom Palast aus die rituellen Opferungen im Hof (die Vorbereitungen dazu werden auf der Nordmauer des Ersten Hofes dargestellt).
In den unteren Registern beiderseits des Fensters sieht man stilisierte kämpfende Ringer, die ihre Gegner über die Schulter und zu Boden werfen und sie dabei an den Haaren oder an anderen Körperteilen packen. Die meisten kämpfenden Paare bestehen aus einem Ägypter und einem Fremden. Die Ringer rufen sich zu: „Weh dir, Feind!“, „Mein König ist mit mir und gegen dich!“, oder „Pass auf! Der Pharao schaut zu!“ Die Zuschauer rufen den Kämpfenden enthusiastisch Schimpfworte oder Anfeuerungen zu. Da Ringkämpfe ein fester Bestandteil der Tempelfeste waren, zumindest seit dem Alten Reich, sind viele derartige Szenen bekannt.

202 OBEN DIE SÜDKOLONNADE IM ERSTEN HOF.

202 UNTEN LINKS DER ERSTE PYLON VOM ERSTEN HOF AUS.

202 UNTEN RECHTS RINGKÄMPFER BEI RELIGIÖSEN ZEREMONIEN.

202–203 DIE NORDKOLONNADE IM ERSTEN HOF.

203 UNTEN EIN SCHREIBER SCHÜTTET KÖRBE MIT ABGESCHNITTENEN PHALLI DER FEINDE AUS, NORDTURM.

◆ DER ZWEITE HOF ◆

Die bemalten Reliefs im Zweiten Hof sind von besonderer Bedeutung. Sie spiegeln die Rolle des Zweiten Hofes als bedeutender Austragungsort mehrerer Feste wider und zeigen die Abfolge der religiösen Prozessionen im Rahmen dieser Feste. Auf militärische Szenen wurde zwar nicht völlig verzichtet, aber die meisten Wände sind den Festen des ithyphallischen Gottes Min und dem Wächter der Unterwelt Ptah-Sokar gewidmet. Die Szenen wurden detailliert und sorgfältig ausgeführt. Außerdem erscheinen sie bemerkenswert lebendig, erfüllt von Tanz, Gesang, Händeklatschen und Essen – offenbar führten die Ägypter auch während so ernster Tätigkeit wie dem Preisen ihrer Götter ein gutes Leben.

Der Zweite Hof ist 38 Meter tief und 42 Meter breit. Auf der linken und rechten (nördlichen und südlichen) Seite wird das Dach der schmalen Kolonnade von Säulen mit geschlossenen Kapitellen getragen. Die Ost- und Westseiten haben Osiris-Pfeiler. Auf der hinteren (westlichen) Seite steht hinter den Pfeilern eine Säulenreihe – sowohl Pfeiler wie Säulen ruhen auf einer breiten Basis. Die Szenen auf den Pfeilern und Säulen zeigen Ramses III., der verschiedenen Göttern opfert. Ein Teil dieses Hofes nahm Schaden, als er in frühchristlicher Zeit in eine Kirche verwandelt wurde.

Das Min-Fest erscheint auf der rechten (nördlichen) Mauer und der hinteren (westlichen) Fassade des rechten (nördlichen) Turmes des Zweiten Pylons. Das Fest dauerte nicht lange: nur einen Tag Mitte Februar. Die Szenen, die den Ablauf des Festes darstellen, beginnen in der Nordwestecke des Hofes. Da sie sich in windabgewandter Lage befinden und die Decke der Kolonnade erhalten blieb, hat sich die Originalfarbe über dreitausend Jahre lang kräftig und frisch erhalten. Viele Touristen denken, dass sie jüngst restauriert wurde, doch dies trifft nicht zu. Die Szenen gehören zu den eindrucksvollsten von ganz Theben und lohnen sowohl die sorgfältige Betrachtung wie ein Foto, insbesondere im Licht des Vormittags. Die königlichen Prinzen tragen ihren Vater auf einer verzierten Sänfte und werden

204 DER ZWEITE HOF MIT OSIRIS-SÄULEN.

204–205 LUFTBILD DES DACHS DER PORTIKEN IM ZWEITEN HOF.

205 UNTEN SÄULEN UND
PORTIKEN IM ZWEITEN HOF.

von zwei Gestalten der Göttin Maat beschützt. Musiker, Tänzer, Soldaten und Priester begleiten die obersten Hofbeamten, während sich die Prozession nach Westen entlang der Hauptachse zu einer Min-Kapelle im hinteren Teil des Tempels bewegt. Vor dem König steht eine Statue von Min (sie ist am Ostende der Nordwand zu sehen). Sie wird nicht in einem geschlossenen Schrein versteckt, sondern steht auf einer Sänfte, die mit einem kunstvollen roten Stoff ausgeschlagen ist. Die Priester, die das Bildnis auf ihren Schultern tragen, werden durch den Stoff verdeckt, so dass nur der obere Teil ihrer Köpfe, die Füße und Knöchel sichtbar sind. Vor Min laufen die Priester in Reihen, sie tragen kleine Statuen der Ahnen von Ramses III. Als der König Getreide mit einer Sichel schneidet und eine Schar Vögel in den Himmel entlassen wird, gilt er als wiedergeboren.

Die linke (südliche) Wand und die hintere (westliche) Fassade des linken (südlichen) Turmes des Zweiten Pylons zeigen das Fest von Ptah-Sokar, das Mitte September zehn Tage lang dauerte. Die letzen fünf Tage des Festes werden hier dargestellt. Sie beginnen am rechten (westlichen) Ende der linken Hofmauer: Der König opfert dem falkenköpfigen Sokar-Osiris und drei anderen Göttern. Weiter links (östlich) steht eine Statue von Sokar in einem Barkenschrein, während König und Priester Gebete sprechen. Dann wird die Barke heraus und um den Tempel getragen. Die Priester tragen eine Sänfte mit einer Lotosblüte, dem Symbol für Nefertem, einem Sohn von Ptah, der mit der Kraft der Sonne assoziiert wird. Auf der Ostmauer werden Sokar und mehrere andere Götter von fröhlichen Priestern und klatschenden, singenden Zuschauern begrüßt.

◆ DER PORTIKUS ◆

Die Terrasse an der westlichen (hinteren) Wand des Zweiten Hofes zeigt Szenen von Ramses III., der verschiedenen Göttern opfert, die an den Krönungsritualen teilnehmen. Besonders wichtig ist die Prozession der königlichen Söhne und Töchter. Anders als bei den Prozessionen der Prinzen und Prinzessinnen im Ramesseum von Ramses II., denen die Szenen nachempfunden wurden, gab es hier keine Namen neben den Figuren. Sie wurden von den antiken Künstlern freigelassen. Die heute sichtbaren Namen stammen von den Prinzen, die später jeweils selbst Herrscher wurden, vor allem Ramses IV., VI., VII. und VIII. Manche Ägyptologen glauben, dass Ramses III. starb, bevor er Anweisungen gab, welcher Name zu welcher Figur geschrieben werden sollte. Jeder der Prinzen steht vor einer tief eingeschnittenen Kartusche seines Vaters. Die ersten vier Söhne haben kunstvollere Kleidung an als die anderen und tragen einen Uräus auf der Stirn, vermutlich weil sie in der Thronfolge voranstanden.

206 UND 207 UNTEN DIE FARBIGEN RELIEFS AUF DEN WÄNDEN DES ZWEITEN HOFES SIND BESONDERS GUT ERHALTEN.

207 OBEN DER PORTIKUS AUF DER WESTSEITE DES ZWEITEN HOFES IST MIT FARBIGEN RELIEFS VERZIERT, DIE RAMSES III. ZEIGEN.

◆ DER ERSTE SÄULENSAAL ◆

Vom Portikus bis zur hinteren (westlichen) Wand des Tempels blieben nur die unteren Lagen der mittleren Steinwände und Säulen in den zentralen Räumen erhalten. Spätere Bauherren haben die oberen Steinlagen entfernt und sie weiter genutzt. Die schweren Beschädigungen lassen jedoch immer noch deutlich erkennen, wie dicht die schweren Säulen standen; der Säulensaal muss einen klaustrophobischen Eindruck hinterlassen haben.

Die seitlichen Räume im hinteren Teil des Tempels sind noch in gutem Zustand. Aus ihrer Verzierung können wir erschließen, welchem Zweck diese 52 Räume bei den Tempelritualen dienten. Sie durften nur von den obersten Priestern betreten werden, denn während der Festtage dienten sie als Wohnstätten für die Götter und Göttinnen. Wenn die Priester ihre Opfer darbrachten, wurde die schwere Doppeltür im Durchgang hinter dem Säulensaal verschlossen und versiegelt. Die Löcher im unteren Teil der Türpfosten trugen Holzdübel, an denen dünne Folien aus getriebenem Kupfer befestigt waren. Die Heiligkeit dieser Räume im Allerheiligsten des Tempels wurde durch die Architektur unterstrichen: erhöhte Fußböden, abgesenkte Decken, geringe Größe und zunehmende Dunkelheit.

Der Erste Säulensaal wurde nach einem Standardplan erbaut: Acht große Säulen entlang der Ost-West-Achse und 16 kleinere links und rechts davon, so dass das Licht durch einen Obergaden einfiel. Die tief in die Säulen eingravierten Hieroglyphen und Bilder zeigen noch immer Spuren einer kräftig gefärbten Gipsfüllung.

Die seitlichen Räume auf der Nord- und Südseite der Halle sind gut erhalten und lohnen den Besuch. Die sechs Kapellen im Norden (rechts) sind verschiedenen Gottheiten geweiht. Von Ost nach West (vorne bis hinten) zeigt die erste Szenen mit Ramses III., einer Königin und mehreren königlichen Kindern. Die zweite ist Ptah geweiht, die dritte stellt die heiligen, zeremoniellen Gerätschaften von Thot, Isis, Wepwawet und anderen Göttern dar. In der vierten stand eine Barke von

208 OBEN RELIEF MIT EINER SISTRUM SPIELENDEN KÖNIGIN.

208 UNTEN SEITENKAMMER DES SÄULENSAALES.

208–209 LUFTBILD DER DREI SÄULENSÄLE UND DER KAPELLE VON RAMSES III.

209 UNTEN DER ERSTE SÄULENSAAL MIT DER KAPELLE VON PTAH IM HINTERGRUND.

210 OBEN PAVIANE UND DER KÖNIG BETEN DIE SONNENBARKE AN; ZWEITER SÄULENSAAL.

210 UNTEN RAMSES III. BETET DEN GOTT HAPI AN.

210–211 STATUEN AUS DEM TEMPEL VON AMENOPHIS III. WURDEN VON RAMSES III. IM DRITTEN SÄULENSAAL WIEDER VERWENDET.

Sokar für die Riten, die im Zweiten Hof dargestellt sind. Heute steht hier das Fragment einer Alabasterstatue von Ptah. Zur fünften Kapelle gehört ein Raum mit einer einzigen Säule und einer Seitenkammer; sie ist mit Schlachtszenen dekoriert und zeigt den König, der das Fleisch verschiedenen Göttern opfert. Wahrscheinlich fanden die Schlachtungen aber nicht hier statt – die Räume sind zu klein und haben keinen Abfluss –, sondern man lagerte hier gekochtes Fleisch, das den Göttern geopfert wurde. In der sechsten Kapelle in der Nordwestecke der Halle wurde die Heilige Barke von Ramses III. aufbewahrt. Durch einen Zugang in der Südostecke (vorne links) der Ersten Hypostylhalle betritt man eine Flucht aus fünf kleinen Räumen. Auf den ersten Blick scheint die Tür erst in die Südwand geschlagen worden zu sein, nachdem diese verziert wurde: Die Darstellung von Gefangenen hinter Ramses III. ist unvollständig. In der Tat ist dieser Schnitt jedoch ein gewollter Kunstgriff. Die meiste Zeit des Jahres war die Tür zugegipst und bemalt, so dass sie wie eine solide Wand wirkte. Den Grund für diese Tarnung zeigt die Bemalung der Räume: Sie dienten als Lager für die große Sammlung religiöser Gerätschaften. Man sieht den König und Amun-Re, die Berge von Gold, Silber, Kupfer, Lapislazuli und Kästen voller Edelsteine untersuchen. Man benutzte diese Objekte nur ein paar Mal während des Jahres für die wichtigsten Zeremonien des Tempels. Indem sie die Tür verschlossen, hofften die Priester, ihren Schutz zu gewährleisten.

◆ DER ZWEITE UND DRITTE SÄULENSAAL ◆

Die Säle selbst sind von geringerem Interesse, aber die Räume auf der rechten (nördlichen) und linken (südlichen) Seite zeigen einige gut erhaltene Reliefs.
Auf der rechten (nördlichen) Seite des Zweiten Säulensaals ist ein kleines, rechteckiges Vestibül mit Szenen des Königs und Re-Harachte bemalt. Ein größerer Raum, den man durch eine Tür in der linken (westlichen) Wand des Vestibüls betritt, ist teilweise zum Himmel hin offen gelassen. Die Sze-

nen auf dem Architrav zeigen die Sonnenbarke, die von Pavianen angebetet wird; ihre Schreie sollten die Morgendämmerung ankündigen. Andere Szenen zeigen die Reise der Sonne durch den Himmel bis zum Sonnenuntergang. Eine kleine Treppe führt vom Vestibül auf das Dach, und die Spuren der Dekoration legen nahe, dass hier mehrere Schreine für die zahlreichen lokalen ägyptischen Gottheiten standen.

Direkt links (südlich) vom Zweiten Säulensaal lag eine Flucht aus acht Räumen. Sie waren dem König gewidmet, der nach seinem Tod von Osiris empfangen wird. Im ersten links (im Osten) bringen Toth und ein Priester dem König Opfer dar und vollziehen an ihm die rituelle Mundöffnung. Toth schreibt den Namen des Königs auf das Blatt eines Kugelbaumes. In einem Raum mit zwei Säulen westlich davon opfert der König Ptah, Amun-Re, Sechmet, Nefertem, Isis, Ptah-Sokar-Osiris und Horus. In den kleinen Kammern dahinter fallen dünne Lichtstrahlen durch kleine Öffnungen in der Decke. Das Sonnenlicht beleuchtet auf einer Wand die schöne Kopie einer Vignette aus Kapitel 110 des Totenbuchs: Der König pflügt die Felder in den *Iaru*-Gefilden des Totenreiches, erntet das Getreide und opfert es einem sitzenden Nilgott. An anderer Stelle in diesen Räumen beschreibt der König seine Arbeit auf den Feldern: „Ich kenne die Seen in den Feldern der Opfergaben, in denen ich bin. Hier bin ich stark. Hier bin ich verherrlicht. Hier existiere ich. Hier pflüge ich. Hier schneide ich Getreide. Hier gebiete ich. Ich erinnere mich … ich lebe!“ In der innersten Kammer stellt eine Vignette aus dem Totenbuch (Kapitel 148) eine Prozession der sieben „Himmelskühe“ und eines Bullen dar, die mit dem Sonnengott und Osiris assoziiert sind.

Die Räume im hinteren Bereich des Tempels, dazu gehört noch ein dritter Säulensaal, sind schlecht erhalten und kaum verziert. Wir überspringen sie, gehen zurück zum Eingang und wenden uns nach rechts (südlich), um die Außenwände des Tempels und die Bauten im Umfeld zu betrachten.

◆ INNERHALB DER TEMPELMAUERN ◆

Die äußere hintere Wand des südlichen Turmes des Ersten Pylons ist mit dramatischen Szenen verziert: Ramses III. steht in einem Streitwagen, der von zwei majestätischen Pferden gezogen wird. Er ist ein sicherer Wagenlenker, sein rechtes Bein liegt nonchalant über der Seite des Streitwagens und der Fuß ruht auf der Stange. Der König fährt durch das Marschland des Nils, jagt wilde Büffel, den Speer erhoben für den Todesstoß. Zwei Bullen liegen bereits tot im Papyrusdickicht, und ein dritter stürzt zu Boden. Fische und Vögel fliehen in Panik, als mit Bögen bewaffnete Soldaten dem König folgen. In der Szene darüber jagt der König Antilopen und Wildesel. Ägyptische Könige stellten sich regelmäßig als geschickte Jäger dar, vor allem bei der Jagd auf Löwen und Büffel, daher finden sich in den meisten Tempelreliefs traditionell solche stark stilisierten Szenen, um ihre Macht über die chaotische Kraft der Natur zu demonstrieren.
Direkt südlich des Tempels stehen die Überreste eines Palastes aus Ziegelsteinen, wo Ramses III. an Festtagen in Medinet Habu Hof hielt. In der Tat wurden sogar zwei Paläste erbaut, einer auf dem anderen. Der zweite wurde teilweise restauriert und seine Wände mit gebrannten Ziegeln und Zement gesichert. An der südlichen Außenwand findet man noch Spuren des ersten Palastes; dazu gehören Reste von Tonnengewölben, Mauern und in die Steine geschlagene Löcher. Der Grundriss des zweiten Palastes ist dem Ramesseum von Ramses II. nachempfunden. Er enthält mehrere zeremonielle Räume zwischen dem Erscheinungsfenster in der südlichen Tempelwand und dem Audienzsaal des Königs. Inschriften neben dem Erscheinungsfenster sagen, dass der König hierher kam, „um seinen Vater Amun zu sehen“, wenn Feste wie das Opet-Fest oder das „Schöne Fest vom Wüstental“ stattfanden. Ramses II. betrat seinen Palast durch einen Zugang vom Tempel aus und wurde in einer Sänfte in den Audienzsaal getragen, einen rechteckigen Raum mit vier Säulen und einem steinernen Sockel für den königlichen Thron. Direkt

212 SOLDATEN MARSCHIEREN MIT IHREM KÖNIG, RELIEF VON DER RÜCKSEITE DES ERSTEN PYLONS, SÜDTURM.

213 OBEN RAMSES III. SCHIESST WÄHREND DER BÜFFELJAGD IN DEN SÜMPFEN EINEN PFEIL AB.

213 UNTEN FISCHE UND VÖGEL IM SUMPFGEBIET DES NILS (DETAIL).

214 REIHEN VON GEFANGENEN AUF DER AUSSENWAND DES ZWEITEN PYLONS.

214–215 UND 215 UNTEN DER PALAST VON RAMSES III. AUF DER SÜDSEITE SEINES TOTENTEMPELS.

rechts davon (westlich) befindet sich eine kleine Toilette für die Bedürfnisse der Majestät.

Die südliche Außenwand des Tempels ist mit einer der längsten bekannten Inschriften aus dem antiken Ägypten bedeckt, die auf einem ähnlichen Text auf den Wänden des Ramesseums basiert. Man nennt sie den „Kalender von Medinet Habu", weil sie viele der Feste aufzählt, die hier jedes Jahr stattfanden. Die Texte nennen den Namen des Festes, das Datum und die Dauer sowie Details darüber, welche Opfer der König jeweils darbrachte. So wird beispielsweise zu einem Fest erwähnt, welche Art von Brot geopfert wurde, die Art und Menge des Mehls und die Größe und Form der Brotlaibe, die gebacken wurden. Unterhalb der Inschrift sieht man eine Prozession von Dienern, die das Opfer in Körben auf ihren Köpfen tragen. Der Bereich zwischen dem Palast und der westlichen Umfassungsmauer aus Lehmziegeln wird von Ruinen der Tempelbüros und Priesterwohnungen eingenommen. Sie setzen sich auch um die Ecke, zwischen dem Tempel und dem Westtor der Umfassungsmauer, fort. In der Südwestecke stehen noch immer vier Steinsäulen, die zum Haus des Schreibers Butehamun aus der 21. Dynastie gehörten. Er war einer der Beamten, die gegen Ende des Neuen Reichs für die Herstellung der Gräber im Tal der Könige verantwortlich waren. Zusammen mit anderen Handwerkern zog er von Deir el-Medina nach Medinet Habu um, als die wirtschaftlichen Zustände so schlecht wurden, dass marodierende Banden die Dorfbewohner angriffen und ausraubten. Die Handwerker fürchteten um ihre Sicherheit und begaben sich in den Schutz der Tempelmauern.

Die Westwand des Tempels ist mit Szenen bedeckt, die Feldzüge gegen die Kuschiten zeigen – Nubier, die südlich des ersten Nilkatarakts lebten – und gegen die Libyer im Westen. Die Schlachten gegen die Libyer setzen sich auf der nördlichen Außenwand (am westlichen Ende) des Tempels

fort; dort sind auch Schlachten gegen die Seevölker (im Osten) zu sehen.

In der Regierungszeit von Ramses III. schlossen Libyer und die Seevölker ein Bündnis gegen Ägypten. Ein Vierteljahrhundert lang stellten sie eine ernste Bedrohung für die nördliche und westliche Landesgrenze dar. Im fünften Regierungsjahr des Königs griff die Armee des Königs besonders heftig an, wie in den Szenen dargestellt wird. Obwohl der Feind durch diese Schlachten zeitweilig geschlagen war, musste Ramses III. im achten Jahr erneut in den Kampf ziehen, bis es ihm schließlich gelang, die Seevölker vernichtend zu schlagen, was hier detailliert dargestellt wird.

Besonders interessant ist die Darstellung einer Seeschlacht vor der Küste Westasiens; sie gehört zu den ersten dokumentierten Seeschlachten überhaupt. Einige der feindlichen Boote sind gekentert, die Körper der toten Seeleute treiben im aufgewühlten Wasser. Ein ägyptisches Schiff mit einem entenförmigen Bug steuert an die Seite eines feindlichen Schiffes, während ein Matrose im Krähennest mit der Steinschleuder schießt. Im Zweiten Hof, wo weitere Szenen dieser Schlachten mit den Seevölkern dargestellt sind, beschreibt Ramses III. seine kluge Angriffsstrategie: „Ein Netz wurde vorbereitet, um sie zu fangen. Als sie heimlich in die Einfahrt des Hafens einliefen, fielen sie hinein und wurden auf der Stelle gefangen genommen.“ Zwischen dem Tempel und der nördlichen Umfassungsmauer steht ein verwirrendes Labyrinth aus römischen und christlichen Gebäuden aus der alten Stadt Djeme. Überall liegen verstreute Reliefblöcke aus einer christlichen Kirche herum.

2

DAS DORF DEIR EL-MEDINA

216 OBEN OSTRAKON AUS DEIR EL-MEDINA; ÄGYPTISCHES MUSEUM IN KAIRO.

217 DAS DORF (VORDERGRUND) UND DER PTOLEMÄISCHE TEMPEL.

GESCHICHTE

Während der Regierung von Ramses III. entstand ein Papyrus, in dem die Häuser am Rand des kultivierten Landes am Westufer aufgezeichnet wurden. Er bietet einen faszinierenden Einblick, wie das antike Westufer ausgesehen haben könnte und in das Leben der dort lebenden Menschen. So standen beispielsweise zwischen zwei der zahlreichen Totentempeln die Häuser „eines Sklaven, einer Frau, eines sardischen Söldners, eines Ziegenhirten, eines Quartiermeisters, eines Stallmeisters, eines Bauern und eines Soldaten". Außerdem gab es „Kupferschmiede, Balsamierer, Imker, Matrosen, Gerichtsschreiber, einen Mann, der Tiere mit Brandzeichen versah, und verschiedene Ausländer: Angehörige der Seevölker, Libyer, Syrer und Streitwagenfahrer, vielleicht Hethiter". Wie in heutigen Dörfern in Oberägypten standen Hütten neben großen Häusern, und die ärmsten Pächter lebten Tür an Tür mit reichen Beamten. Offenbar gab es keinerlei Stadtplanung. Weiter im Südwesten von Theben befand sich ein weiteres Siedlungszentrum, das besser geplant und aus Stein und Mörtel errichtet war. Hier lebten Männer und ihre Familien, die im Neuen Reich für das Aushauen und Verzieren der Gräber verantwortlich waren. Es war ein kleines Dorf am Südende der thebanischen Nekropole; der ägyptische Name lautete *Pa Demi* (das Dorf) oder *Ta Set Maat* (der Ort der Wahrheit). Heute ist es unter seinem arabischen Namen Deir el-Medina (das Kloster der Stadt) bekannt. Rund 500 Jahre lang lebte hier eine blühende Gemeinschaft aus Architekten, Steinmetzen, Zeichnern, Künstlern, Zimmerleuten, Goldschmieden und anderen Handwerkern. Nachdem es zum Ende des Neuen Reichs verlassen worden war, blieb es, bis auf Besucher eines kleinen Tempels, beinahe menschenleer; einige Häuser dienten als Lagerräume. In ptolemäischer Zeit wurde nördlich des Ortes ein kleiner Hathor-Tempel errichtet, der später als christliche Kirche und Kloster diente, daher der arabische Name. Schließlich verschwand Deir el-Medina unter dem Wüstensand und blieb fast zwei Jahrtausende lang vergessen.

Erst im 19. Jahrhundert erkannte man, dass Deir el-Medina reich an Antiquitäten war. Von 1815 bis zum Zweiten Weltkrieg fanden meist illegale Ausgrabungen statt, in denen Tausende von Objekten geborgen wurden. Nur wenige davon waren Kunstwerke oder wertvolle Gold- oder Silberstücke. Meist fand man nur kleine Täfelchen aus Kalkstein, auf denen antike Schreiber ihre Notizen gekritzelt oder Zeichnungen gemacht hatten. Diese so genannten *Ostraka* sind das antike Pendant unserer Notizzettel, denn die meisten Texte handeln von den profanen Dingen des täglichen Lebens. Für einen Ägyptologen sind diese Dokumente jedoch Schätze, wertvoller als Gold. Sie geben uns die Möglichkeit, eine dreitausend Jahre alte Welt zu besichtigen und über die Schulter der arbeitenden und spielenden Menschen zu blicken. Es gibt Heiratsverträge, Briefe, Rezepte,

Liebeserklärungen, wütende Beschwerden, Verzeichnisse – Tausende von Dokumenten, die oftmals intime Details aus dem Leben der Menschen ausplaudern.
In Deir el-Medina lebten meist etwa 50 Familien (die Zahl schwankt zwischen 40 und über 100), und in manchen Fällen lassen sich die Familien, die ein Haus bewohnten, über mehr als ein Dutzend Generationen rekonstruieren. Heute sind die Bewohner von siebzig Häusern bekannt.
Diese Häuser waren aus Stein und Lehmziegeln erbaut und standen in einem von einer Mauer umschlossenen, etwa 5100 Quadratmeter großen Stadtbezirk. Es gab nur einen dauerhaft bewachten Zugang, der weniger die Arbeiter als vielmehr das wertvolle Material schützen sollte, mit dem sie arbeiteten. Jedes Haus war rund 70 Quadratmeter groß und nach einem Standardplan erbaut.

BESICHTIGUNG

Ein typisches Haus gehörte dem Arbeiter Sennedjem, der es während der Regierungszeit von Sethos I. und Ramses II. bewohnte. Sein Haus liegt in der Südwestecke des Dorfes, am Rand eines modernen Parkplatzes und nur wenige Meter vor einer Treppe entfernt, die zu seinem Grab führt (TT 1). Der Eingang befindet sich am Ende einer langen Gasse, die parallel zur Nord-Süd-Hauptachse des Dorfes verlief. Auf den Eingang folgt ein kleiner Flur mit drei Lagerräumen, vielleicht für Werkzeuge, Kleidung und andere Kleinigkeiten des täglichen Lebens; vielleicht lebten hier auch Diener. In einem Raum wurden Krüge für Getreide in den Boden eingelassen. Westlich davon führt eine sorgfältig gearbeitete Tür mit steinernem Sturz in einen rechteckigen Empfangsraum. An der Südwand steht eine Bank aus Lehmziegeln. Darauf folgt ein weiterer Empfangsraum mit einer (heute verschwundenen) Palmenstamm-Säule, die auf einer Kalksteinbasis stand und das (heute verschwundene) Dach trug. Eine niedrige Bank vor der Ostwand diente als Bett oder Sitzplatz; in der Wand darüber waren zwei Stelen eingelassen. Dank der Grabbeigaben Sennedjems wissen wir, dass die Möbel aus zwei kleinen Schemeln und Stühlen, Betten, Kästen, Truhen und Tischen bestanden; die meisten Gegenstände waren alltäglich, einige davon jedoch sorgfältig hergestellt und hübsch verziert. Eine Treppe führte auf das Dach. Die Häuser von Deir el-Medina waren klein und die Ausstattung spartanisch. Sennedjem, seine Frau Iineferti und ihre Söhne und Töchter verbrachten vermutlich viel Zeit auf dem Dach oder außerhalb des Hauses im Gespräch mit Freunden und Kollegen. Natürlich mussten die Männer während des Tages zur Arbeit, dann gehörte das Dorf den Frauen, Kindern und den Alten. Im Vergleich zu den meisten anderen ägyptischen Häusern waren die in Deir el-Medina jedoch komfortabel und attraktiv ausgestattet. Die Wände des Hauses waren weiß angestrichen, und es gab kleine rote Türen. Die Fußböden waren gepflastert. Farbige Stoffe verschönerten die Möbel, und an den Wänden hingen Stelen und Amulette. An der Rückseite des Hauses lagen die Küche und kleine Räume, darunter auch ein Keller, um Vorräte zu lagern.

LEGENDE

1 EINGANG
2 EINGANGSKORRIDOR
3 FLUR
4A, B, C LAGERRÄUME
5 EMPFANGSRAUM
6 ZWEITER EMPFANGRAUM
7 TREPPE ZUR DACHTERRASSE
8 KÜCHE
9 VORRATSKAMMER
10 KELLER

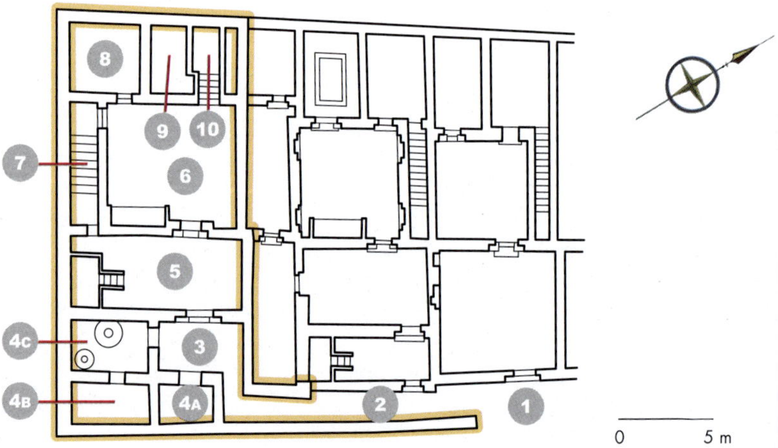

219 DIE LEHMZIEGELMAUERN DER HÄUSER IM DORF.

Im alten Ägypten gab es keine Geldwirtschaft, die Arbeiter wurden mit Naturalien bezahlt. Sennedjem lagerte in seinem Keller und den Vorratsräumen die monatlichen Zahlungen von Weizen (für Brot), Gerste (für Bier), Trockenfisch, Gemüse (z.B. Bohnen, Knoblauch, Zwiebeln und Salat), Obst (Granatäpfel, Trauben, Datteln und Feigen), Brennstoff für den Ofen und Wasser. Zu besonderen Anlässen gab es zusätzlich Körbe mit Datteln, süße Kuchen, Honig, Wein und Gewürze (Kreuzkümmel, Koriander und Dill), Salz, verschiedene Speiseöle, Fleisch und Geflügel. Manchmal wurden die Nahrungsmittel roh geliefert, manchmal zubereitet, und stets gab es große Mengen. Nach manchen Quellen wurde eine Familie mit mehreren hundert Laiben Brot und vielen Litern Bier bezahlt. Gelegentlich gab es Stoffe und Kleidung, Möbel, Kochgeräte und Lampen. Es gab Holzfäller, Wasserträger, Fischer, Gärtner, Wäscher, Töpfer und Lieferanten, die ausschließlich für die Bedürfnisse der Handwerker von Deir el-Medina arbeiteten.

Werfen wir einen Blick hinter die Mauern von Sennedjems Haus. Es ist nicht schwer, sich vorzustellen, wie er die Abende in seinem Haus verbrachte: Er spielte Spiele mit der Familie, erzählte Geschichten, kleidete sich für ein besonderes Fest an. Man kann sich vorstellen, wie er in dem Säulenraum saß und mit seinen Kollegen die Arbeiten des nächsten Tages besprach. Wir sehen, wie er in die Küche geht und sich ein Brot und Gewürze holt, aufs Dach klettert und ruhig sitzend unter den Sternen sein Mahl verzehrt.

Der Weg, den Sennedjem und seine Kollegen jeden Morgen ins Tal der Könige zurücklegten, wird noch heute von Touristen benutzt. Der Hinweg dauert knapp eine Stunde, der Rückweg geht auf meist abschüssiger Strecke etwas schneller. Wenn die Arbeiter am Ende eines Arbeitstages nicht ins Dorf zurückkehren wollten, vielleicht wegen der Hitze, Ärger in der Familie oder der Arbeit, konnten sie die Nacht in einer der kleinen Steinhütten verbringen, die auf dem Hügel standen. Hier genossen sie „den süßen Atem des Nordwindes", saßen in der Dämmerung zusammen, redeten, schnitzten Amulette und *Uschebtis* und tranken aus Schalen das dicke Bier, das ihnen die Frauen aus dem Dorf brachten.

Ein Königsgrab auszumeißeln muss eine unangenehme Arbeit gewesen sein. Kalkstein ist zwar ein relativ weiches und leicht zu bearbeitendes Material, aber die Steinsplitter waren messerscharf und konnten selbst raue Haut zerschneiden; außerdem entstand dichter Staub, der das Atmen schwer machte und die Sicht trübte. Man brauchte viel Geduld und Erfahrung, damit die Grabkammern korrekt ausgerichtet blieben, die Ecken der Räume rechtwinklig und die Wände senkrecht waren. Dennoch arbeiteten die Männer selbst in dieser unbequemen Umgebung sehr sorgfältig, obwohl sie nur ein Lotblei und Zimmermannswinkel besaßen.

Bei ihrer Arbeit benutzen sie kupferne Meißel und Holzhämmer, Faustkeile aus Silikat und Schmirgel aus Sandstein. Diese einfachen Werkzeuge wurden je nach Bedarf repariert und geschärft und funktionierten gut. Die Beleuchtung in den dunklen Gräbern stammte von ölgefüllten Schalen, in denen ein brennender Docht schwamm. Dem Öl wurde Salz beigemischt, damit es nicht rauchte. Da die Dochte eine genormte Dicke und Länge hatten, dienten sie auch als Zeitmesser für die tägliche Arbeit.

220 PTOLEMÄISCHER TEMPEL IN DEIR EL-MEDINA.

220–221 DIE WÄNDE DES PRONAOS SIND MIT RELIEFS VERZIERT, DIE DEN KÖNIG BEI OPFERN FÜR VERSCHIEDENE GÖTTER ZEIGEN.

◆ PTOLEMÄISCHER TEMPEL ◆

Am Nordende des Dorfes stehen mehrere Tempel aus der Zeit des Neuen Reiches. Einige davon wurden in ptolemäischer Zeit ersetzt; ein kleiner, aber gut erhaltener Tempel aus jener Zeit steht noch heute. Die Arbeiten daran begannen unter Ptolemäus IV. Philopator und dauerten 60 Jahre bis zu Ptolemäus VI. Philometor und Ptolemäus VIII. Euergetes II.

Der Bau wurde über mehreren früheren, kleineren Tempeln errichtet, vielleicht ähnlich wie die Ruinen direkt nördlich davon, wo ein Tempel von Amenophis I., ein Hathorschrein von Sethos I. und davor ein Tempel für die thebanische Triade von Ramses II. stehen.

Der ptolemäische Tempel war den Göttinnen Hathor und Maat geweiht. Es handelt sich um ein kleines Bauwerk, umgeben von einer Mauer aus Lehmziegeln; darin liegen auch winzige Kapellen, die von den Bewohnern Deir el-Medinas errichtet wurden und deren Außenwände Dutzende von griechischen, demotischen und koptisch-christlichen Inschriften tragen. Der Tempelplan folgt dem üblichen Standard: Man betritt ein Vestibül mit zwei Papyrussäulen und geht über eine niedrige Treppe weiter in den Pronaos, der mit einem Paar Säulen und Pfeilern sowie Wangenmauern abgetrennt ist. Auf den Säulen sind Amenophis, Sohn des Hapu, und Imhotep abgebildet. Beide waren Architekten, die nach ihrem Tod vergöttlicht wurden; Ersterer könnte hier einen Vorgängertempel errichtet haben. Die Reliefs auf den Tempelwangen zeigen den König, der verschiedenen Göttern opfert. Die Rückwand des Pronaos wird von drei Durchgängen durchbrochen, darüber sind sieben Hathorköpfe angebracht. Die drei Durchgänge führen jeweils in eine lange, schmale Kapelle.

Die linke Kapelle ist Amun-Sokar-Osiris geweiht und beinhaltet kunstvolle Reliefs über das Totengericht. Während die Glieder von ptolemäischen Relieffiguren oft großen Würsten gleichen, wurden die Arbeiten hier sorgfältiger, gut proportioniert und modelliert ausgeführt. Im Torweg sind hundeköpfige Dschinn und Darstellungen von Ptolemäus IV. zu sehen. Auf der linken Wand führt Maat den verstorbenen König

zur Halle des Gerichts. Über ihm sitzen 42 Richter, um die Entscheidung zu treffen. Anubis und Horus wiegen das Herz des Toten auf einer Waage, auf der anderen Schale liegt die Feder von Maat, und Thot steht dabei, um das Ergebnis aufzuschreiben. Ammjt, ein Wesen aus Löwe, Flusspferd und Krokodil, sitzt daneben, um das Herz eines Unwürdigen zu verspeisen. Ganz rechts sitzt Osiris auf seinem Thron. Solche Gerichtsszenen wurden nur selten in Tempeln dargestellt, man findet sie eher in Gräbern oder auf Schriftrollen. Auf der Rückwand opfert König Ptolemäus IV. Philopator Isis und Osiris. Auf der rechten Wand steht die Barke von Sokar-Osiris auf einem Piedestal, während rechts davon Ptolemäus Anubis und Min opfert.

Die ptolemäischen Herrscher waren von ägyptischen Hieroglyphen und religiösen Motiven begeistert, sie liebten es, einfache ikonographische Elemente zu verfeinern. Betrachten Sie beispielsweise den Türsturz, wenn Sie diese Kapelle verlassen: Hier sind vierköpfige Widder und widderköpfige Skarabäen dargestellt.

Ptolemäus IV. weihte die mittlere Kapelle Hathor; sie bekommt Opfergaben von Ptolemäus IV., seiner Schwester Arsinoe und von Ptolemäus VII., der die Ausmalung zu Ende führte.

Die rechte Kapelle gehörte Amun-Re-Osiris, und die Reliefs zeigen den König vor verschiedenen Göttern, darunter Hathor, Isis, Nephthys, Horus, Anubis, Mut, Amun und anderen.

Wenn Sie die Umfassungsmauern des ptolemäischen Tempels verlassen, wenden Sie sich nach links (nördlich), um die merkwürdige, so genannte „Große Grube“ zu betrachten. Groß ist sie in der Tat: über 50 Meter tief mit einem Durchmesser von 30 Metern. Vermutlich sollte hier ein gewaltiger Brunnen entstehen, um Deir el-Medina mit Wasser zu versorgen. Es gibt keine Erklärung dafür, wozu dieser Brunnenbau erforderlich war. Auf dem Ackerland einige hundert Meter entfernt gab es Wasser, das auf Eseln hertransportiert werden konnte.

Archäologen haben herausgefunden, dass die Arbeiten schließlich aufgegeben wurden und das Loch mit Sand und Tonscherben verfüllt wurde.

2

EIN SPAZIERGANG ÜBER DIE HÜGEL

Die Fußwege, die die Stätten am Westufer miteinander verbinden, wurden häufig bereits von den antiken Handwerkern auf dem Weg zur Arbeit oder den Priestern benutzt, die Tempel und Gräber inspizierten. Mehrere der Wege führen in die Hügel von Theben und bieten außergewöhnliche Blicke auf die archäologischen Stätten und das smaragdgrüne Niltal. Keiner dieser Wege ist besonders schwierig zu begehen – eigentlich nur Spazierwege bergauf –, und die meisten sind in weniger als zwei Stunden zu bewältigen. Von Oktober bis April ist das Wetter gewöhnlich mild, und ein erfrischender Wind weht über die Hügel – von den Ägyptern „süßer Atem des Nordwindes" genannt. An klaren Tagen reicht der Blick 40 Kilometer weit bis zu den Hügeln am Roten Meer im Osten und zu den Städten im Norden und Süden am Nil.

Der kürzeste und leichteste dieser Spazierwege führt vom Tal der Königinnen nach Deir el-Medina (am besten auch in dieser Richtung, weil weniger Steigungen zu bewältigen sind). Am Eingang zum Tal der Königinnen wendet man sich nach links (nach Norden) und folgt einem schmalen Pfad nach Nordosten, der leicht ansteigend durch die Wüste zu einem niedrigen Hügel führt. In seinen Nordhang wurden mehrere Kapellen eingehauen. Eine davon war im Neuen Reich der Göttin Meretseger („Die die Ruhe liebt") geweiht, der Göttin der thebanischen Hügel. Eine andere gehörte dem Gott Ptah. In diesem Tal der Dolmen wurden während der Regierungszeit von Ramses III. mehrere gut gearbeitete Stelen aus dem Felsen gehauen. Der unregelmäßige Hof davor wird von Steinmauern umgeben; in der Nähe stehen Spuren kleiner Hütten aus derselben Zeit. Von hier führt der Weg weiter nach Deir el-Medina.

Der schönste Weg führt vom Tal der Könige nach Deir el-Medina. Die ersten paar hundert Meter sind steil, doch dann wird der Weg flacher und steigt langsam zum Gipfel des Hügels auf. Von dort geht es bis Deir el-Medina bergab. In dieser Richtung ist der Weg leichter zu begehen als umgekehrt, weil man von Deir el-Medina aus sehr lange bergan gehen muss. Beginnen Sie am Grab von Sethos I. (KV 17). Der Weg ist markiert. Im ersten Teil steigt der Weg etwa 100 Meter an und führt dann um das westliche und südliche Ende des Tals der Könige herum. Von hier bieten sich herrliche Ausblicke ins Tal. An der südlichsten Stelle des Weges, oberhalb von KV 34, dem Grab von Thutmosis III., sieht man die Reste einer kleinen Steinhütte, wo während des späten Neuen Reiches die Wächter der Nekropole untergebracht waren. Von hier aus können Sie dem Weg am Rand der Klippe um das Tal nach Westen und Norden folgen. Er führt über den unteren Hang des pyramidenförmigen Berges, der als El-Qurn (das Horn) bekannt ist. Zu Ihrer Linken liegen mehrere Dutzend kleiner Steinschreine, jeder etwa von der Größe einer Schuhschachtel; hier haben die Arbeiter aus Deir el-Medina winzige Statuetten, Stelen und vielleicht Kerzen deponiert. Hier knieten sie nieder, das Gesicht El-Qurn zugewandt und beteten zu Meretseger, der Göttin des Berges. Der Weg führt Sie nun um eine Biegung des Tals, wo eine weitere Wachhütte steht, ehe sie beim Grab von Ramses II. zum Talboden zurückkehren.

Gehen Sie weiter nach Süden am Grab von Thutmosis III. vorbei den Hügel

222 OBEN EIN ARBEITER IM GRAB VON RECHMIRE.

223 DER HELLE WEG FÜHRT VON DEIR EL-MEDINA (UNTEN AUF DEM FOTO) ZUM TAL DER KÖNIGE (OBEN, MITTE).

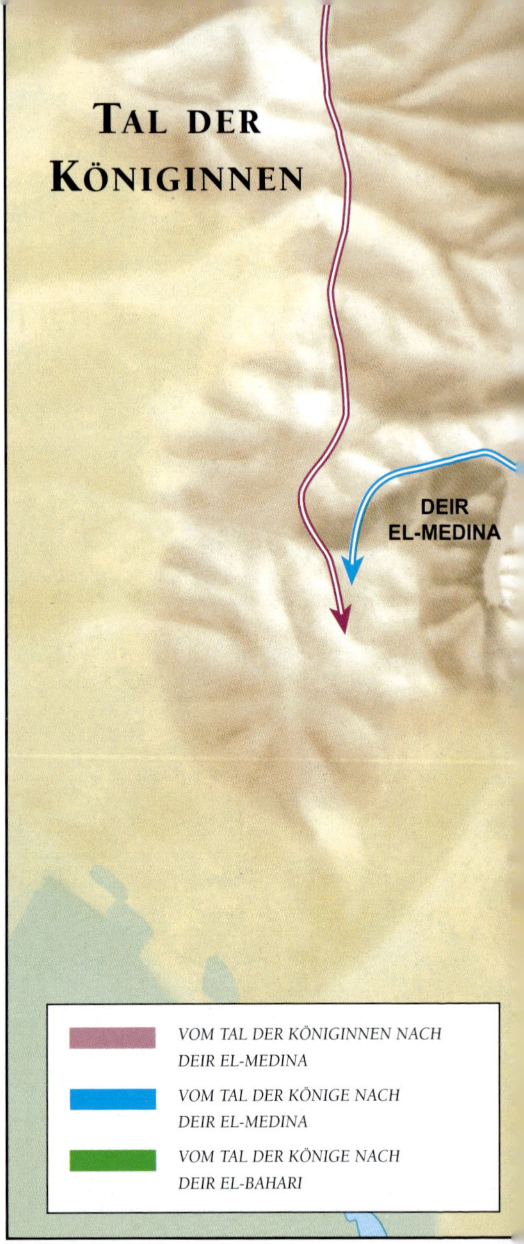

hinauf. Nach einigen Minuten kommen sie zu Füßen des steilen Aufstiegs zum El-Qurn an. Rechts neben dem Weg passieren Sie ein weites Feld, in das sich Sturzfluten eingeschnitten haben. Sie erkennen es an den dunklen Steinen. Jenseits davon liegt KV 39, das erste Grab das im oder beim Tal der Könige ausgegraben wurde – manche halten es für das Grab von Thutmosis I. Am Ende des Fußweges lag ein Steinhüttendorf, das wie Bienenwaben angelegt war und vermutlich für die Arbeiter gebaut wurde, die die Gräber im Tal der Könige anlegten und verzierten. Offenbar verbrachten sie hier die Nächte im kühlen Nordwind, wenn sie nicht nach Hause nach Deir el-Medina zurückkehren wollten. Der Boden um die Hütten ist bedeckt mit antiken Tonscherben und Steinwerkzeugen. Hier liegen dreißig Millionen Jahre alte fossile Muscheln, manche von der Größe eines Fingernagels, andere faustgroß. Sie erinnern an die Zeit, als diese Fläche noch unter dem Meer lag und die Kalksteinhügel entstanden. Von hier öffnet sich ein atemberaubender Blick auf das Niltal. Die Gräber von Adligen, Dutzende von Totentempeln, die grünen Felder und braunen Dörfer des Westufers breiten sich zu Füßen des Betrachters aus. Jenseits davon fließt der Nil, man sieht Luxor und die Hügel am Roten Meer.

Vom Gipfel des Hügels führt der Weg weiter nach Süden, von nun an fast kontinuierlich bergab. An einigen Stellen muss man vielleicht seine Hände zu Hilfe nehmen, um auf dem schmalen Pfad die Balance zu halten, doch der Weg ist nirgends schwierig oder gefährlich. Schließlich gabelt sich der Weg und führt zu den Schreinen von Meretseger und Ptah (siehe

den oben beschriebenen Weg) oder zum Dorf Deir el-Medina, wo man neben dem Grab von Sennedjem eisgekühltes Wasser und Softdrinks kaufen kann. Man kann auch einen weiteren Kilometer nach Süden Richtung Medinet Habu gehen, wo am Ortseingang mehrere Cafés warten.

Ein alternativer Weg über die Hügel beginnt am Grab von Sethos I., statt jedoch bergauf und nach Süden zu gehen, wendet man sich an der ersten Weggabelung nach links (nach Osten). Dieser Weg verläuft an der Ostseite des Tals entlang und bringt Sie auf den Gipfel des Hügels direkt oberhalb von Deir el-Bahari. Dann führt der Weg nördlich des Tempels von Königin Hatschepsut bergab; man passiert mehrere Gräber aus der 11. Dynastie und kommt am Parkplatz von Deir el-Bahari heraus.

3

DAS TAL DER KÖNIGE

3

EINLEITUNG

Man nannte es die „Große, edle Nekropole von Jahrmillionen des Pharao“, und es diente 500 Jahre lang als Grabstätte für die Pharaonen des Neuen Reiches.

Hier wurden 62 Gräber und 20 unvollendete Gruben gefunden; sieben Gräber liegen im großen westlichen, der Rest im östlichen Tal der Könige. Die meisten Touristen besuchen den Ostteil des Tals.

Die Entscheidung, hier königliche Grabstätten anzulegen, hatte mehrere Gründe. Das Kalkgestein ist in der Regel von guter Qualität: Es ist fest, stark und zumindest in manchen Bereichen relativ frei von Brüchen und Spalten. Das Tal lag günstig: Eine Begräbnisprozession konnte durch ein langes Wadi vom nördlichen Ende der thebanischen Nekropole nach Westen ins Tal der Könige ziehen; Fußwege erlauben einen leichten Zugang über die Hügel in die südlichen und östlichen Bereiche. Es war leicht zu schützen, da es von steilen Klippen umgeben wird, und von den Hütten des Wachpersonals auf den Höhen war ein Rundum-Überblick möglich. Der große Berg am südlichen Ende des Tals der Könige, El-Qurn oder „das Horn“, sieht vom Tal – und nur vom Tal aus – wie eine Pyramide aus. Diese Form ist mit den Sonnengöttern assoziiert, die eine wichtige Rolle in der Ikonographie der königlichen Gräber spielen.

Die Gräber im westlichen und östlichen Tal werden nach einem allgemeinen System durchnummeriert, das 1827 von John Gardner Wilkinson erstmals angewandt wurde. Er gab den damals bekannten Gräbern die Zahlen 1 bis 21, beginnend am Taleingang nach Süden und von West nach Ost fortlaufend. Alle danach gefundenen Gräber wurden in der Reihenfolge ihrer Entdeckung dazu gezählt. Das jüngste Grab, das von Tutanchamun, trägt die Nummer KV 62.

Keine zwei Gräber im Tal der Könige sind genau gleich. Wie die Priester immer neue Erklärungen für die Art der Sonnenreise durch den Nachthimmel und die Reise des Königs durch die Unterwelt fanden, so änderten sich auch die Pläne der Gräber. Die ältesten Gräber aus der 18. Dynastie wurden zu Füßen steiler Klippen in den Fels geschlagen. Offenbar wollte

man, dass durch den Regen abgespülter Schutt die Eingänge zuschüttete. Sie sind relativ klein, und ihre Pläne sehen eine Achse vor, die ein oder zwei Mal rechtwinklig nach links knickt. Die letzten Gräber aus der 18. und die ersten aus der 19. Dynastie sind nicht an bestimmte

228–229 DAS TAL DER KÖNIGE WIRD VON DEM PYRAMIDENFÖRMIGEN BERG EL-QURN BEHERRSCHT.

topographische Bedingungen gebunden. Bei ihnen knickt der Zugang einmal um 90 Grad nach rechts ab, und es gibt einen „Brunnenschacht" in Kammer E. Ein dritter Typus von Königsgräbern ist deutlich größer als alle bisherigen Formen. Eine Reihe von langen, breiten Korridoren führt entlang einer einzigen Achse (oder entlang einer Achse, die etwa in der Hälfte ihrer Länge einen kurzen Bogen nach links macht) bis zur Grabkammer oder Sargkammer. Solche Gräber liegen zu Füßen der weniger steilen Hügel.

Obwohl es demnach während des Neuen Reiches durchaus Abweichungen gab, weisen die Gräber im Tal der Könige auch viele Gemeinsamkeiten auf. Dies gilt insbesondere für die Funktionen, die den einzelnen Kammern und Korridoren zugeordnet wurden.

230 OBEN DAS GRAB VON AMENOPHIS III. AUS DER 18. DYNASTIE (KV 22).

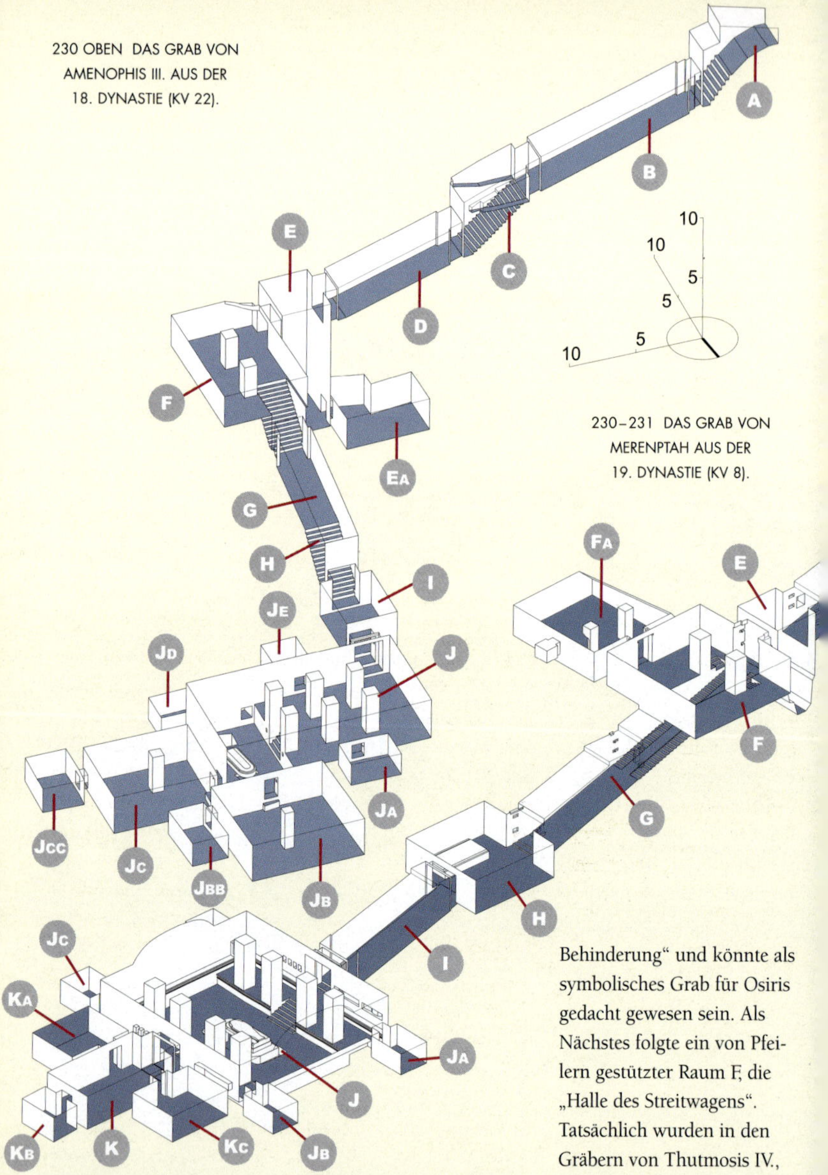

230–231 DAS GRAB VON MERENPTAH AUS DER 19. DYNASTIE (KV 8).

Der Eingang – Ägyptologen nennen ihn Zugangsweg A – wurde von den alten Ägyptern „die Passage des Weges von Schu“ genannt; er öffnete sich bis zur Mitte der 18. Dynastie zum Himmel und wurde später teilweise verdeckt gebaut. Korridor B, die „Passage von Re“ stellte gewöhnlich den letzten Bereich dar, zu dem das Sonnenlicht gerade noch vordringen konnte. C war zunächst ein Raum mit einer Treppe und/oder einer Rampe, später ein Korridor, die „Halle wo (die Götter aus der Litanei des Re) leben“. D war einfach eine zweite Passage. Ein kleiner, quadratischer Raum, Kammer E, oft mit einem tiefen, in den Boden gehauenen Brunnen, hieß die „Halle der Behinderung“ und könnte als symbolisches Grab für Osiris gedacht gewesen sein. Als Nächstes folgte ein von Pfeilern gestützter Raum F, die „Halle des Streitwagens“. Tatsächlich wurden in den Gräbern von Thutmosis IV., Amenophis III. und Tutanchamun Streitwagen gefunden, wenn auch nicht in dieser Kammer. G, H und I besaßen unbekannte Funktionen, H war in frühen Gräbern des Neuen Reiches eine Treppe, später ein Flur, während I – ursprünglich ein Raum – zum Korridor wurde. Die Grabkammer J hieß „Halle, in der jemand ruht“, „Haus aus

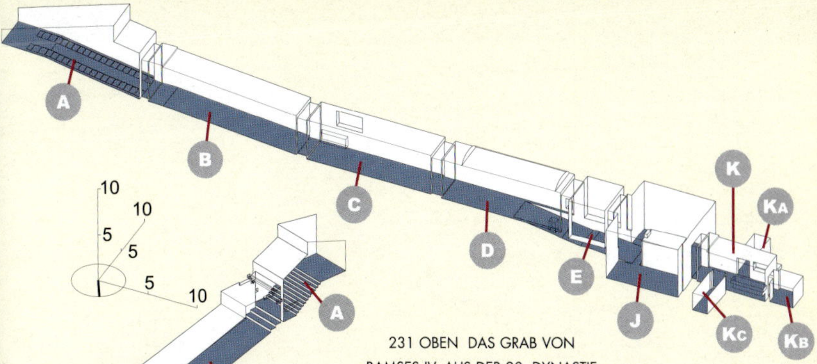

231 OBEN DAS GRAB VON RAMSES IV. AUS DER 20. DYNASTIE (KV 2).

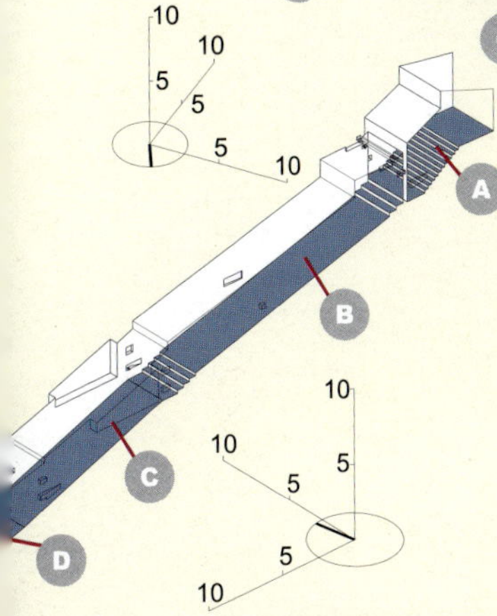

Gold“ oder die „verborgene Kammer“. Ihre Form veränderte sich während des Neuen Reiches; manchmal war sie oval, manchmal rechteckig, manchmal wurde die Decke von Pfeilern gestützt, manchmal nicht. Gewöhnlich brachte man in mehreren kleinen Seitenräumen Grabbeigaben und Möbel unter. In sieben Königsgräbern liegen noch Kammern oder Flure jenseits von J. Sie werden von den Ägyptologen als K und L bezeichnet.

Die Königsgräber im Tal der Könige wurden mit religiösen Texten aus dem Pfortenbuch, dem *Amduat*, der Litanei des Re (auch Gesang des Re) und anderen verziert, dazu kamen zahlreiche Vignetten und Szenen. Wie die Pläne der Gräber änderte sich auch das dekorative Programm im Laufe der Zeit. Vermutlich waren die Gräber im Tal der Könige die ersten des alten Ägyptens, bei denen Szenen mit Göttinnen und Göttern auf den Wänden abgebildet waren.

Die grundsätzliche Entscheidung über den Standort eines königlichen Grabes wurde wahrscheinlich von den Priestern und den Vorarbeitern aus Deir el-Medina getroffen. Sobald der Ort feststand, führte man Riten durch, um ihn zu heiligen. Dabei wurden kleine Löcher gegraben und mit Miniaturwerkzeugen und religiösen Symbolen gefüllt. Obwohl solche rituellen Weihegaben zu Beginn einer Grabanlegung erst bei neun Gräbern im Tal gefunden wurden, werden künftige Grabungen möglicherweise belegen, dass sie bei den meisten, wenn nicht sogar allen Königsgräbern deponiert worden sind.

Man teilte die Arbeiter zwei Arbeitsgruppen zu, einer „linken“ und einer „rechten“ Gruppe von je zehn Männern, die von einem Vorarbeiter beaufsichtigt wurden. Mit einfachen Metallmeißeln, Holzhämmern und Faustkeilen aus Silikat schlugen sie in relativ kurzer Zeit das Grab in den weichen Kalkstein. Die Männer arbeiteten zehn Tage lang je acht Stunden am Tag, dann bekamen sie zwei Tage frei. Wenn sich die Steinbrucharbeiten weit genug in den Fels vorgeschoben hatten, kamen Spezialisten, die prüften, ob die Wände genau senkrecht und die Ecken rechtwinklig waren, und die alle Flächen glätteten. Als Nächstes kamen Verputzer oder Schreiber; sie entwarfen die Szenen und den Text (genauere Details finden Sie beim Grab von Haremhab).

Obwohl Anlage und Ausgestaltung eines Königsgrabes sehr umfassend waren, dauerte selbst die Herstellung eines großen Grabes nicht sehr lange. Auch wenn nur wenige Arbeitskräfte zur Verfügung standen, war es nach wenigen Jahren vollendet.

KV 1 RAMSES VII. – 20. DYNASTIE
KV 2 RAMSES IV. – 20. DYNASTIE
KV 3 (?) RAMSES III. – 20. DYNASTIE
KV 4 RAMSES XI. – 20. DYNASTIE
KV 5 SÖHNE VON RAMSES II. – 19. DYNASTIE
KV 6 RAMSES IX. – 20. DYNASTIE
KV 7 RAMSES II. – 19. DYNASTIE
KV 8 MERENPTAH – 19. DYNASTIE
KV 9 RAMSES V./VI. – 20. DYNASTIE
KV 10 AMENEMES – 19. DYNASTIE
KV 11 RAMSES III. – 20. DYNASTIE
KV 12 UNBEKANNT – 18. DYNASTIE
KV 13 BAI – 19. DYNASTIE
KV 14 TAUSRET/SETNACHT – 19./20. DYNASTIE
KV 15 SETHOS II.– 19. DYNASTIE
KV 16 RAMSES I. – 18. DYNASTIE
KV 17 SETHOS I. – 19. DYNASTIE
KV 18 RAMSES X. – 20. DYNASTIE
KV 19 MENTUHERCHOPSHEF – 20. DYNASTIE
KV 20 HATSCHEPSUT – 18. DYNASTIE
KV 21 ZWEI KÖNIGINNEN – 18. DYNASTIE
KV 22 AMENOPHIS III. – 18. DYNASTIE
KV 23 EJE – 18. DYNASTIE
KV 24 UNBEKANNT – 18. DYNASTIE
KV 25 (?) ECHNATON – 18. DYNASTIE
KV 26 UNBEKANNT – 18. DYNASTIE
KV 27 UNBEKANNT – 18. DYNASTIE
KV 28 UNBEKANNT – 18. DYNASTIE
KV 29 UNBEKANNT – 18. DYNASTIE
KV 30 UNBEKANNT – 18. DYNASTIE
KV 31 UNBEKANNT – 18. DYNASTIE
KV 32 UNBEKANNT – 18. DYNASTIE

233 OBEN DER OBERE WEG FÜHRT ZUM GRAB VON AMENOPHIS II. (KV 35), DER UNTERE ZU DEN GRÄBERN AM ENDE DES TALS.

233 UNTEN DER HAUPTWEG IM TAL DER KÖNIGE; IM HINTERGRUND EL-QURN.

LEGENDE

KV 33	(?) THUTMOSIS III. – 18. DYNASTIE
KV 34	THUTMOSIS III. – 18. DYNASTIE
KV 35	AMENOPHIS II. – 18. DYNASTIE
KV 36	MEJHERPERI – 18. DYNASTIE
KV 37	(?) THUTMOSIS III. – 18. DYNASTIE
KV 38	THUTMOSIS I. – 18. DYNASTIE
KV 39	UNBEKANNT – 18. DYNASTIE
KV 40	UNBEKANNT – 18. DYNASTIE
KV 41	UNBEKANNT – 18. DYNASTIE
KV 42	UNBEKANNT – 18. DYNASTIE
KV 43	THUTMOSIS IV. – 18. DYNASTIE
KV 44	UNBEKANNT – 18. DYNASTIE
KV 45	USERHAT – 18. DYNASTIE
KV 46	JUJA UND TUJA – 18. DYNASTIE
KV 47	SIPTAH – 19. DYNASTIE
KV 48	AMENEMOPET – 18. DYNASTIE
KV 49	UNBEKANNT – 18. DYNASTIE
KV 50	TIERE – 18. DYNASTIE
KV 51	TIERE – 18. DYNASTIE
KV 52	TIERE – 18. DYNASTIE
KV 53	UNBEKANNT – 18. DYNASTIE
KV 54	UNBEKANNT – 18. DYNASTIE
KV 55	AMARNA-VERSTECK – 18. DYNASTIE
KV 56	UNBEKANNT – 18. DYNASTIE
KV 57	HAREMHAB – 18. DYNASTIE
KV 58	UNBEKANNT – 18. DYNASTIE
KV 59	UNBEKANNT – 18. DYNASTIE
KV 60	ZWEI ARBEITER – 18. DYNASTIE
KV 61	UNBEKANNT – 18. DYNASTIE
KV 62	TUTANCHAMUN – 18. DYNASTIE
KV A	UNBEKANNT – 18. DYNASTIE
KV F	UNBEKANNT – 18. DYNASTIE

3

DAS GRAB VON THUTMOSIS III. (KV 34)

GESCHICHTE

KV 34 ist das älteste Grab der 18. Dynastie im Tal der Könige, das zurzeit für Touristen zugänglich ist. Daher sollten Sie es als Erstes besuchen, wenn Sie sich einen Eindruck von der Entwicklung der Grabarchitektur machen möchten. Frühere Gräber sind etwa jenes von Thutmosis I. (wahrscheinlich KV 38), Hatschepsut (KV 20), Ahmosis und Amenophis I. Die Lage der letzteren beiden ist unbekannt; die anderen beiden sind für Besucher geschlossen.

Diese frühen Gräber haben entweder mehrere gebogene Flure, oder die Wegachse knickt im Raum vor der Grabkammer um 90 Grad ab. Diese beiden Merkmale wurden aus dem Mittleren Reich übernommen und repräsentieren – wie in allen Gräbern des Mittleren und Neuen Reiches – architektonisch den Weg der Verstorbenen vom Erden- in ihr nächstes Leben.

Bei frühen Gräbern waren nur wenige Räume verziert. Vielfach waren die Wände nicht einmal geglättet oder verputzt. Gewöhnlich waren nur die Brunnen- und die Grabkammer verziert. Die Dekorationen bestanden weitgehend aus Inschriften und Szenen aus dem *Amduat*, der „Schrift der Unterwelt", auch „Schrift des verborgenen Raumes" genannt. Darin wird die Reise der Sonne durch die Unterwelt im Stundentakt beschrieben. Diese Beschränkung auf das *Amduat* endete erst gegen Ende der 18. Dynastie.

Das Grab von Thutmosis III. liegt in einem schmalen Einschnitt in den Felsklippen weit oberhalb des Talbodens. Diese Lage ist ungewöhnlich (nur KV 20, das Grab von Hatschepsut, ist ähnlich gelegen) und eindrucksvoll. In der Antike war der Zugang nur von oben über einen Pfad über die Klippen oder eine Treppe aus Lehmziegeln vom Talboden am Rande des Einschnitts möglich. Nach dem Begräbnis entfernte man die Treppe; sie wurde erst vor einigen Jahrzehnten durch eine Eisentreppe ersetzt, die zwanzig Meter über den Talboden führt (Menschen mit Höhenangst ist vom Besteigen dieser offenen Treppenkonstruktion abzuraten).

Am Ende der Treppe beginnt eine schmale, natürliche Spalte im Fels, die nach etwa 20 Metern am Grabeingang endet. Der Zugang ist dramatisch und der Blick auf das Tal der Könige von hier aus sehr eindrucksvoll. Stufen und eine Rampe führen vom Eingang steil im Felsen abwärts. Man passiert unverputzte, unbemalte Korridore bis in die Kammer E, ein rechteckiger, als „Brunnen" bekannter Raum; der Brunnenschacht reicht etwa sieben Meter tief herab.

Die Kammer ist das älteste Beispiel für einen Brunnen im Tal der Könige. Die Ägyptologen haben dafür mehrere Deutungen: Eine lautet, der Brunnenraum hätte Diebe abschrecken sollen. Ein Dieb, der das Grab betritt, wäre auf den Brunnen und die unverputzte, geschlossene Wand dahinter getroffen und hätte gedacht, das Grab sei unvollendet und enthielte nichts von Wert. Wenn dies die Absicht war, hat die Methode niemals funktioniert. Offenbar wussten die Diebe sehr genau, dass der

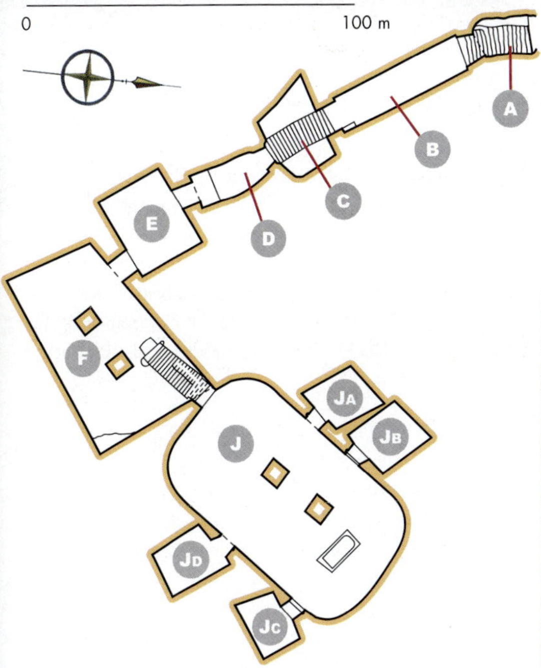

234 OBEN DETAIL DER VERZIERUNG IN DER GRABKAMMER.

235 LINKS DIE VIERSEITIGE OBERE PFEILERKAMMER F.

235 RECHTS EINE STEILE TREPPE UND EISERNE STUFEN FÜHREN ZUM GRAB.

LEGENDE

A EINGANG
B ERSTER KORRIDOR
C TREPPENSCHACHT
D ZWEITER KORRIDOR
E BRUNNENKAMMER
F PFEILERKAMMER
J GRABKAMMER
JA, B, C, D SEITENKAMMERN

Gang nach der Brunnenkammer weiterführte. Eine andere Theorie lautet, die Brunnen hätten das Sturzwasser von heftigen Regenstürmen aufnehmen und die Grabkammer mit der Mumie und den Beigaben vor Überschwemmung schützen sollen. Auch diese Deutung erscheint wenig überzeugend.

Eine dritte Theorie vermutet in den Schächten die symbolische Grabstätte des Gottes Osiris, den wichtigsten Gott im Leben nach dem Tode. In einigen Gräbern, z. B. KV 35, waren am Fuße der Brunnenschächte Kammern in den Fels gehauen, ein Merkmal, das diese Deutung unterstreicht.

BESICHTIGUNG

In dieser **BRUNNENKAMMER** wurde die Decke mit gelben Sternen auf blauem Hintergrund bemalt und ein *Kheker*-Fries an den Oberkanten der Wände entlanggeführt.
Jenseits des Brunnenschach-

tes folgt die vierseitige **KAMMER F** mit zwei aus der Mitte gerückten, nicht verzierten Pfeilern. Die Wände sind reich mit den Namen der 741 Gottheiten verziert, die im *Amduat* genannt werden. Eine steile Treppe in der linken vorderen Ecke führt durch den Boden in die Grabkammer.

Die **GRABKAMMER** ist ein großer, etwa 14,60 mal 8,50 Meter messender, ovaler Raum. Vielleicht sollte die Form einer Kartusche angeglichen sein, die den Namen der Pharaonen trug. Die Wände der Kammer sind mit Szenen und Texten aus dem *Amduat* bedeckt. Sie wurden mit schwarzer und roter Tinte auf einen hellgelben Hintergrund geschrieben, um den Text auf einer Papyrusrolle nachzuahmen. Hieroglyphen und Figuren wurden wie auf Papyri mit raschem, minimalistischem Pinselstrich gemalt, woraus strichmännchenartige Szenen im Stil von Comicstrips resultierten. Trotz ihrer Einfachheit zeugen sie von dem bewunderungswürdigen Talent des Künstlers. Das *Amduat* ist in zwölf Stunden unterteilt, die erste bis vierte Stunde sind auf der Vorderwand, die fünfte und sechste auf der rechten, die siebte und achte auf der linken und die neunte bis zwölfte auf der Rückwand dargestellt (genauere Beschreibungen hierzu finden Sie beim Grab von Ramses VI., eine andere Textversion unter dem Grab von Amenophis II.). Die erste Stunde beginnt am Eingang zur Unterwelt, am „Tor, das alles verschlingt". Darin werden die Bewohner der Unterwelt beschrieben und die Liste der 741 Gottheiten aus Kammer F fortgeführt. Die zweite und dritte Stunde beschreiben die fruchtbaren Ackerlandschaften der Unterwelt und zeigen, wie Messer schwingende Gestalten das Böse besiegen. Die vierte Stunde führt uns ins Land *Ro-Setau*, das Land von Sokar „der auf dem Sand ist", in einen Ort voller Schlangen, versperrter Pforten und Dunkelheit. Hier und in der fünften Stunde ziehen Figuren die Sonnenbarke durch Finsternis und Durst. In der sechsten Stunde erreicht die Sonne in Form eines Skarabäus um Mitternacht die Tiefen der Unterwelt. Re und Osiris vereinigen sich, und der lebende König erweckt seine Ahnen zum Leben. In der siebten Stunde versucht der Schlangengott Apophis, die Sonne zu vernichten,

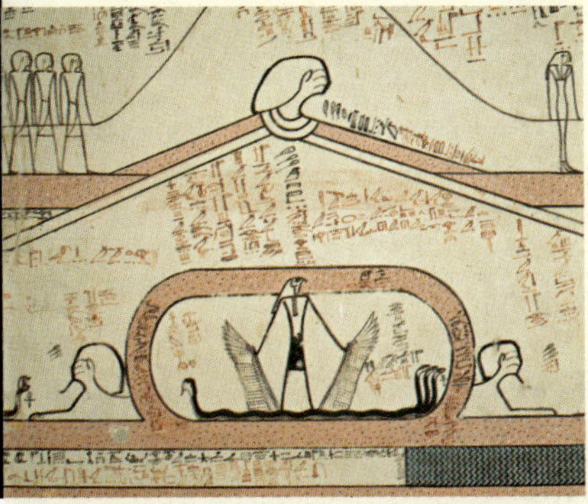

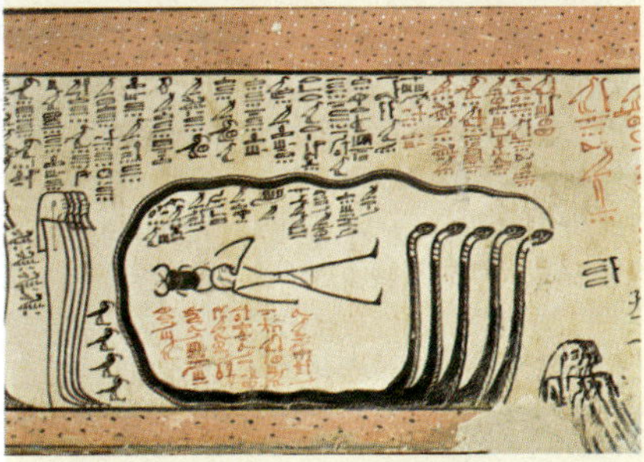

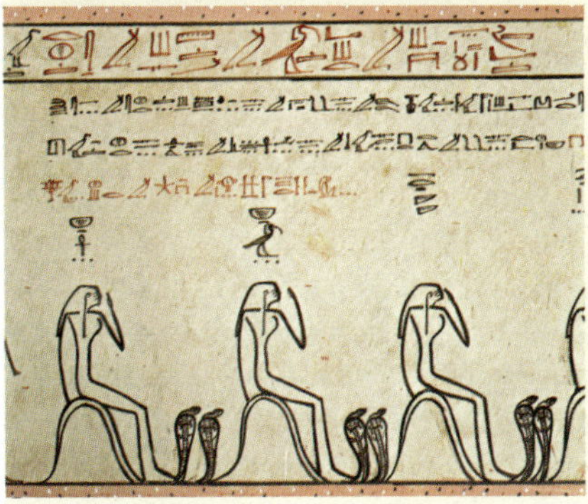

aber er wird von Isis, Seth und Serqet besiegt; Osiris triumphiert über seine Feinde. In der achten und neunten Stunde öffnet Re die Türen von fünf Höhlen und holt Kleidung für die würdigen Toten heraus. In der zehnten Stunde sieht man einen rechteckigen Teich, in dem die Körper von Ertrunkenen schwimmen. Sie gelten als besonders gesegnet, und obwohl sie nicht begraben werden konnten, geleitet sie Horus sicher in die Unterwelt. In der elften Stunde wird der Sonnenaufgang vorbereitet. In der zwölften Stunde ziehen zwölf Männer und dreizehn Frauen die Barke der Gesegneten ins Tageslicht. Die Sonne, dargestellt als Käfer, vereint sich mit Schu, dem Gott der Luft, zum Beginn eines neuen Tages.

236 GRABKAMMER VON THUTMOSIS III.

237 DETAILS DER WANDMALEREIEN IN DER GRABKAMMER VON THUTMOSIS III. MIT SZENEN AUS DEM AMDUAT.

238 UND 239 OBEN DER WIE EINE KARTUSCHE GEFORMTE SARKOPHAG AUS QUARZIT STEHT IMMER NOCH IN DER GRABKAMMER.

239 MITTE DAS DETAIL DES SARKOPHAGS ZEIGT ZWEI UDJAT-AUGEN.

239 UNTEN LINKS DETAIL AUS DEM AMDUAT; SONNENBARKE VOM PFEILER DER GRABKAMMER.

239 UNTEN RECHTS THUTMOSIS WIRD VON ISIS ALS BAUMGÖTTIN GESÄUGT; LINKE SEITE DES ERSTEN PFEILERS IN DER GRABKAMMER.

Mehrere Fronten der beiden Pfeiler in der Grabkammer sind mit Szenen und Texten aus der Litanei des Re bemalt. Dieser Text preist den Sonnengott und stellt seine Verbindung zum Pharao her. Auf der linken Seite des ersten Pfeilers befindet sich die berühmte Szene, in der Thutmosis III. von Isis gesäugt wird, die hier als Baumgöttin dargestellt ist. Die Linienführung ist hier besonders eindrucksvoll. Die Brüste von Isis ragen aus den Zweigen einer Eselsfeige *(Ficus sycomorus)* hervor und werden dem Pharao entgegengestreckt. Links steht eine zweite, größere Figur des Königs, der sich selbst beim Trinken zusieht. Leider hat die reizvolle Szene in den letzten Jahren darunter gelitten, dass gedankenlose Touristen und Führer auf die Bilder deuteten und sie berührten.
Der herrliche, kartuschenförmige Sarkophag steht noch immer in der Grabkammer. Er wurde aus gelbem Quarzit gehauen und danach rot bemalt, um den Eindruck roten und damit wertvolleren Quarzits zu erzeugen. Die Seiten zeigen den König und verschiedene Gottheiten.
Neben der Grabkammer befinden sich vier kleine **SEITENKAMMERN**, in denen Grabbeigaben aufbewahrt wurden.
KV 34 wurde 1898 von Victor Loret entdeckt und ausgegraben, dem damaligen Direktor der Altertumsverwaltung.

Das Grab war bereits in der Antike ausgeraubt worden. Die Diebe hatten den gesamten Inhalt beiseite geworfen und alles zerstört, was sie nicht wegschleppen konnten. Offenbar haben sie alles zu KV 4 am Eingang des Tales gebracht, um dort in aller Ruhe ihre Wahl treffen zu können. Als man KV 4 im Jahr 1978 säuberte, fanden sich nämlich mehrere Objekte, die mit dem Namen Thutmosis III. gekennzeichnet waren.
Die Mumie von Thutmosis III. wurde bereits in der Antike aus dem Grab genommen und in TT 320, dem Versteck der königlichen Mumien bei Deir el-Bahari, erneut begraben.

3

DAS GRAB VON AMENOPHIS II. (KV 35)

GESCHICHTE

KV 35 gehört zu den schönsten und eindrucksvollsten Gräbern im Tal der Könige. Es liegt etwa 150 Meter westlich vom Grab Tutanchamuns unter einer steilen Klippe in fast 30 Metern Höhe. Man hatte das Grab bewusst unter einem „Wasserfall" erbaut, so dass die Sturzregen, die nach Niederschlägen von den Felsen rauschten, über den Grabeingang fließen mussten. Sie sollten Tonnen von Steinen und Sand in immer höheren Schichten vor den Grabeingang spülen. Auf diese einfallsreiche Weise wollte man den Grabeingang verbergen, wie mehrfach bei Gräbern aus der 18. Dynastie. Vor kurzem wurde der Grabeingang überdacht, um einen Flutschaden wie 1994 zu verhindern, bei dem Wasser ins Grab eingedrungen war. Vor dem Bau des Daches lag der Eingang zum Grab sehr versteckt; einer der wichtigsten Gründe, warum die Priester diesen Platz im 10. Jahrhundert v. Chr. als Versteck gewählt hatten, um die königlichen Mumien des Neuen Reiches vor Dieben zu schützen. In den beiden Seitenkammern neben der Grabkammer fand Loret die Mumien von Thutmosis IV., Amenophis III., Merenptah, Sethos II., Siptah, Setnacht, Ramses IV., Ramses V. und Ramses VI. Sie wurden entfernt und ins Ägyptische Museum nach Kairo gebracht.

240 OBEN EINZELHEITEN AUS DEM DRITTEN STOCK.

240–241 DIE UNGESCHMÜCKTE SÄULENKAMMER F.

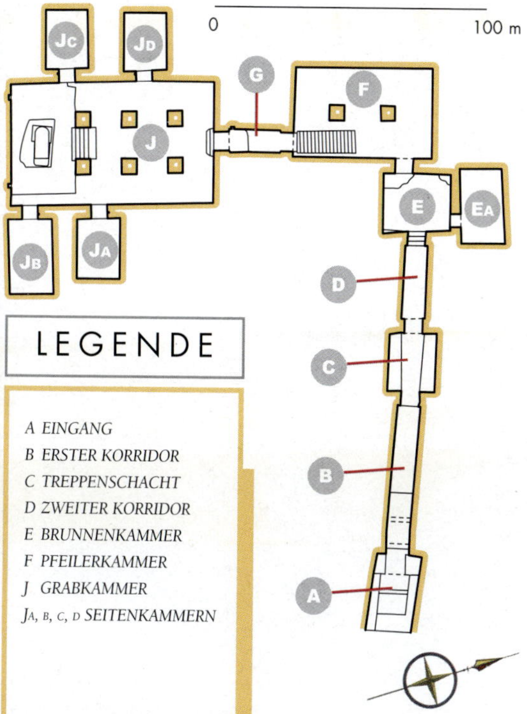

LEGENDE

A EINGANG
B ERSTER KORRIDOR
C TREPPENSCHACHT
D ZWEITER KORRIDOR
E BRUNNENKAMMER
F PFEILERKAMMER
J GRABKAMMER
JA, B, C, D SEITENKAMMERN

Die Mumie von Amenophis II., die man in diesem Sarkophag fand, wurde 1928 nach Kairo verschifft.

Victor Loret fand KV 35 1898, nur einen Monat, nachdem er KV 34, das Grab von Thutmosis III., entdeckt hatte; publiziert wurden die Ergebnisse jedoch erst 1932. KV 35 avancierte wegen der hervorragenden handwerklichen Qualität und der künstlerischen Dekorationen sofort zu einer Hauptsehenswürdigkeit im Tal.

BESICHTIGUNG

Der Grundriss von KV 35 gleicht jenem von KV 34 (Thutmosis III.), wurde jedoch durch die Betonung bekannter und einige neue Elemente verändert. Eine steile Treppe führt vom Zugang in einen abfallenden Korridor, dann zu einer zweiten Treppe, einem zweiten Korridor und einer Brunnenkammer. Der **BRUNNENSCHACHT** ist etwa 6,50 Meter tief, und in seinen Boden ist eine kleine, rechteckige Kammer eingemeißelt. Diese Kammer weist darauf hin, dass es sich bei dem Schacht eher um ein symbolisches Grab für den Gott Osiris und weniger um einen Regenwasserspeicher oder eine Täuschung für Diebe handelt. Dahinter liegt eine **KAMMER MIT ZWEI SÄULEN**. Wie in KV 34 wurde in der vorderen linken Ecke eine steile Treppe in den Boden geschlagen. Die Stufen führen zu einem dritten, abfallenden

Korridor und dieser zur Grabkammer.
Die **GRABKAMMER** weicht stark von dem älteren Plan in KV 34 ab. Beide haben etwa dieselbe Größe – KV 34 ist 380 Kubikmeter und KV 35 408 Kubikmeter groß – hier handelt es sich aber um eine rechteckige Kammer mit rechtwinkligen Ecken. Die Decke wird von sechs Pfeilern in den vorderen zehn Metern des Raumes getragen. Der Boden der hinteren, fünf Meter breiten Ebene liegt 1,50 Meter tiefer als die übrige Kammer, die dadurch in zwei ungleiche Hälften geteilt wird. Stufen in der Hauptachse der Kammer verbinden die beiden Ebenen.
Der gelbe Quarzit-Sarkophag von Amenophis II. steht auf der unteren Ebene. Wie der Sarkophag von Thutmosis III. wurde er rot angemalt, um roten Granit vorzutäuschen. In der tieferen Ebene finden sich vier kleine, rechteckige Löcher, zwei in der Rückwand, zwei auf der Rückseite der hinteren beiden Pfeiler. Sie umgeben den Sarkophag und werden magische Ziegelnischen genannt. Darin waren kleine Lehmziegel eingepasst, auf denen Teile des Zauberspruches 151 aus dem Totenbuch eingeritzt oder gemalt waren. Dazu gehörte auch die Figur einer Mumie, eines Schakals oder der Hieroglyphe „erdulden". Ein Teil der Inschrift lautet: „Ich bin zu deinem Schutz gekommen, und ich werde dich ewig beschützen."
Obwohl nur die Grabkammer von KV 35 verziert wurde, gehören diese Zeichnungen wegen ihrer hohen Qualität zu den besten Beispielen für die Totenkunst des Neuen Reiches. Die Wände der Kammer sind mit einer kompletten Version des *Amduat* (wie in KV 34) in roter und schwarzer Tinte bedeckt. Nur der Himmel auf der Zimmerdecke und gelegentliche Darstellungen von Wasser sind in Blau gehalten. Farbig sind nur der oben umlaufende *Kheker*-Fries und die vertikalen Bänder in den Ecken ausgeführt. Die Hintergrundfarbe soll Papyrus symbolisieren. Die Künstler haben die sehr schematischen Strichmännchen und fortlaufenden Hieroglyphen mit großer Sicherheit ausgeführt. In vielen Königsgräbern sieht man Korrekturen von erfahrenen Künstlern, die Zeichnungen junger Künstler verändert haben; die Schreibweise von

242 OBEN DIE GRABKAMMER MIT DEM SARKOPHAG.

242 UNTEN DIE DECKE DER GRABKAMMER ZWISCHEN VIER DER SECHS PFEILER.

243 DETAIL DES GELBEN QUARZIT-SARKOPHAGS; ER WURDE ROT BEMALT, UM ROTEN GRANIT VORZUTÄUSCHEN.

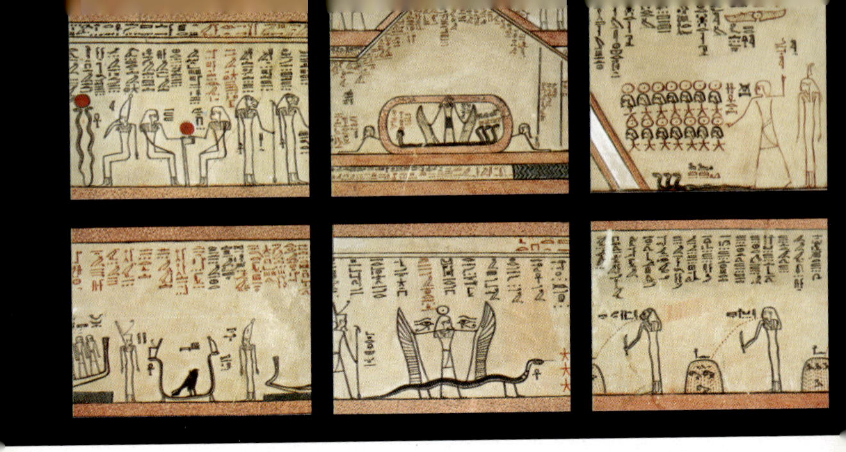

Worten oder die Proportionen der Figuren weisen Änderungen auf. Hier fehlen solche Korrekturen, teilweise wegen der eher flüchtigen Darstellung der Figuren, aber auch, weil das Können der Künstler dies unnötig machte.

Auf der Vorderwand ist die siebte Stunde des *Amduat* dargestellt. Im oberen Register sitzt Osiris auf einem Thron, der von einer riesigen Schlange bewacht wird, und beobachtet, wie ein Gott mit Katzenohren die Feinde von Osiris köpft. Darunter steht Isis im Bug eines Schiffes, während die böse Apophis-Schlange durch Messer und Seile gebändigt wird (eine andere Version ist im Grab von Thutmosis III. dargestellt).

Eine besonders interessante Szene aus der zehnten Stunde des *Amduat* wurde auf die linke Wand im hoch liegenden Teil der Kammer gemalt. In dem untersten von drei Registern taucht ein rechteckiger Wasserkörper auf, der mit blauen Wellenlinien der „Wasser"-Hieroglyphe bemalt wurde; er stellt den Urozean Nun dar. Darin treiben zwölf ertrunkene Männer. In Ägypten ertranken viele Menschen im Nil und tauchten nie wieder auf, weil sie weggeschwemmt oder von Krokodilen gefressen wurden. Da man sie nicht bestatten konnte, stellte der Verbleib ihrer Seelen ein ernstes Problem dar. Horus löste dieses Problem: Er steht links vom Wasser am Ufer und ruft die ertrunkenen Menschen mit dem Versprechen, sie ins Leben nach dem Tod zu führen. In dem Register darüber stehen Speerträger Wache, während die Sonne in ihrer Heiligen Barke durch den Himmel gleitet.

Die Fronten der sechs Pfeiler zeigen den König mit einer der zahlreichen Gottheiten, die ihm das *Anch*-Zeichen (Symbol des Lebens) anbieten. Wiederum ist die Arbeit von außergewöhnlicher Qualität. Statt auf einen papyrusfarbenen sind die schwarz umrandeten Figuren auf einen kalkweißen, stark kontrastierenden Hintergrund gesetzt. Sie wurden von einem äußerst sicheren Künstler gemalt, der nur wenige Linien und eine eingeschränkte Palette einsetzte. Dabei entstanden keine Strichmännchen wie auf den Kammerwänden, sondern wohlproportionierte Umrisse mit sparsam verwendeten inneren Details oder Modellierungen sowie genau dargestellten Einzelheiten der Kleidung. Nur wenige Teile in den Szenen sind farbig gehalten: ein goldener Kopfschmuck, ein breiter Kragen mit schwarzen, roten, gelben oder blauen Intarsien und eine rote Sonnenscheibe. Die Hieroglyphe „Himmel" über jeder Szene ist blau gemalt und mit fünfzackigen Sternen bedeckt. Ein Rahmen aus gelben, roten und blauen Rechtecken umgibt jede Szene.

Auf den 24 Fronten der sechs Pfeiler sind drei Gottheiten dargestellt: zehn Figuren des Königs mit Hathor (sie ist die einzige dargestellte Göttin), acht mit Osiris und sechs mit Anubis. Sie werden den König im Leben nach dem Tod beschützen. Die begleitenden Hieroglyphen zeigen nur den Namen des Königs und des Gottes, dazu manchmal die Phrase „geliebt von Osiris".

244 UND 245 UNTEN DETAILS VON DEN WÄNDEN DER GRABKAMMER MIT SZENEN AUS DEM AMDUAT.

245 OBEN AUF JEDER SEITE DES PFEILERS IN DER GRABKAMMER STEHT AMENOPHIS II. MIT EINER GOTTHEIT.

245 MITTE AUS DEM AMDUAT; IM BLAUEN UROZEAN NUN TREIBEN ZWÖLF MÄNNER.

3

DAS GRAB VON THU MOSIS IV. (KV 43)

Die Gräber von Thutmosis III. (KV 34), Amenophis II. (KV 35) und Thutmosis IV. (KV 43) liegen an den äußersten südlichen, westlichen und östlichen Grenzen des Tals der Könige, das heißt, sie haben den weitestmöglichen Abstand voneinander. Vielleicht hat man die Standorte ausgewählt, weil sie unterhalb von „Wasserfällen" der Klippen liegen. Die Gräber wurden an der Basis der Klippen in den Felsen gehauen, wo die Risse und Spalten im Fels den Eingang vor neugierigen Blicken verbargen. Die herabgespülten Schuttmassen sollten die Eingänge vermutlich zuschütten. Später legte man die Gräber an ganz unterschiedlichen Orten an, denn die geänderten Begräbnisrituale verlangten nach Grabstätten, deren Eingänge für die Priester zugänglich bleiben mussten, die dort weitere Rituale zelebrierten.

Das Grab von Thutmosis IV. gleicht jenem von Amenophis II., obwohl der Zugang unmittelbar vor der Grabkammer zum zweiten Mal im rechten Winkel abknickt; außerdem sind die Dekorationen anders verteilt.

Das Grab ist mit hoher Kunstfertigkeit in den guten Kalkstein eingehauen worden. Howard Carter betrat es erstmals 1903. Er fand zahlreiche Objekte im Innern, und an zwei Stellen direkt vor dem Eingang kleine Gruben mit Beigaben als Weiheniederlegungen zu Beginn einer Grabanlegung.

Die einzigen Verzierungen von KV 43 finden sich auf den Wänden der Brunnenkammer und des Raumes vor der Grabkammer. Erstere zeigen Szenen, in den Thutmosis IV. von Osiris, Anubis und Hathor ein *Anch*-Zeichen übergeben wird. Anders als im Grab von Amenophis II. (KV 35) sind diese Figuren plastisch gemalt, nicht nur in Form von Umrissen. Hathor trägt beispielsweise ein kunstvoll gemustertes Gewand, dessen Muster sich auf jeder ihrer drei Darstellungen ändert. Auch Kopfschmuck und Kleidung der anderen Figuren sind gut ausgeführt.

Im Innern des Grabes liegt in der ersten Pfeiler-Kammer noch immer ein Seil, das antike Diebe benutzten: Es wurde um einen der Pfeiler gebunden und in den Brunnenschacht gehängt. Offenbar hat es mehrfach in der Antike Einbrüche gegeben, und während der Regierungszeit von Haremhab wurde ein Hofbeamter damit beauftragt, das Grab zu inspizieren und neu zu versiegeln. Maja, der verantwortliche Beamte, hinterließ eine wunderschöne Kalligraphie seiner Inspektion auf der rechten (südlichen) Wand der Kammer unmittelbar vor der Grabkammer:

„Jahr acht . . . Seine Majestät hat den Fächerträger zur rechten Hand des Königs, den königlichen Schreiber, Aufseher über die Schatzkammer, Aufseher über die Arbeiten im Palast der Ewigkeit und Leiter des Amun-Festes in Karnak, Maja, Sohr des edlen Jawy, geboren von Weret, der Dame des Hauses damit beauftragt, das Begräb-

LEGENDE

A EINGANG
B ERSTER KORRIDOR
C TREPPENSCHACHT
D ZWEITER KORRIDOR
E BRUNNENKAMMER
EA SEITENKAMMER
F PFEILERKAMMER
G DRITTER KORRIDOR
H TREPPE
I VORZIMMER
J GRABKAMMER
JA, B, C, D SEITENKAMMERN

nis des Königs (Thutmosis IV.), des wahr sprechenden, im edlen Heim im Westen von Theben zu erneuern." Die drei Wände dieser Kammer sind ähnlich bemalt wie jene der Brunnenkammer und zeigen dieselben Götter. Dies ist das erste Grab im Tal der Könige mit Szenen dieser Art.

Die Grabkammer wurde, wie in KV 35, in zwei Höhenstufen angelegt – mit sechs Pfeilern auf der oberen Ebene und einer mittigen Treppe als Verbindung zwischen den beiden Ebenen. Die Grabkammer ist nicht verziert, der rot bemalte Sarkophag aus Quarzit steht am hinteren Ende. Sorgfältig gemeißelte Hieroglyphen zieren seine Oberfläche. Im unteren Teil der Kammer finden sich vier magische Ziegelnischen, eine auf jeder Wand, die vierte auf der Rückfront des linken Pfeilers. In die Seitenwände der oberen und unteren Ebene wurden je zwei Seitenkammern eingehauen. Sie waren in der Antike mit Holztüren verschlossen und enthielten Speiseopfer und verschiedene Grabbeigaben.

Die Arbeitsweise der Steinmetze und die geringe Zahl verzierter Wände legen nahe, dass Thutmosis IV. in großer Eile begraben wurde.

246 OBEN DETAIL DER KALLIGRAPHISCHEN AUFZEICHNUNG VON MAJA, DEM FÜR DAS GRAB VERANTWORTLICHEN BEAMTEN.

247 OBEN VERZIERUNG AUS DER BRUNNENKAMMER MIT THUTMOSIS IV.; ER ERHÄLT VON VERSCHIEDENEN GÖTTERN EIN ANCH-ZEICHEN.

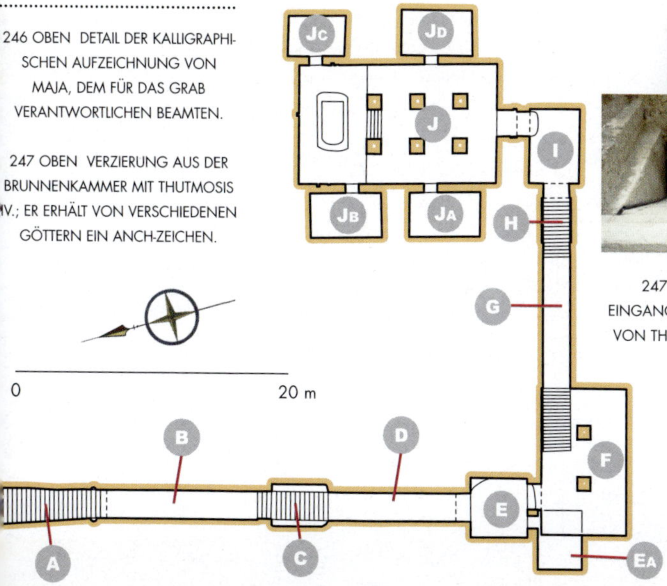

247 UNTEN EINGANG ZUM GRAB VON THUTMOSIS IV.

3

DAS GRAB VON TUTANCHAMUN (KV 62)

GESCHICHTE

Ironischerweise ist eines der kleinsten Pharaonengräber im Tal der Könige das berühmteste. Vom Tag seiner Entdeckung, die im November 1922 bekannt gegeben wurde, hat das Grab von Tutanchamun die Fantasie der Welt beflügelt und mehr schlechte Filme, Erzählungen und Jugendträume von archäologischen Entdeckungen inspiriert als vermutlich jeder andere archäologische Fund. Der Grund ist einfach: der Grabschatz. Obwohl KV 62 nur klein ist, war es voll gepackt mit Tausenden von herrlich gearbeiteten Kostbarkeiten, viele davon aus reinem Gold. Kein Wunder, dass die Welt wie elektrisiert auf die Nachricht und die Fotos von der Entdeckung reagierte. Tutanchamuns Grab ist nicht das einzige fast unversehrte Grab in Ägypten (das Grab von Juja und Tuja im Tal der Könige und das von Hetepheres in Giseh sind zwei weitere Beispiele), doch keines der anderen erreicht auch nur annähernd die Qualität und Quantität der Ausstattung von KV 62.

Vermutlich wurde Tutanchamun in KV 62 begraben, weil er bereits im jugendlichen Alter unerwartet starb. Selbst wenn man bereits in seinen jungen Jahren mit dem Bau eines Grabes begonnen hätte, wären die Arbeiten noch nicht weit genug fortgeschritten gewesen, es zu benutzen. Dass die Grabbeigaben so dicht gepackt wurden, deutet auf ein überstürztes Begräbnis hin. Allerdings wird die neue Theorie, Hofbeamte hätten Tutanchamun ermordet und rasch begraben lassen, um die Spuren zu verwischen, nicht generell akzeptiert.

Fast unmittelbar nachdem das Grab versiegelt wurde, hat man es auch schon ausgeraubt – mindestens zweimal und vermutlich sogar durch die Wächter, die zu seinem Schutz beordert

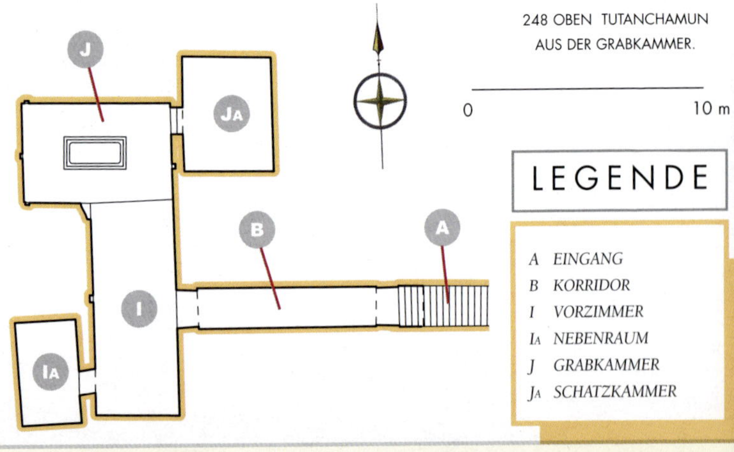

248 OBEN TUTANCHAMUN AUS DER GRABKAMMER.

LEGENDE

A EINGANG
B KORRIDOR
I VORZIMMER
IA NEBENRAUM
J GRABKAMMER
JA SCHATZKAMMER

waren. Beide Versuche wurden rasch entdeckt. Carter fand auf dem Boden der Schatzkammer acht goldene Ringe, eingewickelt in ein Stück Stoff. Offenbar gehörten sie zur Beute der Diebe und wurden in die Kammer zurückgeworfen, als sie gefasst wurden. Es gibt reichlich Hinweise auf diese antiken Diebstähle, dagegen keine Belege für die Theorien in der Sensationspresse, dass Carter und Carnarvon KV 62 schon lange vor 1922 fanden und es systematisch ausplünderten. Die „Entdeckung" hätten sie in aller Eile erst gemeldet, als sie in Gefahr gerieten, entlarvt zu werden.

Der Schatz von Tutanchamun ist heute im Ägyptischen Museum von Kairo zu sehen. Er ist atemberaubend schön, und viele Besucher, die sein Grab im Tal der Könige besichtigen und etwas ähnlich Eindrucksvolles erwarten, werden enttäuscht. Das Grab besteht aus vier kleinen Räumen von insgesamt 110 Quadratmetern. Es ist beengt und völlig leer. In der Grabkammer steht immer noch der Sarkophag aus Quarzit, darin der äußere Sarg und die Mumie des jungen Tutanchamun.

Nur die Wände der Grabkammer waren sehr einfach mit wenigen Figuren und Texten bemalt. Die übrigen

249 OBEN PEKTORALE VON TUTANCHAMUN, GEFUNDEN IM GRAB; ARCHÄOLOGISCHES MUSEUM IN KAIRO.

249 UNTEN DIE GRABKAMMER MIT DEM ROTEN QUARZIT-SARKOPHAG.

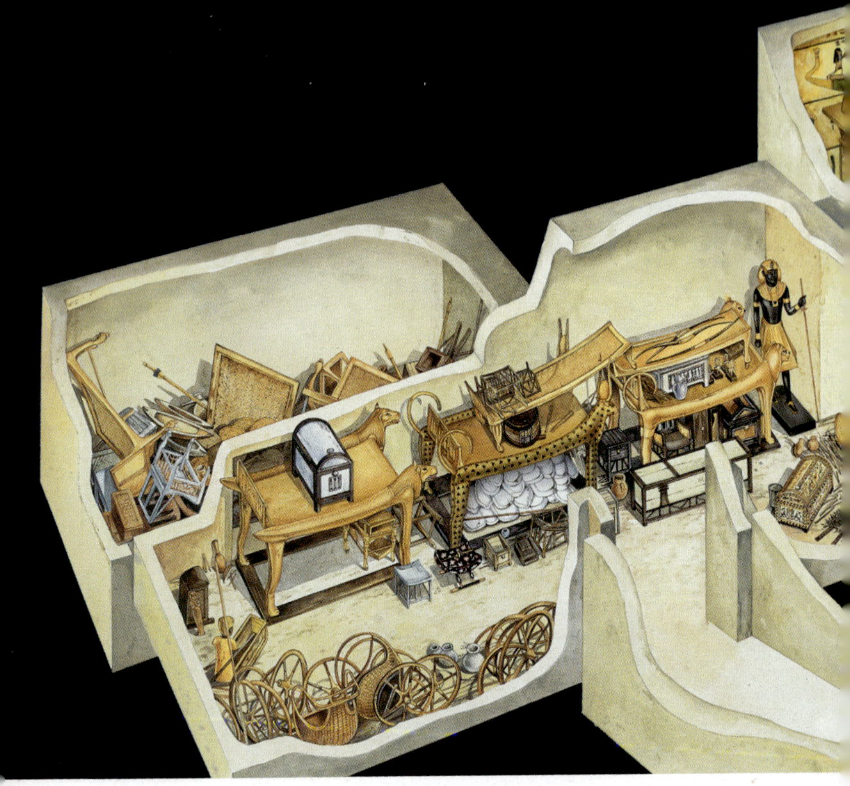

Wände sind kahl. Howard Carters Arbeiter entdeckten die Zugangstreppe zu KV 62 am 4. November 1922. Am nächsten Tag legten sie die heute berühmten 16 Stufen frei, die bis zu einem mit Schlamm und Steinen verschlossenen Grabeingang führten. Er war vor über 30 Jahrhunderten von Nekropolen-Wächtern versiegelt worden.

Carter telegrafierte seinem englischen Geldgeber die Neuigkeit und erwartete ungeduldig Lord Carnarvons Ankunft. Erst am 24. November brach er durch die Eingangstür. „Zuerst sah ich gar nichts", schrieb Carter später, „die aus der Kammer ausströmende heiße Luft brachte meine Kerze zum Flackern, doch als sich meine Augen nach und nach an das Licht gewöhnten, erkannte ich die Details des Raumes, die sich langsam aus dem Nebel lösten, merkwürdige Tiere, Statuen und Gold – überall das Glänzen von Gold." Es dauerte zehn lange Jahre, bis die mehr als 3000 Objekte fotografiert, aufgezeichnet, entfernt und konserviert worden waren; viele der Daten sind bis heute nicht veröffentlicht.

BESICHTIGUNG

Das Grab hat einen ungewöhnlichen Grundriss, der sich von anderen Königsgräbern und den Gräbern der Adligen in Theben unterscheidet. Würde man jedoch die Zugangstreppe, die Carter in die von ihm so genannte Vorkammer führte, an das linke Ende der Vorkammer versetzen, unterschiede sich der Plan kaum von dem der üblichen Gräber der 18. Dynastie: Eine Treppe und ein Korridor führen zu einer Grabkammer mit Seitenkammer.

Am Ende der 16 Stufen liegt ein acht Meter langer und 1,70 Meter breiter **EINGANGSKORRIDOR**. Als Carter das Grab fand, war dieser mit Schutt gefüllt. Ursprünglich war er als zusätzlicher Stauraum für Beigaben genutzt worden, bis die Wächter bemerkten, dass man das Grab geplündert hatte. Man schaffte den Inhalt des Korridors in das Grab KV 54. Dazu gehören große Krüge, Bestandslisten, Beutel mit Natron, Bandagen

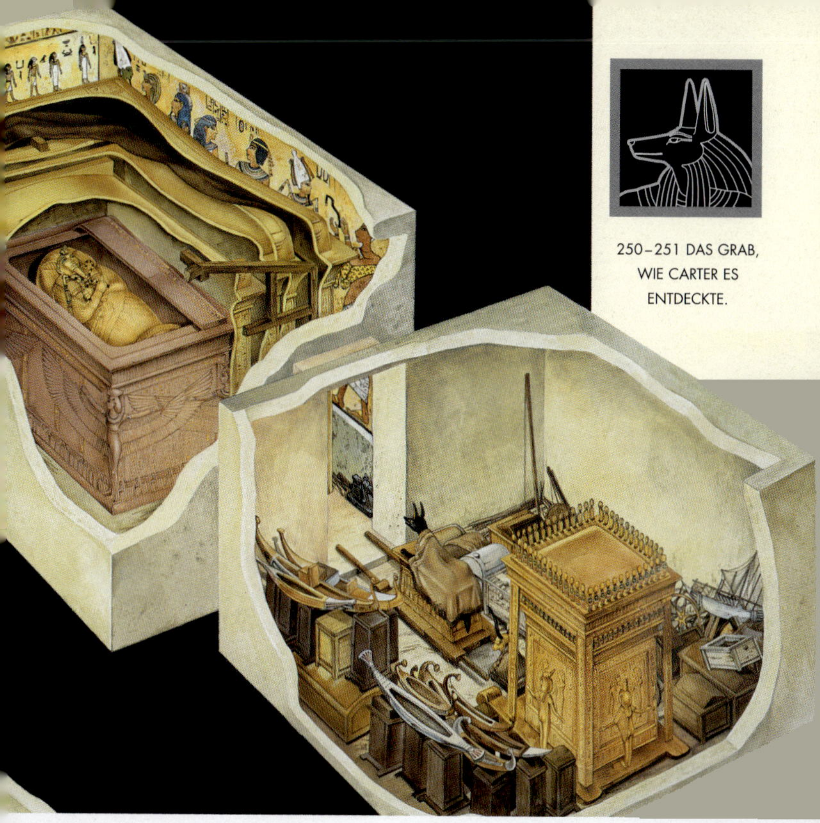

250–251 DAS GRAB, WIE CARTER ES ENTDECKTE.

und Blumen – Materialien, die man offenbar für die Einbalsamierung des jungen Königs genutzt hatte. Nachdem diese Objekte wieder versteckt waren, verfüllten die Wachen den Korridor mit Schutt, um spätere Grabräuber abzuschrecken. KV 54, das Balsamierungsgrab, wurde bereits 1907 gefunden und ausgegraben.

Der erste Raum nach dem Korridor, die so genannte **VORKAMMER**, misst 7,90 mal 3,60 Meter und ist 2,80 Meter hoch. Diesen relativ kleinen Raum hatten Tutanchamuns Priester voll gestopft mit riesigen Betten, Streitwagen, Stühlen, Hockern, kunstvoll eingelegten und bemalten Kästen, Alabasterkrügen, mumifizierten Enten und vergoldeten Statuen, die am Eingang entlang der rechten (nördlichen) Wand Wache hielten.

Eine kleine, niedrige Tür in der linken Seite der hinteren Wand führt in einen Raum, den Carter **ANBAU (SEITENKAMMER)** nannte (4,40 Meter lang und 2,60 Meter breit). Sein Boden liegt etwa einen Meter tiefer als jener des Vorzimmers, er hat aber eine niedrigere Decke. In diesen Raum hatten die Priester Nahrung und Salben, Weinflaschen, Krüge mit Öl, Körbe mit Früchten und Gemüse gepackt, dazu Kleidung, Edelsteine und Möbel.

Auch der Boden der **GRABKAMMER** liegt etwa einen Meter tiefer als jener der Vorkammer; sie misst 6,40 Meter in der Länge, 4 Meter in der Breite und ist 3,70 Meter hoch. Vier vergoldete Schreine, die den Raum beinahe ausfüllten, waren ineinander geschachtelt und enthielten im Innern den Sarkophag aus Quarzit. Darin lagen zwei vergoldete Särge, die einen dritten aus solidem Gold umschlossen – darin lag Tutanchamuns Mumie.

Im Osten der Grabkammer schließt sich eine 4,80 mal 3,80 Meter große und 2,30 Meter hohe Schatzkammer an. Diese enthielt einen vergoldeten Baldachinschrein, mehrere Boote, Uschebti-Statuetten, außerdem Kästen mit Figuren von Göttern und Göttinnen, eine große Statue eines liegenden Anubis-Schakals sowie zwei mumifizierte Fötusse, vielleicht Tutanchamuns ungeborene Kinder.

KV 62 ist ausschließlich auf den Wänden der Grabkammer verziert. Die Darstellungen ähneln in gewisser Weise dem Grab von Eje (KV 23): Auf der linken (westlichen) Wand knien zwölf Paviane, jeder in einem eigenen Rechteck, neben der Nachtbarke des Sonnengottes in der Form von Chepre, dem Skarabäus; vor ihnen drei männliche und zwei weibliche Götter. Diese Szene stammt aus der ersten Stunde des *Amduat*.
Auf der hinteren (nördlichen) Wand steht König Eje vor der königlichen Mumie im prachtvollen Panterfell-Gewand eines *Sem*-Priesters, der die rituelle Mundöffnung vollzieht. Zwischen den beiden Figuren steht ein niedriger Tisch, auf dem verschiedene Instrumente für dieses Ritual und fünf kleine Schalen mit Weihrauch aufgestapelt sind. Zur Linken steht Tutanchamun in einem kunstvoll gefalteten Kilt vor der Göttin Nut, die in ihren Händen Hieroglyphen für Wasser hält. Noch weiter links erscheinen Tutanchamun (in der Mitte) und sein Ka vor Osiris. Wie alle Malereien in KV 62 wurden auch hier die Figuren in Eile und mit schlechten Proportionen ausgeführt. Die Gestalt von Eje und in geringerem Ausmaß auch Tutanchamun zeigen Einflüsse der Amarna-Kunst. Beachten Sie beispielsweise die hängenden Bäuche, dünnen Glieder, langen Finger und die leicht vorstehenden Oberkiefer. Dem Künstler ist allerdings gelungen, den ausgestreckten Händen des Königs und Osiris' echte Hingabe zu ver leihen – sie umarmen sich.
Auf der rechten (östlichen) Wand der Kammer wird die Begräbnisprozession von zwölf Oberbeamten des Hofes angeführt; sie sind gleich gekleidet, allerdings tragen zwei von ihnen kein Perücke. Sie ziehen den Schlitten, auf dem ein kuns voller Schrein mit der Mumie von Tutanchamun steht, an einem Seil. Zwei kleine Figuren von Isis und Nephthys bewachen ihn.
Auf der Vorderwand der Grabkammer, nicht sichtba für Besucher, wird der Kön von Hathor und Anubis in

252 OBEN
TUTANCHAMUNS MUMIE IN EINER VON ZWÖLF BEAMTEN GEZOGENEN BAHRE MIT GIRLANDEN.

252 UNTEN OSIRIS BEGRÜSST TUTANCHAMUN UND SEIN KA.

253 OBEN DER ÄUSSERE SARG STEHT NOCH IM SARKOPHAG UND ENTHÄLT DIE MUMIE VON TUTANCHAMUN.

253 UNTEN BILD VON TUTANCHAMUN AUF DER SUDWAND DER GRABKAMMER.

der Unterwelt willkommen geheißen.
Der rote Quarzit-Sarkophag, der in diesem Raum steht, ist mit kunstvollen Reliefs geschmückt; an den vier Ecken stehen die Göttinnen Nephthys, Isis, Serqet und Neith mit schützend ausgebreiteten, geflügelten Armen. Die Göttinnen tragen blau bemalte Halsketten und Armbänder.
Es gibt warnende Hinweise, dass die Wandbilder in Tutanchamuns Grabkammer in schlechtem Zustand sind. Manche Wissenschaftler halten es für dringend erforderlich, die Wände zu reinigen und die Bakterien auf den Oberflächen zu entfernen – ein Multi-Millionen-Dollar-Programm.

3

DAS GRAB VON EJE (KV 23)

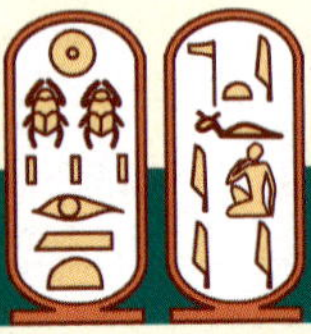

GESCHICHTE

Zu den besonders erfreulichen Eindrücken beim Besuch von KV 23 gehört der Weg dorthin. Es gibt zwei Täler der Könige: Das östliche, das 58 Gräber enthält und von fast allen Touristen besucht wird, und das viel größere westliche, in dem nur vier (bekannte) Gräber liegen. Dort ist nur ein Grab offen für Besucher, das zudem nur von wenigen Touristen besichtigt wird. Eben das ist auch sein Vorzug, denn das westliche Tal der Könige ist der beste Ort für einen einsamen Spaziergang. Es handelt sich um ein riesiges Wadi, ein über zwei Kilometer langes Wüstental, dessen steile Wände und zerklüftete Felsen sich mehrere hundert Meter über den engen Talboden erheben. Es ist erstaunlich schön, eine perfekte, wilde Wüstenszenerie, doch vor allem die Stille ist bemerkenswert.

Hier war die Heimat von Meretseger, eine ägyptische Lokalgöttin, deren Name „die das Schweigen liebt" bedeutet – kein Wunder, dass sie diesen Ort wählte. Wenn Sie das Westtal zu Fuß erkunden – der Weg vom Rasthaus zum Grab KV 23 lohnt die Mühe –, sollten Sie gelegentlich anhalten. Genießen Sie die Stille und lauschen Sie auf den Flügelschlag der Raubvögel im azurblauen Himmel über ihnen. Die Stille, die saubere, klare Luft und das Spiel von Sonne und Schatten auf den Kalksteinklippen machen dieses Tal zu einem magischen Ort.

Wenn Sie dem ausgetretenen, mäandrierenden Pfad vom Rasthaus und Parkplatz durch das Tal folgen, passieren Sie ein Steinhaus, das vor fast einem Jahrhundert von dem amerikanischen Mäzen Theodore Davis als Hauptquartier erbaut wurde, und die kleine Steinhütte des Wächters mit dem Schlüssel für KV 23. Etwas weiter führt ein schmaler Pfad zum Grab von Amenophis III. Es wurde erst jüngst sorgfältig freigelegt und ist noch nicht geöffnet. Rechts des Weges liegt ein Komplex niedriger Steinmauern. Dabei handelt es sich um die Überreste eines kleinen Dorfes, das für den Hollywoodfilm *Sphinx* – er handelte vom Tal der Könige – erbaut wurde. Auf dem Boden liegen Fragmente von Gipssäulen und Wandreliefs aus dem Film herum. KV 23 liegt am äußersten Ende des westlichen Tales, nur einige Meter entfernt befinden sich zwei nicht verzierte Gräber, KV 24 und KV 25. Ein Generator versorgt das Grab mit Strom für die Beleuchtung, bricht allerdings auch den Zauber des stillen Tales. Am besten bitten Sie den Wächter, den Generator erst einzuschalten, wenn sie das Grab betreten und ihn unmittelbar nach Verlassen wieder auszuschalten.

Das Grab wurde erstmals 1816 von Giovanni Belzoni untersucht, es dauerte aber bis in die 1970er-Jahre, bis es gründlich gereinigt und erforscht wurde. Damals fand man Hinweise darauf, dass das Grab in der Antike mit Lehmziegeln und Gips am Eingang vor Raum E versiegelt worden war – ein Beweis, dass es als Grabstätte gedient hatte. Aber für wen? Ohne Zweifel diente das Grab letztlich als Ruhestätte für Eje, den königlichen Nachfolger von Tutanchamun und Semenchkare. Ägyptologen glauben jedoch, dass es ursprünglich als Grabstätte für Amenophis IV./Echnaton, Tutanchamun oder Semenchkare oder als

Gemeinschaftsgrab der drei Herrscher vorgesehen war. Die Treppe führt zu zwei langen, breiten Korridoren, einer dazwischen liegenden Treppe und zur kleinen Kammer E; keiner dieser Räume ist verziert. In der Kammer dahinter, der Grabkammer J, waren ursprünglich Pfeiler vorgesehen. Warum der Plan geändert wurde, ist unbekannt.

Der Grundriss von Ejes Grab gleicht eher den königlichen Gräbern von Tell el-Amarna als den früheren Königsgräbern der 18. Dynastie.

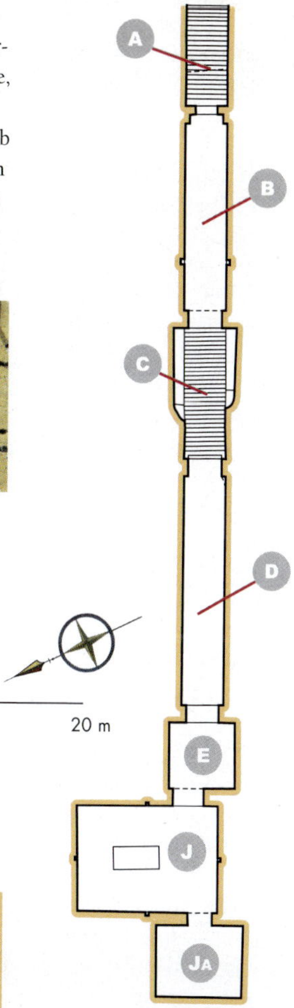

254 OBEN DAS KA VON EJE AUS DER GRABKAMMER.

255 OBEN DIE GRABKAMMER VON EJE.

255 UNTEN DETAIL DES TEXTES AUF DER LINKEN WAND DER GRABKAMMER.

LEGENDE

A *EINGANG*
B *ERSTER KORRIDOR*
C *TREPPENSCHACHT*
D *ZWEITER KORRIDOR*
E *BRUNNENKAMMER*
J *GRABKAMMER*
JA *SEITENKAMMER*

BESICHTIGUNG

Das Grab gleicht KV 62, dem Grab Tutanchamuns, und einige Ägyptologen vermuten daher, dass die beiden vom selben Künstler gestaltet wurden. In beiden Fällen war nur die Grabkammer verziert. Leider sind viele der Szenen in KV 23 zerstört, einige bereits von Ägyptern während der Antike, als man versuchte, alle Überreste aus der Amarna-Periode zu beseitigen – Kartuschen und Gesichter des Königs wurden fast überall unkenntlich gemacht –, andere von Dieben und Vandalen. Vor kurzem wurde die Grabkammer von der Ägyptischen Altertumsverwaltung gereinigt und ein Holzfußboden, Neonleuchten und ein elektrischer Ventilator installiert.

Obwohl man sich in diesem Raum nicht wie in einem Königsgrab vorkommt, lohnen die Wandverzierungen den Besuch.

Im oberen Register auf der linken Wand der Kammer steht die Göttin Nephthys zwischen zwei Sonnenbarken. Die linke hat zwei Masten, auf denen Falken sitzen. Die Barke auf der rechten Seite befördert die neun Götter der Enneade (von rechts nach links): Re-Harachte, Atum, Schu, Tefnut, Geb, Nut, Osiris, Isis und Horus. Die Textsäulen darunter geben Kapitel 130 und 144 aus dem Totenbuch wieder; sie beschreiben das ewige Leben, das den Seelen der Toten geschenkt wird, und sie zeigen die Pforten der Unterwelt.

Auf der Rückwand wurde eine gute Darstellung der vier Horussöhne direkt über den niedrigen Eingang zu einer Seitenkammer (JA) gemalt. Darin bewahrte man vermutlich die Kanopenkrüge auf. Die Verschlüsse der Kanopenkrüge wurden gewöhnlich als Köpfe dieser vier Götter gestaltet. Links sitzen Duamutef und Kebechsenuef, sie tragen die Krone von Oberägypten und Dreschflegel; rechts Amset und Hapi mit der Krone von Unterägypten. Zwischen den Gottheiten steht ein kunstvoll gemalter Opfertisch mit aufgetürmten Speiseopfern. Rechts grüßen Eje und sein Ka Hathor, Nut und Osiris.

Die Szenen auf der rechten Wand stammen aus der ersten Stunde des *Amduat*. Im oberen Register zeigt

sich der Sonnengott in seiner Tagesgestalt als Skarabäus in einer Heiligen Barke. Darunter drücken Paviane die Freude der Welt über das Wiedererscheinen der Sonne aus.

Die Vorderwand der Kammer ist besonders interessant, denn Szenen dieser Art werden gewöhnlich nur in Privatgräbern dargestellt; in einem Königsgrab stellen sie die Ausnahme dar: Eje und seine Frau stehen in einem kleinen Schilfboot, das am Ufer des Nils durch das Schilf segelt. Die Königin streckt ihre Hand aus und pflückt Papyrus. Links schwingt der König einen Wurfstock, und ein Dutzend Enten fliegt aus dem Schilf auf, um zu fliehen. Die Vögel sind sehr formell angeordnet, und die Zahl Zwölf erinnert wieder an die Stunden von Tag und Nacht. Rechts befand sich der König, der ein Flusspferd harpuniert, doch dieser Teil wurde so stark zerstört, dass heute nichts mehr zu erkennen ist.

Der herrliche Granit-Sarkophag in der Mitte der Kammer wurde von Grabräubern zerbrochen. Vor etwa einem Jahrhundert schaffte man ihn zur Reparatur ins Ägyptische Museum von Kairo, wo er restauriert wurde; in den 1990er-Jahren kehrte er ins Grab zurück. Die Szenen auf dem Kasten stammen aus dem Totenbuch und zeigen die Göttinnen Neith, Serqet, Isis und Nephthys sowie eine geflügelte Sonnenscheibe.

Die kleinen, quadratischen Löcher in den Wänden der Grabkammer sind Nischen, in denen magische Ziegelsteine bewahrt wurden. Ihre Inschriften sollten die Mumie beschützen.

256 DIE HORUSSÖHNE AUF DER RÜCKWAND DER GRABKAMMER.

257 OBEN HEILIGE PAVIANE AUF DER NORDWAND DER GRABKAMMER.

257 MITTE NEPHTHYS VOR EINER SONNENBARKE; LINKE WAND DER GRABKAMMER.

257 UNTEN ENTENSCHWARM AUF DER OSTWAND DER GRABKAMMER.

3

DAS GRAB VON HAREMHAB (KV 57)

GESCHICHTE

KV 57 wurde im Februar 1908 von dem englischen Archäologen Edward Ayrton entdeckt, dessen Grabungen von dem amerikanischen Industriellen Theodore Davis unterstützt wurden. Das Grab gehört zu den größten und schönsten im Tal der Könige. Nach seiner Entdeckung wagte Davis den selbstbewussten Ausspruch, dass „das Tal der Könige nichts Weiteres zu bieten habe". Wie falsch er lag! Nur 14 Jahre später fand Howard Carter das berühmte Grab von Tutanchamun.

Das Grab von Haremhab ist bemerkenswert gut erhalten, und seine Dekorationen gehören zu den wichtigsten Kunstwerken im Tal der Könige. Architektonisch stellt es eine Übergangsform zwischen den früheren Gräbern mit einer nach rechts abknickenden Hauptachse und den jüngeren Gräbern des Neuen Reiches dar, deren Hauptachse gerade verläuft. Die Achse von Haremhabs Grab ist in Kammer F um etwa 2,50 Meter nach links versetzt. Das entspricht etwa der Achsenverlagerung in dem Grab von Sethos I., die um 2,90 Meter nach links versetzt ist. Das Grab ist 128 Meter lang und über 473 Quadratmeter groß.

KV 57 wurde während eines Wolkenbruchs zerstört, der 1996 im Tal der Könige niederging, und ist seither geschlossen. Allerdings ist geplant, es bald wieder zu eröffnen.

Das Grab wurde in der Antike versiegelt. Die Rückwand der Brunnenkammer E war mit Steinen oder Lehmziegeln verschlossen, von denen immer noch Spuren in den beiden unteren Ecken des Durchgangs zu sehen sind. Die Treppe in Kammer F am Beginn der versetzten Achse wurde mit Steinblöcken versiegelt und die Türen zur Kammer I und in die Grabkammer J mit Holztüren verschlossen. Grabräuber hatten alle diese Barrieren bereits in der Antike beseitigt. Zu den Grabbeigaben, die sie zurückließen, gehörten mehrere Holzfiguren von Göttern, ein Kanopenkasten aus Alabaster, Miniaturbetten für die Einbalsamierung, Blumengirlanden, menschliche Knochen, Edelsteine und einige der Werkzeuge, die man zum Ausgraben und Bemalen des Grabes benutzt hatte. Das eindrucksvollste Stück, das sie zurückließen, war der mit wunderbaren Reliefs geschmückte, 2,70 Meter lange und 1,50 Meter breite Sarg mit Deckel.

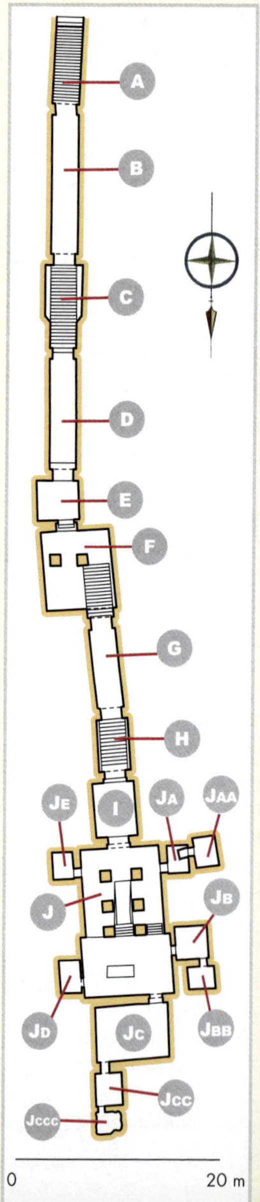

258 OBEN DETAILS VON GEMEISSELTEN UND GEMALTEN INSCHRIFTEN.

259 DIE BRUNNENKAMMER.

LEGENDE

A EINGANG
B ERSTER KORRIDOR
C TREPPENSCHACHT
D ZWEITER KORRIDOR
E BRUNNENKAMMER
F PFEILERKAMMER
G DRITTER KORRIDOR
H TREPPENSCHACHT
I VORZIMMER
J GRABKAMMER
JA, AA, B, BB, C, CC, CCC, D, E SEITENKAMMERN

BESICHTIGUNG

Die ersten vier Korridore des Grabes waren zwar niemals bemalt, sind aber dennoch interessant. Wenn man den Treppen und Rampen durch die **KORRIDORE A** bis **D** folgt, erkennt man das Kalkgestein mit den Lagen von Silikat, durch das sich die Steinmetze eingruben. Das Grab liegt in einer der besten Gesteinspartien im Tal der Könige. Die **BRUNNENKAMMER E** ist der erste dekorierte Teil von KV 57; ihre vier Wände weisen gut gearbeitete Figuren auf, die auf einen blaugrauen Hintergrund gemalt wurden. Solche Brunnenschächte sollten entweder Diebe abschrecken oder Wasserfluten aufnehmen. Bereits Ayrton entdeckte am Boden des Schachtes eine kleine Kammer – ein Merkmal, das gegen beide Deutungen sprach. Stattdessen könnte es sich bei dem Schacht um ein symbolisches Grab für Osiris handeln. Der untere Teil war mit Schutt verfüllt und bis in neuerer Zeit nicht sichtbar.

260 ZEICHNUNG IN DER BRUNNENKAMMER MIT OSIRIS, ANUBIS UND HORUS.

260–261 HAREMHAB OPFERT VERSCHIEDENEN GÖTTERN; LINKE WAND DER BRUNNENKAMMER.

261 UNTEN DETAILS DER LINKEN WAND DER BRUNNENKAMMER; ISIS LINKS, HORUS RECHTS.

Haremhabs Grab war das erste Königsgrab, dessen Wände mit bemalten Hochreliefs statt mit einfachen Malereien auf verputzten Wänden ausgestattet wurden. Einige Ägyptologen wollten daraus ableiten, dass diese neue und ungewohnte Technik die Arbeiten derart verlangsamte, dass das Grab unfertig blieb. Dies erscheint allerdings wenig wahrscheinlich, da die Künstler die Relieftechnik offenbar perfekt beherrschten. Vielmehr wurde das Grab gegen Ende des zwölften Regierungsjahres begonnen und war noch nicht vollendet, als der König starb.
Die bemalten Relieffiguren in der Brunnenkammer E sind wunderschön ausgeführt, ihre Farben leuchten wie am Tag ihrer Entstehung. Die Gestaltung der Szenen erscheint streng geordnet und dennoch harmonisch. Beachten Sie die Details von Haremhabs Kleidung, die zart modellierten Ohren der Göttinnen und den kunstvollen Kopfschmuck des falkenköpfigen Gottes. Die Bekleidung der Göttinnen gehört zu den kunstvollsten Darstellungen von gewebten Stoffmustern eines ägyptischen Grabes. Auch die Hieroglyphen sind perfekt proportioniert und detailliert ausgeführt: beachten Sie die Federn der Gänse, das frontal dargestellte menschliche Gesicht und die Webmuster von Schilfmatten und Körben.
Die Szenen in Brunnenkammer E zeigen den König mit verschiedenen Gottheiten. Haremhab ist der erste König, der sich aktiv betend und opfernd darstellen lässt. In älteren Szenen posiert der König statisch neben einem Gott. Hier steht Haremhab auf der Vorderwand neben Horus und Hathor; ein Anubis-Schakal sitzt über einem Schrein. Auf der linken Wand ist er mit Horus, Isis, Hathor und Osiris dargestellt. Auf der rechten Wand opfert er Hathor, Osiris, Horus und Isis, und auf der Rückwand steht er neben Horus, Osiris, Anubis und anderen vor dem Gott Osiris, der auf seinem Thron sitzt. Um die Oberkante aller vier Wände zieht sich *Kheker*-Fries in einfachem, aber kraftvoll-buntem Stil entlang.
Es folgt **KAMMER F**, ein kleiner Raum mit zwei Pfei-

lern, in dem die Mittelachse des Grabes nach links versetzt wird. Dabei handelt es sich um eine Übergangslösung zwischen dem rechtwinkligen Abknicken der alten Königsgräber und den geraden Achsen der späteren. Der Schacht, in dem die nun folgenden Treppen verlaufen, war ursprünglich mit Kalksteinblöcken verschlossen. Die nächsten zwei Räume, abwechselnd Treppe und Korridor, sind wieder ohne Verzierung.

KAMMER I zeigt wieder ähnliche Szenen wie die Brunnenkammer E. Auf der vorderen Wand links steht Haremhab mit Hathor und Horus, rechts nur mit Hathor. Anders als die übrigen, schön ausgeführten Figuren in diesem Grab wurde Hathor schlecht proportioniert: Ihr Kopf ist viel zu groß für den Körper, die Schultern viel zu breit. Sie hält voller Zuneigung den Ellbogen des Königs in einer Hand und legt ihre andere Hand auf seine Schulter. Auf der linken Wand steht der König mit Anubis, opfert Isis und Hathor Wein und begrüßt Horus und Osiris. Auf der rechten Wand ist er mit Ptah und Nefertem zu sehen. Außerdem gibt es einen *Djed*-Pfeiler und einen Isis-Knoten auf der Rückwand. Die Oberkante der vier Wände ist mit einem *Kheker*-Fries, die Decke mit Sternen verziert. Im Eingang zur Grabkammer steht *Maat*.

Haremhabs **GRABKAMMER** ist zweigeteilt. Im vorderen Teil, dessen Boden auf einer Ebene mit dem Vorraum liegt, stehen sechs Pfeiler. Zwei Treppen führen in einen etwas tiefer liegenden, rechteckigen Teil mit flacher Decke hinab; die rechte Treppe etwa in der Raummitte beginnt mit einer Rampe. Von jedem der beiden Teile zweigen jeweils eine einzelne, kleine Seitenkammer nach rechts und eine doppelte Kammer nach links ab. Der hintere Abschnitt der im vorderen Teil nach links abzweigenden Doppelkammer liegt tiefer als der vordere Abschnitt – sehr ungewöhnlich, wenn nicht ein-

zigartig für ein Königsgrab. In der nach links abzweigenden Kammer am Ende der Grabkammer befindet sich eine besonders schöne Darstellung von Osiris (Rückwand). Sie wurde direkt auf die grob behauene, ungeglättete Steinwand gemalt, wodurch die Figur rau und etwas beunruhigend wirkt. Von der Rückwand der Grabkammer gehen drei weitere, hintereinander liegende Seitenkammern ab. Darin bewahrte man Grabmöbel und Speise- und Trankopfer auf.
Der Sarkophag von Haremhab besteht aus einem herrlich gearbeiteten Kasten mit

262–263 VERZIERUNG DER WESTWAND IM VORZIMMER; HAREMHAB STEHT VOR ANUBIS, ISIS, HORUS UND OSIRIS.

263 UNTEN SZENEN AUS DEM PFORTENBUCH IN DER GRABKAMMER.

einem Deckel aus rotem Granit. Er wurde mit einem versenkten, gelb bemalten Relief verziert. In jeder Ecke beschützt eine Göttin mit ausgebreiteten Flügeln die Mumie des Königs: vorne links die Göttin Serqet, vorne rechts die Göttin Nephthys; Isis und Neith an den hinteren Ecken. Die Figuren auf der vorderen Seite des Kastens stellen die Götter Duamutef, Anubis und Amset dar; auf der Rückseite sind Hapi, Anubis und Kebechsenuef dargestellt.

Die Bemalung von Haremhabs Grabkammer macht sein Grab zu einem Muss in der Besichtigungstour eines Touristen. Obwohl die Dekoration nie vollendet wurde, sind die handwerklichen Arbeiten von sehr guter Qualität. Da das Grab sehr früh aufgegeben wurde, kann man die einzelnen Stadien des künstlerischen Prozesses von den Steinmetzen bis zu den Malern gut nachvollziehen. Ich möchte zunächst die dargestellten Themen betrachten und mich danach etwas genauer den Techniken der Künstler widmen.

KV 57 ist das erste Königsgrab, auf dessen Grabkammerwänden Szenen aus dem Pfortenbuch dargestellt sind. In den älteren Gräbern wurde meist das *Amduat*, die „Schrift des Verborgenen Raumes“ abgebildet. Der Name „Pfortenbuch“ bezieht sich auf die Tore, die sich zu jeder der zwölf Nachtstunden öffnen. Der Text beschreibt die Reise der Sonne über den Nachthimmel in Begleitung des Königs. In KV 57 ist der Text nicht vollständig. Auf der vorderen Wand der Grabkammer erscheint die zweite Stunde des Pfortenbuches; auf der linken Wand finden wir die Fortsetzung der zweiten sowie die vierte und fünfte Stunde; auf der rechten Wand die dritte und sechste Stunde; die Rückwand zeigt weitere Aspekte aus der sechsten Stunde.

Die zweite Stunde zeigt im oberen Register die geheiligten Toten, sie werden in Gegenwart von sieben Göttern in der Heiligen Barke gezogen. Nur der Gott, der im Barkenschrein steht, wurde als Relief ausgeführt, die übrigen Figuren sind gemalt. Darunter werden vier „Erschöpfte“ und 20 gefesselte Männer fortgeschafft. „Re hat euch gerichtet, eure falschen Zeugnisse sind gegen euch“, heißt es in einem Teil der Inschrift, „euer böses Geschwätz ist gegen euch, mein Vater spricht ein schlechtes Urteil gegen euch aus.“

In der dritten Stunde werden die Mumien zum Leben erweckt und der Sonnengott in der Barke der Erde mit Stieren an beiden Enden geschleppt. Sie wird von acht Mumien getragen. Die Schlange am Boden ist Apophis, der Erzfeind des Sonnengottes; sie wird von Atum und anderen Göttern besiegt. Rechts ist – wie in den anderen Szenen aus

264–265 DAS TOTENGERICHT

264 OBEN RELIEFSZENE IN DER GRABKAMMER.

265 UNTEN DER ROTE GRANIT-SARKOPHAG.

dem Pfortenbuch – eine geöffnete Tür zu sehen. Darüber wacht eine Schlange, die das Tor nur für die Barke des Sonnengottes öffnet.
Die Wasserflächen in der vierten Stunde stellen den See des Lebens und den See von Uräus dar, die von Schakalen und Uräusfiguren bewacht werden. Im mittleren Register wird die Sonnenbarke vor neun Räumen angebunden, jeder mit einer liegenden Mumie, die „göttliche Anhänger von Osiris" genannt werden. Die Gestalten rechts repräsentieren die zwölf Stunden der Nacht. Sie stehen beiderseits einer großen Schlange, deren Windungen den Lauf der Zeit symbolisieren. Horus steht ganz links im unteren Register mit elf Gottheiten und einem Uräus vor einem Schrein von Osiris. Die Feinde der Götter werden von vier „Hauptmännern der Öfen" in die Gruben des ewigen Feuers verdammt.
In der fünften Stunde repräsentieren wiederum Schlangen den Lauf der Zeit. Auch Nubier, Libyer, Asiaten und Ägypter sind zu sehen; sie alle werden im Leben nach dem Tod umsorgt.
Vor der sechsten Stunde wurde eine Szene auf die Rückwand von Haremhabs Grabkammer gemalt, die das Totengericht zeigt. Osiris auf seinem Thron sitzt vor einer Waage auf einem Podium. Neun Gesegnete steigen die Stufen zu ihm hinauf. Ein Schwein, Symbol des Gottes Seth und assoziiert mit dem Bösen, steht in einem kleinen Boot und wird von Stöcke tragenden Affen angegriffen – sie sind die Beschützer des Sonnengottes. Die sechste Stunde stellt die Mitte der nächtlichen Sonnenreise dar; an diesem kritischen Punkt stehen Männer mit gegabelten Stöcken Wache, um die Sonne vor ihrem Feind Apophis zu schützen. Diese Szene hatte in der ägyptischen Religion eine derart große Bedeutung, dass die Begleittexte in Geheimschrift abgefasst wurden. Nur wenige Priester kannten den Schlüssel und konnten die Inschriften lesen.
Eine besonders hübsche Szene aus der sechsten Stunde befindet sich am rechten Ende der unteren rechten Wand: Vier Männer ziehen eine Barke mit einem Schrein, in dem Re steht.
Die Szenen sind komplex und von hohem Symbolgehalt, dessen Bedeutung noch nicht völlig entschlüsselt wurde. Sie behandeln einige der wichtigsten Ereignisse, die sich die Ägypter vorstellen konnten: die sichere Nachtreise der Sonne durch die Unterwelt und ihr Wiedererscheinen am Morgen; die Reise des verstorbenen Königs in Begleitung der Sonne; die Beziehungen zwischen den Menschen, dem König und den Göttern. Alle Lebewesen sind von dem reibungslosen Ablauf dieser Wechselbeziehungen abhängig, und die Künstler, Priester und Schreiber, die sie als Bilder und begleitende

266 RECHTS ZEICHNUNGEN UND RELIEFS IN VERSCHIEDENEN VOLLENDUNGSSTADIEN; UMRISSE IN ROTER UND SCHWARZER TINTE.

266 UNTEN DETAILS VON FARBIGEN RELIEFS AUS VERSCHIEDENEN KAMMERN.

267 MANCHE DER SZENEN IN HAREMHABS GRAB SIND NUR GEMALT UND NOCH NICHT ALS RELIEF AUSGEFÜHRT; HIER EINE BARKE VON RE.

Inschriften hinterließen, standen unter starkem Druck, alles korrekt darzustellen. In der Grabkammer Haremhabs kann man diese Genauigkeit nachvollziehen. Nachdem sie die Grabkammer grob ausgehauen hatten, glätteten Steinmetze die Wände. Vermutlich benutzten die Künstler Papyri mit Kopien des Totenbuches als Vorlage, um Texte und Szenen in roter Farbe auf die Wände zu zeichnen. Ein Oberschreiber überprüfte ihre Arbeit und führte erste Korrekturen in Rot, die endgültigen in Schwarz aus. Solche Korrekturen veränderten die Proportionen oder verbesserten die Ästhetik der Darstellung. Außerdem korrigierten sie falsche Schreibweisen der Inschriften oder Bilder, um die Wirksamkeit des Textes zu steigern. Es gibt viele Beispiele für solche Korrekturen. Nachdem die Umrisse feststanden, meißelte man den Hintergrund weg, so dass die Figuren erhaben aus der Fläche ragten. Danach fügte man die Details hinzu und modellierte die Gestalten. Es ist interessant, dass zwar viele Beispiele für unvollständig ausgemeißelte Szenen gefunden wurden, jedoch fast nie angefangene Ausmalungen – die Farbfassung war entweder vollständig oder erst gar nicht begonnen worden. Eine seltene Ausnahme stellt der

unfertige graue Hintergrund hinter der Reihe der Männer in der vorderen Ecke der linken Wand dar (im unteren Teil der Grabkammer).
Es lohnt sich, die kunstvollen Reliefs und bemalten Figuren in der Grabkammer genauer zu betrachten; vor allem die Details sind häufig außergewöhnlich gut gezeichnet. Es gibt aber auch Figuren, die in aller Eile hingeworfen erscheinen: Auf der rechten Seite der vorderen Wand im oberen Abschnitt der Kammer steht ein sorgfältig ausgeführter Re-Harachte in einem Schrein zusammen mit zwei nachlässig gezeichneten Männern in der Barke.
Auf der linken Wand im vorderen, von Pfeilern getragenen Teil der Grabkammer kann man die Abfolge der Arbeitsschritte erkennen. Die Szene aus der vierten Stunde des Pfortenbuches zeigt den Gott Re in seiner Barke. Nur der Gott wurde ausgemeißelt; die anderen Figuren existieren erst als Umrisse. Die Figur hinter ihm wurde mehrfach neu gezeichnet, zweimal mit roter und einmal mit schwarzer Tinte; jedes Mal gab es Korrekturen, und seine Größe wurde reduziert. Die Proportionen und die Anordnung vieler Hieroglyphen wurden verändert, manchmal mehrmals. Auf der Pforte links scheinen die Figuren beinahe zufällig fertig gestellt worden zu sein – man findet ausgemeißelte neben unfertigen. Die Glyphen wurden nur in Umrissen gestaltet, die inneren Details und Modellierungen fehlen. Auch der *Kheker*-Fries wurde mehrfach umgestaltet und die in Rot gehaltenen Korrekturen lassen auf drei Versionen schließen.
Die endgültige, in Schwarz gezeichnete Form weist jedoch auf das Können eines erfahrenen und selbstbewussten Künstlers hin. Die Gerichtsszene auf der Rückwand ist nur in Umrissen fertig; ein Skarabäus, eine Anubismaske und der Thron, der Bart und das *Anch*-Zeichen von Osiris sind mit schwarzer Farbe ausgefüllt.
Bei den Arbeiten unter der Erde war nur schwer zu bestimmen, welche Wand im Norden, Süden, Osten oder Westen lag, aber diese Orientierung war von entscheidender Bedeutung: Die Szenen mussten genau auf die Himmelsrichtungen ausgerichtet und orientiert werden. Zu diesem Zweck hatte ein Schreiber in jeder Ecke und auf jeder Wand der Grabkammer die genaue Himmelsrichtung mit einer Hieroglyphe markiert.

3

DAS GRAB VON RAMSES I. (KV 16)

GESCHICHTE

Ramses I. kam nach einer Karriere in der Armee von Haremhab an die Macht. Die Mitglieder seines Hofes erwarteten keine lange Regierungszeit – er war bereits recht alt –, daher entschieden sie sich für ein kleines Grab, das den Mindestansprüchen für ein Königsbegräbnis genügte, eine rasch zu vollendende Grabstätte mit nur den nötigsten Bestandteilen. Sie hatten richtig vermutet: Ramses I. regierte nur 16 Monate, so dass der Plan für sein Grab in aller Eile verändert werden musste: Ein Korridor wurde zur Grabkammer, und die ungewöhnlich breiten Nischen in Korridor C blieben unvollendet. Sein Grab ist das kleinste im Tal der Könige, noch kleiner als das Grab von Tutanchamun. Dennoch ist immer noch zu erkennen, dass der Grundriss dem Grab von Haremhab (KV 57) nachempfunden war. Vor allem der Stil der Ausmalung und die Verwendung von graublauem Hintergrund für Szenen und Inschriften lassen dies erkennen. Manche glauben, dass die beiden Gräber von denselben Künstlern hergestellt wurden. Nur die Grabkammer J und eine kleine Nische dahinter (Seitenkammer JB) wurden verziert.

LEGENDE

A EINGANG
B KORRIDOR
C TREPPENSCHACHT
J GRABKAMMER
JA, B, C SEITENKAMMERN

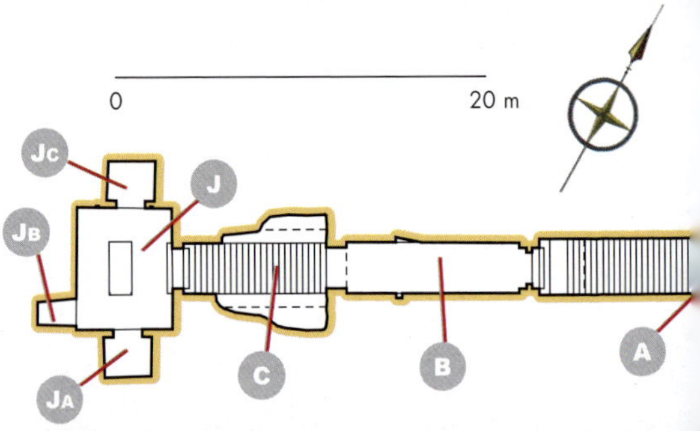

268 OBEN RAMSES I. AUS DER GRABKAMMER.

268–269 SCHWARZE WAND DER GRABKAMMER MIT ATUM-RE-CHEPRE UND OSIRIS AUF IHREN THRONEN.

269 OBEN DER ROTE GRANIT-SARKOPHAG IN DER GRABKAMMER.

269 UNTEN INSCHRIFTDETAILS AUS DER GRABKAMMER.

270 OBEN, 271 OBEN UND UNTEN LINKS RAMSES I. MIT NEFERTEM UND MAAT, PTAH, HORUS UND ANUBIS.

270 MITTE DAS PFORTENBUCH, AUS DER GRABKAMMER.

270 UNTEN PROZESSION, AUF DER RECHTEN WAND.

271 UNTEN, MITTE UND RECHTS BARKE MIT SONNENGOTT, OSIRIS IN EINEM SCHREIN.

BESICHTIGUNG

Die vierte Stunde des Pfortenbuches beginnt in der linken Ecke der linken Wand der **GRABKAMMER** mit einer Darstellung des Tores, das von einer vertikal eingezeichneten Schlange bewacht wird. Die Sonnenbarke wird zu neun Schreinen gezogen, in denen neun Mumien liegen und auf ihre Erweckung durch den Sonnengott warten. Darunter repräsentiert eine in vielfache Windungen gelegte Schlange den Lauf der Zeit. Sie wird von zwölf Göttinnen bewacht, die die zwölf Stunden der Nacht symbolisieren.
In einem einzelnen Register auf der Rückwand sind hübsch gemalte Figuren von Atum-Re-Chepre – ein Gott in Menschengestalt mit dem Kopf eines Skarabäus – und Osiris dargestellt; er sitzt auf Thronen, die in verschiedene Richtungen gewandt sind. Vor Osiris steht ein *Iun-mutef*-Priester, der sich darauf vorbereitet, Ramses I. zu empfangen und ihn mit Horus, Atum und Neith vor den Gott zu führen. Atum-Re-Chepre empfängt eine weitere Darstellung von Ramses I., die sehr schön gekleidet ist und dem Gott vier Körbe mit feinen Stoffen darbringt. Rechts davon, über dem Eingang zur Seitenkammer Jb wird ein kniender Ramses I. von den Seelen von Pe (Buto) und Nechen (Hierakonpolis) begleitet, die Osiris anbeten. Auf der rechten Wand wird auf weißem Hintergrund eine sehr sorgfältig gemalte Barke in einem kleinen Schrein dargestellt; sie transportiert eine widderköpfige Figur des Sonnengottes. Der Schrein wird von einer guten Schlange (Mehen) und den Göttern Sia und Heka beschützt. Die Szene stammt aus der dritten Stunde des Pfortenbuches. Die Barke soll die lange, röhrenförmige Struktur links durchfahren. Im Register darunter bedroht die böse Schlange Apophis den Sonnengott, die aber von Atum und neun anderen Göttern zurückgehalten wird. Auf der vorderen Wand begrüßt die Göttin Maat den König, als er sein Grab betritt. Hinter ihr steht der König mit den Göttern Ptah und Nefertem, der eine Lotoskrone trägt.
Der Sarkophag aus Granit wurde rot bemalt. Die gelben Figuren mit schwarz ausgeführten Details stellen die vier Horussöhne sowie Thot, Isis, Anubis und Nephthys dar. In der kleinen Nische in der Rückwand der Kammer befindet sich eine hübsche Szene: Osiris steht in einem Schrein mit den Füßen auf einer Schlange und wird von Anubis und der Uräuskobra beschützt.

3

DAS GRAB VON SETHOS I. (KV 17)

GESCHICHTE

Im Jahr 1821 drängt sich große Menschenmengen in London und Paris, um die Ausstellung mit Kopien der Bilder aus dem Grab von Sethos I. zu sehen. Das Grab, das vier Jahre zuvor entdeckt worden war, fand in Europa enorme Beachtung. Bis auf den Fund von Tutanchamuns Grab (1922) und die Wiederentdeckung von KV 5 (1987) stand keines der Gräber aus dem Tal der Könige mehr im Blickpunkt der Öffentlichkeit. Es ist nicht schwierig zu verstehen, warum: Das Grab war riesig, vollkommen ausgemalt und wunderbar erhalten; zudem veröffentlichte Giovanni Belzoni einen gut geschriebenen und äußerst fesselnden Bericht von seiner Entdeckung.

KV 17 war das erste Grab aus dem Tal der Könige, das vollständig ausgemalt war. Jede Wand und jeder Pfeiler vom Eingang bis zur Grabkammer war mit Szenen aus dem Pfortenbuch, dem *Amduat*, der Litanei des Re, dem Buch der Himmelskuh und der rituellen Mundöffnung bedeckt. Die Arbeiten waren sorgfältig ausgeführt, und die Szenen gehören zu den am besten erhaltenen im Tal – vielmehr, sie gehörten. Belzoni und andere Besucher machten nicht nur Aquarell-Kopien der Malereien, sondern stellten auch Abklatsche her, indem sie feuchtes Papier auf die Reliefdarstellungen drückten, es antrocknen ließen und wieder abzogen. Auf diese Weise wurden natürlich die Farben beschädigt.

Belzonis Ausgrabungen um den Grabeingang beseitigten auch die natürlichen Barrieren gegen eindringendes Regenwasser. Kurz nach Öffnung des Grabes drang ein sintflutartiger Regen ein und verursachte schwere Schäden. Einige Jahre später hackten Jean-François Champollion und Ippolito Rosellini mehrere Stücke der Wand ab und brachten sie nach Europa. Viele andere Besucher taten es ihm gleich.

Ein langer Gang, der tief unter dem Boden der Grabkammer verläuft, wurde bereits vor einem Jahrhundert teilweise von Schutt befreit. In den 1950er-Jahren setzten die Nachfahren eines Grabräubers die Arbeiten fort und lösten damit Stabilitätsprobleme in der Kammer darüber aus, die mit Ziegeln und Stahlstützen korrigiert werden mussten. In den letzten Jahrzehnten wurden mehrere Versuche unternommen, Teile des Grabes vor dem Einsturz zu bewahren. Vor kurzem schloss man die Grabstätte für Besucher, um notwendige Restaurierungsarbeiten auszuführen. Allerdings wurden die Arbeiten inzwischen abgebrochen, und es ist nicht zu erkennen, wann sie fortgesetzt werden. Daher wird KV 17 wohl für die nächste Zukunft geschlossen bleiben.

272 OBEN UND 275 OBEN RELIEFS VON IUN-MUTEF-PRIESTERN.

272–273 ISIS MIT AUSGEBREITETEN FLÜGELN.

BESICHTIGUNG

Eine steile Treppe führt zum Eingang des Grabes und dem **KORRIDOR B.** Die Wände sind mit der Litanei des Re bemalt; auf der linken Wand steht der König vor Re-Harachte, gefolgt von der „Titelseite" des Textes, die hier zum ersten Mal in einem Königsgrab dargestellt wurde. Darauf folgt der eigentliche Text zusammen mit 75 Anrufungen des Sonnengottes. Der Text setzt sich auf der rechten Wand fort. Die Decke wurde mit Vögeln verziert, die sich mit Geier- und Schlangenköpfen abwechseln.
In den Boden von **TREPPENSCHACHT C** wurden eine große Treppe und große Nischen in die Wände darüber geschlagen. Hier

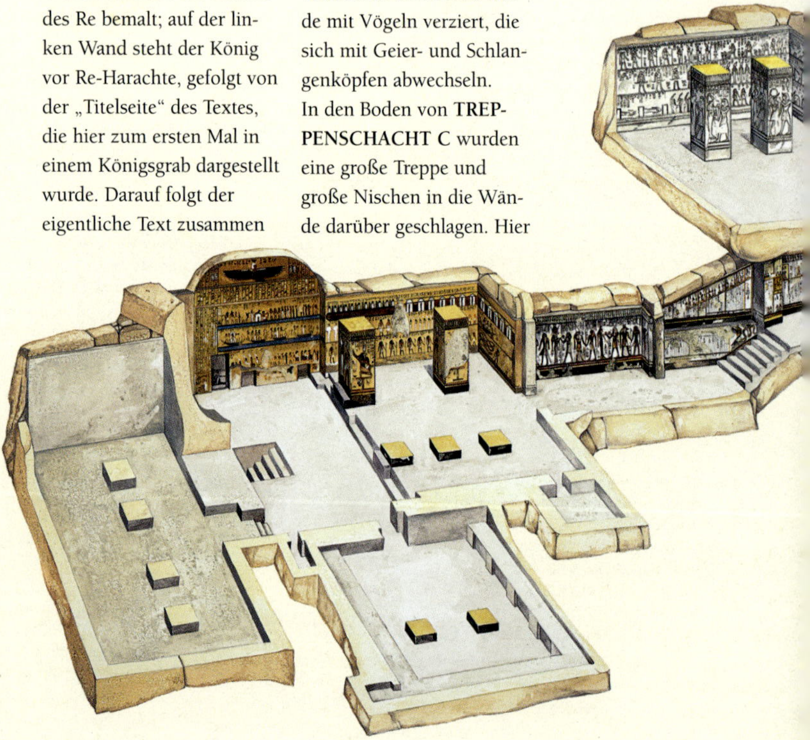

274–275 ZEICHNUNG DES GRABES; NORDSEITE.

LEGENDE

A EINGANG
B ERSTER KORRIDOR
C TREPPENSCHACHT
D ZWEITER KORRIDOR
E BRUNNENKAMMER
F PFEILERKAMMER
FA SEITENKAMMER
G DRITTER KORRIDOR
H VIERTER KORRIDOR
I VORKAMMER
J GRABKAMMER
JA, B, C, D, E SEITENKAMMERN
K KORRIDOR

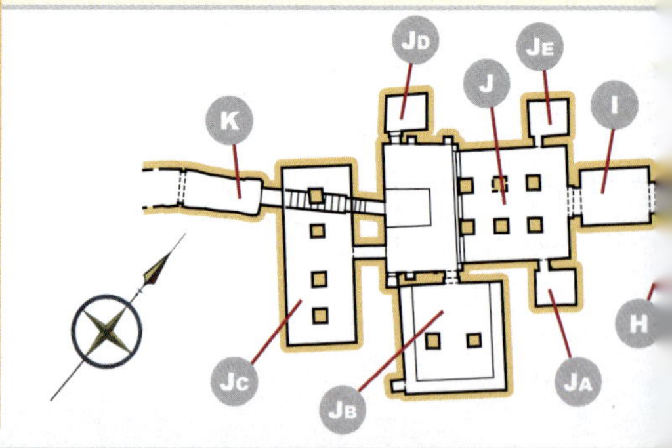

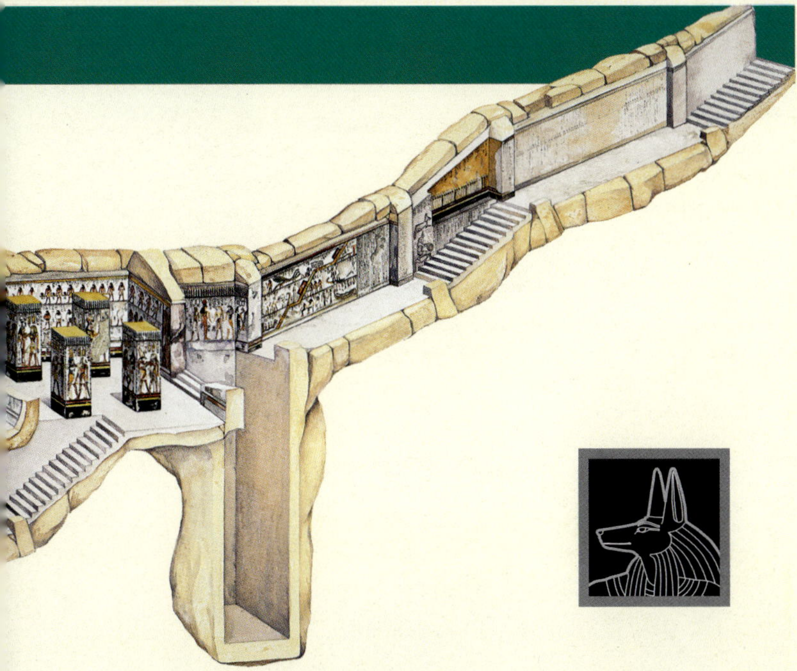

setzt sich die Litanei des Re fort, gefolgt von der dritten Stunde des *Amduat*. Hinter den Nischen kniet auf der linken Wand eine Isisfigur unter einem liegenden Anubisschakal. Nephthys ist auf der rechten Wand in ähnlicher Pose dargestellt. Über der hinteren Tür sind Maat und die Kartuschen von Sethos I. zu sehen.

Im **KORRIDOR D** erscheint die vierte Stunde des *Amduat* auf der rechten Wand, die fünfte Stunde auf der linken. Unfertige Nischen sind mit schwarzen Strichen markiert. Als Belzoni das Grab entdeckte, waren diese Wände noch nahezu unversehrt, heute sind große Teile stark beschädigt.

KAMMER E mit einem 6,70 Meter tiefen Brunnenschacht ist oben an der linken Seite mit einer einzelnen Reihe von Figuren bemalt. Sie zeigen den König, der von Harsiesis vor Isis geführt wird, Hathor Wein opfert und vor Osiris und der Westgöttin steht. In der rechten Hälfte der Kammer folgen Anubis und Harsiesis auf einen sitzenden Osiris und ähnliche Szenen wie links. Die Rückwand der Kammer hatte man ursprünglich mit Steinen und Ziegeln verstellt, dann mit Gips verputzt und bemalt; offenbar hoffte man Grabräuber zu täuschen.

Hinter dem Brunnenschacht folgt **KAMMER F**, ein Raum mit vier Pfeilern,

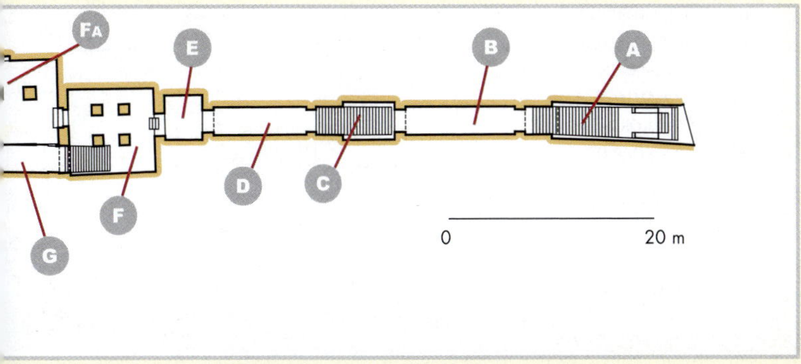

276–277, 277 UNTEN LINKS UND RECHTS RAUM MIT VIER PFEILERN; AUF JEDER PFEILERFRONT IST SETHOS MIT EINER GOTTHEIT ZU SEHEN.

276 OBEN MUMIEN AUF EINER SCHLANGENFÖRMIGEN BAHRE, AUS DEM PFORTENBUCH.

276 UNTEN SETHOS I. STEHT VOR OSIRIS, HINTER IHM HORUS; AUF DER RÜCKWAND.

277 UNTEN MITTE DIE SCHLANGE APOPHIS AUS DEM PFORTENBUCH.

dessen Wände mit der fünften (links) und der sechsten Stunde (rechts) des Pfortenbuches bemalt sind. Im unteren Register vereinen sich die Seelen der Toten mit ihren Mumien, die auf einem langen, schlangenförmigen Bett liegen. Im oberen Register halten göttliche Wächter die Schlange Apophis davon ab, dem Sonnengott zu schaden. In der linken vorderen Ecke des Raumes ist eine beschädigte Szene zu sehen, die vor einem Jahrhundert noch gut erhalten war; sie gehörte zu den meistbewunderten Malereien und wurde regelmäßig kopiert und kommentiert. Sie zeigt eine Reihe von Fremden, Westasiaten, Nubier, Libyer und Ägypter, die traditionelle Kleidung und Frisuren tragen. Der weiße Hintergrund auf diesen Seitenwänden kontrastiert mit der Rückwand, wo Sethos auf gelbem Hintergrund von Horus vor Osiris geführt wird, hinter dem Hathor sitzt. Ein Teil dieser Szene ist jüngst probeweise von Restauratoren gereinigt worden. Das Ergebnis beweist, wie stark die Farbschicht unter dem Staub und der Feuchtigkeit der letzten drei Jahrtausende gelitten hat.

Wenn man im Uhrzeigersinn um Pfeiler 1 (vorne links) herumgeht, sieht man den König – er wird von Harsiesis umarmt – vor Ptah, dann Anubis, dann die Westgöttin. Auf Pfeiler 2 (hinten links) wird der König von Re-Harachte, Schu, Serqet und Isis umarmt. Pfeiler 3 (vorne rechts) zeigt den König vor einem Gott, dann Hathor, Harsiesis und Anubis. Pfeiler 4 schließlich (hinten rechts) zeigt den König mit Atum, Nephthys, Neith und Ptah-Sokar.

SEITENKAMMER Fa Der Seitenraum dahinter hat einen niedrigeren Boden als Raum F und wird von zwei Pfeilern gestützt. Er zeigt Szenen und Inschriften nur in Form schwarzer Umrisse. Es ist unbekannt, warum man diese Wände als Einzige nicht ausgemalt hat. Es gibt Vermutungen, dass der unfertige Eindruck, der Knick in der Grabachse und die Möglichkeit, die darauf folgende Treppe zu verbergen, Grabräuber davon überzeugen sollte, ein totes Ende erreicht zu haben. Die Szenen stammen aus der neunten, zehnten und elften Stunde des *Amduat*. Die Kunst der Maler, die die Figuren und Hieroglyphen konzipiert haben, ist eindrucksvoll. Die Linien sind mit dem langen und selbstbewussten Strich eines erfahrenen und talentierten Meisters gezogen. Beachten Sie die Figuren auf der linken Wand: Sie stellen Ertrunkene dar, die besondere Hilfe benötigen, um in die Unterwelt zu gelangen. Auf den Pfeilern ist der König mit Nefertem, Re-Harachte, Maat und Atum zu sehen sowie mit Maat, Osiris, Hathor und Sokar-Osiris.

Eine verzierte Treppe führt in die **KORRIDORE G** und **H** hinab. Die Szenen zeigen die rituelle Mundöffnung und Priester bei den Zeremonien vor königlichen Statuen. Sie sind in Leopardenfelle gekleidet und weisen sich damit als *Iunmutef*-Priester aus. Die Leopardenfelle und der Griff in Form eines Leopardenkopfes wurden sehr sorgfältig ausgeführt. Beachten Sie auch, wie ungewöhnlich der Priester die Pranke des Leoparden in seiner linken Hand hält. Die Darstellung gehört zu den besten dieser Art im Tal der Könige, obwohl Vandalen vieles zerstört und Besucher des 19. Jahrhunderts Wandabschnitte für europäische Sammlungen ausgehackt haben.

VORKAMMER I, der Vorraum der Grabkammer, wurde von Belzoni „Saal der Schönen“ genannt, weil dort wunderschön gemalte Könige und verschiedene Götter zu sehen waren. Leider haben die Abklatsche, die von Besuchern im 19. Jahrhundert gemacht wurden, die Farben beschädigt und die Wände verfärbt. Was wir heute sehen, ist nur noch ein Schatten des einstigen Meisterwerks, doch die Qualität des Reliefs ist

immer noch augenfällig, insbesondere die Details der Gesichter und Hieroglyphen. Auf der linken Seite der Kammer ist der König siebenmal zu sehen: in Umarmung mit Hathor, stehend vor Anubis, opfernd vor Isis, stehend vor Harsiesis, Hathor opfernd, stehend vor Osiris und mit Ptah. Die rechte Seite ist ähnlich gestaltet, bis auf das hintere Ende, wo der König vor Nefertem steht.

Sethos' **GRABKAMMER J** besteht aus zwei Teilen: Der vordere Teil wird von sechs Pfeilern gestützt, im hinteren Teil mit abgesenktem Boden steht der Sarkophag unter einer gewölb-

278–279 RECHTE WAND DER VORKAMMER I, DER „SAAL DER SCHÖNEN".

279 MITTE KORRIDOR H; ZEREMONIELLES OPFER BEI DER RITUELLEN MUNDÖFFNUNG.

279 UNTEN SEITENKAMMER MIT ZWEI PFEILERN (FA), NUR MIT SCHWARZER TINTE AUSGEMALT.

ten Decke. Die Pfeiler sind beschädigt, einer fehlt, die anderen wurden zerschnitten und befinden sich in europäischen Museen. Ursprünglich zeigten sie alle den König mit verschiedenen Göttern, darunter *Iun-mutef*, Ptah-Sokar, Geb, Osiris, Chepre, Thot, Harsiesis, Schu, Re-Harachte, Anubis, und die Seelen von Pe und Nechen. Die letzten drei sind entlang der Hauptachse des Grabes angeordnet.

Die Wände in der oberen Kammer sind mit Inschriften und Szenen aus dem Pfortenbuch verziert; auf der linken Seite die zweite und fünfte Stunde, rechts die dritte Stunde.

Auf der Seitenwand der unteren, gewölbten Kammer knien geflügelte Figuren von Isis und Nephthys; sie werden von Kartuschen von Sethos I. flankiert. Das *Amduat* beginnt mit der ersten Stunde auf der linken Wand in einer langen und einer verkürzten Version. Die zweite Stunde ist auf der Rückwand, die dritte auf der rechten Wand dargestellt.

Die **GEWÖLBTE DECKE** gehört zum Eindrucksvollsten, was das Tal der Könige zu bieten hat. Sie zeigt astronomische Erscheinungen, die längst nicht alle entschlüsselt sind. Ein Flusspferd und ein Krokodil in der Mittellinie der Decke repräsentieren ein Sternbild, das die Ägypter am Nordhimmel sahen.

280 OBEN DIE GRABKAMMER MIT SECHS PFEILERN.

280–281 DIE SONNENBARKE; SÜDSEITE DER GRABKAMMER.

281 OBEN LINKS UNTERER TEIL DER SÜDSEITE DER GRABKAMMER.

281 OBEN RECHTS SETHOS I. MIT OSIRIS AUF EINEM PFEILER IN DER GRABKAMMER.

281 UNTEN DETAIL DER DECKE, ASTRONOMISCHE SYMBOLE.

Die **SEITENKAMMERN**, die vom oberen und unteren Abschnitt der Grabkammer abzweigen, sind mit der vierten Stunde des Pfortenbuches bemalt, in der ersten, rechten Kammer sieht man das Buch der Himmelskuh. Die linke, hintere Kammer wird von zwei Pfeilern gestützt und ist mit Figuren von Osiris sowie ausführlichen Darstellungen aus der siebten bis neunten Stunde des *Amduat* bemalt.
Im unteren Teil der Kammer J wurde eine quadratische Grube in den Boden eingelassen. Die Steinmetze schlugen einen kleinen Durchgang in deren Rückwand ein, der zu einem schmalen, gut ausgehauenen Tunnel führt. Er erstreckt sich steil abwärts gerichtet hundert Meter tief in den Felsen hinein. Er war vollständig mit Schutt aufgefüllt und ist erst teilweise ausgegraben, daher ist unbekannt, wohin er führt. Einige Forscher haben die Hoffnung, dass Sethos I. nicht in Kammer J begraben lag, sondern dass dieser Raum Grabräuber täuschen sollte. Sie vermuten, dass der Tunnel in eine Grabstätte tief im Felsen führt, die immer noch Schätze enthält. Allerdings erscheint dies eher unwahrscheinlich. Die meisten Ägyptologen gehen vielmehr davon aus, dass dieser Tunnel Sethos' I. Grabstätte mit dem Grundwasser verbinden sollte. Eine ähnliche Konstruktion hatte Sethos I. im Osireion von Abydos ausführen lassen, wo das „Begräbnis" von Osiris symbolisch mit den Urwassern aus der Zeit der Schöpfung verbunden wurde.

282 OBEN DIE LINKE, HINTERE SEITENKAMMER JA MIT ZWEI PFEILERN.

282 UNTEN, 283 MITTE UND UNTEN DETAILS DER WANDVERZIERUNG; SEITENKAMMER JA

283 OBEN SETHOS I. UMARMT EINEN OSIRIS IN UNGEWÖHNLICHER VERKÖRPERUNG; AUF EINEM PFEILER IN DER SEITENKAMMER MIT ZWEI PFEILERN.

3

DAS GRAB VON RAMSES II. (KV 7)

Von den mindestens zehn Archäologen und Forschern, die versucht haben, das Grab von Ramses II. zu reinigen, gaben alle auf – bis auf den letzten. Wir wissen, dass das Grab bereits in der Antike geöffnet wurde; seither hat es stark gelitten. Mehrere katastrophale Wolkenbrüche spülten Tonnen von Schutt von den Hängen in die Grabkammern, wo sie enorme Schäden an Wänden und Pfeilern anrichteten. Richard Pococke besuchte das Grab 1737, die napoleonische Expedition 1799 und Henry Salt 1817. Harry Burton beschrieb 1913 das Grab als „in sehr schlechtem Zustand … es war notwendig, einen Teil der Decke abzutragen". Seit 1993 arbeitet der französische Ägyptologe Christian LeBlanc hier und kann in seinen Arbeitsberichten regelmäßig wichtige Entdeckungen vermelden.

Es ist unwahrscheinlich, dass KV 7 in absehbarer Zeit für das Publikum geöffnet wird. Noch immer müssen tausende Kubikmeter Schutt weggeräumt und Stütz- und Sicherungsarbeiten ausgeführt werden. Das ist traurig, denn Ägyptologen, die das Glück haben, das Grab sehen zu dürfen, sind begeistert, wenn sie die langen Korridore voller Schutt entlangwandern. Der Abstieg geschieht in völliger Dunkelheit, nur eine Fackel spendet trübes Licht, und der Staub, der sich in den Nasenlöchern festsetzt, dämpft auch die Schritte, so dass es im Grab totenstill bleibt. Wenn sie die riesige Grabkammer betreten, beleuchtet das schwache Licht der Fackel Schutthaufen, die entstanden, als vor Tausenden von Jahren die Pfeiler zusammenbrachen, die das Gewölbe der Decke trugen.

Wie es sich für einen König mit der Macht und Langlebigkeit von Ramses II. gehört, ist KV 7 eines der größten Gräber des Tals. Es bedeckt eine Fläche von 686 Quadratmetern, reicht 168 Meter tief in den Berg und gehörte zu den ersten Gräbern, die nahe dem Eingang zum Tal der Könige angelegt wurden. Die Region ist zwar durch gefährliche Sturzbäche bedroht (wie man am Grab sieht), doch vermutlich war der große, unangetastete Hang der beste Standort für den geplanten Bau.

Das Grab kehrt zum Grabtyp der 18. Dynastie mit rechtwinkligen Knicken zurück. Im Wesentlichen folgte man bei der Ausmalung dem Figurenprogramm, das auch im Grab von Sethos I. (KV 17) verwendet wurde. Allerdings gibt es mehrere Änderungen: KV 7 ist das erste königliche Grab, in dem Türpfosten und der Sturz der Eingangstür bemalt sind, und die Nischen in den Toren tragen Reliefs d[er] Göttin Maat.

Die Ausgrabungen brachten nur wenige Objekte zu Tage da es bereits in der Antike ausgeraubt wurde. Wir wiss[en] beispielsweise, dass Diebe im 29. Regierungsjahr von Ramses III. einbrachen, und sicherlich gab es viele weite[re] Einbrüche.

Von der Wandbemalung wu[r]den erst relativ wenige Abschnitte genauer untersucht. Zweifellos war das Gr[ab] stark verziert, sowohl mit erhabenem und bemaltem Relief als auch mit bemalte[m] Verputz. Wie im Grab von Sethos I. war Korridor B mi[t] der Litanei des Re verziert. [Die] Inschriften in Korridor C stammen aus Kapitel 151 de[s] Totenbuches. In Korridor D und der Brunnenkammer E folgt die „Schrift des verbor[ge]nen Raumes" (*Amduat*). Die weiteren Szenen und Inschr[if]ten behandeln die rituelle Mundöffnung. In Kammer F knickt die Achse des Grabes

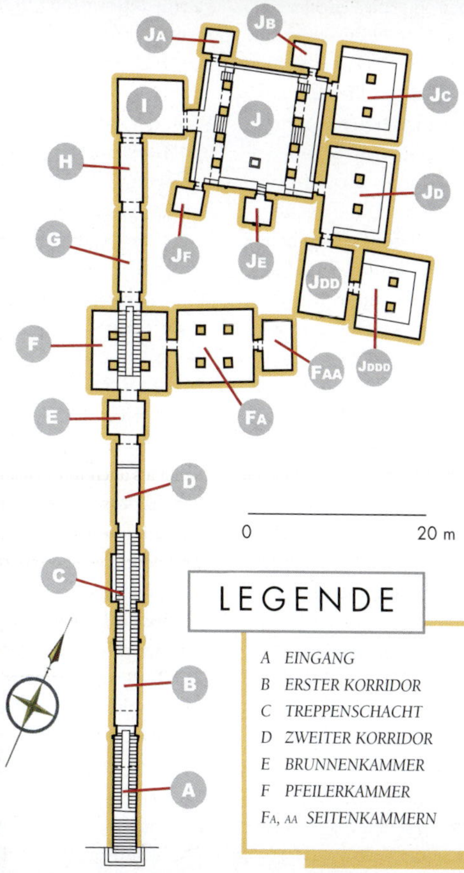

im rechten Winkel; die Rückwand ziert das „Negative Bekenntnis" aus Kapitel 125 des Totenbuches. In der Grabkammer J und ihren Seitenkammern kehrte man zum *Amduat* und dem Pfortenbuch zurück. Das Buch der Himmelskuh, das auch in einem Seitenraum des Grabes von Sethos I. zu sehen ist, wird im Seitenraum JF dargestellt.

282 OBEN RELIEF MIT DEM PROFIL VON RAMSES II.

283 DIE GRABKAMMER VON RAMSES II.

LEGENDE

A EINGANG
B ERSTER KORRIDOR
C TREPPENSCHACHT
D ZWEITER KORRIDOR
E BRUNNENKAMMER
F PFEILERKAMMER
FA, AA SEITENKAMMERN
G DRITTER KORRIDOR
H VIERTER KORRIDOR
I VORKAMMER
J GRABKAMMER
JA, B, C, D, DD, DDD, E, F SEITENKAMMERN

3

DAS GRAB DER SÖHNE VON RAMSES II. (KV 5)

Im Jahre 1987 entdeckte das Theban Mapping Project ein Grab nahe am Eingang des Tals der Könige wieder, das für fast ein Jahrhundert verschollen gewesen war. Es war KV 5, das fünfte Grab südlich des Taleinganges; die Nummer gab ihm John Gardner Wilkinson 1827 bei seiner Auflistung der Königsgräber. Es wurde erstmals im Jahre 1825 von dem Engländer James Burton beschrieben. Burton grub einen schmalen Kanal durch den dicht gepackten Schutt, der das ganze Grab füllte (er stammte von den heftigen Regenfällen, die im Tal regelmäßig niedergehen), und kroch bis etwa 25 Meter tief hinein. In den acht Grabkammern, in die er hereinkriechen konnte, sah er jedoch weder Bemalung noch Grabschmuck und entschied, dass KV 5 uninteressant sei, ein mit Schutt gefülltes Loch in der Erde. Ein Jahrhundert später fand auch Howard Carter, das Grab sei wertlos, und schichtete den Schutt seiner nahen Ausgrabungen vor dem Eingang auf.
Kurz nachdem das Grab wieder entdeckt und der Schutt aus der ersten Kammer geräumt worden war, fand das Theban Mapping Project wichtige Szenen und Inschriften, die es als Grabstätte der Söhne von Ramses II. auswiesen.
Während der nächsten Jahre legten die Ausgräber auf jeder Wand und auf jedem Pfeiler Dekorationen frei. Im Februar 1995, als sie die Rückwand von Kammer 3, einem riesigen Saal mit 16 Pfeilern, von Schutt befreiten, fanden sie einen Durchgang, der in mehrere lange Korridore führte. Diese reichten bis tief in den Berg hinein und hatten über fünfzig Seitenkammern. Plötzlich entpuppte sich KV 5 als das größte Grab, das jemals im Tal der Könige entdeckt worden war und damit zu einem der größten in Ägypten. Das Grab mit dem einzigartigen Grundriss diente als Mausoleum für mehrere Mitglieder der königlichen Familie.
Inzwischen wurden weitere Bereiche freigelegt, und 2004 hatte das Theban Mapping Project in KV 5 bereits über 130 Flure und Kammern entdeckt; man erwartet zahlreiche weitere in der Zukunft. Der äußerst komplizierte Grundriss der Grabanlage wies mehrere Ebenen mit unterschiedlichen Funktionen auf, dehnte sich in verschiedene Richtungen aus und enthielt die Gräber von mindestens sechs Söhnen von Ramses II. Man fand Hunderttausende von Scherben, Tausende von zerbrochenen Beigaben, Tierknochen und menschliche Überreste, die hineingespült wurden oder *in situ* lagen. Die Wände tragen die Namen und Titel von Ramses II. und seinen Söhnen, die Szenen zeigen den König, der seine Söhne den Göttern in der Unterwelt vorstellt, sowie Kopien religiöser Texte, wie dem „Negativen Bekenntnis" (Kapitel 125).
Der Schutt in KV 5 ist so dicht gepackt und die Stützarbeiten so zeitaufwändig, dass bis 2003 wohl erst zwei Dutzend der zahlreichen Grabkammern freigelegt sein werden. Es wird noch viele Jahre dauern, bis KV 5 besichtigt werden kann. In der Zwischenzeit werden die Fortschritte der Ausgrabungen regelmäßig unter www.thebanmappingproject.com im Internet veröffentlicht.

286 OBEN FARBIGES RELIEF MIT DEM PROFIL VON RAMSES II.

287 KENT WEEKS UND EIN ASSISTENT SÄUBERN DEN RAUM MIT DEN 16 PFEILERN.

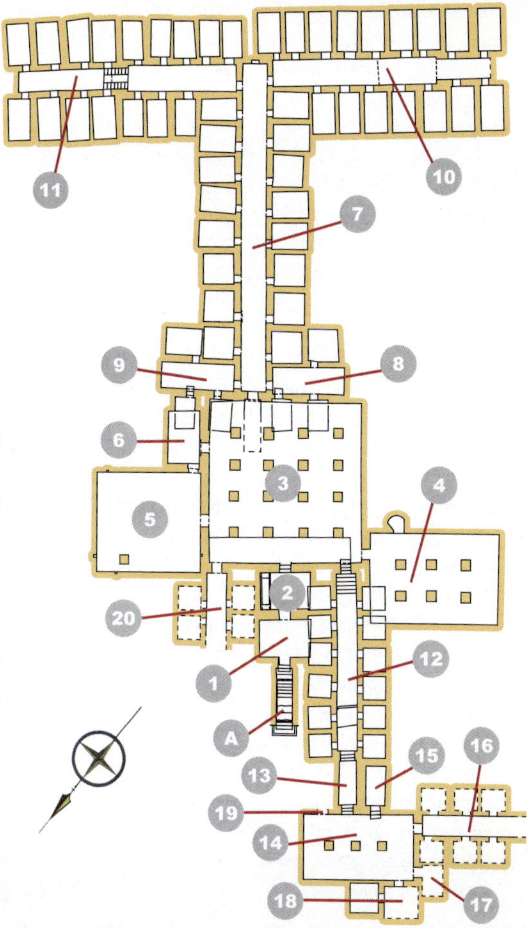

LEGENDE

A EINGANG
1 KAMMER 1
2 KAMMER 2
3 KAMMER MIT 16 PFEILERN
4 KAMMER MIT 6 PFEILERN
5 PFEILERKAMMER
6 KAMMER 6
7 KORRIDOR
8 KAMMER 8
9 KAMMER 9
10 KORRIDOR
11 KORRIDOR
12 KORRIDOR
13 KORRIDOR
14 PFEILERKAMMER
15 KAMMER 15
16 KORRIDOR
17 KAMMER 17
18 KAMMER 18
19 KAMMER 19
20 KORRIDOR

3 DAS GRAB VON MERENPTAH (KV 8)

GESCHICHTE

Mit 2.472 Kubikmeter Rauminhalt ist das Grab von Merenptah das zweitgrößte im Tal der Könige und wird nur von KV 5 übertroffen.
Die vordere Hälfte des 135 Meter langen Grabes ist seit der Antike zugänglich – man findet 121 griechische und lateinische Graffitis auf den Wänden der ersten sechs Räume. Die hintere Hälfte wurde allerdings erst 1903 von Howard Carter und die eigentliche Grabkammer erst 1987 ausgegraben. Die vier Seitenkammern neben der Grabkammer sind immer noch nicht von Schlamm und Steinsplittern befreit, die von schweren Regenfällen hineingespült wurden.
Als Merenptah den Thron bestieg, war er bereits ein alter Mann. Er regierte nach der langen Herrschaft seines Vaters Ramses II. nur zehn Jahre lang. Dennoch waren die Arbeiten an seinem Grab zur Zeit seines Todes abgeschlossen, und nur der letzte Raum hinter der Grabkammer blieb grob ausgehauen und undekoriert zurück.
KV 8 weist mehrere interessante architektonische Details auf: Es hat eine gerade Achse, leicht geneigte Korridore, und ihm fehlt der leichte Knick in der Mitte, wie z. B. in den Gräbern von Haremhab oder Sethos I., bzw. der rechte Winkel, wie im Grab von Ramses II.
Besonders faszinierend erscheint jedoch der Konstruktionsfehler, den manche Ägyptologen entdeckt zu haben glauben: Es war geplant, drei riesige Granitsarkophage und einen vierten aus Kalzit ineinander zu schachteln und in die Grabkammer zu stellen. Als der größte der Sarkophage im Tal der Könige eintraf, stellte sich heraus, dass er nicht durch die Tore des Grabes passte, obwohl sie die breitesten im Tal waren (der größte Sargdeckel war 2,13 Meter breit, die Türen im Durchschnitt 2,12 Meter). Man fragt sich, ob die Architekten oder Handwerker für diesen Fehler bestraft wurden. Die Lösung war einfach: Arbeiter schlugen die bereits fertig bemalten Türen wieder ab, schleppten den Sarkophag in die Grabkammer und bauten die Türen mit Sandsteinblöcken wieder zu. Die meisten dieser Blöcke sind verschwunden (einige liegen noch in der Seitenkammer FA), so dass die rauen Wände auf ewig von diesem peinlichen Irrtum künden.
Das Grab ist auf traditionelle Weise verziert, ähnlich wie bei Merenptahs Vater Ramses II. und seinem Großvater Sethos I. Die handwerklichen Arbeiten sind gut ausgeführt, und die Farben, obwohl durch die Fluten beschädigt, zeigen immer noch die Spuren von feinen, kräftig blaugrünen, gelben und roten Pigmenten.

BESICHTIGUNG

Der **ERSTE FLUR (KORRIDOR B)** ist mit einer ausführlichen Kopie der Litanei des Re bedeckt. Sie beginnt auf der linken (südlichen) Wand mit einem gut gearbeiteten Relief, das den König vor Re-Harachte und die „Titelseite“ der Litanei zeigt: eine Sonnenscheibe um einen Skarabäus und Re-Harachte mit einer Schlange und einem Krokodi[l]. Die Decke ist sehr farbenfroh mit einem sich wiederholenden Muster aus Geiern bema[lt].
Im **KORRIDOR C** wird di[e] Litanei des Re in großen Nischen vorne in den Seitenwänden fortgesetzt. Da[r]unter sieht man die zweite und dritte Stunde des *Am-*

duat und etwas weiter folgen weitere Teile der dritten und vierten Stunde. Am Ende des Korridors sind Szenen mit Anubis-Schakalen über Darstellungen von Isis (linke Wand) und Nephthys (rechte Wand) angeordnet; dazu kommt eine Inschrift aus dem 151. Kapitel des Totenbuches. Sie behandelt wichtige Aspekte des Königsbegräbnisses.

288 OBEN DETAIL DER DECKENVERZIERUNG.

289 LINKS MERENPTAH VOR RE-HARACHTE IM ERSTEN KORRIDOR.

289 RECHTS DER ANFANG DER LITANEI VON RE: EIN SKARABÄUS UND RE-HARACHTE IN EINER SONNENSCHEIBE.

LEGENDE

A EINGANG
B ERSTER KORRIDOR
C ZWEITER KORRIDOR
D DRITTER KORRIDOR
E BRUNNENKAMMER
F PFEILERKAMMER
FA, AA SEITENKAMMERN
G VIERTER KORRIDOR
H SARKOPHAG-KAMMER
I FÜNFTER KORRIDOR
J GRABKAMMER
JA, B, C, D SEITENKAMMERN
K HINTERE KAMMER
KA, B, C SEITENKAMMERN

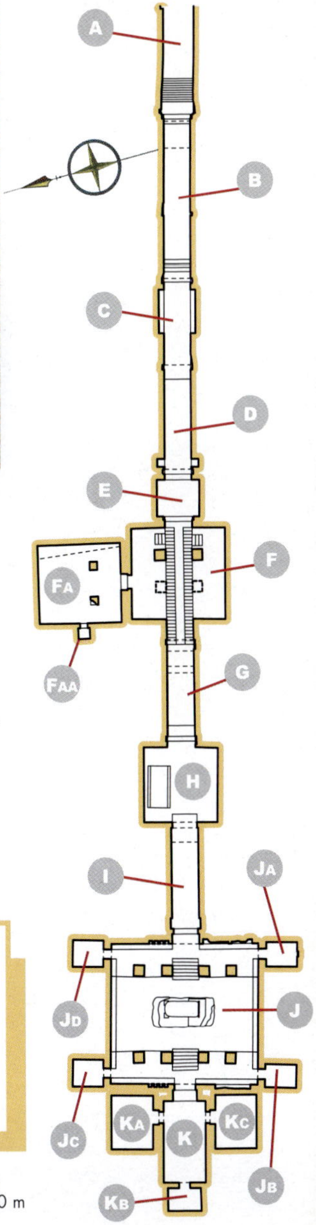

0 20 m

Das *Amduat* setzt sich im **KORRIDOR D** mit den Stunden vier (auf der linken Wand) und fünf (rechte Wand) fort.

Der Brunnenschacht (**KAMMER E**) wurde niemals vollständig ausgeräumt. Der obere Teil der Wände zeigt mehrere Götter. Auf der Vorderwand des Raumes stehen Merenptah links und Osiris rechts der Tür. Auf der Rückwand stehen Anubis links, der König als *Iunmutef* rechts. Auf der linken Wand sieht man hübsch gemalte, stehende Figuren von Amset, Duamutef, Anubis, Kheri-Baqef, Isis und Neith. Rechts sind Hapi gefolgt von Kebechsenuef, Anubis, Nephthys und Serqet dargestellt.

KAMMER F hatte ursprünglich vier Pfeiler, die jedoch entfernt wurden, bevor man mit der Ausmalung begann. Andererseits schlug man in die rechte (nördliche) Wand der Kammer einen Durchgang ein, nachdem die Wände bereits verziert worden waren. Diese Seitenkammer hat zwei Pfeiler; in die linke (westliche) Wand wurde ein kleiner Schrein für Osiris eingehauen. Heute ist die Kammer geschlossen und dient als Lagerraum für Fragmente des Sarkophages, die aus Ausgrabungen in der Grabkammer stammen. Auf der Rückwand (Westen) von Kammer F befindet sich eine schön gemalte Doppelszene, in der der König vor Osiris opfert. Die übrigen Wände sind mit Szenen aus der vierten, fünften und sechsten Stunde des Pfortenbuches bedeckt. Die stark beschädigten Pfeiler wurden jüngst restauriert. Man erkennt den König, der Osiris, Ptah und Horus (linker Pfeiler) bzw. Osiris, Re-Harachte, Ptah und Anubis opfert (rechter Pfeiler).

Auch **KORRIDOR G** ist stark beschädigt; er war ursprünglich mit Szenen der rituellen Mundöffnung verziert. Auf der linken Wand saß der König vor einem Opfertisch mit zwei Priestern, die Begräbnisrituale zelebrierten.

290 DIE PFEILERKAMMER F MIT BESCHÄDIGTEN MALEREIEN.

291 OBEN MERENPTAH OPFERT OSIRIS; AUS DER PFEILERKAMMER.

291 MITTE UND UNTEN DETAILS AUS DEM PFORTENBUCH; AUF DER RÜCKWAND DER PFEILERKAMMER.

292 OBEN DETAIL VOM DECKEL VON MERENPTAHS SARKOPHAG IN DER GRABKAMMER.

292 UNTEN DER MENSCHENFÖRMIGE SARKOPHAG IN DER MITTE DER GRABKAMMER.

293 OBEN LINKS SARKOPHAGDECKEL IN KAMMER H.

293 OBEN RECHTS ZWEI DETAILS AUS DEM HÖHLENBUCH AUF DER RECHTEN WAND DER GRABKAMMER.

Der Deckel des Sarkophages auf der rechten Seite von **KAMMER H** wurde bereits in der Antike hier abgestellt, als Priester die Sarkophage von Merenptah öffneten und einige nach Tanis ins Nildelta transportierten, um sie dort für das Begräbnis von Psusennes (21. Dynastie) zu verwenden. Die Wände der Kammer zeigen Szenen und Inschriften aus dem Kapitel 125 des Totenbuches, das „Negative Bekenntnis". Sie beginnen auf der Vorderwand und setzen sich über die ganze linke bis zur Rückwand fort.

Von den Ausmalungen in **KORRIDOR I** blieb fast nichts erhalten. Die große **GRABKAMMER** war vermutlich ein spektakulär verzierter Raum, doch die Fluten haben große Teile zerstört. Zwei Reihen mit je vier Pfeilern stehen vor und hinter einem tiefer gelegenen Mittelstück des Raumes, in dem ein Sarkophagdeckel mit menschlicher Form erhalten blieb (betrachten Sie die schöne Darstellung der Göttin Nut auf der Unterseite). Die Vorderwand der Kammer ist mit der neunten Stunde des Pfortenbuches verziert. Auf der linken und der Rückwand sind die zwölfte Stunde des Pfortenbuches und Ausschnitte aus dem Buch der Erde dargestellt. Auf der rechten Wand sieht man das Höhlenbuch und weitere Szenen aus dem Buch der Erde. Der König steht mit verschiedenen Göttern auf den Fronten der heute zerstörten Pfeiler. Von den astronomischen Szenen auf der gewölbten Decke der Kammer blieben nur kleinste Spuren zurück.

293 UNTEN DIE KARTUSCHE VON MERENPTAH.

3

DAS GRAB VON SETHOS II. (KV 15)

GESCHICHTE

Das Grab von Sethos II. in der südwestlichen Ecke des Tals der Könige wurde nur wenige Meter neben dem Grab seiner Frau Tausret (KV 14) angelegt. Wie griechische und lateinische Graffiti beweisen, ist das Grab seit der Antike zugänglich; Europäer besuchen es seit dem 18. Jahrhundert. Im frühen 20. Jahrhundert wurde das Grab von Howard Carter gründlich freigelegt, doch es bleiben immer noch Fragen bezüglich seiner Herstellung, Dekoration und Belegung übrig.

KV 15 wurde bei den schweren Wolkenbrüchen von 1994 beschädigt (das nahe Grab von Bai, KV 13, wurde fast zerstört); vor seinem Eingang hat man eine Schwelle aus Zement erbaut.

Die gute Qualität der Reliefs und Malereien im ersten Korridor steht im Kontrast zu den hastig hergestellten Malereien des übrigen Grabes. Der

BESICHTIGUNG

Grundriss ist einfach, das Grab ist kürzer als üblich und wurde nie vollendet. Den als Korridor geplanten Raum hinter der Pfeilerkammer F funktionierte man in aller Eile zur Grabkammer um.

Sethos II. war der älteste Sohn von Merenptah. Da es Streitigkeiten um die Thronfolge und eine kurzfristige Besetzung des Throns durch Amenemes gab, regierte Sethos nur etwa ein Dutzend Jahre. Während seiner Regierungszeit wurde der Hof von weiteren Problemen heimgesucht. Unter diesen Umständen überrascht kaum, dass sich die Arbeiten am Königsgrab nicht planen ließen.

KORRIDOR B Kniende Figuren von Maat auf einem Korb zieren die Innenwände des Tores, das in den Korridor führt. Eine Nische am Anfang der linken Wand wurde erst eingehauen, nachdem die Bemalung vollendet war. Vielleicht war sie als Zugang für eine Seitenkammer gedacht, die nie ausgeführt wurde. Die Szenen auf der linken Wand zeigen Sethos II., der Re-Harachte und Nefertem opfert. Die handwerkliche Arbeit ist von höchster Qualität; beachten Sie beispielsweise die Kleidung des Königs. Dahinter wird die Eröffnungszeichnung der Litanei des Re von Inschriftsäulen gefolgt. Sie setzen sich auf der rechten Wand fort. Der Himmel weist kräftig gefärbte Abteilungen mit Geiern mit ausgebreiteten Flügeln auf. Der sorgfältig gearbeitete und bemalte Text endet plötzlich noch vor dem Ende von Korridor B; es folgen rot gezeichnete Hieroglyphen, die nicht ausgemeißelt wurden.

KORRIDOR C Die rot gemalten Dekorationen setzen sich auch im nächsten Korridor fort; man erkennt einige hastig ausgeführte Korrekturen der Schreibweisen. Am Anfang des Korridors opfert Sethos II. Re-Harachte eine kleine Statue von Maat (linke Wand) und auf der rechten Wand Sokar Weihrauch. In einem oberen Register auf jeder Wand sind die 74 Formen des Sonnengottes dargestellt und darunter die zweite und dritte Stunde des *Amduat*. Auf der Decke wird eine Sonnenscheibe mit Res widderköpfigem *Ba*-Vogel von den Gottheiten Isis und Nephthys flankiert.

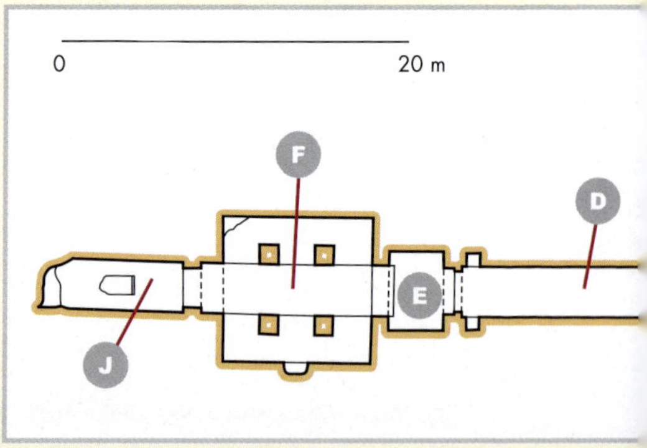

Im **KORRIDOR D** folgen wieder nicht vollendete, in Rot ausgeführte Darstellungen der vierten (linke Wand) und fünften Stunde (rechte Wand) des *Amduat*. Der Brunnenschacht in **KAMMER E** wurde nicht ausgehauen, doch die oberen Abschnitte der Wände zeigen Darstellungen göttlicher Statuen. Sie sind relativ grob in roten Umrissen ausgeführt und wurden dick mit gelbem Ocker ausgemalt. Eine zeigt die Statue des Königs über einer Katze in einem Schrein, eine andere stellt ihn in einem kleinen Schilfboot mit einer Harpune dar. Die königlichen Kartuschen erscheinen in verblasster blauer Farbe.

KAMMER F Dieser Raum mit vier Pfeilern und einer Absenkung in der Mitte ist mit dem Pfortenbuch bemalt. Auf der vorderen und linken Wand sieht man die fünfte Stunde, vorne, hinten und rechts die sechste Stunde. Eine Doppelszene mit dem König, der Osiris opfert, wurde auf der Rückwand dargestellt. Als Farben verwendeten die Künstler ausschließlich Rot und Gelb. Auf den Pfeilern kommt in den Szenen des Königs mit verschiedenen Göttern Grün hinzu. Deutlich kunstvoller als die übrigen Malereien dieses Raumes ist der Gott Ptah auf den vorderen Flächen der ersten beiden Pfeiler ausgeführt: Der Gott steht in einem Schrein, dessen geflochtene Wände rasch, aber mit sorgfältigen Details ausgeführt wurden.

KAMMER J Obwohl hier ursprünglich ein weiterer Korridor vorgesehen war, verwandelte man den Raum ohne wesentliche Änderungen des Grundrisses in eine Grabkammer. Die grob behauenen Wände wurden stark verputzt und grob mit Szenen aus der sechsten Stunde des Pfortenbuches (linke und rechte Wand) und Göttern bemalt. Anubis-Schakale über Schreinen und Osiris – beides typische Szenen aus der sechsten Stunde – sind gleichfalls zu sehen. Die Decke wurde mit einer großen und ungewöhnlichen Darstellung von Nut bemalt. Sethos' II. Sarkophag aus rotem Granit liegt zerbrochen auf dem Boden.

294 OBEN DETAIL EINER GEMALTEN STATUE AUF DER WAND DER BRUNNENKAMMER.

295 DIE PFEILERKAMMER IST MIT DEM PFORTENBUCH AUSGEMALT.

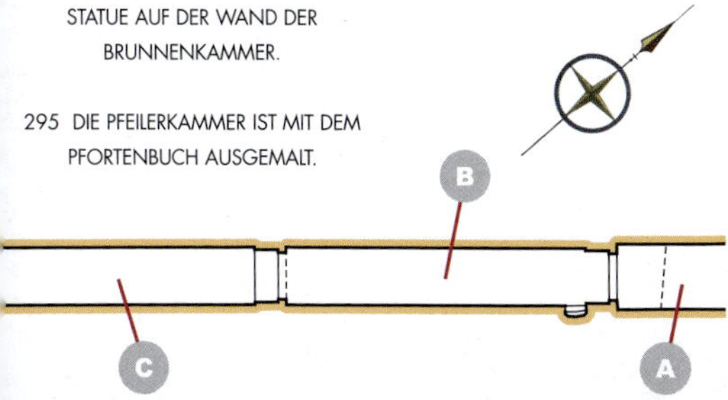

LEGENDE

- A EINGANG
- B ERSTER KORRIDOR
- C ZWEITER KORRIDOR
- D DRITTER KORRIDOR
- E BRUNNENKAMMER
- F PFEILERKAMMER
- J GRABKAMMER

3 DAS GRAB VON SIPTAH (KV 47)

GESCHICHTE

KV 47 ist die Grabstätte von Siptah, dem Sohn von Sethos II., und der Konkubine Tia. Das Grab ist 125 Meter lang und gleicht am Anfang dem Grab Sethos' II. (KV 15). Im hinteren Teil hat es jedoch zusätzliche Korridore, während der Grabkammer die Seitenräume fehlen. Das Grab hat eine etwas verwirrende Geschichte: Nach Siptahs Beerdigung wurden am Ende der 19. Dynastie seine Kartuschen abgeschlagen und später mit blauer Farbe erneuert; in der Dritten Zwischenzeit benutzte man das Grab erneut. Es gab mehrere Versuche, das Grab freizulegen (1905, 1912 und 1916), doch sie wurden eingestellt, weil die sehr schlechte Qualität des Fels die Arbeiten behinderte. Erst in jüngster Zeit wurden weitere Grabungsarbeiten begonnen.

BESICHTIGUNG

KORRIDOR B Wenn man durch die Tür mit der farbigen Sonnenscheibe auf dem Türsturz und sehr detaillierten Darstellungen der Göttin Maat auf den Gewänden – sie sitzt auf einem Korb – tritt, folgt ein 15 Meter langer Korridor, dessen Wände mit sorgfältig gezeichneten und gemalten Inschriften und Szenen bedeckt sind. Am Anfang der linken Wand steht Siptah mit Re-Harachte vor einem gelben Hintergrund. Die übrige Wand ist weiß. Zuerst kommt die übliche Eröffnungsszene der Litanei des Re und dann der Text der Litanei, der sich auf der rechten Wand fortsetzt. Die gesamte Litanei ist bis auf die Kartuschen in bemaltem, versenktem Relief ausgeführt.

KORRIDOR C Die Litanei des Re setzt sich mit 74 Figuren auf beiden Wänden dieses Flures fort, die als Manifestationen des Sonnengottes gelten; sie stehen in einer langen Reihe oben auf der Wand. Am Ende jeder Wand sieht man identisch gemalte Szenen aus Kapitel 151 des Totenbuches: Anubis steht neben einer Mumie, die auf einem Bett mit Löwenköpfen und -pfoten liegt. Darüber wird der Anubis-Schakal von Isis und Nephthys flankiert.

KORRIDOR D In diesem Raum fehlt die Ausmalung vollständig. Ursprünglich waren die Wände mit Szenen und Inschriften aus der vierten und fünften Stunde des *Amduat* bedeckt . Im rechten Gewände der Tür, die zu Kammer E führt, sieht man über einer Textsäule einen sehr sorgfältig in Rot und Schwarz

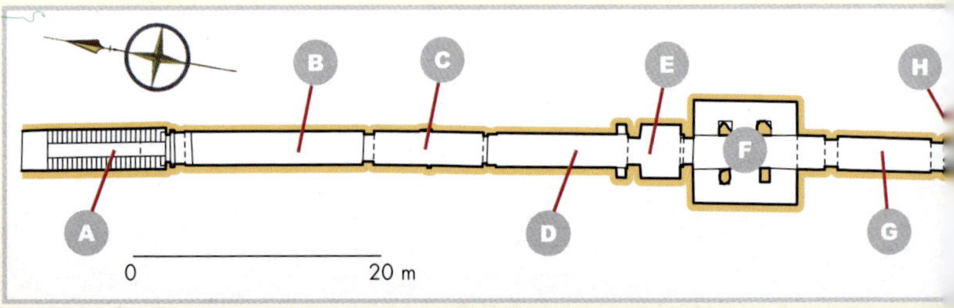

gezeichneten Stier. Er hält den Kopf wie für einen Angriff gesenkt.
KAMMER E UND DAHINTER Im übrigen Grab hat sich praktisch keine Dekoration erhalten. Die schlechte Steinqualität, die unregelmäßigen Steinmetzarbeiten und das trübe Licht, das jüngst installiert wurde, verstärken den Eindruck, sich in einem Bergwerksschacht oder mittelalterlichen Kerker zu befinden. In der **PFEILERKAMMER F** blieben Spuren roter Farbe in der Mitte der rechten Wand erhalten; sie markieren vielleicht eine geplante Tür, die zu einer Seitenkammer führen sollte. In dem kurzen Flur direkt vor der Grabkammer gibt es eine kleine Seitenpassage. Vielleicht war hier eine Seitenkammer oder ein Nebenraum der Grabkammer geplant, doch als man zu KV 32 durchbrach, wurden die Arbeiten aufgegeben. Siptahs roter Granitsarkophag steht noch immer in der Grabkammer. Seine Mumie fand man in dem Versteck im Grab von Amenophis II., das 1898 entdeckt wurde. Er litt vermutlich an Kinderlähmung oder hatte einen Klumpfuß.

296 OBEN UND 297 UNTEN SIPTAHS SARKOPHAG IN MENSCHLICHER GESTALT.

297 OBEN SIPTAH VOR RE-HARACHTE; IM ERSTEN KORRIDOR.

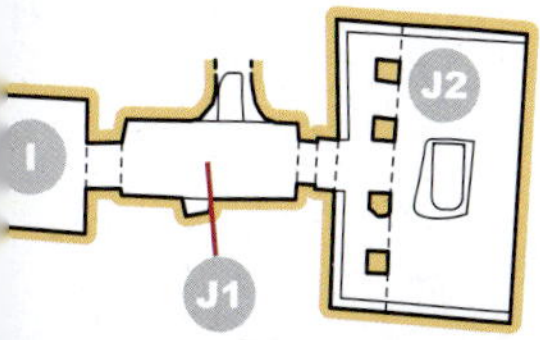

LEGENDE

- A EINGANG
- B ERSTER KORRIDOR
- C ZWEITER KORRIDOR
- D DRITTER KORRIDOR
- E BRUNNENKAMMER
- F PFEILERKAMMER
- G VIERTER KORRIDOR
- H FÜNFTER KORRIDOR
- I VORZIMMER
- J1 SECHSTER KORRIDOR
- J2 GRABKAMMER

3

DAS GRAB VON TAUSRET UND SETNACHT (KV 14)

GESCHICHTE

Die antike Geschichte von KV 14 ist verwirrend, und selbst heute diskutieren Ägyptologen kontrovers über die Abfolge der Ereignisse. Ursprünglich wurde das Grab in der 19. Dynastie für König Sethos II. und seine Frau Tausret gegraben. Wahrscheinlich begrub man Sethos II. in der Kammer J1. Nach seinem Tod bestieg Siptah, einer seiner jüngeren Söhne, den Thron, während seine Mutter Tausret als Regentin herrschte. Als der junge Siptah (sein Klumpfuß könnte auf eine Kinderlähmung hindeuten) schon sechs Jahre später starb, begrub man ihn in KV 47. Tausret erklärte sich zur Alleinherrscherin von Ägypten. Allerdings erkannte man ihre Herrschaft nicht an und setzte sie ab – wir wissen nicht, wie. An ihrer Stelle wurde ein gewisser Setnacht gekrönt. Es ist unbekannt, wo Tausrets Mumie begraben liegt; manche vermuten KV 13 als Grabstätte. Als Setnacht drei Jahre darauf starb, wurde er in KV 11 bestattet. Sein Sohn, der spätere Ramses III., erhob Einspruch und ordnete an, ihn nach KV 14 umzubetten. Die umfangreichen Ausmalungen in KV 14, die zunächst für Sethos II., dann für Siptah, dann für Tausret angefertigt worden waren, mussten erneut umgezeichnet werden – Setnachts Name ersetzte die früheren. Abbildungen von Tausret wurden verputzt und unter gemalten Kartuschen von Setnacht versteckt. Da man die meisten Wände jedoch unberührt ließ, stammt das Figurenprogramm in KV 14 noch vorwiegend von Tausret.

BESICHTIGUNG

KORRIDOR B Die Königsnamen auf der linken Wand wurden im Laufe der frühen Geschichte von KV 14 geändert, doch die Szenen blieben erhalten. Es sind die üblichen paarweisen Darstellungen von lebensgroßen Figuren des Toten und der Götter. Auf der linken Wand werden Re-Harachte Vasen, Anubis Nahrung und Isis eine Statue von Maat geopfert. Über einer Darstellung von Tausret wurde Setnacht eingemeißelt; er steht vor Horus und empfängt als Symbol des Lebens ein *Anch*-Zeichen von Nefertem. Auf der rechten Wand steht ein König vor Ptah in seinem kunstvollen Schrein, gefolgt von der Göttin Maat. Eine zweite Figur opfert Geb, eine dritte Re-Harachte, Hathor und Nephthys. Die

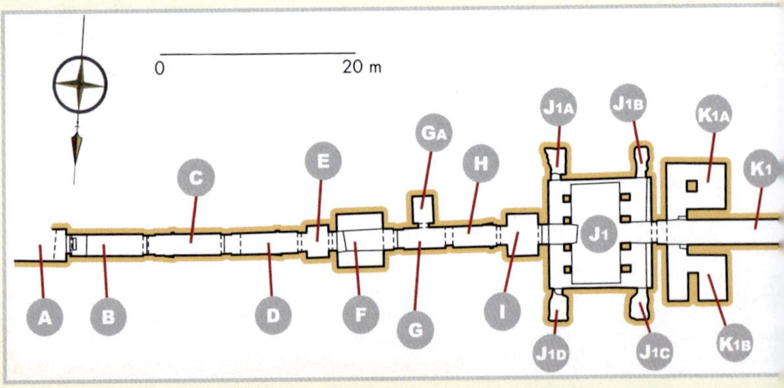

Farben der Szenen sind zwar weitgehend verblasst, aber immer noch in besserem Zustand als die nun folgenden Darstellungen in Korridor C, die von Salz zerstört wurden. Die Steinmetzarbeiten sind präzise, die Linien klar und sicher.

KORRIDOR C Die Szenen hier sind stark beschädigt, doch am Anfang der linken und rechten Wand erkennt man immer noch Kapitel 145 aus dem Totenbuch. Dahinter, auf der linken Wand, wird Sethos II. von Anubis gereinigt, der sein Gesicht zu einem leichten Lächeln verzieht. Rechts opfert Sethos II. drei Messer schwingenden Wächtern, die schützend vor den Toren zur Unterwelt stehen. In die rechteckigen Löcher links und rechts wurden dicke Holzbalken eingesetzt; darüber lief ein Seil, mit dem man den Steinsarkophag ins Grab schleppte.

In den Gewänden des Durchgangs zwischen Korridor C und D sieht man – wie auch in mehreren folgenden Türen – kniende Gestalten der Göttin Meretseger. Sie sind hübsch gemalt, insbesondere der Korb, auf dem die Göttin kniet; allerdings sind alle stark beschädigt.

KORRIDOR D In den wenigen Bereichen, wo sich das Relief erhalten hat, erkennt man die hohe Qualität der Malerei. Die Kleidung der Verstorbenen ist sorgfältig ausgeführt. Die Inschriften auf beiden Wänden setzen Kapitel 145 aus dem Totenbuch fort.

298 OBEN DIE GÖTTIN MAAT NEBEN DER TÜR ZWISCHEN ZWEITEM UND DRITTEM KORRIDOR.

299 DER DRITTE KORRIDOR MIT VERSCHIEDENEN GOTTHEITEN.

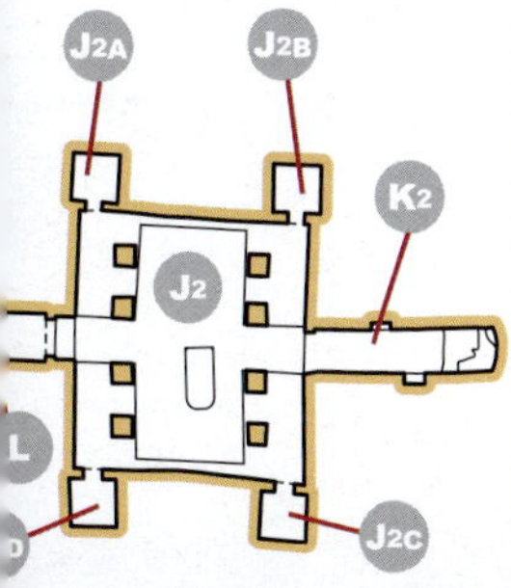

LEGENDE

- A EINGANG
- B ERSTER KORRIDOR
- C ZWEITER KORRIDOR
- D DRITTER KORRIDOR
- E BRUNNENKAMMER
- F OBERE KAMMER
- G VIERTER KORRIDOR
- GA SEITENKAMMER
- H FÜNFTER KORRIDOR
- I VORZIMMER
- J1 URSPRÜNGLICHE GRABKAMMER VON TAUSRET
- J1A, 1B, 1C, 1D SEITENKAMMERN
- K1 SECHSTER KORRIDOR
- K1A, 1B SEITENKAMMERN
- L SIEBTER KORRIDOR
- J2 GRABKAMMER VON TAUSRET MIT DEM SARKOPHAG VON SETNACHT
- J2A, 2B, 2C, 2D SEITENKAMMERN
- K2 ACHTER KORRIDOR

KAMMER E In diesem Raum fehlt der Brunnenschacht; die Wände waren allerdings umfangreich ausgemalt. Auf der vorderen Wand steht Osiris auf beiden Seiten des Durchgangs. Auf der linken Seite sind Amset, Anubis, Duamutef und Isis zu sehen. Auf der Rückwand erscheint Horus-*Iun-mutef* auf beiden Seiten der Tür. Vor ihm, auf der linken (südlichen) Seite, stehen zwei Horussöhne als kleine Figuren auf einem kleinen Alabasterschrein. Auf der rechten Wand, ebenfalls mit Blick nach draußen, stehen Hapi, Anubis, Kebechsenuef und Nephthys. Alle Götter in dieser Kammer tragen ähnliche Kleidung.

KAMMER F In diesem Raum wurden keine Pfeiler ausgemeißelt; in der Mitte chen die Tore des Hauses von Osiris. Der Tote musste dessen Namen kennen, um passieren zu dürfen. Auf der Rückwand befindet sich eine Doppelszene mit den Verstorbenen, die vor Osiris stehen. Ursprünglich war es eine Darstellung von Tausret, die von Anubis und Horus vor Osiris geführt wurde. Später hackte man sie aus und ersetzte sie durch eine Kartusche von Setnacht.

KORRIDOR G In diesem Raum ist die rituelle Mundöffnung dargestellt, Szene eins bis fünf auf der linken, Szene sechs bis zwölf auf der rechten Wand. In einer kleinen **SEITENKAMMER** (GA) am Anfang der linken Wand sieht man Kapitel 151 aus dem Totenbuch. Dazu gehört eine hübsch gemalte Vignette auf der ausschließlich in KV 14 angelegt.

KORRIDOR H Die rituelle Mundöffnung setzt sich auf den Seitenwänden des Flures fort: Szene 13 bis 20 auf der linken, 21 bis 26 auf der rechten Wand. Die Illustrationen zu den Inschriften verlaufen auf der Oberseite der Wände.

KORRIDOR I Als Ersatz für eine Darstellung von Tausret ist in der linken Hälfte des Raumes ein sehr hübsch gezeichneter Opfertisch zu sehen. Man erkennt Thot und Re-Harachte, dazu Ptah in seinem üblichen Schrein – hier beschützt von der Göttin Maat. In der rechten Hälfte sieht man unter anderen Osiris, Isis, Nephthys, Horus, Geb und Ptah, wiederum bewacht von Maat. Die Darstellungen der Toten wurden durch blau gemalte Kartuschen von Setnacht ersetzt.

führt ein Abstieg durch den Boden. Die Inschriften auf beiden Wänden stammen aus dem 146. Kapitel des Totenbuches. Die merkwürdig aussehenden Wächter auf den Seitenwänden (drei rechts, zwei links) – mit Vogelköpfen, ein bärtiger Löwe, eine Kobra und ein zweiköpfiger Mann – bewachen die Tore des Hauses ...

Rückwand. Sie zeigt Anubis, flankiert von Isis und Nephthys, der sich um eine Mumie kümmert. Unter dem Bett stehen Kanopenkrüge und -kästen. Auf der linken und rechten Wand sieht man zwei Horussöhne, Anubis, zwei Göttinnen und den Verstorbenen. Diese kleine Kammer wurde

300 OBEN ISIS UND NEPHTHYS BESCHÜTZEN OSIRIS, DER AUF SEINEM THRON SITZT; AUS DEM VORZIMMER.

300 UNTEN MALEREIEN AUS DER KAMMER F MIT TAUSRET (ENTFERNT), DIE VON ANUBIS UND HORUS ZU OSIRIS GEFÜHRT WIRD.

301 VERSCHIEDENE GOTTHEITEN AUS DEM VORZIMMER; VON LINKS: GEB, HORUS, ISIS UND NEPHTHYS, RE-HARACHTE, MAAT UND THOT.

302–303 GEWÖLBTE GRABKAMMER J1.

302 UNTEN DIE NEUNTE STUNDE AUS DEM PFORTENBUCH; SÜDWAND DER GRABKAMMER J1.

302 DAS HÖHLENBUCH AUF DER RECHTEN WAND DER GRABKAMMER J1.

KAMMER J1 Die gewölbte Grabkammer wird von zwei Pfeilerreihen in drei Abschnitte mit unterschiedlichem Bodenniveau untergliedert. Die rechte Wand und das linke Ende der Vorderwand sind prächtig mit der neunten Stunde des Totenbuches ausgemalt. Viele ertrunkene Menschen treiben in einem langen, rechteckigen Teich. Die oberen Teile der linken und rechten Wand zeigen Szenen aus dem Buch der Erde. Auszüge aus dem siebten Abschnitt des Höhlenbuches sind in die rechte Wand eingemeißelt. Die stark zerstörte Decke zeigt immer noch schwache Spuren astronomischer Motive mit den Dekanen. Die Rückwand ist nicht verziert. Beachten Sie die unter der Kranzleiste und den Pfeilern gemalten Bestattungsmöbel, Kästen, Töpfe und Spiegel. Der Verstorbene erscheint mit verschiedenen Göttern auf den Seiten der acht Pfeiler; 32 weitere Gestalten erscheinen hier, von denen viele nur in schwarzer und roter Farbe gezeichnet wurden.

KORRIDORE K1, K1A, K1B, L, J2 und K2 In diesen hinteren Teilen sind die Verzierungen recht einfach ausgemeißelt und nicht bemalt; viele davon sind in schlechtem Zustand. Ursprünglich waren vermutlich Teile des *Amduat* und des Pfortenbuches vorgesehen. Der Sarkophag von Setnacht in der Grabkammer J2 ist 3,25 Meter lang und mit Szenen aus dem Buch der Erde sowie verschiedenen Göttern verziert. J2 ist deutlich größer als die davor liegende Grabkammer J1: Letztere nimmt nur 474 Kubikmeter, Erstere dagegen 790 Kubikmeter ein.

3

DAS GRAB VON RAMSES III. (KV 11)

GESCHICHTE

Vermutlich war der Eingang von KV 11 bereits während der Spätantike zugänglich, während das Fehlen griechischer und römischer Graffiti darauf hindeutet, dass das Innere des Grabes bis zum späten 18. Jahrhundert durch Schutt versperrt war. Ab dann konnten zumindest die vorderen Kammern auch von Europäern besucht werden. Einer der Besucher war James Bruce (1769), der 1790 eine stark idealisierte Zeichnung eines Harfenspielers (auf der Wand der Seitenkammer Cd) veröffentlichte. Seine Zeichnung wurde in England derart bekannt, dass man KV 11 dort „Bruces Grab“ oder „Grab des Harfenspielers“ (Harfnergrab) nannte – es avancierte zu einer der bekanntesten Sehenswürdigkeiten im Tal der Könige. Trotz seiner Beliebtheit wurde das Grab erst gegen Ende des 19. Jahrhunderts völlig freigelegt.

BESICHTIGUNG

Heute gehört das Grab von Ramses III. zu den meistbesuchten im Tal, daher kann es im Laufe des Vormittags – insbesondere an Freitag- und Sonntagvormittagen, wenn die Kreuzfahrtschiffe aus Assuan in Luxor anlegen und Busse Tagesausflügler vom Roten Meer heranbringen – heiß und eng werden, wenn sich die Touristen durch seine Korridore drängen. Falls Ihnen Menschenmassen nichts ausmachen, werden Sie einige faszinierende Reliefs und Zeichnungen zu sehen bekommen.

Der erste Teil des Grabes, vom Eingang bis zum Korridor D1, war das Werk von Setnacht, dem ersten König der 20. Dynastie. Als jedoch die Arbeiter versehentlich in das Nachbargrab KV 10 (das Grab von Amenemes) durchbrachen, vermutlich um die Zeit, als Setnacht starb, begrub man ihn stattdessen in KV 14. Einige Zeit später machte sich Setnachts Sohn Ramses III. KV 11 zu Eigen und bestimmte es als seine Grabstätte. Seine Arbeiter verschoben die Achse des Grabes etwa zwei Meter nach Westen, um KV 10 zu meiden, und arbeiteten sich tiefer in den Berg. Das Ergebnis war eines der längsten Gräber im Tal: KV 11 misst vom Eingang bis zum Ende 188,11 Meter. Nur das Grab von Hatschepsut (KV 20) ist mit 210 Meter länger. Ramses III. fügte auch einige kleine Seitenkammern in den ersten beiden Korridoren hinzu; eine Eigenheit, die in keinem anderen Grab zu finden ist. John Gardner Wilkinson, ein englischer Forscher des 19. Jahrhunderts, vermutete, dass in die Böden dieser Kammern Gräber für die Hofbeamten von Ramses III. eingemeißelt wurden. Diese Behauptung wurde niemals gründlich überprüft, doch als das Theban Mapping Project das Grab 1983 vermaß, fanden sich keinerlei Hinweise auf solche Gräber. Vielmehr dürften die Seitenkammern als kleine Lagerräume für Begräbniszubehör und Grabbeigaben gedient haben.

EINGANG Heute betritt man das Grab über zwei L-förmig angeordnete Treppen. Davon ist nur das untere Teilstück mit Treppe und Rampe original; die oberen Stufen wurden 2003 eingebaut, um das Grab vor den Folgen der Wolkenbrüche zu schützen. Wie gewöhnlich wurde eine Sonnenscheibe mit einem Skarabäus und dem darin eingeschnittenen Re-Harachte über das Tor gemeißelt. Die Seitenwände des Eingangs weisen als einzigartiges Merkmal zwei wundervoll gearbeitete kuhköpfige Pilaster auf.

304 DETAIL AUS EINER SEITENKAMMER DES ZWEITEN KORRIDORS.

305 RAMSES III. VOR RE-HARACHTE; ERSTER KORRIDOR.

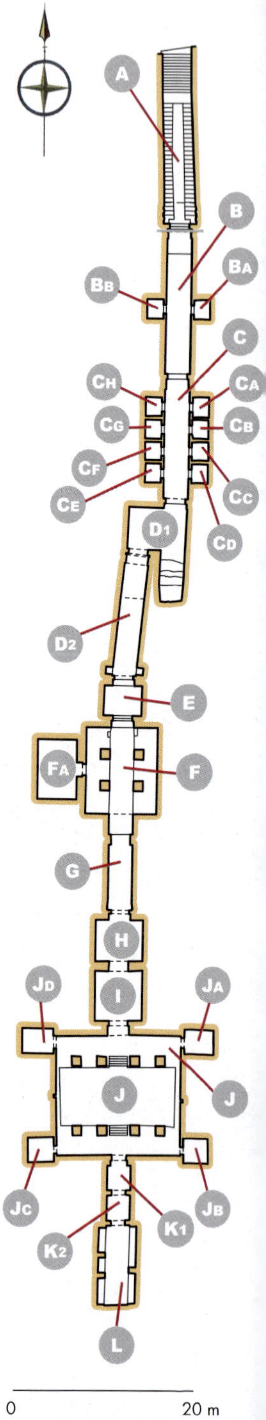

LEGENDE

- A EINGANG
- B ERSTER KORRIDOR
- Ba, b SEITENKAMMERN
- C ZWEITER KORRIDOR
- Ca-h SEITENKAMMERN
- D1 DRITTER KORRIDOR
- D2 VIERTER KORRIDOR
- E BRUNNENKAMMER
- F PFEILERKAMMER
- Fa SEITENKAMMER
- G FÜNFTER KORRIDOR
- H VORKAMMER
- I VORKAMMER
- J GRABKAMMER
- Ja, b, c, d SEITENKAMMERN
- K1, 2 HINTERE KAMMERN
- I HINTERE KAMMER

KORRIDOR B Auf der linken (östlichen) Wand steht der König vor Re-Harachte. Dahinter folgt die erste Szene – die „Titelseite" – der Litanei des Re und der entsprechende Text, der sich als Inschrift über die ganze Wand fortsetzt und rechts weiterläuft. Diese Szenen wurden noch für Setnacht angefertigt. Etwa in der Mitte des Flurs führen auf beiden Seiten niedrige Türen in kleine Kammern. Sie wurden für Ramses III. ausgehauen und verziert. In der linken Seitenkammer (Ba auf dem Plan) zeigen zwei Register Szenen aus dem täglichen Leben: Bäcker, Brauer, Metzger, Köche und Gerber gehen ihren Tätigkeiten nach. Szenen dieser Art sind einzigartig für ein Königsgrab. Die Menschen wurden in dem schlecht proportionierten und flüchtigen Stil angefertigt, den man in vielen Privatgräbern des späten Neuen Reiches findet. Auf der gegenüberliegenden Seite des Flurs, in der zweiten Seitenkammer Bb, findet man auf der vorderen Wand Inschriften aus der Litanei des Re. Die übrigen Wände zeigen insgesamt zwölf Segelboote, jedes mit kunstvoll gemustertem Quadratsegel.

KORRIDOR C UND SEINE SEITENKAMMERN Die Litanei des Re setzt sich auf den Wänden des Korridors fort, und der Text läuft auf einem Inschriftenband über die Decke weiter. An der Oberkante der linken und rechten Wand ziehen sich die Darstellungen der 74 Manifestationen des Sonnengottes entlang. Kapitel 151 aus dem Totenbuch taucht am Ende der Wände auf; dazu Anubis und Isis (linke Wand) und Anubis und Nephthys (rechts).

Beiderseits des Flurs wurden acht Seitenkammern in den Fels geschlagen, die alle mit einzigartigen und ungewöhnlichen Szenen verziert sind. Mehrfach werden Anspielungen auf das Totenbuch gemacht, doch nirgendwo gibt es offensichtliche religiöse Verbindungen. Ich möchte die Kammern von links nach rechts und von vorne nach hinten darstellen (in den meisten Fällen werde ich die vorderen Wände nicht beschreiben, da sie wegen der Holzbarrieren und Glasscheiben für Touristen nicht sichtbar sind).

In der **SEITENKAMMER CA** (zur Linken) sieht man im oberen Register sitzende Personifizierungen der Nilüberschwemmung und Ernte (Hapi, Nepret und Renenutet). In dem stark beschädigten Register darunter opfern Nilgötter Kobra-Gottheiten.

Gegenüber in CH, auf der linken und rechten Wand, repräsentieren Reihen von Standarten verschiedene Götter. Die Rückwand ist mit gut gezeichneten Waffen und Pfeilköchern bedeckt.

In CB, der zweiten Kammer auf der linken Seite, sind im unteren Register Prozessionen der Nilgötter zu sehen. Darüber tragen die Götter und Göttinnen der Gaue Opfergaben, darunter hübsch gemalte Enten, Blumen und Platten, auf denen Berge von Eselsfeigen liegen.

Auf der linken Wand von CG sind Leoparden- und andere Felle, Schlitten und Kästen zu sehen. Beachten Sie, wie sorgfältig der Künstler die Maserung des Holzes gestaltet hat; sogar Astlöcher und Unregelmäßigkeiten der Oberfläche sind zu erkennen. Wurfstöcke, Bögen, Schilde und Vasen, einige in griechischem Design, stehen in Reihen auf der Rückwand. Die rechte Wand zeigt zehn Elefantenstoßzähne und Vasenreihen.

In CC, der dritten Seitenkammer links, sind zwei Register mit heiligen Kühen, Stieren und Rudern dargestellt. Sie werden in Kapitel 148 des Totenbuches erwähnt. Eines der Rinder wird „Vielgeliebte mit rotem Haar", ein anderes als „Stier, Mann der Kühe" bezeichnet. Die Ruder stellen die Steuerruder des Himmels dar.

Raum CF gegenüber zeigt in drei Registern die Gefilde von Iaru, die in Kapitel 110 des Totenbuches erwähnt werden. Die Menschen säen Getreide, pflügen mit Rindern und ernten. Andere segeln über den Opfersee. Leider ist hier vieles zerstört.

Die letzte Kammer links (CD) enthält die Namen von Ramses III. und zeigt ihn zusammen mit Harfenspielern (einer auf jeder Seitenwand) vor Onuris-Schu und Re-Harachte (linke Seite) sowie Schu und Atum (rechts). Dies sind die berühmten Harfenspieler, die von James Bruce im 18. Jahrhundert kopiert wurden.

In CE schließlich findet man herrlich gezeichnete, aber beschädigte Darstellungen des sitzenden Osiris; er trägt kostbare, rot-weiß gemusterte Kleidung.

306 GLASSCHEIBEN SCHÜTZEN DIE MALEREIEN IN DEN KORRIDOREN.

307 NILGÖTTER UND -GÖTTINNEN TRAGEN SPEISEOPFER; AUS DER SEITENKAMMER CB.

KORRIDOR D1 Hier etwa brachen Setnachts Steinmetze zum Grab von Amenemes durch und stellten die Arbeiten ein. Das Loch ist immer noch zu sehen. Dies ist nicht der einzige Fall, wo Gräber im Tal der Könige miteinander kollidierten, KV 9 und KV 47 sind weitere Beispiele. Dies legt nahe, dass es keinen Plan für das Tal der Könige gab und dass die Erinnerung an vorhandene Gräber rasch verblasste.

Als sich Ramses III. entschied, KV 11 fertig zu stellen und als eigene Grabstätte zu usurpieren, ließ er die Achse des Grabes an dieser Stelle nach Westen verschieben und neue Korridore in südliche Richtung schlagen. Auf der linken (östlichen) Wand des neu entstandenen Raumes steht Ramses III. mit der Krone von Unterägypten und opfert den Göttern Atum und etwas weiter Ptah Weihrauch. Auf der vorderen Wand opfert der stehende König Weihrauch vor einer sitzenden Gestalt von Ptah-Sokar-Osiris. In seiner anderen Hand hält er drei kunstvolle Gefäße und schüttet deren Inhalt auf die niedrige Plattform, auf der der Gott sitzt. Auf der rechten (westlichen) Wand opfert der König Osiris eine kleine Statue von Maat und weiht Anubis ein Trankopfer.

KORRIDOR D2 Beachten Sie, dass der Boden nun leicht ansteigt und der Winkel des Korridors etwas nach links dreht. Offenbar waren sich die Steinmetze nicht sicher, wie nah sie dem Grab von Amenemes waren. Sowohl die linke wie die rechte Wand des Ganges sind mit Inschriften aus dem *Amduat* verziert: Auf der linken Wand sieht man die vierte, rechts die fünfte Stunde. Beachten Sie das Boot mit dem Schlangenkopf in der Mitte der linken Wand und etwas weiter eine riesige Schlange mit vier Beinen und drei Köpfen. Auf der rechten Wand wird ein Boot mit Re-Harachte und acht weiteren Gestalten durch die Unterwelt gezogen.

BRUNNENKAMMER E zeigt im oberen Teil der Wände die Bilder mehrerer Gottheiten. In der linken Hälfte der Kammer stehen Osiris, Amset, Anubis, Duamutef, Isis und *Iun-mutef*; in der rechten Hälfte sind es Osiris, Hapi, Kebechsenuef, Nephthys, Serqet und *Iun-mutef*.

KAMMER F Der von vier Pfeilern gestützte Raum ist mit dem Pfortenbuch verziert; in der linken (östlichen) Hälfte der Kammer ist die fünfte Stunde, in der rechten (westlichen) die sechste zu sehen. Die Rückwand zeigt eine typische Doppelszene mit dem König, der Osiris opfert. Auf den Flächen der vier Pfeiler opfert Ramses III. verschiedenen Göttern: Ptah (rechte Front des vorderen linken Pfeilers), Re-Harachte (Rückfront des vorderen linken Pfeilers), Chepre (linke Front des vorderen rechten Pfeilers), Atum (Rückfront des vorderen rechten Pfeilers), Thot (rechte Front des hinteren linken Pfeilers), Geb (Rückfront des linken hinteren Pfeilers), Schepsi (linke Front des hinteren rechten Pfeilers) und Nefertem (Rückfront des hinteren rechten Pfeilers).

KORRIDORE UND KAMMERN G, H, I, J MIT SEITENKAMMER K UND L
Keiner dieser Räume ist so gut erhalten, dass sich eine genauere Betrachtung der Ausmalung lohnte. Ursprünglich enthielten sie Szenen der rituellen Mundöffnung, aus dem Totenbuch (Kapitel 148), dem Buch der Himmelskuh und der fünften Stunde des Pfortenbuches. Allerdings lohnen auch sie einen kurzen Blick, da man einen Einblick in die Geologie des Tals der Könige mit seiner schlechten und manchmal auch gefährlichen Gesteinsqualität bekommt.

In der **SEITENKAMMER FA** die an den Hauptraum F ansetzt, sind Szenen zu sehen, die von den guten Farben in KV 11 zeugen. Auf der vorderen Wand wird Ramses III. von Thot und Horus geführt (linke Seite) und opfert Osiris eine Maat-Statue (rechts). Die anderen Wände zeigen die siebte Stunde des Pfortenbuches mit hübschen Vignetten von Männern, die ihre Sicheln schleifen oder neben Bäumen stehen – als Beleg, dass auch im Leben nach dem Tod die Versorgung gesichert ist. Auf der Rückwand werden die Feinde des Sonnengottes an schwarze „Stangen des Geb" mit Anubisköpfen gebunden, so dass sie dem Gott nicht schaden können.

308 RAMSES III. BRINGT ATUM (LINKS) UND PTAH EIN RAUCHOPFER DAR; DRITTER KORRIDOR.

309 OBEN LINKS DIE GRABKAMMER.

309 OBEN RECHTS RAMSES III. OPFERT EINE MAAT-STATUE; SEITENKAMMER FA.

309 UNTEN RAMSES III. BEIM RAUCH- UND TRANKOPFER; DRITTER KORRIDOR.

3

DAS GRAB VON MENTUHERCHOPSHEF (KV 19)

Mentuherchopshef war ein Sohn von Ramses IX. Bis auf die Söhne von Ramses II., die in KV 5 begraben liegen, ist er der einzige Königssohn, der in einem verzierten Grab im Tal der Könige beigesetzt wurde. Das 1817 von Giovanni Belzoni entdeckte Grab liegt auf der östlichen Seite des Tales unter dem Grab von Königin Hatschepsut (KV 20) und direkt über KV 60, einem Grab des Neuen Reiches, dessen Eingang vor KV 19 liegt und unter einer Holzplatte verborgen ist.

Vielleicht war KV 19 für Ramses Setherchopshef vorgesehen, der als Ramses VIII. gekrönt wurde (seine Grabstätte ist unbekannt) und ist dann von Mentuherchopshef usurpiert worden. Das Grab wurde nie vollendet: Man wandelte **KORRIDOR C** in die Grabkammer um; die in den Boden eingelassene Grabstätte bedeckte man mit Steinplatten. Nur **KORRIDOR B** ist verziert, sogar in exzellenter Qualität, was durch den einfachen weißen Hintergrund betont wird, auf den die Szenen gemalt wurden. Dargestellt sind ähnliche Themen wie in den Gräbern der Königssöhne im Tal der Königinnen, allerdings gibt es keine Hinweise auf den Vater des Prinzen. Am Anfang des Korridors wurde auf beide Wände eine einflügelige Tür gemalt; jede ist mit einer heute beschädigten hieratischen Inschrift versehen. Links ist Kapitel 139 aus dem Totenbuch, rechts Kapitel 123 dargestellt. Die Inschriften geben Variationen eines Zauberspruchs wieder, der den Zugang in das „Große Haus“ ermöglicht. Auf der linken Wand des Korridors zeigen sieben, durch Inschriftsäulen getrennte Szenen, wie Mentuherchopshef Osiris, Ptah Ta-tjenen, Chons, Bastet, Amset, Kebechsenuef und Amun-Re anbetet bzw. ihnen opfert. Auf der rechten Wand steht er vor Ptah, Thot, Ba-neb-djet, Hapi, Duamutef, Meretseger und Sechmet. Beachten Sie die feinen Details der Kleidung: Thot (der zweite rechts) trägt einen Gürtel, dessen Schnalle als Kartusche von Ramses IX. gestaltet ist.

Wäre dieses Grab vollendet worden, hätte KV 19 vermutlich zu den bedeutenderen Grabstätten gehört. Seine Gänge und Tore gehören zu den breitesten im Tal der Könige. In seinem unfertigen Zustand bietet es aber immer noch die ausgezeichnete Möglichkeit, Einblick in die Arbeitsweise antiker Steinmetze zu gewinnen. Jenseits der Grabkammer wurden beispielsweise von oben nach unten Stufen aus der Felswand geschlagen. Darauf standen die Arbeiter, während sie sich ihren Weg in den Berg bahnten.

310 UNTEN MENTUHERCHOPSHEF OPFERT AMUN-RE; LINKE WAND DES ERSTEN KORRIDORS.

311 OBEN SECHMET EMPFÄNGT OPFER VON MENTUHERCHOPSHEF; RECHTE WAND DES ERSTEN KORRIDORS.

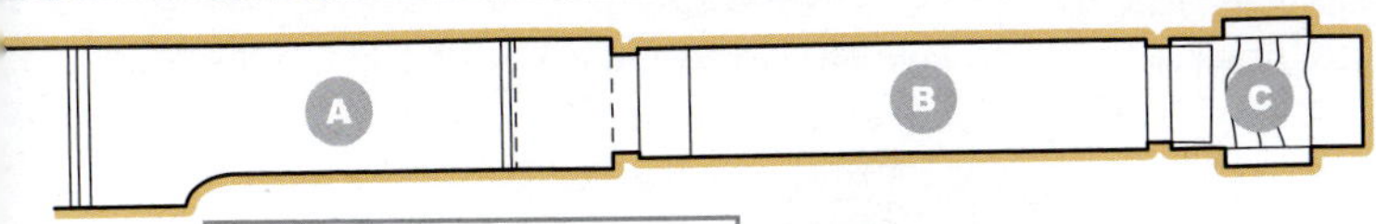

LEGENDE

A EINGANG
B ERSTER KORRIDOR
C ZWEITER KORRIDOR

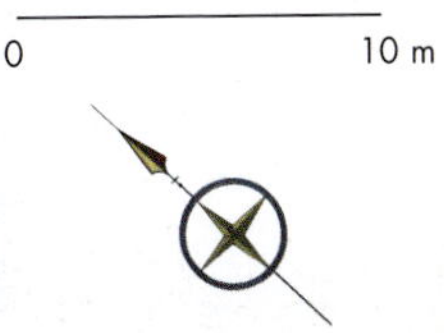

3

DAS GRAB VON RAMSES IV. (KV 2)

GESCHICHTE

Als Ramses IV. nach etwa sieben Jahren Regierungszeit starb, mussten die Arbeiten an seinem Grab beschleunigt werden, um für ein unerwartet frühes Begräbnis bereit zu sein. Ein ursprünglich mit vier Säulen ausgestatteter Raum wurde zur Grabkammer umgestaltet. Offenbar hatte sich der König entschieden, nicht der Tradition des Neuen Reiches zu folgen, das eigene Grab jeweils größer als das des Vorgängers zu machen – allerdings vergrößerte er seine Bestandteile. So sind beispielsweise die Korridore in KV 2 breiter und höher als in älteren Gräbern, das Gleiche gilt für die Tore. Das Grab gehört zu den wenigen Baudenkmälern des alten Ägyptens, von dem wir einen zeitgenössischen Plan besitzen. Ein Papyrus, heute im Ägyptischen Museum von Turin, zeigt den Grundriss von fünf Grabkammern mit den Maßen. Neuere Messungen des Theban Mapping Project ergaben 4,71 Meter Länge für Korridor C, ein Maß, das fast genau 9 alten ägyptischen Ellen (eine Elle ist 52,4 Zentimeter lang) entspricht. Der Turiner Papyrus gibt für den Korridor exakt 9 Ellen, also knapp 4,72 Meter an. Die Differenz im Millimeterbereich ist wahrlich nicht der Rede wert. Allerdings wissen wir nicht, ob der Turiner Papyrus als Planzeichnung für die Baumeister galt, die danach das Grab herstellten, oder ob er erst anschließend, von dem vorhandenen Grab, für Weihezeremonien abgezeichnet wurde.

KV 2 ist bereits seit der Antike zugänglich; auf den Wänden des Grabes befinden sich über 700 griechische und lateinische sowie mehr als 50 koptische Graffiti. Da es bequem gleich am Eingang zum Tal der Könige

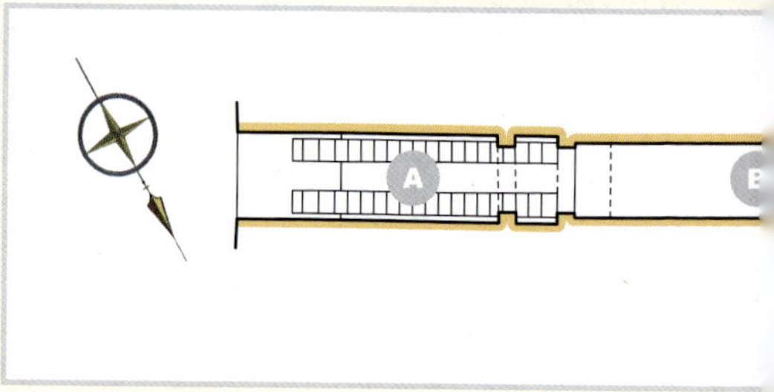

liegt und einen beinahe ebenen Boden hat, diente das Grab sogar bis zum frühen 20. Jahrhundert als Schlafstätte und Rastplatz für Touristen. Edward Ayrton befreite es 1905–1906 von Schutt, Howard Carter nochmals 1920. Viele Besucher des 19. Jahrhunderts bewunderten seine umfangreiche Dekoration.

Das Grab ist 89 Meter lang und bedeckt 305 Quadratmeter. Davor wurde in moderner Zeit ein Hof angelegt, in dem die ersten Ausgräber neun Baubeginn-Weihegaben fanden – ungewöhnlich viele. Darin befan-

312 OBEN DETAIL DER VIERTEN STUNDE AUS DEM PFORTENBUCH; RECHTE WAND DER GRABKAMMER.

312–313 DAS BUCH VON NUT; DECKE DER GRABKAMMER.

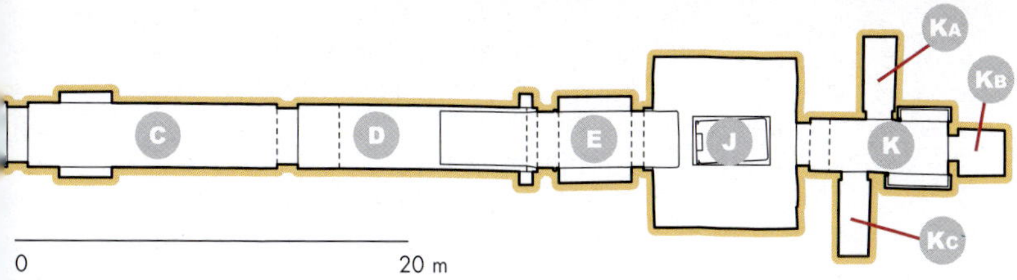

den sich die üblichen Tonscherben und Werkzeuge, dazu in ihrer Umgebung zahlreiche andere Gegenstände, die offensichtlich von den späteren Nutzern des Grabes hinausgeworfen worden waren. In der Nähe stehen einige kleine Hütten aus der Frühzeit der Kopten.

LEGENDE

A *EINGANG*	E *BRUNNENKAMMER*
B *ERSTER KORRIDOR*	J *GRABKAMMER*
C *ZWEITER KORRIDOR*	K *VIERTER KORRIDOR*
D *DRITTER KORRIDOR*	KA, B, C *SEITENKAMMERN*

BESICHTIGUNG

Auf der linken Wand von **KORRIDOR B** steht der König vor Re-Harachte. Rechts von ihnen beginnt eine ausführliche Kopie der Litanei des Re, die den Rest der linken Wand einnimmt und sich auf der rechten Wand des Korridors fortsetzt. Sie besteht aus 120 Inschriftsäulen in versenktem Relief, die den Sonnengott preisen. Man brachte solche Inschriften in einem Teil des Grabes an, das am frühen Morgen von der Sonne beschienen wurde. Auf der Decke wechseln Geier mit Falken, Skarabäen und den Namen des Königs ab.

Die Wände sind von vielen Graffiti bedeckt, einige gekratzt, andere in rötlichbrauner Farbe. Auf der linken Wand wurde ein verziertes Kreuz zwischen die Beine des Königs gemalt. Ein Bild am Anfang der rechten Wand zeigt zwei ungelenk gemalte christliche Heilige unter einer koptischen Inschrift. Ein Mönch mit Namen Jakob, der sich selbst als unfähig für das Leben mit seinen Brüdern bezeichnet, hinterließ vor über tausend Jahren folgenden Text: „Möge jeder, der hier eintritt, meiner gedenken und für mich beten. Und möge Gott die Versuchungen des Satans von mir nehmen … ich bin elend … der sehr elende und arme … ein größerer Sünder als die ganze Welt.“ (Ich danke Rob Demarée für die Übersetzung.) Zahlreiche weitere Graffiti bedecken die Wände von KV 2, darunter auch die Namen von mehreren Besuchern des 19. Jahrhunderts.

KORRIDOR C weist auf der linken und rechten Wand über 150 Inschriftsäulen auf; sie setzen die Litanei des Re fort. Darüber sind einige der 74 verschiedenen Formen des Gottes Re dargestellt. Nischen im vorderen Bereich der Wände enthalten ebenfalls Manifestationen des Sonnengottes. Ein Fries an der Oberkante der Wände führt die kunstvoll ausgeführten Namen und Titel des Königs an. Sonnenscheiben auf der Decke enthalten das *Ba* des Sonnengottes Re, der von Isis und Nephthys in Falkenform flankiert wird. Weiterhin sind verschiedene Manifestationen von Re dargestellt.

Auf den Wänden des nächsten **KORRIDORS D** sind der erste und zweite Abschnitt des Höhlenbuches dargestellt (Details finden Sie beim Grab von Ramses VI.). Die Ovale symbolisieren die Sarkophage der erlösten Toten, und das untere Register zeigt die gefesselten Gestalten der geköpften Sünder. Die Decke ist gewölbt und mit Sternbildern sowie den Namen des Königs verziert. Über der hinteren Tür sind geflügelte Uräen und Kartuschen des Königs zu sehen.

In Korridor D beginnt eine Rampe, die bis in **KAMMER E** führt, die ursprünglich als Brunnenkammer gedacht war. Als man den darauf folgenden Raum (mit Pfeilern) in die Grabkammer umwandelte, wurde Raum E zur Vorkammer umgewidmet. Sie ist mit 74 Inschriftsäulen aus dem Totenbuch verziert; Kapitel 123, 124 und 127 schreiben den Toten vor, was sie in der Halle des Gerichtes zu antworten haben, Kapitel 125 ist das Negative Bekenntnis. Die Kartuschen des Königs sind durch gelbe Farbe hervorgehoben. Auf der Decke erstrecken sich drei Inschriftbänder mit den Namen des Königs über ein Muster aus gelben Sternen vor blauem Hintergrund.

Die jetzige **GRABKAMMER J** wurde erst nach dem überraschenden Tod des Königs als Ort seiner Bestattung bestimmt. Sie ist etwas größer als viele der älteren Grabkammern (61 Quadratmeter und 5,20 Meter hoch) und wurde mit versenkten Reliefs ausgestattet: Die Szenen vor gelbem, die Inschriften vor weißem Hinter-

grund. Die Eröffnungsszene und die erste und zweite Stunde des Pfortenbuches beginnen links der Tür und setzen sich im Uhrzeigersinn um den Raum fort. Außerdem finden sich hier Auszüge aus der sechsten bis neunten Stunde des *Amduat* in einem Inschriftenfries auf allen Wänden des Raumes.
Die schönste Darstellung findet sich jedoch auf der hohen Decke des Raumes. Sie ist nicht gewölbt, sondern flach, und wird durch lang gestreckte Darstellungen der Göttin Nut in zwei Hälften geteilt. In der linken Hälfte wird Nut vom Gott Schu gestützt; der begleitende Text stammt aus dem Buch der Nut. Das Buch der Nut beschreibt den Weg der Sonne während ihres täglichen Laufes, es behandelt die fernen Regionen des Universums, wo die Sonne niemals scheint, und die Zugvögel.
Das Buch der Nacht, das auf der rechten Hälfte der Decke dargestellt ist, beginnt hier mit der zweiten Stunde und hört wegen des Platzmangels bereits in der vierten Stunde auf. Es beschreibt die Reise der Sonne, nachdem sie von Nut bei Sonnenuntergang verschluckt und am nächsten Morgen wieder geboren wird.
Der riesige, 3,50 Meter lange Sarkophag steht noch immer an seinem Platz. Er wurde aus rotem Granit gemeißelt und hat einen Deckel mit Manifestationen der menschenköpfigen Uräuskobra und Schlangen, die den König als Osiris flankieren. Auf den Flanken des Sarkophags sind Szenen aus dem Buch der Erde dargestellt.
Der enge **DURCHGANG K** hinter der Grabkammer ist mit dem ersten Teil des Höhlenbuches ausgemalt (kein Relief). In Nischen sind Götter und die ihnen zugedachten Opfergaben dargestellt. Auf der Rückwand schwebt eine Sonnenbarke über dem Gott Aker, der als Erdhügel dargestellt ist, neben dem zwei Sphingen stehen. In den **SEITENKAMMERN** sehen Sie Mumiendarstellungen des Königs und in der stark beschädigten hinteren Seitenkammer Grabmöbel, Kanopenkrüge und Göttinnen, die einen Gruß, den so genannten *Nini*, entbieten.

315 LINKS DER SARKOPHAG MIT DEM BUCH DER ERDE.

315 RECHTS KORRIDOR K MIT STERNBILDERN, NAMEN VON RAMSES IV., DEM HÖHLENBUCH UND DEM BUCH DER ERDE.

3

DAS GRAB VON RAMSES VI. (KV 9)

GESCHICHTE

Das Grab von Ramses VI. gehört zu den schönsten und eindrucksvollsten Gräbern im Tal der Könige. Seine breiten Flure und hohen Decken lassen kaum das klaustrophobische Gefühl aufkommen, das sich in vielen der älteren Gräber einstellt. Seine Verzierungen, die mit lebhaften Farben auf einen leuchtend weißen Hintergrund gemalt wurden, sind kräftig und beinahe frühlingshaft. Zugegeben, die Hieroglyphen sind nicht so detailliert und elegant wie in einigen der älteren Gräber, aber der Eindruck ist verblüffend, und die dargestellten Themen sind von großer Bedeutung. Die Inschriften umfassen das Pfortenbuch, das Höhlenbuch und das Buch des Himmels, zum Teil in einzigartig vollständiger Form. Die Inschriften betonen die Bedeutung des Sonnengottes Re, und einige der Ausmalungen zeigen astronomische Erscheinungen. Das relativ kurzlebige Buch der Erde taucht hier zum ersten Mal in der großen und spektakulär ausgemalten Grabkammer auf.

KV 9 wurde von Ramses V. begonnen und von Ramses VI. vollendet. Wie ein zeitgenössischer Ostrakon belegt, waren hier ungewöhnlicherweise beide Könige begraben, obwohl nur der Sarkophag von Ramses VI. erhalten blieb (er wird zurzeit restauriert). Beide Mumien wurden im neunten Jahr der Regierungszeit von Ramses IX. in das königliche Versteck KV 35 gebracht.

Bereits wenige Jahrzehnte nachdem man es versiegelt hatte, wurde KV 9 ausgeraubt, vermutlich kurz bevor die Mumien entfernt wurden; seither steht es offen. Auf seinen Wänden haben sich fast 1000 griechische, lateinische und koptische Graffiti von den Menschen erhalten, die das Grab als Einsiedelei, Schlafstätte und Speiseraum nutzten. Wegen der Bedeutung und Vollständigkeit seiner Ausstattung möchte ich diesem Grab einen größeren Raum zugestehen und bei der Beschreibung anderer Königsgräber darauf zurückgreifen. Die Betrachtung von KV 9 kann naturgemäß nur beschreibender Natur sein. Besucher, die mehr über die magisch-religiösen Inhalte der Szenen auf den Wänden wissen wollen, seien auf die jüngst erschienenen Arbeiten von Eric Hornung und Jan Asmann verwiesen.

Römische Reisende nannten KV 9 das „Grab von Memnon“, weil die Kartusche mit Ramses' VI. Vornamen so ähnlich aussah wie jene von Amenophis III., die sie von den Kolossen von Memnon kannten. Französische Reisende des 19. Jahrhunderts nannten es das „Grab der Metempsychose“ (der Begriff bezeichnet die Wiedergeburt der Seelen von einem menschlichen

316 OBEN DETAIL VON DER NORDWAND DER GRABKAMMER.

317 UNTEN DETAIL AUS DER ZWEITEN STUNDE DES AMDUAT.

316–317 RAMSES VI. OPFERT AMUN-RE EINE STATUE VON MAAT; AUF EINEM PFEILER DER GRABKAMMER.

oder tierischen Körper in einen anderen) wegen der Szenen auf den Wänden des Grabes.
KV 9 gehört zu den sechs größten Gräbern im Tal der Könige; es ist 117 Meter lang und hat eine Fläche von 510 Quadratmetern. Die Arbeiter von Ramses V. meißelten vermutlich die ersten sechs Räume aus und bemalten sie. Dann wurde das Grab von Ramses VI. usurpiert und vergrößert. Es wurde 1888 von Schutt befreit und 1954 der Öffentlichkeit zugänglich gemacht. KV 9 gehört zu den wenigen Gräbern im Tal der Könige, dessen Ausmalung vollständig wissenschaftlich erfasst wurde.
Das Dekorationsprogramm beginnt auf den linken (südlichen) Wänden der ersten fünf Kammern mit kompletten Darstellungen der ersten fünf Kapitel des Pfortenbuches und auf den rechten (nördlichen) Wänden mit dem Höhlenbuch. Ersteres beschreibt die nächtliche Reise der Sonne durch die Unterwelt, das Totengericht und die Reiche der Verdammten und der Gesegneten; Letzteres die Höhlen, die die Sonne auf dieser Reise passiert, und Res Verhältnis zu Osiris, wie er für ihn sorgt, ihn beschützt und mit ihm vereint wird. Der König begleitet den Sonnengott auf dem Weg durch die Unterwelt; man gibt ihm Anweisungen, um die von Dämonen bewachten Tore sicher zu passieren und die zahlreichen Hindernisse zu bezwingen, die die Bösen auf seinem Weg aufgetürmt haben. Ich werde die Ausmalungen von Kammer zu Kammer beschreiben – jeweils die beiden Wände und die Decke.

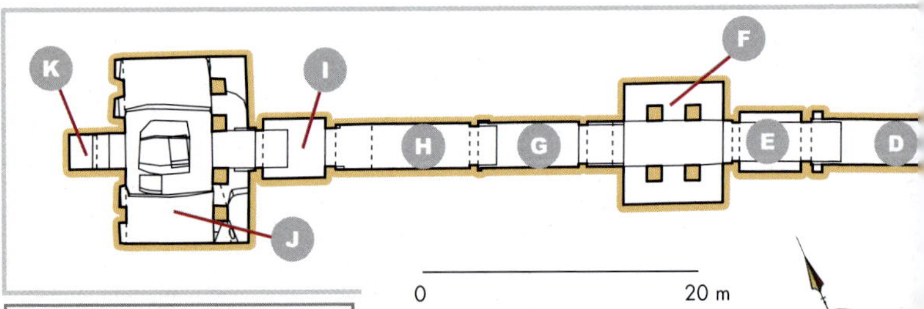

LEGENDE

A EINGANG
B ERSTER KORRIDOR
C ZWEITER KORRIDOR
D DRITTER KORRIDOR
E BRUNNENKAMMER
F PFEILERKAMMER
G VIERTER KORRIDOR
H FÜNFTER KORRIDOR
I VORKAMMER
J GRABKAMMER
K HINTERE KAMMER

318–319 ZEICHNUNG DER NÖRDLICHEN SEITENWÄNDE DES GRABES VON RAMSES VI.

319 PORTRÄT VON RAMSES VI. AUF DER RECHTEN WAND DER VORKAMMER.

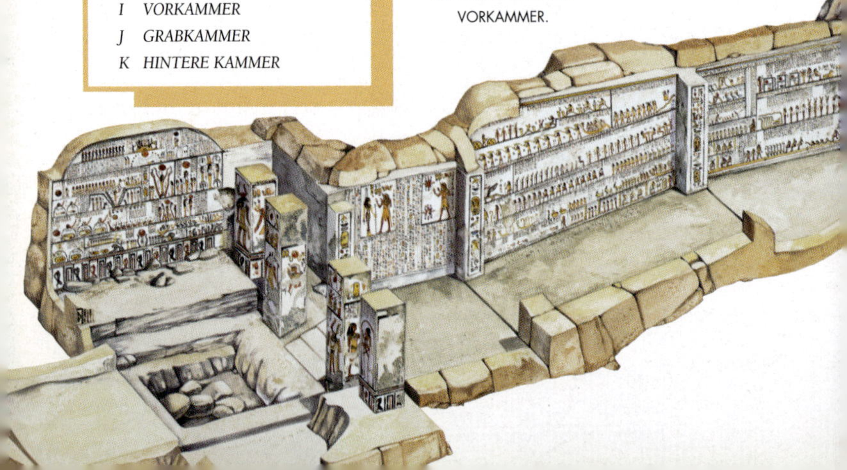

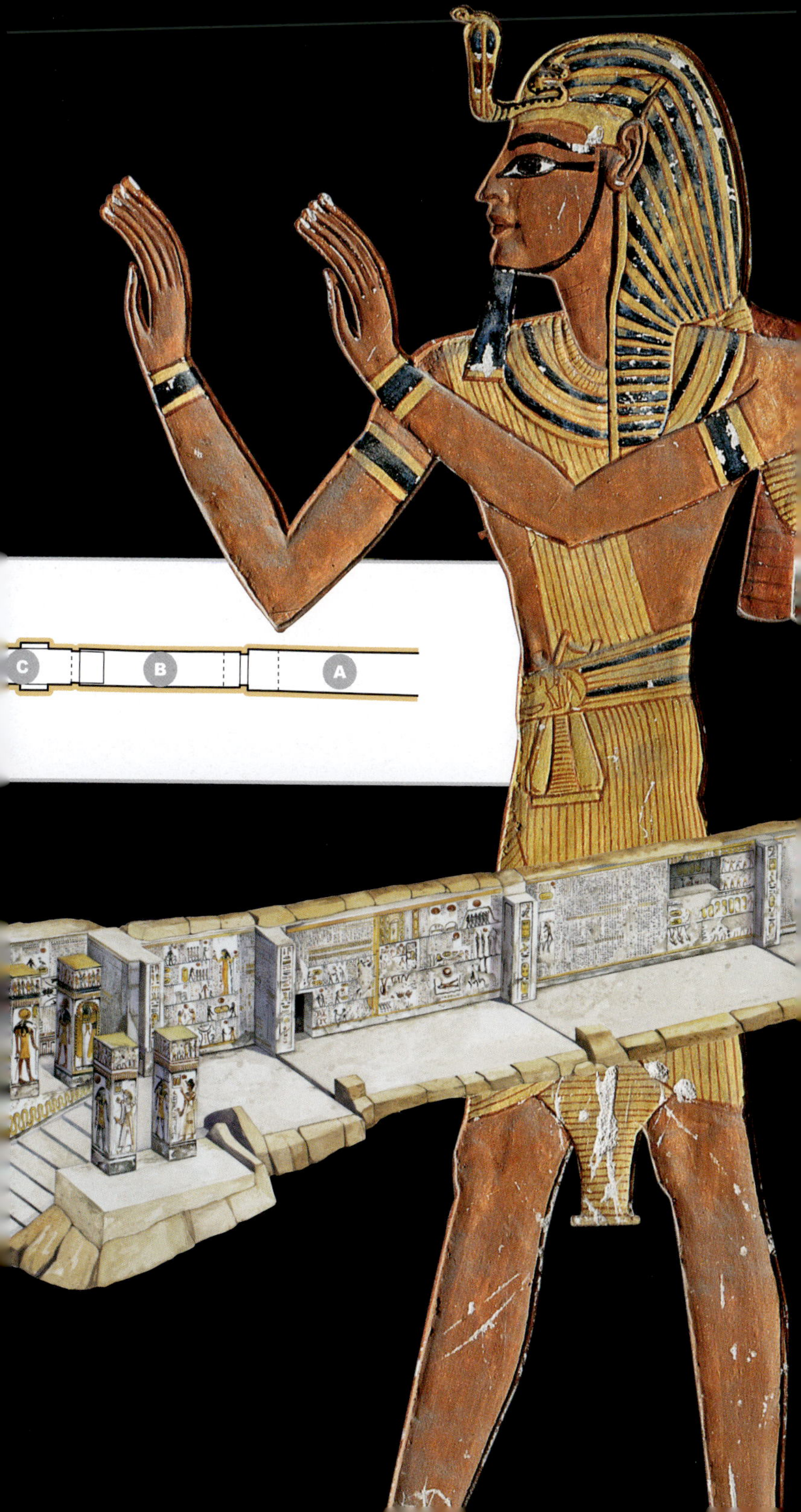
C
B
A

BESICHTIGUNG

KORRIDOR B Über der Tür zum ersten Korridor (Korridor A liegt außerhalb des Grabeingangs) wird der Sonnengott in einer einzigen künstlerischen Darstellung dreimal angerufen: Isis und Nephthys knien vor einer Sonnenscheibe, die um einen Skarabäus geschlossen ist (assoziiert mit dem Sonnengott) und einer Darstellung des widderköpfigen Sonnengottes Re – eine passende Einleitung für die Reise der Sonne in die Nacht.

KORRIDOR B, LINKE (SÜDLICHE) WAND Sie zeigt Szenen aus den ersten drei Kapiteln des Pfortenbuches. Am vorderen Ende der Wand schreitet der König ins Grab. Ursprünglich war hier Ramses V. dargestellt, doch die Gestalt wurde zu Ramses VI. umgemeißelt: Man veränderte die Krone, die Haltung der Arme und modellierte das Gesicht jünger und dünner. Der König steht vor den Göttern Re-Harachte und Osiris. Hinter ihnen segelt die Sonnenbarke in drei Registern zwischen zwei Bergen (einer davon steht auf dem Kopf) am westlichen Horizont durch. Daneben stehen zwölf Götter des Westens. Gestalten knien vor Stäben, einer davon mit einem Kopf des Anubis (der so genannte „Hals des Re"), ein anderer mit einem Widderkopf („Kopf des Re"). Rechts ist die Sonnenbarke bereits durch das zweite Tor gesegelt, das von einer großen Schlange bewacht wird – dem Wächter der Wüste. Die Wand dahinter ist in drei Register unterteilt: Das mittlere repräsentiert den Nil, die oberen und unteren Register das östliche und westliche Ufer des Flusses. Vier Götter ziehen die Barke mit dem stehenden Re; er wird von einer aufgerollten Schlange („Die Umhüllende") geschützt. Darüber stehen 24 Männer in einer langen Reihe. Die ersten zwölf beten Re an, die nächsten zwölf sind die „Gerechten, die in der Unterwelt leben". Im unteren Register lehnt sich Atum auf einen Stab und beobachtet die Verdammten, vier so genannte „Erschöpfte" und 20 nackte Männer mit gefesselten Armen, die als Lügner und Gotteslästerer bezeichnet werden.

Das dritte Tor, das „Tor der sengenden Flammen", wird ebenfalls von einer Schlange bewacht. Dahinter stehen zwölf Mumien, die „Heiligen der Unterwelt", mit einer Schlange über ihren Köpfen. Rechts davon entsteigen zwölf Götter dem Feuersee der Unterwelt. Im mittleren Register wird die Barke mit dem Sonnengott Re von vier Göttern durch einen langen Tunnel mit Stierköpfen und stehenden Stieren an den Enden gezogen. Das ist die Barke der Erde, auf der sieben Götter sitzen; sie wird von acht Göttern gestützt. Die Barke reist durch den Tunnel und taucht vor dem vierten Tor wieder auf. Im unteren Register sind weitere Götter zu sehen.

KORRIDOR B, RECHTE (NÖRDLICHE) WAND Sie ist mit Inschriften und Szenen aus dem Höhlenbuch dekoriert. Wie das Pfortenbuch auf der Südwand setzt sich auch das Höhlenbuch durch die ersten fünf Räume von KV 9 fort. Der erste Abschnitt beginnt am östlichen Ende der Wand mit Ramses VI., der Re-Harachte und Osiris Weihrauch opfert. Links von einer Sonnenscheibe streckt eine widderköpfige Gestalt von Re seine Hand bis in die Mitte von fünf Registern; er bereitet sich auf seinen Abstieg in die Unterwelt und die Auseinandersetzung mit den Feinden von Osiris vor. „Ich bin Re", sagt der Gott, „ich betrete die Schatten des Zwielichts. Heißt mich mit offenen Armen willkommen." Drei Register zeigen die sechs Abschnitte der Reise. Im obersten Register werden drei Schlangen von neun Kobras

321 RAMSES VI. BRINGT RE-HARACHTE UND OSIRIS EIN RAUCHOPFER DAR; RECHTE WAND VON KORRIDOR B.

und einer Reihe von stierköpfigen Göttern mit menschlichen Körpern gefolgt, die den Eingang in die Unterwelt bewachen. Im zweiten Register stehen neun ovale Särge (einige Forscher haben sie schützende Kokons genannt). Einige der Götterfiguren darin liegen mit dem Gesicht nach unten, einige nach oben und einer steht aufrecht. Neun schakalköpfige Götter dahinter verbeugen sich leicht vor ihnen. Diese „großen Schweigenden" handeln „wie Hunde, die im Abfall wühlen und Korruption und Schmutz auflecken". Es sind die Götter, die die Seelen der Toten beschützen. Dahinter halten ein männlicher und ein weiblicher Gott Sonnenscheiben. Im mittleren Register laufen zehn männliche und eine weibliche Gestalt auf den Gott zu und verbeugen sich ehrfurchtsvoll. Dahinter stehen vier von Schlangen beschützte Götter in Ovalen und Osiris in einem Schrein; auch er wird von einer Schlange beschützt. Es folgen vier weitere Särge mit Göttinnen. Im vierten Register stehen neun Göttinnen auf Körben, ihnen folgen neun Götter in Ovalen und vier Gestalten, die über Kesseln mit brennendem Fleisch stehen. Unten schließlich wird die Folter der Verdammten thematisiert. In diesem Raum bewachen drei Schlangen 16 Übeltäter, Feinde von Osiris, die in den Ort der Vernichtung verbannt wurden. Die ersten acht wurden geköpft. Re verkündet: „Oh ihr, die ihr enthauptet werdet, ihr Feinde von Osiris, deren Köpfe abgeschlagen wurden, hört mich an: Ich trete über euch, ihr existiert nicht mehr für mich!" Auf diese Szenen folgen ausführliche Inschriften, in denen beschrieben wird, in welchem Zusammenhang die Szenen mit Re und dem König stehen, die durch die Unterwelt wandern. Beispielsweise lautet der Text zu den neun Kobras im oberen Register (Auszüge): „Oh Enneade der Uräuskobras, deren Flammen aus dem Maul die Feinde von Osiris verbrennen, macht ein Zeichen der Unterwerfung, zieht euren Arm zurück: Siehe, ich betrete den Westen, um Osiris beizustehen, um jene zu grüßen, die bei ihm sind. Ich bringe seine Feinde zum Ort ihrer Hinrichtung, ich befehlige alle, die ihm folgen, ich erhelle die Dunkelheit der geheimnisvollen Kammer des Königs (Ramses VI.)." Die Feinde von Osiris, die „das Böse in der verborgenen Welt verbreiten" sind im unteren Register zu sehen.

KORRIDOR B, DECKE Die Darstellungen sind stark beschädigt; halten Sie sich nicht auf und erfreuen Sie sich lieber an den besser erhaltenen Decken im Innern des Grabes.

323 DETAIL DER RECHTEN WAND VON KORRIDOR D.

KORRIDOR C, LINKE (SÜDLICHE) WAND Hier sind ähnliche Szenen wie nach dem dritten Tor zu sehen, aber nach dem vierten Tor, der „Herrin des Essens“, tauchen andere Götter auf. Zwölf Schakale, Götter und Kobras erscheinen in einer großen Nische, wo sie an den Ufern eines kleinen Sees entlangwandern. Im mittleren Register wird eine Barke zu neun mumifizierten Göttern gezogen, die „in ihren Särgen sind“ und bald vom Sonnengott wiederbelebt werden. Zwei Gruppen von sechs Göttinnen stehen am Rand von dreieckigen Wasserflächen in der Unterwelt; eine gewaltige Schlange repräsentiert den Lauf der Zeit. Horus steht links im unteren Register; er blickt über die Köpfe von elf Göttern auf eine Kobra, die den Schrein von Osiris bewacht. Zwölf weitere Götter nähern sich dem Schrein, und vier Männer beugen sich über die „Feuergruben“, in die die Missetäter geworfen werden.

Der Rest der linken Wand in Korridor C wird von zwei Hauptregistern eingenommen, die jeweils in drei Unterregister geteilt sind. Die oberen Register befassen sich mit der fünften Stunde und mit Teilen der sechsten Stunde des Pfortenbuches sowie mit Szenen der Gerichtshalle. In den unteren Registern finden Sie die letzten Teile der sechsten Stunde. Das fünfte Tor heißt „Sie handelt“. Das oberste Register ist mit 28 stehenden Göttern gefüllt. Zwölf davon halten ein Seil, um die Felder der Unterwelt zu vermessen; sie bereiten sich darauf vor, den neu angekommenen Toten Ackerland zuzuweisen. Aufgerollte Seile und Schlangen symbolisieren wieder den Lauf der Zeit; ihnen ist im unteren Register das Wort „Lebenszeit“ zugeordnet. Im mittleren Register wird Res Barke von neun Männern mit verborgenen Armen gezogen, „jenen, die den sich Bewegenden tragen“. Offensichtlich handelt es sich dabei um die Männer, die den Toten während der Mumifizierung die Eingeweide herausnahmen; sie galten als unberührbare Kaste. Im unteren Register auf dem oberen Teil der Wand lehnt sich Horus auf seinen Stab und beobachtet die vier Gruppen, in die Ägypten die Menschheit einteilte: Ägypter, Asiaten, Nubier und Libyer. Auch die Fremden werden von Osiris gerichtet werden.

Am rechten (westlichen) Ende des Korridors wurde eine Darstellung der Gerichtshalle von Osiris ins Pfortenbuch aufgenommen (eine weitere, besonders schöne Darstellung dieser Szene finden Sie, mit schwarzer Tinte gezeichnet, in der Grabkammer von Haremhab, KV 57). Osiris sitzt auf einem Thron vor neun „gerichteten Toten“, die auf einer Treppe zu ihm aufsteigen. Eine Balkenwaage in Form einer Mumie steht auf dem Podest. Vier umgekehrte Gazellenköpfe („Die Röhrenden“) und – oben rechts – eine Anubisfigur erscheinen über Osiris. Darunter vertreiben zwei Affen mit Stöcken ein Schwein, das als Symbol des Bösen gilt. Diese Szenen tauchen etwa zur Hälfte des nächtlichen Sonnenweges auf, dem dunkelsten und tiefsten Punkt auf der Reise durch die Unterwelt. Diese Darstellung war so wichtig, dass die Oberpriester sie durch Inschriften verdeutlichten, die vermutlich nur ihnen allein bekannt waren; ein Beispiel für eine antike Hieroglyphen-Geheimschrift.

Die sechste Stunde, das Tor heißt „Herrin der Dauer“, nimmt die untere Hälfte der Wand ein. Zwölf Götter mit gegabelten Stöcken folgen zwölf Göttern, die eine Schlange mit zwölf menschlichen Köpfen auf ihrem Leib tragen. Die Schlange ist Apophis, der Feind von Re, und die Götter sind jene, die „Apophis im Himmel abwehren, während sie auf dem Weg in die Unterwelt sind“. Die Köpfe repräsentieren Menschen, die Apophis verschlungen hat. Da die 24 Götter Apophis besiegt haben, können diese Menschen den Bauch der Schlange verlassen und in die Unterwelt eintreten; ihre Köpfe schauen bereits heraus. Zwölf Männer halten ein doppelt eingedrehtes Seil, das an eine stehende Mumie gebunden ist. Das gedrehte Seil symbolisiert wieder den Lauf der Zeit. Im mitt-

leren Register folgt die Barke von Re zwölf Männern mit bedeckten Armen. Im untersten Register steht ein Gott vor zwölf Mumien („Die Schläfrigen"), die auf Bahren mit einer riesigen Schlange liegen. Zwölf andere Götter gehen auf eine kreisrunde Feuergrube zu, in der eine zusammengerollte Kobra liegt. Das Erscheinen von Menschen, Göttern und Seelen im Zusammenhang mit der Zwölf bezieht sich natürlich auf die zwölf Stunden der Nacht, die der Sonnengott auf seiner Barke durchreist.

KORRIDOR C, RECHTE (NÖRDLICHE) WAND Der zweite Abschnitt des Höhlenbuches wird in fünf Registern dargestellt. Im oberen Register folgen vier Schlangenwächter des Tores und zwölf Götter, die „Fürsten der Manifestationen", auf eine aufrecht stehende Schlange. Die in Särgen liegenden Götter werden jede Nacht für kurze Zeit zum Leben erweckt, wenn das Licht von Re über ihnen erscheint: „Siehe, ich scheine auf euch, während ihr mir eure Gesichter zuwendet."

Vier von ihnen haben Welsköpfe, acht Mäuseköpfe. Sieben Göttinnen, jede mit eigenem Attribut, liegen in Särgen. Re spricht zu ihnen: „Wenn ihr meine Seele zu meinen Körpern geleitet, werde ich eure Seelen zu den Särgen führen, in denen eure Körper liegen. Ich werde euren Weg beleuchten und eure Dunkelheit vertreiben."

Im zweiten Register – ein Teil davon wurde in eine große Nische gemeißelt – reißen sich neun Klagende an ihren Haaren, sie klagen und weinen. Zwölf mumifizierte Götter stehen vor einer mäuseköpfigen Gottheit („Der Augenlose"), einer Form von Osiris.

Im dritten Register betrachtet der widderköpfige Gott rechts die fünf Männer, die anbetend vor ihm stehen. Hinter ihnen, auf den Seitenwänden und der Rückwand einer Nische – sie symbolisiert einen Sarg – stehen andere vor einer Sonnenscheibe in einem Kasten. Sonnenscheiben wechseln sich mit Pfählen, die Widderköpfe tragen und User-Stäben ab.

Horus steht im vierten Register vor zwölf Osirisgestalten in Särgen und den Göttern der göttlichen Gerichtshalle.

Im fünften Register schließlich stehen Messer schwingende, bärtige Dämonen bereit, um vier gefesselte und enthauptete Körper zu foltern; die Köpfe liegen sauber aufgestapelt vor ihnen. Es folgen vier weitere und nochmals acht Feinde, die auf dem Kopf stehen. Den letzten vier Kopf stehenden Verdammten wurde das Herz herausgerissen und zwischen die Füße gelegt. Sie werden beschrieben, als „die Blutigen mit herausgerissenen Herzen am Ort der Vernichtung; sie müssen sich an ihren eigenen Exkrementen übergeben".

324 ZEICHNUNG DER RECHTEN WAND VON KORRIDOR D.

325 RAMSES VI. ALS OSIRIS WIRD VON ZWEI SCHLANGEN BESCHÜTZT; RECHTE WAND VON KORRIDOR D.

KORRIDOR D, LINKE (SÜDLICHE) WAND Hier setzt sich die siebte Stunde des Pfortenbuches fort, das Tor selbst („Der Sitz ihres Fürsten") ist allerdings am Ende von Kammer B dargestellt. Im obersten von drei Registern tragen zwölf der gesegneten Toten Körbe mit Getreide auf den Köpfen; zwölf weitere tragen Maat-Federn. Im mittleren Register ziehen vier Männer eine Sonnenbarke mit Re-Harachte und einer wachenden Schlange auf eine große Göttergestalt und sieben Pfähle mit Schakalköpfen zu; dabei handelt es sich um die Stangen von Geb, an die 14 Übeltäter gefesselt wurden. Jede Gruppe begegnet einem Gott, und jede ist als Feind dieses Gottes gekennzeichnet. Im unteren Register steht der „Fürst der Freude", eine große Gestalt, vor zwölf Getreide erntenden Göttern und sieben Gestalten mit Sicheln in der Hand. „Nehmt eure Sicheln", lautet die Inschrift, „erntet das Korn; ich gewähre euch einen Anteil an den Pflanzen. Ihr habt mich erfreut ..."
In der achten Stunde, jenseits des Tores „Das Strahlende", tragen zwölf Götter ein zusammengerolltes Seil mit menschlichen und Falkenköpfen darauf; zwölf andere tragen eine Schlange. Die erste Gruppe soll „das Seil tragen und die Geheimnisse erzeugen", die zweite „die gerollte Schlange tragen und die Stunden schaffen". Im mittleren Register wird die Heilige Barke in einer Prozession gezogen, die von zwölf Göttern mit Zeptern und vier Mumien (die „Kämpfenden Gesichter") angeführt wird. Im unteren Register lehnt sich ein Gott auf einen Stab und betrachtet die zwölf „Perfekten Geister", die auf Betten liegen, und die zwölf Mitglieder des „Gerichts, das urteilt".

NISCHE Am Boden der linken Wand in Korridor D wurde eine kleine Nische mit einem Teil des Buches der Himmelskuh verziert, das sich mit der kurzlebigen, aber ernstzunehmenden Revolte der Menschheit gegen Re befasst. Vollständige und genauere Darstellungen dieses Textes finden Sie in den Gräbern von Sethos I. und Ramses II., außerdem in einem Schrein von Tutanchamun.

KORRIDOR D, RECHTE (NÖRDLICHE) WAND Der dritte Abschnitt des Höhlenbuches ist hier anders aufgeteilt als die beiden ersten. In drei Registern begleiten die Inschriften jede der 15 Szenen, statt erst am Ende als kompletter Block aufzutauchen. Oben rechts liegt Ramses VI. als Osiris in einem Oval und wird von zwei Schlangen beschützt. Sieben Götter mit welsartigen Köpfen sind mit Aker assoziiert und stehen unter der Schlange Nehebkau, in der sich alle heilige Energie vereint. In zwei Hügeln liegen widderköpfige Mumien; sie erwarten ihre Vereinigung mit Sonnenscheiben. Drei Götter erscheinen in ovalen Sarkophagen. Osiris steht in einem Schrein, der von vier Schlangen geschützt wird. Acht Gottheiten stehen in Ovalen. Sie haben geschworen, sich niemals hinzulegen, sondern Osiris bis in alle Ewigkeit beizustehen. Im zweiten Register steht Re als widderköpfiger Gott vier mumifizierten Osirisgestalten gegenüber. Der zweiköpfige Aker, er repräsentiert die Erde, wird von drei Formen von Osiris und vier Göttinnen begleitet; darüber sind

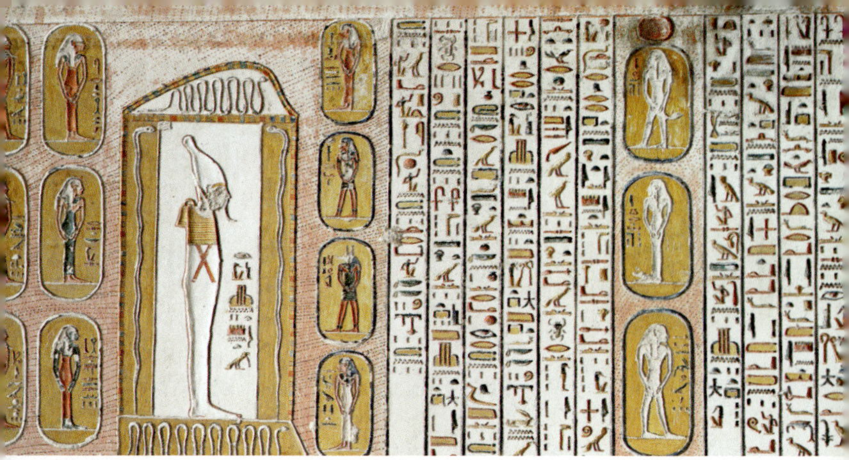

ein Skarabäus und ein liegender Geb zu sehen. Er liegt schützend über einem der Körper von Osiris. Links werden drei Ovale – eines mit Osiris, die anderen mit Kopf und Auge der Sonne – von Ouroboros (Schlangen, die in ihren eigenen Schwanz beißen) und vier sich verbeugenden Gestalten umgeben. Eine krokodilköpfige Form von Osiris steht auf einer Schlange und wird von zwei stehenden Göttern angebetet; einer davon zieht an Osiris' Bart.

Im dritten Register tauchen auf dem Kopf stehende Männer und Frauen auf. Vier der Männer wurden enthauptet. „Ihr seid die Feinde von Osiris", sagt der Sonnengott, „ihr seid Feinde ohne Seele, ihr werdet meine Strahlen nicht sehen." Ungewöhnlicherweise werden sie von acht kleinen Gestalten toter Seelen begleitet, die zum Ort der Vernichtung verdammt wurden. In der Mitte des Registers liegt ein ithyphallischer Osiris, umgeben von einer Schlange unter einer Sonnenscheibe und einem Aker.

Zum vierten Abschnitt gehören eine Schlange und ein widderköpfiger Gott zur Linken einer Sonnenscheibe. Die Szene beschreibt die Wiedergeburt von Osiris und Re und gleicht – wenn auch in ausführlicherer Form – dem Beginn des ersten Abschnitts. Die obere Hälfte der Wand wird von einer langen Inschrift eingenommen, die sich mit Re befasst; darunter stehen drei Register. Im oberen Register sieht Osiris aus, als würde er in die Luft geworfen. Der Text dazu lautet: „Die beiden Göttinen (Isis und Nephthys) heben deinen Körper in die Höhe, oh Osiris." Dies ist der erste Schritt seiner Auferstehung. Weiter links beten Anubis mit dem Kopf eines Schakals und Horus mit dem Kopf eines Falken den erneuerten Körper an, sie baden und kleiden ihn ein. In der dritten Szene steht ein Gott mit Namen „Stier des Westens" vor einem Mungo, das seinen Sohn Horus-Mechenti-irti repräsentiert, und vor einem Herzen, das von Sonnenscheiben flankiert wird – beide in Ovalen. Sie sollen den Beginn des Schöpfungsaktes symbolisieren.

Im mittleren Register steht ein widderköpfiger Re vor drei Wächtern der Unterwelt. Daneben steht Horus vor zwei Ovalen mit Osiris und einer Schlange mit dem Namen „Schreckliches Gesicht". In der dritten Szene verbeugt sich Anubis vor Osiris.

Im unteren Register stehen vier gefesselte Männer, „die Blutbefleckten, die Weinenden", auf dem Kopf vor einem Gott, der „Katze von dort, wo es kein Entrinnen gibt" heißt und eine Form von Re repräsentiert. In der mittleren Szene hält eine Göttin („Die Vernichterin") die Hand des löwenköpfigen „Zerstörers", der über einem Wächter der Verdammten steht. Der Begleittext lässt das Blut erstarren: „Oh ihr, die ihr aus den vernichteten Körpern stammt, ihr sollt zu Bedeutungslosigkeit und Blut vernichtet werden, ihr sollt davon leben, was euer Herz verabscheut. Ich habe eure Körper verwandelt, ihr werdet auf ewig verrotten und niemals die Verwesung verlassen (die euch umgibt)." In anderen Worten, die Übeltäter werden nicht auferstehen, sondern „auf ewig verrotten".

Links treffen die Verstümmelten und die Elenden auf einen Mann mit dem Namen „Vernichtungsgesicht".

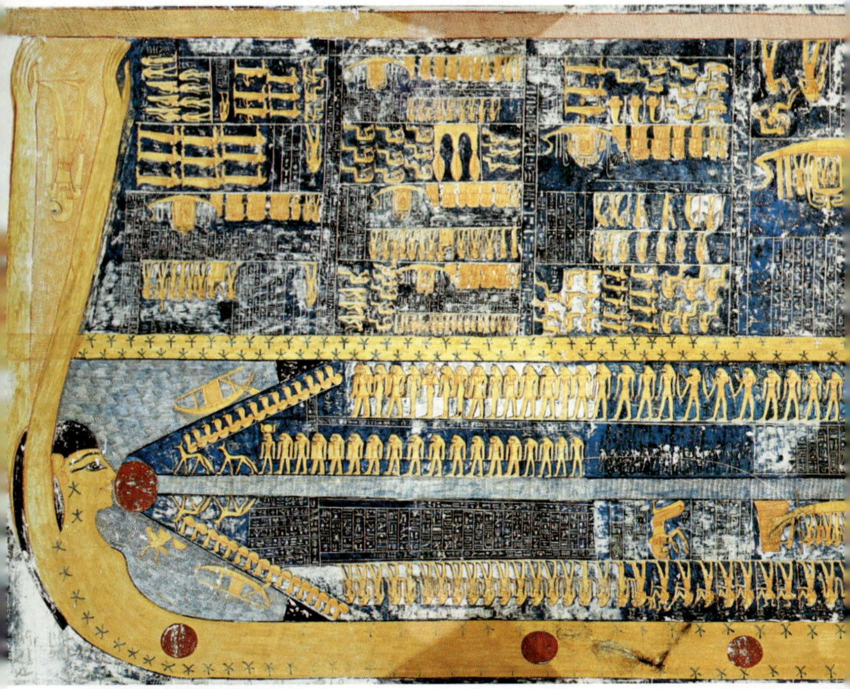

KORRIDORE C, D, E, F, DECKEN Diese Decken wurden kunstvoll mit zwei wichtigen astronomischen Texten, dem Buch des Tages und dem Buch der Nacht, bemalt. Das erste zeigt den Sonnengott als Falken, und die Inschrift beschreibt seine Reise von Sonnenaufgang, wo er von der Göttin Nut geboren wird, bis zum Sonnenuntergang, wo sie ihn verschluckt und er seine nächtliche Reise durch ihren Körper antritt. Im zweiten Buch wird er als Widder dargestellt, während die Inschriften seine nächtliche Reise durch die Unterwelt beschreiben. Der Körper der Göttin Nut erstreckt sich über die gesamte Länge der Inschriften, vom östlichen Ende von Korridor D bis in den Raum F. Bei dem körpernahen Text (zwischen ihr und einem Band aus Sternen) handelt es sich um das Buch des Tages; das Buch der Nacht erstreckt sich jenseits des Sternenbandes.

Am Anfang von Korridor D gebiert Nut den Sonnengott. Isis und Nephthys knien vor der schwangeren Göttin; man sieht die Sonne in ihrem Unterleib, und sie bereitet sich auf die Geburt vor. Darüber erscheint die neu geborene Sonnenscheibe und wird von einem geflügelten Skarabäus beschützt. Schu, der in einer Sonnenbarke steht, stützt die Göttinnen. Darunter sind zwei andere Barken zu sehen, die Barke der Nacht und die Barke des Tages – umgeben von Wasser. Isis und Nephthys tragen die Sonnenscheibe von einem Boot zum anderen. Der Wasserkörper verschmälert sich in einen Fluss, der nach Westen über die Decke fließt. Das ist die Reise, auf die sich die Sonne während des Tages begibt. Die oberen und unteren Register sind mit aufge-

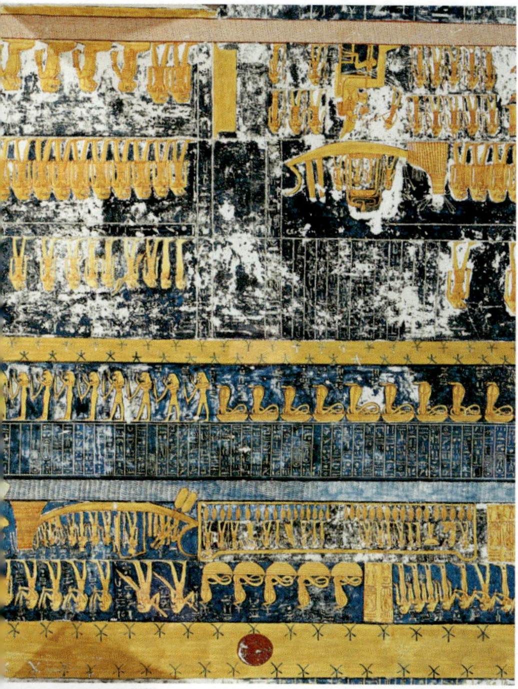

326–327 DECKE DER PFEILERKAMMER.

326 UNTEN GEFLÜGELTE GÖTTIN AM EINGANG DER PFEILERKAMMER.

reihten Göttern gefüllt. Im mittleren Register begrüßen vier Affen die aufgehende Sonne. Ihnen folgen neun Barken. Götter stoßen ihre Messer ins Wasser, um die Apophis-Schlange zu töten, den Feind des Sonnengottes. Die Prozession kulminiert in einer Szene, in der die Sonne an Nut ausgeliefert wird. Sie wird sie verschlucken und damit die Reise durch die Nacht einleiten.

Das Buch der Nacht berichtet von der zwölfstündigen Reise der Sonne durch die Nacht und den Körper der Himmelsgöttin. Man liest die Szenen von Raum F zurück bis zum Anfang von Korridor D. Die Reise beginnt mit den Figuren der Geister, der Adligen und der Toten. Die Nachtreise endet an einem Altar für einen Skarabäus, aus dem Wasser über die Hieroglyphe für „Himmel" läuft. Weiter links stehen Isis und Nephthys, die sich gegenseitig den Sonnengott reichen, um ihn für seine erneute Reise durch den Tag vorzubereiten.

Zwischen den Seitenwänden und den Pfeilern in Raum F sind kleinere astronomische Szenen mit Sternbildern und Listen der Dekane zu sehen.

BRUNNENKAMMER E, LINKE (SÜDLICHE) WAND Die neunte Stunde aus dem Pfortenbuch füllt fast die ganze Wand: Sie ist in zwei Gruppen zu je drei Registern unterteilt. Die beiden Tore zur neunten und zehnten Stunde stehen am Ende der Wand.

Im oberen Register stehen neun *Ba*-Vögel mit Armen und Menschenköpfen vor einem Gott, der einen Stab hält. Hinter ihnen laufen zwölf Götter in Menschengestalt, genannt „Jene, die Seelen in das grüne Land auf der Insel der Flammen führen".

Im zweiten Register findet sich die qualitätsvolle Version einer wohlbekannten Szene: Die kostbar ausgemalte Barke von Re wird zu „Dem, der im Abgrund ist" gezogen, einem Gott, der neben einer großen, rechteckigen Wasserfläche steht. Darin treiben 16 männliche Gestalten in verschiedenen Positionen. Es handelt sich um die Leichen von Ertrunkenen, die nicht mehr

327 NUT HÄLT RE-HARACHTE UND EINE SONNENSCHEIBE; RECHTE WAND DER BRUNNENKAMMER.

mumifiziert werden oder an Begräbnisfeierlichkeiten teilnehmen können, weil ihre Körper verloren sind. Daher bedürfen sie einer besonderen Hilfe, um die Unterwelt zu erreichen. Die Inschriften lauten (in Teilen): „Streckt eure Köpfe aus, oh ihr Ertrunkenen. Eure Arme sollen sich bewegen, ihr die ihr unter Wasser seid. Streckt eure Beine aus, oh, die ihr schwimmt. Es soll Atem in euren Nasen sein, die ihr unter Wasser kriecht. Ihr sollt die Herrschaft über das Wasser haben, ihr sollt zufrieden sein in eurer Kälte, ihr werdet euch zu dem Urozean bewegen … ihr werdet nicht untergehen."

Im dritten Register – dem letzten der neunten Stunde – steht Horus mit seinem Stab am linken Ende der Wand. Er beobachtet zwölf gefesselte Feinde, die zu einer Feuer speienden Schlange gehen, die sieben Mumien in ihren Windungen festhält. Die Arme dieser Verdammten sind sehr schmerzhaft auf verschiedene Weise gebunden. Es handelt sich um Feinde von Osiris, und eine Inschrift verkündet ihnen, dass sie dazu verdammt sind, „enthauptet zu werden – ihr sollt nicht existieren! Eure Seelen werden vernichtet und werden nicht leben, für das, was ihr meinem Vater Osiris angetan habt". Die Schlange, die „Schreckliche", wird angewiesen: „Öffne dein Maul! Weite deine Kiefer aus und spucke die Flammen auf die Feinde meines Vaters; verbrenne ihre Körper, vernichte ihre Seelen!"

In der unteren Hälfte dieser Wand ist die zehnte Stunde des Pfortenbuches in drei Registern dargestellt. Im obersten Register (das vierte von oben) stellen vier kopflose Götter mit den Kronen von Oberägypten einen Pfahl auf, auf dem ein gekrönter menschlicher Kopf steckt. Der zweiköpfige Löwe Aker, der Gott der Erde, stützt eine zweiköpfige Gestalt mit den Gesichtern von Horus und Seth. Rechts davon tragen vier weitere kopflose Gestalten die Krone von Unterägypten und stellen einen Pfahl auf. Noch weiter rechts hält eine männliche Gestalt die achtbeinige und sechsköpfige Schlange „Die Geherin" fest. Rechts daneben liegt eine weitere Schlange; ihre beiden Köpfe tragen die Krone von Oberägypten. Die Schlange wird „Bote der Erde" genannt; sie trägt auf ihrem Rücken neun menschliche Gestalten. Diese beiden Schlangen sind die Feinde von Apophis und helfen dabei, den Sonnengott zu beschützen. Dahinter schwingen zwei Götter ein Netz, ebenfalls um Re zu schützen: „Ihr Zauber ist auf dem Netz und in dem Netz in ihren Händen."

Im zweiten Register (das fünfte von oben) laufen zwölf Netze schwingende Götter vor der Sonnenbarke her; vier davon haben menschliche Köpfe, vier haben Affenköpfe, einer ist eine zweiköpfige Schlange, einer hat einen Geierkopf, dazu vier Frauen mit Menschenköpfen. Vor ihnen gehen vier Männer mit Speeren, die einen Gott mit Namen „Der Alte" (ein Erdgott) an ein Seil gebunden haben. Er entsteigt der Unterwelt und bereitet sich darauf vor, den bösen Apophis zu töten, sollte er hinter Res Sonnenbarke auf ihrer Reise durch die Unterwelt auftauchen. Eine Schlange und ein Krokodil mit schlangenartigem Schwanz stehen rechts daneben.

Im untersten Register fesseln Götter mit Ibis-, Falken-, Widder- und Menschenköpfen eine zweiköpfige und zweibeinige Schlange mit Seilen. Über der Schlange steht ein Falke, Horus der Unterwelt.

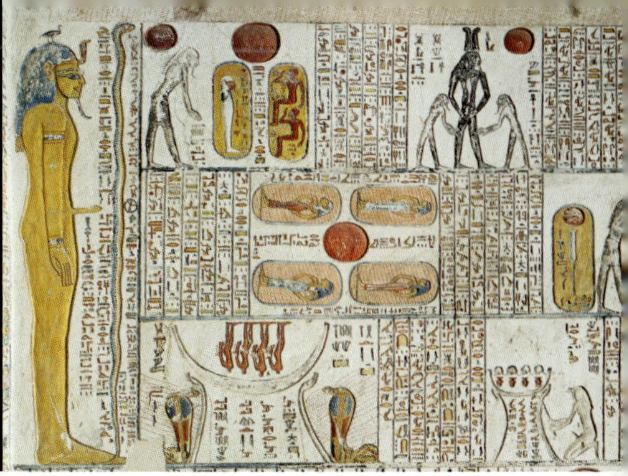

BRUNNENKAMMER E, RECHTE (NÖRDLICHE) WAND zeigt die Wiederbelebung von Osiris als Fortsetzung des fünften Abschnitts des Höhlenbuches. Oben rechts hält eine große Gestalt der Himmelgöttin Nut Re-Harachte und eine Sonnenscheibe in den erhobenen Händen. Sie wird von menschenköpfigen Schlangen und Krokodilen (sie repräsentieren die Kräfte der Unterwelt) sowie von auf dem Kopf stehenden Figuren eines Skarabäus, eines Widders, eines Gottes und eines Kindes flankiert – jeder mit einer Sonnenscheibe in der Hand. Sie repräsentieren die verschiedenen Stadien im Leben der Sonne. Das Kind wird beschrieben als „eines, das noch mit der Nabelschnur verbunden ist". Am anderen Ende der Wand steht ein ithyphallischer Osiris mit einem *Ba*-Vogel auf seinem Kopf und einer schützenden Schlange vor ihm. Zwischen diesen beiden Gestalten, die Himmel und Erde repräsentieren, stehen drei Register mit Inschriften und Szenen, die die Reise der Sonne bis zum Sonnenaufgang beschreiben. Die beiden Schlangen neben Nut repräsentieren die Feinde Res.
Im obersten Register rechts steht Osiris neben einer Sonnenscheibe; er hat die Arme in Verehrung für Re-Harachte erhoben, den Nut in ihrer Hand hält. Hinter ihm stehen vier Schlangen mit Menschenköpfen, die davon abgehalten werden, den Sonnenaufgang zu verhindern. In der zentralen Darstellung unterstützen die Götter Atum und Chepre Ptah-tjenen, die „Fruchtbarkeit der Erde". Links davon steht ein Gott in Anbetung vor zwei Ovalen. In einem steht eine Mumie mit dem Namen „Sie ist die Erscheinung von Osiris". In dem anderen Oval sitzen zwei Kinder, das Kind von Re und der Geist von Re.
Im zweiten Register steht Anubis vor vier falkenköpfigen Mumien, den Manifestationen von Horus. Das Oval hinter Anubis enthält den Stab der Macht von Atum, „der die Unterwelt schuf und das Reich der Toten hervorbrachte". Links umstehen vier Göttinnen „in ihren Särgen" eine Sonnenscheibe.
Im dritten Register hält eine hier namenlose Göttin (in anderen Szenen „Die Metzgerin" genannt) zwei Stäbe, an die Feinde gefesselt sind. In der Mitte ragen zwei Arme aus der Unterwelt hervor. Sie halten einen riesigen Kessel, der mit den Herzen und Köpfen der Bösen gefüllt ist; sie sollen dem Feuer übergeben werden. In einem anderen Kessel liegen vier enthauptete Körper, die Feinde von Re.
Unter der Darstellung von Nut halten zwei Götter in einem vierten Register einen ovalen Sarg, der mit den Hieroglyphen für „Fleisch" gefüllt ist; er bezieht sich auf Körperteile von Re und Osiris. Der Kopf eines Widders (Symbol des Gottes Re) wird von Osiris und Horus flankiert, die eine Sonnenscheibe anbeten. Im fünften Register begrüßt Re die Göttin Tayet, die „Weberin", die dabei helfen wird, den Körper zu restaurieren. Ein riesiger Kessel, gehalten von Armen aus der Unterwelt, ist mit den auf dem Kopf stehenden Symbolen für Fleisch, Seele und Schatten gefüllt.

328–329 NEUNTE STUNDE DES PFORTENBUCHES; DETAIL VON DER LINKEN WAND DER BRUNNENKAMMER.

329 ITHYPHALLISCHE FIGUR VON OSIRIS VOR INSCHRIFTEN UND SZENEN, DIE VON DER REISE DER SONNE BERICHTEN; RECHTE WAND DER BRUNNENKAMMER.

KAMMER F ist ein Raum mit vier Pfeilern, der letzte Teil von KV 9, der noch von den Steinmetzen Ramses' V. hergestellt wurde. Die elfte Stunde des Pfortenbuches ist auf die linke (südliche) Wand eingemeißelt. Das Tor („Das Heilige") ist in Raum E zu sehen. Im oberen Register bewegen sich acht mit Messern und Stöcken bewaffnete Götter auf Apophis zu. Vier der Götter haben menschliche Köpfe und vier mehrere Schlangenköpfe. Apophis, der als riesige Schlange dargestellt ist, wird von einer gewaltigen Faust aus der Unterwelt („Der Körper von dem, der verborgen ist") festgehalten und ist mit einem langen Seil gefesselt. Es wird von 16 Göttern gehalten, die auf der Schlange stehen. Weiter rechts halten vier Schlangen das Seil fest. Fünf Gestalten der „Hilflosen" lösen sich von der Kette und bewachen es.

Im mittleren Register setzt die Sonnenbarke ihre Reise fort; vor ihr sind vier stehende Götter, vier weitere, die Sterne halten, und vier sitzende Götter zu sehen, einige davon mit Tierköpfen. Vor ihnen transportiert ein großes Boot das frontal dargestellte Gesicht des Gottes Re. Das Boot scheint in die falsche Richtung zu segeln: alle anderen Boote in dieser Szene bewegen sich nach rechts, während dieses nach links gezogen wird. Das ist kein Irrtum: Ein Ägyptologe hat vermutet, dass hier die Umkehr der Zeit dargestellt wird, auf die im *Amduat* (siehe das Grab von Sethos I.) angespielt wird. Rechts folgen auf eine geflügelte Schlange ein Mann, der eine Lampe trägt, vier betende Frauen und eine zweiköpfige Gestalt von Seth-Horus mit sechs Kobras, die auf zwei Bögen stehen.

Im unteren Register bewegen sich zwölf göttliche Ruderer mit zwölf Göttinnen als Repräsentanten der Zeit; sie bereiten

sich darauf vor, die heilige Barke aus der Unterwelt zurück ans Tageslicht zu geleiten. Die Göttinnen werden „die Stunden, die (die) Barke ziehen" genannt. Sie „nehmen das *Nefert*-Seil auf, um Re in Nut zu ziehen". Davor gehen vier Götter mit Zeptern und unterschiedlichen Köpfen. Alle bewegen sich auf das Auge von Re zu.

Hinter dem zwölften Tor, dem „Geheimnisvollen Eingang", beschreibt die zwölfte Stunde die Vorbereitungen für die Wiedergeburt der Sonne am Morgen. Im oberen Register tragen Götter Sonnenscheiben, das gleißende Licht, in ihren Händen; sie folgen anderen Göttern, die Sterne tragen. In ihrer Begleitung sind zwölf Götter und acht Göttinnen, die auf Schlangen sitzen. Vor ihnen ist ein krokodilköpfiger Gott zu sehen.

Im mittleren Register folgt die Sonnenbarke neun mit Messern und Stöcken bewaffneten Göttern, die sich auf Apophis zubewegen. Er wurde an fünf Klammern gekettet, damit er den Sonnenaufgang nicht verhindern kann, der enthusiastisch von vier Pavianen angekündigt wird. Im unteren Register tragen Götter und Göttinnen unterschiedliche Kronen und Kopfschmuck. Damit symbolisieren sie die Macht und Autorität des Gottes. Jetzt tritt die Sonne durch eine von Isis und Nephthys bewachte Doppeltür in den Tag. In einer großen Schlussszene hebt die Göttin Nut die Sonnenbarke aus der Unterwelt empor. Über der Barke rollt ein Skarabäus die Sonne auf Nut zu, die Göttin des Himmels; sie wird ihre Reise durch den Tag bewachen. Bei Sonnenuntergang kehrt die Sonne zu Nut zurück, und der Kreislauf von Licht zu Dunkelheit, vom Tag zur Nacht beginnt aufs Neue.

330 ZEICHNUNG DER RECHTEN WAND DER BRUNNENKAMMER UND DER PFEILERKAMMER F.

330–331 ANSICHT DER PFEILERKAMMER F.

332 LINKE WAND DER RAMPE IN DER PFEILERKAMMER.

333 LINKS RAMSES VI. OPFERT; SÜDLICHE FRONT DES SÜDWESTLICHEN PFEILERS.

333 RECHTS ZEICHNUNG DER RECHTEN WAND VON KORRIDOR G.

KAMMER F, RECHTE (NÖRDLICHE) WAND Eine längere Inschrift nach dem fünften Abschnitt des Höhlenbuches beschreibt die darin enthaltenen Szenen. Sie ist in einem rhythmischen Stil mit vielen Wiederholungen verfasst, der an Lyrik erinnert. Es folgt der sechste Abschnitt, in dem der Auftritt der Sonne bei Dämmerung vorbereitet wird. Im oberen Register rechts beschützt Anubis zwei Götter, die in Särgen liegen; sie werden überragt von ihren *Ba*-Vögeln. Links steht Anubis vor dem Sarkophag von Re. Darin sind ein Widder, der Kopf eines Falken und eine Sonnenscheibe zu sehen – Symbole des Sonnengottes. Rechts und links davon stehen zwei Särge, in denen die Göttinnen Senet und die „Fresserin" stehen, sowie „Fleisch"-Hieroglyphen. Die nächste Darstellung ist eigentlich die Abschlussszene des Abschnittes. Der vordere Teil der Sonnenbarke kann im mittleren Unterregister betrachtet werden: Sie wird aus der Unterwelt von zwölf Göttern mit den Köpfen von Menschen, Widdern und Falken in den Tag gezogen. An Bord sind die Symbole des Sonnengottes: ein Widder mit einer Sonnenscheibe auf den Hörnern, ein Skarabäus und ein Vogel. Sie bewegen sich aus der Unterwelt auf einen großen Skarabäus und ein sitzendes Sonnenkind zu – zwischen der Dunkelheit und wässrigen Dreiecken, die für die Berge des Ostens stehen.
Im mittleren Register stehen vier Götter bereit, um die Morgensonne zu begrüßen, die von einem Skarabäus geschoben wird und sich zwischen zwei Bergen zeigt. Diese Sonnensymbole werden von einer Schlange umgeben, die sie mit ihren Körperwindungen einschließt. Die Inschrift gibt an, dass die Götter „die Schlange verzaubert haben. Wir haben ihr, die sich um dich windet, die Seele herausgeschnitten". Die Szene wird flankiert von Menschen und den Symbolen für „Fleisch" in ovalen Sarkophagen. Links steht ein betender Osiris-Orion vor einem Hügel mit einer feindlichen Schlange, auf dem ein Widderkopf liegt. Eine zweite Gestalt steht mit einer Gottheit, die einen Feder-Kopfschmuck trägt, vor einem Oval, das aus der Erde aufsteigt.
Im dritten Register haben Frauen mit Messern vier gefesselte und enthauptete Männer getötet; die Köpfe liegen zu ihren Füßen und ihre Herzen wurden herausgerissen. Die Männer sind die „Verrotteten, voller Fäulnis … bedeckt mit dem Blut der Gezüchtigten, der Geköpften, der Feinde, die auf der Seite liegen, von denjenigen, die untergehen, nachdem sie getötet wurden, mit blutbefleckten Schatten". Rechts stehen zwei weibliche Anubisgestalten neben vier gefesselten Frauen, den „Üblen, den Glorreichen". Ein Gott und eine Göttin stehen neben vier gefesselten und enthaupteten Männern.
Auf der Rückwand zeigt eine Doppelszene Ramses VI., der vor Osiris Rauch- und Trankopfer darbringt.

KAMMER F, PFEILER Wegen des begrenzten Raumes wurden nur Teile des Höhlenbuches in die Fronten mehrerer Pfeiler eingemeißelt. Ein liegender Gott, ein Skarabäus und ein Widderkopf erscheinen in zwei ovalen Sarkophagen, die von zwei Göttinnen flankiert werden. Darunter steht eine sich verneigende Gottheit mit einem Stab in der Hand auf einem Hügel, der einen gefesselten, enthaupteten Mann umschließt. Links sieht man zwei Ovale mit falkenköpfigen Göttern, den „Zertramplern", unter einer Sonnenscheibe. Am Boden des Pfeilers steigt Osiris, begleitet von einer Schlange, aus der Erde auf. Auf beiden Seiten versinken zwei männliche Gestalten kopfüber in der Erde. Oben links auf dem Pfeiler liegen vier enthauptete Gestalten in ovalen Sarkophagen unter einer Sonnenscheibe. Andere Pfeiler zeigen Ramses VI. mit Chons, Amun-Re, Meretseger, Ptah-Sokar-Osiris, Re-Harachte, Ptah und Thot.

KORRIDOR G Hinter Kammer F mit den vier Pfeilern ist KV 9 mit Inschriften und Szenen aus dem *Amduat*, der „Schrift der Unterwelt", ausgemalt, auch „Schrift des verborgenen Raumes" genannt. Das Buch beschreibt in zwölf Stunden oder Abschnitten die Reise des Sonnengottes und des Pharaos durch die Unterwelt. Es zitiert mehrere Reden des Gottes und liefert Beschreibungen der Wesen, die ihnen auf der Reise begegnen. Die vollständigste Version des *Amduat* befindet sich im Grab von Sethos I. (KV 17), dort fehlt nur die zwölfte Stunde. Auch der Version hier im Grab von Ramses VI. fehlt die letzte Stunde, außerdem ist der Text unvollständig und die Inschriften manchmal durcheinander. Dennoch möchte ich die Version aus diesem Grab genauer beschreiben, da das Grab von Sethos I. vermutlich über Jahre hinaus nicht für die Öffentlichkeit zugänglich sein wird.

Der Text beginnt auf der linken Wand der Rampe, die von Raum F in den Korridor G führt und nimmt vier Register ein. Im oberen Register sind in 42 Quadraten neun Paviane, zwölf Göttinnen, drei krokodilköpfige Götter, drei mit Schakalköpfen, drei mit Menschenköpfen und zwölf weitere stehende Göttinnen zu sehen. Jede Gestalt wird namentlich genannt; z. B. werden die krokodilköpfigen Götter als „Jene, die durch die Unterwelt gehen", „Bulle" und „Mächtiges Gesicht" bezeichnet.

Im zweiten Register trägt eine Sonnenbarke acht Seeleute, zwei Göttinnen und den Sonnengott mit Widderkopf. Vor dem Boot stehen zwei Maat-Gestalten und andere Götter, darunter Osiris. Vier personifizierte Stelen repräsentieren die Macht und das Wissen des Sonnengottes. Das dritte Register zeigt eine weitere Barke mit einem Skarabäus (eine Inkarnation des Sonnengottes), der von zwei Gestalten angebetet wird; davor sind Schlangen, Götter und Göttinnen sowie ein Stab mit Hörnern und Schlangen zu sehen. Unten auf der Wand besetzen Paviane, Schlangen, Götter und Göttinnen 42 Quadrate – wie im ersten Register. Eine lange Inschrift beschreibt, wie der Sonnengott die Götter der Unterwelt anweist, ihm bei seiner Reise zu helfen.

Die zweite Stunde des *Amduat* zeigt den Beginn der Reise über eine Wasserfläche mit dem Namen Wernes. Im oberen Register nähert sich eine Reihe von Göttinnen einem Löwen, einer Stele, einem Paar Krummstäben, einer Gestalt mit den Köpfen von Horus und Seth und zwei sitzenden Göttern. Rechts davon schwingen sechs sitzende Götter mit Tierköpfen ihre Messer, mit denen sie die Feinde des Sonnengottes abwehren.

Im mittleren Register trägt eine große Barke den Sonnengott und andere Gottheiten, davor schwimmen vier Barken, deren Buge mit Kobraköpfen, Kronen oder Gottheiten verziert sind. Das zweite Boot trägt ein Krokodil, das dritte ein Symbol für die Göttin Hathor, das vierte die Feder von Maat und eine Sonnenscheibe. Unter den Gestalten im unteren Register findet man vier laufende Götter mit der Hieroglyphe für „Jahr". Sie werden „Träger", „Öffner der Zeit" und „Wächter der Zeit" genannt. Stehende Götter tragen Symbole der Zeit oder von Sternen. Osiris steht inmitten anderer Götter. Rechts halten stehende, erlöste Tote Weizenstängel oder tragen sie im Haar. Dabei handelt es sich um Bauern der Unterwelt, denen der Gott Ackerland zugewiesen hat.

In der dritten Stunde, ganz unten auf der Wand, setzt sich die Reise über die Wasser des Osiris fort. Im oberen Register sitzen ein Pavian auf einer kleinen sandigen Insel und ein anderer in einem Schrein; vor ihnen schreiten Götter und Göttinnen aus. Im mittleren Register folgt die Sonnenbarke (diesmal merkwürdigerweise ohne den Sonnengott) drei anderen Schiffen, jedes mit einem anderen Bug. Im unteren Register werden zwei Gruppen sitzender Osiris-Gestalten – eine Gruppe trägt die Krone von Ober-, die andere von Unterägypten – durch fünf ibisköpfige Männer getrennt, die Messer schwingen. Im Grab von Thutmosis III. folgt auf diese Szenen eine lange Inschrift, die hier, im Grab von Ramses VI., fehlt.

KORRIDOR H, LINKE WAND

Die vierte Stunde führt von der Wasser- in eine Wüstenwelt; diese ist Ro-Setau, und die gewundenen Pfade sind „die abgeschirmten Straßen der Imhet, die verborgenen Tore, die im Land des Sokar, der auf seinem Sand ist, sind". Hier ist ein Ort der Schlangen, und selbst die Sonnenbarke (im mittleren Register) füllt sich mit Schlangen (im unteren Register), während sie durch die dürre Landschaft gezogen wird. Die Reise des Bootes ist beschwerlich und kompliziert, es geht Rampen hinab und durch die Wüste, sie wird durch versiegelte Türen und Schlangen behindert, deren Beine und Flügel symbolisieren, wie klug und unvorhersehbar sie sich bewegen. Im mittleren Register steht Osiris, um dem Sonnengott und dem König zu helfen; Horus und Sokar halten schützend das Auge des Sonnengottes zwischen sich. Unten rechts im unteren Register kündigen 14 Sterne und Köpfe mit Sonnenscheiben die erfolgreiche Reise der Sonnenbarke durch diese Hindernisse an (eine schön gezeichnete „hieratische" Version der vierten Stunde findet man im Grab von Thutmosis III.).

Die fünfte Stunde besteht aus einer komplexen Serie von Szenen. Im oberen Register repräsentiert ein kleiner Hügel das Grab von Osiris. Es wird von zwei Vögeln, Repräsentanten für Isis und Nephthys bewacht. Die Sonne in Skarabäusgestalt taucht von unten in diesem Hügel auf; sie vereint sich mit sieben Männern und sieben Frauen, um das Seil der Sonnenbarke zu ziehen. Die Barke setzt (im unteren Register) ihre Reise durch die Unterwelt fort, die hier durch eine ovale Höhle repräsentiert wird, in der Sokar steht. Zwei sphinxartige Gestalten von Aker flankieren die Höhle. Rechts davon sitzen vier Götter, zwei davon sehen nach vorn; sie tragen Kronen, einen Widderkopf oder eine Feder auf

334 UNTEN DETAIL DER RECHTEN WAND VON KORRIDOR H.

335 ZEICHNUNG DER RECHTEN WAND VON KORRIDOR H.

den Knien (auch hier ist im Grab von Thutmosis III. eine andere Version dieser Szene dargestellt).

Auf der **RECHTEN WAND DER RAMPE UND DES KORRIDORS G** zeigt die sechste Stunde die Sonnenbarke im Urozean Nun am tiefsten Punkt der Reise durch die Unterwelt. Im oberen Register werden neun Gottheiten in halb sitzender Pose gezogen, was den Vorgang der Wiedererweckung darstellen soll. Neun gekrönte Krummstäbe mit Messern stehen vor ihnen, gegenüber ein Löwe, über dem *Udjat*-Augen schweben. Der Löwe repräsentiert sowohl den Sonnengott wie Osiris; er wird „der Stier mit der donnernden Stimme" genannt. Rechts davon stehen drei Kästen mit Sonnenscheiben und dem Hinterleib eines Löwen, einem Flügel sowie einem menschlichen Kopf; sie sind teilweise geöffnet und werden von Schlangen bespuckt. Diese Szenen spielen auf die Vereinigung des Sonnengottes mit seinem *Ba* und die folgende Wiedergeburt an. Im mittleren Register folgt die Sonnenbarke Thot, einer Göttin und 16 mumifizierten Gottheiten, die „Könige von Oberägypten" und „Könige von Unterägypten" genannt werden; sie werden die Wiedergeburt des Gottes bezeugen. Rechts wird der Sonnengott mit einem Skarabäus auf seinem Kopf und umgeben von einer fünfköpfigen Schlange gezeigt. Sobek und Nun flankieren das untere Register, das eine Schlange mit den Köpfen der vier Horussöhne zeigt, die aus ihrem Körper hervorkommen, dazu 14 Götter und Göttinnen und neun Feuer speiende Schlangen mit Messern.

Der siebte Abschnitt, in den oberen vier Registern der rechten Wand, zeigt die Sonnengottheit bei der Wiedergeburt, während die Kräfte des Bösen, insbesondere die Schlange Apophis, daran gehindert werden, ihn anzugreifen. Im oberen Register hat ein katzenköpfiger Dämon die Feinde von Osiris geköpft. Rechts davon stehen drei *Ba*-Vögel des Gottes. Im mittleren Register segelt die Sonnenbarke auf eine Schlange zu, die 433 Ellen (über 225 Meter) lang sein soll. Indem ihr Körper von zahlreichen Messern durchbohrt wurde, hat man ihr alle Macht genommen. Rechts stehen vier Kästen, die „geheimnisvollen Formen der Unterwelt, die Kästen mit geheimnisvollen Köpfen", mit Namen Atum, Chepre, Re und Osiris. Im unteren Register sitzt der Sonnengott mit einem Zepter und dem *Anch*-Zeichen in der Hand auf dem Thron, während er Personifikationen der Sterne anblickt. Rechts sitzt ein Krokodil mit dem Kopf von Osiris auf einer schmalen Sandbank und sucht nach verlorenen Teilen vom Körper des Sonnengottes.

KORRIDORE G UND H, RECHTE SEITE Die achte Stunde zeigt sowohl in den oberen als auch den unteren Registern fünf Höhlen, die jeweils mit einer einflügeligen Holztür verschlossen sind. In jeder Höhle sitzen drei Götter auf den Hieroglyphen für Kleidung, und jeder bekommt die Kleider für das Leben im Totenreich. Die Gottheiten rufen aus ihren Höhlen nach dem Sonnengott, doch für

336 RAMSES VI. VOR MAAT; RECHTE WAND DER VORKAMMER.

menschliche Ohren gleichen diese Rufe „dem Geschrei von Katern", „dem Geräusch von in der Flut einbrechenden Ufern", „dem Brüllen brünstiger Stiere" oder „einem Nest voller Vögel". Im mittleren Register vollendet die von acht Männern gezogene Sonnenbarke ihre Reise. Sie wird von einem Gefolge begleitet, zu dem auch neun Hieroglyphen mit der Bedeutung „Gefolgsleute" und vier Widder der „Fruchtbarkeit der Erde" gehören, jeder mit einer anderen Krone.

Die neunte Stunde nimmt auf der rechten Wand in Korridor H das zweite und dritte Register von unten ein. Große Teile sind eine Fortsetzung der achten Stunde, in der die Götter auf der Kleidungshieroglyphe sitzen und sich auf ihre Ankleidung in der Nachwelt vorbereiten. Andere Gestalten tragen Weizenstängel als Nahrung für das spätere Leben. Die Sonnenbarke wird in dieser Szene nicht gezogen, sondern segelt. Vor ihr sind zwölf Götter mit Rudern zu sehen. Rechts sind drei Gottheiten auf Körben damit beschäftigt, die Ausstattung der Toten zu organisieren. Sie heißen „Tiut am Kopf der Unterwelt", „der von der Nekropole in der Unterwelt" und die „Dame der Gaben in der Unterwelt".

Die zehnte Stunde wird in den Registern über und links neben der neunten Stunde dargestellt. Im oberen Register hält ein Gott ein Zepter; vor ihm sind ein Skarabäus und Göttinnen zu sehen, die eine Sonnenscheibe halten. Rechts davon taucht Sechmet in mehreren Formen auf und andere Gottheiten umringen einen sitzenden Thot, der das Sonnenauge in seiner Hand hält. Die Szenen dienen dazu, das heilige Auge zu beschützen. Im mittleren Register wird die Sonnenbarke – wiederum segelnd und nicht gezogen – von bewaffneten Wächtern beschützt. Osiris erscheint als falkenköpfige Schlange, Sokar als Falke, der auf einer Schlange steht. Die Ertrunkenen tauchen im unteren Register auf. Horus kümmert sich um sie und wird sie sicher in die Unterwelt geleiten.

In der elften Stunde bereitet sich die Sonne auf die Wiedergeburt und den Sonnenaufgang bei Tagesanbruch vor. Diese Stunde nimmt die oberen beiden Register auf der rechten Wand und ein kleines Stück am linken Ende des dritten Registers ein. Im oberen Register steht ein zweiköpfiger Gott, „Der mit dem Gesicht", hinter einer geflügelten Schlange, hinter der wiederum ein Gott mit einer Sonnenscheibe auf dem Kopf steht. Neben ihm sieht man zwei *Udjat*-Augen. Zehn Sterne und ein Gott auf dem Rücken einer anderen Schlange folgen ihm. Danach kommen zwölf Götter, einige mit Tierköpfen, einige ohne Arme, und vier Göttinnen, die auf zweiköpfigen Schlangen sitzen. Diese Göttinnen atmen Feuer, und sie bringen „den Aufruhr und den Sturm, der in der Unterwelt erscheint". Die Sonnenbarke segelt im mittleren Register auf die Dämmerung zu; vor ihr ist eine riesige Schlange zu sehen (der „Welt-Umschlinger"), in deren Windungen die Sonne aufgehen wird. Schlangen, die Isis und Nephthys repräsentieren, tragen die Kronen von Ober- und Unterägypten auf ihren Rücken nach Sais, wo sie von vier Gestalten der Göttin Neith begrüßt werden. Große Feuergruben sind im unteren Register zu sehen. Sie werden von Göttinnen unterhalten, die auch die Opferung jener beaufsichtigen, die dem Sonnengott gefährlich werden könnten. Von links überwacht Horus die Szene.

Die zwölfte Stunde ist weder im Grab von Ramses VI. noch in dem von Sethos I. zu sehen, kann aber in den Gräbern von Thutmosis III. und Amenophis II. betrachtet werden. Sie stellt die Wiedergeburt der Sonne bei Tagesanbruch dar. Zwei Dutzend Gottheiten ziehen die Sonnenbarke durch den Körper einer Schlange. Der Sonnengott erscheint (von rechts) als Skarabäus und fliegt in die ausgestreckten Arme der Göttin Schu. Mit der zwölften Stunde ist die lange Reise durch die Nacht beendet, die Götter jubeln, und Osiris – in der unteren rechten Ecke der Szene – schläft in Form einer Mumie, bis der Kreislauf erneut beginnt.

KORRIDOR H, DECKE Zu Anfang der Register eins und drei tauchen Göttinnen auf, die riesige Kessel auf ihren Köpfen tragen. Die Kessel enthalten Sterne, Vögel oder Scheiben. In den Ecken dieser kleinen Szenen sind vier Stierköpfe zusammen mit dem Kopf einer Gazelle dargestellt. Als Nächstes kommen Doppelschreine oder Hügel mit merkwürdig aussehenden mumifizierten Gestalten; zwei haben zwei Köpfe, zwei andere Hände an Stelle der Köpfe. Darauf folgen neun Gestalten mit Scheiben statt Köpfen oder neun Gestalten mit Sternen auf den Köpfen und Scheiben an den Füßen.

Im mittleren Register entsteigen ein Widderkopf und ein Skarabäus einer Sonnenscheibe. Rechts steht eine widderköpfige Gottheit auf einem Boot, dessen Bug und Heck wie Menschenköpfe und -hände geformt sind. Die Boote schwimmen auf Sternen, die von einer großen Schlange eingekreist werden. Sieben Männer mit Scheiben an Stelle der Köpfe stehen rechts in Anbetung versunken, gefolgt von zwei Paar Göttern mit Frauenköpfen und -körpern zwischen ihnen. Etwas weiter, im abfallenden Teil des Ganges, werden eine Scheibe und eine Mondsichel von vier Göttern und vier Herzen flankiert. In dem Register darunter transportiert ein Boot mit der Form eines menschlichen Körpers einen Gott mit zwei Widderköpfen und vier Armen. Aus seinem Körper drängen weitere Köpfe ins Freie.

Über der Tür, die in Raum I führt, stützt ein Berg menschliche Gestalten mit Scheiben statt Köpfen und Schlangen, die aus ihren Füßen kriechen. Zwischen ihnen kriechen vier Schlangen aus einer großen Sonnenscheibe heraus und spucken Feuer auf vier Gefangene, die entweder gefesselt oder von Pfeilen durchbohrt sind. Einige Ägyptologen äußerten die Vermutung, dass diese Szenen hinzugefügt wurden, nachdem die Steinmetze versehentlich in das Grab KV 12 durchgebrochen waren – vielleicht hoffte man, damit üble Konsequenzen des Unfalls abzuwehren.

VORKAMMER I Dieser Raum hat eine relativ niedrige Decke, vermutlich eine notwendige Maßnahme, weil das Nachbargrab KV 12 nur 50 Zentimeter darüber liegt. Die alten Baumeister entdeckten dies vermutlich, als sie während der Arbeiten an der Decke von Korridor H durch den Boden des darüber liegenden Grabes brachen.

Man muss die Dekorationen im Gegenuhrzeigersinn lesen und unmittelbar links des Eingangs beginnen. In der rechten Hälfte des Raumes erscheinen Kapitel 126, 129 und 127 des Totenbuches in langen Inschriftsäulen. In der oberen rechten Ecke der Seitenwand ist der König betend vor zwei rechteckigen Teichen dargestellt; beide werden von vier Pavianen und vier Lampen umstanden. Der König bittet die Paviane um Hilfe für seinen Eintritt in die Unterwelt, und die Paviane sagen sie ihm zu. Eine andere Szene links davon zeigt den König vor der Göttin Maat. Auf der Rückwand steht der König mit zwei seiner Namen in Kartuschen über ihm. Die Inschrift gibt wieder, was der König zu den Wächtern der Höhlen in der Unterwelt sagt.

Die linke Hälfte des Raumes gibt Kapitel 124 und 125 des Totenbuches wieder und wird vom Ende des Raumes nach vorn gelesen. Kapitel 125 ist das berühmte „Negative Bekenntnis“, in dem der König bekennt, dass er während seiner Lebenszeit bestimmte Sünden nicht begangen hat. Er betont zum Beispiel, dass er nicht gierig war, nicht getötet, betrogen oder Opfergaben für die Götter gestohlen, dass er weder übertrieben noch gestritten noch verleumdet hat.

Auf der **DECKE** steht der König mit unterschiedlichen Göttern in den Barken des Tages (links) und der Nacht (rechts) unter einer geflügelten Sonnenscheibe und neben einer Säule mit Kartuschen, in denen seine Namen und Attribute genannt werden. Dieses Regis-

ter ist von dem dahinter durch ein langes Wasserband getrennt, das den himmlischen Fluss symbolisieren soll. Beachten Sie die Papyrus schneidende Frau ganz rechts. Unter dem Wasserstreifen zeigt eine zweite Szene einen liegenden Osiris, der sich von einer Bahre mit Löwenköpfen erhebt. Er wird von einem kunstvollen Baldachin überdacht und empfängt von seinem (heute zerstörten) Sohn Horus ein *Anch*-Zeichen.

GRABKAMMER J Die Grabkammer von Ramses VI. ist zwar nicht die größte im Tal der Könige, gehört aber wegen der umfangreichen Dekoration zu den eindrucksvollsten. Sie ist 118,5 Quadratmeter groß, besitzt aber über 300 Quadratmeter Wandfläche – alle Wände sind mit Reliefs verziert und auf leuchtend weißem Hintergrund mit lebendigen Rot-, Blau- und Gelbtönen bemalt, die einen dramatischen Kontrast zu dem eher zurückhaltenden Hellbraun auf Schwarz der astronomischen Decke bilden. Das Ergebnis ist einzigartig im Tal der Könige. Die komplexen Szenen stammen aus einem Text, dessen Originalname unbekannt ist. Ägyptologen nennen ihn das „Buch der Erde", „Buch von Aker" oder „Die Erschaffung der Sonnenscheibe". Man findet ihn nur selten außerhalb von königlichen Grabkammern im Tal der Könige. Die Kammer sollte ursprünglich größer werden: einer Reihe von vier Säulen quer über die Vorderfront sollten vier Säulen über die Rückfront entsprechen. Sie wurden allerdings nie angelegt. Stattdessen schlug man vier Pilaster in die Wände und legte einen Durchgang in der Mitte an, der zu Raum K tiefer in den Berg führt. In der Tat wurde auch die Arbeit an zwei der vorderen Säulen (Nummer 1 und 4) nicht abgeschlossen, vermutlich weil die Steinmetze mit der Qualität des Gesteins in den vorderen Ecken des Raumes nicht zufrieden waren. Auch die Grube im Boden, über der der steinerne Sarkophag steht, sollte ursprünglich wohl größer werden. Zudem lassen die Bruchstücke des riesigen Sarkophages den Raum voller erscheinen.

Im Grunde ist das „Buch der Erde" eine ausführlicher gefasste Form von Kapitel elf des Pfortenbuches, in dem die Sonnenbarke sich darauf vorbereitet, aus der Unterwelt zur Erde zurückzukehren. Die Szenen stellen die Unterwelt in großem Detail dar. Sie beginnen auf der linken (südlichen) Wand,

338 DIE GRABKAMMER MIT DEN FRAGMENTEN DES SARKOPHAGS.

339 OBEN DETAIL VON DER NÖRDLICHEN SÄULE IN DER GRABKAMMER.

339 MITTE DIE HINTERE KAMMER K.

339 UNTEN ZEICHNUNG DER NORDSEITE DER GRABKAMMER.

340 EIN SKARABÄUS ENTSTEIGT EINER SONNENSCHEIBE; LINKE WAND DER GRABKAMMER.

340–341 DIE LINKE WAND DER GRABKAMMER.

gehen auf der Rückwand weiter und setzen sich auf der rechten (nördlichen) Wand und schließlich auf den Säulen fort.

LINKE (SÜDLICHE) WAND

Im oberen Register rechts steht Osiris in einem Schrein, der von drei Schlangen beschützt wird. Die auf kleinen Erdhügeln stehenden Gestalten seines *Ba* verehren ihn. Ein kleines Kästchen unter ihm enthält die Mumie des Gottes; es wird von Anubis und einer Göttin (die „Geheimnisvolle") bewacht. Auf beiden Seiten des Schreins heben Götter riesige Kessel über ihre Köpfe. Das Blut der Feinde des Gottes strömt in die Kessel, und kopflose Gefangene knien darunter. Im mittleren Register stützen zwei Paar Arme eine riesige Sonnenscheibe; darüber befindet sich ein mumifizierter Sonnengott, der von zwei Feuer speienden Kobras flankiert wird. Diese Gestalten werden von zwölf Scheiben und zwölf Sternen umringt. Links hält die „Geheimnisvolle" Sonnensymbole in ihren Händen. Über jedem Symbol wacht eine menschenköpfige Schlange. Zur Linken davon zeigt eine komplexe Szene eine auf Aker ruhende Sonnenbarke. Über jedem Symbol wacht eine menschenköpfige Schlange. In der komplexen Szene links davon ruht eine Sonnenbarke auf Aker, der als zweiköpfige Sphinx dargestellt ist. In dem Boot stehen der Sonnengott Chepre und Thot. Darunter halten zwei Menschen einen geflügelten Skarabäus und die Sonnenscheibe; hinter ihnen sind die Göttinnen Isis und Nephthys zu sehen.

Ganz rechts im zweiten Register entsteigt Horus dem Leichnam von Osiris. Osiris kann sich noch fortpflanzen, obwohl er tot ist. „Horus entspringt dem Samen seines Vaters, als der bereits verwest war", beschreibt ein Text. Links blicken sieben Gottheiten aus sieben Hügeln. Danach entsteigt Horus dem Körper von Osiris. Der Begleittext kündigt an, dass „dieser Große Gott wie aus einem Ei in der Unterwelt schlüpft. Horus kommt aus dem Körper seines Vaters und preist ihn, der ihn erschaffen hat, während die beiden Göttinnen (Isis und Nephthys) seinem Körper beiwohnten."

In einer anderen Szene links davon liegen unter zwei Hügeln die Mumien von zwei widderköpfigen Göttern, genannt „der Brüllende“ und „Seni“, während zwei Götter das *Ba* von Osiris hochhalten. Am rechten Ende des Teilregisters darunter wird eine Sonnenscheibe in „den Armen des Abgrundes“ gehalten. Sie steigt aus der Unterwelt empor, während ein widderköpfiger Gott drei andere Götter beobachtet, die eine Sonnenscheibe anbeten; aus ihr entsteigt der Kopf von Hathor. Diese und die nächste Szene beziehen sich auf die Wiedergeburt der Sonne bei Tagesanbruch. In der nächsten Szene entsteigt ein Skarabäus der Sonnenscheibe. Er wird von zwei Kobras mit Armen und von vier Schreinen flankiert, die Gottheiten wie Osiris (oben links, genannt „Der Stier des Westens“) enthalten. In den fünf Ovalen des nächsten Bildes stehen Götter bzw. verbeugen sich, während links von ihnen vier widderköpfige Götter im Wechsel mit vier Göttern auftauchen, deren Köpfe wie Lampendochte geformt sind; sinnigerweise heißen sie „Die Brennenden“. Im dritten Register steht ein widderköpfiger Gott zwischen 15 kleinen Schreinen, die verschiedene Götter enthalten, und einem Skarabäus, der einer großen Sonnenscheibe entsteigt. Links davon tragen vier Götter mit Namen, wie „Der Messerstecher“, die blutigen, enthaupteten Körper der Feinde des Gottes. Noch weiter links werden vier Feinde mit brennenden Köpfen von Göttinnen gefesselt, die „Die Feurige“ und „Die Versengende“ heißen. Die Männer werden bei lebendigem Leib verbrannt, weil „dieser große Gott sie leiden lässt“.
In dem Teilregister darunter kochen die Köpfe der enthaupteten Feinde am „Ort der Vernichtung“ in riesigen Kesseln; sie werden von Feuer speienden Köpfen erhitzt. Götter mit Messern überwachen die Szene, während zwei Göttinnen ein großes Herz beschützen. In der nächsten Szene wird der „Ort der Vernichtung“ von einer Frau repräsentiert, die in einem Sarg liegt. Sie heißt „Körper der Vernichtung“; neben ihr stehen sechs betende Gottheiten in Schreinen.

Schließlich halten widderköpfige Götter über einem Schrein für Osiris eine Schlange. Der Kopf der Schlange wird mit einem großen Messer abgetrennt. Neben dem Schrein stehen die toten Körper der beiden Götter Geb und Tatenen, die der Unterwelt entsteigen.
RÜCKWAND Links auf der Rückwand der Grabkammer steht im oberen Register eine widderköpfige Gottheit, die davon trägt ein Gott mit sehr sorgfältig gezeichneten Mumienbinden eine Sonnenscheibe in sich. Neben ihm sind eine zwischen zwei Armen erscheinende Schlange und – zwischen zwei anderen, Zepter tragenden Armen – ein Krokodil mit Namen Penwenti zu sehen. Dahinter stehen vier Mumien mit *Ba*-Vögeln und zwei Barken mit dem mumifizierten Osiris und Horus.

342 PERSONIFIZIERUNG VON AKER; RECHTE WAND DER GRABKAMMER.

342–343 DIE RECHTE WAND DER GRABKAMMER.

344–345 DIE DECKE DER GRABKAMMER.

betenden *Ba*-Vögeln zusieht. Einer von ihnen sitzt über einem Skarabäus, der einer Schlange entsteigt – gefolgt von Atum und Schu. Darunter stehen die widderköpfigen Götter vor dem Sonnengott und anderen Göttern. Sie begrüßen Horus, der einer Sonnenscheibe entsteigt. Im dritten Register stehen die Götter vor den „Ankerpfählen der geheimnisvollen Wohnstätten". Auf der rechten Seite darunter sind in vier weiteren Ovalen Götter zu sehen. Sie stehen aufrecht in ihren Gräbern, obwohl sie bereits verwesen und verrotten. „Der Große Gott ruft ihre Seelen, ohne sie zu sehen. Er erkennt sie an der Stärke ihres Geruchs der Verwesung". Links Große Ovale repräsentieren die Grabhügel der Sonnenscheibe und von Göttern mit den Hieroglyphen für „Fleisch". Unter ihnen beten Götter zwischen den *Ba*-Vögeln und der Hieroglyphe für „Schatten".
RECHTE (NÖRDLICHE) WAND Im obersten Register rechts wird ein großer, mumifizierter Sonnengott von Göttern flankiert, die im „Hügel der Dunkelheit" begraben wurden. Über dem Erdgott, einem zweiköpfigen Aker, ist eine Sonnenbarke zu sehen. Die Mumie des Sonnengottes darunter wird von Lichtstrahlen erhellt und durch die Sonnenscheibe wiedererweckt. Sie ist von zwölf Sternen, zwölf Sonnenscheiben und vier Osiris-Gestalten umgeben. Zur Linken führen zwölf Göttinnen mit Sonnenscheiben auf den Köpfen und Hieroglyphen für „Schatten" an den Füßen, diesen „Großen Gott im Westen, dessen Formen voller Geheimnis sind, zu ihren Stunden. Das ist ihre Aufgabe."
Im zweiten Register steht der „Wächter der Körper im Westen" zwischen Göttern und Scheiben – jede mit drei Mumien darin. Der Wächter trägt Hörner und Federn auf dem Kopf. Links davon wird Osiris im „Land der Seele" von Tefnut, Schu, Chepre und Nut begleitet. Als Nächstes kommt eine Göttin, die Vernichterin, „aus der Dunkelheit"; ihre Arme umschlingen eine Son-

nenscheibe. 14 widderköpfige Götter und ihre *Bas* drehen sich zu einer Sonnenscheibe um. Unter ihnen steht ein ithyphallischer Gott, „Der die Stunden verbirgt", mit einem Kind in einer Höhle. Sein Phallus ist über gestrichelte Linien – vielleicht sein Samen – mit den Göttinnen der Stunden verbunden. Eine große Schlange um die Höhle umschließt mehrere mumifizierte Götter. In diesem und den beiden Registern darunter sind Hügel mit weiblichen Figuren dargestellt, aus denen sich Köpfe und Arme erheben. Im dritten Register stellen die beiden großen Figuren rechts mumifizierte Götter dar. Aus der Sonnenscheibe, die einer auf seinem Kopf trägt, schlüpft ein Skarabäus, aus der Scheibe des anderen entsteigt eine Frau. Es folgt ein Gott, der eine Sonnenscheibe trägt; er entsteigt der Erde zwischen zwei Armen und zwei Kobras. „Der Große Gott geht an den Körpern der Schrecklichen Gesichter vorbei", lautet der Text, „wenn er am Körper von Chepre vorbeigeht." Der Figur folgen zehn Köpfe und Arme, die aus der Erde aufsteigen. Zehn weitere Köpfe erscheinen am Himmel; sie sind kopfunter gezeichnet und mit der Hieroglyphe für „Schatten" bezeichnet.

Das untere Register zeigt, wie die Sonne vor Aker auf- und untergeht; eine zweiköpfige Sphinx repräsentiert die Erde. Die Sonne wird von zwei Händen und Mumien hochgehoben, die bereitstehen, der Sonnenbarke auf ihrer Reise durch die Nacht (rechts) und den Tag (links) zu helfen. Sieben *Ba*-Vögel und 14 Uräus-Schlangen ziehen sie. Rechts liegt eine Mumie auf einem Hügel mit einem Auge und Hieroglyphen für „Fleisch" darin. Der Hügel ist „in den Armen von Geb".

DECKE Wie die Decken in den Korridoren D, E und F ist auch die Decke der Grabkammer mit einer Figur der Göttin Nut und dem „Buch des Tages" und dem „Buch der Nacht" bemalt. Die Szenen wurden bereits oben beschrieben.

DAS GRAB VON RAMSES IX. (KV 6)

GESCHICHTE

Die positiven Aspekte dieses Grabes – leichte Zugänglichkeit, ebener Boden und gute Verzierung – sind gleichzeitig Nachteile: Es dürfte das am meisten besuchte Grab im Tal der Könige sein; es ist voll, laut und durch die schmutzigen, stark reflektierenden Schutzscheiben sind die Malereien nur schlecht zu erkennen. Die Reiseführer mögen es dennoch, weil es nahe am Taleingang liegt und sie die Reisenden rasch dorthin führen können. Am Nachmittag ist es jedoch viel ruhiger, und ein Besuch kann sehr lohnend sein. Zahlreiche Graffiti hoch oben auf den Wänden von KV 6 belegen, dass das Grab zwar während der letzten drei Jahrtausende ein bis zwei Meter hoch mit Schutt gefüllt, aber stets teilweise zugänglich war. Es wurde 1888 komplett gereinigt.

Die Herrschaft von Ramses IX. fiel in eine ökonomische und politische Krisenzeit. Diese Probleme äußern sich auch darin, wie das Grab ausgemeißelt und verziert wurde. Ramses IX. regierte 18 Jahre, doch seine Handwerker arbeiteten nur mit Unterbrechungen an seinem Grab, vermutlich immer dann, wenn der Herrscher ihnen die Löhne zahlen konnte. Daher war sein Grab auch nach 18-jähriger Arbeit nur halb vollendet. Man kann leicht erkennen, welche Teile vor und welche nach seinem Tod fertig gestellt wurden: Trotz der Unterbrechungen zu seinen Lebzeiten wurden die Arbeiten gründlich bis sehr sorgfältig ausgeführt. Im Gegensatz dazu erscheinen die späteren Arbeiten hastig oder gar schludrig.

Diesen Unterschied sehen Sie sehr eindrucksvoll, wenn Sie die Szenen am Beginn von Korridor C mit denen am Ende vergleichen. Vorn ist das Kapitel 125 aus dem Totenbuch in 30 Inschriftsäulen mit sorgfältig bemalten und gut proportionierten Hieroglyphen ausgeführt. Am Ende des Korridors sehen Sie Kapitel 126 des Totenbuches in schwarzer Tinte mit flüchtig gemalten Elementen.

KV 6 war das letzte Grab, das im Tal der Könige angelegt wurde. Es ist interessant zu sehen, dass sich in ihm viele Elemente der älteren Gräber wiederfinden – im Aufbau und in der Dekoration. Der einfache Grundriss wurde zunächst vom Grab Ramses' III. beeinflusst. So sind die Pilaster seitlich des Eingangs und die vier kleinen Seitenkammern von Korridor B direkte Entlehnungen. Die Dekoration wurde an das Grab von Ramses VI. (KV 9) angelehnt. Obwohl das Grab trotz des vereinfachten Grundrisses nur durchschnittlich groß ist, hat es die breitesten Tore und Korridore im Tal.

Ein Ostrakon, das im Tal der Könige gefunden wurde (heute wird es im Ägyptischen Museum, Kairo aufbewahrt) zeigt den mit roter Tinte ausgeführten Plan des Grabes, der vermutlich von einem der Handwerker während der Arbeiten angefertigt wurde.

346 DETAIL AUS KORRIDOR D.

347 RAMSES IX. AUF DER LINKEN WAND VON KORRIDOR C.

LEGENDE

A EINGANG
B ERSTER KORRIDOR
BA, B, C, D SEITENKAMMERN
C ZWEITER KORRIDOR
D DRITTER KORRIDOR
E BRUNNENKAMMER
F PFEILERKAMMER
J GRABKAMMER

348 DETAIL DER DECKE IN KORRIDOR C.

348–349 DAS HÖHLENBUCH MIT RAMSES IX., DER AMUN-RE OPFERT; RECHTE WAND VON KORRIDOR C.

349 MITTE OSTRAKON MIT DEM PLAN VON KV 6; ÄGYPTISCHES MUSEUM IN KAIRO.

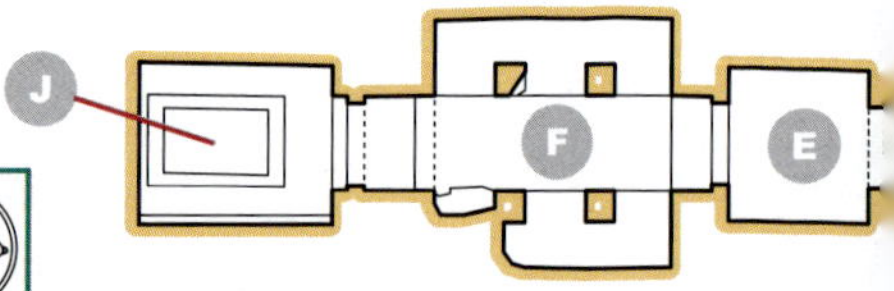

BESICHTIGUNG

KORRIDOR B Die Szenen in diesem Korridor liefern gute Beispiele für die bemerkenswerte Detailgenauigkeit der Wandbilder. Auf der linken Wand steht der König beispielsweise in einem aufwändig ausgeführten Kiosk vor Re-Harachte und Osiris. In der Kleidung der drei Gestalten erkennt man die typischen Merkmale von Stoff und Perlenstickerei. Auch das umlaufende Band aus löwenköpfigen Uräen und Kartuschen oben auf der Wand wurde ähnlich sorgfältig ausgeführt. Die 67 Inschriftsäulen rechts gehören zur Litanei von Re, die in der Antike auch als „Die Gesänge des Re, Gebet zum Einen des Westens“ bekannt waren. Es ist eine ausgedehnte Lobeshymne an Re, die von seiner engen Verbindung mit Osiris erzählt. Die Hieroglyphen sind trotz Beschädigungen noch als von hoher Qualität zu erkennen. Rechts davon reinigt ein *Iun-mutef*-Priester Osiris mit *Anch*-Zeichen als Bestandteil der rituellen Mundöffnung.

Auf der rechten Wand dieses Korridors steht der König in einem Schrein und bringt vor Amun-Re-Harachte und Meretseger ein Rauchopfer dar. Der Gott hat vier Widderköpfe und trägt eine kunstvolle Krone. Die Krone der Göttin weist sie als Göttin des Westens aus. Links davon sind Szenen aus dem ersten Teil des Höhlenbuchs zu sehen, die genauer im Grab von Ramses VI. (KV 9) beschrieben werden. Die Decke ist mit riesigen Geiern mit ausgestreckten Flügeln verziert, die sich mit Namen und Titeln des Königs abwechseln. Am Ende des Korridors zeigt die Laibung über der Tür eine Sonnenscheibe mit einem widderköpfigen Gott, einem Pavian und einem knienden Mann, flankiert vom König und einem Geier.

KORRIDOR C Ganz links auf der linken (nördlichen) Wand stehen neben einem

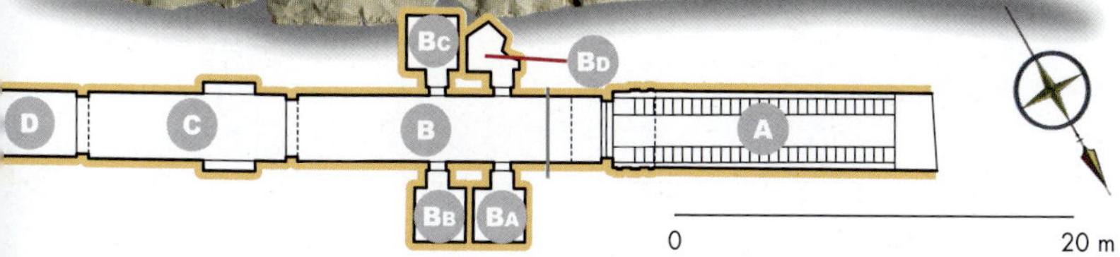

gemalten Türflügel 15 Dämonen in 13 Ovalen. Im oberen Register folgen auf Szenen aus der Litanei von Re Teile der zweiten Stunde des *Amduat* und ganz rechts das Kapitel 126 aus dem Totenbuch. Die beiden Teiche mit Pavianen und Lampen stellen eine Vignette dar, die diesem Kapitel zugeordnet wird.
In dem Register darunter schreitet Ramses IX. links in das Grab; er wird von Hathor begleitet, die eine große Stele mit seinen Namen und Titeln vor sich herträgt. Rechts davon stehen 30 Inschriftsäulen mit dem 125. Kapitel des Totenbuchs. Sie zeigen das so genannte „Negative Bekenntnis“, in dem der König auflistet, welche Sünden er in seinem Leben nicht begangen hat. Am Ende der Wand steht der König betend vor Chons-Neferhetep-Schu. Der Gott trägt einen sorgfältig gemalten Kilt. Auf der rechten Wand rechts wird eine einflügelige Tür von einer Schlange bewacht. Ein widderköpfiger Gott betrachtet die zweite Stunde des Höhlenbuches im unteren Register, den dritten Abschnitt oben rechts auf der Wand und den vierten Abschnitt oben links. Im oberen linken Abschnitt gießt der König ein Trankopfer vor Amun-Re aus.
Auf der Decke stellen mehrere kunstvolle Zeichnungen an den Rändern die ägyptischen Sternbilder der „Niemals Erschöpften“ dar, das heißt zirkumpolare Sterne, die nicht untergehen. Die nach vorn gerichtete Gestalt in der Mitte eines großen Gitters repräsentiert eine Sternenuhr. Ähnliche Szenen, gelb auf blauem Hintergrund gemalt, finden sich auch im Grab von Ramses VI. Über der Tür am Ende des Flures verehren der König und seine Familienmitglieder eine Sonnenscheibe, in der eine widderköpfige Gottheit, ein Pavian und das Auge von Horus dargestellt sind.

KORRIDOR D Auf der linken Wand wurden die zweite und dritte Stunde des *Amduat* in einer verkürzten Version dargestellt. Die rechte Wand des Korridors wird oft als enigmatisch bezeichnet, weil sie Szenen und Inschriften aus mehreren Büchern der Unterwelt enthält, die häufig mit einzigartigen Abbildungen illustriert wurden. Rechts opfert der König Ptah und der Göttin Maat eine kleine Maat-Statue. Ihre Kleidung ist außergewöhnlich gut dargestellt. Links von ihnen soll eine geneigte Figur des Königs als ithyphallischer Osiris ihn mit dem Sonnengott Re gleichstellen. Links des Gottes wurde später ein hieratisches Graffiti eingefügt. Im oberen Register findet man keine Inschriften, sondern nur eine Reihe von acht menschlichen Figuren, die abwechselnd in roten und gelben Kreisen dargestellt sind. Kürzlich hat ein Ägyptologe vermutet, dass sie die Fürsten der Unterwelt darstellen sollen und Sternschnuppen repräsentieren. Im mittleren Register segelt eine schlangenförmige Sonnenbarke über den Schlangengott Apophis. Vor ihnen werden elf weitere Schlangen von einzelnen Sonnenstrahlen getroffen und unschädlich gemacht. Sieben Gestalten, „Die Niederschlagenden", beten über Gruben, in denen die Götter Übeltäter bestrafen. Im untersten Register besiegen vier Göttinnen Schlangen, während sich vier Gestalten zurücklehnen. Offenbar stehen sie mit der kindlichen Sonnenscheibe in Verbindung. Der Begleittext ist eine abweichende Version von Kapitel 106 des Totenbuches.

BRUNNENKAMMER E Auf beiden Seiten der Tür in der Rückwand stehen zwei gut angezogene *Iunmutef*-Priester. Der Priester links opfert eine Schale vor einer Standarte mit Widderkopf; der rechte opfert Breitbeile für die rituelle Mundöffnung vor einer Ibis-Standarte.

GRABKAMMER J Die Rückwand zeigt die Reisen, die der König und der Gott am Tage und bei Nacht in Sonnenbarken machen. Links wird die Barke von sechs Göttern des Nordens begleitet, rechts stehen acht Götter des Südens. In der beschädigten Szene darunter steht der König mit verschiedenen Göttern vor einem großen, kunstvoll verzierten Schrein. Die Decke wird von Darstellungen der Göttin Nut in zwei Hälften geteilt. Man erkennt die Sonnenscheibe, die während der Nacht ihren Körper durchreist. Auf den beiden Seiten sind Szenen aus dem „Buch des Tages" und dem „Buch der Nacht" dargestellt.

350 OBEN RAMSES IX. OPFERT MAAT UND PTAH EINE MAAT-STATUE; RECHTE WAND VON KORRIDOR D.

350 UNTEN EIN FÜRST DER UNTERWELT; RECHTE WAND VON KORRIDOR D.

351 LINKS DIE PFEILERKAMMER.

351 RECHTS DIE GRABKAMMER.

4

DAS TAL DER KÖNIGINNEN

4

EINLEITUNG

354 UND 355 DAS TAL DER KÖNIGINNEN, LUFTBILD.

Das Tal der Königinnen – arabisch *Wadi al-Malakat* – hieß früher *Ta Set Neferu*, was Stätte der Vollkommenheit und Stätte der Königlichen Kinder und Gemahlinnen bedeuten kann. Im Neuen Reich wurden hier mehrere königliche Gemahlinnen, Prinzessinnen und Prinzen beigesetzt.

Das kleine, U-förmige *Wadi*, das sich im Süden und im Westen in das Gebirge schlängelt, ist wunderschön. Zerklüftete, steil aufragende Kalksteinfelsen umrahmen den Talkessel, und die wilde Formation der Gesteinsschichten bildet einen dramatischen Kontrast zum waagerechten Schichtenverlauf anderer thebanischer Felshügel. Am Fuß dieser Felsen befindet sich eine kleine Höhle. Wenn es regnete, sammelte sich das Wasser in der Höhle und floss anschließend durch das Tal. (Der Wasserlauf liegt links der heutigen Straße und dem Fußweg). Manche Ägyptologen betrachten dieses besondere Phänomen als den Grund dafür, dass das Tal für königliche Begräbnisse ausgewählt wurde: die Höhle stand für den Leib der himmlischen Kuh Hathor und Wasser für Fruchtbarkeit. Ein Begräbnis an diesem Ort war ein greifbares Symbol für die Wiedergeburt nach dem Tod. Zu den Seiten hin steigt das Tal nur leicht an. Weiche Erhebungen eigneten sich hervorragend für Grabeingänge, und so wurden hier ungefähr neunzig Gräber in die Felsen getrieben. Bei manchen handelt es sich um schlichte Schachtgräber, bei anderen hingegen um Korridore entlang einer geraden oder L-förmigen Achse, von denen kleine Seitenkammern abgehen. Eine kleine Zahl von Grabanlagen, mehrheitlich aus der Herrschaftszeit von Ramses II., hat außer Gängen auch Säulenhallen und Treppenaufgänge sowie große Grabkammern. Die Anlagen aus der 20. Dynastie sind den kleineren Gräbern aus dem späten Neuen Reich im Tal der Könige ähnlicher: niedrige Gänge, von denen hin und wieder Seitenkammern abgehen und die zu einer kleinen, rechteckigen Grabkammer führen. Die drei Gräber im Tal der Königinnen, die man heutzutage besichtigen kann, zählen zu dem späteren Typus. Mindestens zehn Grabanlagen in diesem Tal wurden begonnen und niemals fertig gestellt. Wahrscheinlich zwang die schlechte Qualität des Felsuntergrundes die Arbeiter dazu, ihre Pläne zu ändern. Auf Grund dieser schlechten Gesteinsqualität mussten schwere Putzschichten aufgebracht werden, bevor die Wände dekoriert werden konnten. Bisweilen fiel der Putz durch sein eigenes Gewicht wieder von den Wänden; größere Zerstörungen wurden jedoch durch die flutartigen Überschwemmungen verursacht, die von Zeit zu Zeit das Tal überströmten. Bei weit über 60 Prozent der heute bekannten Gräber weiß man nicht, wem sie gehörten, denn diese Schäden haben alle Hinweise auf Namen oder Titel ausgelöscht.

In der Zeit nach dem Neuen Reich herrschte hier kontinuierliche Betriebsamkeit. Weiterhin wurden kleine Gräber ausgehoben, und im vierten Jahrhundert n. Chr. wurde ein christliches Kloster mit dem Namen Dayr Rumi errichtet. Wer vom Parkplatz aus in das Tal kommt, kann noch heute auf der rechten Seite (im Westen) die Überreste der Klostermauern sehen.

Zwischen 1903 und 1906 führte Ernesto Schiaparelli vom Ägyptischen Museum Turin Ausgrabungen im Tal der Königinnen durch. Er hatte großen Erfolg, und die meisten, Personen zugeordneten Gräber, die wir heute kennen – auch das berühmte Grab der Königin Nofretiri –, wurden von ihm und seinem Ausgrabungsteam entdeckt. In der jüngeren Vergangenheit haben französische Archäologen hier gearbeitet und Geröll und überschüssiges Material entfernt, das die Kalk-

steinfelsen bedeckte. Nur dieser Teil der thebanischen Nekropole wurde so intensiv erforscht. Drei Gräber sind im Tal der Königinnen derzeit geöffnet. Alle drei stammen aus der Herrschaftszeit Ramses' III., dessen Totentempel sich nur einen Kilometer entfernt in Medinet Habu befindet. Stilistisch und inhaltlich ähneln die Gräber einander, die Schlichtheit ihrer Architektur und der Dekoration bilden jedoch einen interessanten Gegensatz zu den komplexeren Monumenten dieses Königs im Tal der Könige – und auch zu den ausführlicher dekorierten Gräbern von Beamten und Hofbediensteten, die als Hauslehrer und Ammen gearbeitet hatten, sowie anderer Zeitgenossen. Von 1995 bis 2003 stand Touristen ein viertes Grab offen: das Grab der Königin Nofretiri, Hauptgemahlin von Ramses II. Viele halten es für das am schönsten mit Malereien verzierte und besterhaltene Grab in ganz Ägypten. Derzeit ist es jedoch aus Schutzgründen geschlossen.

LEGENDE

QV 1–7 — *UNBEKANNTE GRÄBER, 18. DYNASTIE*
QV 8 — *PRINZ HORI UND UNBEKANNTE PRINZESSIN, 18. DYNASTIE*
QV 9–16 — *UNBEKANNTE GRÄBER, 18. DYNASTIE*
QV 17 — *PRINZESSIN MERIT-RE (I.) UND URMERUTES, 18. DYNASTIE*
QV 18–23 — *UNBEKANNTE GRÄBER, 18. DYNASTIE*
QV 24 — *UNBEKANNTE GRÄBER, 20. DYNASTIE*
QV 25–29 — *UNBEKANNTE GRÄBER, 18. DYNASTIE*
QV 30 — *NEBIRI, 18. DYNASTIE*
QV 31 — *UNBEKANNTE PRINZESSIN/KÖNIGIN, FRÜHE 19. DYNASTIE*
QV 32 — *UNBEKANNTES GRAB, 18. DYNASTIE*
QV 33 — *PRINZESSIN/KÖNIGIN TANEDJEMET, FRÜHE 19. DYNASTIE*
QV 34 — *UNBEKANNTE PRINZESSIN/KÖNIGIN, FRÜHE 19. DYNASTIE*
QV 35 — *UNBEKANNTES GRAB, 18. DYNASTIE*
QV 36 — *UNBEKANNTE PRINZESSIN/KÖNIGIN, FRÜHE 19. DYNASTIE*
QV 37 — *UNBEKANNTES GRAB, 18. DYNASTIE*
QV 38 — *KÖNIGIN SET-RE (GROSSE KÖNIGLICHE GEMAHLIN RAMSES' II.), FRÜHE 19. DYNASTIE*
QV 39 — *UNBEKANNTES GRAB, 18. DYNASTIE*
QV 40 — *UNBEKANNTE PRINZESSIN/KÖNIGIN, FRÜHE 19. DYNASTIE*
QV 41 — *UNVOLLENDETES GRAB, 20. DYNASTIE*
QV 42 — *PRINZ PAREHERWENEMEF UND MINEFER (SOHN RAMSES' III. UND GEMAHLIN RAMSES' III.), 20. DYNASTIE*
QV 43 — *PRINZ SETHHERCHEPESCHEF (SOHN RAMSES' III.), 20. DYNASTIE*
QV 44 — *PRINZ CHAEMWESET (SOHN RAMSES' III.), 20. DYNASTIE*
QV 45 — *UNVOLLENDETES GRAB, 20. DYNASTIE*

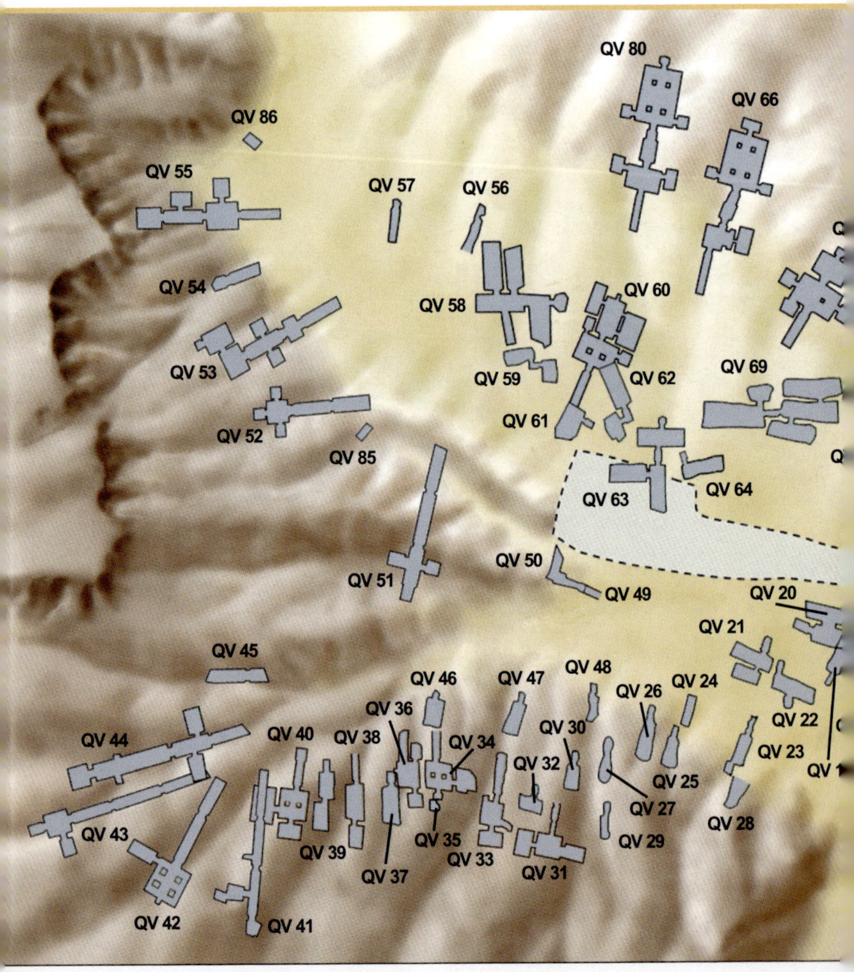

QV 46 IMHOTEP, WESIR (THUTMOSIS I.), 18. DYNASTIE
QV 47 PRINZESSIN THUTMES, 18. DYNASTIE
QV 48 UNBEKANNTES GRAB, 18. DYNASTIE
QV 49–50 UNBEKANNTE GRÄBER, 19. UND 20. DYNASTIE
QV 51 KÖNIGIN ISIS-TA-HEMDJERET (GROSSE KÖNIGLICHE GEMAHLIN RAMSES' III.), 20. DYNASTIE
QV 52 KÖNIGIN TETI (GROSSE KÖNIGLICHE GEMAHLIN RAMSES' III.), 20. DYNASTIE
QV 53 PRINZ RAMSES-MERIT-AMUN (SOHN RAMSES' III.), 20. DYNASTIE
QV 54 UNVOLLENDETES GRAB, 20. DYNASTIE
QV 55 PRINZ AMUNHERCHEPESCHEF (SOHN RAMSES' III.), 20. DYNASTIE
QV 56 UNVOLLENDETES GRAB, 19. DYNASTIE
QV 57 UNVOLLENDETES GRAB, 19. DYNASTIE
QV 58 UNBEKANNTES GRAB, 19. DYNASTIE
QV 59 UNBEKANNTES GRAB, 18. DYNASTIE
QV 60 KÖNIGIN NEBETTAUJ (TOCHTER/ GEMAHLIN RAMSES' II.), 19. DYNASTIE
QV 61 UNBEKANNTES GRAB, 18. DYNASTIE
QV 62–65 UNBEKANNTE GRÄBER, 18. DYNASTIE
QV 66 KÖNIGIN NOFRETIRI (GROSSE KÖNIGLICHE GEMAHLIN RAMSES' II.), 19. DYNASTIE
QV 67 UNBEKANNTES GRAB, 18. DYNASTIE
QV 68 KÖNIGIN MERIT-AMUN (TOCHTER/ GEMAHLIN RAMSES' II.), 19. DYNASTIE
QV 69 UNBEKANNTES GRAB, 18. DYNASTIE
QV 70 NEHESI, 18. DYNASTIE
QV 71 KÖNIGIN BINT-ANAT (TOCHTER/ GEMAHLIN RAMSES' II.), 19. DYNASTIE
QV 72 PRINZ BAKI UND PRINZESSIN HATNEFERET, 18. DYNASTIE
QV 73 PRINZESSIN HENUT-TAUJ (TOCHTER/ GEMAHLIN RAMSES' II.), 19. DYNASTIE
QV 74 KÖNIGIN TENTOPET (GROSSE KÖNIGLICHE GEMAHLIN RAMSES' IV.), 20. DYNASTIE
QV 75 KÖNIGIN HENUTMIRE (TOCHTER/ GEMAHLIN RAMSES' II.), 19. DYNASTIE
QV 76 PRINZESSIN MERIT-RE (II.), 18. DYNASTIE
QV 77–79 UNBEKANNTE GRÄBER, 18. DYNASTIE
QV 80 KÖNIGIN TUJA (GROSSE KÖNIGLICHE GEMAHLIN SETHOS' II. 19. DYNASTIE
QV 81 HEKA-(. . .), 18. DYNASTIE
QV 82 PRINZ MINEMHAT UND AMENOPHIS, 18. DYNASTIE
QV 83 UNBEKANNTES GRAB, 18. DYNASTIE
QV 84–86 UNVOLLENDETE GRÄBER, 20. DYNASTIE
QV 87 UNBEKANNTES GRAB, 18. DYNASTIE
QV 88 PRINZ AHMOSIS, 18. DYNASTIE
QV 89–94 UNBEKANNTE GRÄBER, 18. DYNASTIE
QV 95 UNVOLLENDETES GRAB, 20. DYNASTIE

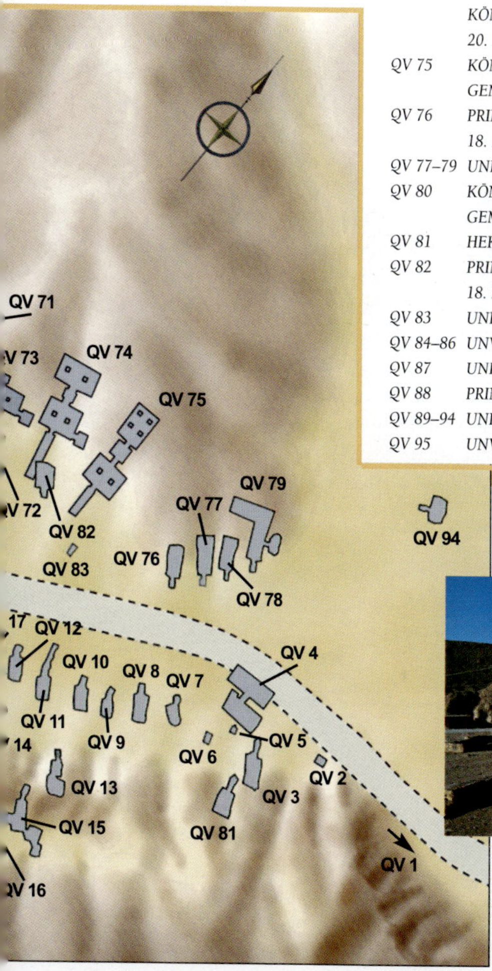

357 EINGANG ZU DEN GRÄBERN IM TAL DER KÖNIGINNEN.

4

DAS GRAB VON CHAEMWESET (QV 44)

GESCHICHTE

Das Grab von Chaemweset in der südöstlichen Ecke des Tales der Königinnen ähnelt dem seines Bruders oder Halbbruders Amunherchepeschef (QV 55) in vieler Hinsicht. Sie waren beide Söhne von Ramses III. und dürfen nicht mit den gleichnamigen Söhnen von Ramses II. verwechselt werden. Chaemweset war der älteste Sohn des Königs, und manche Ägyptologen behaupten, seine Mutter sei Königin Teti gewesen, deren Grab sich in der Nähe befindet (QV 52) und ebenfalls der Öffentlichkeit zugänglich ist. Alle drei Gräber wurden Anfang des 20. Jahrhunderts von Ernesto Schiaparelli ausgegraben. Chaemweset war *Sem*-Priester und eine Zeitlang Hohepriester von Ptah in Memphis, aber nur wenige Elemente der Grabgestaltung heben diese prestigeträchtige Rolle hervor. Stattdessen zeigen die Darstellungen wie auch in Amunherchepeschefs Grab und in den meisten Bestattungsszenen von bedeutenden königlichen Prinzen den König, der gerade seinen verstorbenen Sohn den Göttern präsentiert.

In QV 44 wurden Glasscheiben angebracht, dadurch sind manche Wände schlecht zu sehen, aber die gemalte Dekoration ist sehr gut. Die Szenen weisen einige auffällige stilistische Traditionen der 20. Dynastie auf: Die Proportionen menschlicher Figuren sind tendenziell falsch, und vor allem die Söhne werden mit übermäßig großen Köpfen und sehr hoher Stirn dargestellt. Figuren werden vor weißem oder hellgrauem Hintergrund gemalt, der Text auf gelbem Grund. Die Augen mit heruntergezogenen Augenwinkeln werden nicht immer gemeißelt, sondern auf das Gesicht gemalt. Die Ohren hingegen sind gemeißelt – normalerweise mit Ohrlöchern. Die Gewänder der Gottheiten und des Königs sind mit bisweilen fast übertriebener Liebe zum Detail gearbeitet. Sind Männer mit transparenten Leinengewändern bekleidet, so schimmert ihre Haut in einem eher unästhetischen hellen Rosaton durch. Diese künstlerische Eigenheit ist in den ansonsten ähnlichen Szenen in Amunherchepeschefs Grab nicht zu finden.

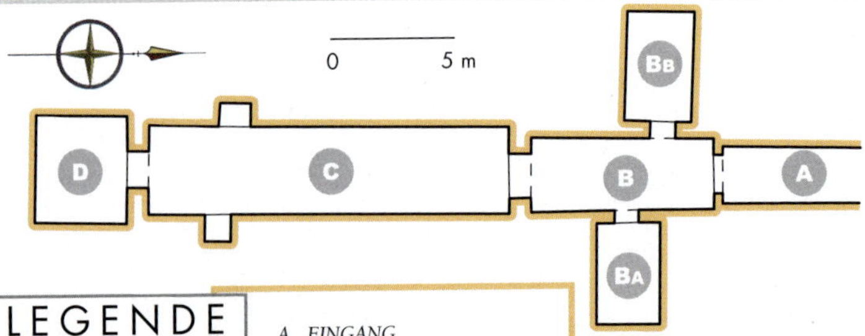

LEGENDE

A EINGANG
B KORRIDOR
B A, B SEITENKAMMERN
C GRABKAMMER
D SÜDKAMMER

358 BEHET-FÄCHER, DETAIL.

359 OBEN CHAEMWESET WAR DER ÄLTESTE SOHN RAMSES' III.

359 UNTEN RAMSES III. (RECHTS) VOR GEB.

BESICHTIGUNG

KORRIDOR B Den ersten Korridor betritt man durch einen Eingang am Fuße einer leicht ansteigenden Rampe. Drinnen steht auf der Vorderwand Chaemweset in anbetender Haltung vor dem Gott Ptah, dessen Abbild sich in einem auf die linke (östliche) Wand gemalten Schrein befindet. Daneben, auf der linken Wand, bringen Chaemweset und sein Vater Ramses III. Thot ein Weinopfer dar. Bedauerlicherweise wurde die untere Hälfte dieser Szene zerstört. In der nächsten Szene hält Ramses III. Anubis' Hand, sein Sohn geht hinter ihm. Danach folgt eine Darstellung des Königs vor Re-Harachte.

Auf der gegenüberliegenden Korridorseite opfert Ramses III. in der Szene auf der Vorderwand Weihrauch für Ptah-Sokar. Um die Ecke herum ist Ptah-Sokar auf der rechten (westlichen) Wand dargestellt. Chaemweset steht mit seinem Vater auf der anderen Seite des Eingangs und bringt Geb Weihrauch dar. Daneben hält der König die Hand des Gottes Schu-Re, Chaemweset geht hinter ihnen und schließlich opfern Vater und Sohn Atum Weihrauch. Der junge Prinz wird in jeder der Szenen in anderer Kleidung dargestellt, er hält jedoch stets denselben *Khu*-Fächer in der Hand und trägt seitlich immer die Jugendlocke.

SEITENKAMMER Ba Ein Eingang führt von der linken Wand von Korridor B in eine quadratische Kammer mit niedriger Decke. Auf der vorderen Wand stehen Neith und Serqet links von der Tür, Isis und Nephthys rechts. Auf den Seitenwänden steht Chaemweset vor Anubis; in einer zweiten Szene steht er vor den vier Horussöhnen, einer Serquet-Figur (linke Wand) und einer Neith-Figur (rechts). Eine Doppelszene an der hinteren Wand zeigt Neith (links) und Isis (rechts vor dem Gott Osiris). Man achte auf Folgendes: In der Seitenkammer steht Chaemweset allein vor den Gottheiten, während er auf den Darstellungen im Korridor ausnahmslos von seinem Vater begleitet wird. Es gab Vermutungen, dies hänge damit zusammen, dass die Szenen im Korridor die Ankunft des Sohnes im Jenseits betreffen, bei der er noch der Fürsprache seines Vaters bei den Gottheiten bedarf. Die Szenen in den Seitenkammern zeigen den Prinzen hingegen, nachdem er in das Jenseits eingegangen ist. Nun hat er die Gottheiten in der Welt der Toten erreicht, und sein Vater ist in die Welt der Lebenden zurückgekehrt.

SEITENKAMMER Bb Auf der rechten Gangseite zeigt die Vorderwand einer weiteren Sei

360–361 RECHTE KORRIDORWAND MIT RAMSES III., CHAEMWESET, SCHU-RE, RAMSES III. CHAEMWESET UND GEB.

361 OBEN CHAEMWESET MIT ANBETEND ERHOBENEN HÄNDEN, SEITENKAMMER BB.

361 UNTEN RAMSES III., CHAEMWESET UND EIN WÄCHTER MIT MESSERN.

tenkammer Isis und Nephthys (links neben der Tür) sowie Neith und Serqet (rechts). Die Szene ist identisch mit der aus Kammer BA. Auf der linken Wand Chaemweset, wiederum ohne seinen Vater; er steht mit anbetend erhobenen Händen vor Hapi, Kebechsenuef, P'at und Horus-dem-Kind. Auf der rechten Wand ist er vor Amset, Duamutef, Baka und noch einmal Horus-dem-Kind dargestellt. Auf der Rückwand sind Isis (links) und Nephthys (rechts) stehend vor sitzenden Osirisfiguren zu sehen.

GRABKAMMER C Obwohl diese Kammer zunächst wie ein Gang wirkt, war sie von Anfang an als Grabkammer für Chaemweset konzipiert. Das ist an den gewölbten Decken zu erkennen, denn so etwas findet man selten in Kammern, die einem anderen Zweck gedient hatten. Die Dekoration ist Kapitel 145 und 146 des Totenbuches entnommen, in denen die 21 Pforten beschrieben werden, die der Verstorbene auf seiner Reise ins Jenseits passieren muss. Die Szenen in Chaemwesets Grabkammer nehmen – auf der linken Seite – Bezug auf die Pforten zehn, zwölf, 14 und 16 und auf der rechten Seite auf die Pforten neun, elf, 13 und 15. In Amunherchepeschefs Grabkammer wird auf die Pforten fünf, sechs, sieben und acht Bezug genommen.
Jede Pforte wird von einem unterweltlichen Geistwesen bewacht: auf der linken Wand *Sekhenur*, dessen Name „Großer Bezwinger" bedeutet, *Miu*, die Katze, *Saupen*, der Beschützer, und einer mit dem Namen „Der Niedergang be-

fiehlt, Schwäche verursacht und als Tod herauskommt“. Auf der rechten Seite sind *Dendeni*, der Wütende, *Pesef-akhu-ef*, „Der sein Kohlenbecken entzündet“, *Hedkiauna* und „Wachsames Gesicht aus der Unterwelt“. Jeder Hüter trägt zwei Messer. Dennoch scheinen sie trotz ihrer bisweilen Furcht erregenden Namen merkwürdig sanfte Geschöpfe zu sein. Alle sind gleich gekleidet.

Rechts außen auf rechten Wand ist Ramses III. stehend in anbetender Haltung zu sehen. Er trägt ein langes, durchscheinendes Gewand, einen aufwändig gearbeiteten Schurz und die blaue *Khepresch*-Krone. Hinter ihm steht Chaemweset. Die sieben Hieroglyphen, die direkt unter der Kartusche mit dem Königsnamen in einer dazwischenliegenden Textspalte stehen, geben seinen Namen wieder. Der Prinz trägt seitlich eine geflochtene Locke, ein langes Gewand sowie eine Schärpe mit fünf Quasten. Er hält einen prächtigen *Behet*-Straußenfederfächer mit einer vergoldeten Holzfassung; dieses Symbol wurde von Menschen entwickelt, die den prestigeträchtigen Titel eines Königlichen Fächerträgers innehatten.

An der hinteren Wand der Sargkammer stehen zwei Geistwesen zu beiden Seiten des Haupteinganges: links der Hüter der 16. Pforte und rechts die Hüterin der 15. Pforte mit dem Namen *Nehes-her-per-em-duat*, („Deren Gesicht verborgen ist“, „Die aus der Unterwelt kam“). In Kapitel 146 des Totenbuches wird dieses Geistwesen sinngemäß beschrieben als die Fürchterliche, die Herrin der Pest, die tausende menschlicher Seelen hinwegrafft, die Tote zerstückelt, die den Hinausgehenden köpft, die Grauen schafft.

Möglicherweise war geplant, den Raum mit Seitenkammern zu versehen, was jedoch nicht zur Ausführung gelangte.

KAMMER D *Djed*-Säulen sind auf die Türpfosten am Eingang zu dieser Kammer gemalt. Auf der linken Seite der Vorderwand steht der Herr der Angst, *Nebnerju*. Sein Kopf ist der Kopf eines Löwen, und er schützt den hinter ihm in der Gestalt von *Herymaat* („Der über die Harmonie herrscht") auf einem Kissen sitzenden Chaemweset mit einem Messer. Auf der rechten Seite sitzt Anubis auf einem Gebäude, das Chaemwesets Grab symbolisiert. Darunter bewacht ein Löwe ein weiteres Gebäude. Unbekümmert hat er die Pranken über-einander geschlagen, er wirkt ruhig und erweckt einen sanftmütigen Eindruck. Diese amüsante, entspannte Pose verwundert in der 20. Dynastie. Auch in Amunherchepeschefs Grab kann man sie finden, dort ist die Figur jedoch nicht so gut erhalten. Dieses Werk in Chaemwesets Grab zählt zu den besten Gemälden in den beiden Gräbern.

Auf der linken Seite bringt Ramses III. den Göttern Thot und Harsiesis Opfervasen dar. Auf der rechten Seite ist er mit einem Trankopfer vor Horus und Schepsi zu sehen. Eine dritte Darstellung des Königs findet sich bei den Ecken. Auf der hinteren Wand sieht man Isis und Neith (links) sowie Nephthys und Serqet (rechts) vor dem König (der auf den Seitenwänden dargestellt ist); sie stehen anbetend vor Darstellungen des sitzenden Osiris. Zu Osiris' Füßen wachsen Blumen, und die vier Horussöhne steigen aus einer Lotosblüte empor.

362 LINKS ANUBIS UND EIN LÖWE SITZEN AUF CHAEMWESETS GRAB.

362 OBEN RECHTS NEBNERJU, HERR DER ANGST, SCHÜTZT CHAEMWESET.

362 UNTEN RECHTS NEITH BETET OSIRIS AN.

363 OBEN RAMSES III. BRINGT THOT GEFÄSSE DAR.

4

DAS GRAB VON TETI (QV 52)

Tetis Stellung am Königshof der Ramessiden ist immer noch unklar. Manche Ägyptologen sind der Auffassung, sie sei eine Frau Ramses' III. und Amunherchepeschefs Mutter gewesen (er ist in der Nähe in QV 55 begraben). Ihre beiden Gräber stimmen in Gestaltungselementen überein, und auch mit Chaemwesets Grab (QV 44) finden sich Gemeinsamkeiten, denn die Dekorationskonzepte sind in vielen Details identisch. Wie in QV 44 und QV 55 sind auch in Tetis Grab vielfarbige Abbildungen auf weißem oder grauem Hintergrund; in manchen Szenen jedoch changiert die Hintergrundfarbe fast ins Gelbe. Die Art und Weise, in der Teti dargestellt wird, ist besonders interessant: manchmal als junges Mädchen mit Kleidung und Frisur einer Jugendlichen (zum Beispiel auf der Vorderwand von Kammer D) und manchmal als Frau mittleren Alters. Dann ist sie konservativer gekleidet und leicht geschminkt (Korridor B, linke Wand). Dieser verblüffende Kontrast ist in der ägyptischen Grabkunst unüblich.

KORRIDOR B Auf der linken Wand dieses ersten Ganges erscheint Teti über einer zerstörten Abbildung der geflügelten Maat. Es handelt sich um eine Anbetungsszene vor Ptah, der sich in einem Schrein befindet. In der Szene rechts davon hält die Königin zwei Sistren vor Re-Harachte und steht in anbetender Pose vor Amset, Duamatef und Isis. Auf der rechten Wand befindet sich eine weitere Abbildung der geflügelten Maat sowie Teti, die Thot anbetet, zwei Sistren vor Atum hält und Hapi, Kebechsenuef und Nephthys anbetet.

Im Durchgang zu Kammer C ist Neith auf dem linken Türpfosten zu sehen, Serqet auf dem rechten.

KAMMER C Auf der rechten Seite der Vorderwand schützen Anubis und ein äußerst entspannter Löwe Tetis Grab. Auf der linken Seite ist Nebnery mit Löwenkopf vor der jugendlichen Königin Teti (Herimaat) zu sehen. Die Szenen sind identisch mit den Werken in Chaemwesets Grab, jedoch weniger gut erhalten.

Auf der linken Wand sind unter einigen Textspalten zwei Paviane und ein Affe mit einem Bogen dargestellt. Hinter einer Pforte sind Hememit-Geistwesen (beschädigt) in Geier- und Nilpferdgestalt sowie in einer Frontalansicht als Mensch mit Messern in den Händen abgebildet. Die rechte Wand ist mit schwer zerstörten Gemälden versehen, auf denen Wächter den Eingang flankieren. In dem nicht näher bezeichneten vogelköpfigen Geist rechts außen auf der Wand ist noch sehr viel von der Originalfarbe erhalten.

Teti hält links auf der Rückwand Sistren vor Amset und Duamutef. Rechts ist sie vor den Göttern Hapi und Kebechsenuef dargestellt, mit zwei von Kobras umschlungenen Papyrusrollen als Symbol für Ober- und Unterägypten in den Händen. Über den beiden Göttern sind zwei mit kleinen Schreinen beladene Boote zu sehen.

SEITENKAMMER CA Eine Tür in der linken Wand von Kammer C führt in einen niedrigen quadratischen Raum, dessen Seitenwände Teti vor den vier Horussöhnen zeigen. Auf der hinteren Wand sind einige Spuren einer sehr stark beschädigten Osiris-Szene erhalten geblieben. Der Boden ist eingestürzt, wodurch ein Durchgang zur Grabkammer der Anlage frei wurde.

SEITENKAMMER CB Man betritt diese Kammer von der rechten Wand von Kammer C aus; diese zweite Seitenkammer ist besser erhalten. In der Malerei auf der linken Wand stehen drei Dämonen mit Schakal-, Schlangen- und Krokodilkopf neben vier Baldachin-Truhen. Das Vorhanden-

LEGENDE

- *A EINGANG*
- *B KORRIDOR*
- *C GRABKAMMER*
- *CA, B SEITENKAMMERN*
- *D RÜCKWÄRTIGE KAMMER*

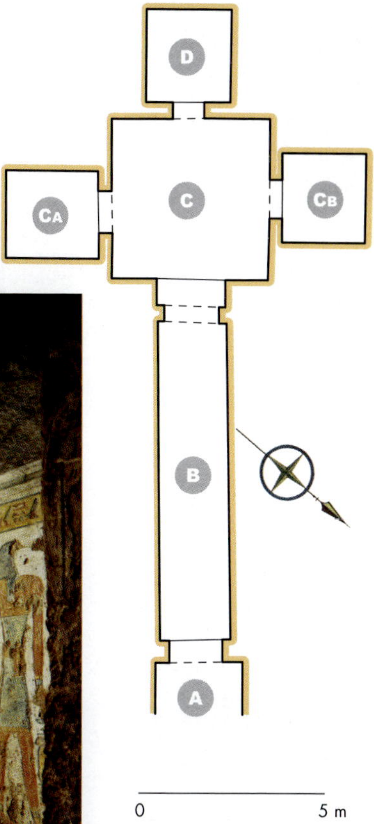

364 UND 365 BLICK IN TETIS GRAB UND DETAIL.

sein dieser Truhen mag darauf hinweisen, dass dieser Raum als Aufbewahrungsort für die Baldachin-Ausrüstung der Königin gedient hatte. Auf der rechten Wand sind drei weitere Dämonen mit den Seelen von Pe und Nekhen dargestellt. Besonders interessant ist die Rückwand dieser Seitenkammer: Links steigt die kuhgestaltige Göttin Hathor von einem wundervoll gemalten Berg herab, rechts betet Teti Hathors Wohnstatt, einen Eselsfeigenbaum, an. Diese Seite ist zu einem großen Teil zerstört.

KAMMER D Die Dekoration in der hinteren Kammer ist gut erhalten. Auf der Vorderwand ist Teti zu beiden Seiten des Eingangs in anbetenden Haltungen zu sehen. Auf der linken Wand sind die vier Horussöhne zu sehen, und im darunter liegenden Register sitzen Geb, Nut, Nefertem und Harhekenu in mumifizierter Gestalt vor Opfertischen, auf denen Brot aufgetürmt ist; unter den Tischen stehen Wasserkrüge. Auf der rechten Wand sind ebenfalls die vier Söhne und Darstellungen von Hu, Sia, Schu und Tefnut in mumifizierter Gestalt zu sehen. Auf der hinteren Wand zollen Nephthys und Thot (links) sowie Neith und Serqet (rechts) auf Thronen sitzenden Osiris-Figuren Tribut.

4

DAS GRAB VON AMUNHERCHE-PESCHEF (QV 55)

GESCHICHTE

Verwirrenderweise hat Ramses III. einige seiner Söhne nach Söhnen von Ramses II. benannt. Der Amunherchepeschef aus QV 55 und der Chaemweset aus QV 44 sind Söhne von Ramses III. und dürfen nicht mit den gleichnamigen Söhnen Ramses' II. verwechselt werden.
QV 55 ähnelt dem Grab von Amunherchepeschefs Bruder oder Halbbruder Chaemweset (QV 44). Es ist etwas kleiner, die Gestaltung jedoch ist genauso gut, und insbesondere Details der Kleidung sind manchmal von besserer Qualität als in QV 44.
Amunherchepeschef war Prinz und Thronerbe seines Vaters, Königlicher Schreiber und Chef der Wagenlenker. Manche vertreten die Auffassung, die im nahe gelegenen QV 52 bestattete Königin Teti sei seine Mutter gewesen, und er sei jung gestorben, vielleicht noch als Jugendlicher. Anscheinend wurde er niemals tatsächlich in seinem Grab beigesetzt. Ein Sarkophag, der zunächst für Königin Tausret bestimmt war, wurde mit für ihn geänderter Beschriftung in KV 13 gefunden, im Grab des Schatzmeisters Bai. Möglicherweise wurde Amunherchepeschef letztendlich dort bestattet.
Der Eingang zu QV 55 am Fuße einer steilen Treppe wurde 1904 von Ernesto Schiaparelli entdeckt. Es war leer – außer einem Sarkophag waren keinerlei Gegenstände darin. Die Wände waren in hervorragendem Zustand und mit farbenfrohen Malereien im Stile der 20. Dynastie verziert.

LEGENDE

A EINGANG
B VORRAUM
BA SEITENKAMMER
C GRABKAMMER
CA SEITENKAMMER
D RÜCKWÄRTIGE KAMMER

366 PROFIL DES AMUNHERCHEPESCHEF, SOHN VON RAMSES II. UND TETI.

367 EINE DER GOTTHEITEN, DIE RAMSES III. UND AMUNHERCHEPESCHEF BESCHÜTZEN.

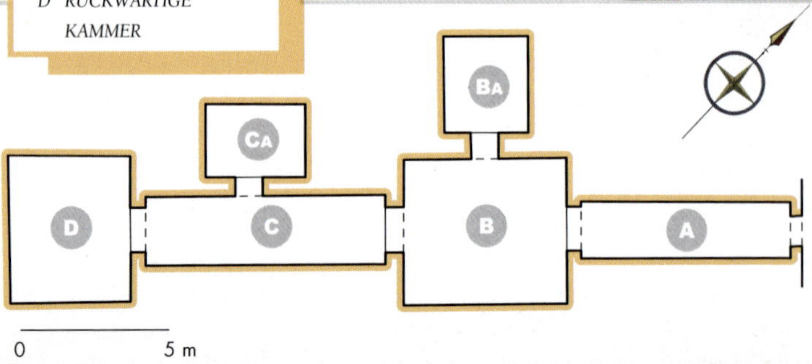

BESICHTIGUNG

KAMMER B Auf der Vorderwand rechts ist eine beschädigte Darstellung des Gottes Thot zu sehen. Darauf folgt Ramses III. in einer Umarmung mit Isis in einer anrührenden Szene: Die Zartheit, mit der König und Göttin sich in den Armen halten und sich dennoch fast nicht zu berühren scheinen, der aufwändige Kopfschmuck der Göttin und der Schurz des Königs sind malerische Meisterwerke.
Amunherchepeschef ist auch auf der Vorderwand abgebildet, er schaut nach rechts und hält einen Wedel. Er folgt seinem Vater, der auf der linken Wand zu sehen ist und Weihrauch vor Ptah entzündet. Weiter hinten sieht man Vater und Sohn, Ta-Tjenen führt sie; später übernimmt dies der hundeköpfige Duamutef, dann Amset mit Menschenkopf und schließlich Isis auf der linken Seite der hinteren Wand.
Diese Gestalten sind in den Details sehr präzise und in hellen Farben gearbeitet und zählen zu den besten Arbeiten im späten Neuen Reich. Man achte beispielsweise auf die Kleidung von Ramses III., vor allem in der Szene auf der Rückwand, in der er und sein Sohn mit Isis zu sehen sind. Insbesondere sei auf seine Gürtelschnalle mit der Inschrift seines Königsnamens hingewiesen, auf die aufwändig gearbeitete blau-goldene (und anscheinend nie befestigte) Schleife, die er trägt, die gemusterten Ärmel, die seine Schultern bedecken sowie auf den komplexen und dennoch graziös drapierten Plisseeschurz.
Der Künstler, der eine solche Arbeit ausführte, hatte mit Sicherheit die Mode dieser Zeit studiert. Die Art und Weise, in der der König und Isis die Hände halten und in der die Gesichtszüge der Göttin erfasst werden, sind ebenfalls ein Beweis für die hohe Fertigkeit des Künstlers, und auch die Gestaltung des mit einem Federfächer in seiner rechten Hand dabei stehenden Amunherchepeschef steht dem in nichts nach. Seine Haut scheint hier in einem hellen Braunton durch das transparente Gewand und nicht in dem aufdringlichen Rosa, das in vergleichbaren Szenen im Grab des Chaemweset verwendet wurde.
In jeder Szene tragen König und Prinz andere Gewänder, und jede ist detailliert gezeichnet und in heiteren Farben gemalt.
Am rechten Ende dieser Wand ist eine Abbildung des Prinzen, in der sein Kopf ganz anders ist als in den übrigen: Die Proportionen entsprechen mehr der Realität als in den Darstellungen weiter links.
Heute fehlen die Szenen auf der linken Vorderwand der Kammer. Jedoch sind auf der rechten Vorderseite Amunherchepeschef und sein Vater zu sehen, wie sie vor Schu Weihrauch entzünden,

und ferner, wie Kebechsenuef und Hapi den König führen. Schließlich sieht man auf der rechten hinteren Wand eine Szene mit Amunherchepeschef und Ramses III. vor Hathor, und zwar in derselben Pose, die wir auf der linken Seite der Tür gesehen haben. Die Seitenkam-

mer, in die man von diesem Raum aus kommt, hat keine Dekoration.

Auf den Pfosten am Durchgang zum nächsten Raum schauen Isis (links) und Nephthys (rechts) nach außen und vollziehen eine Reinigung, die „*Nini* machen" genannt wird. Über jeder ihrer ausgestreckten Hän-

368–369 RECHTE SEITE VORRAUM ODER KAMMER B MIT RAMSES III. VOR PTAH, TA-TJENEN, DUAMUTEF.

369 MITTE LINKS UND UNTEN DETAILS DER AUFWÄNDIGEN GEWÄNDER VON RAMSES III. (OBEN) UND AMUN-HERCHEPESCHEF.

369 MITTE RECHTS ISIS UMARMT RAMSES III.

370 OBEN DAS PROFIL RAMSES' III.

370 UNTEN HATHOR EMPFÄNGT RAMSES III. UND AMUN-HERCHEPESCHEF.

371 LINKS PROFIL DES HORUS.

371 RECHTS DER MENSCHENFÖRMIGE SARKOPHAG IN DER RÜCKWÄRTIGEN KAMMER D.

de ist die Hieroglyphe für Wasser gezeichnet.

GRABKAMMER C Auf der Vorderwand ist zu beiden Seiten des Eingangs Amunherchepeschef als *Iun-mutef* dargestellt. Er trägt ein Panterfell mit Pranken und Klauen, jedoch ohne die an diesem Mantel oft verwendete Panterkopfschließe.

Die Szenen auf der linken und der rechten Wand der Kammer stammen aus Kapitel 145 und 146 des Totenbuches. Darin sind die 21 Pforten beschrieben, durch die Ramses III. seinen Sohn geleiten muss. Jede Pforte wird von einem Geistwesen aus der Unterwelt bewacht. Der Begleittext gibt wieder, welche Worte der König und Amunherchepeschef vor den Geistwesen jeweils rezitieren müssen, damit ihnen der Durchgang gewährt wird. An der siebten Pforte (erste auf der linken Wand) müssen sie beispielsweise sagen: „Bereite mir einen Weg, denn ich kenne dich, ich kenne deinen Namen, und ich kenne den Namen dessen, der dich behütet. ‚Leichentuch, das den Schwachen umhüllt, Trauernder, der den Körper verbergen will' lautet dein Name. ‚Ikenty' ist der Name des Hüters der Pforte." Diese Szenen sind ein Pendant zu Szenen in der Grabkammer des Chaemweset. Hier nimmt der Text auf die Pforten fünf bis acht Bezug, dort hingegen auf die Pforten neun bis 16. Manche Ägyptologen werten dies als einen Beweis dafür, dass Chaemwesets Grab später als das Grab des Amunherchepeschef dekoriert wurde.

Eine von der rechten Wand der Grabkammer ausgehende Seitenkammer ist nicht dekoriert. Auf der hinteren Wand der Grabkammer befindet sich über der Pforte eine außergewöhnlich schöne Darstellung zweier anmutig verschlungener Schlangen. Es handelt sich um die beiden Hüterinnen der Kartusche von Ramses III., Wadjet und Nechbet. Über ihnen befindet sich eine geflügelte Sonnenscheibe.

KAMMER D Die Wände in dieser Kammer sind nicht dekoriert, jedoch befindet sich ein nicht fertig gestellter menschenförmiger Sarg darin. Er hatte ursprünglich in der Grabkammer vor diesem Raum aufgestellt werden sollen. Die Mumie eines umwickelten menschlichen Fötus, die nun in einer Glasvitrine in der Ecke betrachtet werden kann, stammt nicht aus diesem Grab. Schiaparelli fand sie im südlichen Tal der Könige.

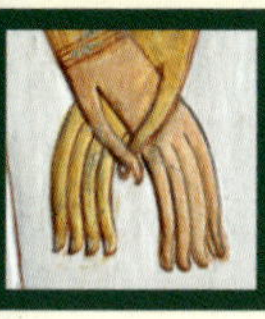

4

DAS GRAB VON NOFRETIRI (QV 66)

GESCHICHTE

Nur wenige königliche Frauen im alten Ägypten wurden von ihrem Gemahl stärker geliebt oder spielten eine aktivere Rolle in der Verwaltung des Landes als die Große Königliche Gemahlin von Ramses II., Königin Nofretiri. Sie heiratete den jungen Mann, bevor er den Thron bestieg, und diente mit ihm gemeinsam Ägypten bis zu ihrem Tod, 26 Regierungsjahre lang. Sie war seine Hauptgemahlin, Mutter seines ältesten Sohnes, Vertraute, Mitstreiterin, und unter ihren Titeln finden sich Beinamen wie: Geliebte des Mut, Große Gemahlin des Königs, Gottesgemahlin, Königsmutter, Frau adliger Herkunft und „Sie, für die die Sonne scheint“. Titel wie Herrin von Ober- und Unterägypten und Herrin der beiden Länder waren die weiblichen Formen von Titeln, die üblicherweise nur vom Pharao beansprucht wurden. Sie wurde mit einem eigenen Tempel in Abu Simbel belohnt; vor allem jedoch mit einem Grab im Tal der Königinnen von überwältigender Schönheit: QV 66.

Das Grab wurde im Jahr 1904 von Ernesto Schiaparelli (1856–1928) entdeckt und gilt als eine der größten Entdeckungen in der thebanischen Archäologie. In den 50er-Jahren des letzten Jahrhunderts wurde es aus erhaltungstechnischen Gründen für Besucher geschlossen. Von 1988 bis 1995 wurde es vom Getty Conservation Institute einem umfassenden Sanierungsprogramm unterzogen und 1995 wieder geöffnet. Täglich durfte eine begrenzte Anzahl von Besuchern das Grab betreten. Im Jahr 2003 wurde es wiederum zur Sicherheit geschlossen. Derzeit erhalten nur wenige kleine Gruppen im Jahr gegen eine beträchtliche Gebühr eine Besichtigungserlaubnis. Allerdings ist selbst mit solch strengen Vorkehrungen der Erhalt des Grabes nicht gewährleistet:
Der Putz ist das Problem.
QV 66 wurde in einem niedrig gelegenen Abschnitt des Tales der Königinnen angelegt, wo das Gestein besonders bröckelig ist. Es war unmöglich, eine glatte Fläche aus dem Stein zu hauen, und so waren die damaligen Handwerker gezwungen, die unebenen Wände mit einer dicken Schicht Putz zu überziehen und erst danach die Dekoration aufzubringen. Das Gewicht des Verputzmaterials jedoch und die Tatsache, dass der Putz dazu neigt, sich abzulösen, haben bewirkt, dass er fleckenartig ausbeult. Ohne den Halt des hinter den aufgeworfenen Flecken liegenden Gesteins droht der Putz abzufallen. Das Getty Conservation Institute konnte den Ablöseprozess verlangsamen, aber nicht vollständig stoppen. Halten sich Besucher im Grab auf, die durch Schweiß Feuchtigkeit absondern, so wirkt sich dies nachteilig auf den Feuchtigkeitsgrad aus, und der Zerstörungsprozess wird beschleunigt. Man kann lediglich hoffen, dass zukünftig neue Erhaltungstechniken entwickelt werden, mit denen die schwer wiegenden Probleme im Grab der Nofretiri unter Kontrolle gebracht werden können. Bis dahin wäre es wünschenswert, das Grab geschlossen zu halten und es regelmäßig Kontrollen zu unterziehen.

372 HATHOR HÄLT NOFRETIRIS HAND.

373 NOFRETIRI TRÄGT DIE GEIERHAUBE.

BESICHTIGUNG

Eine steile Treppe führt über 18 Stufen hinunter, unter einem Sturz hindurch. Darauf ist eine italienische Plakette mit einem Hinweis auf Schiaparellis Entdeckung des Grabeingangs angebracht. Man geht durch den Durchgang, betritt den Vorraum – und es verschlägt einem den Atem. Meisterhafte Malereien und Hieroglyphen stechen von einem strahlend weißen Untergrund ab, die Farben leuchten überaus frisch und klar, und es fällt schwer zu glauben, dass diese Werke über 3000 Jahre alt sind.

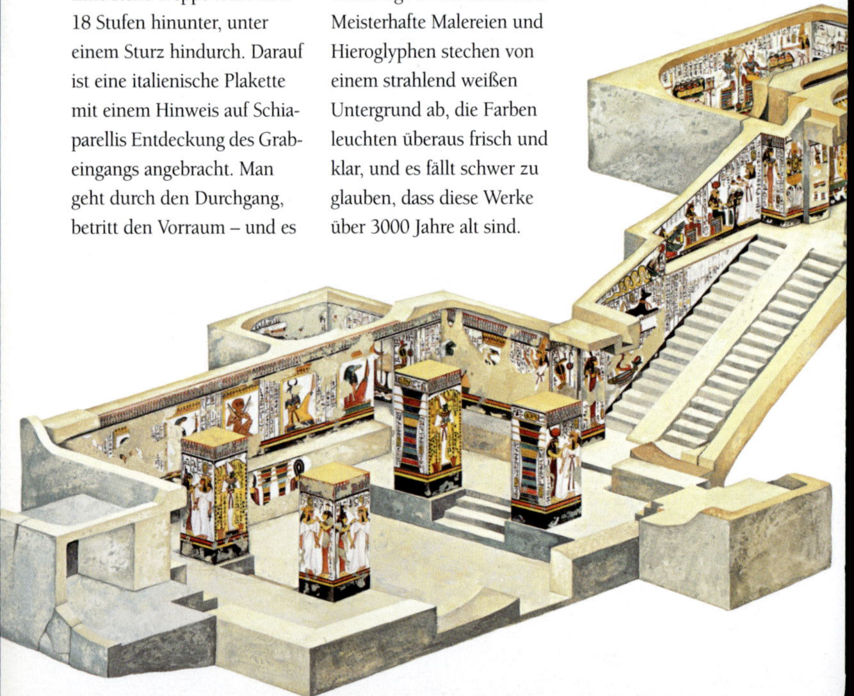

374–375 ZEICHNUNGEN DES GRABES DER NOFRETIRI: WESTSEITE (OBEN), OSTSEITE (UNTEN).

374 MITTE URÄUS AUS DER GRABKAMMER, OSTWAND.

375 OBEN MAAT AUF DER TÜR DER GRABKAMMER.

LEGENDE

A EINGANG
B VORRAUM
C VESTIBÜL
D SEITENKAMMER
E INNERE RAMPE
F GRABKAMMER
FA, B, C SEITENKAMMERN

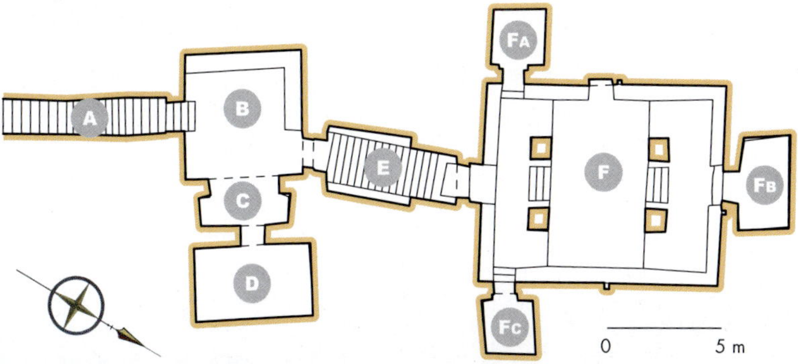

VORRAUM B Die erste Szene ist gleich an der Decke des Durchganges selbst zu sehen. Eine goldgelbe Sonnenscheibe steigt zwischen zwei roten Bergen in den östlichen Himmel auf. Sie wird flankiert von zwei Falken mit dem Kopfschmuck von Isis und Nephthys. Auf den Türpfosten kann man noch die Gestalt des unterägyptischen geiergestaltigen Gottes Nechbet (links) und des oberägyptischen kobragestaltigen Gottes Wadjet (rechts) erkennen.
Rechts auf der Vorderwand des Vorraumes befindet sich über den Textkolonnen in fein gearbeiteten Hieroglyphen eine Vignette nach Kapitel 17 des Totenbuches. Nofretiri ist in ein kunstvoll gefälteltes und fast transparentes Gewand gekleidet, trägt eine eng am Kopf sitzende Geierhaube, hält einen Krummstab in der Hand und sitzt unter einem aus Schilf gewebten Baldachin auf einem detailreich gemalten Stuhl, der auf einer Schilfmatte steht. Sie spielt das dem Damespiel ähnelnde *Senet*. Bei diesem Spiel muss sie ihren unsichtbaren Gegner schlagen, um Zugang zur Unterwelt zu erhalten. Der Text besagt sinngemäß (auszugsweise): „Hier beginnen Lobpreisungen und Rezitationen, beim Eingang und Ausgang zum Totenreich, nachdem man im schönen Westen von Nutzen war, im Gewand des Osiris, am Speisetisch des Wennefer verharrend, in den Tag hinausgehend, jede Gestalt annehmend, die er verkörpern möchte, *Senet* spielend, in einer Nische sitzend, und fortlebend als lebendige Seele mit Hilfe von Osiris-Nofretiri nach ihrem Tode.“ Weiter rechts steht der *Ba*-Vogel der Königin auf ihrem Grab, und die Königin selbst kniet betend vor dem *Akeru*, dem Horizont, der von zwei Bergen und zwei Löwen auf der angrenzenden Wand eingefasst wird. Die beiden Sonne und Berge flankierenden Löwen sind eine genauere Betrachtung wert. Selten findet man in der ägyptischen Kunst derart präzise und packende Löwendarstellun-

gen. Die feinen Schnurrhaare auf Lippen und Kinn des Tieres sind meisterlich. Auf der linken Wand des Vorraumes setzen sich rechts vom *Akeru* Szenen nach Kapitel 17 des Totenbuches fort. Der graue Reiher ist ein *Benu*-Vogel, ein heiliger Vogel aus Heliopolis, mit dem die Phasen des Planeten Venus und die Seele des Gottes Re assoziiert werden. Er schaut auf eine Abbildung von Nofretiris Mumie auf einem Bett mit Löwenkopf, das unter einem Baldachin aus kunstvoll gewebten und perlenverzierten Stoffen steht. Zwei Falken flankieren das Bett. Ihr Kopfschmuck weist sie als Isis (rechts) und Nephthys (links) aus. Die Mumie der Königin ist in weiße Leinenbänder eingewickelt, die mit roten Streifen gehalten werden; sie trägt einen kostbaren breiten Kragen und eine Maske mit Königsbart.

Ein dunkelhäutiges Geistwesen aus dem Nil, das mit hängenden Brüsten und gewölbtem Bauch für Fruchtbarkeit steht, hält einen Palmzweig als Symbol für die Ewigkeit. Es kniet vor anderen (heute bedauerlicherweise zerstörten) Gestalten und einem (ebenfalls zerstörten) Schrein. Eine schmale Leiste mit einem Cavetto-Gesims darüber führt am Boden an dieser und der rechten Wand entlang. Darunter sind in Nischen kleine sakrale Gefäße mit gerundetem Deckel gemalt. In zwei dieser Nischen sind einige hieratische Schriftzeichen aus der Ramessidenzeit zu sehen. Sie nehmen auf die Lieferung von Schlamm für den Verputz Bezug, den die an dem Grab arbeitenden Handwerker benötigten.

376 OBEN BLICK IN DEN VORRAUM, OSTSEITE.

376 UNTEN SENET SPIELENDE NOFRETIRI.

377 OBEN NOFRETIRIS MUMIE, FLANKIERT VON FALKEN (ISIS UND NEPHTHYS).

377 MITTE AKERU, DER HORIZONT, MIT SEINEM LÖWEN.

377 UNTEN NOFRETIRIS BA-VOGEL.

378 OBEN EINER DER HORUSSÖHNE ÜBER DEM EINGANG.

378 UNTEN OSIRIS, VORRAUM.

378–379 ANSICHT DER OSTSEITE DES VORRAUMES UND TEIL DES VESTIBÜLS.

Über Inschriftspalten und einem Durchgang in der hinteren Wand wenden sich Re und Schu in Mumiengestalt nach links. Rechts von ihnen sitzen Horus und Nofretiri auf Thronen. Horus schaut in die andere Richtung, seine vier Söhne sind vor ihm.

Auf der rechten Wand des Vorraumes, die praktisch eine große Öffnung zum Vestibül hin einfasst, befindet sich eine Abbildung von Osiris (links). Sie ist von Text und religiösen Symbolen in einem Schrein mit gewölbter Oberseite umgeben und wird von Fetischen flankiert, Anubis und auf Stöcken steckende stilisierte Leopardenfelle umgeben sie. Auf der rechten Seite steht Anubis in einem Schrein, der sogar noch detailreicher gestaltet ist. Zwischen ihnen wechseln sich über der Öffnung Kobras und blaue Straußenfedern zu beiden Seiten eines knienden Geistwesens ab, das zwei Ovale mit je einem *Udjat*-Auge darin berührt.

Auf der linken Seite der vorderen Wand ist ein sehr eleganter sitzender Osiris mit Wedel und Krummstab sowie der *Atef*-Krone zu sehen. Der Wedel ist bemerkenswert präzise gemalt, und der eng anliegende, um die Taille des Gottes geschlungene Stoff bildet einen starken Kontrast zu dem weißen Gewand, das als weiße Fläche ohne Struktur gehalten wurde. Die meisten der Osiris-Abbildungen in QV 66, vor allem die stehenden Figuren, zeigen den Gott mit beinahe weiblicher Taille und Hüfte. Das ist vermutlich kein Zufall: Nofretiri sollte nach ihrem Tod eins mit Osiris werden, und mit diesen Merkmalen wird verdeutlicht, dass dies bereits geschehen war. Die Gottheit sitzt in einem kunstvoll gestalteten Schrein vor Abbildungen der vier Horussöhne. Rechts von ihnen steht die ebenfalls schön gekleidete Nofretiri in betender Haltung.

380 OBEN HORUS MIT NOFRETIRI, VESTIBÜL, RECHTE SEITE.

380 UNTEN DIE SKORPIONKÖPFIGE GÖTTIN SERQET, LINKE SEITE DES VESTIBÜLS.

380–381 BLICK INS VESTIBÜL.

VESTIBÜL C Auf den Pfosten der weiten Öffnung zum Vestibül hin ist auf der linken Seite die Göttin Serqet mit einem Skorpion auf ihrem Kopf zu sehen. Auf der rechten Seite steht die Göttin Neith mit ihrem Hieroglyphen-Symbol, möglicherweise ein Schild und Pfeile. Die Kleidung der beiden Göttinnen ist identisch, beide tragen kompliziert gemusterte Kattunkleider. Lediglich der Kopfschmuck, anhand dessen sie identifiziert werden, ist unterschiedlich. *Djed*-Säulen sind aus den Halbpfeilern herausgemeißelt, die sich gleich vorne im Innern des Vestibüls befinden.

Auf der linken Wand geleitet die Göttin Isis Nofretiri vor den Gott Chepre, der auf der hinteren Wand des Vestibüls zu sehen ist. Isis ist in ein kostbares, eng anliegendes Gewand gekleidet und trägt Edelsteinketten, -armbänder und Quasten als Schmuck. Chepres käferartiger Kopf kennzeichnet ihn als eine Erscheinungsform des Sonnengottes. Sein Thron hat wie der auf der anderen Seite dieser Wand ein schuppenartiges Muster mit dem Symbol der Vereinigung von Unter- und Oberägypten in der unteren Rückenleiste.

Auf der anderen Seite der Rückwand (rechts) sitzt Re-Harachte neben Hathor, der Göttin des Westens. Sie bereiten sich darauf vor, die Königin zu empfangen, die auf der rechten Wand von Harsiesis (Gott Horus, Sohn der Isis) geleitet wird. Über dem Durchgang ist die geiergestaltige Göttin Nechbet zu sehen; sie hält die einzelne Hieroglyphe *Shen* in ihrer Kralle. Ihre Flügel sind ausgebreitet, und an Flügeln und Körper sind sehr fein gezeichnete Federn zu erkennen.

In all diesen Szenen sieht Nofretiri besonders schön aus. Die Konturen ihrer mandelförmigen Augen sind stark nachgezeichnet, ihre Lippen sind voll, die Wangen mit Rouge geschminkt, an den Ohren trägt sie kostbare Ohrringe. In vielen Szenen trägt sie die für königliche Mütter typische Geierhaube (die Bezeichnung für Geier lautete im alten Ägypten *Mwt*, und mit diesen Buchstaben wurde auch das Wort „Mutter" geschrieben). Ihre wohlgeformte Figur wird von dem mit größter Sorgfalt gezeichneten Plisseerock noch unterstrichen, dessen einzelne Falten in verschiedenen Weiß- und Grauschattierungen gehalten sind.

SEITENKAMMER D Auf den Pfosten des in diesen Raum führenden Eingangs erscheint die Göttin Maat in stehender Haltung.
Rechts auf der Vorderwand dieses drei mal fünf Meter großen Raumes ist Nofretiri zu sehen. Sie steht vor einem Tisch und bringt dem Gott Ptah Hieroglyphen mit der Bedeutung „Tuch" dar. Er steht in einem kleinen Schilfschrein; die Läden in dem kleinen Fenster des Schreines sind geöffnet. Hinter ihm befindet sich eine große *Djed*-Säule.
Auf der linken Seitenwand berichtet Kapitel 94 des Totenbuches, wie die Königin den Gott Thot bittet, „mir den Wasserkrug und die Palette der Schreibutensilien des Thot zu bringen, und die Geheimnisse, die in ihnen sind". Diese Instrumente befinden sich auf einem Gestell zwischen Königin und Gottheit.
Auf der hinteren Wand bringt Nofretiri einem sitzenden Osiris und kleinen Statuetten der vier Horussöhne eine große Menge an Lebensmitteln als Opfergabe dar. Darunter befinden sich ganze Schlachtrinder, Rinderkeulen, Brotlaibe, Körbe mit Trauben, Gemüse und rauchende Kohlenbecken. Rechts wird Atum ein weiterer Berg von Speiseopfern dargebracht. Wie die anderen sitzenden Gottheiten, die wir gesehen haben, sitzen auch diese beiden auf sehr detailreich gemalten Thronen.
Auf der Vorderwand der rechten Raumseite ist die Königin anbetend vor sieben heiligen Kühen und einem Bullen zu sehen, die auf der rechten Seitenwand auf zwei Registern dargestellt sind. Es handelt sich

um eine Szene aus Kapitel 148 des Totenbuches, in dem das Rind Namen erhält wie „Sehr Geliebte", „Rothaarige" sowie „Sturm im Himmel, der den Gott hoch droben umtost". Die unterschiedlichen Bezeichnungen des Rindes wurden sorgsam als Charakteristiken für jedes genannte Tier ausgewählt. Unten sind als Fortführung dieses Kapitels die vier Steuerruder der vier Ecken des Himmels zu sehen. Die Königin ist in dieser Szene besonders schön gekleidet, ihre zarten Gliedmaßen zeichnen sich unter dem transparenten Gewand ab, ein großer Ohrring wird von ihren rougegeschminkten Wangen betont. Hinter Nofretiri trennt eine gelbe vertikale Linie diese Szene von der nächsten, in der die Göttinnen Isis (rechts) und Nephthys (links) mit einem widderköpfigen Gott zu sehen sind. Er wird in den beiden kurzen Textspalten als eine Verschmelzung zweier Gottheiten identifiziert: „Re ist es, der zu Osiris wird", „Osiris ist es, der zu Re wird".

382 OBEN NEPHTHYS UND ISIS FLANKIEREN EINEN WIDDERKÖPFIGEN GOTT.

382 UNTEN VIER DER SIEBEN HEILIGEN KÜHE IN DER SEITENKAMMER.

382–383 BLICK IN DIE SEITENKAMMER, LINKE SEITE.

383 UNTEN DIE VIER HORUSSÖHNE; SEITENKAMMER, LINKE SEITE.

384 OBEN LINKS SERQET, STURZ ÜBER DER TÜR ZUR TREPPE.

384 OBEN RECHTS NOFRETIRIS HÄNDE BRINGEN WEIN DAR.

INNERE RAMPE UND TREPPE E sind architektonisch ein kompliziertes Bauwerk, denn sie sind von Türen, Nischen und Wänden unterschiedlicher Höhe und Breite umgeben.

Auf dem linken und rechten Türpfosten sind Schlangen mit den Kronen von Ober- und Unterägypten dargestellt. Auf dem nächsten, breiteren Pfosten steht die von zwei Kobras flankierte Kartusche mit Nofretiris Namen. Die Kobras und die Lilien oder Papyruspflanzen unter ihnen symbolisieren Oberägypten (links) und Unterägypten (rechts).

Auf der oberen linken Korridorwand steht die Königin vor einem gut bestückten Opfertisch und bringt Isis und Nephthys Wein dar. Schaut man der Königin von Nahem

ins Gesicht, so nimmt man Ausbesserungen wahr: Der leitende Künstler hat an Mund und Kinn Farbe entfernt, wo ein Lehrling mit weniger Sorgfalt über die Konturlinien gemalt hat. Solche Korrekturen sind in diesem Grab recht oft zu finden und lassen möglicherweise darauf schließen, wie viel Perfektion der leitende Kunsthandwerker gefordert hat. Hinter den Göttinnen kniet Maat mit schützend ausgebreiteten Schwingen. Oben auf der rechten Wand erscheint diese Szene noch einmal, hier jedoch mit den Göttinnen Hathor (in der hiesigen Gestalt der Gebieterin über Theben), Serqet und Maat vor einer großen Menge an Opfergaben. Im nächsten Wandabschnitt sind auf beiden Seiten des Korridors kunstvoll gezeichnete Abbildungen der Kobragöttin Nechbet zu sehen. Sie hat ihre Schwingen schützend in Richtung der Kartusche mit Nofretiris Namen ausgebreitet. Die ringartigen Hieroglyphen sind *Shen*-Zeichen, die die Ewigkeit symbolisieren. Unter der Kobra liegt auf der linken Wand der Gott Anubis oben auf einer Kapelle, und darunter kniet die Göttin Isis auf dem Hieroglyphenzeichen für Gold. Der Schakal trägt ein rotes Tuch um den Hals und neben seinem Hinterbein befindet sich ein aufwändig gezeichneter *Nekhakha*-Wedel. Im Begleittext heißt der Gott Nofretiri in der Unterwelt willkommen. Auf der rechten Wand empfangen Anubis und Nephthys sie in ähnlicher Art und Weise. Die Hieroglyphen sind hier wie auch ansonsten in diesem Grab sehr fein und detailreich gezeichnet.

GRABKAMMER F Dieser große Raum misst 10,4 mal 8,2 Meter. Ringsherum läuft eine Art Sims, das vielleicht für die Grabausstattung vorgesehen war. Die Dekoration in dieser großen Säulenhalle hat zwei Themen: Die rechte Raumhälfte ist Kapitel 146

384 UNTEN GEFLÜGELTE KOBRA UND ANUBIS, TREPPE, LINKE WAND.

384–385 TREPPE, RECHTE WAND, VON LINKS: MAAT, SERQET, HATHOR UND NOFRETIRI.

des Totenbuches gewidmet, die linke Raumhälfte setzt sich mit Kapitel 144 auseinander.

Auf der rechten Seite der Vorderwand steht Nofretiri vor 19 Textkolonnen aus Kapitel 144. Sie schaut drei Geistwesen an, die die erste Pforte zur Unterwelt bewachen. Das erste Geistwesen – „Dessen Gesicht in sich gekehrt ist“ – hält einen belaubten Zweig in der Hand. Ihm folgen „Sie mit Ohren aus Feuer“ und „Der Brüllende“. Nofretiri sagt sinngemäß zu ihnen: „Ich habe den Weg bereitet, gestattet mir, durch die Pforte zu treten.“ Auf der linken Wand des Raumes wird das Kapitel hinter einem kleinen Eingang fortgeführt, und man sieht die drei Geistwesen, die die zweite Pforte bewachen. Sie heißen „Der ihre Stirnen öffnet“, „Selbstgerechtes Gesicht“ und „Der Brennende“. Die dritte der fünf in Kapitel 144 genannten Pforten wird von „Der die Exkremente seines Hinterteils isst“, „Der Wächter“ und „Der Fluchende“ bewacht.

Die rechte Seite der Sargkammer ist mit Texten aus Kapitel 146 des Totenbuches und Vignetten mit Geistwesen dekoriert, die einige der Pforten von Osiris' Wohnstätte, dem *Iarus*-Feld, bewachen. Eines dieser Geistwesen bewacht die fünfte Pforte in der Wandmitte und ist als kauernder, nackter und Messer schwingender junger Mann dargestellt. Sein Kopf hat eine merkwürdige Form, und sein Name lautet: *Henty-Reki*, „Der den Feind vertreibt“.

Auf der hinteren Wand der Grabkammer ehrt die Königin sitzende Figuren der Gottheiten Osiris, Hathor und Anubis. In der Mitte der linken Wand (Westen) befindet sich unter dem Sims eine kleine, sehr klar beschriftete Nische, in der die Truhe für den Baldachin und die Gefäße der Königin untergebracht waren.

Die vier **SÄULEN** in der Grabkammer zählen zu den besterhaltenen Gemälden in der Grabanlage. Stehende Osirisdarstellungen auf den der Grabachse am nächsten stehenden Säulenvorderseiten sind besonders gut gearbeitet und weisen eine komplexe Ikonographie auf. *Djed*-Säulen sind der Raummitte zugewandt, in der eine Vertiefung für den Sarg vorgesehen war. Die Vorderseite von jeder der ersten beiden Säulen weist zwei Horusgestalten mit einem Panterfell auf. Andere Säu-

len sind mit Darstellungen von Nofretiri mit Anubis, Hathor und Isis bemalt.
In drei Seitenkammern der Grabkammer ist die Dekoration fast vollständig verloren.
Die Decke ist überall in der Grabanlage blau gehalten und mit Myriaden von gelben fünfzackigen Sternen übersät.

386 UND 386–387 ANSICHTEN DER GRABKAMMER MIT VIER DEKORIERTEN PFEILERN.

387 OBEN RECHTS HENTI-REKI, NACKTES UND MIT MESSERN BEWAFFNETES GEISTWESEN.

387 UNTEN LINKS STEHENDER OSIRIS, GEMÄLDE AUF EINEM PFEILER.

387 UNTEN RECHTS HATHOR UND NOFRETIRI, STEHEND, GEMÄLDE AUF EINEM PFEILER.

5

DIE GRÄBER DER ADLIGEN

5

EINLEITUNG

Von den mehreren tausend identifizierten Adelsgräbern der thebanischen Nekropole sind derzeit 19 der Öffentlichkeit zugänglich. Beginnend mit der mittleren 18. Dynastie entstammen sie einer Epoche von beinahe 500 Jahren. Wir haben uns entschieden, sie nicht in der Reihenfolge ihrer geographischen Lage zu beschreiben, sondern in chronologischer Abfolge. Die Gräber können zeitlich klar unterschiedenen Stilrichtungen zugeordnet werden. Beschreibt man sie anhand dieser Merkmale, ist es leichter, die Inhalte ihrer Reliefs und Bemalungen und die Details ihrer Bildersprache verständlich zu machen. Denen, die genug Zeit mitbringen, sei empfohlen, mindestens ein Grab aus jeder der fünf von uns unterschiedenen Epochen zu besuchen. Dies ermöglicht es, den Wandel in der ägyptischen Grabkunst während des Neuen Reichs nachzuvollziehen. Fehlt diese Zeit, sollte man auf jeden Fall die Gräber von Rechmire (TT 100) und von Ramose (TT 55) besuchen, Ersteres mit

hervorragend gemalten Alltagsdarstellungen, Letzteres mit Reliefs von ezellenter Qualität. Es sind besonders die Details in den Dekorationen dieser Gräber, die den Besuch so lohnend machen, und daher ist es besser, sich für einige wenige Grabanlagen Zeit zu nehmen, anstatt in großer Eile viele zu besuchen. Der Spaziergang von den Parkplätzen zu den Gräbern kann ebenfalls ein angenehmes Erlebnis sein; so sollte man den Lehmziegelhäusern mit *Hadsch*-Malereien entlang der Wege ebenso einen Blick gönnen wie dem wundervollen Niltal im Osten.

GRABANLAGEN AUS DER HERRSCHAFT VON THUTMOSIS III. UND AMENOPHIS II.

Gräber aus den Zeiten dieser beiden mächtigen Herrscher repräsentieren eine Übergangszeit in der ägyptischen Kunst. Unter Thutmosis III. existierte eine Tendenz zum Archaischen; die Menschen sind in Posen aus dem Alten und Mittleren Reich gemalt und oft symmetrisch in Gruppen arrangiert. Im Gegensatz dazu sind sie unter Amenophis II. in entspannterer Haltung und informellem Kontext dargestellt, häufig auf sehr innovative Art und Weise. Die Farbgebung ist raffinierter und die Hintergründe der Szenen im Allgemeinen heller. Ein gutes Beispiel für diesen Übergang sind die Gemälde aus TT 100, dem Grab von Rechmire.

5

DAS GRAB VON RECHMIRE (TT 100)

GESCHICHTE

Sein Name war Rechmire. Auf dem Höhepunkt seiner beruflichen Laufbahn war er Wesir von Unterägypten, Bürgermeister von Theben und hatte über einhundert weitere bedeutende Titel inne. Auch sein Urgroßvater und sein Großvater waren Wesire gewesen. Der Inhaber dieses Amtes kam in puncto Ansehen und Autorität an zweiter Stelle, gleich nach dem Pharao. War Rechmires Vater auch niemals über den Rang eines Amunpriesters hinausgekommen, so verhalf ihm selbst doch die vornehme Abstammung zu einem schnellen Aufstieg in der Bürokratie. Er rühmte sich, es habe weder im Himmel noch auf der Erde oder in irgendeinem Winkel der Unterwelt etwas gegeben, womit er sich nicht auskannte. Sicherlich eine recht unbescheidene Übertreibung, wahr ist jedoch, dass er zu den am besten unterrichteten und den mächtigsten Männern in ganz Ägypten zählte.
Rechmire war in den letzten Herrschaftsjahren Thutmosis' III. und den ersten Jahren Amenophis' II. im Amt – turbulente Zeiten in Ägypten. Nachdem Hatschepsut nicht mehr an der Macht war, führte Thutmosis III. einige militärische Aktionen durch, die Ägyptens Macht im Ausland stärkten und den Reichtum des Landes auf ein in früheren Dynastien nicht erlebtes Maß steigerten. Der Pharao initiierte umfassende Bauprogramme und förderte im großen Stil Kunst und Handwerk. Unter seinem Nachfolger Amenophis II. dauerte Ägyptens Aufschwung an, und die großen Projekte wurden weitergeführt.
Rechmire überwachte nahezu alle Unternehmungen. Er beaufsichtigte Projekte in ganz Ägypten, verwaltete die großen königlichen Besitztümer, kontrollierte Tempel, fungierte als Richter, prüfte Bewässerungspläne, wohnte offiziellen Zeremonien bei, führte den Vorsitz bei Verwaltungskonferenzen, leitete das Bauamt, war für die innere Sicherheit des Landes zuständig, genehmigte Steuersätze und nahm Steuern ein.
Rechmire war sich völlig im Klaren über seine Möglichkeiten an der Spitze von Ägyptens Verwaltungsapparat, und voller Stolz gab er in Inschriften auf den Wänden seines Grabes ausführlich wieder, wie der Pharao die Pflichten seines Wesirs beschrieb, im Folgenden sinngemäß übersetzt:
„Dann sagte seine Majestät zu ihm: Übernimm du das Büro des Wesirs. Wache über (alles, was) darin getan wird. Siehe, es ist die Stütze des ganzen Landes. Siehe, was das Amt des Wesirs betrifft, siehe, es ist alles andere als süß, siehe, es ist gallenbitter … Siehe, es bedeutet nicht, sich (nur) um das Büro selbst zu kümmern und um die Beamten und Ratsmitglieder, und auch nicht, alle zu (Abhängigen) zu machen … So achte, was dich betrifft, darauf, dass alle (Dinge) so getan werden, dass sie mit dem Gesetz übereinstimmen, und dass alle Dinge so in Übereinstimmung mit dem zuvor Gesagten geschehen, dass (jeder Mann) in der für ihn rechten Position (eingesetzt wird). Siehe, Wind und Wasser berichten alles, was der Beamte tut, der in der Öffentlichkeit steht; so wisse, seine Taten können nicht geheim sein …“
Rechmire beschreibt ohne falsche Bescheidenheit, wie gut er diese schwierige Aufgabe meisterte:
„Ich richtete unparteiisch zwischen Arm und Reich. Ich befreite den Schwachen vom Unterdrücker. Ich wehrte den Zorn des Übellaunigen ab, und die Übergriffe des Gierigen verhinderte ich. Ich kühlte das Gemüt des Rasenden. Ich trocknete Tränen, indem ich

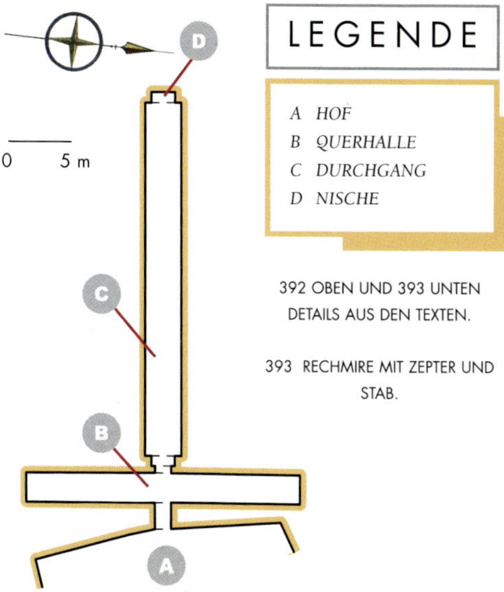

392 OBEN UND 393 UNTEN DETAILS AUS DEN TEXTEN.

393 RECHMIRE MIT ZEPTER UND STAB.

Bedürfnisse befriedigte. Ich berief den Sohn und Thronfolger in die Position seines Vaters. Ich gab dem Hungrigen Brot, dem Durstigen Wasser, Fleisch, Bier und Kleidung dem, der nichts besaß. Ich stand dem Alten bei und stellte ihm meine Arbeiter zur Verfügung, meine Taten veranlassten die alte Frau zu dem Ausruf: Welch gütige Tat!"

Seine Worte klingen wie die eines perfekten Staatsdieners. Aber Rechmire fiel am Hof in Ungnade und verlor gegen Ende seiner Laufbahn möglicherweise sogar seine Titel. Es existiert kein Beweis dafür, dass er je wirklich in TT 100 bestattet wurde, manches aber deutet darauf hin, dass ein Teil der Grabdekoration sorgfältig geändert und sein Name entfernt worden ist. Über einen Nachfolger in seinem Regierungsamt aus den Reihen seiner Nachkommen ist nichts bekannt, obwohl er mindestens fünf Söhne und mehrere Töchter hatte.

Die meisten Forscher des 19. Jahrhunderts kannten das Grab TT 100. Frederic Caillaud veröffentlichte im Jahr 1831 einige Szenen, aber bis 1889 war das Grab nicht ausgeräumt, und erst 1943 wurde es vollständig veröffentlicht. Der Plan von TT 100 hat dieselben Strukturen wie viele andere Kreuzgräber in Theben, aber die einzelnen Ab-schnitte sind einzigartig. Hinter einem standardmäßig quer verlaufenden Korridor weitet sich ein innerer Raum beinahe 25 Meter tief in den Hang von Sheikh Abd el-Qurna. Am Eingang ist die Decke drei Meter hoch. Im Rauminneren jedoch steigt die Decke steil nach oben an und erreicht am Westende eine Höhe von mehr als acht Metern. Somit stand Rechmire eine Wandfläche von mehr als 300 Quadratmetern zur Verfügung, die mit äußerst wertvollen Wandmalereien dekoriert ist. Die Szenen im quer verlaufenden Korridor beschäftigen sich mit personellen und geschäftlichen Angelegenheiten. Sie enthalten lange Texte, die die Pflichten des Wesirs beschreiben, aber auch die Verwaltung der Tempelwirtschaft und Rechmires Tätigkeiten während der Regentschaft Amenophis' II. Im inneren Raum sind Darstellungen aus dem Bereich Kunst und Handwerk zu bewundern, Szenen aus dem täglichen Leben, Begräbnisfeiern und Bestattungsrituale. Der berühmte britische Ägyptologe des 19. Jahrhunderts, Sir John Gardner Wilkinson, sagte im Jahr 1835, die Gemälde dieses Grabes brächten mehr Licht in die ägyptische Kultur der Antike als alle anderen bekannten Quellen.

BESICHTIGUNG

Am **GRABEINGANG A** sind Gebete zu Re-Harachte, Amun-Re, Thot, Osiris und anderen Göttern zu lesen, begleitet von großspurigen Behauptungen Rechmires über seine hervorragenden und engen Beziehungen zu diesen Gottheiten.

Auf die rechte Hälfte der vorderen (östlichen) Wand der **QUERHALLE B** schrieb Rechmire ausführliche Erläuterungen seiner Aufgaben als Wesir. Der britische Ägyptologe Percy Newberry glaubte, die begleitende Szene stelle einen Audienzsaal dieser Zeit dar, in dem Rechmire Hof hielt.

Schaut man ganz genau hin, so erkennt man dünne Säulen mit Palmblatt-Kapitellen, Wände, die einen großen Raum umfassen und ein erhöhtes Podium mit Rechmire. Zahlreiche Beamte und Bittsteller sind sorgfältig im Raum verteilt.

Der Text zu dieser Szene geht in Bezug auf Rechmires Pflichten sehr ins Detail und berichtet sogar, dass er in der Audienzhalle auf einem Lehnstuhl zu sitzen habe, eine Riedmatte müsse auf dem Boden sein, er habe die Amtskette angelegt und sitze auf einem Fell, seine Füße ruhten auf einem weiteren Fell, und er müsse unter einem (Baldachin) aus Matten sitzen.

Die Beschreibung der Wesir-Pflichten zählt zu den bedeutendsten Dokumenten, die aus dem Neuen Reich überliefert sind. Manche Ägyptologen fragen sich jedoch, was Rechmire veranlasste, es zu verfassen. Der britische Ägyptologe T.G.H. James ist der Meinung, die Tatsache, dass es überhaupt verfasst wurde, legt die Vermutung nahe, es sei nicht alles so perfekt verlaufen; es impliziere eine Art Krise zum Zeitpunkt des Verfassens, wenn jemand es für notwendig hielt, tätigkeitsbezogene Grundsätze festzuhalten, die in guten Zeiten eigentlich selbstverständlich sein müssten. Er vermutet, Rechmire sei nicht ganz aufrichtig gewesen, als er alle Aufgaben in seinem Grab aufgeführt hatte; schließlich sei es möglich, dass er auf Grund von Amtsvergehen in Ungnade fiel.

Rechts vom Text sind Steuereinnehmer in Unterägypten bei der Ausübung ihrer Tätigkeit abgebildet. Sie nehmen goldene Ringe, Rinder, Affen, Korn, Honig, Tauben, Stoffe und Perlen entgegen. Erstaunlicherweise sind keine Schweine oder Schafe darunter, obwohl diese im alten Ägypten normale Nutztiere waren.

Steuerbetrüger werden von mit schweren Stöcken bewaffneten Wächtern abgeführt. Zwischen

ihnen und Rechmire liegen vier Matten auf dem Boden. Ägyptologen halten die darauf liegenden Gegenstände für lederne Rollen. Auf jeder Matte liegen zehn Stück, und manche Gelehrten sehen in ihnen die 40 *Sheshemu* oder Gesetzesbücher, auf die sich Rechmire bei seinen Urteilssprüchen in juristischen Angelegenheiten gestützt habe. Andere sehen in ihnen Schlagstöcke als Symbol für die Autorität, die der Wesir den örtlichen Verwaltern übertragen hat.

Ähnliche Szenen zum Thema Steuern erscheinen auf der linken (nördlichen) Hälfte dieser vorderen (östlichen) Wand. Hierbei handelt es sich um eine Art Bestandsaufnahme bei Lieferungen aus Bezirken in Mittelägypten. In der Wandmitte kontrolliert Rechmire Warenmengen und Möbel, die für den Amuntempel in Karnak bestimmt sind. Hölzerne Statuen von Thutmosis III. sind im oberen Register dargestellt, im Register darunter Statuen aus Stein. Darunter befindet sich eine stehende Königsfigur mit einem Opfertisch, über deren Arm Enten hängen, sowie eine sitzende Königsfigur, deren Füße auf einem knienden Nubier ruhen (diese Darstellung gilt als einzigartig). Über 30 verschiedene Gegenstände zur Ausstattung des Tempels sind auf der rechten Seite dargestellt, darunter Schilde, Speere, Köcher, Halsketten, Äxte und Gefäße.

394–395 VERSCHIEDENE STATUEN UND MOBILIAR (OBEN); MÄNNER TRAGEN MÖBEL UND VORRÄTE (UNTEN) FÜR DEN AMUNTEMPEL IN KARNAK.

395 OBEN STEUERBETRÜGER, AUS DER QUERHALLE.

395 UNTEN TRAUBENERNTE, AUS DER QUERHALLE.

396 UNTER DEN TRIBUTGABEN AUS PUNT IST AUCH EINE GIRAFFE.

396–397 FEDERN, EIER, ELFENBEIN-STOSSZÄHNE UND MYRRHEN-STRÄUCHER ZÄHLEN ZUM TRIBUT.

397 MITTE TRIBUT AUS SYRIEN: DAZU GEHÖREN EIN BÄR, EIN ELEFANT UND PFERDE.

397 UNTEN AUFWÄNDIG GEARBEITETE JAGDSZENE.

Auf der linken (südlichen) Seite der hinteren (westlichen) Wand des Raumes empfängt Rechmire große, aus dem Ausland stammende und für den König bestimmte Tributmengen als Beweis, dass (wie der Begleittext besagt) alle Lande Seiner Majestät untertan seien.

Im oberen Register werden Straußenfedern, Straußeneier, Myrrhensträucher, Stoßzähne aus Elfenbein, Gold, Leoparden, Geparden, Affen und Paviane aus Punt, gelegen an der Küste des Roten Meeres ungefähr auf dem Gebiet des heutigen Eritrea, überbracht.

Das darunter liegende Register zeigt die Ankunft des aus Silber, Gold, Bronze und Lapislazuli bestehenden Tributes von Keftiu (Kreta). Man achte auf die Kleidung der kretischen Tributträger: Phallustasche und geschnürte Schuhe mit hochgebundener Spitze.

Dann folgen Nubier. Sie bringen Ebenholz, Gold, Leopardenfelle, Straußenfedern und Straußeneier, verschiedene Halbedelsteine und lebendige Tiere, darunter Jagdhunde, einen Leoparden, einen Pavian und eine anmutige Giraffe, an deren Hals ein kleiner grüner Affe emporklettert. Eine kleine Rinderherde ist dabei; die Hörner der Tiere haben eine unnormale Form.

Als Nächstes folgen Menschen aus Retenu (Syrien), und im unteren Register sind nubische und syrische Gefangene zu sehen. Am linken Ende des syrischen Zuges bringen Männer einen Braunbären und einen Elefanten als Teil des Tributes. Man achte im unteren Register auf die Frauen in kompliziert und glockenförmig drapierten Stoffbahnen. Manche transportieren Körbe auf dem Rücken, die mit Hilfe eines über die Stirn laufenden Lederriemens gehalten werden, und tragen ihre kleinen Kinder.

Auf der rechten (nördlichen) Hälfte der hinteren (westlichen) Wand sind Männer zu sehen, die Trauben pressen, Vögel und Fische einsammeln, ausnehmen und in Gefäßen konservieren. Hierbei handelt es sich um Standardszenen, die in den Gräbern von Menena und Nacht ausführlicher beschrieben werden.

Links von ihnen ist eine wundervoll gearbeitete Jagdszene zu sehen (siehe auch TT 56: Userhat). Üblicherweise stellten ägyptische Maler Chaos, Uneinigkeit, Angst und Tod durch Weglassen der Bodenlinie dar und ordneten die Figuren willkürlich an. Hier aber existieren viele kreuz und quer verlaufende Bodenlinien, und die Figuren bewegen sich in unterschiedlichen Richtungen, um ein und dasselbe Ziel zu erreichen. Straußenvögel, Gazellen und Antilopen versuchen in panischer Angst und ohne Erfolg, den Speeren und Pfeilen des

Rechmire zu entkommen. Links in der Mitte will eine Hyäne mit ihren Zähnen einen Pfeil aus ihrer Brust ziehen. Eine Gazelle blutet aus einer Wunde. Kleintiere suchen unter Wüstensträuchern Schutz. Ein Kaninchen rennt mit fliegenden Löffeln auf einen kleinen Busch zu. Aber es gibt kein Entkommen, der Jagdgrund ist mit einem Netz aus verknüpften Seilen eingefasst. Die Tiere sitzen in der Falle, und Rechmire kämpft einen ungleichen Kampf (Solche eingezäunten Jagdgebiete waren bis in die 1930er-Jahre unter Ägyptens letztem König, Faruk, noch in Gebrauch). Im oberen Register liegen rechts die Körper der erlegten Tiere auf einem Haufen, um von einem Schreiber erfasst zu werden. Die Jagd ist hier kein Sport, sondern dient der Bevorratung für das jenseitige Leben.

Der zweite Raum in Rechmires Grab wird mit **DURCHGANG C** bezeichnet, und die hier abgebildeten Szenen beschäftigen sich mit zwei Hauptthemen: Auf der rechten (nördlichen) Wand übt Rechmire seine Aufgaben als Wesir und Bürger-meister aus und stellt die verschiedenen Schritte seines Begräbnisrituals vor. Auf der linken (südlichen) Wand illustriert er die vielfältigen Aufgaben, die er für den Amuntempel in Karnak überwachte. Wir beginnen mit der linken Wand, die zu Recht als eine der bedeutendsten Quellen in ganz Ägypten für die Kunstgewerbeforschung gilt. Da die Decke so weit nach oben gezogen ist, sind manche Register ohne Leiter oder Fernglas fast nicht zu erkennen. Sie sind jedoch so interessant, dass wir alle veranschaulichen und besprechen.

Zu Anfang der linken Wand schaut eine sitzende Rechmire-Figur auf den Eingang. Er betrachtet Szenen, die mit der Bevorratung der Lagerräume im Amuntempel zu tun haben. Im oberen Register werden Säcke mit Erdmandeln (Tigernüsse) zu großen Haufen aufgeworfen, gewogen und schließlich in einem aus einem Baumstumpf gearbeiteten Mörser zermahlen. Das Mehl wird mit Wasser zu einem Teig vermischt und in einen dreibeinigen Knettrog gegeben. Konditoren fügen Fett hinzu und frittieren die Masse in einer großen Pfanne. Erdmandeln oder Tigernüsse (*Cyperus esculentus*, Altägyptisch *Wah* und *Habb al-'aziz* in modernem Arabisch) werden in Ägypten auch heute noch gegessen. Sie schmecken süßlich, wie eine Kreuzung aus Kokosnuss und Mandel, und sind zu Festtagen in Luxor sehr beliebt. Sie werden für den Verzehr in Wasser eingeweicht. Weiter links blasen Männer Rauch in einen aus einer Tonröhre bestehenden Bienenstand und nehmen die Honigwaben heraus. Eine einzelne Biene fliegt einsam darum herum. Der Honig wird in Gefäße gefüllt, die man sorgfältig verschließt. Ein Teil des Honigs soll sicherlich zu den Erdmandelkuchen gegessen werden. Dies ist eine der ganz wenigen aus der dynastischen Zeit bekannten Imkerei-Darstellungen. Sie sind selten, obwohl Honig das wichtigste Süßungsmittel im alten Ägypten war (über Zucker verfügte man nicht) und in der ägyptischen Küche und Heilkunde eine große Rolle spielte.
Im darunter liegenden Register sind zwischen den Eingängen zu den Tempellagerräumen mit

gewölbten Decken große Mengen von Straußenfedern, Lederschilden, Elefantenstoßzähnen, Körbe voller Trauben und Säcke mit Nüssen aufgehäuft – die Güter, die Rechmire in vorherigen Szenen als Steuern aus unterägyptischen Gebieten und als Tribut von anderen Ländern in Empfang genommen hat – und liegen für die Bestandsaufnahme bereit. In diesen im Grunde recht formellen Szenen verstecken sich einige heitere Elemente: Rechts transportiert ein Mann unter großer Anstrengung einen riesigen Weinkrug; in der Nähe toben Affen um die *Dom*-Berge herum und versuchen, die süßen Früchte zu stehlen.
Das Flachdachgebäude links wird „Doppeltes Silber- und Gold-Schatzhaus" genannt. Große Mengen dieser Edelmetalle liegen bereit, um an ihren

398–399 RECHMIRE ÜBERWACHT HANDWERKER UND ARBEITER, DURCHGANG, LINKE WAND.

398 UNTEN LINKS MÄNNER TRAGEN GROSSE WEINKRÜGE.

398 UNTEN RECHTS MÄNNER VERSCHLIESSEN KRÜGE.

399 UNTEN BLICK IN DEN DURCHGANG.

Platz im Gebäudeinnern gebracht zu werden.
Rechts von diesen Geschäftigkeiten sind weitere Gruppen von Handwerkern bei der Arbeit dargestellt. Hersteller von Perlenschmuck, Lederarbeiter, Schreiner, Maurer und Steinmetze sind eifrig dabei, ihre Projekte für den Tempel zu vollenden. Es handelt sich hierbei um einige der akkuratesten bildlichen Handwerker-Beschreibungen aus dem Neuen Reich, und sie liefern in unübertroffenem Maße Informationen über die Fertigung der Gegenstände, die für uns heute Kunstwerke sind.
Im obersten Register durchbohrt ein Perlenbearbeiter mit einem einzigen Bogen drei Perlen auf einmal. Solch eine Leistung erforderte großes Geschick! Hinter ihm reihen andere Männer Perlen zu verschiedenen Ketten auf. Ihre langen, gebogenen Finger deuten an, wie filigran diese Arbeit ist. Weiter links höhlt ein Mann mit einem Kurbelbohrer Steine zu Gefäßen aus.
Im Register darunter stellen Lederarbeiter Sandalen zweierlei Art sowie Sättel, Schnüre und Lederrollen für schriftliche Dokumente her. Ein Mann ist dabei, an dem dreibeinigen Gestell eine Tierhaut zu bearbeiten und das Leder zu dehnen oder weich zu machen. Links dehnen mehrere Männer eine Tierhaut und schneiden sie anschließend in die erforderliche Form. Ein Mann zieht einen Lederriemen durch ein Loch in der Sohle einer Sandale und nimmt dabei die Zähne zu Hilfe. Noch weiter links hat ein geschickter Arbeiter aus einem Lederstück eine Spirale geschnitten. Er stellt Lederschnüre her, die möglicherweise als Schiffstaue verwendet wurden.
Unten (rechts) legt ein Handwerker letzte Hand an die Vergoldung einer Königsstatue, während ein anderer Arbeiter den für sie bestimmten Schrein begutachtet. Die Statue ist aus tiefschwarzem Ebenholz, was Assoziationen mit Osiris weckt. Links erhitzen zwei Männer

über einem kleinen Feuer einen Leimtiegel. Einer streicht etwas Leim auf ein Stück Furnierholz. Hinter ihnen glättet ein Schreiner mit einem Dechsel die Oberfläche einer Kiste. Er hat ein Winkelmaß und einen Schraubstock bei sich liegen. Unten sägt ein Mann ein senkrecht an einen Pfahl gebundenes Brett zurecht. Mit einem Keil, der die Schnittstelle weitet, verhindert er, dass die Säge blockiert. Solche Techniken werden heute noch angewendet. In der gesamten Szene ist die Maserung des unbearbeiteten Holzes sehr sorgfältig gemalt worden. Mit einem Fiedelbohrer bohrt ein Handwerker Löcher in einen Bettrahmen. Durch diese Löcher werden anschließend Schnüre für die Bettbespannung gezogen. Der bronzene Bohreinsatz wird durch eine kleine Büchse, die der Arbeiter in seiner Hand hält, an seiner Position gehalten. Neben ihm geben vier Männer einem kunstvollen, aus Edelhölzern gearbeiteten Schrein den letzten Schliff. Unweit davon schnitzen Arbeiter Stuhlbeine mit Löwenpranken am unteren Ende. Andere Handwerker schneiden, bohren, sägen und schleifen Holzteile zurecht. Qualitätsholz war in Ägypten ein seltener und wertvoller Rohstoff, der beinahe ausschließlich importiert und nur in kleinen Größen geliefert wurde. Man brauchte besonderes Geschick, um aus vielen kleinen Ebenholz-, Zedernholz- oder anderen Holzstücken große Objekte zu schaffen.

400–401 HANDWERKLICHE TÄTIGKEITEN, DURCHGANG, LINKE WAND.

400 UNTEN VIER KUNSTHANDWERKER ARBEITEN AN EINEM SCHREIN.

401 OBEN ABSCHLIESSENDE ARBEITEN BEI DER VERGOLDUNG EINER STATUE, ÜBERPRÜFUNG DES FÜR SIE VORGESEHENEN SCHREINS.

401 MITTE EIN PERLENBEARBEITER (RECHTS) UND EIN HELFER ZIEHEN PERLEN AUF SCHNÜRE AUF.

401 UNTEN ZWEI MÄNNER ARBEITEN AM GESTELL FÜR EINE TOTENBAHRE.

Im Register darunter fertigen Metallarbeiter elegante Vasen und Krüge aus Gold (gelbe Ringe in dieser Szene), Silber (weiße Ringe) und Bronze an. Rechts sind fünf Goldringe in der Waagschale zu sehen, die genauso schwer sind wie das ochsenkopfförmige Maßgewicht in der anderen Waagschale. Zwei weitere Gewichte – eines in Nilpferdform – liegen neben der Waage. Die Spitze der Waage ist zum Zeichen der Ehrlichkeit und der Präzision als Kopf der Göttin Maat gestaltet. Der Mann rechts teilt den Arbeitern Gold und Silber aus und prüft das genaue Gewicht, das später mit dem Gewicht der fertigen Produkte verglichen wird; auf diese Weise vermied man Diebstahl. Der langhaarige Mann auf der linken Seite, dem drei Arbeiter folgen, ist möglicherweise der Handwerksmeister, der gekommen ist, um das Gold abzuholen.
Links kniet ein Mann vor einem Amboss, auf den er einen goldenen Ring gelegt hat. Der Ring liegt unter einem nicht identifizierbaren Materialklumpen, der ihn eventuell vor Kratzern bewahren soll, während der Mann ihn mit einem Schlagstein bearbeitet. Er wird den Goldring langsam zu einer Platte umformen, die so dünn ist, dass man Gefäße damit auskleiden oder sie zu Blattgold weiterverarbeiten kann. In den beiden Halbregistern auf der linken Seite stellen Arbeiter große Gefäße her. Oben arbeiten zwei Männer mit Hammer und merkwürdig aussehenden Ambossen an der Form eines Gefäßes. Ein offenes Feuer in ihrer Nähe dient ihnen zum Erweichen des Löt- oder Ziseliermetalles. Links hält ein Mann mit Blasrohr und Zange ein Stück Gold in ein offenes Feuer. Es prasselt und zischt, als er Luft hineinbläst. Darunter verzieren vier Männer große Gefäße mit Gravuren und polieren sie.
Drei Männer tragen Bronzebarren zur Werkstatt, wo vier holzkohlebetriebene Feuerstellen in Funktion sind. Rechts leert ein Mann Holz-

kohle aus, die nun in die Feuerstellen geschaufelt werden kann. Das Feuer wird mit Hilfe von fußbetriebenen Blasebälgen aus Holz und Leder noch heißer. Die Männer füllen den ungefederten Balg auf, indem sie den Fuß heben und an einer Schnur ziehen. Dann betätigen sie den Balg mit dem Fuß. Bedingt durch die Größe des Objektes, an dem sie arbeiten, – es handelt sich um eine massive Bronzetür für den Tempel in Luxor – sind vier Feuerstellen gleichzeitig in Betrieb. Das geschmolzene Metall muss schnell gegossen werden, damit die Temperatur nicht zu weit sinkt; deswegen muss eine große Menge zur Verfügung stehen, die ohne Unterbrechung schnell in die Form gegossen werden kann, die oben ungefähr siebzehn trichterförmige Öffnungen hat. Geschickt manövrieren zwei Arbeiter einen großen Schmelztiegel mit biegsamen Stöcken in die richtige Position und gießen flüssiges Metall abwechselnd in die Öffnungen. Es ist beinahe unglaublich, dass ein so großes und schweres Objekt aus einem Stück gegossen werden konnte. Tatsächlich wurde auch nie eine solche Tür gefunden; jedoch existieren Texte, die auf eine Tür in dieser Größe Bezug nehmen, und die beiden fertig gestellten Türflügel oben

402 OBEN ZWEI METALLARBEITER NEHMEN EINEN SCHMELZTIEGEL VOM FEUER.

402 UNTEN LINKS MÄNNER TRAGEN KUPFERBARREN.

402 UNTEN RECHTS UND 403 UNTEN KUNSTHANDWERKER FORMEN UND VERZIEREN METALLGEFÄSSE.

403 OBEN MIT BLASEBALGEN FACHEN DIESE ARBEITER DAS FEUER AN.

404 MÄNNER BRINGEN KÖRBE MIT NASSEM SCHLAMM, FORMEN DARAUS ZIEGEL UND LASSEN SIE IN DER SONNE TROCKNEN.

405 OBEN AN EINEM TEICH FÜLLEN MÄNNER AMPHOREN.

405 UNTEN BILDHAUER FERTIGEN KOLOSSALSTATUEN AN.

links in dieser Szene scheinen jede andere Erklärung zu widerlegen.
Im Register darunter stellen Männer Ziegel für ein Bauprojekt beim Tempel in Karnak her. Diese Szene ist besonders interessant: Die hier gezeigte Methode der Ziegelherstellung kann man heute unverändert in fast jedem ägyptischen Dorf finden, und die hier gezeigte Verwendung der Ziegel zum Bauen einer Rampe berichtet uns, wie die Ingenieure früherer Zeiten gewaltige Tempel bauen konnten. Links füllen Männer Gefäße mit Wasser aus einem kleinen, baumumstandenen Teich. Ein Mann steht bis zur Hüfte im Wasser, ein anderer taucht das Gefäß vom Ufer aus ein. Arbeiter mischen mit einem Dechsel und ihren Füßen Wasser, Schlamm und Weizenspreu, bis sie ein optimales Mischungsverhältnis erreicht haben. Andere Männer füllen Körbe mit dem nassen Gemisch und bringen sie zu den Maurern, die unter Verwendung von Formen Ziegelsteine daraus herstellen und zum Trocknen in die Sonne legen. Nach zwei Tagen werden die fertigen Ziegel zur Baustelle gebracht.
Der Text besagt, es handele sich um ein Heiligtum in Karnak, wir wissen jedoch nicht, um welches. Wir haben hier einen der besten Beweise dafür, dass man im alten Ägypten Rampen verwendete. Und es wird gezeigt, welche Ausmaße die mit ihrer Hilfe errichteten Bauwerke – beispielweise ein Hypostyl – haben konnten. Wenn der Boden vorbereitet war, wurde die erste Schicht Steine für Wände oder Säulen an ihren Platz gebracht. Der Raum zwischen den Steinblöcken wurde mit Schlamm, Ziegeln und Schutt aufgefüllt. Man baute eine niedrige Rampe, und die zweite Steinschicht folgte auf die erste. Man gab mehr Ziegelmaterial in die Zwischenräume und erhöhte die Rampe. Die dritte Steinschicht folgte, die Rampe wurde wiederum erhöht. Wenn das Gebäude einschließlich Dach fertig gestellt war, war das gesamte Gebäude gefüllt. Das Füllmaterial wurde nach und nach entfernt und dabei von den Künstlern wie eine niedriger werdende Plattform genutzt, von der aus sie die Wände und Säulen von oben nach unten glätten und dekorieren konnten.
In dieser Ziegelei sind Männer mit ungewöhnlichem Äußeren am Werke. Der Begleittext nennt sie „Gefangene“, es scheinen Syrer und Nubier zu sein. Die Syrer haben Bartstoppeln auf dem Kinn und blondes Brusthaar – sehr untypische Merkmale für Ägypter, die normalerweise den ganzen Körper rasierten. Einige der hier gezeigten Syrer haben sogar blaue Augen.
Rechts sind Schiffe zu sehen, die Steinnachschub zur Baustelle bringen. Männer bearbeiten die Steine mit Seilen und Pflöcken, damit sie schön quaderförmig werden. Darunter arbeiten Steinmetze an zwei königlichen Kolossalstatuen aus rotem Granit. Sie stehen auf Gerüsten, die um die riesigen Statuen herum gebaut sind. Ein Schreiber bringt auf der Rückseite der rechten Statue eine Inschrift an, die später gemeißelt wird. Ein Arbeiter glättet und poliert eine Sphinx aus Kalkstein und einen Opfertisch; er beugt sich in unbequemer Haltung nieder, um eine kleine fehlerhafte Stelle an der Basis des Opfertisches zu erreichen.
Der übrige Teil dieser Wand ist Szenen aus Rechmires Begräbniszeremonien gewidmet. Die drei unteren Register zeigen die Prozession zum Grab und Speiseopfer; die Westgöttin wacht darüber. Über den folgenden drei Registern mit der Fortsetzung der Prozession wacht Anubis. Die oberen drei beschäftigen sich unter Osiris' Blicken mit Opferungen und Reinigungsritualen.
Die Szenen auf der rechten (nördlichen) Wand sind von rechts nach links und von unten nach oben zu „lesen“. Ganz außen auf der rechten Seite segeln Schiffe nach Theben, und im unteren Register werden sie dort vertäut.
Rechmire ist von einer Audienz bei seinem Pharao Amenophis II. zurückgekehrt und wird von Familienmitgliedern empfangen.
Auf der linken Seite sind Rechmires Begräbnisbankette

zu sehen, eines für die Frauen seiner Familie, eines für die Männer. Das Bankett der Frauen ist interessanter, denn hier hat der Künstler die Gäste in ihren eng anliegenden Roben, mit edlem Schmuck und kunstvollen Frisuren gezeigt. Diese Szenen sind statisch, formell, ohne Bewegung und emotionslos. Zwei sind jedoch anders. Zum einen die Szene mit den Dienerinnen: Man achte auf ihr Haar, wie kokett es fällt und die Gesichter der Mädchen verbirgt. Zum anderen das Mädchen in der Mitte der Szene, das uns in einer in der ägyptischen Kunst einmaligen Dreiviertel-Ansicht den Rücken zuwendet. Die Gestalt ist beinahe erotisch, im Gegensatz zu den anderen, förmlicheren Personen in dieser Szene. Der Künstler hat bei ihren Füßen allerdings einen Fehler gemacht – sie sind auf eine Art und Weise gekreuzt, die anatomisch unmöglich ist. Sowohl in der Frauen- als auch in der Männerhalle spielen Musikanten auf Saiteninstrumenten. Unweit davon bereiten Metzger Fleisch für das Festessen vor, und ungewöhnlich viel Sorgfalt wurde darauf verwendet, zu zeigen, wie gut durchwachsen die Fleischstücke sind.

Weiter links befindet sich eine Statue von Rechmire in einem Schrein auf einem Boot, das von Priestern über einen Teich im Garten gezogen wird. Unklar ist, ob es sich um

einen Garten im Diesseits (dann könnte das Gebäude auf der linken Seite sein Haus sein) oder im Jenseits handelt (in diesem Fall wäre es sein Grab). Charmant und betrachterfreundlich sind die Bäume so gezeichnet, als lägen sie am Boden, damit der Künstler die Sykomoren, Dattel- und *Dom*-Palmen in der Form zeigen konnte, in der man sie am besten erkennt. Diese Art der Vogelperspektive ist in der ägyptischen Kunst häufig anzutreffen. Der Garten ist planvoll angelegt und in verschiedene umrahmte Rechtecke eingeteilt, womit vielleicht eine Terrassierung dargestellt werden soll. In der oberen rechten Ecke steht ein Wasserträger und bereitet die Bewässerung der Bäume vor. Links neben dem Teich bringt ein Priester ein Weihrauchopfer dar. Es handelt sich um eine Begräbnisszene, die vielleicht Teil des „Schönen Festes vom Wüstental" ist.

Die rechte (nördliche) Wand des Durchganges nahe der Tür ist mit Szenen um das Mundöffnungsritual gestaltet.

406–407 BEGRÄBNISBANKETT DES RECHMIRE FÜR DIE FRAUEN.

406 UNTEN RECHMIRES GEFOLGE IM BEGRÄBNISZUG.

407 UNTEN STIEROPFER FÜR DAS MUNDÖFFNUNGSRITUAL.

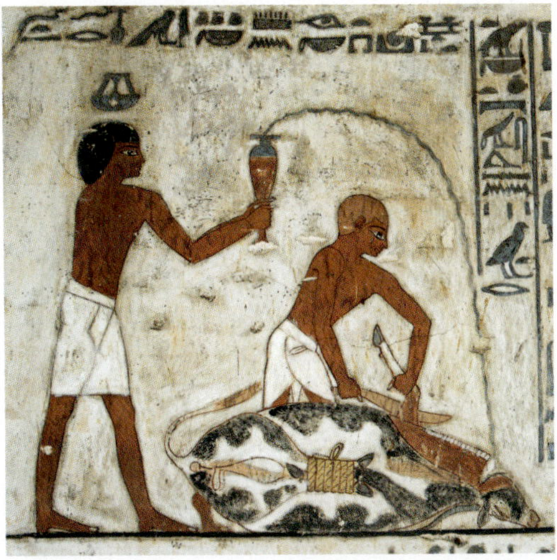

5

DAS GRAB VON SENNEFER (TT 96)

GESCHICHTE

Sennefer war Bürgermeister von Theben und Vorsteher der Gärten des Amun, also einer der wichtigsten Hofbeamten unter Amenophis II. Er entstammte einer sehr einflussreichen Familie und war ohne Zweifel sehr begütert. Entsprechend seinem Rang ist sein Grab eines der schönsten der thebanischen Nekropole. Zudem ist es das ungewöhnlichste Grab.
Architektonisch setzte es sich aus zwei getrennten Teilen zusammen, die beide dekoriert wurden. Eine kreuzförmige Kapelle lag über einem großen ebenerdigen Hof. Sie war reich mit wunderschönen und einzigartigen Szenen dekoriert. Leider wurde die Kapelle stark beschädigt und war über ein Jahrhundert lang nicht für die Öffentlichkeit zugänglich. Heute wird sie als Lagerraum genutzt. Aber vor der Kapelle führt eine unwegsame, steil abfallende Treppe auf der linken Seite des großen Hofs durch den Felsen hinab zu Sennefers Grabkammer. Sie gehört zu den wenigen dekorierten Grabkammern in thebanischen Gräbern, und die Malereien sind prächtig.
Die berühmte Decke von TT 96 wurde von den Besuchern natürlich am meisten gepriesen. Sie gaben dem Grab den Beinamen „Grab der Weintrauben“. Das Grab liegt etwa hundert Meter hügelaufwärts von dem Rechmires (TT 100) in Gestein von sehr schlechter Qualität, und es war extrem schwierig, für die Malereien glatte, ebene Flächen zu schaffen, ohne dicke Verputzschichten aufzubringen. Der schwere Putz konnte nicht auf die Decke aufgetragen werden, und so machte der Künstler aus der Not eine Tugend: Er nutzte die unregelmäßige Oberfläche und schuf eine Weinlaube und eine stoffbespannte Laube. Die raue, wellige Oberfläche lässt die Trauben dreidimensional erscheinen. Ein Geier mit der *Shen*-Hieroglyphe (für Dauer) in den Krallen fliegt durch die Laube.
Die Wirkung ist erstaunlich; genauso ist es mit den geometrischen Webmustern. Hier scheinen die gemalten Textilien unter der Decke locker an Stangen aufgehängt zu sein und in einem imaginären sanften Wind zu flattern.
Die Sargkammer hat nicht so stark gelitten wie die heute nicht betretbare Kapelle, aber auch sie war seit ihrer Entdeckung in den 20er-Jahren des 19. Jahrhunderts einem gewissen Verfall ausgesetzt. Der Raum ist nur 2,5 mal 3,5 Meter groß und die Decke lediglich 1,8 Meter hoch, wodurch Gruppen von mehr als vier oder fünf Besuchern sich sehr beengt fühlen. Der Supreme Council of Antiquities hat vor kurzem Glasscheiben angebracht, damit die Touristen die Malereien nicht berühren. Die Scheiben sind jedoch stark reflektierende Staubfänger und können darüber hinaus Klaustrophobie erzeugen. Doch diese Nebensächlichkeiten werden unwichtig, wenn man die strahlend leuchtenden Farben der Wanddekorationen betrachtet.
Die Wände der Grabkammer sind mit Bestattungsszenen bemalt. (Die Szenen aus dem täglichen Leben, die man normalerweise in den Gräbern von Adligen fand, waren in der Kapelle.) Es handelt sich jedoch um besondere Begräbnisszenen, denn der Fokus ist auf die Frauen in Sennefers Leben gerichtet. Sie zeugen von der großen Zuneigung, die Sennefer offensichtlich für sie empfand. Es waren mehrere Frauen – Senetnefert und

Senetnai wurden als königliche Ammen identifiziert; Senetmi, Senetemia und Merit werden gezeigt und namentlich genannt, allerdings halten Ägyptologen es für ebenso möglich, dass sich alle diese Namen auf eine einzige Person beziehen. In diesem Fall bringen diese Malereien an vielen Stellen der Grabkammer die tiefe Liebe zwischen Sennefer und seiner Gemahlin zum Ausdruck. Eine andere Frau wird ebenfalls genannt und als seine geliebte Tochter bezeichnet: Muttaui. Außerdem sind aus anderen Quellen zwei weitere Töchter bekannt.

408 OBEN EINE HALSKETTE FÜR SENNEFER.

409 MERIT REICHT IHREM MANN SENNEFER EIN GETRÄNK, GRABKAMMER, PFEILER HINTEN RECHTS.

LEGENDE

A EINGANG
B VORRAUM
C GRABKAMMER

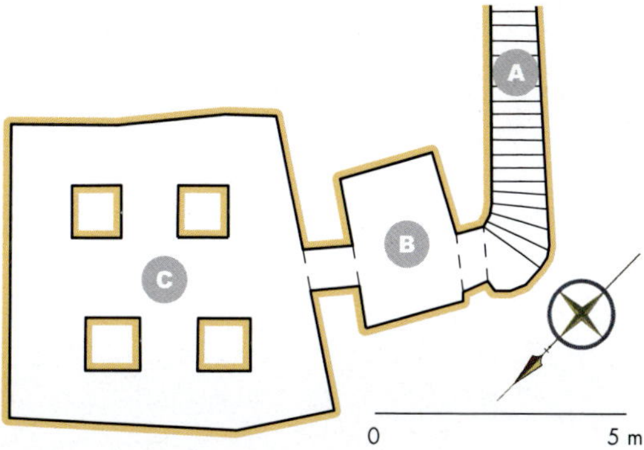

410 OBEN BLICK IN DIE SARGKAMMER.

410 UNTEN LINKS SENNEFERS BOOTSPROZESSION NACH ABYDOS, AUS DER GRABKAMMER.

410 UNTEN RECHTS ZWEI ANUBIS-SCHAKALE, EINGANG ZUR GRABKAMMER.

411 OBEN DETAIL AUS DER DECKENDEKORATION DER GRABKAMMER.

BESICHTIGUNG

VORRAUM B Die Malereien in TT 96 sind das Werk zweier Künstler. Die Szenen im Vorraum stammen von der Hand des geschickteren der beiden, er arbeitete schnell, mit sicheren Strichen. Seine Figuren sind attraktiv und korrekt proportioniert.

Auf der linken Wand am Fuße der Treppe gibt Muttaui dem sitzenden Sennefer Halsketten (zerstört) und ein Herz-Skarabäusamulett. Hinter ihr tragen Priester Opfergaben, und zwar Stoffe, Fleisch und Weihrauch. Sennefer selbst ist schlicht dargestellt, wenig detailliert, die Gestalt nicht ausgearbeitet, fast wie die normalen schwarzen Hieroglyphen über seinem Kopf.

Rechts im Vorraum tragen Diener Kisten mit der Grabausstattung zum Grab. Ein Bett, Halskragen, Sandalen, *Uschebti*-Statuen, und eine Gesichtsmaske aus Kartonage für Sennefers Mumie. Sennefer sitzt auf einem Stuhl, er hält ein Zepter und einen Stab, trägt Ohrringe und um den Hals ein Amulett mit Doppelherz. Muttaui steht bei ihm. Sie wird „Sängerin des Amun" genannt.

GRABKAMMER C Über der Tür zur Grabkammer ruhen zwei Anubis-Schakale (Wächter für die Nekropole und das Grab) auf Pylonen, zwischen denen ein Bouquet aus Lotosblumen steht. Rechts auf der Vorderwand gehen Sennefer und Merit auf die Tür zu, als würden sie auf magische Weise das Grab verlassen, um den Sonnenschein zu genießen und „auf der Erde zu wandeln". Hinter diesen Abbildungen ist das Paar erneut in förmlicher, aber inniger Haltung auf einer breiten Bank sitzend dargestellt. Sie sind in feine Leinengewänder gekleidet und tragen kunstvollen Schmuck. Auf der linken Seite der Vorderwand bereitet Sennefers Sohn, angetan mit dem Panterfell eines *Sem*-Priesters, Brandopfer für seine Eltern vor. Sie sitzen auf Stühlen vor einem übervoll mit Lebensmitteln beladenen Tisch. Die große Menge von Nahrungsmitteln wird in einer Textspalte vor dem Sohn näher beschrieben. Dort wird behauptet, man habe Sennefer und seine Gemahlin mit tausend Brotlaiben, tausend Bierkrügen, tausend Rindern, tausend Stück Geflügel und tausend von allen guten und reinen Dingen ausgestattet.

Die linke Wand dieses Raumes ist stark beschädigt, ursprünglich wurden dort Details aus Sennefers Begräbnisprozession gezeigt. Vier Ochsen ziehen den Schlitten mit seinem Sarkophag. Diener bringen Grabbeigaben, Kleidung, Symbole seines Amtes und Nahrungsmittel. Im mittleren Register sind Rinder und andere Opfergaben dargestellt. Im unteren Register sieht man Vorgänge, die mit

412 DETAIL AUF DEM PFEILER HINTEN RECHTS.

413 OBEN MERIT UND SENNEFER VOR EINEM OPFERTISCH MIT IHREM SOHN ALS SEM-PRIESTER.

413 UNTEN SENNEFER EMPFÄNGT EINE OPFERGABE VON MERIT.

einer alten Zeremonie assoziiert werden. Sie fand ursprünglich in prädynastischer Zeit in der Deltasiedlung Buto statt, und Tänze und das Errichten von Obelisken zählten zu den Kulthandlungen. Rechts von den Männern, die den kleinen Obelisken halten, kauert sich eine kleine Gestalt auf einem seltsam aussehenden Stuhl zusammen. Das ist *Tekenu*, das merkwürdige Wesen, das auch in Ramoses Begräbnisprozession zu sehen ist. Rechts außen stehen Sennefer und seine Gemahlin vor einem Opfertisch und beten den Gott Osiris an, von dem jedoch einzig und allein der Kopfschmuck erhalten ist.

Auf der Rückwand stehen in drei Registern Priester vor Sennefer, der an einem mit Speiseopfergaben schwer beladenen Tisch sitzt. Gleich rechts davon ist die Szene spiegelbildlich dargestellt. Unweit davon ist in zwei Registern die symbolische Reise der Verstorbenen, Sennefer und Merit, nach Abydos wiedergegeben. Die Statuen der Toten sitzen unter einer Überdachung auf einer Barke. Ein von Rudern angetriebenes Holzboot zieht sie in nördliche Richtung. Für die im darunter liegenden Register dargestellte Rückreise nach Theben werden die aus Norden wehenden Winde genutzt, die Segel sind entfaltet.

Auf der rechten Wand sitzen Sennefer und Merit unter einer Überdachung vor den Unterweltgöttern Osiris und Anubis. Dahinter ist Spruch 151 des Totenbuches in einigen Feldern niedergeschrieben. Der Spruch betrifft das Balsamieren des Verstorbenen und die sichere Aufbewahrung seines mumifizierten Körpers. Im Zentrum dieses Bildes vollendet Anubis die Balsamierung von Sennefers Mumie. Sein *Ba* in Gestalt eines Vogels steht unter der Bahre, auf der er balsamiert wird. Isis- und Nephthys-Darstellungen befinden sich zu beiden Seiten der Szene. Sie knien und ihre Hände ruhen auf einem *Shen*-Zeichen, einem Symbol für Schutz. Die vier Horussöhne sind an den äußeren Ecken des inneren Feldes dargestellt. Eine *Djed*-Säule, mit der Osiris assoziiert wird und die Dauer symbolisiert, steht über der zentralen Szene, und unter ihr liegt der Anubisschakal. Der Gott Anubis steht in engem Zusammenhang mit den geheimen Künsten des Balsamierers.

Weiter rechts werden Sennefer und Merit von einem *Sem*-Priester mit Wasser aus einem Krug einer Reinigung unterzogen. Auf Sennefers Herzamulett schrieb ein griechischer Besucher über tausend Jahre nach der Erschaffung dieser Szene in Hieroglyphen den Namen „Alexander".

Die **VIER PFEILER** in der Sargkammer sind jeweils mit Szenen über Sennefer und die Frauen in seinem Leben dekoriert. Sie werden hier sowohl pro Pfeiler als auch insgesamt im Raum im Uhrzeigersinn „gelesen“.

LINKER VORDERER PFEILER Auf der Vorderseite steht Merit bei Sennefer und reicht ihm Duftstoffe, auf der linken Seite Nahrungsmittel. Auf der Rückseite bringt sie ihm Lotosblumen; eine andere Frau, vielleicht eine Tochter, kniet neben Sennefer und hat ihren Arm voller Zuneigung um seine Beine geschlungen. Die Szene auf der rechten Seite des Pfeilers ist die schönste: Hier sitzt Sennefer neben einem Persea-Baum und einem Speisetisch und Merit kniet zu seinen Füßen.

LINKER HINTERER PFEILER Sennefer empfängt stehend Lotosblüten von seiner Frau Merit; auf der linken Pfeilerseite deutet sie mit einem Sistrum auf ihn; auf der Rückseite bringt sie ein Weihrauchopfer dar. Rechts sitzen sie und Sennefer auf Stühlen vor einem Baum, aus dessen Zweigen die Göttin Isis hervorgeht. Dies ist ein besonders schönes Beispiel für eine oft dargestellte religiöse Szene. Zwei Anubisschakale ruhen in derselben Haltung wie über dem Eingang zur Grabkammer über der Szene auf Pylonen, die Sennefers Grab symbolisieren sollen.

RECHTER HINTERER PFEILER Merit bietet ihrem sitzenden Gemahl ein Getränk an; ihre linke Hand berührt zart seinen Oberschenkel. Sennefer hält eine Lotosblüte und eine Mandragora, die oft als Symbol für Liebe und Fortpflanzung gesehen wird. Diese Szene und die meisten Darstellungen von Sennefer und Merit auf den Pfeilern sind voller derartiger sexueller Anspielungen. Auf der linken Pfeilerseite überreicht Merit Sennefer eine Halskette und berührt das Herzamulett, das er um den Hals trägt. Auf der Rückseite bringt sie ihm weitere Halsketten dar, er umfasst ihr linkes Handgelenk. Auf der rechten Seite steht Sennefer auf einem Sandhügel, und vier Priester vollziehen mit Wasser eine Reinigung. Die Hieroglyphe für „Fest“ wird hier viermal wiederholt, einmal bei Sennefers Füßen und dreimal über seinem Kopf.

RECHTER VORDERER PFEILER Merit reicht Sennefer ein Getränk, sie strecken einander liebevoll die Hände entgegen; auf der linken Seite ist das Paar erneut in einer zärtlichen Pose zu sehen; auf der Rückseite sitzt Sennefer

auf einem Klappstuhl und nimmt von Merit Stoffstreifen entgegen. Auf der rechten Pfeilerseite steht Sennefer auf einem Sandhügel vor einer *Djed*-Säule mit Menschenarmen, und vier Priester begrüßen ihn.
Es ist nicht bekannt, ob Sennefer tatsächlich in TT 96 bestattet wurde. Sein Ansehen am königlichen Hof war anscheinend so groß, dass ihm eine Beisetzung im Tal der Könige gestattet wurde, vermutlich in KV 42. Dieses Grab wurde ursprünglich für Thutmosis II. konzipiert, jedoch nicht für sein Begräbnis verwendet. Es enthielt eine Anzahl von Gegenständen, die die Namen von Sennefer und seiner Gemahlin trugen.

414 LINKS SENNEFER MIT ZEPTER UND STAB.

414 RECHTS MERIT SCHENKT SENNEFER LOTOSBLÜTEN, NEBEN IHM KNIET SEINE TOCHTER, PFEILER VORNE LINKS.

415 OBEN LINKS SENNEFER SITZT MIT MERIT UNTER EINEM PERSEA-BAUM, PFEILER VORNE LINKS.

415 OBEN RECHTS SENNEFER WIRD VON VIER PRIESTERN GEREINIGT, PFEILER HINTEN RECHTS.

415 UNTEN LINKS MERIT REICHT SENNEFER EINE LOTOSBLUME.

415 UNTEN RECHTS MERIT BRINGT SENNEFER HALSKETTEN, PFEILER HINTEN RECHTS.

5

DAS GRAB VON USERHAT (TT 56)

GESCHICHTE

Die Malereien in Userhats Grab behandeln eher Standardthemen. Auf der Palette des Malers dominieren zurückhaltende Pastellfarben; er hat eine Vorliebe für Rosa. Auf vielen Wänden wurden die Malereien stark beschädigt oder entfernt. Nichtsdestotrotz sind drei Szenen zu den ungewöhnlichen Themen Jagd, Friseurbesuch und Brandmarkung von Rindern sehr gelungen. Ihretwegen ist das Grab durchaus einen Besuch wert.

TT 56 liegt umweit des unteren Sheikh-Abd-el-Qurna-Hügels, wenige Meter südlich vom Grab des Ramose (TT 55) und direkt westlich vom Grab des Chaemhat (TT 57). Es war mindestens seit dem frühen 19. Jahrhundert zugänglich. Das Grab hat den typischen T-förmigen Grundriss, aber auf Grund von Problemen mit den örtlichen geologischen Gegebenheiten weicht es um 180 Grad von der üblichen Ausrichtung ab. Folglich sind die Szenen, die normalerweise auf der Westwand eines Grabes erscheinen würden, hier auf der Ostwand dargestellt. Im vorliegenden Kapitel wird der Übersichtlichkeit halber von linken, rechten sowie Vorder- und Rückwänden die Rede sein.

Userhat hatte den Titel „Schreiber, der die Brote in Ober- und Unterägypten berechnet“ inne. Das heißt, er war für das Verzeichnen des in den königlichen Bäckereien eingehenden Getreides zuständig, führte Buch über die Anzahl der produzierten Brotlaibe, hielt Diebstahl und Verschwendung möglichst gering und sorgte für die ordnungsgemäße Verteilung des Brotes. Dieser Posten ist ein Beispiel für die betriebswirtschaftliche Bürokratie und die Organisation der Verwaltung im Ägypten des Neuen Reiches.

BESICHTIGUNG

ERSTE KAMMER B, RECHTE VORDERWAND Userhat und seine Frau Mutnofret sowie eine ihrer Töchter stehen vor Brandopfern, die auf vier Alabasterständern hoch aufgetürmt sind. Er lässt Myrrhe auf die Opfergaben rinnen, um den zu Ehren von Osiris und Hathor himmelwärts ziehenden Rauch zu versüßen. Bei den Opfergaben handelt es sich um die üblichen Nahrungsmittel: Brotlaibe, Lattichbündel, Gemüse und Fleischstücke. Userhats braune Hautfarbe schimmert in Rosa durch das transparente Gewand, das er über dem engen Schurz trägt. Hinter ihm stehen seine Frau und seine Tochter in eng anliegenden Gewändern; sie tragen Perücken und Schmuck und bringen Blumensträuße dar. Offensichtlich wurden einige Textspalten entfernt oder übermalt. Frühchristliche Mönche übermalten Userhats Körper mit einem Kreuz.

Rechts inspiziert Userhat in fünf Registern Tätigkeiten um Rinderzucht und Ernte. In den beiden oberen Registern werden Rinder vorwärts getrieben, damit Regierungsschreiber sie im Rahmen einer offiziellen Viehzählung erfassen können. Oben springt ein Kalb spielend auf einer Wiese zwischen kleinen Bäumen umher. Im darunter liegenden Register jedoch müssen die Rinder ordentlicher in einer Art Prozession gehen, damit man sie einfacher zählen kann. Rechts leckt eine Kuh ihr Junges. Im dritten Register sind die Rinder mit dem Lasso eingefangen worden, ihre Beine sind zusammengebunden. Mit heißen Eisen bekommen sie ein Zeichen auf die linke Schulter gebrannt. Rechts davon legen sich zwei Diener vor Userhat auf den Boden und küssen die Erde zu seinen Füßen, bereit, Bericht zu erstatten.

Im vierten Register tragen neun Männer große Getreidekörbe unter dem wachsamen Blick ihrer Aufseher, und wiederum nehmen Schreiber die gelieferten Mengen auf. Im unteren, stark beschädigten Register sind Landarbeiterinnen bei der Flachsernte zu sehen.

LINKE SCHMALWAND Hier wurde eine Scheintür gemalt, die wie roter Granit aussieht. Dieses Material war viel wertvoller als Kalkstein. Über der Scheintür sitzen zwei Paare vor beladenen Speisetischen. Zwar werden einige Namen genannt, wir wissen jedoch nichts über die Beziehungen zwischen diesen Paaren zu Userhat und seiner Frau. Zu beiden Seiten der Scheintür führen Priester die Reinigung des Userhat durch, wie sie zu Beginn des Mundöffnungsrituals erfolgt.

Die linke Rückwand dieses Raumes ist stark beschädigt.

416 DARSTELLUNG DES USERHAT.

417 EINE RINDERHERDE WIRD ZUM ZÄHLEN ZUSAMMENGETRIEBEN, AUS DER ERSTEN KAMMER.

LEGENDE

A EINGANG
B ERSTE KAMMER
C LANGKAMMER
D NISCHE

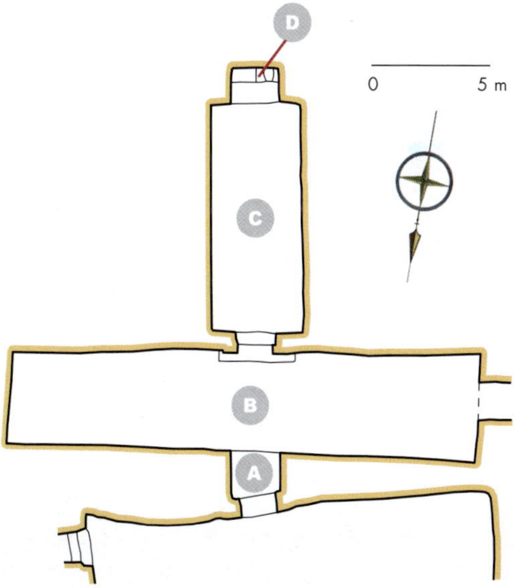

Neben dem Durchgang erhalten Userhat und seine Frau von ihren Kindern Gaben. Dies ist eine förmliche Szene, die sogar noch nüchterner gemalt ist als üblich, abgesehen von einem kleinen Affen, der eine Feige essend unter Mutnofrets Stuhl hockt und der Szene eine gewisse Leichtigkeit gibt. Neben ihm steht ein fein gezeichneter kegelförmiger Korb.

Auf der rechten Seite der Rückwand sind Soldaten zu sehen. Sie sind mit Körben voller Brot beladen, das an die Truppen verteilt werden soll. Die Überwachung dieser Handlungen fiel in Userhats Zuständigkeitsbereich. In den oberen Registern inspizieren gut gekleidete Offiziere ihre Rationen Brot, Bier und Wein. Einige halten sich Lotosblüten an die Nase (Wein in Kombination mit ein wenig gekauter Lotosblüte hatte eine leicht berauschende Wirkung). Darunter schleppen gewöhnliche Soldaten große Brotkörbe. Ein Offizier kontrolliert sie. Die Peitsche macht deutlich, dass er davon ausgeht, ab und zu eine Unregelmäßigkeit bezüglich der Menge aufzudecken.

Links im oberen Register marschieren Soldaten über ein baumbestandenes Feld auf zwei Offiziere mit Stäben als Symbol ihres Ranges zu. Die Soldaten haben leere Beutel bei sich und kommen, um ihre tägliche Essensration aus dem Vorratsraum rechts hinter den Bäumen zu erhalten.

In den beiden darunter liegenden Registern warten Soldaten beim Friseur faul, bis sie an die Reihe kommen. Manche sitzen auf Stühlen (wie die beiden, die sich unten rechts einen Stuhl teilen), andere auf dem Boden. Manche dösen unter einem Baum, und alle sehen gelangweilt aus. Zwei Barbiere – Scherutensilien in der Hand, Wasserkrug auf dem Boden vor sich – scheren den Rekruten der Reihe nach die Köpfe. Solche Szenen kann man in kleinen, entlegenen Dörfern in Oberägypten immer noch antreffen. Dann baut ein mobiler Friseur seinen Salon im Dorf auf, die Männer kommen zum Rasieren und Haareschneiden, und während sie warten, wird der neueste Klatsch ausgetauscht oder über Fußball diskutiert.

Rechts außen auf der rechten Rückwand sitzt Amenophis II. in einem aufwändig gearbeiteten Kiosk und nimmt Opfergaben vom verstorbenen Userhat in Empfang. Userhat ist hier mit rotem Haar dargestellt, ein Merkmal, das oft mit dem Gott Seth assoziiert wird. Für eine königliche Gestalt ist es ungewöhnlich, von Leibwächtern begleitet zu werden, aber genau dies stellen die sich verneigenden Männer an der Schmalwand zur Rechten des Pharao möglicherweise dar.

Auf der rechten Schmalwand wird eine gemalte Stele mit rundem Abschluss von Opferträgern flankiert. Über ihr befinden sich eine geflügelte Sonnenscheibe und Osirisdarstellungen. Sie wurde nicht beschriftet. Eine kleine Nische unten am Boden ist heute mit Maschendraht zugedeckt. Wer eine Lampe dabei hat, sollte hineinsehen: In der Nische sind tönerne Brotformen, die eventuell Userhat selbst gehörten.

Auf der linken Vorderwand der Querhalle ist Userhat erneut mit seiner Gemahlin

vor gut gemalten Speiseopfern dargestellt. Links sitzen drei Frauen und halten Kinder auf dem Schoß, zwei Mädchen und einen Jungen. Es handelt sich um die Ammen, die Userhats Kinder aufziehen. Zwei Männer rechts von ihnen reichen ihnen Blumensträuße. Man achte besonders auf den Arm des rechten Mannes: Er streckt ihn über das anatomisch mögliche Maß hinaus, um den Kindern an seinem Kollegen vorbei eine Lotosblüte reichen zu können.

EINGANG ZUR LANGKAMMER C Der Türsturz dieser aufwändig gestalteten Tür ist mit einem Cavetto-Gesims versehen. Darunter sind Userhat, Osiris und Anubis dargestellt. Inschriftspalten auf den beiden Türlaibungen listen Standardopfergaben auf.

LANGKAMMER, LINKE WAND Die hier dargestellte Jagdszene ist das beste Werk in TT 56. Userhat steht selbstbewusst in seinem Streitwagen und hat die Zügel um seine Hüften geschlungen. Die beiden Pferde jagen in vollem Galopp durch die raue Wüste. Eine solche Haltung wäre in der Realität undenkbar. Mit Sicherheit wäre Userhat mit einem erfahrenen Wagenlenker gefahren, und selbst dann hätte er sich festhalten müssen, um mit dem Leben davonzukommen. Aber hier handelt es sich um eine idealisierte Jagd, bei der nichts passiert; Userhat kann seine Füße aufsetzen, seinen Bogen anlegen, zielen und Beute erlegen, die seinem fürchterlichen Angriff wohl kaum entgehen kann.

Jagdszenen dieser Art waren in den ägyptischen Gräbern seit der prädynastischen Zeit gang und gäbe, aber selten so lebhaft, mit so viel Sicherheit und so wenig überflüssigen Elementen gezeichnet wie hier. Kein einziger Pinselstrich zu viel, und doch sind die Furcht, die angespannten Muskeln und die Todesqualen der getroffenen, blutenden Tiere deutlich zu spüren. Schlicht durch Weglassen der Bodenlinie und durch die scheinbar zufällige Unordnung auf der Wand hat der Künstler ihre Angst und das Chaos angesichts des Todes vermittelt. In Wirklichkeit hat er die Szene sorgsam zusammengestellt: Pinselstriche, Posen und Anordnung versetzen den Betrachter mitten ins Geschehen. Hasen fliehen, springen hoch, ihre langen Ohren fliegen, sie rennen an einer benommenen Gazelle vorbei, Blut rinnt aus ihren Wunden. Ein Fuchs hat sich bei dem Versuch, dem Schlachten zu entkommen, in einem dornigen Busch verfangen. Er ist zu schwach, um sich zu bewegen, und verblutet langsam.

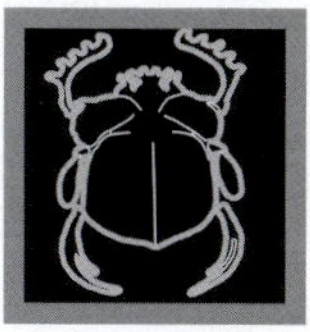

418 JAGDSZENE MIT USERHAT IN SEINEM WAGEN, LANGKAMMER.

419 EIN BARBIER UND SEINE KUNDSCHAFT, ERSTE KAMMER.

420 OBEN NISCHE IN DER RÜCKWAND DER LANGKAMMER MIT STATUEN VON USERHATS GEMAHLIN MUTNOFRET.

420 UNTEN PRIESTER UND OPFERTRÄGER IM BEGRÄBNISZUG, LANGKAMMER.

421 USERHAT AUF DEM BOOT BEIM FISCHFANG, LANGKAMMER.

Nur schwer kann man glauben, dass dieselbe Hand, die die angrenzende langweilige Fisch- und Vogelfangszene gemalt hat, auch diese exzellente Jagdszene schuf, es scheint aber so zu sein. Der Fischfang wirkt nichtssagend und unsauber gearbeitet, und es fehlen darin die Details, die ähnliche Szenen in den Gräbern von Menena und Nacht so eindrucksvoll machen. Sogar die frühchristlichen koptischen Mönche, die in diesem Grab gewesen waren, hielten eine Verbesserung für angebracht und fügten primitiv gemalte Vierbeiner auf dem Papyrus-Nachen ein.

Ägyptologen, die das Grab des Userhat untersucht haben, vertreten die Auffassung, dass drei Künstler daran gearbeitet haben. Der Mann, der die Szenen auf dieser Wand geschaffen habe, sei auch für die rechte Rückwand, die rechte Schmalwand und die andere rechte Vorderwand des ersten Raumes verantwortlich. Ein zweiter habe den Rest des ersten Raumes bemalt und ein Dritter die rechte Wand der Langkammer.

Eine hübsche Szene zeigt Winzer bei der Arbeit. Männer pressen mit den Füßen Trauben in einer flachen Kelter und halten das Gleichgewicht, indem sie sich an von einem Balken herunterhängenden Weinranken festhalten. Schreiber erfassen Menge und Jahrgang des Weines, und Männer ernten in der Laube körbeweise Trauben. Links von ihnen ziehen drei Männer neben einem Papyrusdickicht ein Vogelnetz ein. Diese Szene ist schlicht und klein, die drei Enten hingegen, die auf einem Tisch liegen, sind beherzt und mit wenigen Pinselstrichen gezeichnet. Weiter rechts bringt Userhat der Göttin Renenutet Opfergaben dar. Hinter ihr befand sich eine Fischfangszene, die jedoch zerstört ist.

LANGKAMMER, RÜCKWAND In diese schmale Wand wurde eine Nische mit sitzenden Skulpturen von Userhat und seiner Frau Mutnofret eingearbeitet. Heute ist lediglich die Skulptur von Mutnofret erhalten.

LANGKAMMER, RECHTE WAND Auf der langen rechten Wand sind in einer Reihe von Szenen die Zeremonien zu Userhats Tod festgehalten. Ein Schrein mit Userhats Mumie wird von Rindern zu seinem Grab gezogen. Priester und Opferträger gehen in der Prozession mit und tragen Grabbeigaben und Opfergaben. Trauernde Menschen klagen, wenn der Schrein an ihnen vorbeizieht, allerdings ist es dem Künstler nicht gelungen, die Emotionen dieser Frauen in steifer Haltung einzufangen. In den darunter liegenden Registern werden große Gabenmengen in formeller Reihe und in den Händen der in Richtung Grab gehenden Träger dargestellt. Es handelt sich um Standardszenen, die nicht außergewöhnlich gut gemalt sind (beispielsweise sind die menschlichen Proportionen falsch). Userhats lebendiges, tänzelndes Pferd allerdings ist hervorragend: Der gebogene Hals, die gestutzte Mähne und die angespannte Haltung verleihen ihm Charakter.

Im unteren Register ist eine Bootsflotte auf der Pilgerfahrt nach Abydos zu sehen. Userhats Mumie befindet sich auf dem mittleren Nachen, der von vier anderen Booten geschleppt wird. Manche Personen in dieser Szene haben bemerkenswerterweise eine weniger formelle Haltung als die Figuren bei Pilgerfahrt-Szenen in anderen Gräbern.

5

DAS GRAB VON BENJA (TT 343)

GESCHICHTE

Benja, auch als Paheqamen bekannt, war als Kind im königlichen Ammenhaus und wurde später in seinem Leben ein Aufseher über Bauarbeiter und Handwerker des Herrn beider Länder und Oberster Schatzmeister. Er lebte während der Regentschaft von Thutmosis III., eine Datierung, die sich auf Stilelemente aus seiner Grabdekoration stützt. Das kreuzförmige Grab liegt im Gebiet Sheikh Abd el-Qurna.

BESICHTIGUNG

Auf dem linken **EINGANGSPFOSTEN** schreitet Benja aus dem Grab heraus. Seine Gestalt ist gut aus dem Stein herausgearbeitet, auch bemalt: Das Haar, ein fein geschnittenes Profil, lange zarte Finger und das eng anliegende, transparente Gewand sind sorgfältig gestaltet. Viele thebanische Adlige widmeten die Dekoration in ihren Grabanlagen der Kunst und dem Handwerk oder aber religiösen Bedürfnissen. In Benjas Grab finden sich ein paar solcher Szenen, der Schwerpunkt liegt aber meistens auf Speisen und Getränken, und zwar in großen Mengen. Vollbeladene Opfertische mit Fleisch, Obst und Gemüse, Matten voller Bier- und Weinkrüge sowie Texte mit Auflistungen der Lebensmittel füllen die Wände.

Auf der rechten Seite des Durchganges mit Blick zur Vorderseite der ersten Kammer schaut Benja nach links zu drei Speisetischen und Matten voller Lebensmittel und Balsamgefäße. In einer anderen Darstellung schaut Benja in Ausübung seines Amtes nach rechts vor drei Register mit Männern, die Goldringe sowie Türkis- und Lapislazulistücke wiegen. Im unteren Register machen zwei Schreiber die Bestandsaufnahme der Waren. Im oberen Register sind Mengen von Elfenbeinstoßzähnen und Ebenholzstücken neben hölzernen Körben aufgestapelt. Der grellweiße Hintergrund der Szenen in diesem Grab sowie die fehlenden langen Inschriften mit Erklärungen zu den Personen lassen die Dekoration ungewöhnlich sparsam erscheinen.

Die Scheintür rechts auf der schmalen linken Wand des Raumes ist so gemalt, dass sie wie roter Granit erscheint. Sie ist mit einem Gebet um Gaben für Benja beschrieben. Zu beiden Seiten ist Benja in je drei Registern dargestellt. Er kniet und hält Brot, Bier oder andere Nahrungsmittel.

Auf der linken Rückwand der **ERSTEN KAMMER B** sitzen Benjas Eltern auf Stühlen links außen vor einem Tisch mit Opfergaben. Seine Mutter Tirukak legt liebevoll ihre Hand auf die Schulter seines Vaters Iretnena. Über dem Tisch stehen im darüber liegenden Register vier Musikanten und spielen Flöte oder klatschen. Ein anderer unter ihnen spielt Harfe, ein weiterer spielt Laute. In dem Register unter diesen Szenen sitzen fünf männliche Gäste vor einem kleinen Speisetisch.

Rechts neben der Tür zur **ZWEITEN KAMMER C** sitzt Benja vor einem aufwändig gearbeiteten Tisch, der mit Lattich, Zwiebeln, Trauben, Brot, Gänsen, Rinderköpfen und Keramikgefäßen beladen ist; ein Priester steht vor ihm.

Die rechte Rückwand des Raumes zeigt Benja wiederum vor einem Speisetisch auf einem Stuhl sitzend. In drei Registern gehen Beamte in langen weißen Gewändern den Opferträgern voraus. Diese sind mit dem Schurz bekleidet und tragen Rinder, Amphoren, Gänse und Gemüse.

Auf der rechten Schmalwand ist auf einer Stele mit gerundeter Spitze ein komplizierter Opfertext zu lesen. Wie bei der Scheintür auf der linken Schmalwand sind auch hier zu beiden Seiten Darstellungen des opfernden Benja.

Wieder bei der Vorderwand, links vom Eingang, steht Benja vor drei Opfertischen mit zwei Alabasterständern mit Enten darauf. Der Text führt seinen Namen und seine Titel auf sowie ein Gebet um Opfer für Amun. Links ist er sitzend dargestellt; er schaut auf einen großen Opfertisch. In drei Registern sind Opferträger mit Gänsen, Lotosblüten, Duftstoffen und kleinen Gefäßen abgebildet.

Auf der linken Wand der zweiten Kammer sieht man eine große Westgöttin auf drei Registern, in denen Benjas Bestattung beschrieben wird. Sie hält ein *Was*-Zepter und ein *Anch*-Zeichen in den Händen, und auf ihrem Kopf befindet sich ihr Emblem. Im oberen Register ziehen vier Männer einen Schrein mit Benjas Mumie auf einem Schlitten zu seinem Grab, das in Form eines rechteckigen Gebäudes mit Gesims dargestellt wird. Weiß gekleidete Frauen stehen zu beiden Enden des Schreines. Im darunter liegenden Register gehen fünf mit einem Schurz bekleidete Männer vorwärts; sie tragen Speisen und Schmuck. Es heißt, sie seien aus Pe und Dep, den mythischen Hauptstädten Unterägyptens. Das Gebäude vor ihnen könnte ein Balsamierhaus sein. Im dritten Register fahren zwei Boote – eines mit einem Schrein, das andere mit einer knienden Statue – nach Abydos. Auf dem Schrein steht ein Mann mit einer Peitsche. Im untersten Register auf dieser Wand kehrt der Zug aus Abydos zurück.

Auf der rechten Hälfte dieser Wand ist Benja sitzend dargestellt. Er streckt die Hand zu einem Tisch und einer Matte aus, die mit Opfergaben beladen sind. Ein Opfertisch ist über die (zerstörte) Abbildung eines Priesters gemalt, der gerade ein Opfer darbringt.

Am linken Ende der rechten Wand sitzt Benja auf einem Stuhl und hält ein Stück Stoff. Die linke Hand streckt er in Richtung eines Opfertisches aus. Rechts ist eine Opfergabenliste, und dahinter sind drei Register mit jeweils drei Szenen, die das Mundöffnungsritual beschreiben. In jeder der neun Szenen halten Priester verschiedene Gegenstände wie Natrongefäße, Duftstoffe und Wasserkrüge vor die Mumie des Verstorbenen. Diese steht auf einem kleinen Sandhügel als Symbol für den Ort der Erschaffung der Welt.

In der Rückwand dieses Raumes befindet sich eine große Nische. Die drei dort sitzenden Gestalten stellen (von links nach rechts) Benjas Vater, Benja selbst und Benjas Mutter dar.

LEGENDE

A EINGANG
B ERSTE KAMMER
C ZWEITE KAMMER
D NISCHE

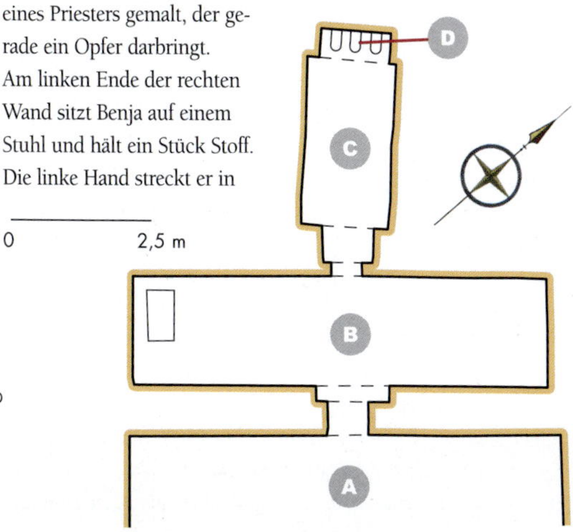

422 OBEN STATUEN VON BENJA UND SEINEN ELTERN IN DER NISCHE.

423 BENJA VOR EINEM OPFERTISCH UND OPFERTRÄGERN.

5

GRÄBER MIT BEMALUNG AUS DER SPÄTZEIT THUTMOSIS' IV. UND DER FRÜHZEIT AMENOPHIS' III.

Von den derzeit der Öffentlichkeit zugänglichen Grabanlagen aus dieser Epoche gehören das von Menena und das von Nacht zu den interessantesten Adelsgräbern in Theben und sollten Bestandteil jedes touristischen Besichtigungsprogramms sein. Die Thematik der Szenen ist nicht ungewöhnlich, aber ihre Gestaltung ist innovativ und originell, von leuchtender Farbigkeit und voller ebenso amüsanter wie informativer Details. Die Gräber sind stark besucht, aber sie sind es wert, dass man sich in Ruhe mit ihnen befasst.

5

DAS GRAB VON MENENA (TT 69)

GESCHICHTE

Die Dekoration im Grab des Menena ist eine lebendige Mischung aus Tradition und Innovation. In den Augen von Kunsthistorikern ist die Arbeit in technischer Hinsicht kein ausgesprochenes Meisterwerk. Die detailreichen Szenen lassen jedoch keinen Zweifel daran, dass der Künstler ein hochkreativer Mensch war, der voller Hingabe arbeitete. Er beachtete die Grundanforderungen, die an die Grabdekoration gestellt wurden, er hatte aber auch keine Scheu, Szenen, die ansonsten Standardszenen gewesen wären, durch gewagte (und oftmals humorvolle) Einfälle aufzumuntern. So wurden aus Figuren, die ohne diese Einfälle stereotyp und anonym geblieben wären, Individuen, die unterschiedliche Persönlichkeiten verkörpern und Emotionen widerspiegeln.

Kunsthistoriker haben festgestellt, dass alle Personen in Menenas Grab auf unterschiedliche Art gemalt sind. Dasselbe gilt auch für Tiere und Opfergaben. Die Malereien unterscheiden sich stark vom konservativen Stil der späten Regierungszeit Amenophis' III., der in den gemeißelten Reliefs der Gräber von Ramose und Cheruef am anschaulichsten zu sehen ist. Die informelle Art selbst in Szenen mit durchaus formellem Inhalt aus Menenas Grab wurde von anderen Künstlern dieser Zeit nachgeahmt, jedoch nie erreicht.

Menenas Grab ist klein. Es liegt nahe, die Anlage nebenbei auf die Schnelle anzusehen, ist aber nicht ratsam. Diese Anlage muss man mit Muße betrachten. Die Szenen an den Wänden sind eine Montage aus kleinen, über eine große Fläche verteilten Vignetten Jede einzelne fängt einen alltäglichen Moment ein. Sie zählen zu den besten und kreativsten Malereien des Neuen Reiches.

Menena war Schreiber der Felder des Herrn der beiden Länder, Aufseher über die Landwirtschaft auf den ausgedehnten königlichen Ländereien sowie Oberster Katasterschreiber. Er hatte also eine bedeutende Position inne, und stolz widmete er einen großen Teil der Dekoration in seinem Grab der Beschreibung seiner beruflichen Aufgaben, die einen großen Teil seines Lebens ausmachten.

TT 69 liegt auf den unteren Hängen einer Erhebung mit dem

A EINGANG
B QUERHALLE
C INNERER RAUM
D NISCHE

LEGENDE

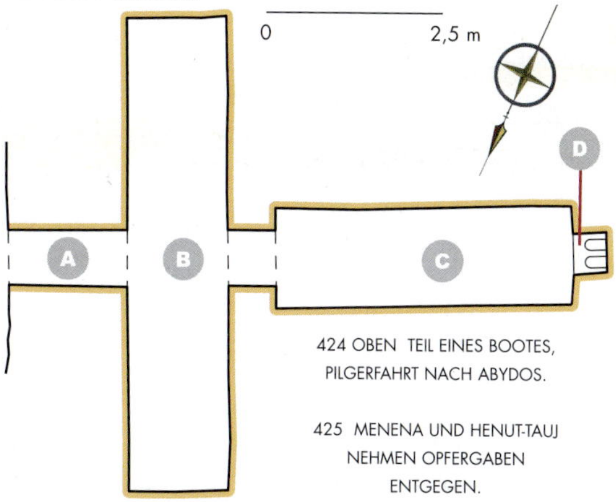

424 OBEN TEIL EINES BOOTES, PILGERFAHRT NACH ABYDOS.

425 MENENA UND HENUT-TAUJ NEHMEN OPFERGABEN ENTGEGEN.

Namen Sheikh Abd el-Qurna, nur einen kurzen Fußmarsch vom Grab des Nacht entfernt. Es gehört zu einer Gruppe von Gräbern, die in die Endzeit der Herrschaft von Thutmosis IV. und den Beginn der Regierungszeit von Amenophis' III. zu datieren sind. Zu dieser Gruppe zählen außerdem die Gräber von Nacht und Djehuti-Mes. Jedes Grab weist Züge auf, die in der Kunst zur Zeit von Thutmosis IV. üblich waren (beispielsweise feingliedrige Frauengestalten), aber auch typische Merkmale aus der Zeit von Amenophis III., wie üppige Frauen mit schlanken Hüften und langen, mandelförmigen Augen. Allen Gräbern ist eine von sicherer Hand lebendig und fantasievoll gemalte und farbenfrohe Dekoration eigen. Derselbe Künstler hat möglicherweise auch das Königsgrab von Amenophis III. (KV 34) dekoriert. Menenas Grab ist präzise kreuzförmig geschnitten und hat einen Eingangskorridor, eine Querkammer und einen inneren Raum. Ein solcher Grundriss ist typisch für viele thebanische Adelsgräber. Die Dekoration in der Querhalle gibt Szenen aus Landwirtschaft und Begräbnisbanketten wieder. In der inneren Kammer geht es um Begräbnisrituale und Opfergaben für Menena und seine Gemahlin Henut-tauj.

Der Weg zu TT 69 führt an einigen der ältesten Schlammziegelhäuser in Qurna vorbei. Eines von ihnen ist auf der Vorderseite mit frühen Hadsch-Malereien dekoriert. Sie haben einerseits folkloristischen Inhalt und behandeln andererseits die Pilgerreise des Hausherrn nach Mekka.

BESICHTIGUNG

QUERHALLE B, VORDERWAND, RECHTE SEITE Auf der rechten (südlichen) Seite der Querhallen-Vorderwand sitzt Menena neben dem Eingang vor einem beladenen Speisetisch. Ein Diener küsst rechts im oberen Register die Füße seines Herrn. Die beiden Personen überschneiden sich, als sei der Künstler sich nicht sicher gewesen, auf welcher Seite des Bittstellers Menenas linkes Bein stehen sollte. Hinter ihm vermessen Männer die Felder. Als Längenmaß verwenden sie Seile mit Knoten. Schreiber folgen ihnen und halten die definierten Grenzen fest, während andere die Steuern berechnen, die auf die Ernte eines jeden Feldes erhoben werden. Man achte auf die Kleidung dieser Männer: Der Saum ihrer *Jalabias* ist wellig, was wahrscheinlich dadurch kommt, dass sie ihn in die Gürtel gesteckt hatten, damit er nicht am Boden schleift. Genauso verfahren die Bauern von heute in Oberägypten, wenn sie auf dem Feld arbeiten.

Die meisten Maler hätten wahrscheinlich im Hintergrund dieser Szene einfach gerade Getreidehalme gemalt. Dieser Künstler lässt einen sanften Windhauch durch die Halme streichen, andere Halme sind am Boden, platt getreten von den durch die Felder trampelnden Beamten. Dadurch wird das Bild lebensnah, ein für die fantasievolle Gestaltung von Menenas Grab typisches Merkmal. Rechts geht eine Familie den Steuereinnehmern entgegen, entweder um durch Bestechungsgeschenke ihre Entscheidungen zu beeinflussen oder um frühzeitig die fälligen Steuern zu entrichten. Im alten Ägypten hatte man noch kein Geld, und so wurde in Naturalien gezahlt. Der Mann bringt ihnen eine „Kornbraut", ein Ährengeflecht, und die Frau trägt Gefäße mit Lebensmitteln herbei. Der Sohn führt einen Esel mit sich und hält ein Zicklein im Arm. Der belgische Kunsthistoriker Arpag Mekhitarian beschrieb den Jungen als den Tränen nahe, weil er dieser Horde Fremder seine Lieblingstiere übergeben muss. Rechts registrieren Schreiber die Getreidebestände. Menena steht in einem Kiosk und beobachtet die Ankunft von Getreidetransportbooten im Hafen von Theben. Einige Männer werden in seinem Beisein geprügelt; wahrscheinlich haben sie ihre Steuern nicht gezahlt.

Auf den ersten Blick scheint es sich hier um landwirtschaftliche

Standardszenen zu handeln: ernten, dreschen, worfeln. Sie enthalten jedoch wundervolle Details, die sicher dem wirklichen Leben abgeschaut sind. Hier bringt ein junges Mädchen den Feldarbeitern Wasser, dort stillt eine Frau ihr Kind, das sie in einem Tragetuch hält und das nach ihrem langen Haar greift. Zwei Mädchen raufen sich im Feld, es mag ein Streit um den Anspruch auf die nachgelesenen Ähren sein. Ein Feldarbeiter hält unter einem Baum, in dem ein Wasserschlauch hängt, ein Schläfchen. Neben ihm vertreibt sich ein Arbeiter mit Flötenspiel die Zeit. Ein Jugendlicher sitzt auf einem Kornhaufen und berechnet unter Zuhilfenahme seiner Finger angestrengt die Getreidemengen. Ein junges Mädchen sitzt auf dem Boden und hält seiner Freundin den Fuß hin, damit sie ihm einen Dorn entfernt. Ein Vorarbeiter lehnt auf seinem Stab und weist

zwei Männer zurecht, die das Korn harken. Sie wenden sich zu ihm und hören die Befehle an. Der Ausdruck von einem der beiden Männer – mit Knollennase – wurde von Mekhitarian als so stupide und einfältig bezeichnet, dass man verstehen könne, warum sein Gegenüber rechts ihn offensichtlich besorgt ansehe. Diese Miniaturen beleben die Szenen und verleihen ihnen eine Lebendigkeit, die in diesem Maße selten in Grabmalereien zu finden ist. Der Künstler hat diesen Figuren so viel Menschlichkeit verliehen, dass davon auszugehen ist, dass er echte Vorbilder hatte. Es sind individuelle Personen, nicht einfach nur aus Vorlagen abgemalte Bauern oder Beamte beziehungsweise Standardszenen.

426–427 MENENA SITZT VOR OPFERTISCHEN UND DIENERN, QUERHALLE, RECHTE SEITE.

427 DIESE SZENEN ZEIGEN DAS ERNTEN, DRESCHEN UND WORFELN.

LINKE (SÜDLICHE) SCHMALWAND Auf der linken (südlichen) Schmalwand stehen Menena, seine Frau Henut-tauj und zwei ihrer Söhne vor einem Schrein mit dem Gott Osiris. Im darunter liegenden Register werden Speiseopfer entzündet. Gelbe Flammen züngeln von den Opfertischen empor, der Rauch selbst ist ein Opfer für die Gottheit. Ein Priester gibt mit einem Löffel Weihrauch in die Flammen. Solche Brandopfer werden mit dem wichtigen „Schönen Fest vom Wüstental" assoziiert und spielen in den thebanischen Gräbern des Neuen Reiches eine bedeutende Rolle.

RÜCKWAND, LINKE (SÜDLICHE) SEITE Diese Wand hat stark gelitten, und von den ursprünglichen Festmahlszenen ist wenig erhalten geblieben. Die Darstellung von Leinwandbinden lässt auf die Qualität der verlorenen Malereien schließen.

RÜCKWAND, RECHTE (NÖRDLICHE) SEITE Im oberen Register nehmen Menena und Mitglieder seiner Familie Opfergaben entgegen. Im zweiten Register sitzen Gäste vor Bergen von Opfergaben. In den beiden unteren Registern bringen Opferträger sogar noch mehr Gaben zum Bankett, bei dem es sich vielleicht um die Feier des „Schönen Festes vom Wüstental" handelt.

RECHTE (NÖRDLICHE) SCHMALWAND In einem großen Hohlraum wurde eine Stele aufgestellt. Menena und seine Frau erheben zu beiden Seiten anbetend ihre Hände. Auf der Stele selbst stehen oder sitzen Anubis, Osiris, die Westgöttin, Hathor und Re-Harachte. Im darunter liegenden Register sitzen Menena und seine Frau, und unter ihnen sind Priester in einer Reihe. Auf diese Wand wurden niemals Texte geschrieben, obwohl die Spaltenlinien gezogen worden sind.

VORDERWAND, LINKE (NÖRDLICHE) HÄLFTE Menena und seine Frau bringen Brandopfer dar, während Schlächter und Küchenarbeiter weitere Speisen für die Zeremonie zubereiten. Ein Diener, der eine junge Gazelle auf seinen Schultern trägt, fällt in diesem unteren Register als gutes Beispiel für die technischen Fähigkeiten von Menenas Künstler besonders ins Auge.

428 OBEN UND 429 OBEN RECHTE SCHMALWAND DER QUERHALLE: MENENA UND SEINE GEMAHLIN IM ANBETUNGSGESTUS VOR EINER STELE.

428 UNTEN MENENA UND SEINE GEMAHLIN NEHMEN OPFERGABEN IN EMPFANG, QUERHALLE, RÜCKWAND, RECHTS.

429 UNTEN LINKE SCHMALWAND DER QUERHALLE: MENENA, HENUT-TAUJ UND ZWEI SÖHNE STEHEN VOR DEM IN EINEM SCHREIN SITZENDEN OSIRIS.

INNERER RAUM, LINKE (SÜDLICHE) WAND Auf der linken (südlichen) Wand bringen Träger Möbel und Opfergaben zu Menenas Grab. Ein Vergleich zwischen dieser Szene und einer Szene zum gleichen Thema aus Ramoses Grab lohnt sich, denn die Unterschiede veranschaulichen auf drastische Weise den Gegensatz zwischen dem Kunststil des frühen (hier) und des späten Amenophis III. (dort). Rechts außen steht Menena vor einer Waage, auf der sein Herz gegen eine Maat-Figur gewogen wird. Osiris sieht Thot bei der Feststellung des Ergebnisses zu. Die Hieroglyphen im Begleittext wurden zügig und beinahe flüchtig geschrieben. Sie sind schlicht in Schwarz gehalten, ohne innere Details, trotzdem bezeugen sie das hohe Niveau der künstlerischen Kompetenz.

RÜCKWAND (WESTLICH) Eine von Opferträgern flankierte Nische, in der einst Statuen von Menena und seiner Frau standen.

RECHTE (NÖRDLICHE) WAND Auf dem vorderen Ende der rechten (nördlichen) Wand segeln Boote zur Pilgerfahrt nach Abydos. Die beiden Boote auf der rechten Seite schwimmen mit eingerollten Segeln mit der Strömung nach Norden. Die beiden Boote links (eines ein Schlepper unter vollem Segel) ziehen mit dem Nordwind stromaufwärts zurück nach Theben. Ein Schiffer am Bug prüft mit einer Stange die Flusstiefe. Ein weiterer steht in der Takelage und ruft dem Steuermann diese Information zu. Die beiden Boote in der Mitte der Szene befördern Statuen der Verstorbenen, Menena und Henut-tauj. Ein Begleitboot transportiert einen Schrein; der Inhalt wird auf dem Schrein abgebildet. In den meisten Gräbern ist die Pilgerfahrt nach Abydos ernsthaft und formal dargestellt, einem solch bedeutenden religiösen Ereignis angemessen. Aber selbst hier konnte Menenas Künstler nicht widerstehen und fügte das gewisse Extra hinzu: im linken Boot geht ein Ruderer fast über Bord bei dem Versuch, Wasser aus dem Nil zu schöpfen.

In den darunter liegenden Szenen bereiten Priester die Mumien von Menena und Henut-tauj für das Mundöffnungsritual vor.

430–431 UND
430 UNTEN
OPFERTRÄGER,
INNERER RAUM.

431 MITTE BLICK IN
DEN INNEREN RAUM
MIT DER NISCHE AM
ENDE.

431 UNTEN
DIE WESTGÖTTIN
IMENTET, INNERER
RAUM LINKE WAND.

Die kombinierte Fisch- und Vogelfangszene links von der Bootsfahrt gilt zu Recht als Meisterwerk. Es handelt sich hierbei nicht um Sport, sondern um Szenen mit religiöser Bedeutung. Der Grabbesitzer und seine Familie werden mit Vorräten für das Jenseits ausgestattet. In der ägyptischen Kunst sind viele derartige Szenen bekannt. Die meisten sind recht nüchtern umgesetzt, ohne die geschickten Einfälle, die hier zu sehen sind. Menenas Künstler verwendete lebhafte Farben, Proportionen und Haltung der Gestalten sind perfekt ausgeführt und die Details bei Pflanzen und Tieren sind elegante, akkurate Dokumentationen der ägyptischen Natur. Man schaue sich beispielsweise das Papyrusdickicht in der Mitte der Szene an. Vogelnester sind im Dickicht verteilt, ein Ichneumon (ägyptischer Mungo) und eine Ginsterkatze schauen begehrlich auf die darin liegenden Eier. Menena steht in einem Papyrusnachen mit einem Wurfholz in der einen und einigen Reihern in der anderen Hand. Die Reiher mögen als Lockvögel gedient haben. Spießenten fliegen voller Angst im Dickicht umher, vier sind bereits benommen durch die Treffer von Menenas Wurfhölzern (die keine Bumerangs sind, sie kehren nicht zurück). Zwei Schmetterlinge flattern herbei und nehmen das Chaos gar nicht wahr. Menena trägt ein dünnes Gewand über seinem Schurz sowie einen kunstvollen Halskragen und Armbänder. Hinter ihm steht seine Frau. Sie ist für eine Vogeljagd im Sumpf viel zu elegant gekleidet, hat einen Weihrauchkegel auf dem Kopf und geschnittenen Papyrus über dem Arm (ihre aufwändige Kleidung ist durch den religiösen und sexuellen Charakter dieser Sumpfszenen vorgegeben). Die beiden Töchter, auch sie viel zu elegant, stehen oder knien hinter ihr. Das junge Mädchen auf dem Papyrusnachen mit dem Arm voller Lotosblüten und Enten wendet den Kopf und schaut zurück. Im Gegensatz zu diesen vornehm gekleideten Frauen trägt die dritte Tochter lediglich einen Gürtel und Schmuck. Sie kniet, um aus dem Wasser Lotosblüten zu

432–433 INNERER RAUM, RECHTE NORDWAND: SZENEN AUS DER PILGERFAHRT NACH ABYDOS, VORBEREITUNG VON MUMIEN, OPFERTRÄGER; FISCH- UND VOGELFANG; MENENA UND SEINE FRAU NEHMEN GABEN ENTGEGEN.

432 MITTE UND 433 UNTEN EINE TOCHTER MENENAS UND SEINE GEMAHLIN.

432 UNTEN BEI DER PILGERFAHRT NACH ABYDOS BEUGT SICH EIN SEEMANN AUS DEM BOOT.

434 OBEN ZWEI FISCHE, DIE MENENA GEFANGEN HAT (TILAPIA NILOTICA).

434 UNTEN ENTEN UND LOTOSBLÜTEN AUF DEM NIL.

435 OBEN DAS PAPYRUSDICKICHT MIT GINSTERKATZE UND SCHMETTERLING.

435 UNTEN FISCHE UND VÖGEL IN DEN UNTIEFEN DES NILS.

pflücken. Sie erscheint hier lediglich als Silhouette, aber ihre Gestalt ist sinnlich und elegant und steht in krassem Gegensatz zu Menenas Sohn weiter rechts. Seine schlicht gemalte Gestalt und sein Gesicht sind flach und völlig emotionslos.
In der rechten Hälfte der Szene speert Menena in Begleitung seiner Familie Buntbarsche, *Tilapia nilotica*, eine oft in Grabmalereien gezeigte Fischart. Grund dafür ist zum einen die Eigenart, die befruchteten Eier bis zum Zeitpunkt des Schlüpfens im Maul zu behalten. Auch danach noch schwimmen die Jungen, wenn sie Schutz suchen, dorthin zurück, und die Ägypter sahen darin ein Sinnbild für Fruchtbarkeit und erneuertes Leben. Zum anderen ist diese Fischart natürlich auch sehr schmackhaft. Unterhalb der Szene fließt der Nil. Die wellige Wasseroberfläche wird durch Zickzacklinien angedeutet, die Hieroglyphe für Wasser. Im Wasser schwimmen verschiedenartige Fische, ein Krokodil hält einen großen Buntbarsch in den Pranken. Vögel waten in den niedrigen Stellen am Uferdickicht umher, und Lotosblüten wachsen in Hülle und Fülle. Man achte in dieser Szene und generell in Menenas Grab auf die Frauen, deren Haut dieselbe Farbe hat wie die der Männer. Normalerweise (wie in den Begräbnisszenen im Grab des Ramose) ist die Haut der Männer rötlich-braun, die der Frauen tendiert ins Gelbe. Dieser Unterschied erinnert an das Schönheitsideal aus der viktorianischen Zeit – große, dunkle und gut aussehende Männer, aber Frauen mit zartem Teint, deren Haut nie der Sonne ausgesetzt wird oder durch Arbeit runzelt.
Auf der rechten Seite erhalten Menena und seine Frau Opfergaben. Henut-taujs Gesicht ist mit sehr viel Geschick eingefangen. Die Linienführung ist kühn und sicher, Haar und Schattierungen sind einfach, aber elegant gemalt, und so wird die Komposition sehr wirkungsvoll.
Die Decke im inneren Raum ist mit wunderschönen, komplizierten geometrischen Mustern bemalt. Als Vorlage dienten Webteppiche, die vermutlich in Privathäusern die Decken zierten.

5

DAS GRAB VON NACHT (TT 52)

GESCHICHTE

Vor einigen Jahren versuchte die Ägyptische Altertumsverwaltung das Grab von Nacht hermetisch zu verschließen, um die dekorierten Wände zu schützen. Man umschloss und überdachte den Eingangshof und errichtete dort ein kleines Museum, in dem sich die Touristen über die Person des Nacht informieren können, während sie darauf warten, das Grab zu besichtigen. Man muss fast immer warten, denn hinter diesem kleinen Raum ließ der Council einen in das Grab führenden Glastunnel bauen. So verhinderte man, dass Touristen die Malereien berühren oder mit ihrem Atem das Klima im Grab beeinflussen. Diese Maßnahmen mögen tatsächlich einen besseren Schutz für die Grabdekoration bedeuten, man kann sich aber auch sehr beengt fühlen, und die Besichtigung macht weniger Spaß. Nicht mehr als zwei oder drei Personen können gleichzeitig hinein. Der Korridor ist extrem eng (Rollstühle passen nicht hindurch), das Glas reflektiert stark, und die Beleuchtung ist so gedämpft, dass man die Wände kaum sehen kann. Trotzdem ist das Grab einen Besuch wert. Wie auch Menenas Grab, das möglicherweise von demselben Künstler dekoriert wurde, enthält es einige einzigartige Juwelen der ägyptischen Malerei.

Europäische Forscher entdeckten TT 52 im Jahre 1889, nur wenige Jahre nach den Einheimischen. Von 1907 bis 1910 führte Norman de Garis Davies für das Metropolitan Museum of Art die Aufzeichnung durch. Im Schutt fand man mehrere Objekte, darunter eine kunstvolle Statue des Nacht. Auf der Reise nach New York im Jahre 1915 ging sie bei einem U-Boot-Angriff verloren. Dieses Grab ist klein und hat einen kreuzförmigen Grundriss, typisch für die für Angehörige der Bürokratie der mittleren Ebene im Neuen Reich konzipierten Gräber. Nacht war ein solcher Beamter, Schreiber und Astronom im Amuntempel in Karnak. Wahrscheinlich war er für die Planung verschiedener Kultzeremonien zuständig. Die Grabszenen stehen allerdings nicht mit seiner Tätigkeit in Zusammenhang, sondern mit der Landwirtschaft und mit Begräbnisbanketten, denn diese Themen sind wichtig für sein Wohlergehen im Jenseits.

In dem Grab finden sich keine königlichen Namen, aber gestützt auf stilistische Elemente ist TT 52 fast mit Sicherheit in die gleiche Zeit wie das Grab des Menena zu datieren, und zwar in die Spätzeit von Thutmosis IV. und die Frühzeit von Amenophis III.

BESICHTIGUNG

QUERHALLE B, VORDERWAND, RECHTE (WESTLICHE) SEITE Mit Blick auf die rechte (westliche) Seite der Vorderwand stehen Nacht und seine Frau Tauj (eine Tempelsängerin) vor „Opfergaben aller guten und reinen Dinge". Dazu zählen geschlachtete Rinder und schön gemalte Traubenkörbe. Spuren eines Sistrums – einem rasselähnlichen, mit Hathor verbundenen Musikinstrument – sind in Taujs linker Hand zu sehen, wie ein nachträglicher Einfall hinzugefügt (auf die Gründe wird später eingegangen). Hinter und unter ihnen befinden sich vier Register mit landwirtschaftlichen Szenen, die viel Stil und Innovationsgeist aufweisen.

Das untere Register ist ungewöhnlich: Anstatt das Register mit geraden, waagerechten Bodenlinien zu halbieren, hat der Künstler einen welligen Landstreifen gezeichnet. Manche sind der Meinung, er habe damit mehr Raum für die Figuren gewinnen wollen, andere hingegen glauben, es sei seine innovative Art und Weise gewesen, die Szene realitätsnaher zu gestalten. Man beachte, wie sich die Boden-

linie in der linken Hälfte der Szene gabelt und ein Gewässer umschließt. Wenn alljährlich im Spätsommer das Nilhochwasser wieder zurückging, blieben in niedrig gelegenem Ackerland große Wasserflächen zurück. Sie bedeckten einen großen Teil der Niltalsohle, und in ihrem schlammigen Grund säten die Bauern das Korn. Hier hat der Künstler gezeigt, wie eine solche Fläche aussieht, wenn das Wasser verschwindet. Bauern stehen in den umliegenden schlammigen Feldern bis zu den Knöcheln in dem reichen Nilschlamm. Ein Feldarbeiter hat Tamarisken und Mimosenbäume am Rande des kultivierten Landes entfernt, um die Felder weiter in die Wüste hinein auszuweiten. Ein anderer hat ein Stück wildes Grasland in Besitz genommen und begonnen, es zu kultivieren.

Unter der mäandernden Bodenlinie hacken einige Männer den Acker, andere zerkleinern mit Holzhämmern große Erdklumpen. Zwei Männer pflügen mit einem Ochsenpflug. Der linke Mann strengt sich bei der Arbeit nicht an, der rechte aber krümmt sich vor Mühe, während er den Pflug vorwärts schiebt. Er sieht etwas schäbig aus und hat ungepflegtes Haar, wodurch vielleicht auf seinen niedrigen Status und die Belastung durch die harte Arbeit verwiesen werden soll. Im Feld liegen Säcke mit Saatgetreide, und ein Landarbeiter hat bereits damit begonnen, die Saat über dem schlammigen Land auszustreuen.

Darüber sind zwei Mädchen bei der Flachsernte zu sehen, neben ihnen packen Bauern frisch geschnittene Ähren in große Körbe. Ein Mann springt hoch und versucht, mehr Korn in den Korb zu stopfen. Eine junge Frau liest im benachbarten Feld Ähren nach, während sich unweit davon drei Beamte beraten und versuchen, den zu erwartenden Ernteertrag zu schätzen.

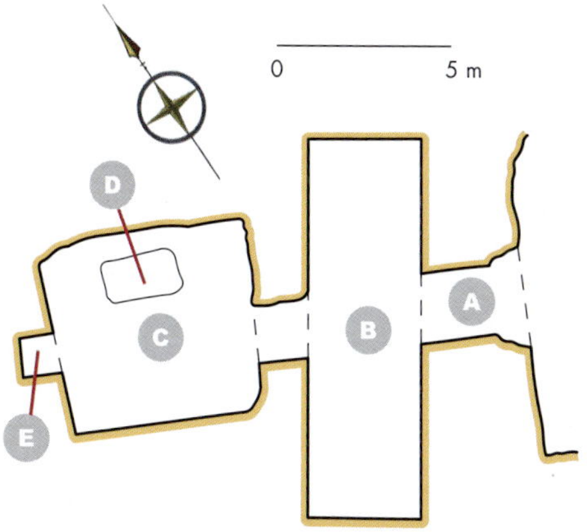

436 EIN MANN BEI HOLZFÄLLARBEITEN.

436 ÖSTLICHE (LINKS) UND WESTLICHE (RECHTS) SCHMALWAND DER QUERHALLE.

LEGENDE

A EINGANG
B QUERHALLE
C INNERER RAUM
D SCHACHT
E NISCHE

438–439 SECHS FRAUEN, EINE JUNGE DIENERIN UND EIN HARFENIST, RÜCKWAND, QUERHALLE, LINKE SEITE.

439 UNTEN GETREIDEWORFELN, VORDERWAND, QUERHALLE, RECHTE SEITE.

Im oberen Register sitzt Nacht in einem Kiosk und beobachtet Arbeiter, die beim Worfeln das Korn in die Luft werfen. Die Luft ist erfüllt von fallenden Körnern und Spreuwolken. Einer fegt gründlich um den Getreidehaufen, so dass kein Korn verloren geht. Der rätselhafte Gegenstand zwischen den Gestalten oben in diesem Register wird entweder als Symbol für die Göttin Renenutet, der „Herrin des Dreschbodens“, oder als Vogelscheuche oder aber als Ährenbündel (in der Übersetzung aus dem Arabischen „Kornbraut“) beschrieben. Darunter messen Bauern und Schreiber die Behälter, um die Erntemenge zu bestimmen. Die **LINKE (WESTLICHE) SCHMALWAND** wurde mit detaillierten Malereien vollendet. Opferträger stehen neben einer den teuren roten Granit imitierenden Scheintür. Darunter flankieren Darstellungen einer Baumgöttin große Mengen von Speiseopfern. Zu beiden Seiten bringen Diener sogar noch mehr Speisen für die Zeremonie herbei.

RÜCKWAND, LINKE SEITE
Heute ist nur noch ein kleiner Teil dieser Wand erhalten. Die Szenen, die noch vorhanden sind, gelten jedoch berechtigterweise nicht nur als die besten in Nachts Grab, sie werden auch zu den innovativsten Szenen in der ägyptischen Kunst gezählt. Sechs elegant frisierte und gekleidete Frauen sitzen am Boden. Rechts riecht eine Frau an einer Lotosblume, und zwei andere teilen Obststücke aus. Dabei kreuzen sich ihre Arme graziös, und so wird aus den Einzelfiguren eine zusammenhängende Komposition. Hinter ihnen greifen drei nur halb bekleidete Frauen nach geschlossenen Lotosblüten. Eine nackte Dienerin will einer der Damen die Haare glätten. Diese Personen sind sehr filigran, schnörkellos und von sicherer Hand gezeichnet. Manche halten die Salbkegel auf den Köpfen der Frauen für Myrrhepomade, andere glauben, es handele sich um parfümiertes Fett, das im Laufe des Festes schmelze. Die gelbe Farbe ihrer Kleidung wurde als Hinweis darauf gewertet, dass sie ihren Körper mit aromatischen Ölen gesalbt hatten. Vor ihnen spielt ein Harfenist auf einem sechssaitigen Instrument. Mit langen Fingern schlägt er sacht die Saiten zu seinem Gesang. Die Speckfalten an seinem Leib und die faltige Haut im Nacken kennzeichnen ihn als einen gesetzten, übergewichtigen Mann mittleren Alters. Seine Augen sind geschlossen; ob dies Blindheit andeutet oder lediglich Konzentration, ist ungewiss. Ein Element in nahezu allen Harfenistenabbildungen ist die anatomisch nicht machbare Lage der Fußsohle. Die Konturen dieser Figur wurden korrigiert, um die Proportionen seines Kopfes, Halses und Körpers leicht zu ändern.
Im unteren Register unterhalten drei schöne, aber nicht ganz stimmig proportionierte Frauen die Festgäste. Eine spielt auf einer mit einem Leopardenfell umwickelten Harfe, die zweite auf einer Doppeloboe. Sie sind so gekleidet und frisiert wie die

Gäste. Aber eine dritte Frau, die auf einer sechssaitigen Laute spielt, ist nackt, sie trägt nur einen perlenverzierten Gürtel und eine Kette. Das ist ungewöhnlich, wenn auch nicht gänzlich unbekannt. In der ägyptischen Kunst sind normalerweise Kinder nackt dargestellt, hier aber handelt es sich deutlich um eine erwachsene Frau. Fast alle anderen nackten Frauen, die in Kunstwerken aus dem Neuen Reich vorgefunden wurden, sind ebenfalls Lautenspielerinnen.

Diese unbekleidete Musikerin hat den englischen Künstler und Geistlichen Norman de Garis Davies, der dieses Grab vor knapp 90 Jahren publizierte, so sehr erzürnt, dass er mehrere hundert Worte auf Erklärungsversuche verwandte. Davies wollte nicht glauben, dass die Ägypter der „ordinären moralischen Laxheit" schuldig gewesen sein könnten, die diese nackte Gestalt auszudrücken schien. Zwei Möglichkeiten lagen folglich nahe: Die Frau war laut Davies im wahren Leben gar nicht nackt, sie wurde hier nur nackt gemalt, da der Künstler mental auf Abwege geraten war. Die andere Möglichkeit sei die, dass die Frau in der Tat nackt für die Gäste gespielt habe, welche aber zweifellos ausschließlich verheiratete Paare gewesen seien, die die Musikerin auch persönlich gekannt und in ihrer Nacktheit absolut nichts Erregendes gesehen hätten.

Die nackte Tänzerin wendet Kopf und Oberkörper nach links, ihre Brüste zeigen nach vorne. Manche Historiker haben ihre Haltung als „revolutionäre" Entwicklung in der ägyptischen Kunst beschrieben, denn Vorderansichten von Figuren sind selten. Interessanterweise sind die anderen Abbildungen nackter Lautenspielerinnen in der ägyptischen Kunst ebenfalls in dieser Vorderansicht gemalt. Rechts frisst die Hauskatze der Familie unter Taujs Stuhl ein Stück Fisch. Ägypter mochten Katzen, und die Wirklichkeitsnähe dieser Szene ist eindeutig das Ergebnis guter Beobachtung.

440 NACHT UND TAUJ NEHMEN OPFERGABEN ENTGEGEN.

440–441 UNTEN SZENEN ÜBER WEINBEREITUNG, VOGELFANG UND DIE KONSERVIERUNG VON FLEISCH (OBEN); FISCH- UND VOGELFANGSZENE (UNTEN).

RÜCKWAND, RECHTE SEITE

Nacht und einige seiner Familienangehörigen stehen zum Fisch- und Vogelfang in Schilfnachen. Die Szene ähnelt der in Menenas Grab, aber hier ist die Arbeit hastig und weniger detailliert ausgeführt, die Komposition als solche ist schwunglos. Man vergleiche beispielsweise die Vögel in den Malereien der beiden Gräber; hier haben sie nicht einmal Augen. Der Künstler malte die Arme von Nacht in der Haltung zum Fischespeeren, vergaß aber den Speer. Die Schmetterlinge sind ebenfalls nachlässig gemalt, im Wasser sind keine Fische.

Die Beamten sind hier starr, beinahe schematisch gemalt, Diener und Feldarbeiter hingegen wesentlich entspannter. Allgemein sind die Adligen in den Privatgräbern in formelleren Posen als beispielsweise Viehhirten dargestellt. Je tiefer man auf der sozialen Leiter kommt, umso entspannter und experimenteller werden die Gestalten, Posen und die Kleidung, vielleicht weil der Künstler weniger von sozialen oder religiösen Anforderungen, die die Erstellung eines Ideals vorgaben, eingeengt wurde.

Die darunter liegenden Szenen wurden besser gearbeitet. Neben Bergen von Opfergaben und vier Opferträgern werden in zwei Registern die verschiedenen Stadien der Weinerzeugung und der Fleischverarbeitung dargestellt. Beide Szenen sind informativ.

Im unteren Register halten drei Männer in einem an das Nilufer angrenzenden Papyrusdickicht (perfekt für den Vogelfang) ein Seil, das mit einem in ungefähr dreißig Zentimetern Höhe über dem Boden horizontal angepflockten Netz verbunden ist. Darunter sind Brotkrumen verstreut. Ein Mann hat sich ablenken lassen, die anderen beiden aber schauen zu einem vierten, der sich im nahe gelegenen Sumpf verbirgt. Sobald genügend Vögel unter dem Netz sind, um die Krumen aufzupicken, wird er ein Signal geben, mit einem schnellen Ruck wird am Seil gezogen, das Netz fällt und die Vögel sind gefangen. Dann machen die Männer den genießbaren unter ihnen den Garaus und bringen sie zu Nachts Haus, wo das Küchenpersonal sich ihrer annimmt. Diese Arbeit ist auf der linken Seite dargestellt. Zuerst werden sie gerupft, der Mann hier tut dies mit unechter Geziertheit. Ein anderer an einem schrägen Tisch nimmt die Vögel aus, reinigt und salzt sie und hängt sie an einer Stange über sich zum Trocknen auf. Zum Schluss werden sie unter Hinzugabe von noch mehr Salz in Gefäße verpackt (oben dargestellt). Diese Fang- und Konservierungstechniken werden in manchen Teilen Ägyptens heute noch angewandt.

Oben pflücken zwei Männer Trauben aus einer Weinlaube und befüllen kleine Körbe damit. Einer der Männer hat, wie auch der Mann, der links daneben Traubensaft aus der Kelter abfüllt, helles, ungepflegtes Haar und einen dicken Bauch. Das könnte als Zeichen für den sozialen Status oder das Alter der Männer zu verstehen sein.

Die Trauben werden zur Presse in Nachts Gebäude gebracht. Dort pressen fünf Männer mit den Füßen die Trauben in einer flachen, weiß verputzten Kelter und halten sich an Seilen fest,

um das Gleichgewicht zu wahren. Der Traubensaft fließt rechts aus einem Ausguss, wird dann in Gefäße abgefüllt, versiegelt und kann anschließend fermentieren. Vier solcher Gefäße sind über dem Abfüller zu sehen. Jedes ist mit einem Lehmsiegel verschlossen, das zur Identifizierung von Weinart und Jahrgang mit einem Stempel versehen wird.

RECHTE (ÖSTLICHE) SCHMALWAND Auf der rechten (östlichen) Schmalwand des Raumes erhalten Nacht und Tauj weitere Opfergaben. Diese Szenen wurden nicht fertig gestellt; viele für Inschriften vorgesehene Spalten sind ganz frei geblieben. Manche Ägyptologen halten dies für einen Beweis dafür, dass Nachts Grab zunächst nicht personenbezogen gegraben und dekoriert wurde, sondern als Spekulationsvorhaben von einem Bauunternehmer ausgeführt wurde, der es dann dem Meistbietenden verkaufte, oder aber dass es ein Grab aus einer Gruppe von Gräbern war, die gleichzeitig angelegt und dann vom Wesir bevorzugten Beamten zugeteilt wurden. Die Inschriftspalten wurden freigelassen, so dass der Grabinhaber später entscheiden konnte, welche persönlichen Angaben er einfügen wollte (das könnte der Grund sein, warum auf der Vorderseite Taujs Sistrum, Symbol für ihre Rolle als Sängerin, scheinbar nach der Fertigstellung der Szene hinzugefügt wurde).

VORDERWAND, LINKE (ÖSTLICHE) SEITE Die linke Seite der Vorderwand (Osten) des Raumes zeigt Nacht und seine Gemahlin vor einer großen Menge Opfergaben. Hinter ihnen bringen Diener in drei Registern sogar noch mehr Tiere und andere Dinge, die geopfert werden sollen, zu der Szene. Man achte im zweiten Register auf die vom Künstler irrtümlicherweise „durchscheinend" gemalte Gazelle; die Beine des Dieners schimmern durch sie hindurch. Unter der Oberfläche dieser Szene ist das Raster sichtbar, mit dessen Hilfe der Künstler die Szenen leichter und sauberer von einer Vorlage kopieren konnte.

5 RELIEFVERZIERTE GRÄBER AUS DER LETZTEN DEKADE AMENOPHIS' III.

In der frühen 18. Dynastie war lange Zeit Memphis im Norden des Landes die administrative Hauptstadt Ägyptens. Ab der Herrschaft Thutmosis' III. wurde hingegen Theben in zivilen und religiösen Angelegenheiten zunehmend wichtiger. Zur Zeit Amenophis' III. stand Thebens Stern so hoch am Himmel, dass es eine regelrechte „Boomtown" wurde. Die Einwohnerzahl stieg auf annähernd 100 000 an, Bauprogramme, künstlerische Projekte und religiöse Zeremonien, die unter den Thutmosiden bereits umfangreich gewesen waren, nahmen nun noch größere Ausmaße an. Beamte, die zu früheren Zeiten der Dynastie in Memphis lebten, zogen nun in den Süden und richteten ihre Ämter in Theben ein.

Im letzten Jahrzehnt unter Amenophis III. genoss Ägypten Frieden, baute die Handelsaktivitäten mit dem Ausland aus und schuf im eigenen Land großen Reichtum. Traumhafte Ernten waren die Norm, Tempel gediehen. Für die Verwaltung dieser geschäftigen Gesellschaft war eine umfangreiche Bürokratie nötig, und man kennt die Namen von über 200 leitenden Beamten unter Amenophis III. Für eine einzelne Regierungszeit ist das eine rekordverdächtige Anzahl an Staatsdienern. Die meisten dieser Beamten brachten es zu beachtlicher Macht und großem Wohlstand.

Mindestens 40 thebanische Beamte aus der Zeit Amenophis' III. bauten sich in Theben umfangreiche Grabanlagen. Zwischen dem 30. und dem 38. Regierungsjahr Amenophis' III. beschlossen vier von ihnen, ihre Gräber in einem bis dahin nicht gekannten Stil zu dekorieren, und einige Merkmale sind ihnen allen eigen: Alle vier haben elegant gearbeitete Hochreliefs und eine begrenzte Anzahl von Themen. Die Grundrisse ähnelten einander, und alle Anlagen waren groß. In diesen und anderen Punkten unterscheiden sie sich von Gräbern, die vor und nach Amenophis III. angelegt wurden, aber auch von zeitgenössischen Gräbern. Andere hatten normalerweise Malereien und keine Reliefs und waren thematisch abwechslungsreicher. Sie zeigten Menschen in weniger schematischen Posen und weniger förmlicher Kleidung. Wissenschaftler beschrieben diesen neuen Stil als prunkvoll oder erzkonservativ, sogar als penibel. Welchen Begriff man auch verwendet – diese vier Gräber zeigen wohl die besten und filigransten Reliefarbeiten des Neuen Reiches. Es handelt sich um die Gräber von Surero (TT 48), Ramose (TT 55), Chaemhat (TT 57) und Cheriuf (TT 192). Drei sind derzeit zugänglich, das Grab des Surero ist geschlossen. Jeder Tourist sollte mindestens eines dieser Gräber in sein Besichtigungsprogramm aufnehmen. Ramoses Grab wurde wahrscheinlich etwas später als Cheriufs Grab begonnen, trotzdem wird die Besprechung dieser Gräber klarer, wenn man mit dem Grab des Ramose beginnt.

443 OBEN DETAIL, SZENE AUS RAMOSES BANKETT.

443 UNTEN PORTRÄT DES WESIRS RAMOSE.

5

DAS GRAB VON RAMOSE (TT 55)

GESCHICHTE

TT 55 ist von einem Parkplatz hinter dem Ramesseum einfach zu erreichen. Man geht an einer Schar von Schulmädchen vorbei, die selbst gemachte Stoffpuppen verkaufen, dann an jungen Ziegen und Eseln und am Café eines freundlichen alten, weißbärtigen Mannes. Hinter dem aufgegebenen Postamt und einer Werkstatt, in der Männer Kopien alter Reliefs herstellen, kommt man zum Rand einer großen Grube, von der aus das Grab in den Berg getrieben wurde.

Ramose war einer der wenigen Adligen, deren gesellschaftliches und politisches Format ihnen gestatteten, ein Grab mit den Dimensionen und dem Stil von TT 55 in Auftrag zu geben. Es ist großzügig, gut gearbeitet, elegant dekoriert und liegt im Hang von Sheikh Abd el-Qurna, berühmt für außergewöhnlich feinen Kalkstein. Ramose (sein Name bedeutet „Re ist geboren") hatte einige der herausragendsten Posten des Landes inne. Er war Adliger, Wesir, Bürgermeister, Vorsteher aller Handwerksarbeiten des Königs, Richter, Aufseher über Priester und Tempel und führte zahlreiche Ehrentitel. Er selbst rühmte sich, unter anderem ein Wahrheitsausführender und Betrugshasser zu sein. Sein Großvater war General in der Armee gewesen, sein Vater Bürgermeister von Memphis und Aufseher über die Kornspeicher des Amun; weitere Verwandte bekleideten hohe Regierungsämter. Ramoses Grab wurde im späten 19. Jahrhundert inspiziert, jedoch war von der Grabdekoration nicht viel zu sehen, denn die Wände waren unter Bergen von Schmutz und Kalksteingeröll begraben. Bis in die 1920er Jahre wurde der Schutt nicht entfernt. Mit der Freilegung der Wände erlangte TT 55 umgehend weltweite Beachtung. Nur wenige thebanische Gräber weisen so viele unterschiedliche

und gut ausgeführte Dekorationsstile auf. Man erreicht TT 55 über eine lange, abwärts führende Kombination aus Rampe und Treppe, die in einen offenen Hof führt. Dieselbe Treppe benutzten die Priester, die Ramoses Sarkophag vor 3400 Jahren in das Grab geleiteten. Die Priesterprozession ist in einem Grabgemälde dargestellt. Ein schmaler Durchgang in der breiten Fassade an der Rückseite des Hofes führt in den ersten Raum, die Querhalle. Sie ist groß: etwa 26 Meter breit und zwölf Meter tief. Ursprünglich ruhte die Decke auf vier Reihen mit je acht gedrungenen Papyrusbündelsäulen, jedoch brach sie noch im Altertum ein, und die Säulen, die der Besucher heute sieht, sind entweder stark beschädigte Originale oder moderne Nachbildungen.

Die Dekoration in Ramoses Grab enthält keine Alltagsszenen wie in den Gräbern anderer Adliger der 18. Dynastie. Hier werden lediglich zwei Themen behandelt: Ramoses Begräbnis und sein Verhältnis zum Pharao Amenophis IV. Es sind Meisterwerke.

BESICHTIGUNG

QUERHALLE C, RECHTE SEITE DER VORDERWAND (OSTEN) Man wende sich am Fuße der Treppe in der ersten Kammer nach links und wieder nach links zur Vorderwand (Osten) des Raumes. Im ersten Moment erkennt man wenig, denn die Dekoration ist als Basrelief gearbeitet, und das diffuse Licht lässt die Umrisse nahezu verschwinden. Bei genauerem Hinsehen jedoch wird man in das große Begräbnisbankett für Ramose und seine Frau zurückversetzt. Gleich beim Durchgang stehen Ramose und Merit-Ptah vor Bergen aus Speiseopfern: Körbe mit Trauben und Feigen, Wassermelonen, Rinderkeulen, Lattich, Zwiebeln, Fisch und Geflügel, Bier und Wein. Rechts sitzen sie mit Verwandten (Ramoses Eltern, seinem Halbbruder und Neffen sowie Vater und Bruder seiner Frau) und Freunden zusammen, darunter der berühmte und äußerst wichtige Beamte Amenophis, Sohn des Hapu. Die sitzenden Figuren sind in sehr förmlichen, ja schematischen Posen dargestellt, wie Personen auf einer Fotografie aus dem 19. Jahrhundert. Aber die Proportionen stimmen perfekt. Man staunt über den außerordentlichen Sinn fürs Detail. Denn dadurch werden die Reliefs so außergewöhnlich. Jede Locke, jede Falte im Tuch, jedes Amulett ist mit hervorragendem technischen Geschick und subtilem ästhetischen Gespür in den Kalkstein einge-

schnitten. Die Modellierung der Gesichter und der sinnlichen Lippen, der eleganten Muskeln an Armen und Nacken und das perfekt gestylte Haar sind, wie ein Wissenschaftler es ausdrückte, von allem irdischen Makel geläuterte Schönheit. Kein Detail war zu gering, um sorgfältig ausgearbeitet zu werden, man achte zum Beispiel auf die Hieroglyphen: In einer Textspalte ungefähr in der Mitte der Wand steht ein etwa fünf Zentimeter großes Pferd. Ein kleines Juwel, perfekt modellierte Muskeln, vorsichtig umrissenes Zaumzeug, getrimmte Mähne, ein schönes, kraftvolles und anmutiges Tier. Daneben sind an einem kleinen Korb Kette und Schuss der gewebten Binsen zu erkennen. Eine Eule mit präzise gezeichneten Federn schaut mit unergründlichem Blick von der Wand herab. Präzisere Arbeiten sind in der ägyptischen Kunst kaum zu finden. Die Reliefs wurden nicht bemalt; wahrscheinlich, weil Ramose früh starb. Gerade wegen der fehlenden Bemalung erscheinen sie dem Betrachter noch eleganter. Monochromatische Idealisierungen des ägyptischen Adels, perfekt in makellosen Kalkstein eingeschnitten. Nur die Augen sind farbig. Manche nannten sie „blinde Augen“ wegen des minimalistischen Stils, aber ihre Konturen sind deutlich mit schwarzer Tinte nachgezogen. Augen und Augenbrauen sind in der typischen ägyptischen Weise – entgegen den Gesetzen der Anatomie aber dennoch künstlerisch klar – seitlich am Kopf angebracht. Das Auge war in der ägyptischen Kultur ein mächtiges und magisches Symbol, deswegen wurde es mit solchem Nachdruck hervorgehoben.

LINKE SEITE DER VORDERWAND Links (nördlich) vom Durchgang sind genauso fein geschnittene Reliefs, die hingegen von einem anderen Künstler stammen. Den Begräbnisaktivitaten werden weitere Figuren und zahlreiche Opfergaben hinzugefügt.

Eine Darstellung des Ramose – vielleicht eine Statue – befindet sich in der Wandmitte. Zwei Priester übergießen ihn zur Reinigung mit Wasser. Auch hier sind Ramoses Gesicht und Haar ebenso schön ausgeführt. Er trägt das einfache, ungefältelte Gewand des Wesirs, das den aufwändigen Halskragen und das herzförmige Amulett an einer langen Goldperlenkette betont.

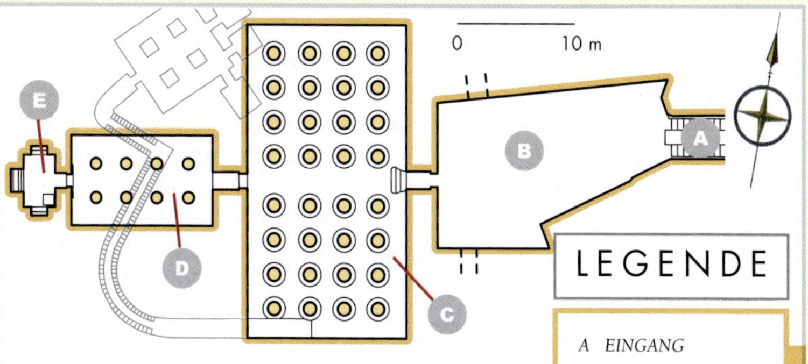

LEGENDE

A EINGANG
B HOF
C QUERHALLE
D ZWEITE KAMMER
E INNERER SCHREIN

444 VIER VERWANDTE DES RAMOSE BEI SEINEM BEGRÄBNISBANKETT.

445 ÄGYPTENS AUSLANDSBOTSCHAFTER ERHEBEN IHRE HÄNDE ZU EHREN VON AMENOPHIS IV.

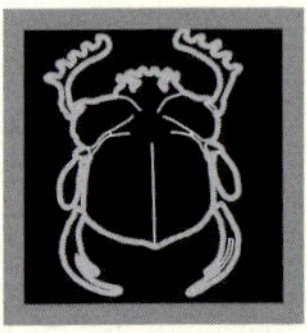

446 OBEN BLICK IN DIE ERSTE KAMMER, MIT SZENEN AUS RAMOSES BEGRÄBNIS.

446 UNTEN RAMOSES GEFOLGE BRINGT MOBILIAR FÜR SEIN LEBEN IM JENSEITS.

447 TRAUERNDE IN RAMOSES BEGRÄBNISZUG.

LINKE (SÜDLICHE) WAND

Als beeindruckendste Szenen in TT 55 können die Arbeiten auf der linken (südlichen) Wand über Ramoses Begräbniszug gelten. Diese Wand wurde in diesem Grab zuletzt dekoriert und ist als einzige Wand bemalt. Die Arbeit wurde in zwei Schritten ausgeführt: Das linke Drittel wurde zunächst eingeschnitten, dann bemalt. Die verbleibenden zwei Drittel wurden nur bemalt, vermutlich, um die Grabdekoration nach Ramoses unerwartetem Tod schnell zu vollenden. Im Gegensatz zu den zuvor besprochenen förmlichen Darstellungen handelt es sich hier ironischerweise um lebhafte Szenen rund um den Tod. Verschiedene Künstler haben an dieser Wand gearbeitet und sich für einen neuen Stil entschieden. Damit nahmen sie eher die Kunst der Amarnazeit vorweg und zogen diese dem zuvor erläuterten konservativeren Stil vor. Ein Künstler des neuen Stils wird hier abgebildet, was in einer Gesellschaft, deren Künstler anonym blieben, sehr selten ist. Er heißt Simut und ist auf der Wand ganz links als Vierter in der Reihe der Priester abgebildet, die Ramoses Bahre folgen. Im **OBEREN REGISTER** geht der Begräbniszug auf Ramoses Grab zu. Passenderweise befindet sich die Szene direkt neben einer steilen Rampe, die zu seiner 16 Meter unter dem Boden liegenden Grabkammer führt. In dieser Szene sind Ramoses Eingeweide und sein Körper schon balsamiert und befinden sich in den Kanopengefäßen bzw. im Sarkophag. Sie werden auf Schlitten gezogen, damit sie, wie der Text besagt, ruhen mögen und seine Mumie immer und für alle Ewigkeit fortlebe. Darüber liegt ein großes schwarzes Etwas auf einem kleinen, von vier Männern gezogenen Schlitten. Man weiß nicht genau, was es ist. Auf Ägyptisch wurde es mit *Tekenu* bezeichnet, einem Wort, dessen genaue Bedeutung nicht gesichert ist. Manche halten es für einen zusammengekauerten, in ein schwarzes Tuch gehüllten Mann und beziehen sich dabei auf das, was am unteren Ende wie Füße aussieht. Sie begründen es mit dem Brauch früherer Zeiten, einen Diener zu töten und mit seinem Herrn zu bestatten, damit er sich im Jenseits um ihn kümmere. Im Neuen Reich wurde der Ritualmord nicht mehr praktiziert, nur ein in ein Leichentuch gehüllter Diener wurde mit in das Grab genommen und dann freigelassen. Ein anderer Erklärungsversuch lautet, der

Schlitten befördere Ramoses Plazenta, die seit seiner Geburt aufbewahrt und nun mit ihm bestattet werde. Einige Gruppen von Menschen begleiten die Bahre auf ihrem Weg ins Grab. Sie werden im unteren Register gezeigt, und es wirkt, als stünden sie zwischen dem Betrachter und der Bahre.

Rechts vor dem Grabeingang werden Mumien von Ramose und Merit-Ptah mit Wasser gereinigt, und ein zweiter Priester entzündet Speiseopfer. Opferträger bringen reihenweise Nahrungsmittel, Möbel, Stühle, Schatullen sowie Metall- und Tongefäße, die zwecks Benutzung im Jenseits im Grab niedergelegt werden. Gruppen von trauernden Frauen und nackten Mädchen schauen der Prozession zu. Sie streuen sich Asche aufs Haar, weinen und klagen. Tränen und Make-up laufen über ihre Wangen. Im Unterschied zu den sicheren, anmutigen Linien der perfekt anliegenden Gewänder anderer Personen auf dieser Wand sind die Kleider der Trauernden knittrig und zerlumpt.

Ramoses Diener gehen in einer Reihe vorbei. Man achte auf ihre Hautfarbe: Sie wechselt zwischen hell- und dunkelbraun, damit die einzelnen Personen unterschieden werden können. Bei der Gruppe hellhäutiger trauernder Frauen wurde anders verfahren. Ihre Individualität wird lediglich durch die mit Tinte gezogenen Körperkonturen gewahrt. Dahinter folgt eine Gruppe gut gekleideter Beamter. Der Text über ihnen teilt mit stolzen Worten mit, sie folgten der Prozession eines Mannes, der Wertschätzung und Liebe des Herrn von Ägypten besitze.

Diese Szenen zählen zu den emotionalsten Darstellungen in Ägypten. Der kollektive Schmerz kombiniert mit der individuellen emotionalen Reaktion der Trauernden fängt den persönlichen und gesellschaftlichen Verlust ein, den Ramoses Familie und die ägyptische Gesellschaft erleiden. Aber auch eine positive Haltung zum Tod ist zu spüren. Einer der Männer, die Ramoses Bett tragen, geht nicht schnell genug und hat Mühe, den anderen zu folgen. Der daneben stehende Text gibt den Kommentar der Mitträger wieder: „Beeil dich! Geh schneller!"

Dorfbewohner erzählten mir, dass man in Oberägypten heute noch wünscht, der Begräbniszug möge rasch gehen, weil anständige Leute mit Gewissheit in den Himmel kommen, und je schneller man geht, umso eher ist der Verstorbene bei Gott. Ich

habe in Luxor häufig Prozessionen in aller Eile zum Friedhof ziehen sehen. Auch bei Ramoses Begräbnisprozession legen die Trauernden einen forschen Schritt an den Tag, denn sie wissen, dass die Götter diesen guten Menschen bald schon willkommen heißen werden.

RÜCKWAND (WESTEN)

Ramose kam in der Spätzeit von Amenophis III. zum Amt des Wesirs. Der König, mit dem er in TT 55 zusammen gezeigt wird, ist jedoch dessen Sohn und Nachfolger Amenophis IV., später Echnaton. Amenophis IV. wird an der Rückwand (Westen) dieses Raumes in zwei kontrastierenden Szenen zu beiden Seiten des in der Mitte liegenden Durchganges gezeigt: Auf der linken (südlichen) Seite ist er als idealisierter ägyptischer Pharao in traditioneller königlicher Pose dargestellt. Er sitzt mit der Göttin Maat in einem Kiosk und trägt das konventionelle Königsgewand. Vor dem Kiosk ist Ramose in vier Szenen jeweils unterschiedlich gekleidet und in einer anderen bürokratischen Rolle zu sehen. Rechts (nördlich) der Tür ist Amenophis IV. abgebildet, der äußerlich bereits die Merkmale des Echnaton aufweist, aber noch nicht diesen Namen trägt. Er steht mit seiner Frau Nofretete in einem Erscheinungsfenster. Ihre birnenförmigen Körper mit den feinen Gliedmaßen und langgestreckten Schädeln stehen in krassem Unterschied zu den traditionellen Figuren links von der Tür. Das kunstvoll gefältelte Gewand des Königs hängt unter seinem rundlichen Bauch herab; auffallend ist der linsenförmige Bauchnabel. Diese frühen Fassungen des Amarnastils werden kennzeichnend für die Königsdarstellungen in der übrigen Echnatonschen Regierungszeit.

Über dem Pharao und seiner Frau sendet eine Sonnenscheibe Lichtstrahlen aus, die in kleinen Händen enden. Manche Hände berühren Echnaton und Nofretete, andere reichen ihnen Symbole des Lebens und des Glücks. Ramose steht mit erhobenen Armen in lobpreisender Haltung vor dem Königspaar und nimmt Halsketten und andere Belohnungen von seinem König entgegen. Er ist ebenfalls im Amarnastil gearbeitet. Die Männer, die ihn kleiden, beugen sich leicht in einer für diese Kunst seltsamen Haltung. Weiter rechts nimmt Ramose den Jubel der Untertanen des Königs entgegen, als er sich ausländischen Gesandten zuwendet und sie begrüßt. Darunter sind – erkennbar anhand der Haartracht,

den Gesichtszügen und der Kleidung – vier Nubier, zwei Westasiaten und ein Libyer. Der Kontrast zwischen den beiden Seiten dieser Rückwand könnte nicht eklatanter sein. In nur drei oder vier Jahren hatte sich in der ägyptischen Kunst ein dramatischer Wandel vollzogen, und dieses Nebeneinanderstehen der beiden Stile veranschaulicht, wie tiefgreifend er sogar zu Beginn schon war. Es wäre hochinteressant zu erfahren, wie sich diese „Revolution" auf Ramoses Karriere auswirkte. War er der vollkommene Staatsdiener, der sich an jegliche Vorgaben eines neuen Pharao anpassen konnte? Oder war der Wandel in der Politik noch nicht stark genug für Vorgaben über die Kunst hinaus?
Es gibt keinen gesicherten Beweis dafür, dass Ramose wie viele andere Hofbeamte von Theben in Echnatons neue Hauptstadt Achet-Aton (Tell el-Amarna) umgezogen ist. Mit Sicherheit kann man lediglich sagen, dass er in der Anfangszeit der Herrschaft des Amenophis IV. und vor der Vollendung der Rückwand in TT 55 starb und dass seine Kinder ihn nicht überlebten.

448 RAMOSES GEFOLGE MIT GEMÜSE-, BLUMEN- UND VOGELOPFERN.

449 OBEN DAS TOR VON DER ERSTEN IN DIE ZWEITE KAMMER.

449 UNTEN LINKS EIN MITGLIED DES PERSONALS AUS RAMOSES HAUSHALT.

449 UNTEN RECHTS EIN PRIESTER BRINGT ZWEI VASEN ZU RAMOSE.

5

DAS GRAB VON CHERIUF (TT 192)

GESCHICHTE

Auch das Grab des Cheriuf ist für seine qualitativ hochwertigen Reliefs berühmt. Es ist in dieselbe Zeit zu datieren und im selben Stil dekoriert wie das Grab des Ramose. TT 192 ist das größte thebanische Adelsgrab dieser Art der 18. Dynastie, was bestätigt, dass Cheriuf ein reicher und mächtiger Hofbeamter war.

Jedoch wird Cheriufs Grab heutzutage selten besichtigt. Das Grab des Ramose ist viel beliebter, was in hohem Maße mit seiner leicht zugänglichen Hanglage in der Nähe der Hauptstraße zusammenhängt. Cheriufs Grab liegt sehr ungünstig an einer schmalen, unbefestigten Straße, die nicht von Reisebussen befahren werden kann. Ein großer Teil ist in schlechtem Zustand: Das Dach stürzte noch in der alten Zeit ein, und Teile der Dekoration wurden nach der Amarnazeit herausgehackt. Die ersten Europäer besuchten es im Jahr 1886, und seither haben viele Reisende und Wissenschaftler seinen weiteren Verfall beschrieben. Noch vor vergleichsweise kurzer Zeit, in den 1940er Jahren, entfernten Diebe Stücke aus den Wandreliefs. Was von der Dekoration aber noch erhalten ist, wird zu Recht zu den besten Reliefs aus dem Neuen Reich gezählt, und das Grab ist durchaus einen Besuch wert.

Cheriufs Grab ist wie das des Ramose in konservativem Stil dekoriert. Cheriuf selbst hatte durchaus zugegeben, dass die Auswahl der Szenen und Texte sich bewusst an Altem orientierte, und stolz stellte er fest, Seine Majestät habe dies getan, gemäß der alten Schriften; frühere Generationen hätten solche Riten seit der Zeit der Vorfahren nicht begangen.

TT 192 wurde seitlich in eine große, unregelmäßige Grube mit felsigem Grund in einem Bereich der thebanischen Nekropole namens El-Assasif gehauen. Es liegt ein paar hundert Meter von Deir el-Bahari entfernt, in der Nähe des großen Schlammziegelgebäudes mit gewölbtem Dach (Metropolitan House), das der ägyptischen Expedition des New York Metropolitan Museum of Art in den 1920er- und 1930er-Jahren als Hauptquartier diente. Es kann schwierig sein, das Grab zu finden; aber in den Wächterhäusern kann man nach dem Weg fragen. Es ist ratsam, eine Taschenlampe mitzubringen, denn im Grab ist nur das Licht, das der Führer mit einem zerbrochenen Spiegel reflektiert.

BESICHTIGUNG

EINGANG Ursprünglich führte eine Rampe mit Stufen an der Ostseite der offenen Grube zum Eingang hinunter. Die Treppe wurde aber nicht freigelegt, und so geht man heute über eine moderne Treppe hinunter zu einem kleinen Korridor.

Cheriuf (bei seiner Geburt Naai genannt) war der Sohn eines Heeresschreibers und einer Sängerin im Tempel des Amun. Als er kurz nach dem Tode Amenophis' III. starb, hatte er es bis zum Prinzen, hohen Beamten, Vorsteher des Palastes der Großen Königlichen Gemahlin Teje, Königlichen Schreiber sowie zum Siegelträger des Königs in Oberägypten gebracht. Seine Hauptaufgabe, die wohl auch sein größter Stolz war, bestand aus der Organisation des *Sed*-Festes für den König in dessen 30. und 37. Regierungsjahr. Das *Sed*-Fest war eine Zeremonie zur Verjüngung und Erneuerung der Lebenskraft des Königs und war als solche ein bedeutender Meilenstein in der Regierungszeit eines Königs. Es war ein großes Ereignis, das Tausende von Menschen im ganzen Land mit einbezog. Religiöse Handlungen wurden begangen, Zeremonien mit Banketten, Musik, Tanz, Prozessionen und offiziellen Veranstaltungen fanden statt. Bauwerke wurden eigens für dieses Fest

errichtet. Für das Fest im 30. Regierungsjahr des Amenophis III. wurde beim Königspalast in Malqata am Südrand von Theben ein Hafen gebaut, eines der größten jemals im alten Ägypten umgesetzten Ingenieursprojekte. Für die späteren *Sed*-Feste des Königs wurde er noch erweitert (im 34. und 37. Regierungsjahr). Über 15 Millionen Kubikmeter Schwemmsand mussten dafür ausgehoben und abtransportiert werden. Cheriuf war wahrscheinlich mit diesen Unternehmungen betraut. In der Grabdekoration setzt er sich mit den *Sed*-Festen des 30. und 37. Regierungsjahres auseinander. Eine Inschrift im Säulengang beschreibt, wie Amenophis III. und Königin Teje im Rahmen der Festrituale durch den Hafen gerudert werden. Das Fest aus dem 34. Jahr wird nicht erwähnt.

SÄULENGANG B Der Eingang zu dem Raum, der heute Cheriufs Hauptgrabkammer genannt wird, befindet sich auf der anderen Seite des offenen Hofes. Ursprünglich war dies ein Gang mit Säulen entlang der Fassade, aber 1943 wurde zum Schutz der Reliefs auf dieser Hofrückwand (Westen) eine Wand eingezogen. Auf der linken (südlichen) Seite der Wand sind Szenen zum *Sed*-Fest im 30. Regierungsjahr zu sehen, und Szenen zum Fest im 37. Jahr bedecken die rechte (nördliche) Seite. Links (südlich) vom Eingang schauen Amenophis III., Hathor und Königin Teje zu, wie acht Prinzessinnen Gefäße aus Gold und Elektron darbringen (die Texte weisen sie als Ausländerinnen aus). Die anmutigen, jugendlichen Körper scheinen durch die zarten Gewänder hindurch. Ihre Fußgelenke, Bäuche und besonders die Gesichter sind sehr fein modelliert. Große Sorgfalt wurde auf ihre geflochtenen Haare, die sinnlichen vollen Lippen und die Augen verwandt. Jedes Mädchen trägt eine lange Jugendlocke über einer kurzen Perücke und einem kleinen Kopfschmuck. Diese Szene ist sogar noch reicher an kleinen Einzelheiten als die Bankettszenen in Ramoses Grab. Die Betonung des langen, mit äußerster Sorgfalt gekämmten und geflochtenen Haares identifiziert diese Frauenfiguren im Übrigen mit der Göttin Hathor, deren üppiges, pechschwarzes Haar man pries. Dahinter sind weitere Beispiele weiblicher Schönheit: Akrobatische Tänzerinnen bie-

450 AMENOPHIS III., DURCHGANG ZUR ERSTEN SÄULENHALLE.

451 LINKS OSIRIS, HATHOR UND MAAT IN EINEM SCHREIN.

451 RECHTS OPFERGABEN: SPEISEN, BLUMEN UND GOLD.

LEGENDE

A HOF
B SÄULENGANG
C ERSTE SÄULENHALLE
D ZWEITE SÄULENHALLE

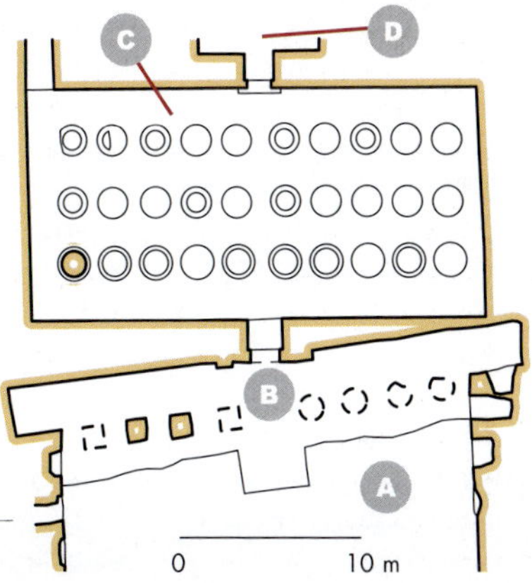

gen sich, ihr langes, geflochtenes Haar berührt fast den Boden, während sie zur Musik von Flöten, Sängern und klatschenden Frauen komplizierte Schritte ausführen. Die Art, in der sie ihre langen Finger biegen, kündigt den Stil der Amarnazeit an. Ägyptologen und Kunsthistoriker kommentierten die Starre der tanzenden Personen, das Fehlen von Individualität und Sinnlichkeit, und tatsächlich sind die Szenen betont konservativ. Es besteht ein deutlicher Gegensatz zu den lebendigen und fast erotischen Gestalten in den früheren Gräbern von Menena, Nacht und besonders im Grab des Rechmire.
Auf der rechten Seite des Eingangs schauen Amenophis III. und Teje sitzend weiteren Tanzvorführungen von diesmal fast ausschließlich Männern zu. Rechts darüber hilft der König in einem großen Register beim Aufstellen einer *Djed*-Säule, die in Ägypten ein mächtiges Symbol für Ausdauer, Auferstehung und Wiedergeburt des Königs war. Im darunter liegenden Register führen Männer einen Stocktanz auf, der dem ähnelt, der in ägyptischen Dörfern heute noch getanzt wird. Im unteren Register führen Hirten Rinder und Esel. Manche Hirten haben einen fliehenden Haaransatz. Solche Szenen – Hirten mit ungewöhnlichen äußeren Merkmalen und Tänzer, die stilistisch an das Alte Reich erinnern – sind weitere Beispiele für die Tendenz in Cheriufs Grab, sich am Alten zu orientieren.
Der linke Türpfosten am in der Wandmitte liegenden Eingang ist mit kunstvollen erhabenen Hieroglyphenreliefs beschriftet. Man achte insbesondere auf die herrlich detailgetreue Gans, die Göttin Maat sowie Schlangen und Vögel. Hinter der Tür sind lediglich zerbrochene Säulen von der einstigen Halle übrig geblieben. Sie stürzte offensichtlich ein, während man das Grab anlegte.
EINGANG (ERNEUT) Wendet man sich noch einmal dem Grabeingang zu, so stößt man dort auf eine faszinierende Szene, die jedoch stark beschädigt ist.
Aus der südlichen Wand des Eingangskorridors (jetzt rechts) – zwischen dem Eingang zu TT 194 und einem Eisentor – wurde vieles herausgehackt; der Rest ist mit einer dicken Schicht aus Ruß und Schmutz bedeckt. Die Szene war so stark beschädigt, dass niemand sie bis zu den 1950er-Jahren für interessant hielt. Als die Fachleute für Epigraphik der Universität von Chicago mit der Erfassung der Dekoration in TT 192 begannen, verbrachten die Künstler und Epigraphen im wahrsten Sinne des Wortes Hunderte von Stunden damit, die verbliebenen Spuren auf der Wand zu betrachten. Nur Bruchstücke des ursprünglichen Reliefs waren zu sehen, aber durch unterschiedliche Beleuchtung und mit einer Mischung aus Kryptographie und Ägyptologie gelang es dem Team schließlich, das Original zu rekonstruieren. Im Jahr 1980 erstellte es zwei Zeichnungen. Eine nur mit den Elementen, die auf der Wand zu sehen waren, eine andere mit den Elementen, die man rekonstruieren konnte. Der aufschlussreiche Unterschied ist der Geduld und dem Geschick des Teams zu verdanken.
In dieser Szene zollt Amenophis IV. dem Gott Re-Harachte Tribut. Vor dem König ist eine große Menge an Opfergaben, und darüber prangte einst ein großes, eingeschnittenes Quadrat, das nun geschwärzt und fast zerstört ist. Es ist in kleine Quadrate mit einer Seitenlänge von zwei Zentimetern unterteilt: 13 Quadrate von oben nach unten, 14 von links nach rechts, also insgesamt 182 Quadrate. Jedes enthält ein einziges Hieroglyphenwort, und sie sind so angeordnet, dass sie zwei Texte bilden. Ein Text ist in senkrechten Spalten von links nach rechts zu lesen, der andere

huti-em-Heb aus der 19. Dynastie. Er war Aufseher über die Sumpfbewohner und Schreiber im Amuntempel. Auf der linken (östlichen) Wand ist er direkt im Eingang in anbetender Haltung vor einigen Göttern dargestellt. Auf der rechten Seite des Cheriuf-Korridors befindet sich das Grab des Djehuti-Nacht, TT 189, eines Aufsehers über die Schreiner und Goldarbeiter im Amuntempel. Es besteht aus einigen beschädigten, aber dekorierten Kammern, und in einer davon befinden sich Töpferwaren aus dem Neuen Reich. Es ist ein Labyrinth aus angelegten und zerstörten Räumen. Der komplexe Plan und der unfertige Zustand vermitteln einen Eindruck davon, wie die Steinhauer im Altertum arbeiteten und wie überfüllt diese Adelsnekropole zur Regierungszeit von Ramses II., als TT 189 angelegt wurde, bereits war.

in waagerechten Reihen von oben nach unten. Die obere Reihe des magischen Quadrats lautet beispielsweise sinngemäß: „Anbetung des Amun-Re, des Göttlichen, des Geliebten … durch den Perfekten Gott Nefercheperura, den Sohn des Re, Amenophis, Herrscher über Theben: Heil dir …“ In der Textspalte ganz links hieße es: „Anbetung des Re-Harachte, des guten Sprechers der Götter, durch den Perfekten Gott; dem Sohn des Re, Amenophis, Herrscher über Theben: Heil dir …“ Und der Text fährt mit noch mehr exaltiertem Lob von König und Gott fort.
Puzzleartige „magische Quadrate“ wie dieses wurden in anderen Gräbern und in Tempeln des Neuen Reiches gefunden. Solche kryptographischen Texte dienten scheinbar dazu, Besucher im Altertum mit Mysterien der Religion zu beeindrucken und die magischen Kräfte der geschriebenen Worte hervorzuheben.
Viele Schäden wurden TT 192 kurz nach dem Tode Amenophis' IV. zugefügt, als die Ägypter anstrebten, die Erinnerung an ihn und die Veränderungen, die er in Religion und Politik eingeführt hatte, auszulöschen. Das magische Wortquadrat und Bezüge zu dem König wurden verunstaltet. Auch Darstellungen von Cheriuf wurden herausgehackt; möglicherweise, weil er mit dem neuen Pharao und seinem „häretischen“ Glauben zu offensichtlich eine Bindung eingegangen war.
In der Nähe von TT 192 befinden sich zwei weitere unbeleuchtete Gräber, die man besichtigen kann. Sie stehen nicht auf der offiziellen Liste der geöffneten Gräber, sind aber zugänglich. Aber aufgepasst: In beiden Gräbern gibt es im Boden der nachtdunklen Kammern bis zu zehn Meter tiefe Schächte, und beim Abrutschen kann man sich schwere oder sogar tödliche Verletzungen zuziehen. Man muss vorsichtig gehen und immer beim Wächter oder den anderen Personen bleiben.
Wenn man im Hof von Cheriufs Grab steht, so liegt am Ende des linken Korridors der Eingang zu TT 194, dem Grab des Dje-

452 LINKS TÄNZER BEI AMENOPHIS' JUBILÄUM.

452 RECHTS AMENOPHIS III. UND SEINE FRAU TEJE SCHAUEN DEN TÄNZERN ZU.

453 OBEN TÖCHTER AMENOPHIS' III. MIT OPFERGABEN.

453 UNTEN EIN AFFE UND EIN KALB AM KOPF DES REGISTERS MIT DEN TÄNZERN.

5

DAS GRAB VON CHAEMHAT (TT 57)

GESCHICHTE

Das dritte reliefdekorierte Grab aus der späten Regierungszeit von Amenophis III. (und der frühen Zeit des Amenophis IV.) wurde in einem ähnlichen Stil gehalten, jedoch sind die Figuren weniger akribisch gearbeitet. Besonders interessant sind die Inhalte, mit denen Chaemhat das recht eingeschränkte thematische Spektrum aus den Gräbern des Ramose und des Cheriuf ergänzte. Er fügte beispielsweise Szenen hinzu, die um seine Laufbahn als Aufseher über die Kornspeicher Ober- und Unterägyptens und königlicher Schreiber kreisen. Chaemhats Grab wurde 1842 entdeckt. Es hatte bereits stark gelitten, und dies dauerte noch ein weiteres Jahrhundert an. Viele Jahre lang lebten Einheimische darin, und Rauch und Ruß ihrer Feuer schwärzten die Wände. Sir Robert Mond versuchte zu Beginn des 19. Jahrhunderts, sie zu reinigen – er habe mit Seife, Wasser und der Kraft seiner Muskeln gewirkt –, richtete aber mehr Schaden als Nutzen an, denn er entfernte alle Farbe, die vielleicht noch vorhanden war. Frühe Ägyptologen nahmen Abdrücke der Wandreliefs und beschädigten sie noch mehr. Im 19. Jahrhundert schließlich wurden Stücke aus der Dekoration herausgehackt und in europäische Museen gebracht. Trotz allem ist das Grab sowohl wegen der Qualität der Reliefs als auch wegen der Bandbreite der Szenen einen Besuch wert.

BESICHTIGUNG

Das Grab liegt auf der Westseite eines kleinen Hofes und wurde etwa 50 Meter vom Grab des Ramose (TT 55) entfernt in den Felsen getrieben. In der **ERSTEN KAMMER C** steht Chaemhat links (südlich) des Durchganges auf der Vorderwand (östlich) und nimmt Opfergaben entgegen. Im Weiteren bringt er der Herrin der Kornspeicher Opfer dar, der Göttin Renenutet. In Griechenland ist sie unter dem Namen Termuthis bekannt. Sie stillt den jungen Pharao. Chaemhats Haar sowie der Kragen und die Ketten um seinen Hals sind sehr sorgfältig eingeschnitten. Seine Hände sind wohlgeformt, die Nägel manikürt. Die Arbeiten sind in demselben konservativen Stil ausgeführt wie in

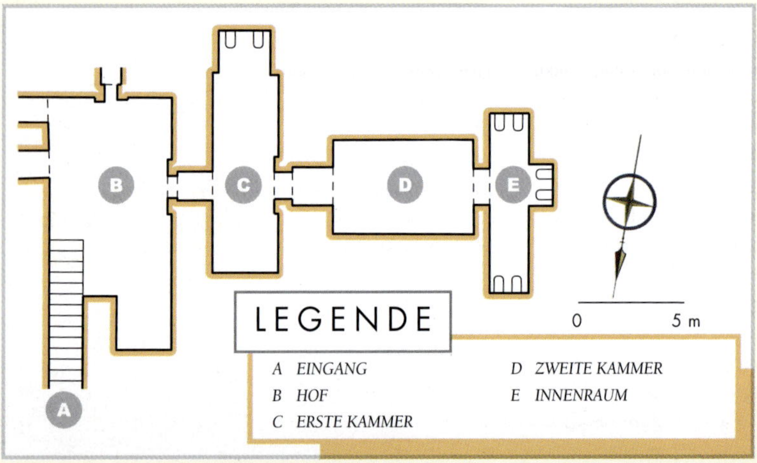

den Gräbern von Ramose und Cheriuf, aber Gesichtszüge und Muskulatur sind weniger akkurat, und im Gegensatz zu denen anderer Adliger wirken die Darstellungen des Chaemhat weich.
Diese Wand wurde weitgehend zerstört, aber am rechten (südlichen) Ende kann man im unteren Register noch Transportschiffe erkennen, die im Hafen von Theben Korn löschen. Einige verdrehte Seile der Takelage sind sehr detailliert gearbeitet, man sieht sogar Knoten. Die Griffe der langen Ruder enden in feingeschnittenen Knäufen in der Form des Königskopfes, und unweit davon löschen Hafenarbeiter Fracht, die für die Tempellagerhäuser und vielleicht für einen in der Nähe gezeigten Markt bestimmt ist. Hinter dem Betrachter (linkes

454 OBEN PROFIL DES CHAEMHAT.

455 OBEN DURCHGANG ZUR ERSTEN KAMMER.

455 UNTEN DIE HERRIN DER KORNSPEICHER STILLT DEN JUNGEN PHARAO.

[südliches] Ende der westlichen Rückwand der Kammer) treiben Schreiber Bullen zusammen, um sie zu zählen und Amenophis III. zu präsentieren. Die Tiere sind extrem fett – man achte auf die Hautfalten hinten in ihrem Nacken – und ihre Beine unnormal kurz. Sie sind gerade so groß, dass sie den Hirten bis zur Taille reichen. Rechts erstattet Chaemhat Amenophis III. Bericht über den aktuellen Stand seiner zahlreichen Projekte. Unter den Stühlen von Amenophis III. und seiner Frau sind gefesselte nubische und westasiatische Gefangene zu sehen. Auf der anderen Seite des Durchganges stehen Chaemhat und seine Gehilfen vor Amenophis III., und im oberen Register schenkt der König dem Grabinhaber eine goldene Kette.

Die filigransten Szenen befinden sich am linken Ende der Vorderwand (Osten). Es sind gemäßigtere Versionen der gemalten Szenen im Grab des Menena. Anhand eines Vergleiches der beiden Szenen wird deutlich, wie sehr sich die konservative Dekoration gegen Ende der Regierungszeit Amenophis' III. von dem entspannteren Stil in seinem ersten Regierungsjahrzehnt unterschied. Hier sehen wir Chaemhats Arbeiter in sechs Registern beim Pflügen, Dreschen, Worfeln und dem tabellarischen Erfassen der Kornernte. Man achte auf den Mann im zweiten Register von unten, der kniend aus einem Wasserschlauch im Geäst eines Baumes trinkt (ganz links), und auf Chaemhats minutiös gearbeiteten Klappstuhl (rechts). Im dritten Register springt ein Mann bei dem Versuch hoch, noch mehr Korn in einen bereits vollen Korb zu stopfen. Er trägt gut gearbeitete Sandalen; das ist ungewöhnlich, denn alle anderen in dieser Szene sind barfuß.

Links von dieser Vignette sitzt ein Mann alleine in einem Halbregister und spielt Doppelflöte. Möglicherweise soll seine Musik die Arbeiter anspornen.

Im vierten Register werden zwei Pferde vor Wagen gespannt. Das Zaumzeug ist sehr präzise geschnitten. Ein Pferd streckt den

456 PROFIL DES AMENOPHIS III.

457 OBEN LINKS DREI HOFDAMEN MIT SALBKEGELN AUF DEN KÖPFEN.

457 OBEN RECHTS ENTENOPFER FÜR RENENUTET, DER HERRIN DER KORNSPEICHER.

457 UNTEN MASTKÜHE UND OPFERGABEN WERDEN VOR CHAEMHAT GEBRACHT.

Kopf nach unten und frisst Getreide aus einem Trog. Seine gespannten Muskeln sind sehr akkurat wiedergegeben. Die Pferdemähnen sind schön getrimmt, ihre Schweife gekämmt. Der Wagenlenker schläft, der links unter einem Baum ruhende Mann ebenfalls. Im fünften Register tauchen vier weitere Wagen und Pferde auf. Solche Szenen sind im Neuen Reich zum ersten Mal zu sehen. Pferd und Wagen hielten zwei Jahrhunderte zuvor in Ägypten Einzug, und sie erscheinen häufiger in militärischen Szenen auf Tempelwänden als in privaten Gräbern. Die geographischen Bedingungen waren in Ägypten so, dass das Pferd in erster Linie für militärische Transporte in der Wüste eingesetzt wurde, und nicht als Lasttier im Niltal. Im fünften Register beaufsichtigt Chaemhat das Fällen von Bäumen. Bäume waren im alten Ägypten ein seltener und wertvoller Rohstoff, und man musste sogar eine Erlaubnis von der höchsten zivilen Autorität – dem Wesir – einholen, um einen Baum zu fällen.

Im oberen Register beaufsichtigt Chaemhat Männer bei der Vermessung von Grundstücksgrenzen. Nicht selten mussten sie jedes Jahr überprüft werden, denn die jährliche Nilüberschwemmung zerstörte oder verschob die Markierungen, und Auseinandersetzungen um Land waren im alten Ägypten gängige Rechtsstreitigkeiten. Zum Vermessen diente den

Männern das Seil mit den Knoten in ihrer Hand.

Die **ZWEITE KAMMER D** von TT 57 ist fast völlig zerstört. Einst waren einige vollständige Kapitel aus dem Totenbuch auf die Wände und in den Durchgang zum nächsten Raum gemeißelt. Für Adelsgräber war ein solcher Schwerpunkt auf religiösen Texten recht ungewöhnlich.

Im Innenraum stehen drei Statuenpaare in Nischen. Chaemhat und seine Frau bilden eines, dann Chaemhat und eine unbekannte Frau und schließlich Chaemhat und der Königliche Schreiber Imhotep, mit dem er offensichtlich eng befreundet war, denn im ersten Raum der Grabanlage befindet sich ein weiteres Statuenpaar Chaemhat-Imhotep.

Neben jedem Statuenpaar wurden Abschriften einer Opfergabenliste aus der fünften Dynastie gemeißelt.

Auf der Vorderwand des Innenraumes wurde ein Gipsabdruck von einem Chaemhat-Relief angebracht. Das Original wurde im 19. Jahrhundert herausgeschlagen und befindet sich heute im Ägyptischen Museum Berlin.

458 OBEN
CHAEMHAT (RECHTS) MIT OPFERENTEN SOWIE SECHS REGISTER MIT FELDARBEITERN, ERSTE KAMMER.

458 UNTEN
VIER GESPANNE AUS PFERD UND WAGEN, ERSTE KAMMER.

459 OBEN LINKS
EIN VORSTEHER DIKTIERT EINEM SCHREIBER DIE ANGABEN, ERSTE KAMMER.

459 MITTE LINKS
ZWEI MÄNNER BELADEN EINEN KORB, ERSTE KAMMER.

459 RECHTS
STATUE DES CHAEMHAT IM INNENRAUM.

459 UNTEN
CHAEMHATS MÄNNER PFLÜGEN UND DRESCHEN.

5

GRÄBER DER 19. UND 20. DYNASTIE

Die thebanischen Ramessidengräber werden auf Grund der matten Farben und der dominanten Konturen der Personen im Vergleich mit den Grabmalereien des früheren Neuen Reiches oft gering geschätzt. Genau betrachtet sind sie jedoch vielfältig und zum Teil mit interessanten und sogar komischen Gestaltungselementen sehr gut gemacht. Garten- und Landwirtschaftsszenen (wie im Grab des Sennedjem) sind blühend, üppig und reich an Details, Vögel und Tiere sorgfältig und akkurat gezeichnet. Gerade in diesen Szenen können die menschlichen Figuren bisweilen cartoonartige Züge annehmen. Eilig hingeworfen, haben die dünnen Körper viel zu lange Beine, und Kleidung und Schmuck sind geradezu kitschig. Manche Szenen zeugen von großer Individualität und viel Fantasie, andere hingegen legen Nachdruck auf religiöse Themen, die die Bereitschaft des Künstlers ersticken, sich über formale Konventionen hinauszuwagen. Die Gräber von Roj und von Schuroy in Dra Abu el-Naga zeigen beide Enden des Spektrums. Das Grab des Roj ist gut gemalt und weist viele faszinierende und innovative Details auf. Das Grab des Schuroy wirkt hastig, fantasielos und sogar nachlässig ausgeführt.

5

DAS GRAB VON ROJ (TT 255)

GESCHICHTE

Die Gräber des Berges mit dem Namen Dra Abu el-Naga am Nordrand der thebanischen Nekropole wurden vor kurzem der Öffentlichkeit zugänglich gemacht. Das Grab des Roj ist das interessantere der beiden (das andere trägt die Nummer TT 13, Schuroy). Die Anlage ist klein und besteht aus nur einem 1,85 mal 4 Meter großen Raum. Die mit geometrischen Mustern und Inschriftspalten wundervoll bemalte Decke ist niedrig; ein durchschnittlich großer Mensch passt nicht aufrecht in den Raum, und folglich werden die Touristen vermutlich mit ihren Köpfen die Oberfläche zerstören. Das Grab gehörte Roj – königlicher Schreiber, Verwalter der Gebäude des Königs Haremhab und des Amuntempels – und seiner Gemahlin Nebtauj. Es ist in die späte 18., frühe 19. Dynastie zu datieren. Die Dekoration greift Rojs Begräbnis auf und bedient sich eines informellen Stils, der mehr mit schnell gezeichneten Cartoons gemein hat als mit den idealisierenden und förmlichen Darstellungen beispielsweise bei Ramose.

BESICHTIGUNG

461 BLICK VOM EINGANG IN DAS GAB DES ROJ.

LEGENDE

A EINGANG
B KAMMER
C SCHACHT

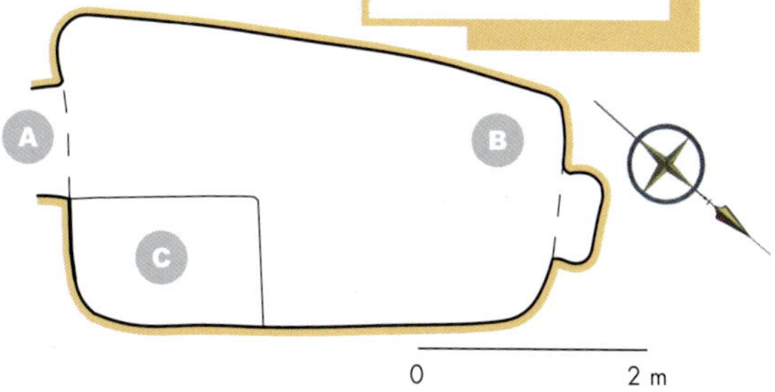

VORDERWAND Auf der rechten Seite der Vorderwand befinden sich vier Register. Oben führt ein Diener eine junge Kuh und stellt vor Roj und seiner Frau mit Blättern verschlossene Gefäße nieder. Im zweiten Register ist eine in thebanischen Gräbern möglicherweise als einzigartig zu betrachtende Szene zu sehen, in der zwei Rinder – eines weiß, das andere braun – beim Pflügen in entgegengesetzter Richtung aneinander vorbeigehen. Die Rinder haben eine langgezogene, stockartige Form, die Anordnung selbst ist jedoch fantasievoll. Links von ihnen steht ein Mann mit einem Kind. Über ihnen ist ein skizzenartig gehaltener Baum, vielleicht eine Eselsfeige. In ihren Zweigen hängen ein Wasserschlauch und ein Essenskorb. Im dritten Register pflügt ein Arbeiter ein Feld. Dahinter streut ein anderer Mann die Saat aus. Über diesen Figuren steht ein Junge neben einem Baum und trinkt offensichtlich aus dem Wasserschlauch. Im unteren Register lehnt ein Vorarbeiter mit weißem Gewand auf einem Stab und beaufsichtigt eine Frau und zwei Männer bei der Flachsernte (allerdings ist diese Szene heute weitgehend zerstört).

LINKE WAND Im oberen Register sind fünf Szenen aus dem Pfortenbuch in einer Art und Weise umgesetzt, die in extremem Gegensatz zu dem Stil aus dem nahe gelegenen TT 13 (Schuroy) steht.

Links stehen Amenemopet, der Aufseher über die königlichen Kornspeicher, und seine Frau Taj anbetend vor einem Schrein mit Maat und Nefertem. Rechts von ihnen stehen Roj und seine Frau vor Hathor und Re-Harachte, denen sie Speiseopfer darbringen. Daneben steht das verstorbene Paar vor der Enneade; Nebtauj hält ein Sistrum und eine Papyrusrolle. Diese Szene ist weitgehend zerstört. Rechts führt Horus Roj und seine Frau zu einer Waage, auf der zwei Maat-Statuetten ihre beiden Herzen in exaktem Gleichge-

wicht halten. Solche Herz-Paare mit Maat-Symbolen kennt man zwar, aber üblich sind sie nicht. Anubis und Thot nehmen das positive Ergebnis der Wägung auf. Schließlich wird das Paar von Horus, Sohn der Isis, dem in einem kunstvoll gemalten Schrein sitzenden Gott Osiris vorgeführt. Roj trägt ein Herzamulett um den Hals. Man achte auf das Band, an dem es hängt. Es ist falsch gezeichnet, als ob sein rechter Arm sich darin verfangen habe. Vor Osiris stehen die vier Horussöhne, gerade einer Lotosblüte entstiegen. Hinter ihm stehen zwei Göttinnen, wahrscheinlich Isis und Nephthys.

Im unteren Register bewegt sich Rojs Begräbniszug voran. Die Darstellungen an sich sind Standardfassungen, aber sie sind gut gearbeitet, und die Feinheiten in den Gesichtern der Trauernden sind bemerkenswert facettenreich und gefühlvoll. Es lohnt sich, diese Szenen einmal der komplizierter gestalteten Begräbnisprozession aus dem Grab des Ramose, TT 55, gegenüberzustellen, die nur 30 Jahre früher entstand. Links stehen vier mit den Verstorbenen befreundete Beamte und halten sich die Hände vor den Mund. Eine Frau kniet unter einem Totenschrein mit dem Schakalgott Anubis. Acht Frauen in Trauerkleidung schreiten voran. Rojs Sarg wird auf einem Schlitten gezogen, und Rojs Diener Thutmosis im Panterfell eines *Sem*-Priesters räuchert den Sarg. Männer treiben die vier Rinder vor dem Schlitten an. Rechts sind sechs Frauen und acht Männer in Trauer dargestellt; ihnen schreitet eine Reihe von (heute stark angegriffenen) Beamten voraus, von denen zwei Wasser darbringen. Einer der Männer – wohl der Älteste in der Gruppe – hat weißes Haar. Rechts ist die aufgerichtete Mumie des Roj zusehen, ein Priester mit der Maske des Anubis betet für sie, und Rojs Frau kniet weinend zu ihren Füßen. Rojs Grab als Ziel der Prozession befindet sich ganz rechts. Es ist ein Bau mit pyramidenartiger Spitze, der vor den Hängen des Westgebirges errichtet wurde.

Oben an dieser Wand verläuft ein Fries aus einem Schrein mit Anubis darauf, Gesichtern der Hathor, doppelten *Kheker*-Friesen und doppelten Inschriftspalten (auch an der rechten Wand, jedoch ohne Text). Dies wird sechsmal wiederholt, und die Farben haben sich sehr gut erhalten.

RÜCKWAND Hier ist sehr vieles zerstört. Zum Bemalen wurde eine dicke Putzschicht auf die raue Gesteinsober-

462–463 LINKE WAND IM GRAB DES ROJ UND DETAIL.

fläche aufgetragen, die später bedingt durch ihr eigenes Gewicht zu Boden fiel. Anbetungsszenen zeigen den Verstorbenen vor Darstellungen der Gemahlin des Königs, die dem Gott Osiris zwei Sistren entgegenhält. Unten links sind einige Spuren der Hathor als Herrin der Sykomore übrig geblieben; sie kommt vor Roj und seinem *Ba* aus ihrem heiligen Baum hervor. Darüber ist Roj vor einem mit verschiedenen Broten beladenen Opfertisch zu sehen. König Amenophis I. und seine Mutter Ahmosis-Nofretiri stehen anbetend dabei und bringen vor Anubis Blumensträuße dar.

RECHTE WAND Links sitzen Roj und seine Frau; sie nehmen von einem *Sem*-Priester Opfergaben entgegen. Zwischen ihnen steht ein Opfertisch. Hinter dem Priester begleiten zwei trauernde Frauen zwei Totenschreine. Weiter rechts sitzen wiederum Roj und seine Frau, um weitere Gaben entgegenzunehmen. Unter den Gaben befindet sich ein mit einer großen, kunstvoll aus Binsen und Blumen gemachten Haube bedecktes Tablett. Dahinter sitzen Rojs Eltern in einem oberen Subregister. Weitere Verwandte, die namentlich jedoch nicht bezeichnet sind, sitzen im unteren Subregister.
Interessanterweise haben viele Szenen in diesem Grab rot gemalte Spalten, die als Inschriftuntergrund angelegt, aber nicht beschriftet worden sind. Manche vermuten darin einen Hinweis auf den plötzlichen Tod des Grabbesitzers noch vor der Vollendung der Wanddekoration. Es könnte sich bei dem Grab aber auch um ein Spekulationsobjekt handeln, das zunächst angelegt und dekoriert wurde. Erst nach der Unterzeichnung des Kaufvertrags sollten dann Namen und Titel der eventuellen Nutzer eingefügt werden.
Am rechten Ende der Wand sitzen Roj und seine Frau auf einem Stuhl – sie auf einem schönen Kissen – vor einem Priester und zwei Trauernden. In der Wand ist ein großes Loch. Vielleicht fiel ein Gesteinsbrocken aus dem Felsgestein, oder möglicherweise war dort ein Holzbalken angebracht, über den man den Sarkophag in den Schacht im Boden direkt davor ablassen konnte. Statt das Loch mit Verputz auszufüllen, überzog der Künstler seinen Umriss mit einer dünnen Verputzschicht und bemalte diese mit Trauben. Diese Technik wurde auch bei der Decke von TT 96 angewandt, dem Grab des Sennefer.

5

DAS GRAB VON PESCHEDU (TT 3)

GESCHICHTE

Das Grab des Peschedu ist von den drei derzeit für die Öffentlichkeit zugänglichen Gräbern in Deir el-Medina (TT 1: Sennedjem, TT3: Peschedu und TT 359: Inherkhau) sowohl am schönsten dekoriert als auch am wenigsten besucht. Die Reiseleiter bringen die Touristen häufig nicht zu diesem Grab, weil es ungefähr 50 Meter bergauf von der Ortschaft Deir el-Medina entfernt liegt und sie die zusätzlichen Minuten für den Weg scheuen. Außerdem ist der Zugang sehr beschwerlich. Über 29 schmale, steile Stufen steigt man in den Felsen hinunter und gelangt zu einem kleinen Vorraum und einem einzelnen kleinen Raum mit gewölbter Decke. Dennoch sollte dieses Grab unbedingt zum Pflichtprogramm in der thebanischen Nekropole gehören.

Über Peschedu ist über die Texte in seinem Grab hinaus wenig bekannt. Er lebte zur Zeit Sethos I. und Ramses II. in Deir el-Medina und war ein Diener an der Stätte der Wahrheit westlich von Theben. Sein Spezialgebiet waren Steinmetzarbeiten. Seine Aufgabe war verantwortungsvoll, denn er war für das Ausheben der Königsgräber im Tal der Könige verantwortlich. Dort überwachte er, wie mit Feuersteinäxten Korridore, Kammern und Säulenhallen tief in den Fels geschlagen wurden. Peschedus Grab wurde offensichtlich im Jahr 1834 von ägyptischen Armeesoldaten ausgegraben. Nur kurze Zeit später besuchte es der schottische Künstler Robert Hay und machte noch heute erhaltene Aufzeichnungen der dekorierten Wände.

BESICHTIGUNG

Man betritt die **ERSTE GRABKAMMER B** durch einen kurzen, gewölbten Durchgang am Fuße der Eingangstreppe. Die Seitenwände des Durchgangs sind wunderschön mit zwei Anubis-Schakalen gestaltet, die auf großen weißen, schreinartigen Sockeln mit Cavetto-Gesimsen ruhen. Die Schakale haben kurze Schnauzen, eine Art Schal liegt um ihren Hals, und eine Geißel hängt über ihrem Körper. Den Hintergrund bildet eine kunstvoll und sorgfältig gemalte Webarbeit oder ein Teppichmuster.

464 OBEN VERWANDTE DES PESCHEDU, LINKS NEBEN DEM EINGANG.

464 UNTEN DER GOTT PTAH-SOKAR-OSIRIS IN FALKENGESTALT, ÜBER DEM DURCHGANG.

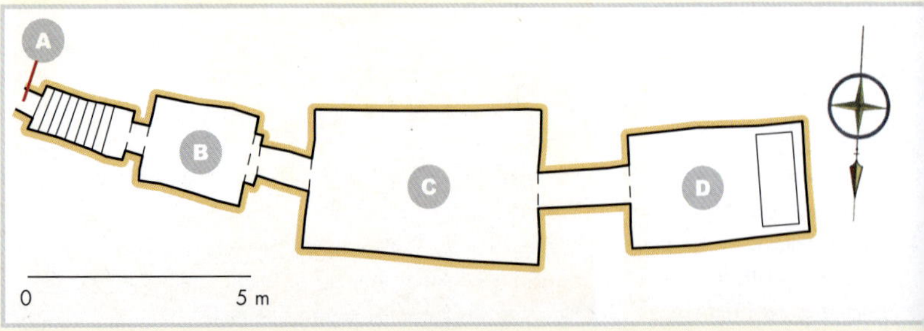

465 OBEN DURCHGANG ZUR INNERSTEN KAMMER, MIT ZWEI ANUBISDARSTELLUNGEN AUF SCHREINEN.

465 UNTEN PESCHEDU UND SEINE TOCHTER STEHEN VOR RE-HARACHTE, RECHTE WAND.

LEGENDE

A EINGANG
B ERSTE GRABKAMMER
C ZWEITE GRABKAMMER
D INNERSTE GRABKAMMER

Über dem Eingang ist der Gott Ptah-Sokar-Osiris in der Grabkammer in Falkengestalt dargestellt. Er breitet seine fein gezeichneten (unterschiedlich großen) Schwingen unter einem *Udjat*-Auge und kurzen Inschriftspalten aus. Der stilisierte, mit weich gebogenen Schwüngen gezeichnete Körper sitzt in einem einfachen Boot. Rechts kniet einer von Peschedus Söhnen – Kaha – vor dem Gott. Links kniet ein anderer Sohn namens Menena vor den auf der gewölbten Decke des Raumes abgebildeten Göttern.

Rechts der Tür führen drei Register verschiedene Mitglieder von Peschedus Familie auf. Im oberen Register schauen vier Männer und eine Frau in anbetenden Haltungen nach rechts: Peschedus Vater Menena, seine Mutter Huj, ein Arbeitskollege namens Nefersecheru und zwei Söhne. Peschedus Vater hat schneeweißes Haar, ein Merkmal, das in Grabmalereien aus dieser Zeit selten, aber nicht unbekannt ist. Im mittleren Register sind Peschedus Schwiegereltern (die Eltern seiner Frau Nedjem-Bechdet) mit vier weiblichen Familienmitgliedern zu sehen. Es handelt sich um drei Schwestern und, ganz links, eine Nichte. Eltern und Verwandte sind mit meliertem Haar dargestellt, was möglicherweise darauf hinweisen soll, dass Nedjem-Bechdets Eltern etwas jünger als Peschedus Eltern waren. Im unteren Register ehren fünf Kinder ihre Eltern Peschedu und Nedjem-Bechdet. Alle Personen auf dieser Wand haben weiße Fingernägel und tragen feine Gewänder, und mit einer Ausnahme tragen alle langes und sorgfältig frisiertes Haar.

Im oberen Register gleich rechts neben dem Eingang füllt eine zierliche, wunder-

voll ausgeführte Zeichnung einer Baumgöttin den Raum neben dem gewölbten Durchgang. Eine Eselsfeige steht neben einem rechteckigen Teich. In den Zweigen bringt die Göttin Nut Peschedu ein Wasseropfer dar, und man sieht das Wasser auf seinen Körper fallen. Er kniet rechts am Rande des Gewölbes. Weiter unten steht rechts seine Frau in anbetender Haltung.
Auf der linken Wand des Raumes stehen Peschedu mit Frau, Sohn und Enkelin einem recht gedrungenen, aber fein gezeichneten Horusfalken gegenüber. Die 50 mit schwarzer Tinte geschriebenen Inschriftspalten sind Kapitel 78 des Totenbuches entnommen; es handelt sich um die Formel zur Umwandlung in einen göttlichen Falken. Man achte ganz links auf Nedjem-Bechdets langes Haar, das sich bis auf die angrenzende Vorderwand ergießt. Sie ist sehr elegant, trägt Schmuck, feines Leinen und hat einen Salbkegel auf dem Haupt. Ganz rechts auf der Wand sitzt das Paar in Begleitung einer Tochter vor einem Opfertisch in einem kleinen Boot. Diese Szene wiederholt sich auf der gegenüberliegenden Wand.

466–467 GRABKAMMER, BLICK ZUM EINGANG.

467 OBEN PESCHEDU MIT GEMAHLIN, SOHN UND ENKELIN.

467 MITTE PESCHEDU EMPFÄNGT VON DER GÖTTIN NUT EIN WASSEROPFER.

467 UNTEN DREI VON PESCHEDUS KINDERN, LINKE WAND.

468 OBEN RÜCKWAND MIT OSIRIS AUF EINEM THRON.

468 UNTEN PESCHEDU UND SEINE GEMAHLIN AUF EINEM BOOT, PILGERFAHRT NACH ABYDOS.

469 AUSSCHNITT AUS DEN SECHZEHN GOTTHEITEN, DECKE DER INNERSTEN KAMMER.

Auf der Rückwand des Raumes ist Osiris zu sehen. Er trägt die *Nemes*-Krone und sitzt mit Geißel und Zepter auf seinem Thron. Vor ihm bringt eine sitzende Gottheit eine Schale mit brennenden Kerzen dar. Dahinter bringen die Arme eines *Udjat*-Auges ebenfalls eine Schale mit Kerzen dar, während Peschedu darunter in anbetender Haltung kniet. Seine Füße sind groß und grob gemalt. Links steht der Horusfalke neben dem Westgebirge aus rotem Granit. Man achte auf den Schwanz des Falken, der so gebogen und zurechtgestutzt wurde, dass er in den Platz in der Raumecke passt. Unter dieser Szene und auf den Seitenwänden bedeckt moderner Lehmputz die Stelle, an der ursprünglich der Sarkophag stand.

Auf der rechten Wand sitzen Peschedu, seine Frau und die Tochter Nebnefret vor vier männlichen Gottheiten und einer *Djed*-Säule: erst der falkenköpfige Re-Harachte, gefolgt vom menschenköpfigen Atum, danach der skarabäusköpfige Chepre (die morgendliche Erscheinungsform des Sonnengottes) und Ptah.

Die bekannteste Szene aus diesem Grab, vielleicht aus ganz Theben, ist sicherlich die auf der linken Vorderwand des Raumes. Peschedu kniet und beugt sich unter den Zweigen einer *Dom*-Palme am Rande eines Teiches hinunter. Hinter ihm sind in schlichter Art und Weise 21 Inschriftspalten geschrieben, 17 davon sind Kapitel 62 des Totenbuches entnommen (Spruch zum Wassertrinken in Gottes Wohnstätte). Der Text ist voller Fehler. Diese Nachlässigkeit steht in starkem Kontrast zu der schönen Szene davor. Es ist eine wundervolle Szene, ein Musterbeispiel für Klarheit und Komposition. Bei der Palme sind sogar solch winzige Details wie Fasern am Stamm zu erkennen. Peschedus Körper hingegen ist nicht viel mehr als ein ovales Etwas, ein schlecht proportionierter Rumpf, wenig Feinheiten außer den Fingernägeln (und die sind falsch gemalt, aus der rechten Hand wird die linke).

In der gewölbten Decke sind auf jeder Seite acht Gottheiten dargestellt. Rechts: Osiris, Thot, Hathor, Re-Harachte, Neith, Serqet, Anubis und Wepwawet. Links: Osiris, Isis, Nut, Nun, Nephthys, Geb, Anubis und Wepwawet. In der Mitte stehen 40 Inschriftspalten aus Kapitel 181 des Totenbuches, der Spruch vom Gang zum Gericht und über die Götter der Unterwelt. Auch hier wimmelt es von Grammatik- und Rechtschreibfehlern.

5

DAS GRAB VON SENNEDJEM (TT 1)

GESCHICHTE

Signifikante Unterschiede in Architektur und Dekoration grenzen die Gräber der (Kunst-)Handwerker und Arbeiter, die in Deir el-Medina lebten, von anderen thebanischen Privatgräbern ab.
Sie hatten einen von einer niedrigen Schlammziegelmauer eingefassten Vorhof, in dem sich auch ein Garten und ein kleiner Teich befinden konnten. Hinter dem Vorhof stand eine kleine, nie mehr als zehn Meter hohe Pyramide, eventuell mit einem kleinen Raum oder einer Stelennische darinnen, die zu den letzten in ägyptische Grabkonzeptionen integrierten Pyramiden gehörten. Die anderen Räume sowohl für Kulthandlungen als auch für den Sarg befanden sich im Felsinnern einige Meter dahinter.
Die Gräber von Deir el-Medina durchziehen den Berg westlich der Ortschaft. Platz war kostbar, und die Gräber wurden für ganze Familien und nicht nur für Einzelpersonen benutzt. In Sennedjems Grab fand man beispielsweise 20 Leichname. Nachfolgende Generationen einer Familie konnten ein Grab verwenden, das bereits Jahrzehnte früher angelegt worden war, ein Grab konnte aber auch einer anderen Familie zugeteilt werden, wenn die ursprünglichen Eigentümer keine Erben hinterließen.
Die Dekoration unterscheidet die Gräber in Deir el-Medina von anderen thebanischen Gräbern. Hier finden sich keine Alltagsszenenwie in den Gräbern des Rechmire, Menena oder Nacht. Die hiesigen Gräber kennen keine Begräbniszeremonien, Bankette, Prozessionen, und sogar das „Schöne Fest vom Wüstental“, das in anderen Gräbern eine so große Rolle spielt, fehlt. Stattdessen widmet sich die Wanddekoration fast ausschließlich Texten und Szenen aus dem Totenbuch und greift auf dasselbe Repertoire religiöser Szenen zurück, das auf den Wänden von Königsgräbern im Tal der Könige zu sehen war.
Die Arbeiter scheinen sich mit der Wahl dieser Szenen, die früher auf Königsgräber beschränkt waren, auf eine besondere Beziehung zwischen sich und dem Königshof sowie den Göttern zu berufen.
Darüber hinaus folgte der Dekorationsstil in Deir el-Medina anderen Regeln. Die Szenen kopieren Vignetten zum Totenbuch. Als Kopien sind sie per definitionem keine Originale, und ihnen fehlt die Lebhaftigkeit aus Darstellungen in anderen Privatgräbern. Die technische Qualität ist hingegen beeindruckend. Die Künstler arbeiteten schnell und sicher und setzten frische Farben auf einen sattgelben Untergrund, der an die Farbe von Papyrus erinnern soll. Motive aus der Natur, wie beispielsweise Bäume und Büsche, sind bemerkenswert detailliert gemalt.
Eines der besten Beispiele für diese Deir-el-Medina-Malerei ist das Grab des Sennedjem, TT 1, am oberen Ende einer modernen Treppe gleich westlich von seinem Haus in Deir el-Medina. Es ist eines der interessantesten und am besten erhaltenen Gräber in Deir el-Medina.
Bei der Entdeckung im Jahre 1886 stellte sich heraus, dass es nicht geplündert worden war. Die Grabgegenstände aber wurden in alle Welt verbracht, bevor sie gründlich studiert werden konnten, und folglich wissen wir nur, dass Sennedjem ein Arbeiter aus diesem Ort war.

470 OBEN UND 471 RECHTS DETAILS, BÄUME, DEKORATION DER GRABKAMMER.

471 LINKS BLICK IN DIE LINKE HÄLFTE DER GRABKAMMER.

BESICHTIGUNG

EINGANG A Ein Pylon und ein niedrig eingefasster Hof bildeten den ursprünglichen Eingang zu Sennedjems Grab. Über dem in die Grabkammer führenden Durchgang befand sich eine Pyramide. Heute sind Pyramide und Hof nicht mehr da; hier befindet sich nun eine Art Raststätte.Von dort aus steigt man steile und schlechte Stufen in den Felsen hinunter und kommt zur überwölbten Grabkammer. Sie hat eine Fläche von nur ungefähr drei mal vier Meter und eine niedrige Decke. Die Lebendigkeit der Farben und der ausgezeichnete Erhaltungszustand haben noch jeden Besucher überrascht.
Rechts im Eingang zur **GRABKAMMER C** sitzt der Sonnenkater von Heliopolis unter einem Persea-Baum und sticht mit einem großen Messer auf den Feind des Sonnengottes, die böse Apophisschlange, ein. Blut strömt aus ihren Wunden. Auf der gegenüberliegenden Wand flankieren zwei sitzende Löwen als Symbole für Berge am westlichen Horizont die untergehende Sonne. Ursprünglich war hier eine wunderschön bemalte Tür angebracht (die sich nun im Ägyptischen Museum in Kairo befindet). Tür und Türlaibungen waren mit einer Abschrift von Spruch 17 aus dem Totenbuch bedeckt.

VORDERWAND (RECHTE SEITE) Der mumifizierte Sennedjem liegt auf einem Löwenbett in einem Schrein, flankiert von Isis (am Fuße des Bettes) und Nephthys (am Kopfende). Die beiden sind in der Gestalt von Falkenweibchen dargestellt. Ihr Bruder war Osiris. Im Sinne der Theologie des Neuen Reiches würde Sennedjem im Tode eins mit Osiris, und in der Trauer um Sennedjem betrauern die Göttinnen auch ihren Bruder.

LEGENDE

A EINGANG
B DURCHGANG
C GRABKAMMER

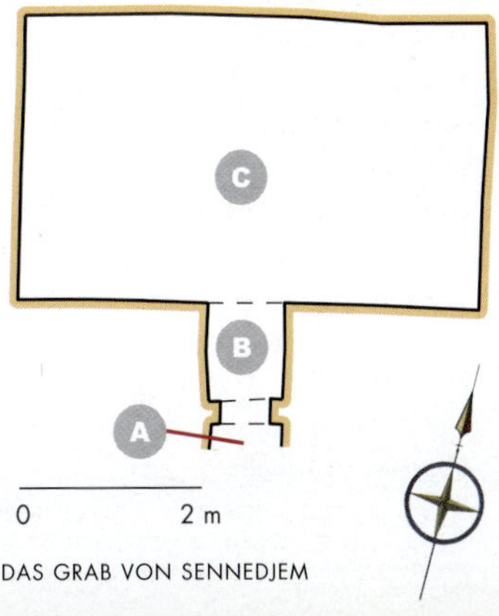

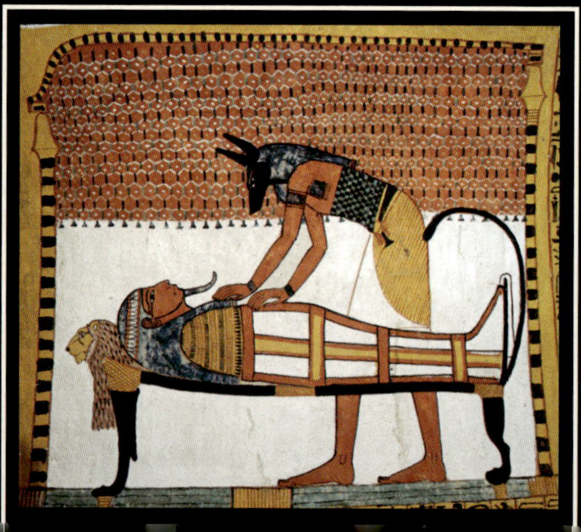

472 OBEN LINKE WAND, GRAB DES SENNEDJEM.

472 UNTEN EIN PRIESTER MIT ANUBISMASKE FÜHRT DIE MUMIFIZIERUNG DES SENNEDJEM AUS.

473 OBEN DETAIL, OPFERTISCH FÜR OSIRIS.

473 UNTEN LINKS OSIRIS IN EINEM SCHREIN MIT GEISSEL UND ZEPTER.

473 UNTEN RECHTS EIN SOHN DES SENNEDJEM IM PRIESTERGEWAND REICHT SEINEN ELTERN WASSER.

Im Register darunter nehmen zwei Paare und eine Gruppe aus drei Personen Gaben entgegen. Rechts bringt Sennedjems Sohn Bu-nachtef im Leopardenfell eines *Sem*-Priesters seinen Eltern Gaben dar. Links opfert ein weiterer Priester ein Segel, das den lebenserneuernden Wind symbolisiert. Weiter links segnet ein dritter Priester Salbkegel auf den Köpfen von Sennedjems Vater Chabekhnet und seinen Frauen. Kinder knien neben den Stühlen.

LINKE WAND Im oberen Bereich der linken Schmalwand flankieren schwarze Anubisfiguren (der Schakal, der die Nekropole bewacht) Lotosblumen als Symbol für das Leben und verschiedene Wassersymbole. Sennedjem und seine Frau verehren darunter die Götter Osiris (Erster der oberen Reihe) und Re-Harachte (untere Reihe), die elf anderen Unterweltgöttern voranschreiten. Der Text stammt aus Kapitel 190 des Totenbuches und wird Sennedjem Stärke und Kraft verleihen, wenn er diese Götter begrüßt.

RÜCKWAND Ganz links vollendet ein Priester mit der Maske des Anubis Sennedjems Mumifizierung. Die Mumie liegt auf einem Löwenbett mit kunstvoller Löwenmähne und einem langen Schwanz. Es steht in einem Schrein, der mit quastenbesetztem Stoff ausgekleidet ist. Auszüge aus Kapitel 1 des Totenbuches umgeben ihn. Dieses Kapitel wurde rezitiert, während der Körper zur Beisetzung in das Grab getragen wurde. Rechts ist Osiris mit Geißel und Zepter dargestellt. Er trägt die *Atef*-Krone und steht in einem Schrein mit Lotossäulen und Uräusfries auf dem Hieroglyphensymbol für Maat, das Wahrheit, Gerechtigkeit und universelle Ordnung bedeutet. Auf beiden Seiten seines Kopfes sind *Udjat*-Augen und darunter *Imiut*-Fetische. Dies sind Tierbälger, die an einen Stab gebunden und mit Lotosblüten umwickelt werden. Sie symbolisieren Verjüngung und Lebenserneuerung. Rechts bringt Sennedjem dem Gott kniend Speiseopfer dar. Eine weitere Sennedjem-Figur wird von Anubis vor Osiris geführt.

RECHTE WAND Eine der bekanntesten Szenen des Neuen Reiches befindet sich auf der rechten Schmalwand dieser Kammer. Über vier Register pflügen und ernten Sennedjem und seine Frau Iineferti im Jenseits. Die Szene ist in der ägyptischen Kunst oft zu finden – eine Standardvignette zu Kapitel 110 aus dem Totenbuch – aber nirgends sonst in so eleganter Ausführung. Im Giebelfeld verehren zwei Paviane Re-Harachte-Atum, der durch die Unterwelt segelt. Auf seiner Barke steht ein schmaler Schrein, der einen Tempel im unterägyptischen Ort Buto darstellt. Ferner sind eine Schwalbe als Symbol für die Ewigkeit und ein eigenartiger, *Schemes*-Zeichen genannter Gegenstand bei ihm. Er besteht aus einer Harpune mit einem Messer und einem Menschenbein und gilt als Symbol für das Gefolge des Horus.
Darunter folgen landwirtschaftliche Szenen in den *Iarus*-Gefilden. Diese Felder der Gesegneten sind von Wasserkanälen umgeben. Sennedjem und seine Frau knien auf einem Sandhügel und lobpreisen Re-Harachte, Osiris, Ptah und zwei andere Götter, die für die Enneade stehen. Die Götter sitzen auf der Hieroglyphe für Maat. Hinter ihnen kniet Sennedjems Sohn Rahotep in einer kleinen Barke, während sein Bruder Chons an der väterlichen Mumie das Mundöffnungsritual vornimmt. Drei schwarze Ovale rechts neben der Szene stehen für „Kampfplatz", „Opferplatz" und „Größtes".
Unter einem schmalen, wassergefüllten Kanal ernten Sennedjem und seine Frau Iineferti ein Getreidefeld ab. Die Halme sind nicht so realistisch wie in der Ernteszene aus Menenas Grab, aber einige pfiffige Einfälle sind zu sehen. Sennedjem hält beispielsweise Getreidehalme in seiner linken Hand, und diese Hand ist auf die normale Art und Weise gezeichnet. Seine rechte Hand aber, in der er die Sichel hält, ist merkwürdig verdreht. Der Künstler versuchte, Sennedjem zu zeigen, wie er die Sichel gerade horizontal hält, aber die Regeln der ägyptischen Kunst verlangten, dass die Sichel in der Position darzustellen ist, in der man sie am besten erkennen kann, also seitlich. Deswegen malte er die Sichel aufrecht, drehte aber das Handgelenk und den Ballen so, dass es scheint, als schwinge Sennedjem die Sichel parallel zum Boden. Die beiden am Handgelenk V-förmig zusammenlaufenden Linien deuten Sehnen an, die beim Biegen der Hand hervortreten. Rechts kniet der Verstorbene auf einer Matte vor einem mit Speisen und Wein bestückten Opfertisch. Er riecht an einer Lotosblüte.
Darunter ergreift Sennedjem grüne Flachsstengel, die seine Frau zu Bündeln zusammenbindet. Iineferti geht hinter Sennedjem und streut Saatgut aus. Sennedjem pflügt die Felder und treibt mit einer Geißel zwei Rinder an. Vor den Rindern steht eine filigran gemalte Eselsfeige. Ihre Zweige erstrecken sich über die Registereinfassung hinaus in eine Fläche mit vier schwarzen Ovalen, die den weiter oben genannten Ovalen ähneln.
Fruchtbarkeit wird in solchen Szenen betont. Im Totenbuch lautet ein Auszug des Begleittextes zu dieser Vignette: „Ich mache mir dein Feld, das du liebst, zu eigen; Herrin der Winde. Ich esse und feiere darin. Ich trinke und pflüge darin. Ich ernte darin, ich liebe und kopuliere darin, ich sterbe nicht

474–475 SENNEDJEM UND SEINE FRAU PFLÜGEN UND ERNTEN IM JENSEITS, RECHTE WAND.

475 OBEN RECHTS VIER DER ZEHN WÄCHTER DER PFORTEN ZUR UNTERWELT.

475 MITTE BLICK IN DIE RECHTE HÄLFTE DER GRABKAMMER.

475 UNTEN RE-HARACHTE-ATUM SEGELT DURCH DIE UNTERWELT, RECHTE WAND.

darin, denn mein Zauber ist darin mächtig."

Das untere Register wird von einem weiteren wassergefüllten Kanal unterteilt. Im oberen Teil wechseln *Dom*-Palmen, Dattelpalmen und Eselsfeigen ab; alle Bäume tragen üppig Frucht. Darunter wachsen Kornblumen, Alraunen und rote Mohnblumen am Kanal. Rechts legt eine *Djet-tefet*-Barke (die Re-Harachte gehört) an einer Insel in einer kleinen Einbuchtung an.

VORDERWAND (LINKE SEITE) Sennedjem und seine Frau stehen in getrennten Registern und beten Darstellungen der zehn Wächter der Pforten zur Unterwelt an. Jeder Wächter sitzt in einem kleinen Schrein. Verwandte von Sennedjem und seiner Frau bringen Opfer in Form von Blumen und Vögeln. Manche dieser Figuren überlappen sich in verwirrender und sogar unmöglicher Weise. Man achte beispielsweise darauf, wie sich die Arme und Fußgelenke der beiden Männer direkt hinter den Stühlen überlappen. Kleine Kinder, die als Miniatur-Erwachsene gemalt sind, stehen neben den Stühlen ihrer Eltern.

DECKE Einige Szenen zu formellen religiösen Handlungen wurden in die Gewölbedecke des Grabes gemalt. Bei der Tür spendet die Göttin Nut Sennedjem und seiner Frau Wasser und Brotlaibe. Sie entsteigt einer Eselsfeige. Szenen mit solchen Baumgöttinnen waren im alten Ägypten sehr beliebt, und eine Rede der Baumgöttin in einem anderen Grab verrät den Grund: „Ich bin Nut“, heißt es dort, „ich bin mit Gaben zu dir gekommen. Du sitzt unter mir und findest unter meinen Zweigen Kühlung. Ich erlaube dir, von meiner Milch zu trinken, zu leben und dich an meinen beiden Brüsten zu nähren …“ Im Grab des Thutmosis III. ist eine Szene zu sehen, in der die Baumgöttin den Pharao stillt. Die Eselsfeige trägt Früchte, in die kleine Einschnitte zu machen sind. Das ist eine mühsame, aber notwendige Arbeit. Die Feigen müssen frei von Wespenlarven sein, damit man sie essen kann. Jede Feige an diesem

Baum wurde eingekerbt und kann Sennedjem und seine Frau ernähren.

In einer anderen Szene steht Sennedjem vor der Himmelstür. Die unteren Angeln der Tür sitzen auf der Erde auf, die oberen stoßen an die Hieroglyphe für Himmel. Andere Szenen an der Decke zeigen die Verstorbenen in Anbetung und Gebet vor verschiedenen Göttern. Zwei Eselsfeigen stehen an der Seite einer Szene, die Sonne geht zwischen ihnen auf. Es sind die beiden „Eselsfeigen aus Türkis, zwischen denen Re hervorgeht". Die neu geborene Sonne steigt aus der Dunkelheit empor und reitet auf dem Rücken eines Kalbes.

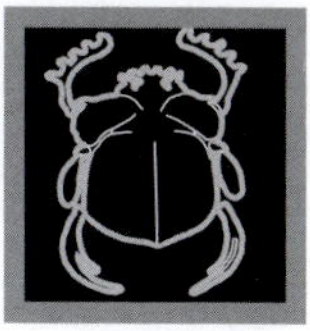

467–477 DECKE DER HAUPTKAMMER IM GRAB DES SENNEDJEM.

5

DAS GRAB VON USERHAT (TT 51)

GESCHICHTE

Die Malereien in diesem kleinen Grab der 19. Dynastie stellen in ikonographischer Hinsicht ein interessantes Stilgemisch dar: Einige lehnen sich an Motive aus der Zeit von Amenophis III. und IV., andere an Ramses I. und Sethos I. an. So weisen die rasierten Köpfe, schematischen Gesichter und lässigen Posen auf den Amarna-Stil hin. Es gibt aber auch für Ramses typische Details, wie die sorgfältig gezogenen Augenbrauen, und die pompösen, fast verschwenderischen Kleider und Opfergaben.
Userhat (nicht zu verwechseln mit Userhat aus dem nahen Grab TT 56) lebte während der letzten Regierungsjahre von Haremhab, in der Zeit Ramses' I. und starb zur Zeit von Sethos I. Er war der Erste Prophet des königlichen *Ka* von Thutmosis I., einem König der frühen 18. Dynastie, der später im Neuen Reich bewundert und verehrt wurde – wegen seiner engen Bindung an die Entwicklung der thebanischen Nekropole, insbesondere an die Handwerkssiedlung von Deir el-Medina.
TT 51 gehört zu vier Gräbern der Ramessidenzeit, die in die Wände eines kleinen Hofes im Nordosthang von Sheikh Abd el-Qurna eingemeißelt wurden. Offenbar kam es hier regelmäßig zu schweren Wolkenbrüchen, denn die alten Steinmetze legten eine hohe Schwelle im Grabeingang an und senkten gleichzeitig den Hofboden ab. Links des Grabeingangs ließ Userhat eine meterhohe Kalksteinstele in die Wand des Hofes einmeißeln. In acht Zeilen sind auf ihr die üblichen Opfer und die Namen von Familienmitgliedern vermerkt.
Userhats Grab sollte nach einem komplizierten Plan erbaut werden: Auf eine quer liegende Vorkammer folgten ein Raum mit vier Pfeilern und ein Korridor, der schräg zur Grabkammer hinabführte. Die Wände wurden so sorgfältig behauen, wie es das Gestein zuließ und dann mit einer dicken Schicht aus weißem Gips verputzt, der mit gehäckseltem Stroh gebunden wurde (dieses *Tibn* genannte Material wird noch heute in Ägypten verwendet). Vermutlich aus Zeitmangel wurde nur die Vorkammer bemalt. Die Szenen zeigen ausschließlich religiö-

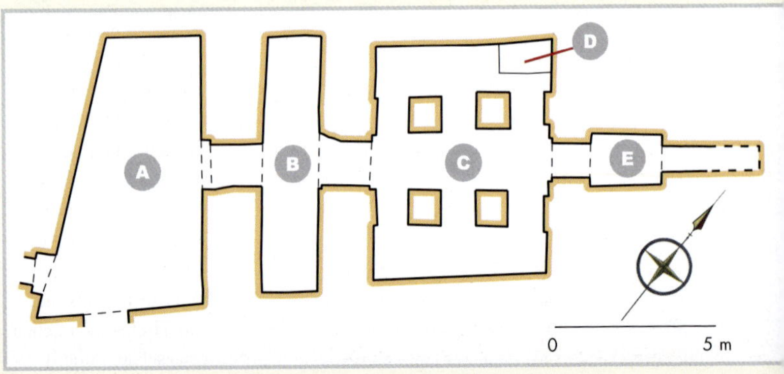

se Themen und Begräbnisrituale und nicht Szenen des täglichen Lebens, wie in früheren Gräbern des Neuen Reiches.

Die Vorkammer ist ein schmaler, sieben Meter langer und nur 1,50 Meter breiter Raum. Wenden Sie sich im Raum nach links, um die Wand gegenüber dem Eingang anzusehen; hier sind in drei Registern verschiedene Begräbnisrituale dargestellt.

478 EINE DER GEMAHLINNEN DES USERHAT, VORRAUM.

479 LINKS USERHAT MIT GEMAHLIN UND MUTTER, RECHTE SCHMALWAND DES VORRAUMES.

479 RECHTS DIE SÄULENHALLE.

LEGENDE

A HOF
B VORRAUM
C SÄULENHALLE
D SCHACHT
E GRABKAMMER

BESICHTIGUNG

SÜDLICHE (VORDER-WAND, WESTHÄLFTE

Userhat steht im unteren Register, mitten auf der Wand vor einem Gebäude (wahrscheinlich ein Königspalast); er empfängt große Mengen von Opfergaben und Schmuck. Links nimmt seine Frau Hatschepsut weitere Geschenke entgegen. Ganz links, in einem Halbregister bei der Tür, wartet ein Pferdewagen darauf, bis Userhat die Zeremonien beendet hat. Der Wagenlenker ist in eine angeregte Diskussion mit dem Torhüter vertieft.

Das mittlere Register zeigt die Begräbnisprozession von Userhat. Drei Rinder ziehen einen Schlitten mit einem kunstvollen Katafalk, in dem der Sarg liegt; alles ist mit Blumensträußen bedeckt. Darüber sind Beispiele der Grabmöbel zu sehen. Rechts streuen sieben Klageweiber Asche auf ihre Köpfe, sie weinen und klagen. Hinter ihnen stehen die Mumien von Userhat und seiner Frau auf einer niedrigen Plattform. Priester mit Panterfellen als Rangabzeichen beten sie an und opfern ihnen. Hinter den Mumien werden die Verstorbenen von Hathor in der Unterwelt willkommen geheißen. Er steht vor einer mit Girlanden geschmückten Pyramide, die ein Ägyptologe als „absurd“ bezeichnet hat – offenbar soll sie Userhats Grab repräsentieren.

Im oberen Register werden Userhat und seine Frau Hatschepsut (auch Schepset genannt) von Anubis vor eine Balkenwaage geführt, auf der ihre guten Taten gegen Maat gewogen werden. Die Göttin Maat und der Gott Thot stehen neben den Waagschalen und der

Nilpferd-/Krokodilgott Ammut sitzt daneben und wartet darauf, die Bösen zu verschlingen. Natürlich besteht Userhat die Prüfung mit Bravour und ist rechts vor Osiris kniend zu sehen, der vor einem Berg aus Speise- und Blumenopfern sitzt. Hinter ihm steht die Westgöttin. Norman de Garis Davies, der 1927 seine Forschungen zum Grab veröffentlichte, nannte die Arbeiten unverantwortlich „schlampig". Damit übertreibt er sicher, doch man erkennt aus dem Vergleich mit anderen Szenen des Grabes, dass hier zwei Künstler mit sehr unterschiedlichem Talent für die Wandmalereien verantwortlich waren.

WESTLICHE (LINKE) ENDWAND Obwohl das untere Register sehr stark beschädigt ist, kann man dort noch eine ungewöhnliche Szene sehen, die den Toten und seine Frau neben einem kleinen Teich zeigt. Userhat gibt seiner Frau eine Angelrute, und das Paar angelt *Int*-Fische, ein Symbol der Wiedergeburt. Die Darstellung ist ein Beispiel dafür, dass selbst belanglose, häusliche Szenen im Kontext mit Begräbnisriten gesehen wurden. In dem größeren Register darüber wird eine falkenköpfige Sonnengottheit, vielleicht Montu, von

drei Männern angebetet. Sie werden vorgestellt als „Imhotep, der Prinz, Oberster Beamter der Stadt und Wesir. Sein geliebter Sohn, Hohepriester von Amun, Hapuseneb (Userhats Vater), der Hohe Priester von Amun, Chonsemheb. Ihr Erbe, Userhat, genannt Neferhebef, der ihre Namen ehren wird".

NÖRDLICHE (RÜCK-) WAND, WESTHÄLFTE

Drei Register zeigen den jährlichen Kult um Thutmosis I, der unter der Aufsicht von Userhat in seinem Tempel am Westufer durchgeführt wurde. Obwohl es sich dabei vermutlich um eine der wichtigsten Pflichten von Userhat handelte, ist sie nur bruchstückhaft dargestellt. Drei Register zeigen die Vorbereitung der Opfer, die Prozession der königlichen Statue zu Land und zu Wasser und die Rückkehr in den Tempel. Im stark beschädigten unteren Register sitzt Userhat links und überwacht Träger, die Opfergaben und Geräte für die Zeremonie tragen. Im mittleren Register rechts ziehen Priester eine Ebenholzstatue von Thutmosis I. auf eine Gruppe von Verwaltungsbeamten und Honoratioren zu (der Name des Königs ist auf den Kartuschen dargestellt). Vor der Statue brennt ein Rauchopfer; der Rauch wird dem König ins Gesicht gefächelt. Links hat eine Barke mit der Statue Segel gesetzt; sie schwimmt auf einem rechteckigen Teich, der von üppigen Gärten umgeben ist. Im oberen Register wird die Statue zurück in den Tempelschrein gebracht und die Heilige Barke auf einem Alabaster-Ständer abgestellt.

480–481 UND 481 REINIGUNGSZEREMONIE UND OPFERGABEN, NORDÖSTLICHE WAND DES VORRAUMES.

480 UNTEN LINKS DIE WESTGÖTTIN VOR DEM HÜGEL IN DER WESTWÜSTE.

480 UNTEN RECHTS EIN BOOT IN DER ABYDOS-PROZESSION.

NÖRDLICHE (RÜCK-) WAND, OSTHÄLFTE Zwei große Register zeigen die Feiern zum neuen Jahr, mit denen die Fortsetzung der königlichen Macht gesichert wird. Darüber steht Userhat als Erster Prophet vor einem sitzenden Osiris; darunter steht er vor Thutmosis I. Die beiden Register wurden sehr ähnlich angelegt und sind ausgezeichnete Beispiele für den Horror Vacui der Ägypter. Auf den ersten Blick erscheinen sie derart überfüllt zu sein, dass sich die Bedeutung der Szenen nicht erschließt. Dennoch gehören sie gerade wegen ihres Detailreichtums zu den besten Darstellungen des Grabes. Im oberen Register ist Userhat in kostbarer Robe zu sehen (die leeren Kartuschen auf den Beinen der Tierhäute, die er trägt, sollten die Namen von Ramses I. aufnehmen). Userhat begutachtet einen Tisch, der mit großen Mengen von Opfergaben – Berge von Früchten und Gemüse, Blumen und Brotlaiben – bedeckt ist. Links davon wird ein sitzender Osiris von drei Göttern begleitet, vielleicht Hathor, Maat und Anubis. Hinter Userhat stehen seine Frau, seine Schwester und ein Sohn. In zwei Halbregistern rechts sitzt das verstorbene Paar vor Grabbeigaben, Priestern und Frauen, die ihren Tod beklagen und die Opfergaben reinigen.
Das untere Register ist ähnlich aufgebaut, doch hier begutachtet Userhat die Opfer für den Pharao Thutmosis I. und seine Frau Ahmose-Nefertiri. Auch hier gibt es einen übervollen Opfertisch, diesmal mit zwei großen, sorgfältig gemalten Wildvögeln und einem Laib Brot. Hinter ihm stehen seine Mutter Henut-tauj, seine Frau und eine Tochter. Rechts davon, im oberen Halbregister, ist das verstorbene Paar zusammen mit dem Beamten Nebmehyt und seiner Frau dargestellt. Es ist unbekannt, warum die beiden hier erscheinen (Nebmehyt taucht auch auf der Ostwand hinter dem Betrachter auf).

ÖSTLICHE (RECHTE) ENDWAND Die berühmteste Szene in TT 51 ist eine wunderschöne Zeichnung von Userhat, seiner Frau und seiner Mutter, die neben einer Eselsfeige sitzen (anders als üblich wurden die Namen der Frauen auf ihre Arme geschrieben).
Die Stühle sind aus kohlschwarzem Ebenholz, die Kleider leuchtend weiß – in perfektem Kontrast zu den lebendig gemalten Pektoralen und dem grünen, beblätterten Baum im Hintergrund. Die Haut der Frauen – und die von Userhat – schimmert deutlich durch das beinahe durchsichtige, gefaltete Leinen ihrer Kleidung. Ihre Augen sind sorgfältig umrandet, die Wangen tragen Rouge, und das Haar ist perfekt geflochten.
Die Eselsfeige war ein sehr wichtiger Baum im antiken Ägypten. Er lieferte ein har-

tes, haltbares Holz, jedes Jahr sechs Ernten essbarer Früchte und einen weißen milchigen Saft, der als Medizin verwendet wurde. Der Baum wurde in Verbindung mit Göttinnen wie Hathor, Nut und Isis gebracht, die zwischen seinen Zweigen leben sollten. Der Künstler hat sich sehr viel Mühe gegeben, den Baum zu malen: Man sieht, dass jede Feige mit der Hand eingekerbt wurde, um die Wespeneier zu töten, die sich in der Frucht entwickeln und die Reife verhindern. Beachten Sie auch die kleinen Vögel, die vor Userhats Gesicht durch die Zweige flattern. Die Seelen von Userhat und seiner Frau erscheinen als menschenköpfige Falken am Ufer eines T-förmigen Teiches. Rechts davon steht die Göttin Nut neben einem rechteckigen Teich; sie hält vier Schalen mit Eselsfeigen und Trauben und gießt Wasser aus einem Krug in Tassen, aus denen die Familienmitglieder trinken.

SÜDLICHE (VORDER-) WAND, OSTHÄLFTE Im unteren Register wird dem Gott Montu gehuldigt. Sein Tempel in Achmin, direkt südlich von Theben, steht in Verbindung mit Userhats Mutter. Der falkenköpfige Gott trägt eine Sonnenscheibe auf dem Kopf und sitzt vor einer stehenden Figur der Göttin Meretseger.
Vor ihm gießt Userhat ein Trankopfer über einen Tisch voller Opfergaben. Ihm folgen zwei Priester – einer davon ist als Nebmehyt gekennzeichnet, dem der Betrachter bereits in der Nordecke der Rückwand hinter sich begegnet ist. Alle drei tragen kostbare Roben aus Panterfellen. Ihnen folgen wiederum drei Frauen, vielleicht die Ehefrauen oder Priesterinnen. Im Register darüber steht Userhat links vor einem Opfertisch und verfolgt verschiedene Zeremonien. In der Mitte der Wand kniet Userhat; acht Priester reinigen ihn, indem sie Wasser über ihm ausgießen. Rechts kniet Userhat unter (was bedeutet: neben) Opfergaben und Gefäßen vor drei Schreinen mit acht Gottheiten der Unterwelt. Osiris sitzt ganz rechts in einem Kiosk zusammen mit Anubis und Thot.

482–483 USERHAT MIT GEMAHLIN, SOHN UND SCHWESTERN BRINGT OSIRIS OPFER DAR.

483 OBEN ANUBIS AUF EINEM SCHREIN.

483 UNTEN USERHAT UND SEINE FRAU SITZEN VOR EINEM BUND ZWIEBELN (NICHT SICHTBAR), SYMBOL FÜR OSIRIS.

5

DAS GRAB VON CHONS (TT 31)

GESCHICHTE

Das seitlich in einem kleinen Hof in Sheikh Abd el-Qurna angelegte Grab des Chons ist in die Regierungszeit Ramses' II. zu datieren. Chons war Erster Prophet in einem Tempel Thutmosis' III. und der Sohn eines Mannes, der Erster Prophet im Totentempel des Amenophis III. gewesen war.

BESICHTIGUNG

Der Hof, in dem das Grab angelegt wurde, ist zerstört; ebenso ein Stelenpaar, das ursprünglich den Grabeingang flankierte. Vor etwa 80 Jahren wurden zerbrochene Fragmente der Türlaibungen wieder zusammengesetzt. Auf ihnen ist Chons, gefolgt von seiner Mutter Tausret, seinem Sohn und einer seiner beiden Ehefrauen zu sehen. Sie treten aus dem Grab hinaus ins Tageslicht, in Anbetung des am östlichen Horizont aufgehenden Re, wie es heißt. Chons trägt ein Panterfell, die Frau hält ein Sistrum, und sein Sohn trägt ein Vogelpaar. Oben läuft ein Fries aus abwechselnd Anubisschakalen und *Kheker*-Ornamenten um die Türlaibung herum.

Die andere Seite der Tür ist stärker beschädigt. Sie zeigte einst Chons, seine Mutter und seinen Sohn beim Hineingehen in das Grab, das heißt, auf den westlichen Horizont zu, in „Anbetung des am westlichen Horizont untergehenden Re". Mutter und Sohn sind auf beiden Seitenflächen der Wandöffnung gleich gekleidet, Chons jedoch ist auf der nördlichen Fläche kahlköpfig, während er auf der südlichen eine Perücke trägt. Die Decke des Durchganges ist mit Vögeln im Fluge dekoriert, allerdings sehr schematisch in Reihen und Spalten. Die Decke des dritten Durchganges ist mit einer wesentlich schöneren Vogelmalerei verziert.

ERSTE KAMMER, SÜDLICHE WAND (VORDERWAND), LINKE (WESTLICHE) SEITE

Im Rahmen seiner Aufgabe als Erster Prophet hatte Chons an jährlich wiederkehrenden Festen in verschiedenen Tempeln im gesamten Gau Theben teilzunehmen, und eines war das Fest zu Ehren des Kriegsgottes Montu. Es fand in seinem Tempel in der etwa 20 Kilometer

südlich von Theben am Westufer des Nils gelegenen Stadt Achmin statt (von den Griechen auch Hermonthis genannt). Ein Ägyptologe ist der Meinung, Chons sei Erster Prophet des lebenden Thutmosis' III. gewesen, also nicht an seinem Totentempel in Theben, sondern am Ursprungsort des Tempels in Armant. Das Montu-Fest ist das Thema der meisten Reliefs der westlichen Hälfte der ersten Kammer.

Im oberen Register der vorderen Wand finden sich sehr geschäftige Szenen der Verehrung des Gottes Montu während seines alljährlichen Festes. Zwei Männer stehen am Bug eines Bootes, das Montus Schrein befördert. Sie sind als Brüder identifiziert, aber ihre Beziehung zu Chons ist nicht geklärt. Einer ist der Wesir von Achmin namens Usermont, der andere ein Montu-Priester namens Huj. In ihrem Boot ist außerdem ein Schrein mit einem Bootsmodell auf einem kleineren Schrein darin. Dieser wiederum birgt die Statue des Gottes. Am Boden des größeren Schreines wurde rechts klein König Ramses II. gemalt, der dem Gott ein Opfer darbringt. Am Bug des größeren Bootes steht Montu mit einer Sonnenscheibe und einem breiten Kragen. Das rechteckige Gewässer, auf dem das Boot segelt, soll den Nil darstellen. Es ist voller Fische.

Die Boote segeln von Achmin zu einem anderen Montu-Tempel in der wenige Kilometer nördlich gelegenen Stadt Tod. Die Barke des Montu wird von zwei kleineren Booten geschleppt. Sie segeln nebeneinander und haben die Barke mit einem dicken Tau angebunden. Die Konstruktion der Boote lässt vermuten, dass es sich nicht um normale Schlepperboote handelt, sondern um Kriegsschiffe, die für den festlichen Anlass zu diesem Dienst verpflichtet wurden. Auf der Kabine des Bootes stehen zwei Männer und kämpfen mit Stöcken. Im darüberliegenden Register räuchern vier in Panterfelle gekleidete Priester große Mengen von Speiseopfern. Der erste Priester in der Reihe ist Chons' Vater. Rechts räuchert Chons selbst einen weiteren Schrein mit einer Barke und einer Statue des Montu. Chons trägt ein kunstvolles Gewand und ein Panterfell und steht neben Speiseopfergaben.
Unter diesem Register und von diesem durch ein Band aus Lotosblüten getrennt sitzen Chons und seine Verwandten. Links sitzen Chons und seine Mutter vor einem Opfertisch mit brennenden Kerzen und werden von einem Priester geweiht. Die Szene ist stark zerstört, vier hinter dem Priester stehende Frauen, die die Szene beobachten, sind jedoch erkennbar. Rechts sitzt Chons mit seiner Großmutter, seiner Mutter und seiner Tochter. Links bringt sein Sohn ein Trankopfer dar.

LINKE (WESTLICHE) WAND Die Szenen im oberen Register sind die Fortsetzung der Szenen auf der Vorderwand. Hier sind Thutmosis III. und Ramses II. zu beiden Seiten des Montu-Schreines dargestellt. Unter den ausgestreckten Schwingen der Geiergöttin Nechbet wird die Barke von zwei Schiffen geschleppt. Auf einem davon kämpfen zwei Männer mit Stöcken. Über einem Mann, der den Stock verloren hat, steht geschrieben: „Amun ist es, der den Sieg verleiht." In diesem Fall hält man das Boot für ein militärisches Transportboot, nicht für ein Kriegsschiff oder einen Schlepper. In den kleinen Registern darüber halten sich Priester am Ufer bereit, um die Schiffe auf der Rückfahrt vom Fest zu grüßen. Chons, seine Mutter, seine Frau und seine Tochter sind auch dort.

484 OBEN SEM-PRIESTER MIT OPFERGABEN.

484 UNTEN VÖGEL IM FLUGE, DEKORATION DER GRABDECKE.

485 EINE DER BARKEN AUF DEN WÄNDEN DER ERSTEN KAMMER.

LEGENDE

A EINGANG
B ERSTE KAMMER
C ZWEITE KAMMER
D DRITTE KAMMER
E NISCHE

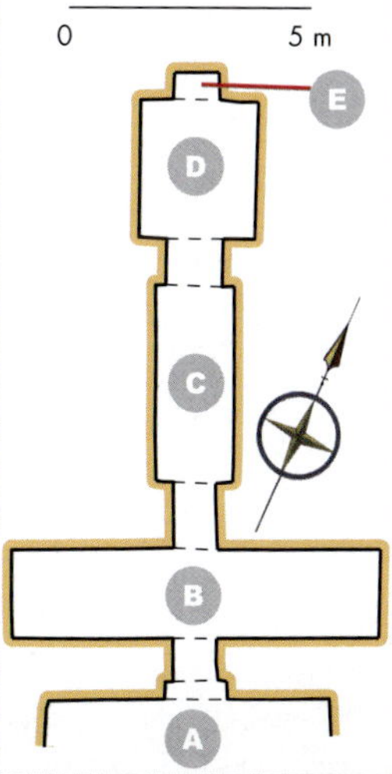

Im unteren Register fehlt ein Großteil. Ursprünglich war hier eine Insel in einem großen, quadratischen Becken zu sehen, auf der man Zeremonien für die Mumien der Verstorbenen abhielt. Rechts nehmen Familienmitglieder – darunter ein Sohn, Chons' Mutter und seine Schwester sowie andere, deren Namen und Titel fehlen – ein Begräbnismahl zu sich.

RÜCKWAND (NORDEN), LINKE (WESTLICHE) SEITE Auch hierbei handelt es sich um die Fortsetzung der Szenen des Montu-Festes. Das Fest ist zu Ende, und der Schrein mit der Statue des Montu wird nun auf den Schultern von acht Priestern wieder in den Tempel zurückgebracht. Der in ein aufwändiges Gewand gekleidete Hohepriester des Montu, Ramose, geht nebenher. Im Text heißt es auszugsweise: „Willkommen! Ihr seid aus Tod gekommen und ruht in Achmin. Alle Menschen tun Beifall kund!" Rechts stehen die Pylone eines Tempels von Thutmosis III. Heute kann man in Achmin einen ptolemäischen Tempel besichtigen, es gibt jedoch Beweise für einen früheren, unter Thutmosis III. entstandenen und von Ramses II. erweiterten Bau. In der Szene weiter rechts ist der Schrein bereits verwahrt, und Chons bringt vor den geschlossenen Türen ein Trankopfer dar.

RÜCKWAND (NORDEN), RECHTE (ÖSTLICHE) SEITE Osiris sitzt in einem in leuchtenden Farben gestalteten Kiosk. Thron und Gewand sind in der Farbgebung und den Details gleichermaßen überladen. Anubis steht hinter ihm. Man achte auf die Überreste eines kleinen Vogels mit Menschenkopf und -händen, der das vom Opfertisch rinnende Wasser trinkt. Es ist Chons' *Ba*-Vogel, der an dem Wasser nippt, das Osiris geweiht wurde. Der Priester, der dem Gott ein Rauchopfer darbringt, ist wahrscheinlich Chons selbst. Er wird von Frauen und Kindern begleitet, darunter seine Mutter, Frau, Sohn und Tochter. Die Beine des Jungen sind unglaublich lang – entweder ein künstlerischer Ausrutscher oder die Absicht, einen schlaksigen Heranwachsenden zu charakterisieren.

Die **RECHTE (ÖSTLICHE) WAND** beschäftigt sich mit einer Zeremonie für König Thutmosis III. Im oberen Register befördert rechts eine Barke Schrein und Statue des Königs; Chons steht an Deck und bringt Opfer dar. Die Barke wird von einem kleinen Ruderboot mit zehn Männern unter dem Kommando des Usermont gezogen, der auch beim Montu-Fest auf der Vorderwand und der linken Wand erschien. Die Schiffe segeln in einem T-förmigen Becken, an dessen Ende der Tempel Thutmosis' III. steht (links). Acht Priester empfangen die Prozession mit Geschenken. Im Register darunter agieren vier Frauen vom Tempel als Trauernde für den toten König. Sie klagen und streuen sich Asche auf das Haupt. Darunter sitzen Chons, seine Frau, Sohn und Tochter in einer kleinen Laube oder einem Pavillon und schauen zu, wie Hirten Rinder, Schafe und Ziegen aus einem Begräbnisgebäude von Thutmosis III. herbeibringen. Chons hatte auch den Titel des Aufsehers der Rinder für den Tempel Thutmosis' III. inne. Ein Vorarbeiter namens Kaka wirft sich ihm zu Füßen. Chons betrachtet die Parade und sagt zu einem Hirten: „Die Tiere des Gottes gedeihen gut. Bring dieses Kalb zum Tempel!" Das betreffende Kalb ist nicht gut zu erkennen. Ein links außen stehender Hirte trägt es in einem Netz aus Seilen auf seinen Schultern. Er ist gerade auf der Höhe eines Baumes, ein kleiner Hund folgt ihm.

486 LINKS DER PHARAO NIMMT OPFERGABEN ENTGEGEN.

486 RECHTS OSIRIS NIMMT AUF EINEM THRON OPFERGABEN ENTGEGEN.

487 PRIESTER TRAGEN DIE HEILIGE BARKE IN DER PROZESSION.

Die meisten Tiere sind in dieser Szene unsauber und schlecht gezeichnet. Die Bäume sind hingegen sehr schön gemalt.

VORDERWAND (SÜDEN), LINKE (ÖSTLICHE) SEITE Im oberen Register geht es um die Gerichtshalle. Zwölf Götter, der Rat der Gerichtshalle, sitzen oben mit dem Gott Re über ihren Köpfen; Chons und seine Mutter stehen hinten. Unter den Göttern sind Atum, Schu, Tephenis, Montu, Osiris, Haroeris, Isis und Nephthys. Darunter wiegt Anubis das Herz des Verstorbenen auf der Waage, Thot passt auf und notiert das Ergebnis. Links führt Horus Chons und seine Mutter zum Schrein des Osiris. Der Text verkündet dem Gott, Chons habe niemals bösartig gegen die Großen in diesem Land gehandelt, er habe getan, was der König wünsche und was den Göttern gefalle.

Im unteren Register wohnt man der Beerdigung von Chons und seiner Mutter bei (nicht seiner Frau, wie man annehmen könnte). Sein mit einer Pyramide bekröntes Grab hat einen Säulengang, einen zentralen Pylon sowie eine bemalte Stele, deren Text die Besucher bittet, für ihr weiteres Wohlergehen zu beten. Chons' Frau und seine Tochter berühren die Mumien zärtlich, während zwei Priester das Mundöffnungsritual praktizieren. Sechs Frauen beweinen die Verstorbenen. Der Begräbniszug rechts ist heute teilweise zerstört, und der Sarkophag auf einem von Rindern gezogenen Schlitten ist verschwunden. Aber Personen des Begräbniszuges sind zu erkennen. Einer gießt Milch auf den Weg, um ihn zu reinigen, bevor der Sarkophag dort entlangkommt. Rechts über der Prozession sind zwei Rinder zu sehen. Eines blutet stark, denn ihm wurde ein Vorderbein abgenommen. Derartige Amputationen waren im Neuen Reich nach der 18. Dynastie offensichtlich gängige Begräbnispraktiken, und in manchen Gräbern wird der Priester bei der Durchführung dieser Operation gezeigt.

ZWEITE KAMMER Der Türsturz am Durchgang zur zweiten Kammer zeigt Chons und seine Familie beim Opfern von Duftstoffen und Sistren für Osiris, Hathor und Re-Harachte. Hier sind nur winzige Fragmente erhalten.

DRITTE KAMMER Die Decke des ansonsten zerstörten Durchganges ist mit einem exzellenten Beispiel der ägyptischen Malerei verziert. Enten fliegen in alle Richtungen durch das Laubwerk, als hätte man sie aufgestört. In den Zweigen sind Nester zu sehen; in manchen sind Eier und in einem sogar zwei Küken mit aufgesperrten Schnäbeln und herausgestreckten Zungen. Neben diesem Nest hockt eine überlebensgroße Heuschrecke (weiter links eine zweite). Dieses Insekt ist in der ägyptischen Kunst selten zu finden. Die Enten sind gut gearbeitet, besonders ihre Flügelfedern.

In der Rückwand der Kammer befindet sich eine große Nische. Die Farben sind sehr gut erhalten und sehr lebendig, geradezu knallig. Auf der Rückwand bringt der als Priester gekleidete Chons Osiris und Anubis Opfer dar. Auf der linken Wand opfert er König Nebhepetra-Mentuhotep (der die weiße Krone Oberägyptens trägt) aus der 11. Dynastie Lotos- und Papyrusblumen. Es wurde vermutet, dieser König sei hier mit eingefügt worden, weil sein Totentempel im Kreis Deir el-Bahari den Westen symbolisiere und eng mit der Göttin Hathor identifiziert werde. Und in der Tat bringt Chons auf der rechten Nischenwand Hathor ein Opfer dar.

5

DAS GRAB VON NEFERSECHERU (TT 296)

GESCHICHTE

Nefersecheru war in den späteren Jahren von Ramses II. Schreiber der Göttlichen Opfer für alle Götter und Beamter des thebanischen Schatzhauses. Sein Grab befindet sich in einem Teil der Nekropole, der unter dem Namen El-Khokha bekannt ist. Man betritt es über denselben Eingangshof wie das Grab des Neferrenpet (TT 178). Beide Gräber haben viele stilistische Gemeinsamkeiten. Angesichts ihrer Lebensdaten und Titel ist sogar davon auszugehen, dass die beiden Männer sich gut kannten und viele Tätigkeiten gemeinsam verrichteten. Es ist sehr lehrreich, beide Gräber zu besichtigen und zu vergleichen, wie die Künstler jeweils dieselben Themen unterschiedlich umsetzten. Inhaltlich gibt es weitgehende Übereinstimmungen, stilistisch jedoch große Unterschiede. Man beachte die aufwändig gestaltete Decke in Nefersecherus Grab. Selten findet man eine so große Bandbreite von solch hervorragend gearbeiteten geometrischen Mustern, und noch seltener sind die Farben dermaßen gut erhalten.

EINGANG A Den Eingang flankieren Opfertexte. Auf den Türlaibungen schreiten Nefersecheru und eine seiner Frauen einem Ziel entgegen: links mit Amun-Texten aus dem Grab heraus und der aufgehenden Sonne entgegen und rechts mit Osiris-Texten in das Grab hinein, der untergehenden Sonne entgegen.

BESICHTIGUNG

ERSTE KAMMER B, VORDERWAND (OSTEN), RECHTE (SÜDLICHE) HÄLFTE Nefersecheru und seine Gemahlin Nofretiri erscheinen in zwei sehr ähnlichen Szenen auf der rechten (südlichen) Seite der Vorderwand (Osten) der ersten Kammer. Links neben dem Durchgang stehen sie vor einem Schrein mit offen stehenden, eingehängten Türen. Darinnen sitzen zwei katzenähnliche Dämonen, die Messer in den Pfoten halten. Rechts steht das Paar vor einem Schrein mit menschengestaltigen Dämonen. Es sind Szenen aus Kapiteln des Pfortenbuches. Nefersecheru und seine Frau bitten die Dämonen, die Pforten passieren zu dürfen, die sie von der Unterwelt trennen. Es wird ihnen natürlich gewährt, und in der

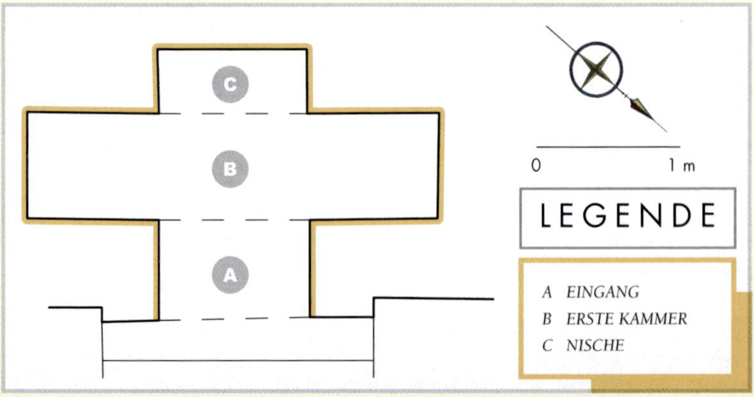

488 DETAIL AUS DER DECKENDEKORATION IM GRAB DES NEFERSECHERU.

489 NEFERSECHERU UND SEINE GEMAHLIN BRINGEN OPFER DAR.

nächsten Szene bringt das Paar Opfer dar. Vier Tische sind mit Blumen, Lattich, Broten und anderen Speisen reich beladen. Rechts führt der schakalköpfige Gott Anubis das Paar nun zum Gericht des Osiris, um die Zeremonie der Herzenswägung durchzuführen. Sie offenbart, ob sich die Verstorbenen im Diesseits gut genug verhalten haben, um in das Jenseits eingehen zu dürfen. Osiris sitzt in einem aufwändig dekorierten Schrein, Isis und Nephthys stehen hinter ihm, und die vier Horussöhne befinden sich vorne auf einer Lotosblume. Sie schauen zu, wie Thot und Horus Nefersecherus Herz gegen eine Figur von Maat abwägen, die Wahrheit, Rechtmäßigkeit und Gerechtigkeit symbolisiert. Zwischen den Verstorbenen und der Waage sitzt ein Wesen namens Ammit. In ihm vereinigen sich die Furcht erregenden Merkmale eines Löwen, eines Krokodils und eines Nilpferds. Sollte die Waage zu ihren Ungunsten ausschlagen, so wird Ammit sie verschlingen. Im Register darunter – neben der Tür – stehen Nefersecheru und seine Frau neben einem T-förmigen Wasserbecken voller Lotosblumen und *Tilapia nilotica*, eine Buntbarschart, in modernem Ägyptisch *Bolti* genannt. Im alten Ägypten war dies eine außerordentlich beliebte Fischart, denn sie war zahlreich vorhanden und wohlschmeckend. Sie trägt ihre Jungen im Maul, weswegen sie mit den Schöpfungsvorstellungen in Verbindung gebracht wurde. Zudem erinnerten ihre leuchtenden Farben während der Zeit der Aufzucht der Jungen die Ägypter an ihre Sonnengottheiten. Der Grabbesitzer und seine Frau schöpfen sich kühles Wasser aus dem Becken, Tropfen fallen von ihren Händen. Frucht tragende Dattelpalmen – mit Vogelnestern – wachsen am Ufer (man vergleiche dies mit der ähnlichen Szene im angrenzenden Grab des Neferrenpet). Diese Szene ist eine Vignette nach Kapitel 62 des Totenbuches, in dem es sinngemäß auszugsweise heißt: „Mögen das kühle Wasser des Thot und das Wasser des Hapi für den Herrn des Horizontes geöffnet sein …, die Becken des Binsengefildes sind für mich da, mir wurde grenzenlose Ewigkeit geschenkt, denn ich bin es, der die Ewigkeit erbte, der ewig dauert.“ Rechts nimmt das Paar an einem Fest für die Göttin Bastet teil, das ursprünglich in der Stadt Bubastis im Nildelta begangen wurde. Sie sitzen vor einer großen Opfergabe aus Früchten der Eselsfeige, Brot, Lattich und Zwiebeln. Ein nacktes Mädchen (vielleicht ihre Tochter) steht wartend hinter ihnen. Ein *Sem*-Priester bringt Weihrauch und Wasser dar, und vor ihm kniet eine weitere Tochter namens Isis und trauert. Ihr Haar ist zerzaust, der Gesichtsausdruck spricht von großem Schmerz. Rechts sitzt das Paar wiederum vor einem Opfertisch und empfängt Wasser und Weihrauch von einem *Sem*-Priester. Ein drittes Mal werden sie gezeigt, wie sie in einem Kiosk sitzen und *Senet* spielen (siehe auch das Grab des Neferrenpet). Rechts von ihnen sitzen König Amenophis I. und seine Mutter Ahmes-Nefertari in aufwändigen Gewändern in einem Kiosk vor Opfergaben, die Nefersecheru ihnen überreicht hat (auch dies vergleiche man mit der entsprechenden Szene im Grab des Neferrenpet).

LINKE (SÜDLICHE) WAND

Die Szenen zeigen Nefersecheru und seine Frau bei der Anbetung von Osiris und Hathor auf der einen Seite, auf der anderen bei der Anbetung von Anubis und Isis. Dazwischen führt ein Durchgang in einen undekorierten Raum und einen Tunnel zur undekorierten Grabkammer.

RÜCKWAND (WESTEN), MITTE Zwei Szenen der aus den Bergen hervorgehenden Hathor befinden sich über der Osiris-Nische in der Mitte der Rückwand dieser Kammer. Zwischen den Szenen stehen *Djed*-Säulen, Isis-Knoten, *Nefer*-Zeichen und Horusaugen. Die Nische selbst birgt eine zerbrochene Osirisstatue und wird von zwei personifizierten *Djed*-Säulen und Darstellungen des Nefersecheru flankiert.
Rechts außen auf der Wand ist Osiris in einem filigranen Schrein; hinter ihm Isis und Nephthys.

RÜCKWAND (WESTEN), LINKE (SÜDLICHE) SEITE Nefersecheru kommt im Panterfell eines *Sem*-Priesters mit seiner Frau und seinem Sohn vor Osiris. Er hält ein Räuchergefäß, seine Frau bringt einen Papyrusstrauß und ein Instrument, das im Hathor-Kult Verwendung fand. Der als Heeresschreiber identifizierte Sohn bringt eine Ente. Osiris sitzt in einem kunstvollen (aber stark beschädigten) Schrein vor ihnen; Isis befindet sich hinter ihm. Der Begleittext ist eine Hymne auf Osiris.
Rechts stehen Nefersecheru und seine Frau wiederum vor Osiris, der dieses Mal von Horus (hinter ihm) und Isis (vor ihm) begleitet wird; der Text ist eine weitere Hymne auf Osiris.
Links im unteren Register steht ein *Sem*-Priester vor Nefersecheru, seiner Frau und ihrer Tochter Heretperi, einer Sängerin im Tempel des Amun. Der Priester bringt Weihrauch und Wasser vor einem kleinen Opfertisch mit Brotlaiben dar. Rechts steht ein weiterer *Sem*-Priester vor Tischen mit brennenden Kerzen und Speiseopfern vor Nefersecheru und seiner Frau, die auf einem niedrigen Podest sitzen.
Weiter rechts steht ein dritter *Sem*-Priester mit einem Räucher- und einem *Kebeh*-Gefäß für die Reinigung mit kaltem Wasser vor einem Harfenisten. Der Musiker sitzt mit gekreuzten Beinen auf dem Boden und zupft die Saiten seiner Harfe. Nefersecheru, seine Frau und eine junge Dame lauschen der Musik, drei Männer knien vor Opfertischen in einem kleinen Register unter der Statuennische.

RÜCKWAND (WESTEN) RECHTE (NÖRDLICHE) SEITE Osiris sitzt in einem aufwändig dekorierten Schrein, Isis und Nephthys stehen hinter ihm, und die vier Horussöhne auf einer Lotosblüte sind vor ihm. Nefersecheru und seine Frau Maatmut stehen im Anbetungsgestus vor den Gottheiten und bringen Opfer dar. Der Text ist eine Hymne auf Osiris.
Rechts ist eine komplexe, symbolträchtige Szene, die in leuchtendem Gelb, Pink, Rot, Blau sowie Schwarz gehalten ist. Nefersecheru steht links in anbetender Haltung. Er ist umgeben von neun Textsäulen, die eine Hymne an den Sonnengott Re-Harachte wiedergeben. In den beiden Halbregistern rechts stehen die Seelen aus Buto und Hierakonpolis oben, während Nefersecheru am Boden kniet. Die Figuren sind in anbetender Haltung vor der mittleren Szene dargestellt, in der eine *Djed*-Säule mit Men-

schenarmen ein *Anch*-Zeichen mit Armen stützt. Es übergibt die Sonnenscheibe in die Arme der Göttin Nut, die sich vom Himmel herniederbeugt, um sie in Empfang zu nehmen. Isis kniet rechts von der *Djed*-Säule, links Nephthys. Unter jeder steht ein *Ba*-Vogel mit anbetend erhobenen Armen. Hinter den Gestalten ist der Granit des Westgebirges in Wellenlinien und kleinen roten Punkten umgesetzt.

RECHTE (NÖRDLICHE) WAND Ein sitzender Nefersecheru wird in dieser geräumigen Nische von zwei Ehefrauen flankiert. Liegende Anubisschakale, hathorköpfige Säulen und *Kheker*-Friese dekorieren den Türsturz.

VORDERWAND (OSTEN), LINKE (NÖRDLICHE) SEITE Auf der linken (nördlichen) Seite des Einganges stehen Nefersecheru und seine Frau vor einem Opfertisch und 60 Textfeldern. Die Texte sind Auszüge aus Kapitel 125 des Totenbuches, dem so genannten „Negativen Bekenntnis". Es handelt sich um eine Liste böser Taten, die der Verstorbene seiner Aussage nach im Leben nicht begangen hat. Er erklärt, er habe niemals jemanden bestohlen, niemals Nahrungsmittel gestohlen, niemals einen Gott verflucht, niemals gelogen oder üble Nachrede betrieben oder unbeherrscht reagiert, niemals Geschlechtsverkehr mit verheirateten Frauen oder Huren oder auf abnorme Weise gehabt, niemals Angst und Schrecken verbreitet, sei niemals gewalttätig geworden und niemals im Wasser gewatet. Die Liste ist eigenartig und selektiv (mit Sicherheit gibt es viele andere Sünden, die ein Mensch gerne abstreiten würde!), und es ist davon auszugehen, dass hinter jedem Eintrag ein kompliziertes Gefüge aus Überzeugungen und Andeutungen steht. Die Behauptung, man sei niemals im Wasser gewatet, mag beispielsweise eine verschlüsselte Anspielung auf diejenigen sein, die durch Ertrinken starben; da ihre Körper verschwunden sind, bedarf es einer besonderen Intervention der Götter, um das ewige Leben zu erlangen. Weiter links sitzt Osiris mit der Göttin Maat in einem aufwändig dekorierten Schrein. Vor ihnen hält Thot ein *Anch*-Zeichen und ein *Was*-Zepter in seiner rechten Hand und ein Segel in der linken. Gleich wird er Nefersecheru, der die Herzenswägung erfolgreich bestanden hat, dem Großen Gott vorführen.

Unten rechts zeigen zwei Halbregister Nefersecherus Begräbniszug. Vier Männer ziehen einen Schlitten, auf dem eine Kiste mit den Kanopengefäßen steht. Vor ihnen tragen Männer ein Bett und Kleidung, Krüge und eine Mumienmaske, die für das Grab bestimmt sind. Eine Kuh und ihr Kalb werden vorwärts getrieben, und Frauen sitzen im Trauergestus auf dem Boden. Im unteren Register wird Nefersecherus in einem Schrein geborgene Mumie von vier Rindern gezogen. Priester reinigen sie mit Wasser und Weihrauch. Trauernde Frauen stehen vor der Prozession, sie weinen und klagen. Man achte besonders auf eine Frau: Sie ist bis zur Taille unbekleidet, und ihr Oberkörper ist frontal gezeichnet, was in der ägyptischen Kunst unüblich ist. Links bringen Priester Wasser für die Reinigung vor Speiseopfergaben dar. Dahinter kniet eine trauernde Frau vor Nefersecherus kompliziert gewickelter Mumie, die inmitten von Blumen vor seinem pyramidenbekrönten Grab steht. Die Göttin Hathor geht in Kuhgestalt aus dem roten Granitgebirge am Eingang zur Unterwelt hervor und macht sich bereit, den Neuankömmling zu empfangen.

Rechts im unteren Register geht eine Baumgöttin aus einer Eselsfeige hervor und bringt für den knienden Nefersecheru und seine Frau ein Trankopfer dar. Diese strecken ihre hohlen Hände aus, um das heilige Wasser zu empfangen. Hinter ihnen knien zwei Söhne und drei Töchter und trinken davon. Ein *Ba*-Vogel steht am Fuße des Baumes und trinkt aus seinen hohlen Händen.

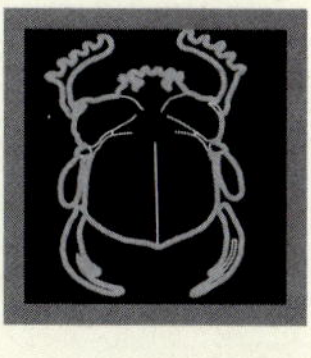

490 OSIRIS UND RE-HARACHTE SITZEN VOR OPFERTISCHEN AUF THRONEN.

5

DAS GRAB VON NEFERRENPET (TT 178)

GESCHICHTE

Neferrenpet, auch unter dem Namen Kenro bekannt, war Schreiber im Schatzhaus des Amun-Re in der zweiten Hälfte der Regierungszeit von Ramses II. Sein Grab wurde in die Wand einer viereckigen Grube in El-Khokha getrieben, in einen kleinen Berg einige hundert Meter westlich vom Totentempel Thutmosis' III.

TT 178 besteht aus zwei kleinen Kammern. Die Szenen der Wanddekoration sind in ungewöhnlich schmale Register eingeteilt, manche sind noch nicht einmal zwanzig Zentimeter hoch. Oft verlaufen die Szenen um die Ecke und setzen sich über mehrere Wände fort. Sie beginnen beispielsweise auf der Nordwand, gehen dann über die Westwand bis auf die Südwand und enden dort. Für thebanische Gräber ist das zwar kein einzigartiges Phänomen, aber ein ungewöhnliches (in Chons' Grab TT 31 findet man dies ebenfalls). Qualitativ sind die Malereien in Neferrenpets Grab nur Mittelmaß, eine eilig, nicht sehr gut und oft unter Verzicht auf Details ausgeführte Arbeit. Dies trifft auf viele Gräber der 19. Dynastie zu. Trotzdem ist Neferrenpets Grab sehenswert wegen der Art und Weise, in der die Künstler die Grenzen der ägyptischen Darstellungsweise auszutesten scheinen (vor allem in der zweiten Kammer). Details wurden geradezu vernachlässigt, und durch die schnell hingeworfenen, flüchtigen Linien werden die Figuren beinahe zu Cartoons. Nichtreligiöse Szenen sind in Komposition und Gestus in hohem Maße informell. Außerdem ist das Grab wegen der Informationen über das Schatzhaus des Amun-Re und wegen der Hervorhebung religiöser Themen interessant.

BESICHTIGUNG

Im **EINGANGSTOR** ist die Hymne an Atum in die rechte (westliche), die Hymne an Re in die linke (östliche) Türlaibung eingeschnitten. Die schönen Türlaibungsreliefs zeigen Neferrenpet in kompliziertem Gewand mit breiter Kette und langem Haar beim Betreten (rechts) beziehungsweise Verlassen (links) des Grabes.

ERSTE KAMMER B Oben sind die Wände im Wechsel mit liegenden und zum Grabeingang schauenden Anubisschakalen und *Kheker*-Friesen dekoriert. Darunter sind zwei Hauptszenen religiösen Inhalts. Unter jedem Register ist eine Inschriftzeile, ebenfalls religiösen Inhalts in großen, detaillierten Hieroglyphen geschrieben. Diese Register werden vom Grabeingang aus über die Nordwand, die Seitenwand und weiter über die Südwand gelesen, auf der sie enden.

LINKE (ÖSTLICHE) KAMMERSEITE Das obere Register ist in mehrere Bereiche unterteilt, die sich alle mit Kapitel 145 des Totenbuches beschäftigen. In diesem Kapitel wird der Verstorbene befähigt, die zahlreichen verschlossenen Pforten der Unterwelt sicher zu passieren. Auf der Vorderwand (Norden) zeigt die erste Szene Neferrenpet und seine Frau Mutemwia (mit einem großen Blumenstrauß) vor einem großen, *Sebkhet* genannten Portal. Darauf befinden sich eine große Schlange und *Djed*-Säulen. Isis-Knoten zieren die Seiten.

Die nächste Szene beginnt auf der Vorderwand (Norden) und reicht bis auf die linke Wand (Osten). Neferrenpet und Mutemwia stehen anbetend vor einem weiteren *Sebkhet*. Sie sind so gekleidet wie in der ersten Szene, aber Neferrenpet trägt hier einen breiten Brustkragen über dem rechten Arm. In dem auf einem niedrigen Sockel stehenden *Sebkhet* mit *Kheker*-Fries oben darauf befin-

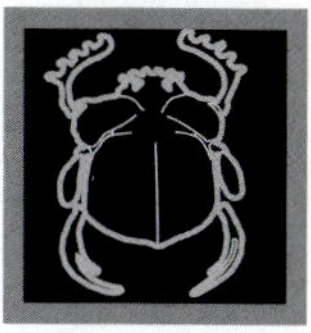

492 NEFERRENPET UND SEINE GEMAHLIN BRINGEN OPFER DAR.

493 OSIRIS BEOBACHTET IN EINEM SCHREIN DIE HERZENSWÄGUNG DES VERSTORBENEN.

den sich drei Dämonen. Einer hat einen Menschenkopf, der zweite einen Löwenkopf (diese beiden halten Messer auf ihren Knien), und bei dem dritten Dämon handelt es sich um einen liegenden Löwen mit einer Uräusschlange auf der Stirn. Weiter rechts (Süden) steht ein leeres, mit Maat-Federn bekröntes Portal. Daneben folgen Neferrenpet und Mutemwia – wiederum in denselben Gewändern, sie mit Blumen, er mit breitem Kragen über dem Arm – in anbetender Haltung vor einem leeren Schrein. Rechts davon steht Neferrenpet vor einem *Sebkhet* mit Maat-Federn. Eine Schreiberpalette hängt von seinem Arm. In diesem Portal sind vier Dämonen mit Geißeln auf den Knien zu sehen. Abschließend stehen Neferrenpet und seine Frau vor Opfergaben: Fleisch, Gänse, Gemüse, Lattich und Blumen sind auf vier Opferständern aufgetürmt. Mutemwia hat ein Lattichbündel und ein Sistrum in den Händen. Die Farben haben sich außerordentlich gut erhalten. Besonderer Wert wurde auf modische Aspekte gelegt – die Hauptfiguren haben beispielsweise ausnahmslos vornehm weiß bemalte Finger- und Fußnägel. Die letzte Szene in dieser religiösen Sequenz beschäftigt sich mit der Wägung der Herzen der Verstorbenen vor dem Gericht des Osiris. Die Szene ist, ihrer tiefen Bedeutung angemessen, in der Anordnung recht formell und ikonographisch sehr komplex. Die Herzenswägung ist eine der bezeichnendsten Begräbniszeremonien im alten Ägypten, und diese sehr gut ausgeführte Szene ist typisch für die Versionen der 19. Dynastie.

Der Gott Anubis, menschengestaltig und mit Schakalkopf, führt Neferrenpet und seine Frau vor das Gericht. Um die Ecke herum auf der linken hinteren (südlichen) Wand wägen Horus (links) und Thot das Herz des Verstorbenen gegen die Maat-Feder ab. Horus bringt die Waage ins Gleichgewicht. Auf der Waage sind Darstellungen eines Pavians und einer Feder. Thot hält eine Schreiberpalette. Er ist bereit, das Urteil niederzuschreiben und es Osiris, Isis und Nephthys mitzuteilen, die in einem Kiosk auf die Verkündigung warten. Sollte das Urteil negativ ausfallen und der Verstorbene der Sünden für schuldig befunden werden, so würde er von einem Dämon, dem mittlerweile das Gesicht ausgehauen wurde und der ursprünglich in der Ecke direkt vor Anubis stand, verschlungen. Dieser Dämon ist Ammit, „Die Fresserin der Toten". Sie ist ein beinahe komisch-groteskes Untier mit Krokodilsgesicht, Löwenkopf und dem Hinterteil eines Nilpferdes.

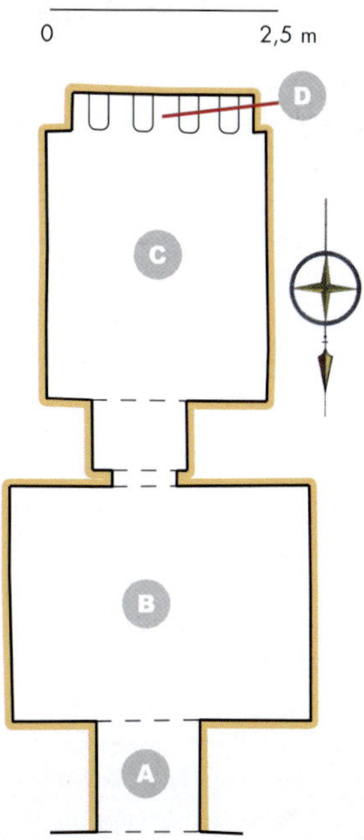

LEGENDE

A EINGANG
B ERSTE KAMMER
C ZWEITE KAMMER
D NISCHE

Vor Osiris stehen kleine Figuren der vier Horussöhne auf einer Lotosblume. Vor dem Kiosk wurde ein Anubissymbol angebracht. Über der Waage wechseln sich vier Opfertische mit sitzenden Gestalten ab.
Ein Band aus großen Hieroglyphen, die einen Teil der Hymne an Osiris wiedergeben, trennt dieses von dem darunter liegenden Register. Um das untere Register zu verfolgen, gehe man zur Ostseite der nördlichen Kammerwand zurück, neben den Eingang. In einer hervorragend gemalten Gartenszene sind Neferrenpet und seine Frau zu sehen; sie haben mit ihren Händen Wasser aus einem T-förmigen Becken geschöpft und trinken es. Im Wasser sind viele Lotosblumen und Fische. Dahinter stehen drei Palmen, die Datteln tragen und Vogelnester mit Eiern darin bergen. Die transparenten Gewänder des Verstorbenen und seiner Frau sowie die sinnlich gebogenen langen Finger sind sehr gut ausgeführt. Diese Szene ist der Vignette nach Kapitel 62 des Totenbuches mit einem Spruch über das Wassertrinken im Jenseits nachempfunden.
Rechts sitzt Neferrenpet auf einem filigran gearbeiteten Stuhl. Seine Füße stecken in weißen Sandalen und ruhen auf einem Schemel. Er hält ein Zepter in der Hand und ein Priester bringt ihm Blumensträuße und Brotkörbe dar.
Um die Ecke herum sitzen auf der linken (östlichen) Wand Neferrenpet und Mutemwia elegant frisiert und gekleidet auf einem niedrigen Podest auf Stühlen. Er hält ein Zepter sowie Bündel mit Lattich und Lotos in der Hand, und sie hat liebevoll die linke Hand auf seine Schulter gelegt. Vor ihnen hatte einst ein (nun zerstörter) Opfertisch gestanden. In einer zweiten Szene aber sitzt das Paar vor einem Berg von Opfergaben, unter anderem mit Brotlaiben, Gänsen, Lattich und Körben mit Datteln. Eine dritte Szene dieser Art folgt auf der rechten Seite, und hier schaut das fein gekleidete Paar dem als Zeichen seines Amtes in ein Panterfell gehüllten *Sem*-Priester namens Bakenwer dabei zu, wie er Weihrauch darbringt und Wasser über die Opfergaben gießt.
Am Ende der Wand kniet ein Harfenist vor dem Kiosk, in dem Neferrenpet und Mutemwia *Senet* spielen. Diese Szene entstammt Kapitel 17 des Totenbuches, wo auf das jenseitige Leben des Verstorbenen eingegangen wird: „Er gehe in den Tag hinaus, nehme jede Gestalt an, die er verkörpern möchte, spiele *Senet*, sitze in einer Nische und lebe fort als lebendige Seele …“
Mutemwia umarmt ihren Mann zärtlich und balanciert geschickt einen Spielstein auf dem Finger. Unter Mutemwias Stuhl frisst eine Katze ein Stück Fleisch. Sie trägt ein Halsband und ist am Stuhl angebunden.
Auf der Rückwand (Süden) bringt Neferrenpet an einem Opfertisch Weihrauch und Trankopfer vor Amenophis I. und Ahmosis-Nofretiri dar. Amenophis I. war der zweite König der 18. Dynastie. Er und seine Mutter Ahmosis-Nofretiri zählten zu den herausragendsten Persönlichkeiten im Theben des Neuen Reiches. Sie war eine Frau mit beachtlicher politischer Macht und die erste, die den Titel Gottesgemahlin des Amun trug. Zu Beginn der Herrschaft ihres Sohnes hatte sie für ihn die Regierungsgeschäfte übernommen. Es heißt, die beiden hätten das (Kunst-)Handwerkerdorf Deir el-Medina gegründet. Sie wurden Gegenstand eines religiösen Kultes mit gewisser Bedeutung, der sich bis zum Ende des Neuen Reiches erhielt. Sie strecken

494 NEFERRENPET UND SEINE FRAU TRINKEN (LINKS); DER VERSTORBENE EMPFÄNGT OPFERGABEN VON EINEM PRIESTER (RECHTS).

495 NEFERRENPET VOR EINEM OPFERTISCH, ER VERGIESST WASSER FÜR DEN IN EINEM SCHREIN SITZENDEN PHARAO.

dem verstorbenen Adligen *Anch*-Zeichen entgegen. In solchen Szenen ist Ahmosis-Nofretiri normalerweise mit schwarzer Haut als Zeichen für Fruchtbarkeit dargestellt. Hier jedoch hat ihre Haut eine recht unattraktive, graue Farbe.

Die Hieroglyphen-Zeile unterhalb dieser Szenen enthält ein Gebet für den Verstorbenen.

RECHTE (WESTLICHE) SEITE Wie schon in der linken Raumhälfte erstrecken sich auch hier die Szenen über drei Wände. Unter einem *Kheker*-Fries und Darstellungen des liegenden Anubis steht Neferrenpet links vom Durchgang. Er hat seine Arme zum Gebet erhoben, und vor ihm befinden sich Brote, Lattich, Trauben und Gefäße, alles auf Matten ausgebreitet. Der Zwischentext ist eine Hymne an die Sonne, und zehn Gottheiten grüßen die Sonnenscheibe, die von den Armen einer großen *Djed*-Säule emporgehoben wird. Die Gottheiten sind über zwei Register verteilt und alle in ähnlicher Haltung und ähnlich gekleidet. Links davon greifen die Arme der Göttin Nut von einem Gebirge am westlichen Horizont aus nach der Sonnenscheibe, bereit, diese auf ihrer nächtlichen Reise durch die Unterwelt zu tragen. Der Berg ist im Stile von rotem Granit gemalt, denn das galt als wertvoller als der normale Kalk- oder Sandstein.

Um die Ecke herum sitzt der Gott Thot auf der rechten (westlichen) Wand in einem Kiosk. Die Göttin Maat steht hinter ihm, und sie schauen auf einen mit Lattich, Lotosblumen, Brot und Fleisch reich bestückten Opfertisch. Neferrenpet ist in dieser Darstellung fast vollständig zerstört.

In einem weiteren Kiosk – links – steht die Göttin Sechmet hinter einem sitzenden Atum. Auf ihrem Kopf trägt sie eine Sonnenscheibe und eine Uräusschlange, die Krone von Ober- und Unterägypten. Neben einem filigranen Opfertisch mit Obst, Gemüse, Geflügel und Honigkrügen stehen Neferrenpet und seine Frau im Anbetungsgestus. Sie hält Lattich in ihrer rechten Hand.

Eine dritte Opferszene ist ganz links auf der Wand zu sehen. Hathor steht neben dem sitzenden Gott Ptah. Im Gegensatz zu den beiden anderen Kiosken mit zeltstangenartigen Säulen ist dieser mit *Djed*-Säulen ausgestattet. Neferrenpet und Mutemwia stehen wiederum in anbetender Haltung davor.

Und schließlich ist das verstorbene Paar auf der Rückwand (Süden) dargestellt, wie es die in einem Kiosk stehenden Gottheiten Maat und Re-Harachte preist.

Wieder bei der Vorderwand, beginnt das untere Register mit einer schlecht erhaltenen Darstellung von Neferrenpet und seiner Frau, die neben einer Eselsfeige sitzen. Links von ihnen sieht man in zwei über die rechte gesamte Kammerhälfte laufenden Halbregistern Neferrenpets Begräbniszug. Die Szenen sind voller Menschen, die in ihrer Trauer geradezu karikaturistisch dargestellt sind. Ein Mann mit Peitsche treibt vier Rinder an, die den Schlitten mit dem Sarkophag ziehen. Neferrenpets Mumie ist elegant in weißes Leinen gehüllt und mit einer Maske ausgestattet. Sie wird von stehenden Göttinnen beschützt: rechts Isis und links Nephthys. Im darunter liegenden Register sind neun Würdenträger zu sehen, die hinter dem Schlitten hergehen. Der zweite in der Prozession hat sein schmerzverzerrtes Gesicht zu einem letzten Abschiedsgruß für Neferrenpet gewendet. Alle Trauernden sind feierlich in lange Gewänder und weiße Sanda-

len gekleidet. Jeder hält einen Stab. Der Vierte und der Achte gehen mit unbekleidetem Oberkörper und haben ihre Kleider um die Hüfte geschlungen.
Drei Männer halten ihre Hände vors Gesicht, da der Tod ihres geliebten Herren sie überwältigt. Namen und Titel der ersten drei Männer der Prozession stehen neben ihnen geschrieben. Die anderen sind unbekannt.
Der Begräbniszug setzt sich auf der linken Wand fort. Oben links befindet sich ein zweiter Schlitten, der ein Boot befördert. Darin sind in einer großen, kunstvoll gearbeiteten Kiste Neferrenpets vier Kanopengefäße. Sie werden von stehenden Isis- und Nephthysfiguren beschützt. Oben auf diesem Schrein ruht Anubis, sechs Männer ziehen den Schlitten. Sie unterscheiden sich in Kleidung, Haartracht und Haltung jeweils voneinander. Zum Schluss folgen vier Männer mit Kisten voller Grabbeigaben. Im darunter liegenden Halbregister weinen und klagen neun trauernde Frauen. Mit ihren Händen verbergen sie entweder das Gesicht oder streuen sich Asche auf das Haupt. Ihre Brust ist nackt, das Haar aufgelöst. Links von ihnen stehen fünf männliche Diener zwischen mit Girlanden verzierten Rahmen. Neun trauernde Frauen folgen einem Priester und nähern sich einer großen Menge Opfergaben (Brot, Fleisch und mehrere Behälter). Der Priester bringt ein Trankopfer dar, hinter ihm nähert sich ein zweiter Priester mit Papyrus und einer Schreiberpalette. Weiter links nimmt ein *Sem*-Priester an den Mumien von Neferrenpet und seiner Frau Reinigungen vor. Die Mumien auf der Rückwand sind auf einem niedrigen Sandhügel stehend dargestellt, Salbkegel und Lotosblumen auf den Köpfen, gelbe Stoffbänder halten die feine Leinenwicklung. Zwei trauernde, vom Schmerz überwältigte Frauen knien zu ihren Füßen.
Links in der oberen Szene auf einer Stele mit runder Spitze steht Neferrenpet ehrfürchtig vor Osiris und Isis. Darunter bringt ein Priester vor einem Opfertisch und sitzenden Figuren der Verstorbenen ein Weihrauchopfer dar.
Neferrenpets Grab ist auf der linken Seite abgebildet: ein aufwändiges Gebäude mit Säulenportikus, einem großen Eingangstor und ganz oben Anubisdarstellungen zu beiden Seiten einer kleinen Pyramide. Es ist ein typisches Adelsgrab aus der Ramessidenzeit, jedoch existiert kein archäologischer Beweis dafür, dass TT 178 tatsächlich so aussah.
Die Decke dieses Raumes ist mit vier verschiedenen Ornamentmustern geschmückt; zwei davon haben Spiralenmotive.
Über dem Durchgang zur zweiten Kammer zeigen Szenen, wie das verstorbene Paar Osiris und Isis (links) beziehungsweise Re-Harachte und Maat (rechts) verehrt. Auf der Decke des Einganges ist Mutemwias *Ba*-Vogel zu sehen. Er hat ein menschliches Gesicht und trägt auf seinem Kopf einen Salbkegel und eine Lotosblüte. Die Federn sind besonders sorgfältig gemalt. Es ist eine der am besten ausgeführten Szenen in dieser Grabanlage.

ZWEITE KAMMER C Die vielfache Verwendung von Gelb als Hintergrundfarbe für die linke (östliche) Wand dieser Kammer gibt dem Raum etwas Freundliches, die Szenen selbst hingegen sind mit Text, geometrischen Zeichnungen, betenden und opfernden Personen und arbeitenden Handwerkern überladen. Jedes freie Eckchen ist mit Inschriften gefüllt, Personen sind frei und beinahe willkürlich angeordnet, oftmals ist keine Bodenlinie vorhanden. Den Szenen fehlt in dieser Hinsicht die Struktur, die sonst so kennzeichnend für ägyptische Wandmalereien ist.

LINKE (ÖSTLICHE) SEITE Östlich des Durchganges steht Neferrenpet vor einem Opfertisch und huldigt dem schakalköpfigen Anubis. Die sauber gezeichneten Fransen an seiner Kleidung sind ein ungewöhnliches Element. Die Szene setzt sich auf der linken (östlichen) Wand fort, wo Neferrenpet wiederum Gottheiten vor einem Opfertisch anbetet. Hier sind es Re-Harachte und Maat, und Mutemwia leistet ihrem Mann Gesellschaft. Bei ihnen ist eine weitere, lediglich als Begleiterin bezeichnete Frau. Ein Inschriftfeld, das vor einer weiteren Darstellung des Paares war, ist nun verschwunden, acht Opfertische mit Salbkegeln und Gänsen sind hingegen bestens erhalten. Rechts davon hält die nilpferdgestaltige Göttin Toeris (oder Opet) mit Hörnern und Sonnenscheibe ein *Anch*-Zeichen.

Die Szene rechts in der Ecke dieser Wand ist besonders gut gemacht. Neferrenpet und Mutemwia stehen in ehrfürchtiger Pose vor einem Opfertisch. Rechts geht Hathor, Herrin des Westens, Herrin des Heiligen Landes, Auge des Re, aus einem Berg aus rotem Granit in der üblichen Erscheinungsform der Kuh hervor. Sie trägt einen *Menit*-Kragen um den Hals. Über ihr hockt der Horusfalke auf einem Gestell mit einer Maat-Feder. Auf der Seite des Berges steht eine kleine Stele mit gerundeter Spitze, bemalt mit einem Gebet an Osiris.

Zwischen diesen und den Szenen darunter steht in großen Hieroglyphen ein Gebet für den Toten geschrieben.

Im unteren Register auf der Vorderseite (Norden) sind zwei primitiv gemalte Schreiber des Schatzhauses im Gewand von Priester-Lektoren dabei, Opfergaben zu reinigen. Diese Handlung wird *Satj*-Ritual genannt und steht mit der Opferszene in Zusammenhang, die sich – um die Ecke herum – auf der Ostwand fortsetzt. Dort sitzt das elegant gekleidete Paar vor eine Opfergabenliste. Die Liste ist in Form von Reihen aus 45 Feldern geschrieben, die je ein anderes Gut aufführen: Wasser, verschiedene Brotsorten, Fleischstücke, Wein, Feigen und dergleichen. Aus irgendeinem Grund wurde die Liste nicht vollendet, und viele Felder blieben leer.

Hinter dem Paar reinigt ein *Sem*-Priester Opfergaben, die auf einem Tisch vor Neferrenpet und Mutemwia (sitzend) hoch aufgetürmt wurden. Rechts hält ein weiterer Priester das *Meskhetiu*-Werkzeug für das Mundöffnungsritual. In der Wandecke empfängt der Verstorbene reinigendes Wasser von einem anderen *Sem*-Priester. In jeder dieser letzten beiden Szenen steht das Paar auf niedrigen Sandhügeln, die Schöpfungsinseln symbolisieren. Es handelt sich um äußerst wichtige Zeremonien, das Paar trägt kunstvolle Gewänder und hat steife, formelle Haltungen eingenommen. Ihre Körper aber haben Beine, die viel zu lang sind, die Arme sind dünn und nicht ausgestaltet, und die Gesichter sind eher Karikaturen als Porträts oder Idealisierungen.

RECHTE (WESTLICHE) SEITE Auf der westlichen Seite der Tür zeigt das obere Register das verstorbene Paar, das hinter fünf Textspalten zu

496–497 NEFERRENPET UND SEINE GEMAHLIN VOR OSIRIS UND RE-HARACHTE.

497 OBEN VERGIESSEN VON TRANKOPFERN.

497 UNTEN EIN SEM-PRIESTER REINIGT NEFERRENPET UND SEINE GEMAHLIN.

einem reichhaltig mit Vorräten bepackten Opfertisch schaut. Dahinter segelt auf der westlichen Wand eine herausgeputzte Osirisbarke auf einer kleinen rechteckigen Wasserfläche. Die Szene ist hübsch gemalt, komplex und voller religiöser Symbole. Auf dem Boot steht eine einer Menschengestalt angeglichene *Djed*-Säule. Sie hält Geißel und Zepter in ihren Händen, trägt eine *Atef*-Krone und ein raffiniertes Gewand. Der Gott Anubis hält diese Säule. Links befinden sich Banner von Thot und Anubis, gehalten von den Armen eines anthropomorphen *Anch*-Zeichens oder eines *Was*-Zepters. Über der Säule halten zwei Falken *Shen*-Zeichen in ihren Krallen.
Weiter links ist das Paar in anderen Kostümen als auf der Vorderwand dargestellt. Sie schauen über sieben Textspalten mit einem Gebet zu Osiris auf Opfergestelle und einen Schrein. In dem Schrein sitzt ein Falke mit Geißel und Zepter auf einer Truhe. Ein weiteres Mal steht Neferrenpet links vor einem kleinen Opfertisch, acht Textspalten und einer Barke mit Maat, Re und Osiris. Über ihnen schwingt sich ein geflügeltes *Udjat*-Auge auf. Beide Barkenszenen beziehen sich auf Kapitel 183 des Totenbuches, das Osiris und Wennefer verherrlicht.
Zurück zur Vorderwand und dem unteren Register, das hier beginnt. Im Gegensatz zu den tief religiösen Szenen, die wir bis jetzt in TT 178 gesehen haben, ist dieses Register voller Szenen von (Kunst-)Handwerkern, die im Schatzhaus unter Neferrenpets Aufsicht arbeiten. Diese Szenen sind weitaus weniger förmlich als die, die wir zuvor gesehen haben, wirken eilig gearbeitet und haben etwas Skizzenartiges. Interessant werden sie durch die zahlreichen Tätigkeiten, die mit den spezifischen Räumen und Höfen in den Lagerräumen des Schatzhausgebäudes in Verbindung zu bringen sind. Man wirft einen Blick auf die Arbeiten, die zur damaligen Zeit in den verschiedenen Bereichen des Schatzhauses verrichtet wurden. Die Szenen helfen uns, Grundrisse und Funktionen der Gebäudetrakte herauszufinden. Neferrenpet ist mit Pinsel und Palette eines Schreibers dargestellt und verzeichnet Lieferungen für das Schatzhaus. In zwei Registern vor ihm präsentieren Schreiber Bestandsaufnahmen der Arbeiten, die rechts außen auf der Wand dargestellt werden. In den unteren Registern arbeiten Männer mit Goldbarren und Kupfergefäßen. Ein Mann betätigt einen Blasebalg mit seinen Füßen. Ein zweiter setzt mit Hilfe von Zangen einen Schmelztiegel um. Im vierten Register bläst ein Mann mit einem dünnen Rohr Luft ins Feuer, um die Temperatur zum Schmelzen von Metall zu erhöhen. Über ihm arbeitet ein Bildhauer an einer goldenen, auf einem geneigten Brett liegenden Statue. Rechts verwenden Handwerker Vorrichtungen für die Perlenbearbeitung mit mehreren gleichzeitig arbeitenden Bohrern. Diese Art von Bohrern wurde in ägyptischen Werkstätten bis in das 19. Jahrhundert hinein eingesetzt.
Hinter Neferrenpet steht das Schatzhaus. Den Eingang bildet ein kleiner, von einer zweiflügeligen Holztür ver-

schlossener Pylon. Das Gebäude ist in der typischen ägyptischen Art gemalt: eine Luftansicht der Anlage kombiniert mit Darstellungen architektonischer Elemente sowie – zwecks besserer Wiedererkennbarkeit – von auf der Seite liegenden Inhalten der Lagerräume. Wie bei der ägyptischen Art und Weise, Menschen zu malen, so handelt es sich auch hier um eine im Grunde unmögliche, aber sofort verständliche Position. Im Innern des Gebäudes sitzt oben (also rechts vom Eingang) in einem kleinen Seitenraum der Handwerker Pehemnetjer und fertigt eine Statue eines Adligen an, vor sich kleine *Uschebtis* und eine Mumienmaske. Im offenen Hof des Gebäudes wächst ein Baum, und links im Hof (in der Szene unten) schaut ein Aufseher mit Peitsche zu drei Dienern hin.

Die Szene setzt sich auf der rechten (westlichen) Wand der Kammer fort. Rechts führt ein Durchgang zum Lagerraum des Schatzhauses. Er wird von einem Mann bewacht, der mit einer Peitsche in der Hand auf einem Schemel sitzt. Zu beiden Seiten der Tür (in der Szene folglich oben und unten) befinden sich kleine Räume, und im offenen Hof wachsen Bäume. Neferrenpet sitzt links. Er hält eine Palette und beaufsichtigt zwei Männer, die auf einer Waage Stoffballen abwiegen. Sie verwenden kuhkopfförmige Gewichte. Über ihnen liefern vier weitere Männer Stoff an. Hinter Neferrenpet bringen Männer Güter in die Lagerräume des Schatzhauses.

In vier kleinen Räumen oben (rechts vom Eingang zum Lagerraum) lagern Amphoren. Vier Männer bringen Säcke, Körbe und Töpfe hinein. Links sind Seitenkammern mit Keramik und Amphoren. Im zentralen Raum werden Ruder verwahrt, manche haben geschnitzte Widder- oder Falkenkopfknäufe. Sie gehören möglicherweise zu heiligen Booten für Tempelprozessionen.

Die Szenen auf der Rückwand sind stark beschädigt. In einer großen Nische befinden sich vier sitzende Skulpturen. Von links nach rechts: Neferrenpets Mutter Wiaj, sein Vater Piaj, Neferrenpet und seine Frau Mutemwia.

498 NEFERRENPET STEHT VOR DER TÜR ZUR SCHATZKAMMER UND INSPIZIERT OPFERGABEN.

499 OBEN NEFERRENPET MIT PINSEL UND PALETTE BEIM VERZEICHNEN DER LIEFERUNGEN FÜR DAS SCHATZHAUS.

499 UNTEN AUF EINER HEILIGEN BARKE WIRD EINE DJED-SÄULE BEFÖRDERT.

GRÄBER DES SPÄTEN NEUEN REICHS

5

Private Grabanlagen aus der späten 19. Dynastie und der Zeit danach sind meist klein und oft in einen Fels gehauen, den Handwerker früherer Epochen auf Grund seiner schlechten Qualität nicht angerührt hätten.

Die Ausschmückungen dieser Gräber zeigen in der Regel Szenen des religiösen Lebens und Texte oder Darstellungen des Begräbnisrituals, die teilweise in früheren Zeiten noch königlichen Gräbern vorbehalten waren.

Trotz eingeschränkter Thematik und technischer Probleme schufen die Künstler glänzende, lebendige Szenen. Zwei schöne öffentlich zugängliche Beispiele sind die Gräber von Inherkau und Schuroy.

5

DAS GRAB VON INHERKAU (TT 359)

GESCHICHTE

Diese kleine Anlage in Deir el-Medina ist zwar nicht die beste Grabarbeit Thebens, aber dennoch sehr schön mit vielen interessanten, geradezu bezaubernden Details. Sie ist ein hervorragendes Beispiel für die Malerei der 20. Dynastie und eines der sehr wenigen aus dieser Zeit bekannten Deir-el-Medina-Gräber. Inherkau war Vorarbeiter des Herren der beiden Länder an der Stätte der Wahrheit, also verantwortlich für Arbeiter in der Königsnekropole. Die Blütezeit seiner Karriere war zur Zeit Ramses' IV. und dauerte bis in die Regierungszeit von Ramses VII. ungefähr 15 Jahre danach an.

Selten nur kennt man die Namen der Kunsthandwerker, die ein thebanisches Grab dekorierten. Meistens blieben diese begabten Menschen in der ägyptischen Geschichte anonym, sie signierten ihre Werke nicht, über ihr Leben wusste man nichts. Beim Grab des Inherkau ist das anders. Man kennt nicht nur die Namen der hier arbeitenden Künstler, man kann sogar hin und wieder einen Einblick in ihr Leben erhaschen. Die beiden Männer waren Brüder, und zwar Söhne des leitenden Entwurfzeichners Hori. Der ältere Bruder hieß Nebnefer, der jüngere Hormin. Vater Hori entstammte einer distinguierten und wichtigen Familie in Deir el-Medina. Auch sein Bruder hatte eine beträchtliche Macht erworben. Ihrem Vater wurde gestattet, im Tal der Könige eine Stele für sie zu errichten.

Bei manchen Szenen in TT 359 weiß man, welcher der beiden Brüder verantwortlich war. Hormin versah beispielsweise das exzellente Gemälde mit dem Sonnenkater, der die Apophisschlange tötet (auf der linken Wand der zweiten Kammer zu sehen), mit den Worten: „Dies stammt von seinem Bruder, dem Entwurfszeichner des Amun im Horizont der Ewigkeit, Hormin." Die Beschriftung zu einer Szene auf der Rückwand

dieser Kammer drückt aus, sie sei für den *Ka* des Entwurfzeichners an der Stätte der Wahrheit, Hormin, angefertigt vom Entwurfszeichner des Amun an der Stätte der Wahrheit, Nebnefer.

Es mag während der Arbeit an diesem Grab gewesen sein, dass Hormin seinem Vater Hori einen Brief schrieb, in dem er ihn bat, mit den Obersten (in Deir el-Medina) zu sprechen, damit sie einen bestimmten Diener seines Vaters beauftragen, ihm bei der Arbeit an den Malereien zu helfen, da sein Bruder (Nebnefer) krank sei.

Hormins Bruder Nebnefer hat seinen Karriereaufschwung wohl unter Ramses III. erlebt. Er heiratete die Tochter eines gut situierten Dorfbewohners und zog drei Söhne groß. Aber in der Frühzeit von Ramses VI. geriet er in einen Konflikt mit einem Schreiber des Wesirs. Er kam vor Gericht, wurde für schuldig befunden (das Vergehen selbst ist nicht bekannt) und zu hundert Peitschenhieben, zehn Brandmalen und einer unbestimmten Zeit der Zwangsarbeit verurteilt. Ein Ägyptologe mutmaßte, eine solch harte Strafe könne nur mit Nebnefers bösem und unangenehmem Naturell begründet sein und nicht in der Schwere der Tat. Aber wie es auch gewesen sein mag: Weder von Nebnefer noch von seinen Söhnen wurde je wieder etwas gehört.

Ein jüngster Vergleich der Malereien verschiedener Szenen aus TT 359 ergab, dass Hormin ein besserer Künstler war als sein Bruder. Hormins Stil ist leicht zu erkennen: Seine Figuren haben ein runderes Profil und größere, leicht mandelförmige Augen, die Ohren haben größere Ohrmuscheln und kleinere Ohrläppchen, die Taillen sitzen höher, und die Bauchnabel sind dreieckig. Von ihm gezogene Konturen sind feiner, und die Röcke der Frauen malt er stärker gebauscht. Das soll nicht heißen, dass einer der Männer ein brillanter Künstler war. Beider Figuren sind monoton, flach, eigentümlich proportioniert, die Hieroglyphen sind grobschlächtig und ohne Details. Argumente, die da lauten, die Inhalte seien religiös, förmlich und allgemein oder der Geschmack der Zeit wolle große Köpfe und gedrungene Körper, können die Arbeit nicht wirklich aufwerten. Das Endergebnis hat etwas Beunruhigendes, besonders wenn man zuvor andere Gräber wie die des Ramose oder des Rechmire gesehen hat. Die Szenen in Inherkaus Grab wurden auf

500 EIN FALKE UND DAS SYMBOL FÜR DEN WESTEN.

501 DREI PRIESTER MIT ANUBISMASKEN VOR INHERKAU, SARGKAMMER.

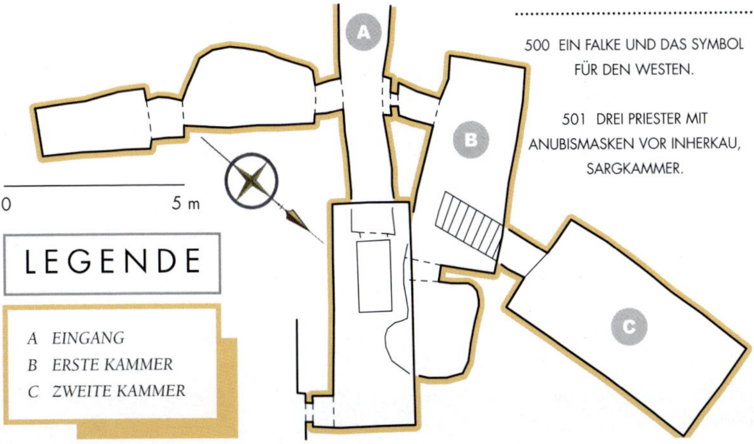

BESICHTIGUNG

hellgelbem Untergrund gemalt. Das sollte die Farbe des Papyrus aufgreifen, denn auf diesem Material wurde das Totenbuch ursprünglich geschrieben.

Inherkaus Grab besteht aus zwei Kammern, die jeweils ungefähr zwei mal fünf Meter groß sind. Der Oberbau fehlt. Vermutlich hatte es ursprünglich einen Hof und eine kleine Pyramide darüber gegeben. Heute befinden sich ein Buchladen und ein Erfrischungsstand vor dem Grab. Wie die meisten Gräber in Deir el-Medina war TT 359 ein Familiengrab, und Inherkau wurde mit anderen Familienmitgliedern zusammen beigesetzt. Manche waren auf den heute zerstörten Türlaibungen dargestellt.

ERSTE KAMMER B Im Grabinnern sind Texte und Dekorationen auf religiöse Szenen vor allem aus dem Pfortenbuch beschränkt. Die in den Gräbern aus früheren Epochen des Neuen Reiches so zahlreichen Alltagsszenen fehlen gänzlich. Viele Ägyptologen sind der Meinung, dies hänge mit der stark zunehmenden individuellen Frömmigkeit während der turbulenten Zeiten im späten Neuen Reich zusammen.

Links vom Eingang auf der Seitenwand einer großen Nische liegt ein Anubisschakal vor gelbem Hintergrund. Auf der Rückwand (Westen) der Nische sind geringe Spuren einer Szene zu sehen, in der Inherkau und seine Frau vor einer Göttin knien. Die Füße der beiden sind ungewöhnlich groß. Neun Figuren, die die Pforten der Unterwelt bewachen, sitzen unten auf der Wand in einer Reihe. Links außen (Westen) auf der Rückwand (nördliche Wand) der ersten Kammer sitzen Inherkau und seine Frau beim *Senet*-Spiel. Links hält der Verstorbene einen Fächer. Er trägt einen Brustkragen. Ganz rechts zeigen Darstellungen des verstorbenen Paares Inherkau in einem Leinengewand mit einem Panterfell über den Schultern. Er hält Osiris und Isis (Abbildungen zerstört) Opfergaben in Form von blau gemalten Enten entgegen. Inherkaus Panterfell ist besonders detailliert gearbeitet, und der Kopf des Tieres, der eigentlich eine Metallschließe zum Befestigen des Felles war, hat filigrane Augen und Schnurrhaare. Das Bild seiner stehenden Frau ist zerstört.

Auch die anderen Szenen in diesem Register sind zerstört. Im unteren Register stehen zwei weibliche Verwandte vor Inherkau und seiner Frau (sitzend). Hinter ihnen schreiten drei Priester auf

eine andere Szene mit dem Paar zu; der erste Priester trägt das den *Sem*-Priester kennzeichnende Panterfell. Links (östlich) auf der Vorderwand (Süden) bringen der als *Sem*-Priester gewandete Inherkau und seine Frau königlichen Figuren (in zwei Registern) Weihrauch dar. In der oberen Reihe befinden sich drei Könige und sieben Königinnen, in der unteren sieben Könige, ein Prinz und eine Königin; die meisten sind zerstört. Sie hatten alle ähnliche Haltungen eingenommen und waren ähnlich gekleidet, tragen aber unterschiedliche Kartuschen. Einige Namen sind noch lesbar: In der oberen Reihe die beiden ersten Könige der 18. Dynastie Amenophis I. und Ahmosis, in der unteren Reihe Ramses I. (19. Dynastie) und Nebhepetra-Mentuhotep II. (11. Dynastie). Die schwarzhäutige Königin mit der kunstvollen Geierhaube ist vermutlich Ahmosis-Nofretiri. Sie war die Gemahlin von Ahmosis, Mutter von Amenophis I. und galt im alten Ägypten als Gründerin und Schutzpatronin von Deir el-Medina. Ihre schwarze Haut symbolisiert die Fruchtbarkeit im Niltal, nicht ihre Rasse. Die letzte Figur in der unteren Reihe ist heute verschwunden und war einst die Darstellung eines Künstlers namens Huj mit einer Palette in der Hand. Teile dieser Wand waren Arbeiten von Nebnefer.

Die Decke dieser ersten Kammer ist mit komplizierten Spiralenmotiven und Stierköpfen („Bukranien" genannt) in rot und schwarz im minoischen Stil des alten Kreta bemalt. Außerdem sind dort acht Darstellungen mit verschiedenen geometrischen Mustern zu sehen, die vielleicht Webteppichen nachempfunden sind.

ZWEITE KAMMER C In drei Registern sind auf den Wänden dieser Kammer 31 Sze-

502, 503 MITTE UND UNTEN DIE KUNSTVOLLE DECKENDEKORATION IN DER ERSTEN KAMMER MIT SPIRALENMUSTERN UND STIERKÖPFEN.

503 OBEN BLICK IN DIE ERSTE KAMMER, GRAB DES INHERKAU.

nen aus dem Totenbuch abgebildet, 14 auf der rechten (östlichen) und 17 auf der linken (westlichen) Wand. Ursprüngliche Malereien von Amenophis I. und Ahmosis-Nofretiri auf beiden Seiten des Einganges zu dieser Kammer wurden zu Beginn des 19. Jahrhunderts nach Berlin verbracht.

Von der linken Wand, oben, schaut Inherkau zum Eingang und den heute fehlenden Abbildungen von Amenophis I. und Ahmosis-Nofretiri. Er hält einen Stab und einen Isis-Knoten und steht vor einem Kiosk mit einer Sonnenscheibe darüber. Die Szene mit dem dazu gehörenden Text entstammt den Kapiteln 44 und 64 des Totenbuches. Links sitzen der Verstorbene und seine Frau in einem von ihrem Sohn gesteuerten Boot. Der überwiegende Teil der Arbeiten auf dieser Wand wurde von Hormin gefertigt, Nebnefer war lediglich für das rechte Ende des unteren Registers verantwortlich.

Der schön gearbeitete Skarabäuskäfer an der Halskette hängt mit Kapitel 76 des Totenbuches zusammen. Dieser Spruch soll einen in jede Gestalt verwandeln, die man sich wünscht. In der nächsten Szene verehrt Inherkau Thot (stehend) und Osiris (sitzend), und rechts ist eine Abschrift von Kapitel 125 des Totenbuches zu lesen: das „Negative Bekenntnis". In der nächsten Szene wird Inherkau von einem affenköpfigen Gott zu einem Feuersee geführt. Dahinter segeln zwei Barken auf der Hieroglyphe für Himmel. Vier der zehn Unterwelt-Bereiche sind durch kryptische Malereien ganz außen auf der Wand dargestellt.

Im mittleren Register der linken Wand kniet Inherkau bei der Vorderseite des Raumes vor einer Lotosblüte, dann wieder vor den schakalköpfigen Seelen aus Hierakonpolis. Es ist nicht ganz klar, was diese Seelen verkörpern, sie scheinen jedoch in religiösen Praktiken aus prädynastischer Zeit ihren Ursprung zu haben.

In einer der bekanntesten Szenen in diesem Grab steht Inherkau anbetend vor einem wunderschönen *Benu*-Vogel, einem gekrönten Reiher. Die Proportionen des Tieres sind gut gelungen, die Federn sorgfältig gemalt. Rechts „gibt" der schakalköpfige Gott Anubis Inherkaus Mumie „das Herz des ehrenwerten Osiris zurück", damit er in der Unterwelt wieder leben kann. Das Emblem hinter dem Gott ist ein Symbol des Osiris und der Stätte Abydos.

In einer anderen bekannten Szene kniet der Verstorbene vor einer sehr stilisierten Falkenfigur. Hier wie in einigen anderen Szenen ist Inherkau mit Bartstoppeln im Gesicht dargestellt, was im alten Ägypten üblicherweise ein Zeichen für Trauer war. Das

Federkleid des Falken ist, wie das des Reihers, mit ganz besonderer Sorgfalt gemalt worden.

Rechts davon tötet der Sonnenkater oder Kater von Heliopolis in einer weiteren sehr berühmten Szene die Apophis-Schlange, den Todfeind des Sonnengottes. Beide Tiere und der Persea-Baum hinter ihnen sind fantasievoll und sehr gut ausgeführt. Das Rückenfell des Katers ist bedrohlich gesträubt, und er faucht, als er der Schlange den tödlichen, blutigen Hieb versetzt. In der linken Pfote hält er ein Messer, in der rechten den Schlangenkopf. Man achte auf die Hieroglyphenschlange in der zweiten Inschriftspalte über der Figur: selbst sie ist mit Messern durchstoßen und unschädlich gemacht. Am Ende der Wand ist ein Netz an ein *Was*-Zepter geknüpft, und darunter steht der Vorarbeiter Nachtemut, ein Kollege von Inherkau. Die Verstorbenen sitzen im unteren Register ganz links außen, ihre Söhne reichen ihnen Weihrauch und Wasser.

504 BLICK IN DIE ZWEITE KAMMER MIT DEKORATION VON JE DREI REGISTERN AUF BEIDEN WÄNDEN.

505 OBEN INHERKAU PREIST THOT UND OSIRIS.

505 UNTEN LINKS DER SONNENKATER VON HELIOPOLIS TÖTET DIE APOPHIS-SCHLANGE.

505 UNTEN RECHTS OSIRIS UND SEINE GEMAHLIN MIT IHREN SÖHNEN AUF EINEM BOOT (OBEN); EIN SKARABÄUSKÄFER AN EINER HALSKETTE (UNTEN).

506 LINKS INHERKAU VOR SEINEM BA-VOGEL.

506 RECHTS INHERKAU, SEINE GEMAHLIN UND EIN HARFENIST.

507 OBEN INHERKAU MIT GEMAHLIN UND ENKELN NIMMT OPFER ENTGEGEN.

Rechts sitzt das Paar mit recht groteskem Grinsen bei Tisch, und auf dem Tisch brennen vier Fackeln. Auch hier ist Inherkau nicht rasiert. Er legt den Arm um seine Frau und hält liebevoll ihre Hand. Der Künstler hat bei Inherkaus rechtem Arm und seinem Gesicht die falsche Farbe verwendet. Sechs Priester stehen vor ihnen: Der erste trägt das Gewand eines *Sem*-Priesters und hält ein Räuchergefäß, die anderen sind schlichter gekleidet und halten Metallgefäße. Sie gehören zu Inherkaus Familie. Bei den ersten handelt es sich um Inherkaus Söhne Qenena (Priester), Hormin (Handwerker), Amenemhab und Hormes, bei den anderen um seine Brüder.

Die letzte Szene rechts in diesem Register ist im Grunde traditionell, besitzt aber einige ungewöhnliche Details. Das Instrument des Harfenisten hat 22 Saiten (obwohl der Künstler Wirbel für 36 Saiten gemalt hat). Normalerweise haben die Harfenisten ihre Augen geschlossen, um Blindheit oder tiefe Konzentration anzudeuten, dieser jedoch hat seine Augen offen. Er sitzt auf einer Matte; träge schlägt er die Saiten an. Seine Füße hat er in eine eigenartige Position gebracht, und der Mund ist geöffnet; vielleicht singt er. Er ist korpulent, auf seinem Bauch und im Nacken hat er Speckfalten, während die Arme dünn sind. Inherkau und seine Frau lächeln und genießen offenbar die Musik. Trotz der kunstvollen Perücken und Gewänder wirken sie eher plump.

Auf der Rückwand stehen Inherkau und sein Sohn Hormin links bei dem Gott Ptah, rechts hingegen schauen er und sein Sohn Qenena zu einer sehr gut gemalten Darstellung des Osiris. Die linke (westliche) Wandhälfte ist eine Arbeit Hormins, die rechte (östliche) Seite gestaltete Nebnefer.

Am Anfang des oberen Registers auf der rechten Wand steht Inherkau im Anbetungsgestus vor einem Pylon, auf dem ein menschenköpfiger *Ba*-Vogel sitzt. Das Federkleid des Vogels ist wie bei den anderen Vogeldarstellungen in diesem Grab sehr stilisiert. Gesicht und Hände ähneln denen des Inherkau stark. Links zeigt eine zweite Szene den Verstorbenen vor Ptah, dem Gott der (Kunst-) Handwerker, der folgerichtig in Deir el-Medina hingebungsvoll verehrt wurde.

Der links folgende Text ist eine Abschrift von Kapitel 42 des Totenbuches. Darin werden Körperteile zusammen mit den Gottheiten aufgelistet, mit denen sie assoziiert werden. „Mein Haar ist Nun“, steht in einem der Felder zu lesen, „mein Gesicht ist Re, meine Augen sind Hathor, meine Ohren sind Wepwawet, meine Nase ist ‚Die über ihr Lotosblatt herrscht‘“. Der ganze Körper wird durchgegangen, und die Liste endet schließlich bei „meinen Zehen, die lebende Uräen sind. Kein Teil meines Körpers ist gottlos, und Thot behütet all mein Fleisch.“

Die Abbildung mit einer Schwalbe auf einem Schöpfungshügel aus rotem Granit ist eine Vignette nach Kapitel 86 des Totenbuches zur Umwandlung in eine Schwalbe. Für die Ägypter verkörperte dieser Vogel das Konzept des Unterwegsseins, der Reise. Inherkau kniet vor den bei-

den Rücken an Rücken liegenden Löwen des Horizontes. Die Hieroglyphe für diesen Begriff steht zwischen ihnen, darüber steht die Sonne, und von der Mitte hängt ein *Anch*-Zeichen herunter. Am rechten Ende des mittleren Registers schreitet Hathor auf den Durchgang und die heute fehlende Figur von Ahmes-Nefertari zu. Links verehrt Inherkau eine Schlange. Diese Vignette wird normalerweise von Kapitel 87 des Totenbuches begleitet, wo es heißt, die Schlange lebe schon sehr lange; sie gehe durch die Nacht und werde jeden Tag neu geboren. Aber der Text, der hier steht, hat nichts mit diesem Kapitel zu tun. Weiter links stehen vier Schakale stolz vor einem knienden Inherkau. Die Tiere sind sehr akkurat gemalt und haben ein Stoffband um den Hals geschlungen. Ihre Aufgabe besteht darin, die Sonnenbarke durch die Nacht zu ziehen. Daneben steht ein Priester mit der Maske eines Falken und einem einer Dechsel ähnlichen Instrument vor der Mumie des Inherkau und führt das Mundöffnungsritual durch. Hinter einem sitzenden Inherkau, der seinerseits auf ein großes *Ka*-Symbol schaut, ist die Hieroglyphe für Westen zu sehen.

Im untersten Register rechts sitzen Inherkau und seine Frau an einem reich mit Opfergaben bestückten Tisch. Links sitzt er vor einem niedrigen Tisch und empfängt fünf Paare und einen *Sem*-Priester. Der Begleittext jedoch führt 21 Namen auf. Eine der ergreifendsten Szenen in Inherkaus Grab ist links außen auf dieser Wand zu finden. Er und seine Frau sitzen inmitten einer Schar von Enkelkindern auf einem filigran gearbeiteten Stuhl. Die Kinder (drei Mädchen und ein Junge) sind nackt. Erst kürzlich wurde der Kopf des Jungen verunstaltet; das ist der traurige Beweis dafür, dass die thebanischen Gräber besser geschützt werden müssten. Jedes Kind hält ein Vogeljunges zum Zeichen der Huldigung an das Leben. Auf einem Tisch vor den stolzen, glücklichen Großeltern steht ein Tablett mit Feigen. Opferträger nähern sich der Gruppe mit Grabbeigaben, darunter eine Kiste mit *Uschebtis* und ein Gefäß für Trankopfer.

507 UNTEN INHERKAU VOR ZWEI SCHAKALEN UND DER APOPHIS-SCHLANGE

5

DAS GRAB VON SCHUROY (TT 13)

GESCHICHTE

Dieses kleine Grab mit zwei Kammern gehörte Schuroy und seiner Frau Wernefer. Schuroy war irgendwann in der 19. Dynastie oberster Kohlenfeuerträger im Amuntempel zu Karnak. Seine Grabdekoration ist in recht informellem Stil gehalten; die Szenen wurden rasch gemalt, bisweilen nur als Konturen in roter Tinte, und meistens (aber nicht immer) fehlen Details im Inneren. Die weichen, fast pastellartigen Farben sind auf einen hellgrauen oder weißen Untergrund aufgetragen, und besonders gern wurde Hellblau verwendet.

BESICHTIGUNG

Im **EINGANG** sind Schuroy und seine Frau auf der rechten Türlaibung in einem Anbetungsgestus dargestellt.
ERSTE KAMMER C, LINKE SEITE Im oberen Register zeigen Pfortenbuch-Szenen Schuroy und seine Frau vor verschiedenen Gottheiten und Wächtern der Unterweltpforten. Ungefähr in der Mitte der linken Wand schaut das Paar zu einem reich beladenen Opfertisch. Rechts sitzt Re-Harachte in einem Kiosk, hält ein *Anch*-Zeichen und ein *Was*-Zepter in den Händen und sieht nach links zu einer Darstellung der stehenden Göttin Maat. Die Gestalt des Gottes ist gut gezeichnet, seine Arme und Beine sind jedoch unverhältnismäßig lang und dünn. Dadurch wirkt er eher wie eine Karikatur und nicht wie eine formelle Malerei. Im darunter liegenden Register, das heute weitgehend zerstört ist, steht das Paar anbetend vor verschiedenen Gottheiten sowie einem König und einer Königin. Links auf der Rückwand der Kammer ist eine große, in Leinen und Bänder gewickelte *Djed*-Säule über einer großen Hieroglyphe mit der Bedeutung „Westen" zu sehen.
ERSTE KAMMER, RECHTE SEITE Rechts auf der Rückwand ist eine weitere *Djed*-Säule, unter ihr aber sind unterschiedliche geformte Brotlaibe und Gefäße gemalt. Die Vorderwand und die rechte Wand der Kammer zeigen Fortsetzungen der Pfortenbuch-Thematik, und mehrere Geistwesen der Unterwelt sind in derselben Art und Weise dargestellt wie auf der linken Wand. Die Brotlaibe sind besonders nett gemalt. Die kleinen, in das Brot eingedrückten Muster findet man in ähnlicher Weise auch heute in den heimischen Backstuben oberägyptischer Frauen. Sie sagen, die Löcher begünstigten ein gleichmäßiges Durchbacken der Brotlaibe. Im unteren Register beten Schuroy und seine Frau Maat und Re-Harachte an. Die Decke dieses Raumes ist mit zwei verschiedenen geometrischen Mustern bemalt.
ZWEITE KAMMER D Auf den Laibungen des Einganges in diesen Raum wurden zwei Darstellungen von Schuroy (rechts) und seiner Frau (links) lediglich mit roter Tinte gemalt und sind stark beschädigt.

Vier Register bedecken die lange Vorderwand rechts vom Eingang. Oben marschieren 22 männliche Opferträger; 19 davon tragen große, nachlässig gemalte Kisten auf den Köpfen, und drei bringen Gemüse. Im zweiten Register nähert sich Schuroy mit einigen männlichen Verwandten einem Garten. Rechts ist eine kleine Sammlung grob gemalter Bäume zu sehen, unter denen Diener sitzen. Wie im Schlaf ruhen ihre Köpfe auf ihren Händen. Im dritten Register schreitet ein Begräbniszug dahin. Opferträger befördern Lebensmittel, andere kauern vor Gemüsekörben, und rechts tragen Männer Kisten mit einem Joch. Rechts von ihnen geht eine Kuh.
Im unteren Register geht die Prozession weiter. Junge, unbekleidete Mädchen tanzen neben ihren Müttern in der Mitte des Registers. Sie erheben ihre Hände in die Luft und beugen die Knie wie zu einem Sprung oder Hüpfer. Eine Reihe männlicher Träger geht auf Schuroys Mumie rechts außen auf der Wand zu. Zu Füßen der Mumie knien trauernde, klagende Frauen, die sich Asche auf das Haupt streuen.
Auf der Rückwand oben links hält ein Priester die Instrumente für das Mundöffnungsritual. Eine trauernde Frau steht vor der Mumie. Unten kniet Schuroy und hält einer kuhgestaltigen Hathor-Figur, die mit kompliziertem Feder-Kopfschmuck aus einem Berg hervorgeht, Feuerbecken entgegen.

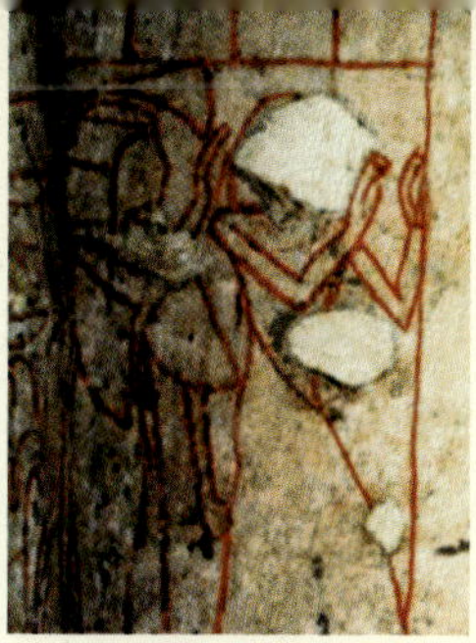

In der mittleren Rückwand-Nische ist nicht mehr viel von der Dekoration erhalten, außer auf dem rechten Mauerstück, wo Schuroy hinter der Figur eines kauernden Mannes Kohlenfeuer darbringt, gefolgt von seiner Frau und einem nicht identifizierten Mann.
Rechts neben der Nische führt Thot Schuroy vor Osiris (sitzend), der von Isis und Nephthys begleitet wird. Eine Trankopfer-Szene darunter ist fast vollständig verschwunden.
Auf der Seitenwand und der linken Seite der Vorderwand ist die Dekoration fast völlig verschwunden. Spuren von Opferträgern vor Schuroy und seiner Frau während eines Bankettes sind noch zu erkennen. Die Bankettszene setzt sich im unteren Register fort.
Die Decke des zweiten Raumes war mit einem hellgelb-weißen Schachbrettmuster und Folgen von roten und gelben Kreisen dekoriert, angeordnet in großen Quadraten.

508 UND 509 DREI BILDER ZEIGEN VERSCHIEDENE STADIEN DER DEKORATION IM GRAB DES SCHUROY.

LEGENDE

A EINGANG
B HEUTIGER EINGANG
C ERSTE KAMMER
D ZWEITE KAMMER

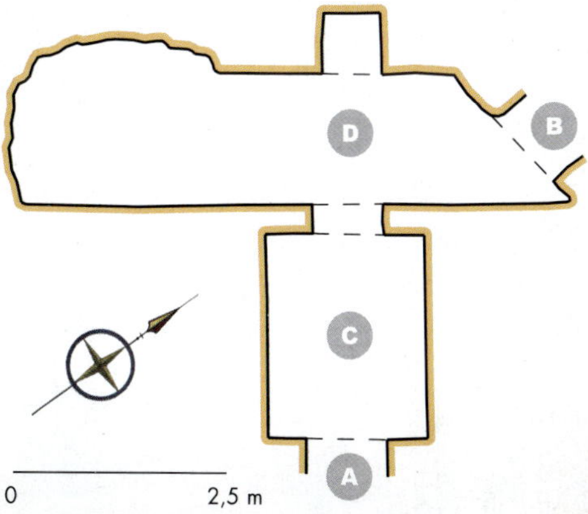

6

TEMPEL AUSSERHALB THEBENS

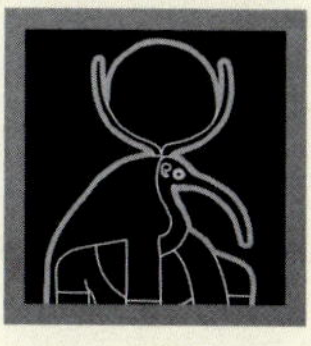

6

EINLEITUNG

512 DER NILGOTT, RELIEF IM TEMPEL RAMSES' II. IN ABYDOS.

Touristen beginnen sich zunehmend auch für die oberägyptischen Tempel außerhalb Thebens zu interessieren. Dazu gehören Dendera und Abydos nördlich von Theben, die mit dem Wagen erreichbar sind (Ausländer müssen sich aus Sicherheitsgründen einem Konvoi anschließen); Isna, Edfu und Kom Ombo werden üblicherweise im Rahmen einer Nilkreuzfahrt besucht. Die Tempel sind von besonderem Interesse. Abydos zeigt einige der schönsten Beispiele für bemalte Reliefs aus der 19. Dynastie. Das beinahe unbeschädigte Edfu vermittelt einen herrlichen Eindruck ptolemäischer Architektur. Die Fahrt dorthin ist fast so anregend wie der Tempelbesuch, vor allem, wenn man sich per Segelboot nähert. Das Niltal ist wunderschön, die Fahrt auf dem Fluss sehr friedlich, und allein die vielen Gelegenheiten, Vögel und Menschen zu beobachten, sind die Reise wert.

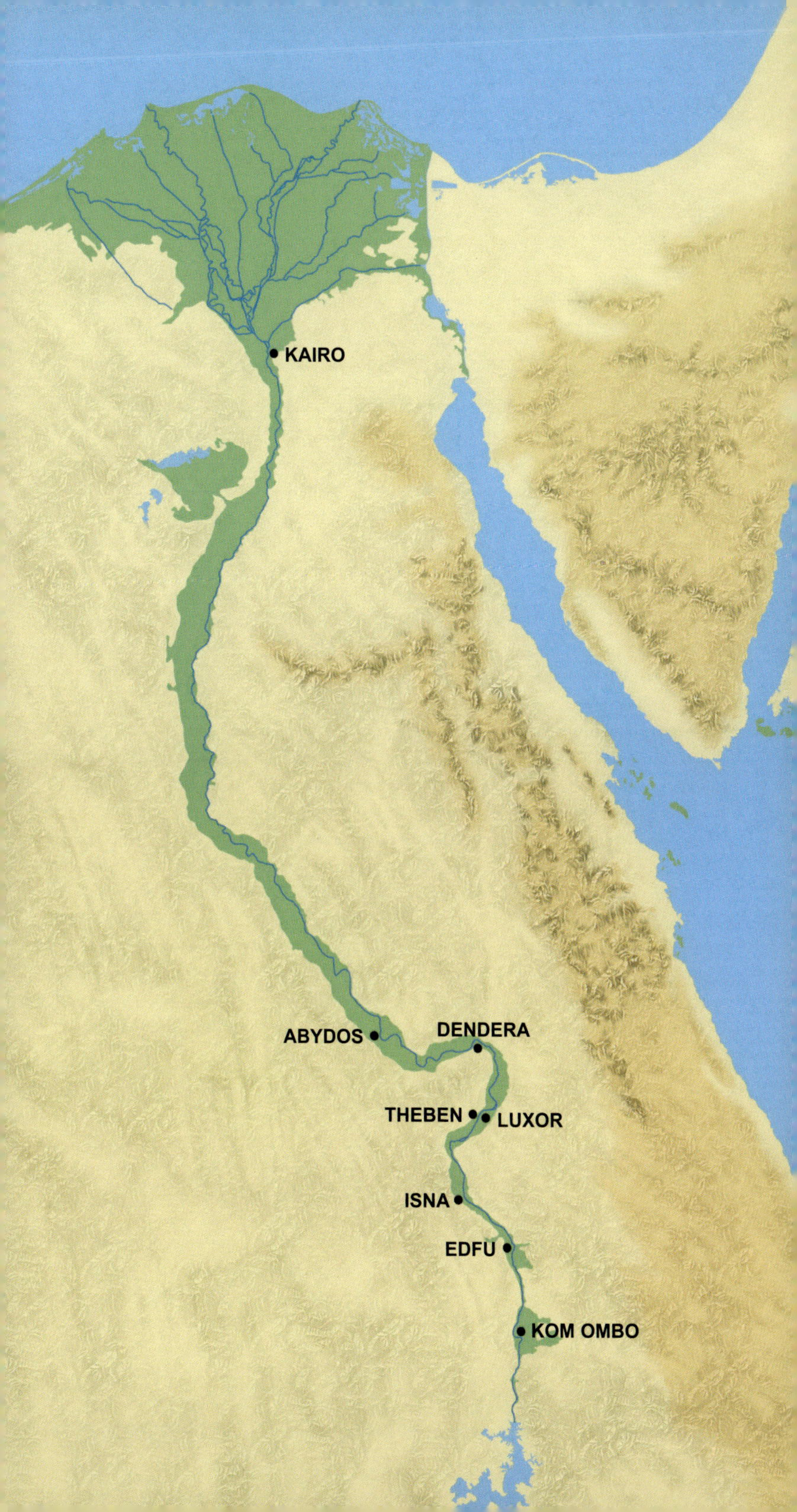
KAIRO
ABYDOS
DENDERA
THEBEN
LUXOR
ISNA
EDFU
KOM OMBO

6

ABYDOS

514 SETHOS I. MIT ISIS, TEMPEL IN ABYDOS.

515 OBEN SETHOS I. OPFERT WEIHRAUCH UND VERGIESST WASSER VOR OSIRIS UND HORUS.

515 UNTEN DIE AUFERSTEHUNG DES TOTEN PHARAO, KAPELLE DES PTAH.

GESCHICHTE

Einige tausend Jahre lang war Abydos, dessen alter Name *Abdju* lautet, eine Begräbnisstätte für die Menschen aus Thinis, der Hauptstadt des achten oberägyptischen Nomos. Hier war während der ersten beiden Dynastien Ägyptens das Kultzentrum für eine lokale Gottheit, Chentiamentiu (Herr der Westlichen, was bedeutet: Erster unter den Toten). Im Alten Reich wurde dieser Gott mit einer anderen Unterweltgottheit vereinigt, und zwar mit Osiris. Osiris wurde der herausragendste Gott der Unterwelt und die Personifizierung der verstorbenen ägyptischen Könige. Im Mittleren Reich galt Abydos als Begräbnisstätte des Osiris, und viele zunehmend beliebte und bedeutende religiöse Zeremonien wurden hier begangen, um seines Todes und seiner Wiedergeburt im Jenseits zu gedenken. Pilger kamen zahlreich hierher, um Opfergaben darzubringen, Stelen aufzustellen und, wenn sie es sich leisten konnten, ein Grab oder ein Kenotaph zu errichten. Die Stadt Thinis, mit der Abydos in Zusammenhang gebracht wird, wurde niemals lokalisiert. Abydos selbst jedoch ist bekannt dafür, einer der großflächigsten und bedeutendsten Friedhöfe der dynastischen Zeit zu sein. Aus gutem Grunde ist das „Herrenhaus von Jahrmillionen des Königs Menmaatre (Sethos I.) der in Abydos ruht" heute das berühmteste Bauwerk in Abydos. Sethos I. begann den Bau dieses Tempels, und sein Sohn Ramses II. vollendete ihn. Der Tempel ist elegant dekoriert und einmalig gut erhalten – eines der Meisterwerke der ägyptischen Kunst und Architektur. Manche Ägyptologen gehen davon aus, man habe für den Tempel die ungewöhnliche L-Form gewählt, um das Osireion, das alte, unterirdische und direkt hinter dem Tempel gelegene mythische Osirisgrab, nicht zu beschädigen. Heute bezweifeln jedoch manche Wissenschaftler die ins Alte Reich zurückreichenden Ursprünge und glauben, dass Sethos I. auch das Osireion baute und dafür die Pläne aus Gräbern im Tal der Könige kopierte.

DER TEMPEL VON SETHOS I.

BESICHTIGUNG

Der Tempel Sethos' I. liegt ungefähr 15 Kilometer westlich des Nils am Rande der Wüste und nur wenige Meter oberhalb der Ortschaft El-Belliana und ihrer Felder. Eine moderne Treppe führt zu den Ruinen des Ersten Pylons und des Ersten Hofes. In der Rückseite des Pylons sind 14 Nischen integriert, in denen ursprünglich Osirisstatuen standen. Es sind noch Fragmente von einigen dieser Statuen zu sehen, und drei Statuenköpfe sind links neben dem Eingang in der ersten Hypostylhalle ausgestellt. Einige große Steinbecken, in denen Priester rituelle Waschungen vollzogen, stehen in der Hofmitte. Nord- und Südwand des Hofes sind mit

Szenen aus Schlachten in Westasien dekoriert. Man achte links außen (Osten) auf der linken Wand (Süden) auf einen Soldaten, der einen Korb mit abgeschlagenen Händen vor den Schreibern ausleert. Die Hände wurden feindlichen Soldaten zum Zählen der Toten abgehackt.

Eine enge Terrasse erstreckt sich an der Rückwand (Westen) des Hofes entlang. In der linken (Südwesten) und rechten (Nordwesten) rückwärtigen Ecke marschieren Söhne und Töchter von Ramses II. reihenweise über die Wände. Ursprünglich waren hier 27 Söhne und 29 Töchter dargestellt und namentlich genannt.

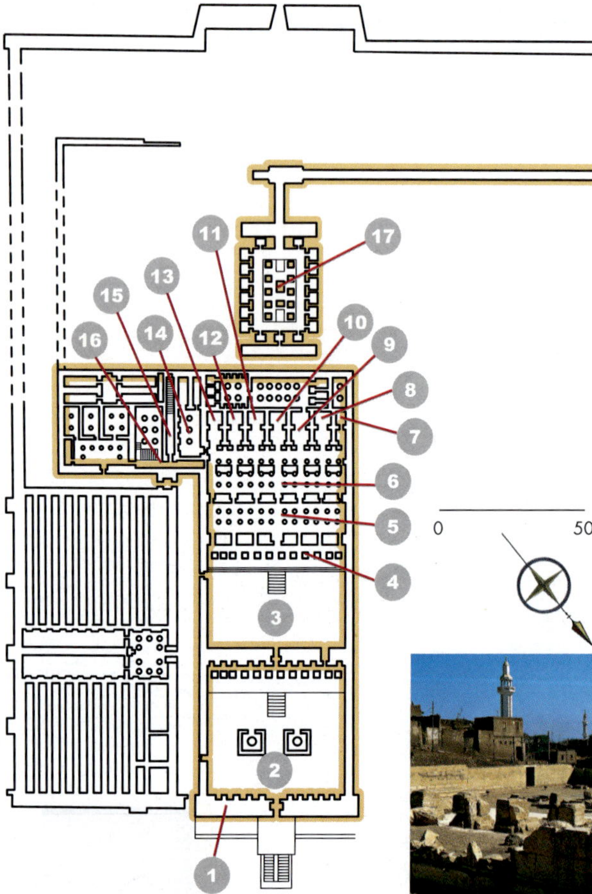

◆ DER ZWEITE HOF ◆

Auch der Zweite Hof war ein Werk Ramses' II. Hinten befindet sich ein 1,25 Meter hoher Portikus mit zwölf Säulen auf der Vorderseite. Jede Säule ist mit Szenen dekoriert, in denen Ramses II. oder Sethos I. verschiedenen Gottheiten Opfer darbringen. Es sind Standardszenen, allerdings befindet sich auf der rechten Seite (Norden) der ersten Säule links (Süden) von der Hauptachse des Hofes ein einzigartiges Detail. Ramses II. trägt ein langes Gewand, so hauchdünn, dass sich seine Beine deutlich abzeichnen. Das Gewand streift aber auch über ein paar Hieroglyphen, die dadurch unleserlich werden.

Die Rückwand (Westen) des Portikus war ursprünglich so geplant, dass zwischen zwölf schmalen Wänden jeweils Türen sein sollten. Sie wurden aber ausgefüllt, damit man zu beiden Seiten des Haupteingangs stabile Mauern hatte, und komplett dekoriert. Die Farben sind hier sehr gut erhalten, trotz der erheblichen Schäden an der Mauer. Rechts außen (Norden) ist Ramses II. mit Horus und Chnum zu sehen. Links steht er vor einem Persea-Baum, der von Thot und Ptah flankiert wird. Ptah schreibt den Namen des Königs auf die Blätter, und Thot trägt Palmzweige mit Einkerbungen für die vielen Jahre, die das Leben des Königs hoffentlich zählen wird. Näher beim Haupteingang reicht der König Osiris, Isis und Sethos I. ein *Anch*-Zeichen.

LEGENDE

1 ERSTER PYLON
2 ERSTER HOF
3 ZWEITER HOF
4 PORTIKUS
5 ERSTE HYPOSTYLHALLE
6 ZWEITE HYPOSTYLHALLE
7 KAPELLE DES HORUS
8 KAPELLE DER ISIS
9 KAPELLE DES OSIRIS
10 KAPELLE DES AMUN-RE
11 KAPELLE DES RE-HARACHTE
12 KAPELLE DES PTAH
13 KAPELLE DES VERGÖTTLICHTEN SETHOS I.
14 HALLE VON NEFERTEM UND PTAH-SOKAR
15 STIERKORRIDOR
16 AHNENHALLE
17 OSIREION

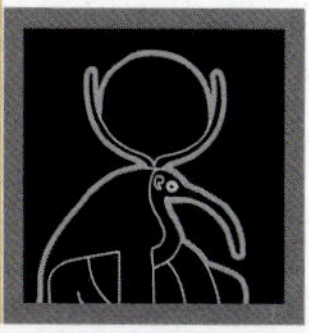

Links (südlich) vom Haupteingang beschreiben 116 Inschriftspalten die Jugend und die ersten Regierungsjahre von Ramses II. Er rühmt sich einer Pilgerfahrt nach Abydos kurz nach seiner Krönung, und als er den Tempel seines Vaters unvollendet vorfand, gab er Befehl, den Bau fertig zu stellen. „Nun" – so heißt es dort –, „als Sethos I. in den Himmel einging, so waren Front und Rückseite des Tempels noch im Bau. Niemand war da, der seine Bauwerke vollendete, niemand, der die Säulen auf der Terrasse aufstellte. Ich, der ich nun der Herr beider Länder bin, ich werde seine Bauwerke auf die am meisten geeignete Art und Weise vollenden. Ich werde die Wände im Tempel dessen aufbauen, der mich zeugte."

516 MITTE ERSTER HOF, TEMPEL DES SETHOS I.

516–517 ZWEITER HOF UND PORTIKUS DES TEMPELS.

517 UNTEN DURCHGANG ZUM ZWEITEN HOF.

518 OBEN SETHOS I. WIRD VON ATUM UMARMT, RELIEF, SÄULENHALLE.

518 UNTEN ERSTE SÄULENHALLE

519 RELIEFBEDECKTE PFEILER IM PORTIKUS, DARSTELLUNGEN VON SETHOS I. UND VERSCHIEDENEN GOTTHEITEN.

◆ DIE ERSTE HYPOSTYLHALLE ◆

Die erste Hypostylhalle ist ein großer Raum mit zwei Reihen zu zwölf Papyrussäulen, die eine achte Meter hohe Decke tragen. Die Wände sind ausgiebig mit bemalten Reliefs dekoriert. Die Leuchtstoffröhren auf dem Fußboden geben ein unschönes Licht, trotzdem bestechen die Arbeiten durch ihre hohe Qualität. Der Rundgang durch die Halle beginnt in der Ecke vorne links (Südosten) und führt entgegen dem Uhrzeigersinn zur hinteren linken Ecke (Südwesten).

Zu beiden Seiten des zentralen Eingangs stehen je drei Pfeiler mit großen Nischen in den Zwischenräumen. Rechts außen (Süden) im oberen Register zieht der König die heilige Barke des Sokar. Darunter steht er vor dem Gott Min. Auf dem zweiten Pfeiler kniet der König in Begleitung von Anubis und Horus auf den Symbolen für Ober- und Unterägypten. Darunter bringt er Ptah Opfer dar. Auf dem dritten Pfeiler reicht er Amun-Re Gefäße, und unten empfängt er Reinigungen von Atum und Amun-Re.

Auf dem vierten Pfeiler gleich links (nördlich) vom Haupteingang hält Amun-Re ein *Anch*-Zeichen in Höhe des Gesichts des Königs, und Osiris bringt einen Miniaturpavillon (Symbol für das *Heb-Sed*-Fest) sowie einen eingekerbten Palmzweig als Symbol für viele Jahre eines langen Lebens dar. Die untere Szene ähnelt der auf dem dritten Pfeiler. Oben auf dem fünften Pfeiler hackt der König die Erde auf und bereitet die Fundamente für den zu errichtenden Tempel vor, wobei Osiris zuschaut. Unten bereiten der König und die Göttin Seschat die Arbeit mit den Stäben vor, mit denen der Grundriss des Tempels markiert wird. Auf dem sechsten Pfeiler übergibt der in ein kunstvoll gemaltes Gewand gekleidete König Horus den nun fertig gestellten Tempel. Oben steht er im Anbetungsgestus vor dem Gott.

Rechts außen auf der rechten (nördlichen) Wand reinigen Thot und Horus den König mit *Anch*-Zeichen, die wie Wasser aus goldenen Gefäßen rinnen. In der Wandmitte wird der König unter einem vormals vergitterten Fenster von Horus und Wepwawet in den Tempel geführt, damit Hathor ihn begrüßen kann. Die Göttinnen halten Symbole in den Händen, die sowohl zu Wasser als auch zu Verehrung in Bezug zu setzen sind. Links überreicht Ramses II. Osiris eine Papyrusschachtel, die die Tempelurkunden enthält. Isis und Horus stehen dabei. Darüber kniet der König vor Thot, der den Namen des Königs auf die Blätter eines Persea-Baumes schreibt.

Rechts außen (nördlich) auf der Rückwand (Westen) empfängt Ramses II. von Horus eine Königskrone und von Isis einen Uräus und ein Sistrum. In der Szene darüber stillt Isis ihn. Weiter links empfängt der König das Symbol für *Heb-Sed*-Jubiläen von Osiris, Horus und Isis. Darüber schreibt Thot den Königsnamen auf dessen Schulter. Unweit der Hauptachse des Tempels ist eine Szene zu sehen, in der Ramses II. Amun-Re und Mut kleine Statuetten darbringt, und darüber entzündet er Weihrauch vor Amun-Re und Chons. Ähnliche Szenen werden auf der Wand gleich links (südlich) von der Hauptachse wiederholt. Sie werden gefolgt von weiteren Szenen mit dem König und Mut, Ptah, Sechmet und der Barke des Sokar. Auf der linken (südlichen) Wand der Halle stellt eine stark beschädigte Szene die Geburt Ramses' II. dar: Chnum bildet ihn auf einer Töpferscheibe, und Isis sorgt dann für ihn.

◆ DIE ZWEITE HYPOSTYLHALLE ◆

In der zweiten Hypostylhalle stehen drei Reihen zu je zwölf Säulen. Die hintere Reihe steht auf einer leicht erhöhten Plattform. Hinter dieser Säulenreihe führen sieben Türen zu sieben Kapellen. Die Vorderwand (Osten) der Halle zeigt Ramses II. beim Opfer für verschiedene Gottheiten. Die Arbeiten auf dieser Wand und viele andere Arbeiten in diesem Tempel verblassen im Vergleich mit den Reliefs rechts außen (Norden) in dieser Halle. Diese unter Sethos I. entstandenen und von Ramses II. usurpierten Reliefs zählen zu den schönsten in ganz Ägypten aus der Zeit des Neuen Reiches. Manche tragen noch immer Spuren der ursprünglichen Farbe.

Rechts entzündet Sethos I. Weihrauch und bringt vor Osiris und Horus Trankopfer dar. Anmutig ergießt sich das reinigende Wasser in drei herzförmige Gefäße. Eine wundervolle Horus-Gestalt steht hinter ihnen. Im darüber liegenden Register kniet der König mit anbetend erhobenen Händen, sein Körper ist jugendlich geschmeidig. In der Wandmitte bringt der König vor einem Osirisschrein Opfer dar. Etwas weiter sitzt Osiris zwischen Maat und Renpet, hinter ihm stehen Isis, Imenti und Nephthys. Die Göttinnen sind sehr fein gearbeitet: Man achte besonders auf die Details bei Haaren und Kleidung. Es lohnt sich zudem, in aller Ruhe die Kleinigkeiten in den Hieroglyphen zu betrachten, das feine Gefieder der Vögel, Flechtkörbe und kleine, grazile Menschenfiguren. Weiter links bringt der König Osiris, Isis und Horus Maat dar, während Horus darüber Symbole der königlichen Würde überreicht. Auf der Wand, die der dritten Säulenreihe gegenüberliegt, ist eine elegant und kunstvoll gearbeitete *Djed*-Säule zu sehen.

520 OBEN BLICK IN DEN KORRIDOR, DER ZU DEN SIEBEN KAPELLEN FÜHRT.

520 UNTEN LINKS HATHOR REICHT SETHOS I. EIN ANCH-ZEICHEN.

520 UNTEN RECHTS SETHOS I. KNIET VOR PTAH, DER IN EINEM SCHREIN SITZT.

521 SETHOS I. BRINGT ALS JUNGE ISIS OPFER DAR.

◆ SIEBEN KAPELLEN ◆

Der Übersichtlichkeit halber erfolgen die Beschreibungen der sieben Kapellen, in die man durch die Türen in der Rückwand der zweiten Hypostylhalle gelangt, von rechts (Norden) nach links (Süden). Da sich die Szenen in fünf der sieben Kapellen wiederholen, ist die Beschreibung allgemein gehalten, auf Szenen in den Kapellen des Osiris (3. Kapelle) und des Sethos I. (7. Kapelle) hingegen wird näher eingegangen. Die Namen der Kapellen von rechts nach links lauten:

1. Kapelle des Horus
2. Kapelle der Isis
3. Kapelle des Osiris (mit einem Komplex aus weiteren Räumen dahinter)
4. Kapelle des Amun-Re
5. Kapelle des Re-Harachte
6. Kapelle des Ptah
7. Kapelle des vergöttlichten Sethos I.

◆ KAPELLEN 1–6 ◆

Die Kapellen haben gewölbte Decken. Dies greift die Form der kleinen Schilfhütten auf, die in prädynastischer Zeit als Schreine gedient hatten. Die drei letzten Kapellen (5–7) wurden nie bemalt, im Gegensatz insbesondere zur Kapelle des Osiris, in der die Farbe immer noch frisch und leuchtend ist. In der Rückwand jeder Kapelle befindet sich eine aufwändige doppelte Scheintür. Auf der rechten Wand (Norden) ergreift der König die beiden Griffe von den Doppeltüren des großen, schmalen Schreines, dann bringt er Rauchopfer dar und betet die Gottheit im Schrein an. Weiter links bringt der König vor der Barke des Gottes Speiseopfer und Weihrauch dar. Anschließend versieht er die Statue des Gottes oder der Göttin mit frischen Leinengewändern und Salben. Auf der linken Wand (Süden) räuchert der König wiederum Statuen der Gottheiten und bringt Kleidung und Schmuck dar. Weiter links übergibt er den Göttern Insignien und rückt ihre Kronen zurecht. Nach Abschluss dieser Zeremonien schüttet der König Sand aus einer kleinen Schale auf den Boden und geht. Der Sand wird verwehen und die Fußspuren hinwegnehmen, so dass die Kapelle unberührt ist, bis das Ritual aus Speisen, Räuchern und Kleiden der Götterstatuen erneut durchgeführt wird.

◆ KAPELLE 3 ◆

Die Szenen auf den Wänden gleichen denen in Kapelle 1 bis 6, doch in der Rückwand befindet sich eine echte statt einer Scheintür. Sie führt in einen Raum mit zehn Säulen und wundervoll bemalten Wänden. Auf der Vorderwand steht der König rechts (südlich) neben dem Eingang vor einem Schrein für Osiris und Isis und bringt verschiedenen Göttern, darunter Anubis, Heket (eine Froschgottheit), Horus und einem gänseköpfigen Hapi, Weihrauch, Brot, Wein und Maat dar. Auf der Rückwand (Westen) errichten der König und Isis eine *Djed*-Säule und hüllen sie in Leinengewänder. Rechts außen stellt Sethos I. ein sehr filigran geschnittenes Abydos-Emblem auf, und links opfert er Weihrauch vor dem Emblem des ibisgestaltigen Thot.

Rechts außen (Norden) in der Säulenhalle führen Türen in drei kleine Heiligtümer, die Horus (mit Osiris und Isis), Sethos I. (mit Osiris, Anubis, Isis, Thot und Horus, Sohn der Isis) und Isis (mit Horus) gewidmet sind. Alle drei sind sehr sorgfältig und mit Liebe zum Detail mit Reliefs dekoriert. Von der Bemalung ist noch viel erhalten. Im Heiligtum des Horus bringt Sethos I. dem Gott Opfer dar (rechte Wand), während Isis den König vor Horus bringt, der ihm Krummstab und Geißel reicht (Rückwand). Rechts außen auf der linken Wand zeigt eine ungewöhnliche Szene den König dabei, wie er einen Opfertisch säubert und ein Weihrauchgefäß befüllt. Das mittlere Heiligtum des Sethos I. ist mit Reinigungsszenen dekoriert. Rechts, im Heiligtum der Isis, bringt der König Opfer dar und empfängt das Symbol des *Heb-Sed*-Festes.

Am Südende der Säulenhalle führt ein Durchgang in einen Raum mit vier Säulen und drei kleinen Sanktuarien hinter der rückwärtigen Wand. Im mittleren Heiligtum liegt Osiris in Anwesenheit des Königs und verschiedenen Gottheiten auf einer Bahre. Vieles in diesem Raum wurde stark beschädigt.

◆ KAPELLE 7 ◆

Im Gegensatz zu den anderen sechs Kapellen sind die Szenen hier der Feier des königlichen *Heb-Sed*-Festes, der Krönung des Königs, der Anerkennung seiner Königsautorität durch die Götter und den Handlungen für seinen Totenkult gewidmet. Auf der rechten Wand (Norden) führen Montu, Atum und verschiedene Göttinnen den König der Vereinigung mit seinen königlichen Vorfahren entgegen. Thot und die Seelen von Nechen, die die ältesten Herrscher Oberägyptens symbolisieren, folgen der Prozession. In einer besonders schönen Komposition umarmen Göttinnen von

Unter- und Oberägypten den König, während Horus und Thot Symbole der beiden Länder zusammenbinden. Auf der linken (südlichen) Wand bringt Thot dem König Opfer dar; andere Götter schauen zu, während Horus ihn krönt. Den Seelen des Pe (Herrscher alter Zeiten über Unterägypten) und Nechen werden von je einem anthropomorphen *Anch*-Zeichen acht Embleme vorausgetragen.

◆ HALLE VON NEFERTEM UND PTAH-SOKAR ◆

In der rückwärtigen Ecke (Südwesten) der zweiten Hypostylhalle befindet sich die Tür zu dieser Halle mit drei Säulen, die zwei Totengottheiten aus dem Gebiet um Memphis geweiht ist. Nefertem trägt eine Lotosblüte auf dem Kopf, aus der der Sage nach die Sonne hervorgeht. Ptah-Sokar – die Vermischung zweier Gottheiten – wird eng mit dem Jenseits und mit Osiris in Verbindung gebracht. Die an die Tür angrenzende Wand zeigt Ptah-Sokar, wie er dem König ein *Anch*-Zeichen darbringt. Die Titel des Gottes und 43 Inschriftzeilen beziehen sich auf Opferhandlungen. Rechts von der Halle befinden sich zwei kleine Schreine. Der rechte ist Ptah-Sokar gewidmet und zeigt den König vor einer Liste mit 52 memphitischen Gottheiten, darunter ist eine Szene zur Auferstehung des Osiris. Auf der linken (südlichen) Wand liegt Osiris auf einer Bahre, flankiert von Gottheiten. Der Schrein auf der linken Seite ist Nefertem gewidmet. An den Wänden sind ebenfalls Reliefs von zahlreichen anderen Gottheiten. Die Rückwand (Süden) der Halle hat vier Nischen: Atum, Thot und Sokar in der ersten, Osiris, Min und ein dritter Gott in der zweiten.

522 EIN WUNDERBAR GESCHNITTENES RELIEF: DER KÖNIG BRINGT HORUS UND RE-HARACHTE OPFER DAR.

523 OBEN DIE AUFERSTEHUNG DES OSIRIS, FLANKIERT VON SEINEM SOHN HORUS UND SEINER GEMAHLIN ISIS.

523 UNTEN SETHOS I. MIT DER BLAUEN KRONE, ER BRINGT EINE STATUE DER GÖTTIN MAAT DAR.

◆ AHNENHALLE ◆

Der Eingang zu diesem Korridor, der auch Königsgalerie genannt wird, befindet sich gleich links (Osten) von der Halle des Nefertem und des Ptah-Sokar. Die linke (östliche) Korridorwand zeigt den König bei Opferungen für viele Gottheiten, die rechte (westliche) Wand jedoch ist das Ziel der Besucher. Diese Wand ist noch bekannter als die wundervollen Reliefwände in der zweiten Hypostylhalle. Sie ist wegen ihrer historischen Bedeutung und der feinen Reliefarbeit die berühmteste Wand in Abydos. Der junge Prinz Ramses (der spätere Ramses II.) steht bei seinem Vater Sethos I. und hält ein Papyrus, auf dem die Namen seiner königlichen Amtsvorgänger verzeichnet sind. Sein Vater hält Weihrauch vor die „Königsliste von Abydos" genannte Liste, die in viereckigen Feldern auf der Wand vor ihnen geschrieben steht. Sie beginnt oben mit Menes (laut der Tradition der erste König der ersten Dynastie) und führt die Namen von 76 Königen auf. Unten rechts endet sie mit Sethos I. Weniger bedeutende Könige, weibliche Herrscherinnen wie Hatschepsut und die Herrscher der „herätischen" Armanazeit (Amenophis IV./Echnaton, Semenchkare, Tutanchamun und Eje) sind ausgenommen, so dass Haremhab direkter Nachfolger von Amenophis III. wird. Weiter Richtung Süden in diesem Korridor folgen einige Durchgänge. Sie führen in Räume, die den Priestern als Lager für die Tempelausstattung und zur Opfervorbereitung dienten. Direkt hinter der Königsliste befindet sich in der rechten (westlichen) Wand eine Tür zu einem abfallenden Korridor, bisweilen Stierkorridor genannt.

◆ DER STIER-KORRIDOR◆

Die gut gearbeiteten Reliefs auf den Wänden zeigen (rechts) Ramses II. und seinen ältesten Sohn Amunherchepeschef beim Einfangen eines Stieres mit dem Lasso. Weiter westlich zieht der König eine Barke des Sokar. Auf der linken (südlichen) Wand treibt der König vier Kälber auf Chons und Sethos I. zu. In westlicher Richtung ziehen der König und Gehilfen ein Vogelnetz ein und bringen Amun-Re und Mut

die gefangenen Wildenten dar. Solche Szenen sollen die Macht des Königs über die ungezähmte Natur darstellen. Darüber erzählen Szenen von den Gründungsfeierlichkeiten beim ersten Tempelbau.
Der Stierkorridor führt aus dem Tempel heraus und zum Osireion, einem Kenotaph Sethos' I., der zugleich als Grab des Gottes Osiris galt. Sethos I. begann den Bau, vollendet wurde er jedoch erst 70 Jahre später von seinem Enkel Merenptah. Es wurde in Anlehnung an den Plan eines Königsgrabes des Neuen Reiches im Tal der Könige konzipiert und der lange, L-förmige Korridor führt in ein unterirdisches Scheingrab. Die in einer großen Grube in der Wüste hinter dem Tempel errichtete Anlage wurde mit Geröll bedeckt. Die Grabkammer ist in Form einer 30 mal 20 Meter messenden Säulenhalle aus rotem Granit gebaut. Auf einem niedrigen Hügel in der Raummitte, umgeben von einem mit Wasser gefüllten Kanal, befand sich ein Sarkophag. Der Hügel symbolisierte die Urinsel der Schöpfung der Welt, und der Kanal stand für den Ozean, aus dem sich die Insel erhob. Heute ist der Grundwasserspiegel in Abydos angestiegen, und das gesamte Gebäude steht das ganze Jahr über unter Wasser. Man kann sogar Fische in den tiefen, den Boden bedeckenden Wasserflächen schwimmen sehen! Die Wände des ursprünglichen Korridors, der nach unten führte, waren mit Szenen und Texten aus dem Pfortenbuch dekoriert. Hinter einer scharfen Linkskurve im Korridor sind astronomische Darstellungen und Texte aus dem Totenbuch auf Wänden und Decken zu sehen. Eine besonders elegante Szene der Himmelsgöttin Nut bedeckt den hinteren Deckenbereich der Grabkammer. Über eine moderne Holztreppe gelangt man zum Zentrum des Gebäudes.

524 BLICK IN DIE AHNENHALLE.

525 OBEN KÖNIGSLISTE, DETAIL, AHNENHALLE.

525 UNTEN SETHOS I. GEFOLGT VON SEINEM SOHN RAMSES II. (NICHT ZU SEHEN); ER BRINGT AMUN-RE UND MUT VÖGEL DAR.

DER TEMPEL VON RAMSES II.

Ungefähr 300 Meter nördlich vom Tempel Sethos' I. sind die Überreste eines von Ramses II. errichteten Tempels zu sehen. Auch dieser ist – wie das Osireion des Sethos – ein Kenotaph, jedoch in der Struktur einem thebanischen Tempel des Neuen Reichs nachempfunden und nicht einem Königsgrab. Obwohl das Dach und die oberen Bereiche der Wände fehlen, sind die Reliefs mit Standardszenen auf den Wänden wegen der gut erhaltenen Farben sehr interessant. Außen kann man auf der Südwand einen aufwändigen Kalender der Feste bewundern, auf der Nord- und der Westwand Szenen über die Schlacht bei Kadesch. Im Innern befindet sich ein mit Osirissäulen bestellter Hof, auf dessen Wänden Opferszenen zu sehen sind. Im Westen des Hofes liegen hinter einem Portikus vier kleine Kapellen, die (von rechts nach links) Ramses II., der Enneade, königlichen Vorfahren und Sethos I. gewidmet sind. Eine weitere Kapelle für den Gott Onuris liegt rechts hinter ihnen. Um die zweite von zwei Säulenhallen mit je acht Säulen sind weitere Kapellen mit zum Teil herausragend gut gearbeiteten Reliefs gruppiert, die Osiris, der Thebanischen Triade, Thot und Min geweiht sind. Die Stele hinten im Tempel verdeckt den Eingang zu einer Kammer, die eine große Granitstatuengruppe mit Ramses II., Sethos I., Amun und zwei Göttinnen birgt.

526–527 RELIEF AUS DEM TEMPEL RAMSES' II. IN ABYDOS, PROZESSION FÜR EIN RITUELLES OPFER.

526 MITTE ANSICHT DES KLEINEN TEMPELS RAMSES' II.

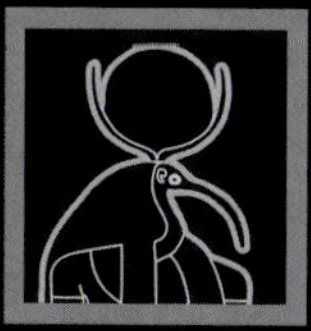

LEGENDE

1 *ZWEITER PYLON*
2 *HOF*
3 *ERSTE HALLE*
4 *ZWEITE HALLE*
5 *DRITTE HALLE*
6 *RAUM DER KÖNIGSLISTE*
7 *HEILIGTUM*

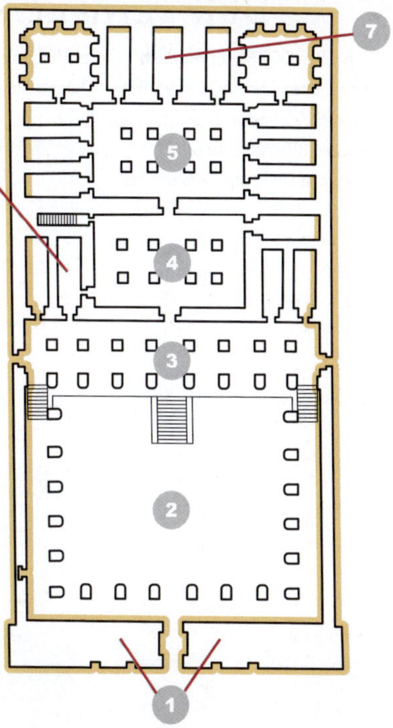

526 UNTEN TOR ZUR ERSTEN HALLE DES TEMPELS RAMSES' II.

527 UNTEN BEMALTES RELIEF, KÖNIG UND OSIRIS.

6

DER TEMPEL VON DENDERA

GESCHICHTE

Der gut 70 Kilometer nördlich von Luxor gelegene ptolemäische Tempel in Dendera zählt zu den am besten erhaltenen Bauwerken in Ägypten und lohnt unbedingt einen Besuch. In Luxor bieten manche Hotels Bootsfahrten zur Tempelstätte an. Früh am Morgen fährt man los und kehrt abends am selben Tag zurück. Trotz des Konvoi-Systems, das die ägyptischen Sicherheitsvorschriften in letzter Zeit vorgeben, ist die Nilfahrt von Luxor aus ein Genuss und führt an vielen interessanten Dörfern vorbei. Nach 30 Kilometern in Richtung Norden stößt man am Ostufer auf die Stadt Kus, das alte Apollinopolis Parva, mit einer schönen Moschee aus dem 12. Jahrhundert. Nach 41 Kilometern gelangt man nach Kift – so der alte Name von Koptos – am Eingang zum Wüstental Wadi Hammamet auf einer der Hauptstrecken zum Roten Meer und den Minen und Steinbrüchen der Gebirge am Roten Meer. Früher war Kift ein großes Handelszentrum und die Heimstätte des Gottes Min. Im 19. Jahrhundert lebten hier *Kiftis*, archäologische Arbeiter, die von Sir Flinders Petrie für das Ausgraben archäologischer Funde ausgebildet wurden. Kena schließlich ist der Sitz des Gouverneurs und liegt 62 Kilometer nördlich von Luxor. Man passiert eine neue Brücke zum Westufer des Nils und legt anschließend die letzten knapp 20 Kilometer gen Norden bis Dendera zurück.

Dendera, das alte Tantera oder Enet-ta-ntr, von den Griechen Tentyra genannt, ist eine großflächige Anlage. Die Entstehungszeit der Gräber reicht bis in die frühesten Dynastien zurück. Dendera war die Hauptstadt von Ägyptens sechstem Nomos. Am bekanntesten ist der von einer mächtigen Schlammziegelmauer umschlossene Hathortempel. Die Seitenlängen der Ummauerung betragen 280 bzw. 290 Meter, die Mauer ist zehn Meter dick und zehn Meter hoch. Mehrere andere Gebäude umgeben den Tempel, darunter ein Isistempel, ein ptolemäisches und ein römisches Geburtshaus, eine koptische Kirche sowie ein heiliger See. Man geht durch ein großes, von Domitian und Trajan im 1. Jahrhundert n. Chr. errichtetes Tor in einen offenen Hof, vorbei am römischen Geburtshaus und der koptischen Kirche (beide rechts) und steht direkt vor dem Hathortempel.

Der Bau des Hathortempels wurde im 1. Jahrhundert v. Chr. begonnen. Die Arbeiten dauerten von 54 bis 20 v. Chr. Er wurde auf den Überresten früherer Tempel errichtet, die möglicherweise ins Alte Reich zu datieren sind und Anbauten von Thutmosis III. sowie Ramses II. und Ramses III. mit einschlossen. Im hinteren Bereich des Tempels wurde der Name Ptolemäus' XII. gefunden; dieser erste Teil wurde in der ptolemäischen Zeit errichtet. Viele Kartuschen in Wandszenen blieben jedoch frei, wahrscheinlich waren die Zeiten politisch derart unstet, dass die Künstler nicht wussten, wessen Name einzutragen war. Ein großer Teil der Arbeiten wurde jedenfalls während der 21-jährigen Regierungszeit von Kleopatra VII. ausgeführt. Die Ähnlichkeit zwischen den Plänen der Tempel in Dendera und Edfu ist keineswegs zufällig: Mit Dendera kopierte man die Anlage in Edfu in kleinerem Maßstab. Das spiegelt die Nähe von Hathor und Horus sowie ihren jeweiligen Kulten wider.

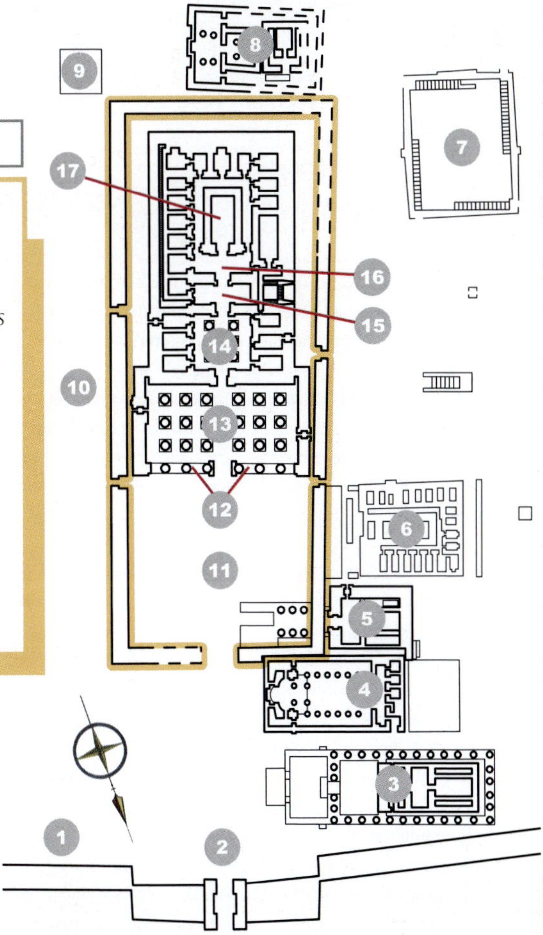

LEGENDE

1 UMFASSUNGSMAUER
2 TOR (VON DOMITIAN UND TRAJAN ERRICHTET)
3 RÖMISCHES GEBURTSHAUS
4 KOPTISCHE KIRCHE
5 PTOLEMÄISCHES GEBURTSHAUS
6 SANATORIUM
7 HEILIGER SEE
8 ISISTEMPEL
9 BRUNNEN
10 HATHORTEMPEL
11 VORHOF
12 FASSADE
13 VESTIBÜL
14 HYPOSTYLHALLE
15 OPFERHALLE
16 HALLE DER GÖTTLICHEN ENNEADE
17 SANKTUARIUM

528 OBEN PORTAL, TEMPEL IN DENDERA.

528 UNTEN HATHOR-KAPITELL IM TEMPEL.

529 DER TEMPEL IN DENDERA AUS DER LUFT.

BESICHTIGUNG

Beeindruckend ist die Tempelfassade: Sie ist 35 Meter breit und 12,5 Meter hoch, mit sechs sistrumförmigen, hathorköpfigen Säulen, abgeteilt durch dekorierte, nicht tragende Wände und einen zentralen Eingang. Oben steht ein dreizeiliger griechischer Text, den die Römer im Jahr 35 n. Chr. geschrieben hatten. Er besagt, der Tempel sei unter dem Präfekten Aulus Avillius Flaccus und anderen für den Kaiser Tiberius Caesar errichtet worden, den neuen Augustus, Sohn des göttlichen Augustus.

◆ VESTIBÜL ◆

Im Innern füllen 18 sistrumförmige Säulen das große Vestibül. Da der Tempel so gut erhalten und die Decke noch intakt ist, ist der Lichteinfall beinahe identisch mit der Beleuchtungssituation in der damaligen Zeit. Das Spiel von Licht und Schatten auf den Säulen des Vestibüls stellt dies eindrucksvoll dar. Szenen auf der linken Seite der Vorderwand zeigen den Kaiser mit der Krone Unterägyptens. Er verlässt gerade den Palast, um im Tempel Zeremonien zu feiern, wird von Horus und Thot gereinigt und anschließend von verschiedenen Göttinnen gekrönt. Diese Szenen setzen sich auf der rechten Vestibülwand fort, wo der König den Plan des Dendera-Tempels ausbreitet und den Tempel Hathor widmet. Auf der rechten Seite der Vorderwand trägt der Kaiser die Krone Oberägyptens und wird von Month und Atum der Göttin Hathor vorgeführt. Die zahlreichen Abbildungen von König und Gottheiten auf den Säulen, die den König bei der Opferung für die Götter zeigen, wurden durch Vandalismus verunstaltet, vermutlich von Christen, die die Stätte besetzten. Die Szenen weisen deutlich den Hang ins Korpulente oder Üppige auf, der in der ptolemäischen Kunst so typisch für die Darstellung von Menschen ist. Die Decke ist aufwändig mit astronomischen Szenen dekoriert, in denen die Göttin Nut, die Tierkreiszeichen und die Dekane vorkommen.

530 DIE TEMPELFASSADE.

531 UNTEN LINKS BLICK INS VESTIBÜL.

531 UNTEN RECHTS RELIEFS VON KAISER TIBERIUS, TEMPELWAND.

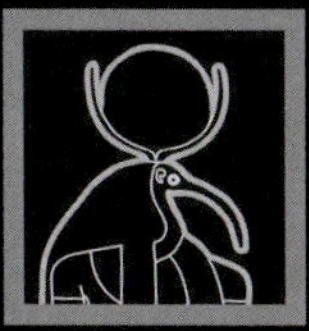

532 BLICK AN DIE DECKE DES VESTIBÜLS, DETAIL EINES FALKEN.

533 OBEN LINKS DECKENRELIEF MIT DER HIMMELSGÖTTIN NUT.

533 UNTEN LINKS DECKE MIT STERNENKUNDLICHER DEKORATION, MIT TIERKREISZEICHEN VERZIERT.

533 RECHTS DARSTELLUNG DER GÖTTIN HATHOR, STERNENKUNDLICHE VESTIBÜLDECKE.

Hinter dem Vestibül folgt eine kleine Hypostylhalle, die als Erscheinungshalle bezeichnet wird und mit zwei Reihen mit je drei Säulen ausgestattet ist. Die Säulenbasen sind unüblicherweise aus Granit, der Säulenschaft und die Kapitelle aus Sandstein. Auf den Wänden ist der König vor Hathor, die hier Tochter von Re genannt wird, sowie vor Horus und dem Kind Ihi (oder Harsomtus) dargestellt. Die Szenen in der rechten Hälfte der Halle sind vom Eingang zur rückwärtigen Tür entgegen dem Uhrzeigersinn zu betrachten. Wie die Szenen im Vestibül, so beschäftigen sich auch diese Szenen mit dem Planen und Errichten des Tempels und seiner Weihe an Hathor. Die Szenen der linken Hälfte der Halle sind im Uhrzeigersinn zu betrachten und zeigen, wie der König den Tempel Hathor und Horus präsentiert. Links auf der Rückwand stellt Ptah den König den Gottheiten Hathor und Horus und ihrem Sohn Harsomtus vor, der bei einer Feier ein Sistrum schlägt.

Um die Hypostylhalle herum liegen sechs kleinere Räume. Anhand der Wandmalerei kann bestimmt werden, welchem Zweck sie dienten. Der König bringt jeweils Opfer vor Hathor dar: Silberzierrat im ersten Raum rechts, Wasser-Trankopfer im zweiten Raum, Weihrauch im ersten Raum auf der linken Seite und Speiseopfer im zweiten Raum auf der linken Seite. Die beiden rückwärtigen Räume dienten als Lager für allerhand Tempelutensilien. Hinter der Hypostylhalle folgen hintereinander zwei Vorräume. Der erste wird als Opferhalle bezeichnet und wurde mit einer enormen, zweiflügeligen Holz- oder Metalltür verschlossen. Die Szenen auf den Wänden dieses Raumes zeigen den König bei Opferungen für die Götter Denderas. Auf beiden Seiten dieses ersten Vorraumes führen Treppen auf das Tempeldach, das weiter unten beschrieben wird. Der zweite Vorraum, Halle der göttlichen Enneade, ist umgeben von einer Reihe kleiner Räume, in denen Schmuck und Gewänder der Götter verwahrt wurden. Der

erste Raum auf der linken Seite wurde beispielsweise Leinenraum genannt, der erste auf der rechten Seite hingegen ist die Schatzkammer. Geht man nach Betreten der Schatzkammer nach links, so gelangt man in einen kleinen Hof. Hinten in diesem Hof führt eine Treppe nach oben zur *Wabet* genannten Reinigungskapelle. Hier wurden die Zeremonien zur Vereinigung von Hathor und dem Sonnengott an ihrem Geburtstag und am Neujahrstag gefeiert. Priester brachten in dem kleinen Hof Opfer dar – auf den Hofwänden sehr detailliert dargestellt –, und im *Wabet* sind Feiern zu sehen, die Zeremonien oberägyptischer (links) und unterägyptischer (rechts) Götter einschlossen. Die Göttin Nut ist auf der Decke dargestellt.

Wieder im zweiten Vorraum, liegen elf weitere Räume rings um ein Sanktuarium in der Mitte, das Großer Thron genannt wird. Darin wurden die Barken von Hathor, Horus, Harsomtus und Isis aufbewahrt. Dieser heiligste Teil des Tempels konnte nur vom König und von Hohepriestern und nur an wenigen Tagen im Jahr betreten werden. Seitlich der Türen zum Sanktuarium bringt der König Hathor Spiegel dar. Im Innern ist er beim Weihrauchopfer vor ihrer Barke, vor Horus von Edfu und vor Harsomtus dargestellt. Die Seitenkammern wurden sowohl als Kapellen für verschiedene Gottheiten als auch als Lagerräume für die Tempelausstattung genutzt. Der direkt hinter dem Sanktuarium gelegene Raum diente der Aufbewahrung einer zwei Meter großen vergoldeten Hathorstatue in einer Nische oben in der hinteren (südlichen) Wand.

Im Boden der unmittelbar rechts des Raumes für die Hathorstatue gelegenen Kammer ist der Eingang zu einer der zwölf unterirdischen Krypten der Tempelanlage. Sie sind architektonisch, aber auch wegen der gut erhaltenen bemalten Reliefwände sehr interessant, die die verschiedenen darin damals aufbewahrten rituellen Gegenstände zeigen. In dieser Krypta ist Pepi I. aus dem Alten Reich beim Opfern einer Statuette für Hathor dargestellt.

◆ DAS DACH ◆

Das Dach des Dendera-Tempels ist ein Juwel, das man sich nicht entgehen lassen sollte. Man erreicht es über die Treppe im ersten Vestibül. Die Stufen auf der linken Seite führen direkt auf das Dach, rechts geht man über eine Wendeltreppe. Über dieselben Stufen schritten die Priester damals bei der Neujahrsfeier, und die Wände der Treppenhäuser sind mit Szenen der Priesterprozessionen dekoriert. Man erfährt, wie sie über die Treppe Hathorstatuen für die Zeremonien auf dem Dach mit sich hinauftrugen und nach Abschluss der Zeremonien wieder hinabstiegen.

Das Tempeldach ist auf verschiedenen Ebenen errichtet, je nach der Höhe des darunter liegenden Raumes. In der hinteren Ecke (im Südwesten) steht ein kleiner, von Ptolemäus XII. erbauter Kiosk mit zwölf hathorköpfigen Säulen rings herum. Ursprünglich besaß er ein ungewöhnlich gewölbtes Holzdach. In Richtung der Tempelfront befinden sich zwei Osiris gewidmete Sanktuarien. Man ging davon aus, dass Osiris (unter anderem) in Dendera bestattet war, und somit fanden hier regelmäßig Feierlichkeiten zu seinem Tod und seiner Auferstehung statt. Die Decke eines der Sanktuarien war mit einem wunderschönen Tierkreiszeichen-Relief gestaltet. Das Original wurde im Jahr 1820 nach Paris in den Louvre gebracht, und an seiner Stelle befindet sich nun ein Gipsabguss. Eine Szene in einem angrenzenden Raum zeigt Osiris auf einem Bett liegend, während Hathor ihm Trost spendet. Isis schwebt über ihm. Sie ist bereit, seinen Samen zu empfangen und Horus auszutragen. Die einzelnen Dachelemente sind kreuz und quer mit flachen Drainagerillen überzogen, in denen sich das Regenwasser sammelte und direkt in die löwenköpfigen Ausgussrohre lief, die in regelmäßigen Abständen oben an der Kante der äußeren Tempelmauer angebracht waren. Unter jedem Löwenkopf steht eine senkrechte Inschriftspalte mit magischen Worten. Das Wasser rinnt über den Text und nimmt aus der Berührung mit den mächtigen Worten magische Kraft auf. Man hat vom

534 DER TEMPELKOMPLEX IN DENDERA AUS DER LUFT.

535 LINKS DER LÖWENKÖPFIGE, ZWERGENHAFTE GOTT BES, RÖMISCHES GEBURTSHAUS.

535 RECHTS HATHOR FÜTTERT IHREN SOHN HARSOMTUS, RELIEF, ÄUSSERE TEMPELWAND.

Dach aus eine spektakuläre Sicht auf den Tempelkomplex, die ihn umgebende Wüste und die Felder. Man sollte sich einige Augenblicke gönnen und die Aussicht genießen, bevor man das Dach wieder verlässt.
Die Außenwände des Tempels zeigen wiederum den König bei der Arbeit an den Zeichnungen für den Tempelbau, bei der Grundsteinlegung und bei der Weihe an Hathor. Auf der Rückwand stehen Kleopatra und ihr Sohn Caesarion in zwei Szenen vor Hathor und verschiedenen anderen Gottheiten. Hinter dem Tempel steht ein kleiner Isistempel. Kaiser Augustus verwendete für seinen Bau Steinblöcke aus früheren Gebäuden vor Ort. Ein kleiner, aber stimmungsvoller und mit Bäumen zugewachsener heiliger See liegt in der Nähe.
Mit Blick auf die Frontseite des Hathortempels befindet sich links, gleich nach Passieren des Haupteingangs in der Umwallung, ein großes römischen Geburtshaus. Es wurde in der Zeit des Augustus errichtet, unter Trajan und Hadrian dekoriert und Harsomtus (Sohn von Hathor und Horus) gewidmet. Szenen im Innern stellen Harsomtus' Geburt und den löwenköpfigen, zwergenartigen Gott Bes dar, der mit Ehe und Geburt assoziiert wird.
Neben dem römischen Geburtshaus stehen die Überreste einer koptischen Kirche, die in das 5. Jahrhundert nach Christus zu datieren ist. Die Tradition besagt, 50000 Mönche seien jährlich hierher gepilgert, um Ostern zu feiern.
Zwischen der Kirche und dem Hathortempel steht ein zweites Geburtshaus. Zur Regierungszeit des Nektanebos I. (30. Dynastie) wurde mit dem Bau begonnen, und im Laufe der ptolemäischen Zeit wurden nach und nach Ergänzungen vorgenommen.
Als mit dem Vorhof des Hathortempels die Wände des Geburtshauses durchbrochen wurden, wurde es nicht mehr genutzt. Die Malereien stellen Harsomtus' Geburt dar. An anderen Stellen innerhalb der Umwallung des Hathortempels stehen die Überreste römischer Ziegelbauten und Spuren einer alten Stadt, die einst die Tempel und Schreine umgab.

6

DER TEMPEL VON ISNA

GESCHICHTE

Die meisten Isna-Besucher kommen mit dem Schiff im Rahmen einer Nilkreuzfahrt zwischen Assuan und Luxor in die ungefähr 50 Kilometer südlich von Luxor gelegene, attraktive Stadt Isna mit ihren vielen interessanten Beispielen für urbane Architektur der Provinz im ausklingenden 19. Jahrhundert. Unverdienterweise haftet Isna der Ruf an, ein Zentrum für ausgekochte Händler zu sein, die versuchten, Touristen an der Nase herumzuführen. In Wirklichkeit sind die hiesigen Touristenmärkte ordentlich, und es macht Spaß, sie zu besuchen. Die Händler unterscheiden sich nicht von ihren Kollegen in anderen Orten.

Der Tempel in Isna wurde dem widderköpfigen Gott Chnum und den Göttinnen Neith und Satet geweiht. Er liegt ungefähr 200 Meter vom Anleger der Nilkreuzfahrtschiffe am Westufer entfernt. Man geht eine von Touristenläden gesäumte Straße entlang und wendet sich dann leicht nach links. Weiter links (südlich) hinter dem Tempel befindet sich ein faszinierender überdachter Markt, auf dem man Obst, Gemüse und auch Teppiche, Kleidung und Korbwaren erstehen kann. Unweit davon wird in einer alten Mühle noch immer Lattichöl aus Samenkörnern gepresst. Dieser Trunk gilt seit der Zeit der Dynastien als wirkungsvolles Aphrodisiakum. Seit der spätdynastischen Zeit bis ins frühe 20. Jahrhundert hinein war die Stadt ein wichtiger Stopp auf der Kamelkarawanenroute zwischen dem Sudan und Kairo sowie auf Strecken zu Oasen in der westlichen Wüste. Heute ist Isna als landwirtschaftliches Zentrum berühmt und in diesem Kontext wiederum ganz besonders für Tomaten und Weberzeugnisse.

Der Name Isna leitet sich vom alten Namen *Ta-senet* ab. Die Griechen kannten diese Stadt als Latopolis, weil der Nilbarsch *Lates niloticus* an diesem Ort verehrt wurde. Die Stadt ist ein hervorragendes Beispiel für archäologische Stratographie.

Mit dem Bau des Tempels begann man unter Ptolemäus VI. Philometor und Ptolemäus VIII. Euergetes II., und er blieb durch die römische Zeit hindurch in Gebrauch. Als man ihn jedoch aufgegeben hatte, dauerte es nicht lange, bis Flugsand sowie Schutt der umgebenden Stadt ihn unter sich begruben.

Heute liegt der Tempel in einer über neun Meter tiefen Grube. Um ihn freizulegen, war es erforderlich, sich durch Material von 15 Jahrhunderten hindurchzugraben, denn darauf steht die heutige Stadt. Eine steile, nicht unbedingt für jeden geeignete Treppe führt zur Ebene des Tempelbodens hinab. Nur ein kleiner Bereich des Tempels wurde ausgegraben und davon wiederum ein großer Teil in den 1840er-Jahren durch die ägyptische Armee sowie durch den Antiquities Service, der einige Jahrzehnte später hier tätig war. Weitere Ausgrabungen in der näheren Zukunft sind eher unwahrscheinlich, denn das würde den Abbruch eines größeren Teils der modernen Stadt Isna bedeuten.

536 OBEN
PALMBLATTKAPITELLE
DER FASSADENSÄULEN.

537 OBEN
AUSSENANSICHT DES
VESTIBÜLS.

536 UNTEN DER
KÖNIG VOR DEM
WIDDERKÖPFIGEN
GOTT CHNUM.

537 UNTEN DER
KÖNIG ZWISCHEN
DEN GÖTTINNEN
NEITH UND SATET.

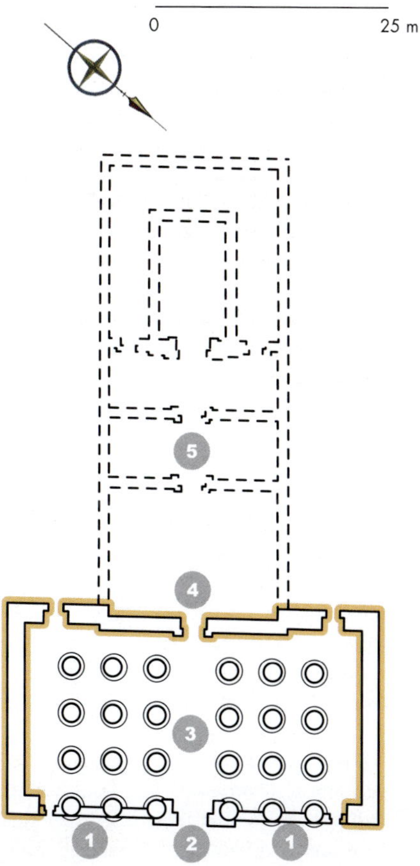

LEGENDE

1 FASSADE
2 PORTAL
3 VESTIBÜL
4 RÜCKWÄRTIGES TOR IM VESTIBÜL
5 VERSCHÜTTETER BEREICH DES TEMPELS

538 EIN HEILIGES BOOT MIT SKARABÄUS AUF EINER SONNENSCHEIBE, VESTIBÜLDECKE.

539 OBEN RELIEFBEDECKTE SÄULEN DES VESTIBÜLS.

539 UNTEN DER KÖNIG BRINGT FÜR THOT UND HARSIESIS OPFER DAR, RELIEF, VESTIBÜL.

BESICHTIGUNG

Die Tempelfassade ist der des Hathortempels in Dendera in Größe und Gestalt recht ähnlich. Sie erstreckt sich in der Breite über 37 Meter und ist 15 Meter hoch, besteht aus sechs Säulen mit nicht tragenden Trennwänden dazwischen und einem Mittelgang. Links außen auf der Fassade wird der König von Thot und Harsiesis mit Wasser gereinigt. Zwischen dieser Szene und dem Haupteingang wird der Gott Chnum mit einer Töpferscheibe dargestellt, auf der er der Sage nach den Menschen geschaffen hat.
Der mittlere Eingang führt in ein großes Vestibül, in dem in drei Reihen zu je sechs Stück 18 Säulen angeordnet sind. Sie tragen ein Dach, das mit astronomischen Szenen und entlang der Hauptachse mit Geiern dekoriert ist. Oben auf den Säulen ruhen Palmenkapitelle, und wenn man genau hinschaut, sind bei einigen im Relief über dem floralen Motiv große Heuschrecken zu erkennen. Inschriften auf den Säulen selbst beschreiben einige Zeremonien, die im Tempelareal regelmäßig gefeiert wurden. Einige dieser Texte sind kryptographisch, und einer, eine Hymne an Chnum, ist nur aus Widder- und Krokodilfiguren geschrieben.
Obwohl das Vestibül kürzlich von Fledermauskot und dem Schmutz von Jahrhunderten befreit wurde, wirken die Wände noch immer dunkel in dem gedämpften Licht, und die Augen brauchen einen Moment, um sich an die düstere Umgebung zu gewöhnen.
Auf den Wänden sind Malereien, in denen römische Kaiser im Gewand von Pharaonen Isnas lokalen Göttern Opfer darbringen. Im unteren Register auf der rechten (nördlichen) Seitenwand steht Kaiser Commodus mit dem Gott Chnum in einem Papyrusdickicht auf dem Nil und holt ein großes, mit Fischen und wilden Vögeln gefülltes Netz ein. Diese Szene ist besonders ausdrucksstark, ein gut geschnittenes Relief mit stimmig proportionierten Menschen. Weiter links steht der König vor Chnum und präsentiert ihm seinen eigenen Tempel. Auf der linken (südlichen) Wand stehen einige römische Kaiser vor Chnum, darunter Septimus Severus, Caracalla, Marc Aurel und Geta. In der linken (südwestlichen) Ecke des Vestibüls steht links neben einem kleinen Durchgang der Name des letzten in einem ägyptischen Tempel erwähnten Kaisers in einer Kartusche geschrieben: Decius. Er regierte von 249 bis 251 n. Chr. Auf der Rückwand ist Chnum über der Tür mit mehreren anderen Gottheiten dargestellt.
Die Außenseite der Tempelwände ist mit verschiedenen Kaiserszenen dekoriert (links [Süden] Titus, rechts Trajan). Sie gehen siegreich aus Schlachten hervor und präsentieren dem Gott ihre Gefangenen.
Leider sind auf den Wänden auch große Flächen durch Salz beschädigt, bedingt durch das schnell ansteigende Grundwasser in diesem Gebiet. Die rückwärtige Tür im Vestibül führt in den eigentlichen Tempel, der heute aber vollständig unter Schutt begraben ist.

6 DER TEMPEL VON EDFU

540–541 DER HEUTE VON DER STADT UMGEBENE TEMPEL IN EDFU AUS DER LUFT.

541 OBEN STATUE DES GOTTES HORUS VON BEHDET AM EINGANG ZUM ERSTEN PYLON.

GESCHICHTE

Die meisten ägyptischen Tempel sind heute in einem armseligen Zustand. Man braucht mitunter viele Vorkenntnisse und Fantasie, um sich vorzustellen, wie sie zu ihrer Zeit ausgesehen haben mögen. In Edfu ist das anders. Die Farbe ist zwar fast ganz von den Wänden verschwunden, ansonsten aber ist das Gebäude in nahezu perfektem Zustand. Für Ägyptologen sind Tempelreliefs inhaltlich eine unschätzbare Informationsquelle, denn sie beschreiben detailliert die Funktionen des Tempels und der Priesterschaft sowie wo und wann Zeremonien darin abgehalten wurden. Für Touristen ist die geheimnisvoll-dramatische Atmosphäre im Tempel am beeindruckendsten. Geht man allein durch die Kammern, fühlt man sich wie auf einer Reise in die Vergangenheit, um mehr als 2000 Jahre zurückversetzt. Noch nicht einmal in Abydos, Medinet Habu oder Dendera empfindet der Besucher dies so stark, und nicht selten brechen Besucher ihren Edfu-Rundgang vorzeitig ab, weil das dunkle, stille Tempelinnere die frühere Zeit so stark lebendig werden lässt, dass die Nerven streiken.

Die Arbeiten am Tempelbau in Edfu begannen in der ptolemäischen Zeit. Am 23. August 237 v. Chr. legte man

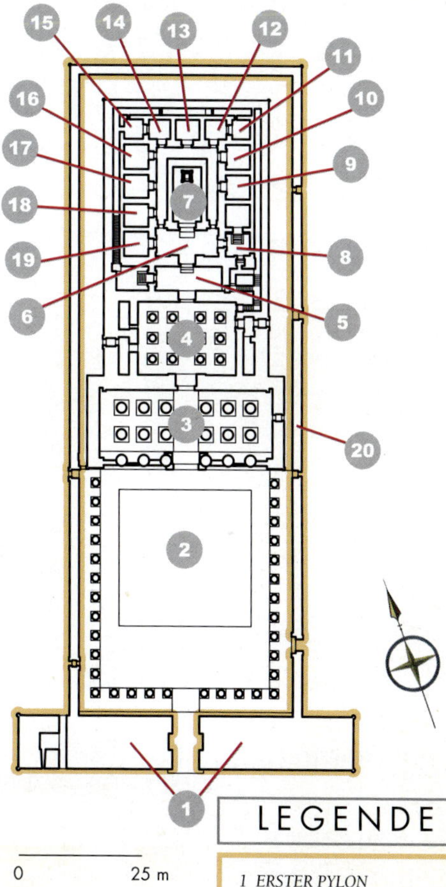

den ersten Stein zu den inneren Kammern, 167 Jahre später waren Bau und Dekoration abgeschlossen. Der Tempel wurde dem Gott Horus von Behdet geweiht (Behdet war der alte Name von Edfu), der hier bereits zu prädynastischen Zeiten verehrt wurde. Ruinen einer großen alten Stadt und Nekropole, in denen Archäologen Bauten aus dem Alten Reich und der Ersten Zwischenzeit fanden, umgeben den Tempel. An den Tempel angrenzend stießen Archäologen auf Spuren des dynastischen Vorgängerbaus: ein in der Ramessidenzeit errichteter Tempel.

Momentan müssen Besucher, um zum Tempel zu gelangen, das Gelände durch einen Seiteneingang betreten und um das Gebäude herum zum Ersten Pylon gehen. Das wird sich jedoch ändern, denn gleich neben dem etwa 100 Meter südlich vom Tempel gelegenen Mammisi wurde ein neuer Eingang gebaut, und sobald er freigegeben wird, fällt der erste Blick des Besuchers auf die imponierende Tempelfassade.

LEGENDE

1 *ERSTER PYLON*
2 *VORHOF*
3 *ERSTE HYPOSTYLHALLE*
4 *ZWEITE HYPOSTYLHALLE*
5 *VORDERES VESTIBÜL*
6 *INNERES VESTIBÜL*
7 *SANKTUARIUM*
8 *OPFERKAMMER*
9 *KAPELLE DER AUSGEBREITETEN SCHWINGEN*
10 *KAPELLE FÜR DEN THRON DES RE*
11 *KAMMER DER HATHOR*
12 *KAMMER DES CHONS*
13 *SIEGERKAMMER*
14 *GRAB DES OSIRIS*
15 *KAMMER DES WESTENS*
16 *KAMMER DES OSIRIS*
17 *KAMMER DES GÖTTERTHRONES*
18 *LEINENKAMMER*
19 *KAPELLE DES MIN*
20 *ÄUSSERER KORRIDOR*

BESICHTIGUNG

◆ DER ERSTE PYLON ◆

Der massige Erste Pylon des Tempels ist über 34 Meter hoch. Ein Gesims fehlt, aber die vier Nischen für Fahnenmasten und große Szenen von Ptolemäus XIII. in einer Standardpose – er wirft Horus die Feinde Ägyptens zu Füßen – sind vorhanden. Zwei große Statuen des Horus in Gestalt eines Falken flankieren den Durchgang im Pylon. Was man auf den beiden Türmen des Pylons sieht, ist ein Vorgeschmack auf das, was man im Innern vorfindet: schwerfällige und geistlose Wanddekorationen, die mehr durch ihre enorme Größe hervorstechen als dass sie durch sorgfältiges Handwerk beeindrucken würden.

◆ VORHOF ◆

Hinter dem Pylon liegt der Vorhof oder Opferhof. Er ist an drei Seiten von insgesamt 32 Säulen mit jeweils einem anderen floralen Kapitell eingefasst. Ihre Dekoration besteht aus Szenen mit dem König vor verschiedenen Tempelgottheiten. Hinter den Säulen zeigen Reliefs auf der Vorderwand des Hofes den König vor verschiedenen Gottheiten und (ganz links bzw. ganz im Osten) vor Horus von Edfu und Hathor von Dendera. Darunter sind in anderen Szenen Statuen dieser Götter zwischen diesen beiden Stätten hin- und hersegelnd zu sehen. Diese Szenen gehören zu einem alljährlich begangenen Fest, das das „Fest der schönen Begegnung“ genannt wurde und bei dem Horus und Hathor jeweils den Tempel des anderen besuchten. Nach zwei Wochen der Feierlichkeiten wurden sie auf magische Weise in der Ehe vereint. Die Szenen auf dem rechten Turm ähneln diesen Szenen, jedoch trägt der König die Krone Unterägyptens anstelle der Krone Oberägyptens. Rechts außen sind tanzende und musizierende Männer und Frauen zu sehen. Man achte einmal darauf, dass viele Königskartuschen an dieser und an anderen Stellen im Tempel leer blieben, vielleicht in Erwartung eines Herrscherwechsels.

Die Trennwand am nördlichen Ende des Hofes ist in der Morgensonne besonders schön. Die Reliefs zeigen Ptolemäus VII. und Ptolemäus X. bei Opferungen für Horus und Hathor.

542 OBEN STATUE DES HORUS VON BEHDET IM VORHOF, EINGANG ZUM VORDEREN SÄULENSAAL.

542 UNTEN KOLONNADE, PORTIKUS IM VORHOF.

◆ DIE ERSTE HYPOSTYLHALLE ◆

Durch das Tor in der Mitte betritt man den ersten oder vorderen Säulensaal, dessen hohe Decke von zwölf freistehenden und sechs integrierten Säulen mit kunstvollen Kapitellen getragen wird. Die Farbe ist heutzutage nicht mehr vorhanden, und die Halle kann dunkel wirken. In alter Zeit aber muss es ein heller oder sogar grellfarbiger Raum gewesen sein. In den Szenen rechts außen (Westen) auf der Vorderwand treiben der König und Horus Pflöcke in den Boden, um das Tempelfundament anzulegen. Die Geschichte vom Bau des Tempels setzt sich über die linke (westliche) Seitenwand fort. Am Ende dieser Wand bringt der König Horus das fertige Bauwerk dar. Die Rückwand (Norden) beschäftigt sich ebenfalls mit dem Bau des Tempels.

Zwei kleine Kammern schmiegen sich links und rechts vom Eingang an die Rückseite der Trennwand. Die Kammer rechts (Westen) heißt Robenraum oder Sakristei, denn dort wurden die Gewänder der ältesten Priester aufbewahrt. Beim Gegenstück auf der linken Seite (Osten) handelt es sich um die Bibliothek, in der Papyrusrollen mit Beschreibungen der Tempelrituale verwahrt wurden. Zwei kleine Nischen in den Seitenwänden bargen möglicherweise solche Rollen.

542–543 INNENWAND DES ERSTEN PYLONS UND VORHOF.

543 UNTEN BOOTE SEGELN ZUM FEST DER SCHÖNEN BEGEGNUNG, RELIEF, VORHOF.

◆ DIE ZWEITE HYPOSTYLHALLE ◆

Als nächster Raum entlang der Tempelachse folgt der zweite Säulensaal, der kleiner ist als der erste. Die Dekoration hat jedoch mehr Dramatik, denn das Ambiente ist insgesamt dunkler, und das durch Öffnungen in der Decke einfallende Licht wirkt wie Scheinwerfer, deren Lichtkegel langsam über Boden und Wände wandern. Zwölf Säulen stützen die Decke. Die Wände sind mit Szenen zur Tempelgründung dekoriert. Durchgänge in der linken und der rechten (östlichen und westlichen) Seitenwand führen zu kleinen Kammern, einem Brunnen außerhalb des inneren Umgangs und zu einer Treppe. Die Treppe führt von der hinteren rechten Saalecke (Nordosten) auf das Dach. Ungefähr nach einem Drittel ist der Weg auf das Dach versperrt, die unteren Wandbereiche aber sind mit ihren Szenen von Prozessionen mit Priestern und Göttern zum Neujahrsfest eine Betrachtung wert. Links in der Halle (Westen) befinden sich zwei Kammern. In der ersten Kammer wurden Opfergaben für die Tempelzeremonien gelagert. Mit einem Durchgang in der Rückwand ist sie mit dem inneren Umgang des Tempels verbunden. Die zweite Kammer (rechts) wird bisweilen Labor genannt, denn hier wurde Weihrauch gemischt und aufbewahrt, und die Texte auf den Wänden beschreiben, wie der Weihrauch herzustellen war. Eines der Rezepte ist oben links auf der Rückwand zu „lesen".

◆ VORDERES VESTIBÜL ODER OPFERHALLE ◆

Das vordere Vestibül beziehungsweise die Opferhalle folgt nach dem zweiten Säulensaal; ein kleiner, rechteckiger Raum, dessen Dekoration den König bei Opferungen für Horus zeigt. Durchgänge in den Schmalwänden (Osten und Westen) führen zu Treppen, über die man einst auf das Dach gelangte und die heute gesperrt sind.

◆ DAS INNERE VESTIBÜL ◆

Das innere Vestibül – Ruhesaal der Götter genannt – wurde wie die meisten Räume in diesem Bereich des Tempels von Ptolemäus IV. Philopator errichtet. Hier wird der König bei Opferungen und im Gebet vor verschiedenen Gottheiten dargestellt.

◆ DAS SANKTUARIUM ◆

Das Allerheiligste des Tempels, das Sanktuarium, liegt gleich hinter diesem Vestibül. Hier ruhte die göttliche Barke auf einem niedrigen Podest, das vor einem großen Naos aus Granit mit einer Statue des Horus stand. Ein Herrscher der 30. Dynastie, Nektanebos I., gab diesen Naos in Auftrag, der jetzt einer der ältesten noch existierenden Bereiche des Tempels ist. Die Löcher für die

544 HATHOR UMARMT DEN KÖNIG, RELIEF, INNERES VESTIBÜL.

544–545 BLICK AUF DAS SANKTUARIUM UND DEN NAOS AUS GRANIT.

545 RECHTS DER GOTT ATUM, DETAIL AUS RELIEF IM INNEREN VESTIBÜL.

Verankerung der zweiflügeligen Holztür, die den Naos verschloss, sind noch in der Öffnung zu sehen. Das Sanktuarium wird durch einen kleinen Umgang, von dem aus man in zehn kleine Kapellen gelangt, vom übrigen Tempel getrennt. Über das Vestibül kommt man in den Umgang und in die Kapellen. Unter den Texten auf den Wänden des Heiligtums sind viele der Hymnen, die die Priester jeden Morgen sangen, wenn sie zum Tempel kamen, um die Statue des Horus zu erwecken, zu reinigen, zu kleiden und zu speisen.

◆ DIE OPFERKAMMER ◆

Ein Durchgang in der rechten (östlichen) Vestibülwand führt in die Opferkammer. In ihr erreicht man über sechs Stufen eine kleine Kapelle, in der König und Königin bei Opferungen für Horus und Hathor sowie für ihre Eltern Ptolemäus III. und Königin Berenike (linke Vorderseite bzw. südwestliche Ecke) dargestellt sind. Über dem Eingang sind sieben tamburinschlagende Hathorfiguren zu sehen.

◆ DIE KAPELLE DER AUSGEBREITETEN SCHWINGEN ◆

Geht man entgegen dem Uhrzeigersinn um das Sanktuarium herum, so kommt man als Nächstes zur Kapelle der ausgebreiteten Schwingen, deren Wände mit Szenen derjenigen, die Osiris beschützen, dekoriert sind. Darunter ist beispielsweise die Löwengöttin Mehet, deren Barke auf der linken (nördlichen) Wand dargestellt ist.

◆ DIE KAPELLE FÜR DEN THRON DES RE ◆

Der nächste Raum heißt Kapelle für den Thron des Re. Hier befassen sich die Szenen mit der Krönung des Königs. Man achte hierbei auf die Paviane, die auf der rechten (südlichen) Wand die Morgensonne und auf anderen Wänden den König vor einem Persea-Baum begrüßen. Von der dritten, Chons geweihten Kammer geht es wiederum in eine angrenzende, die Hathor geweiht ist.

◆ DIE SIEGERKAMMER ◆

In der Mitte der rückwärtigen Tempelwand liegt die vierte Kammer, Siegerkammer genannt (in Anspielung auf Horus). Darin befindet sich eine Holzbarke in Echtgröße, die vor knapp einem Jahrhundert gebaut wurde und so wirkt, als sei sie noch aus der alten Zeit.

◆ DAS GRAB DES OSIRIS ◆

Weiter links (westlich) befinden sich eine weitere Doppelkammer, das Grab des Osiris und weiter innen die Kammer des Westens. Um die Ecke herum folgen eine weitere Osiriskammer, die Kammer des Götterthrones, die Leinenkammer und zum Schluss die Kapelle des Min.

◆ DER ÄUSSERE KORRIDOR ◆

Anschließend kann man zum Vorderen Vestibül bzw. dem ersten Säulensaal zurückkehren und ihn durch einen Durchgang in der rechten (östlichen) Wand zum äußeren Korridor oder inneren Umgang hin verlassen. Die Wände dieses engen Ganges, der den eigentlichen Tempel umgibt, sind am Anfang mit Szenen dekoriert, in denen der König Ägyptens Feinde niederwirft und Vögel und Wildgeflügel, die bisweilen als Vertreter des Bösen gelten, in Netzen fängt. Hinter der Tempelrückseite in der nordwestlichen Ecke des Umganges beginnt eine Reihe mit Szenen, die den Gott Horus zeigen. Er steht in Booten und speert ein kleines Nilpferd oder Krokodil, die Symbole für den bösen Gott Seth sind. Diesen wiederum muss Horus bekämpfen. In der Nähe des südlichen Endes der westlichen Umgangswand ist Seth in Ketten dargestellt und wird von Horus mit Speeren durchbohrt. Im weiteren Verlauf stechen drei Männer auf ein Nilpferd ein, der Gott Imhotep liest eine Papyrusrolle, und der König füttert eine Gans für das Opfer. Viele Details in diesen Szenen, die in ihrer Gesamtheit die Geschichte vom Triumph des Horus erzählen, sind gut ausgeführt; man achte insbesondere auf das Tauwerk der Schiffe und die Kleidung der Götter. Am Ende des Umganges befindet sich kurz vor der Verengung eine Darstellung des Seth in Eselsgestalt auf der östlichen (linken) Wand.

◆ AUSSERHALB DES TEMPELS ◆

Ungefähr 100 Meter vor dem Horustempel steht ein kleineres Gebäude aus derselben Zeit, das Mammisi. Dieses koptische Wort bedeutet Geburtshaus. Die Reliefs berichten von der wundersamen Geburt des Harsomtus („Horus der Vereiniger der beiden Länder"), dem Sohn des Horus und der Hathor. Wie in einigen Bereichen des Haupttempels sind auch hier Szenen vom „Fest der schönen Begegnung" zu sehen, einer alljährlich stattfindenden Zeremonie, in der diese beiden Gottheiten sich begegnen und heiraten. In dieser Szene sind sehr fein geschnittene Details zu sehen, beispielsweise die landwirtschaftlichen Szenen auf der nördlichen Wand und Pferd und Stallbursche auf der östlichen Wand. Bei manchen Szenen ist die ursprüngliche Farbe noch unversehrt.

Um die Hauptgebäude in Edfu herum befinden sich die Überreste einer alten Stadt, meterhoch übereinandergeschichtete Schlammziegel- und Steinbauten aus einer mehrere Jahrtausende währenden Bebauungsgeschichte. Leider wurde (und wird) viel davon durch Grabungsarbeiten in der heutigen Zeit zerstört.

546 DER ÄUSSERE KORRIDOR.

547 OBEN LINKS DIE GÖTTINNEN NECHBET UND WADJET REICHEN DEM KÖNIG DIE KRONE VON OBER- UND UNTERÄGYPTEN.

547 OBEN RECHTS DER ÄUSSERE KORRIDOR, BLICK VOM PORTIKUS DES VORHOFS AUS.

547 UNTEN DAS MAMMISI.

6

KOM OMBO

548 OBEN DETAIL AUS EINEM RELIEF MIT DEN GOTTHEITEN SOBEK UND HAROERIS, DENEN DIESER TEMPEL GEWEIHT IST.

548–549 DER TEMPEL AUS DER LUFT.

GESCHICHTE

Heutzutage kommen fast alle Besucher Kom Ombos mit dem Nilkreuzfahrtschiff aus Edfu oder aus Assuan. Egal aus welcher Richtung man kommt, man hat soeben den größten und am besten erhaltenen ptolemäischen Tempel Ägyptens gesehen (oder wird ihn in Kürze sehen), den Horustempel in Edfu, und vermutlich werden Besichtigungen anderer ptolemäischer Tempel in Philae, Isna, Dendera und Deir el-Medina folgen. Verglichen mit diesen Tempeln erscheinen die Reliefs im Tempel von Kom Ombo recht banal. Gesichter wirken hier dicklich und schlecht gearbeitet, die Gliedmaßen wurstig, Nasen sind gerade und schmal und die Körperproportionen stimmen nicht. Bis zu einem gewissen Grad sind solche Merkmale typisch für die ptolemäische Kunst im Allgemeinen. Es stimmt jedoch auch, dass die Reliefs inhaltlich unspektakulär und nicht kreativ sind; man kann andernorts bessere Beispiele

LEGENDE

1 *UMFASSUNGSMAUER*
2 *KAPELLE DER HATHOR*
3 *MAMMISI*
4 *VORHOF*
5 *ERSTE HYPOSTYLHALLE*
6 *ZWEITE HYPOSTYLHALLE*
7, 8, 9 *VESTIBÜLE*
10 *SANKTUARIUM DES HAROERIS*
11 *SANKTUARIUM DES SOBEK*

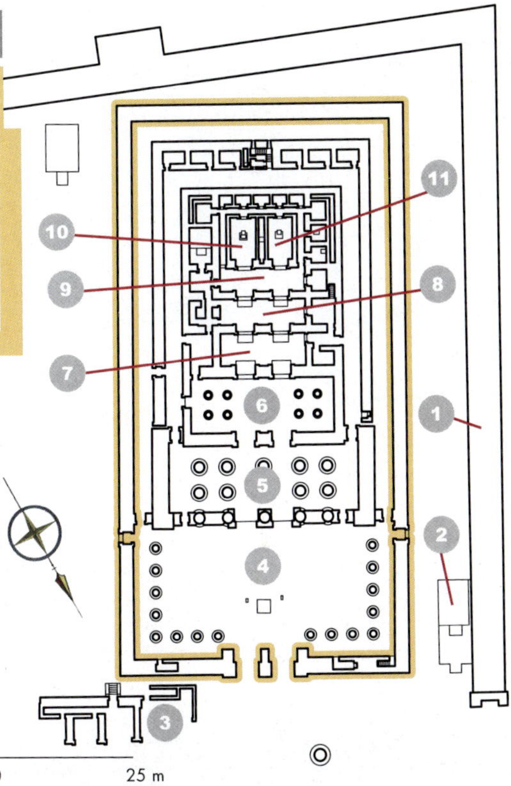

finden. Dennoch: Keiner der anderen Orte übertrifft Kom Ombos schöne Lage. Dieser Ort thront am Nilufer, die Aussicht auf den tiefblauen Nil, die smaragdgrünen Felder und dahinter die goldene Wüste ist überwältigend. Nichts bringt die antiken Reliefs besser zur Geltung als das hiesige Sonnenlicht auf den dekorierten Wänden. Kom Ombo ist ein Ort, den man sich erwandern muss, dessen Größenverhältnisse und Architektur man geniessen muss.

Der Name Kom Ombo leitet sich von dem koptischen Wort *Umbo* und dem alten ägyptischen *Nubi* ab. Der Ort ist ein großes Dorf am Rande eines breiten und reichen landwirtschaftlichen Landstreifens am Anfang einer Straße zu Goldminen in der Wüste und einer Karawanenstrecke zu westlichen Oasen und in Richtung Sudan. In den Feldern nördlich und östlich des Tempels sind noch Überreste des Ortes zu sehen. Es heißt, die römische Armee habe hier die Elefanten für ihre Streitkräfte in Nordafrika ausgebildet. Im Fluss direkt unterhalb des Tempels sind sogar heute noch fast das ganze Jahr über einige kleine Inseln und Sandbänke zu sehen, die in früheren Zeiten der Überlieferung nach vielen Krokodilen als Lebensraum dienten, und so war die Stadt eng mit dem Krokodilgott Sobek verbunden. Der Tempel selbst wurde während der ptolemäischen Regierungszeiten von Ptolemäus VI. bis Ptolemäus XIII. errichtet und in der römischen Zeit erweitert. Er hat einen ungewöhnlichen, zweigeteilt-symmetrischen Grundriss, dessen rechte (östliche) Hälfte Sobek, die linke (westliche) Horus dem Älteren, genannt Haroeris, geweiht ist.

Der Nil ist in den letzten 1500 Jahren ein Stück nach Osten gewandert. Teile des ersten Tempelpylons und der Vorhöfe wurden zerstört.

550 LINKS KOLONNADEN DER ERSTEN HYPOSYLHALLE.

550 RECHTS RELIEF MIT HAROERIS, HATHOR UND SOBEK.

551 OBEN DER KÖNIG BRINGT DEM GOTT HAROERIS, HORUS DEM ÄLTEREN, OPFER DAR.

551 UNTEN RELIEFDETAIL, EIN LÖWE KNIET NEBEN DEM BEIN DES KÖNIGS.

BESICHTIGUNG

Heute betritt man die Anlage in der südöstlichen Ecke eines gepflasterten Vorhofes. Rechts steht eine kleine Hathor-Kapelle, und gegenüber in der südwestlichen Ecke stehen die Ruinen eines Mammisi. Hoch oben ist auf der linken (westlichen) Wand des Mammisi eine sehr gut gearbeitete Szene zu sehen, in der der König von einem Papyrusnachen aus in einem Papyrusdickicht Vögel jagt.
Von der Decke des Tempels ist nur wenig erhalten, infolgedessen kann aber das intensive Sonnenlicht die Steingravuren betonen und ihnen eine lebendige Dramatik verleihen, wenn es die Wände streift. Man sollte sich auf die sonnenbeschienenen Szenen konzentrieren. Mit etwas Glück sind darunter die linke Vorderwand (Westen) des Ersten Säulensaales, auf der Ptolemäus XIII. von Isis ein *Anch*-Zeichen empfängt, zu sehen sowie die linke (westliche) Seitenwand des Saales mit fein modellierten, aber merkwürdig angeordneten Darstellungen des Königs und zweier Göttinnen vor Haroeris. Man achte außerdem auf die Reliefs auf der Vorderwand (Süden) des zweiten Säulensaales und die faszinierenden Opferszenen auf der linken Rückwand dieses Raumes.
Auf den Säulensaal folgen drei Vestibüle. Sie führen zu den Heiligtümern der Götter, links (Westen) Haroeris und rechts (Osten) Sobek, die heute in schlechtem Zustand sind.
Man achte aber auf den schmalen Hohlraum in der Trennwand zwischen ihnen, in den man durch eine unterirdische Passage gelangt.
Offenbar begaben sich Priester während religiöser Feiern heimlich in diesen Hohlraum und sprachen anstelle der Götter Orakel oder Ratschläge aus. Hinter den Heiligtümern und einigen kleinen Räumen umgeben zwei Gänge den eigentlichen Tempel. Die Rückwand des inneren Ganges säumen sechs Kammern und eine Treppe. Die Reliefarbeiten in diesen Räumen sind unvollendet geblieben und eröffnen Einblicke in die Techniken der damaligen Kunsthandwerker, die diese Szenen in den Stein schnitten und bemalten. Im äußeren Gang befindet sich etwa in der Mitte der Rückwand ein Reliefsatz, von dem es oft heißt, er zeige eine Sammlung alter chirurgischer Instrumente. Wahrscheinlicher ist hingegen, dass es Werkzeuge waren, die bei verschiedenen Tempelritualen zum Einsatz kamen.
Außerhalb des Tempels befindet sich in der großen offenen Fläche im Westen ein Becken, in dem die Priester junge Krokodile für verschiedene rituelle Zwecke aufzogen. Unweit davon ist ein tiefer und noch immer mit Wasser gefüllter Brunnen.

GLOSSAR

ABYDOS Einer der heiligsten und wichtigsten religiösen Orte Ägyptens. Lage ungefähr 300 Kilometer nördlich von Luxor; Heim- und Begräbnisstätte des Osiris und Pilgerort. Standort von unter Sethos I. und Ramses II. errichteten Tempeln. Königsfriedhof in frühen Dynastien.

ACH Der Teil der menschlichen Seele, der nach dem Tod fortlebte und das Jenseits bevölkerte (die anderen Teile waren Ba, Ka, der Name einer Person und ihr Schatten); dargestellt als Ibis mit Haube oder Menschenmumie.

ÄGYPTISCHER ALABASTER Kalziumkarbonat; sieht echtem Alabaster sehr ähnlich. Wurde in Ägypten viel für Gefäße verwendet. Fand ebenfalls im Schrein des Amenophis I. im Freiluftmuseum Karnak Verwendung.

AKER Erdgott; oft in der Gestalt zweier menschenköpfiger, in entgegengesetzte Richtung schauender Sphingen; Schutzgott des Königs; Protagonist im Buch der Erde, das man im Grab von Ramses V. und Ramses VI., KV 9, fand.

AMDUAT Unterweltführer; Text aus dem Neuen Reich über die zwölfstündige Reise des Sonnengottes vom Sonnenuntergang durch den Nachthimmel bis zum Sonnenaufgang. In mehreren Gräbern im Tal der Könige sind Abschriften davon zu finden; besonders schöne Fassungen in den Gräbern von Thutmosis III., Amenophis II. und Ramses VI.

AMENOPHIS, SOHN DES HAPU Aufseher über Bauarbeiten unter Amenophis III., verantwortlich für Totentempel dieses Königs und viele andere Bauwerke. Sehr angesehen; wurde nach seinem Tod in Theben als Gott der Weisheit und Heilgott vergöttlicht.

AMMIT Ein Ungeheuer, das teils Löwe, teils Nilpferd und teils Krokodil ist. Verschlingt die Herzen, die bei der Zeremonie der Herzenswägung nicht bestehen; dargestellt in Kapitel 125 des Totenbuches.

AMSET, IMSETI siehe Kanopengefäße

AMUN, AMUN-RE Thebanische lokale Gottheit; wurde seit dem Mittleren Reich ein universeller, allmächtiger „König der Götter“. Sein Name bedeutet „Der Verborgene“, und er wurde in vielen Erscheinungsformen dargestellt: als Mensch mit Doppelfeder-Kopfschmuck, Widder, Gans oder Löwe. Oft wurde er mit dem Sonnengott Re vereinigt dargestellt. Seine Frau war Mut, sein Sohn Chons. Diese drei bildeten die Thebanische Triade. In Karnak wurden ihnen große Tempel errichtet.

ANCH Hieroglyphenwort für „Leben“. Das Zeichen ist an einen Sandalenriemen (oder eine Phallustasche) angelehnt.

ANUBIS Totengott; mit Mumifizierung assoziiert. Wächter der Nekropole; als schwarzes, hundeartiges Wesen dargestellt, manchmal als Schakal oder als wildhundköpfiger Mensch. Wird oft in Balsamierszenen dargestellt, wo er der Vorbereitung der Mumie vorsteht.

ANUKIS Göttin, Tochter des Sonnengottes, mit dem ersten Nilkatarakt bei Assuan verbunden. Darstellung als Frau mit Papyruszepter und hoher Federkrone. In Theben mit Hathor assoziiert.

APIS Heiliger Stier; wird als Erscheinungsform des Gottes Ptah betrachtet, ebenfalls mit dem König, Isis und Osiris verbunden. Zentrum seines Kultes war Memphis.

APOPHIS Schlangengott; galt als schärfster Gegner des Sonnengottes. Gegen seine Angriffe, die die Sonne am Vollenden ihrer nächtlichen Reise durch die Unterwelt hindern sollten, musste ständig gekämpft werden.

ARCHITRAV Horizontal eine Öffnung überspannender Balken, beispielsweise über den Raum zwischen zwei Säulen.

ATEF Eine Königskrone bestehend aus der weißen Krone Oberägyptens, flankiert von zwei Federn mit einer kleinen Scheibe.

ATON Sonnengottheit; Sonnenscheibe als solche; erhielt unter Amenophis IV./ Echnaton große Bedeutung.

ATUM Schöpfergott der Heliopolis, Vater von Schu (Luft) und Tefnut (Feuchtigkeit) und den anderen Gottheiten der Enneade. Er wird in der Gestalt eines Menschen, Löwen, Ochsen, einer Echse oder eines Skarabäuskäfers dargestellt.

BA, BA-VOGEL Eines der fünf Elemente der menschlichen Seele (die anderen sind Ka, Ach, der Name der Person und ihr Schatten). Ba war die körperliche Erscheinungsform verschiedener Götter und die „Persönlichkeit“ eines Menschen; dargestellt als menschenköpfiger Vogel mit Armen.

BARKE Boot, das den Schrein mit einer Gottheit oder deren Statue in religiösen Prozessionen beförderte.

BASALT Schwarzes oder gesprenkeltes vulkanisches Gestein mit hoher Dichte, Abbau in den Bergen am Roten Meer; im alten Ägypten hauptsächlich für Statuen verwendet.

BASTET Katzenköpfige, ursprünglich aus dem Nildelta stammende Gottheit, Tochter des Sonnengottes und Schutzgöttin der Schwangeren.

BAUBEGINN-WEIHEGABEN Miniaturgefäße, Werkzeugmodelle und andere Materialien, gelagert bei den Fundamenten eines Gebäudes oder nahe dem Grabeingang; sollen auf magische Weise dazu beitragen, dass das Bauwerk für die Ewigkeit Bestand hat.

BES Schutzdämon in Menschengestalt mit Löwenkopf, verbunden mit Sexualität und Familienleben.

BIR Arabisch für „gut“

BUBASTIS Stadt im Nildelta; Tempelstätte. Heimat der Bastet; seit dem Alten Reich bekannt. Erlebte jedoch in der 22. Dynastie eine besondere Blütezeit.

BUCH DER ERDE Text aus dem späten Neuen Reich; beschreibt in vier Teilen die nächtliche Reise der Sonne. Kann in den Gräbern von Ramses VI., Ramses VII. und Ramses IX. besichtigt werden.

BUCH DES HIMMELS Text aus dem späten Neuen Reich; verfolgt die Reise der Sonne; umfasst das Buch der Himmelskuh, das Buch vom Tage sowie das Buch von der Nacht. Wurde in den Gräbern von Ramses IV., Ramses VI. und Ramses IX. gefunden.

BUTO Tell el-Faraun, im Altertum Pe und Dep; Ort im westlichen Delta, der traditionellerweise als Hauptstadt Unterägyptens in der prädynastischen Zeit gilt.

CAVETTO-GESIMS Viertelkreisförmige Hohlkehle an der Oberkante einer Wand oder über einer Tür; entwickelte sich ursprünglich aus oben an Schlammziegelwänden angebrachten Palmwedeln.

CHEPRE Schöpfergott; dargestellt in Form eines Mistkäfers oder eines käferköpfigen Mannes, verbunden mit Sonnengottheiten. Es heißt, er rolle die Sonne über den Himmel wie ein Mistkäfer Dungkugeln durch die Wüste.

CHNUM Widderköpfiger Gott; wird verbunden mit dem Nil, der jährlichen Überschwemmung und der ursprünglichen Schöpfung. Es heißt, er habe als Schöpfergott die Menschen auf einer Töpferscheibe geformt.

CHONS Sohn des Amun und der Mut; Mondgottheit. Normalerweise in Gestalt eines Mannes und in Tücher gehüllt mit der seitlichen Jugendlocke als Zeichen für Jugend oder aber als falkenköpfiger Mann dargestellt. Zentrum seines Kultes war Karnak.
DEKAN Die Ägypter teilten den Nachthimmel in 36 Sternengruppen ein; deren Erscheinen am Morgenhorizont kennzeichnete die Zehntageszeiträume, aus denen das Jahr bestand.
DEP siehe Buto
DJED-SÄULE Hieroglyphe mit der Bedeutung „Stabilität, Dauer"; mit Osiris assoziiertes Symbol.
DUAMUTEF siehe Kanopengefäße
EDFU Stätte eines großen und gut erhaltenen ptolemäischen Horustempels, etwa 100 Kilometer südlich von Luxor.
ELEPHANTINE Nilinsel bei Assuan, Gesiret Assuan genannt; Südgrenze des alten Ägypten und seit der prädynastischen Zeit eine bedeutsame Stadt.
ELLE Maßeinheit, Länge 52,4 Zentimeter, unterteilt in sieben Hand- oder 28 Fingerbreiten. Die Dimensionen variierten in späteren Zeiten.
ENNEADE (NEUNHEIT) Gruppe von neun Gottheiten. Am bedeutendsten ist die Enneade mit Atum, seinen Kindern Schu (Luft) und Tefnut (Feuchtigkeit), seinen Enkeln Geb (Erde) und Nut (Himmel) sowie seinen Urenkeln Osiris, Isis, Seth und Nephthys.
FAIJUM (OASE) Große Wüstensenke 100 Kilometer südwestlich von Kairo; landwirtschaftlich seit prädynastischer Zeit sehr wichtig.
FAYENCE Material aus gebranntem Quarz, Kalk und Natron; war normalerweise blau und diente der Herstellung von Schmuck, Amuletten, kleinen Gefäßen und Einlegearbeiten an Bauwerken.
GEB Erdgott (siehe Enneade), oft ityphallisch und neben seiner Frau (Himmelsgöttin Nut) liegend dargestellt.
GEISSEL Ursprünglich möglicherweise ein Wedel zum Fliegenverscheuchen; wurde mit dem Krummstab zusammen zur Königsinsignie.
GOTTESGEMAHLIN DES AMUN Seit dem Neuen Reich die Gefährtin des Amun. Durch die Vereinigung von Amun und der Gottesgemahlin wurde symbolisch der regierende König geboren.
HA Ein weniger bedeutender Gott, dargestellt in Menschengestalt; herrschte über die Wüsten.
HAPI Gott der alljährlichen Nilüberschwemmung; als Fruchtbarkeitssymbol dargestellt: Mann mit hängenden Brüsten und geschwollenem Bauch als Symbol für Reichtum und Freigebigkeit des Nils.
HARACHTE „Horus der beiden Horizonte", Horus der aufgehenden und der untergehenden Sonne, dessen Kult mit dem des Sonnengottes Re zu Re-Harachte verbunden wurde.
HATHOR Außerordentlich wichtige Göttin, in Theben sehr stark verehrt. Mutter des Horus, Himmelsgöttin, Gemahlin des Re, Gemahlin oder Mutter des Königs, Göttin der Musik, des Glücks, der Frauen und der Mutterschaft. Dargestellt als menschliche Frauengestalt, oft auch als Kuh mit Sonnenscheibe zwischen den Hörnern.
HEKET Froschgöttin; steht der Geburt vor.
HELIOPOLIS Das On der Bibel, unweit der heutigen Stadt Kairo gelegen; Stätte von Sonnenkulten wie dem des Re-Harachte.
HENU Sonnenbarke des Sokar
HERAKLEOPOLIS MAGNA Ort in Mittelägypten, Ehnasija el-Medine; von dort forderten die Herakleopolitaner der Ersten Zwischenzeit die Behörden in Theben heraus.
HERMOPOLIS MAGNA El-Ashmunein, Ort in Mittelägypten; dem Gott Thot geweiht. Gemeinsam mit dem nahe gelegenen Tuna el-Gebel mit dem Ort Tell el-Amarna und der Herrschaft des Amenophis IV./Echnaton verbunden.
HERR DER WESTLICHEN Ein Beiname des Osiris, „Westliche" bezieht sich auf die Verstorbenen.
HIERATISCH Schreibschrift des Ägyptischen, ab dem Alten Reich bis zur 26. Dynastie hauptsächlich für literarische und geschäftliche Schriftstücke verwendet; wurde dann weitgehend durch die demotische Schrift ersetzt.
HIEROGLYPHEN Ägyptische Schrift, hauptsächlich für religiöse und historische Denkmalinschriften verwendet; 1822 von Jean-François Champollion entschlüsselt. Ungefähr tausend verschiedene Hieroglyphen sind aus der dynastischen Zeit bekannt, in der ptolemäischen Zeit stieg die Anzahl auf 6000 an.
HÖHLENBUCH Text aus dem Neuen Reich über die Reise der Sonne durch die Unterwelt und deren Höhlen. Besonderer Schwerpunkt liegt auf Osiris und Re, die als zwei Teile einer einzigen Gottheit betrachtet werden. Die Art der Bestrafungen und Belohnungen, die den Verstorbenen im Jenseits erwarten, werden ausführlich behandelt. Eine vollständige Fassung ist in den Gräbern von Ramses V. und Ramses VI. zu finden.
HORUS Einer der frühesten und bedeutendsten ägyptischen Götter; dargestellt als Falke oder falkenköpfiger Mann. Himmelsgott, Gott des Königtums, Sohn von Isis und Osiris.
HORUSAUGE Seth riss dem Gott Horus das Auge aus, Thot aber brachte es ihm zurück und heilte es; es symbolisiert gute und schöne Dinge.
HORUSSÖHNE siehe Kanopengefäße
HU Gott der „Macht des Wortes", eng verbunden mit dem Sonnengott Re und mit Sia, der Personifizierung des Wissens.
HYPOSTYLSAAL Säulenhalle in einem Tempel, symbolisiert ein Papyrusdickicht, das rund um den Urhügel der Schöpfung wächst. Berühmtestes Beispiel ist der Hypostylsaal des Amuntempels in Karnak.
IARU-GEFILDE, SCHILF-/BINSENFELDER Ländereien des Osiris, auf denen die Verstorbenen im Jenseits Nahrungsmittel ernteten.
IBIS Symbol des Gottes Thot. Der heilige Ibis *(Threskiornis aethiopicus)* wurde in verschiedenen Tempeln in großer Zahl gezüchtet. Die mumifizierten toten Vögel wurden in großen, labyrinthartigen Katakomben begraben. In Ägypten sind sie heute nicht mehr zu finden, anderswo jedoch zahlreich.
IMENTET Westgöttin, eine Frau mit der Hieroglyphe für „Westen" auf dem Kopf, gilt als eine Variante von Hathor oder Isis.
ISIS Mutter des Horus, Schwester und Gemahlin des Osiris. Symbolisch Mutter des Königs, Schutzgöttin der Toten. Sie wurde als Frau dargestellt oder als Baumgöttin.
KA Lebenskraft einer Person, exakter Doppelgänger, überlebt eine Person bei ihrem Tode; für Ka sind die Gaben im Grab bestimmt. Eines der fünf Elemente (Ka, Ba, Ach, der Name und der Schatten) der menschlichen Seele. Schriftzeichen: zwei menschliche Arme, die ein U bilden.
KANOPENGEFÄSSE, KANOPUS Satz aus vier Vasen zur Aufbewahrung der mumifizierten inneren Organe

der Verstorbenen. Der Name rührt von dem Irrglauben der Bewohner der Mittelmeer-Hafenstadt Kanopus her, die Vasen seien Manifestationen von Osiris. Die Verschlüsse dieser Gefäße hatten die Form der vier Horussöhne: der menschenköpfige Amset (oder Imseti) für die Leber, der pavianköpfige Hapi für die Lungen, der schakalköpfige Duamutef bewahrte den Magen und der falkenköpfige Kebechsenuef den Darm.

KARTONAGE Mit Putz getränktes Leinen, manchmal bemalt; zu Mumienmasken, Särgen und anderen Gegenständen für die Beisetzung verarbeitet.

KARTUSCHE Vom französischen Wort Cartouche für eine Pistolenpatrone; wird als Bezeichnung für das gleichförmige Oval verwendet, in das man Königsnamen, Namen und Vornamen schrieb. Es bot symbolisch Schutz; im Neuen Reich hatten Königssarkophage ebenfalls diese Form.

KATARAKT Stromschnellen, in deren Verlauf Felsen und Wildwasserstellen den Flussverkehr wirkungsvoll blockieren. Der nördlichste der sechs Nilkatarakte befindet sich bei Assuan.

KEBECHSENUEF siehe Kanopengefäße

KHEKER-FRIES Dekorationsfries oben an einer Wand, entwickelte sich aus den Schilfbündeln an der Oberkante von Schlammziegelwänden.

KHEPRESCH Die blaue Krone des Königs; helmartiger Kopfschmuck aus Stoff mit Gold verziert.

KIOSK Kleiner Schrein oder Tempel wie der von Senusret I. im Freilichtmuseum Karnak.

KONVEXER FRIES siehe Cavetto-Gesims

KOPTOS Das heutige Kift, fünfzig Kilometer nördlich von Luxor am Westufer des Nils gelegen, unweit des Einganges zum Wüstental Wadi Hammamet, an der Hauptroute zum Roten Meer.

MAAT Göttin; personifiziert Gerechtigkeit, Wahrheit und universelle Ordnung. Dargestellt als Frau, manchmal hat sie sowohl Flügel als auch Arme und eine Feder im Haar.

MAFDET Göttin, die Schutz vor speziell Schlangen und Skorpionen gewährt und als Mungo dargestellt ist.

MAMMISI Kleines „Geburtshaus" (der Begriff selbst ist ein auf dem Koptischen basierender Neologismus); bezeichnet einen Tempel, in dem göttliche Geburten und Eheschließungen zelebriert wurden.

MEHEN Verschlungene Schlange; schützt die Sonnengottheit in der Unterwelt.

MEMPHIS Stadt südwestlich von Kairo in der Nähe von Sakkara; gilt traditionell als erste Hauptstadt eines geeinten Ägypten. Mit Thebens Aufschwung nördliche Hauptstadt des Landes und administratives Zentrum.

MERETSEGER „Die die Stille liebt"; Göttin von el-Qurn, dem höchsten Punkt der thebanischen Hügel oberhalb des Tales der Könige; oft als kobraköpfige Frau dargestellt.

MIN Ithyphallischer Gott der männlichen Sexualität; im Neuen Reich eine Schöpfergott-Erscheinungsform des Amun; Gott für die Erhaltung der Kraft des Königs.

MONTU Falkenköpfiger Kriegsgott; anfänglich im Gebiet Theben verehrt. Sein Name wurde Bestandteil einiger Namen von Königen des Mittleren Reiches (Mentuhotep).

MUNDÖFFNUNGSRITUAL Ritual aus 75 Schritten, das den Verstorbenen und seine Statue wiederbeleben soll.

MUT Gattin des Amun, Mutter des Chons, gehört zur Thebanischen Triade. Dargestellt als Frau, bisweilen mit Löwenkopf; Königsmutter und Schutzgöttin aller Mütter, verbunden mit der Königin.

NAOS Sanktuarraum im Tempelinnern für Statue der Gottheit oder ihre heilige Barke.

NECHBET Geiergöttin; stammt ursprünglich aus El-Kab (etwa 80 Kilometer südlich von Luxor); repräsentiert mit der Kobragöttin Uadjet die königliche Autorität über Ober- und Unterägypten. Oft als Geier mit ausgebreiteten Schwingen (wie im Grab der Nofretiri) oder als Frau dargestellt.

NECHEN Alter Name von Hierakonpolis, der alten Hauptstadt; 80 Kilometer südlich von Luxor gelegen, gegenüber von El-Kab (andere Nilseite).

NEFERTEM Gott der Lotosblüte, aus der der Sonnengott angeblich hervorgekommen war; verbunden mit Re und Horus. Sohn der Sechmet; Schutzgott der königlichen Gräber und Paläste; dargestellt in Gestalt eines Mannes mit einer Lotusblüte auf dem Kopf.

NEGATIVES BEKENNTNIS Bezeichnung für Kapitel 125 des Totenbuches; Liste von Sünden, von denen der Verstorbene behauptet, sie in seinem Leben nicht begangen zu haben.

NEHEBKAU Gott in Form einer Schlange oder eines Mannes mit Schlangenkopf; wohltätiger Helfer des Königs, er hält bei den Göttern für ihn Fürsprache.

NEITH Göttin der Krieger und der Mütter; Schöpfergöttin, verbunden mit Bestattungsgebräuchen; dargestellt in Frauen- oder Kuhgestalt.

NEMES Kopfbedeckung der Könige, beispielsweise bei der Statue von Thutmosis III. im Museum von Luxor zu sehen.

NEPHTHYS Schutzgöttin der Toten; Gemahlin des Seth, eng mit Isis verbunden. Anubis war ihr Sohn (gezeugt von Osiris).

NESCHMET-BARKE Boot des Osiris während seines Festes in Abydos.

NOMOS (GAU) Griechisches Wort für die 42 Provinzen, in die Ägypten unterteilt war, früherer Begriff war Sepat; 22 Gaue lagen in Ober-, 20 in Unterägypten. Auf dem Schrein des Senusret I. im Freilichtmuseum Karnak sind sie aufgeführt.

NUBIEN Gebiet südlich des alten Ägypten, beginnt am ersten Katarakt und reicht bis in den nördlichen Sudan.

NUN Urozean; dort fand die Schöpfung statt.

NUT Himmelsgöttin, die die Sonne jeden Abend verschluckte und jeden Morgen wiedergebar; Gegenstand zahlreicher Deckenmalereien in Königsgräbern im Tal der Könige. Sie wurde in menschlicher Gestalt dargestellt.

OKTOADE (ACHTHEIT) Gruppe von acht Gottheiten. Die Oktoade der Hermopolis bestand aus vier Frosch- und vier Schlangengottheiten: Nun und Naunet (Symbole für Wasser), Amun und Amunet (Verborgensein), Heh und Hehet (Unendlichkeit von Zeit und Raum) sowie Kek und Keket (Dunkelheit).

OMBITE Beiname des Gottes Seth, „Der aus der Stadt Ombos stammt" (Stadt in Oberägypten).

ONURIS „Herr der Lanze", Kriegs- und Jagdgott, dargestellt als bärtiger, Lanze oder Seil tragender Mann; großer Kopfschmuck mit Federn.

OPET Thebanisches Fest im Neuen Reich, das jährlich im zweiten Monat der Nilüberschwemmung gefeiert wurde. Statuen von Königen und Gottheiten wurden von Karnak zum Tempel in Luxor gebracht. Die Prozession ist auf den Wänden der Kolonnaden des Luxortempels dargestellt. Zweck war die Feier der sexuellen Vereinigung von Amun und der Königsmutter, woraus das königliche Ka hervorging.

OSIRIS Äußerst wichtiger Gott des Todes, der Auferste-

hung und der Fruchtbarkeit; normalerweise als Mumie mit Geißel und Zepter dargestellt. Er wurde Herr der Westlichen genannt; Hauptzentrum seines Kultes war Abydos.
OSTRAKON Keramikscherben oder Felssplitter, beschriftet oder bemalt.
OUROBOROS Schlange, die sich selbst in den Schwanz beißt; steht für Unendlichkeit von Zeit und Raum.
PE siehe Buto
PFORTENBUCH Religiöser Text aus dem Neuen Reich, behandelt die Reise der Sonne durch die nächtlichen Stunden, dargestellt als zwölf von Geistwesen bewachte Pforten. Oft wurde der Text auf die Wände der Königsgräber im Tal der Könige geschrieben, am vollständigsten im Grab von Ramses V. und Ramses VI., KV 9.
PTAH Schöpfergott aus Memphis; Gemahl der Sechmet, Schutzgott der Handwerker; oft mit dem Erdgott Ta-Tjenen oder dem Herren der Nekropole Sokar verbunden. Er wurde in ein Leichentuch gewickelt dargestellt, mit eng anliegender Kopfbedeckung, die Hände kommen unter seinem Umhang hervor.
PYLON Griechisch: Tor; die sich nach oben verjüngenden massiven Türme mit Tor, die den Eingang eines Tempels markieren. Es heißt, sie stellten zwei Berge am Horizont dar.
RE, RA Der Sonnengott schlechthin; Schöpfergott. Zentrum des Kultes ursprünglich in Heliopolis. Dargestellt als Mann mit Falken-, Widder- oder Skarabäuskopf, als Skarabäuskäfer, Reiher, Schlange, Ochse, Katze, Löwe, Sonnenscheibe und in vielen anderen Gestalten. Manchmal mit Harachte, Amun, Horus, Chepre, Atum und verschiedenen anderen Göttern verbunden.
RE-LITANEI Text aus dem Neuen Reich zur Verherrlichung der Sonnengottheit, offenbart ihre 75 verschiedenen Erscheinungsformen. Erscheint in mehreren Gräbern im Tal der Könige, normalerweise in der Nähe des Eingangs (z. B. Thutmosis I. und Ramses IX.). Der vollständige Titel lautet sinngemäß „Buch der Gebete zu Re im Westen, Gebete zum Vereinigten im Westen“.
RENENUTET Kobragöttin; oft mit Isis gleichgesetzt, die als Beschützerin des Königs, der Schwangeren und der Kornernte diente.
ROTE KRONE Königskrone Unterägyptens
SAH Personifizierung der Konstellation des Orion und des Stern Sirius
SAIS Stadt im westlichen Delta, Sa el-Hagar; Stadt der Göttin Neith, in der 26. Dynastie (Saitenzeit) Hauptstadt von Ägypten.
SATIS, SATET Göttin, die als Beschützerin von Ägyptens Südgrenze und als Quelle des Nils galt; dargestellt als Frau mit der gefiederten oder gehörnten weißen Krone Unterägyptens.
SCHEINTÜR Symbolische Tür in der westlichen Wand eines Grabes oder Tempels; die Geister der Toten konnten durch sie von diesem Leben in das nächste gelangen.
SCHESMETET Löwengöttin; möglicherweise mit Sechmet oder Bastet gleichzusetzen.
SCHU Gott der Luft und des Sonnenlichtes (siehe auch Enneade), normalerweise als Mann dargestellt, stützt oft die Göttin Nut.
SECHMET Löwengöttin; Tochter des Re, Gefährtin des Ptah. Besaß im Gegensatz zu der gütigeren Göttin Mut aggressive weibliche Attribute.
SEDFEST, HEBSEDFEST Verjüngungsritual, begangen vom König nach 30 Jahren Regierungszeit.
SEM-PRIESTER Begräbnispriester, überwachte Begräbnisrituale; oft mit einem Panterfell bekleidet dargestellt.
SERQUET, SELKIS Skorpiongöttin; verbunden mit dem Schutz der königlichen Grabausstattung, vor allem Sarkophag und Kanopengefäße. Schützte vor Skorpionbissen.
SESCHAT Göttin der Schreibkunst, der Landvermessung und des *Sed*-Festes; dargestellt als Frau mit rosettenartigem Kopfschmuck.
SETH Gott des Chaos und der Verwirrung, aber auch der Stärke und des Schutzes. Eisen wurde als „Knochen des Seth“ bezeichnet. Trotz unliebenswürdiger Attribute wurde er im Neuen Reich stark verehrt (König Sethos I. und andere wurden nach ihm benannt). Er wurde oft mit einem hundeartigen Kopf gezeigt oder als Esel, Ziege, Schwein, Fisch oder in der Gestalt anderer unschmeichelhafter Tiere.
SIA Gott des Verstandes und der Wahrnehmung, eng mit Hu verbunden.
SISTRUM Rasselartiges Musikinstrument, wird in der Hand gehalten; mit Hathor verbunden.
SKARABÄUS Amulett in der Form eines Skarabäuskäfers, verbunden mit der Sonnengottheit Chepri.
SOBEK Krokodilgott, als Krokodil oder krokodilsköpfiger Mann dargestellt; verbunden mit dem Schutz des Königs (siehe Statue im Museum für antike Kunst Luxor) und mit dem Wasser.
SOKAR Falkenköpfiger Gott in Menschengestalt aus Memphis; mit Osiris und Ptah zu Ptah-Sokar-Osiris verbunden; wichtige Begräbnisgottheit.
SONNENBARKE Zwei Boote, eines für den Tag und eines für die Nacht; beförderten die Sonne über den Himmel und den König in die Unterwelt.
SOPDU Falkengott, verbunden mit dem Stern Sothis; Gott der östlichen Wüsten.
STELE Beschriftete Steinplatte, in der Form oft den modernen Grabsteinen ähnlich; im Raum für die Totenopfer aufgestellt.
SYKOMORE Nicht die europäische Art, sondern *Ficus sycomorus*, im Deutschen Maulbeer- oder Eselsfeige. In Ägypten beliebt wegen des festen, wasserbeständigen Holzes und der üppigen Früchte. Gilt als Wohnstatt mehrerer Baumgöttinnen, darunter Hathor- und Isisformen. In KV 34 (Thutmosis III.) ist ein schönes Gemälde eines solchen Baumes zu sehen.
TALATAT Beschriftete, relativ kleine Sandsteinblöcke, von Amenophis IV./Echnaton beim Tempelbau verwendet. Das Wort ist vom arabischen Wort für „drei“ abgeleitet und bezieht sich auf drei Handbreiten; ursprünglich möglicherweise vom italienischen Wort „tagliata“ für „geschnittene Mauerblöcke“.
TA-TJENEN Zwittergottheit, symbolisierte die Fruchtbarkeit des Niltales nach der Überschwemmung; „Mutter und Vater“ der Götter, Schutzgott des verstorbenen Königs. Als bärtiger Mann mit Sonnenscheibe und gehörnter Krone dargestellt.
TEFNET Löwenköpfige Göttin der Atmosphäre in der Unterwelt; Attribute ähneln der des Schu; Göttin der Atmosphäre dieser Welt.
THOT, DJEHUTI Gott der Schreibkunst; oft in Gestalt eines Ibisses oder Pavians beziehungsweise eines Mannes mit Ibis- oder Paviankopf dargestellt. Seine Bedeutung für den Königkult ist daran zu erkennen, dass sein Name Bestandteil von Königsnamen ist, beispielsweise in „Thutmosis“.
TOERIS Schwanger aussehende Nilpferd-Löwen-Krokodilgottheit; schützt Frauen während Schwangerschaft und Geburt.
TOTENBUCH Sammlung religiöser „Sprüche“ aus dem Neuen Reich, bekannt als das Buch vom Herausgehen

am Tage; behandelt das Begräbnisritual, die Mumifizierung und die Reise des Verstorbenen in die Unterwelt. Auszüge wurden in verschiedenen Ramessidengräbern gefunden.

TRIADE Gruppe aus drei mitunter verwandten Göttern, beispielsweise die Thebanische Triade aus Amun, Mut und Chons.

URÄUS Mit dem König und mit Re identifizierte Kobra; erschien oft auf Königskronen.

USCHEBTI, SCHAWABTI „Antworter"; mumienförmige Statuette, die im Jenseits für den Verstorbenen niedrige Arbeiten ausführen sollte und in den meisten Gräbern in großer Zahl vorhanden war.

VIZEKÖNIG VON KUSCH, KÖNIGSSOHN VON KUSCH Im Neuen Reich Verwalter von Nubien und Vertrauter des Königs.

WADI Arabischer Begriff für Flussbett in der Wüste, ursprünglich vom Wasser ausgewaschen, nun aber abgesehen von den seltenen Regen- und Überschwemmungsperioden ausgetrocknet.

WASET Alter Name Thebens.

WAS-ZEPTER Stab, oben mit stilisiertem Hundekopf; geschmückt mit Bändern und Federn, wurde zum Zeichen des thebanischen Gaus.

WEHR Staudamm im Nil zur Kontrolle der Bewässerung.

WEISSE KRONE Königskrone Oberägyptens.

WEPWAWET Schakalgott; der Name heißt „Wegbereiter"; dies deutet an, dass er dem König sowohl im Krieg als auch beim Eintritt ins Jenseits beistand.

WESIR Autorität, die nur den König über sich hatte; Vorsteher der weltlichen Verwaltung. Das thebanische Grab des Rechmire liefert Einzelheiten über die Obliegenheiten eines Wesirs.

LITERATURAUSWAHL

Dieter Arnold, *Lexikon der ägyptischen Baukunst,* Bonn 1994.

Jan Assmann, *Ägypten: Theologie und Frömmigkeit einer frühen Hochkultur,* Berlin 1984.

Peter Brand, *The Monuments of Seti I,* Leiden 2000.

Jaroslav Cerny, *A Community of Workmen at Thebes in the Ramesside Period,* Cairo 1973.

Araldo De Luca, Kent R. Weeks (Hg.), *Im Tal der Könige: von Grabkunst und Totenkult der ägyptischen Herrscher,* München 2001.

Erik Hornung, *Tal der Könige: die Ruhestätte der Pharaonen,* Augsburg 1995.

Erik Hornung, *Altägyptische Jenseitsbücher: ein einführender Überblick,* Darmstadt: Wissenschaftliche Buchgesellschaft 1997, auch: Darmstadt: Primus-Verlag 1997.

Kenneth Kitchen, *Pharaoh Triumphant: The Life and Times of Ramesses II King of Egypt,* Warminster 1981.

Arielle P. Kozloff, Betsy Bryan, *Egypt's Dazzling Sun: Amenhotep III and His World,* Cleveland 1992.

Lynn Meskell, *Private Life in New Kingdom Egypt,* Princeton 2002.

William J. Murnane, *United With Eternity: A Concise Guide to the Monuments of Medinet Habu,* Cairo and Chicago 1980.

Charles F. Nims, *Thebes of the Pharaohs: Pattern for Every City,* London 1965.

Alexandre Piankoff, *The Tomb of Ramesses VI,* New York 1954.

C. Nicholas Reeves, *The Complete Tutankhamun,* London 1990.

C. Nicholas Reeves, Richard H. Wilkinson, *Das Tal der Könige: geheimnisvolles Totenreich der Pharaonen,* Augsburg 2000.

Elizabeth Riefstahl, *Thebes in the Time of Amunhotep III,* Norman, Oklahoma 1964.

John Romer, *Valley of the Kings,* London 1981.

Nigel und Helen Strudwick, *Thebes in Egypt,* London 1994.

Richard Wilkinson, *The Complete Temples of Ancient Egypt,* London 2000.

Thomas G.H. James, Araldo De Luca, Valeria Manferto (Hg.), *Tutanchamun: der ewige Glanz des jungen Pharaonen,* Köln 2002.

Thomas G.H. James, Valeria Manferto (Hg.), *Ramses II.,* Köln 2002.

Thomas G.H. James, Valeria Manferto (Hg.), *Große Pharaonen: Tutanchamun und Ramses II.,* Augsburg 2004 (zusammengefasste Ausgabe von Tutanchamun und Ramses II.).

Alessandro Bongioanni, *Luxor and the Valley of the Kings,* Vercelli 2004.

Catharine H. Roehrig, *Explorers and artists in the Valley of the Kings,* Vercelli 2001.

REGISTER

Gerade Seitenzahlen verweisen auf den Fließtext, *kursive* Seitenzahlen verweisen auf Bilder und Karten.

BILDNACHWEIS

Alle Bilder sind von Araldo De Luca/ Archivio White Star, außer den Folgenden:

Archivio Scala: 27 unten.

Archivio White Star: 14–15, 16–17, 18, 20 unten, 22, 23, 24, 25, 26, 27 oben, 28-29 unten, 29 oben, 30–31, 34 rechts, 34–35, 47 unten, 54 Detail, 57, 58, 161 oben, 250–251.

Antonio Attini/Archivio White Star: 56, 63, 72 oben, 75, 80 oben, 81 links und rechts, 82, 84 oben und unten, 86–87, 90 oben, 91, 92, 98–99, 103 oben, 104 oben, 104 unten, 105, 107, 108–109, 112 rechts, 113, 128 links, 128 Detail, 156 unten, 157 rechts, 166 Detail, 167, 169, 170 Detail, 171, 172 links, 173, 174, 176 Detail, 177 oben, 182 unten, 183 Detail, 184–185, 186 oben, 187 oben rechts, 208 Detail, 208, 210 oben und unten, 220–221, 514–515, 520, 521, 522–523, 525 oben, 525 unten, 526–527, 528 Detail, 528, 530–531, 531 links, 533, 534–538, 535 oben, 538, 539 unten, 540 Detail, 541 links, 542 oben, 542–543, 543, 544–545, 546, 547 oben rechts, 550 links und rechts.

Marcello Bertinetti/Archivio White Star: 8, 18–19, 20 oben, 21, 60–61, 61 Detail, 66–67, 72–73, 76 rechts, 76–77, 77, 78–79, 88, 92 Detail, 93, 94–95, 99 unten, 100–101, 102–103, 106, 106–107, 114–115, 116, 123 unten, 124, 129, 143, 144–145, 147, 149 unten, 151, 157 links, 161 unten, 163 links und rechts, 166–167, 170–171, 175 oben, 177 unten, 178, 180, 182–183, 184, 187 unten, 189 oben, 193, 195, 197, 202–203, 204–205, 207 unten links, 208–209, 212, 213 oben, 213 unten, 214, 217, 220, 223, 228–229, 354 Detail, 355, 519, 529 oben, 532 links und rechts, 540–541, 548–549.

Nationalbibliothek, Florenz: 22–23.

Giovanni Dagli Orti: 439.

Giovanni Dagli Orti/Corbis/ Contrasto: 364 Detail, 365 links, 419.

Francis Dzikowski/Theban Mapping Project: 246 Detail, 247 Detail, 284 Detail, 286 Detail, 294 Detail, 295, 296 Detail, 297 unten, 297 oben rechts, 310 Detail, 310 unten, 311 oben, 312 Detail, 312–313 oben, 315 links, 315 rechts.

Eberhard Theim/Lotos Film: 437 oben links und rechts, 440.

Alfio Garozzo/Archivio White Star: 49, 61, 70, 72 unten, 74–75, 78 oben und unten, 80 unten, 82–83, 83 links und rechts, 84–85, 90 unten links, 90 unten Mitte, 90 unten rechts, 96–97, 99 oben und Detail, 101 oben, 114 Detail, 115 Detail, 115, 118, 120–121, 122–123, 123 oben, 124–125, 125, 126–127, 128 rechts, 130–131, 132–133, 148 Detail, 152–153, 156 oben, 160, 162, 164 oben und unten, 168 links und rechts, 172 rechts, 175 unten, 180 unten, 183 oben, 183 unten, 185 oben, 185 unten, 186 unten links und rechts, 187 oben links, 192 Detail, 194 links und rechts, 196 links und rechts, 196–197, 198–199, 200–201, 202 unten links und rechts, 203, 204, 205 unten links und rechts, 206, 207 oben, 207 unten rechts, 209, 210–211, 214–215, 215, 219, 228 Detail, 233 oben und unten, 235 oben rechts, 321, 357, 510, 512, 516 rechts, 516–517, 517, 518 oben, 518 unten, 524–525, 526 unten, 527 oben, 531 rechts, 536, 537 oben, 537 unten links, 539 oben, 542 unten, 551.

Kenneth Garrett: 287 oben.

Abdel Ghaffar Shedid: 436 Detail, 438–439, 440–441, 441.

Griffith Institute/Ashmolean Museum, Oxford: 32, 33.

J.AND. Livet: 492 Detail, 493 oben, 494, 495, 496–497, 497 oben und unten, 498, 499 oben und unten.

Yann Rantier/CNRS: 285 oben.

Nicholas Reeves: 30 oben.

Alberto Siliotti, Geodia: 28–29 oben, 29 Detail, 422 Detail, 423 oben, 485 oben, 486 links und rechts, 487.

Giulio Veggi/Archivio White Star: 3, 43, 47 oben, 65, 70–71, 76 links, 101 unten, 103 unten, 104–105, 116–117, 154–155, 159, 180 oben, 202 oben, 526 oben, 535 unten, 547 oben links, 547 unten, 548 Detail.

Kent R. Weeks: 110, 111 links und rechts, 112 links, 461 unten, 462–463, 463, 468.

Kent R. Weeks/Theban Mapping Project: 247 oben.

Mit freundlicher Genehmigung des Ägyptischen Museums Turin und seiner vorgesetzten Behörde, dem Ministerium für Kulturerbe und Kulturmaßnahmen: 30 unten.

Mit freundlicher Genehmigung von Huguette Hamers: 488 Detail.

Mit freundlicher Genehmigung von Thierry Benderitter: 508 Detail, 508 unten, 509 oben.

Zeichnungen und Karten

Walton Chan/Archivio White Star: 69, 119, 150, 166, 170, 179, 189 unten, 192, 218, 235 unten, 241, 247 unten, 248, 255, 258, 268 unten, 274–275 unten, 285 unten, 287 unten, 289 rechts, 294–295, 296–297, 298–299, 306 rechts, 311 unten, 312–313 unten, 318–319 oben, 348–349 unten, 358, 365 rechts, 367 unten, 375 unten, 393 oben rechts, 409 unten, 417 unten, 423 unten, 425 unten, 437 unten, 445, 451, 454, 461 oben, 464 unten, 471 unten, 478 unten, 485 unten, 488, 493 unten, 501, 509 unten, 516 links, 527 unten, 529 unten, 537 unten rechts, 541 rechts, 549.

Angelo Colombo/Archivio White Star: 10–11, 224–225, 234 Kartusche, 241 Kartusche, 246 Kartusche, 248 Kartusche, 254 Kartusche, 258 Kartusche, 268, 272 Kartusche, 284 Kartusche, 288 Kartusche, 294 Kartusche, 297 Kartusche, 298 Kartusche, 304 Kartusche, 310 Kartusche, 312 Kartusche, 316 Kartusche, 346 Kartusche.

Elisabetta Ferrero/Archivio White Star: 274–275 oben, 318–319 unten, Kolorierung/Hintergrundfarbe, 324 Kolorierung, 330 Kolorierung, 333 rechts, Kolorierung, 335 Kolorierung, 339 unten, Kolorierung/Hintergrundfarbe, 374 unten, 374–375.

Oxford Cartographers/Archivio White Star: 232–233 Kolorierung, 318–319 unten, Zeichnung (s/w), 324 Zeichnung (s/w), 330 Zeichnung (s/w), 333 rechts, Zeichnung (s/w), 335 Zeichnung (s/w), 339 unten, Zeichnung (s/w), 356–357, 390–391.

Elena Tagliabò/Archivio White Star: 144 Detail, 146.

Theban Mapping Project: 230–231, 232–233 Zeichnung (s/w).

Alle kleinen Schwarz-Weiß-Zeichnungen von Angelo Colombo/ Archivio White Star.

DER AUTOR

Kent R. Weeks hat bereits seit 1983 verschiedene archäologische Projekte geleitet und mehr als 30 Jahre in Theben und dem Tal der Könige gearbeitet. Er ist Professor für Ägyptologie an der American University Cairo und Direktor des Theban Mapping Project. Weltweit ist Kent R. Weeks als Spezialist ein gern gesehener Gast im Fernsehen, er hält häufig Vorträge und ist darüber hinaus Autor und Herausgeber von mehr als einem Dutzend Büchern, darunter der Bildband „Im Tal der Könige. Von Grabkunst und Totenkult der ägyptischen Herrscher" (Frederking und Thaler 2001).

Titelbild: Grab von Nofretiri / © Araldo De Luca/Archivo White Star
Buchrückseite: Luftaufnahme von Medinet Habu / © Marcello Bertinetti/Archivio White Star